Mgr Paul Etoga
Premier évêque autochtone d'Afrique noire française
Un pasteur discret et dévoué,
modèle de vie et d'engagement ecclésial
et politique pour les prêtres et évêques au Cameroun

Églises d'Afrique

Collection dirigée par Denis Pryen

Depuis plus de deux millénaires, le phénomène chrétien s'est inscrit profondément dans la réalité socio-culturelle, économique et politique de l'Occident, au point d'en être le fil d'Ariane pour qui veut comprendre réellement les fondements de la civilisation judéo-chrétienne. Grâce aux mouvements d'explorations scientifiques, suivis d'expansions coloniales et missionnaires, le christianisme, porté par plusieurs générations d'hommes et de femmes, s'est répandu, entre autres contrées et à différentes époques, en Afrique. D'où la naissance de plusieurs communautés ecclésiales qui ont beaucoup contribué, grâce à leurs œuvres socio-éducatives et hospitalières, à l'avènement de plusieurs cadres, hommes et femmes de valeur. Quel est aujourd'hui, dans les domaines économiques, politiques et culturels, le rôle de l'Église en Afrique ? Face aux défis de la mondialisation, en quoi les Églises d'Afrique participeraient-elles d'une dynamique qui leur serait propre ? Autant de questions et de problématiques que la collection « Églises d'Afrique » entend étudier.

Dernières parutions

Emmanuel KOFFI GNADJRO, *L'Eglise et le vodun. Représentation et histoire*, 2023.

Ignace NDONGALA MADUKU, Flavien MUZUMANGA, Job MWANA-KITATA, *Le Rite zaïrois de la messe en République Démocratique du Congo. Hommage posthume au Révérend Père Laurent Mpongo Mpoto Mamba, cicm*, 2022.

François LAIYABE LARE, *Franciscains en Afrique de l'Ouest, Mission évangélisatrice, fraternité et écologie intégrale*, 2022.

Célestin Christian NGOURA MVTOUSI, *La sacramentalité de l'Église*, 2022.

Alain FLEURY, *Un missionnaire au Kivu. Itinéraire du père Joseph Delvordre en RD-Congo de 1968 à 2016*, 2022.

Jean-Valère Lamègou KOUWAMA, *Décoloniser la pensée, Inculturer l'évangile, Une lecture de Walter Mignolo et du pape François*, 2022.

Martin HAPMO DJAKISSAM, *L'évangélisation du Nord-Cameroun. Les œuvres catéchétiques des missionnaires Oblats de Marie Immaculée, 1946-1982,* 2022.

Laurent-Pierre KOMI CHARDEY, *Le phénomène migratoire des fidèles catholiques au Togo*, 2022.

Charles KANTENGA KASONGO, Delphin KIBAMBA MBAYO et Olivier NKULU KABAMBA (dir.), La Philosophie bantoue *du Père Placide Tempels. Relecture diversiforme*, 2022.

Édouard Flory KABONGO KAPENDA, *L'identité du prêtre séculier africain à l'aune d'une Eglise synodale. Cas du clergé de Kinshasa (RDC),* 2021.

Yves Innocent ETOGA MVONDO

Mgr Paul Etoga
Premier évêque autochtone d'Afrique noire française

Un pasteur discret et dévoué, modèle de vie et d'engagement ecclésial et politique pour les prêtres et évêques au Cameroun

Préface de Jean-Paul Messina

À papa, Edmond ETOGA et À maman, Jeanne ETOGA : que les portes du Royaumes des cieux vous soient grandement ouvertes.
À mes grands-parents : Innocent MVONDO & Régine ANDELA ; Fabien NDONGO & Sabine NTOLO. Que les portes du Paradis vous soient grandement ouvertes.
Aux grandes Familles MVOG-EBODE et MEBARKONO
Aux successeurs de Mgr Paul Etoga : Mgr Adalbert NDZANA (évêque émérite de Mbalmayo) et Mgr Joseph NDI OKALLA (évêque de Mbalmayo)
À Mgr Luc RAVEL, archevêque de Strasbourg
À Mgr Jean-Pierre GRALLET, archevêque évêque émérite de Strasbourg
Aux abbés Bonaventure FOUDA, Stanislas ABENA, Fortuné NOAH
À la communauté des dominicains de Strasbourg
À la communauté des franciscains de Strasbourg
À tout le peuple de Dieu de par le monde
Aux pères Marc KALINOWSKY, Joseph LUMBALA, Benjamin NGYAMA
À Mme Anne Bamberg (ma directrice de thèse) et M. Luc PERRIN
Au Professeur Jean-Paul MESSINA
Au Professeur Camille KUYU
Au Professeur émérite Patrick VALDRINI
À mes frères et sœurs : Augustine BIDZOGO (décédée), Jacques BAHANAG (décédé), Edmond Renaud ETOGA, Sabine ETOGA (décédée), Fabien Roland ETOGA, Bernadette Patricia FOUDA ETOGA
À Barbe NGONO, Aimé-Francis AMOUGOU, Laurent ASSOU, Charly MBALLA
À mes amis de Bâle (Suisse)
À Michelle MAURICE (décédée) : que les portes du Royaume de cieux vous soient grandement ouvertes.
Aux communautés de paroisses de Bellegarde (l'Ain) et de Bischwiller (Alsace).

5-7, rue de l'École-Polytechnique, 75005 Paris

www.editions-harmattan.fr

ISBN : 978-2-14-030432-3
EAN : 9782140304323

Préface

Mgr Paul Etoga, figure emblématique du catholicisme camerounais : une vie vouée et consacrée à Dieu

Que l'Abbé Yves Innocent Etoga ait consacré sa recherche sur la figure de Mgr Paul Etoga, premier évêque autochtone du Cameroun, nommé le 3 juillet 1955 par le Pape Pie XII, ordonné à Yaoundé, capitale du Cameroun, le 30 novembre 1955, est une grâce au sens prophétique du mot. L'Abbé Yves Innocent Etoga, neveu de Mgr Paul Etoga, enrichit grâce à cette étude l'historiographie du christianisme au Cameroun et en Afrique. La vie et l'œuvre de Mgr Paul Etoga se racontaient dans beaucoup de milieux politico-religieux du pays, oralement et de manière parcellaire. Quelques travaux scientifiques en ont fait cas[1]. Mais une recherche systématique et d'intérêt hautement scientifique sur cette figure, dont le souvenir continuait de hanter positivement la conscience chrétienne du Cameroun, était vivement souhaitée.

Il convient donc de prime abord de féliciter l'Abbé Yves Innocent Etoga d'avoir porté cette ambition et s'être donné les moyens de la réaliser en publiant sa thèse, avec l'autorisation expresse du jury, à l'issue de sa soutenance, le 5 mai 2022 à l'Université de Strasbourg[2]. Cette thèse est intitulée : *Un pasteur discret et dévoué : Mgr Paul Etoga, modèle de vie et d'engagement ecclésial et politique pour les prêtres et évêques au Cameroun.*

Mgr Paul Etoga, avons-nous dit, a été le premier évêque camerounais nommé par Rome comme auxiliaire de Mgr René Graffin, cssp, alors archevêque de Yaoundé. Il fut, contre toute attente, envoyé en 1961 fonder un nouveau diocèse (le diocèse de Mbalmayo) par division de l'archidiocèse de Yaoundé, sans préparation matérielle, ni financière, mais dans l'esprit de la

---

[1] Nous recommandons particulièrement les Actes du colloque organisé par la Faculté de Théologie de l'Université Catholique d'Afrique Centrale : *Mgr Paul ETOGA et Mgr Jean ZOA : deux grandes figures de l'Église au Cameroun. Regards croisés sur leur héritage, 20 ans après*, Yaoundé, Presses de l'UCAC, 2018. Les contributions portant sur Mgr Paul Etoga sont de : Jean Paul Messina, Nicolas Ossama, Benjamin Nkoe, Antoine Essomba Fouda, Jean Bertrand Salla, Thomas Bienvenu Tchoungui, Joseph Atangana Ndzie, Mgr Jean Mbarga, Mgr Joseph Marie Ndi-Okalla.

[2] Le jury a unanimement autorisé la publication de la thèse. Nous étions rapporteur et membre de ce jury.

foi en Jésus-Christ, qui était demeurée jusqu'à sa mort le 13 mars 1998, son arme spirituelle inaltérée. Mgr Paul Etoga, dont la devise épiscopale baignait dans un prophétisme ardent « scio cui credidi (Je sais en qui j'ai cru) », savait pouvoir compter sur Dieu pour surmonter tout éventuel obstacle dans la construction de son royaume. Obéissant qu'il était, par le choix du sacerdoce et par les enjeux d'une Église en construction dans un pays déchiré, au cours des années 1950-1960, par les crises politiques, Mgr Paul Etoga répondra favorablement à cette décision qui allait mettre à rude épreuve son ministère épiscopal. Sans rancœur ni regret, il réussira à faire émerger une Église diocésaine à Mbalmayo dont le plus beau fleuron reste et demeure le petit séminaire saint Paul, pépinière des prêtres pour la mission aux quatre coins du diocèse, voire de l'ensemble des diocèses du Cameroun. Un des fruits de cette institution, fondée au début de son ministère épiscopal à Mbalmayo, est Mgr Joseph Marie Ndi-Okalla, évêque actuel de ce diocèse.

L'environnement politique du Cameroun sous administration française par le biais de la tutelle de l'ONU, avait créé un climat délétère qui mettait à mal la vie de l'Église. Comment réconcilier les partis politiques, plus encore les Camerounais autour de l'idée de l'indépendance du pays devenue une réalité irréversible et inéluctable. Confusément et sans discernement, l'Église largement dominée par les évêques missionnaires était accusée de « suppôt de colonialisme ». Pourtant dans cette Église où le clergé camerounais prenait sa place et commençait à jouer son rôle d'évangélisateur et de libérateur, l'idée même de l'indépendance du Cameroun était fortement soutenue. La question qui se posait alors à tous était : l'indépendance quand et comment ? Chacun avait sa réponse, mais face à l'absence d'un dialogue dépassionné, le colonisateur cherchait à gagner du temps et à récupérer à son profit l'orientation de cette idée, quitte à exercer la violence sur les inconditionnels de cette légitime aspiration, en l'occurrence les militants du parti politique appelé l'Union des Populations du Cameroun, dissout le 13 juillet 1955, à l'issue d'une série d'émeutes dans le pays.

Mgr Paul Etoga, “pasteur discret”, ne cachait pas son anticolonialisme. Ce qui lui valut beaucoup d'hostilités aussi bien de la part des colons français encore en poste, que de sa hiérarchie immédiate à la tête de laquelle se trouvait un évêque missionnaire français. Ce qui explique, d'une certaine manière son départ de Yaoundé pour Mbalmayo. Fidèle à l'enseignement de l'Église, esprit libre attaché à sa patrie, pèlerin infatigable de la vérité et de la justice, Mgr Paul Etoga n'était ni homme de gauche, ni homme de droite, ni encore moins homme du centre, mais un homme dont la conscience était guidée par les intérêts de son pays en osmose avec les valeurs chrétiennes et l'avenir de l'Église au Cameroun.

De ce point de vue, son courage et sa sérénité dictés par sa foi constituaient non seulement des paradigmes inébranlables, mais le rendaient aussi incorruptible. Comme l'affirme si bien l'Abbé Yves Innocent Etoga, la centralité du Christ était le socle de sa vie. C'est là le précieux héritage, inscrit en lettres d'or, que nous lègue ce premier prélat du Cameroun.

En cela et pour cela, l'Abbé Yves Innocent Etoga a raison de le présenter comme modèle de pasteur pour l'Église en Afrique aujourd'hui, où les séductions matérialistes et les appétits financiers constituent des risques majeurs pour la grandeur du sacerdoce.

Pr Jean Paul Messina
Secrétaire Général Académique de l'Université Catholique d'Afrique Centrale

Introduction

> « Avant de te façonner, je te connaissais ;
> avant que tu ne sortes de son ventre, je t'ai consacré ;
> je fais de toi un prophète pour les nations. »
> Jérémie 1, 5

Paul Etoga, né vers 1911 à Nkolmewut et décédé le 13 mars 1998 à l'hôpital général de Yaoundé des suites de maladie, fut élevé à la dignité épiscopale le 30 novembre 1955. Il est le tout premier évêque autochtone du Cameroun et de l'Afrique noire française. Nos recherches dévoilent de manière progressive la figure d'un pasteur discret, dévoué, observé et étudié sous l'angle d'un modèle de vie et d'engagement ecclésial et politique pour les prêtres et évêques au Cameroun.

1. Précisions et champ d'exploration

Par souci de clarté, il convient de signaler que ce travail ne fait l'économie ni de « la fondation de l'Église par Jésus-Christ, ni de la hiérarchie ecclésiastique et de ses divers échelons, ni de la primauté d'honneur et de juridiction conférée à Pierre et à ses successeurs légitimes »[3]. Il est précisément question, dans l'optique catholique, d'une étude sur un prélat, Mgr Paul Etoga, qui a été évêque auxiliaire puis « chef unique d'une Église particulière, ayant comme attribution essentielle le pouvoir de l'ordre et comme fonction primordiale le gouvernement d'un diocèse »[4]. Aussi, fait-il

---

[3] Ferdinand PRAT, « Evêques. Origine de l'épiscopat », dans *Dictionnaire de théologie catholique*, t. 5, 2e partie, Paris, Letouzey et Ané, 1939, col. 1657.

[4] *Ibid.*

l'objet d'une étude qui révèle la portée morale et symbolique de la figure d'homme d'Église qu'il aura incarnée tout au long de son ministère sacerdotal et épiscopal ; une figure dont les sources d'édification trouvent leur base depuis son enfance. C'est pourquoi, cette étude présente d'abord l'engagement ecclésial de prêtre qu'il fut lui-même dans l'exercice de son ministère sacerdotal ; ensuite elle examine la collaboration entre l'évêque diocésain et son auxiliaire, ayant été lui-même évêque auxiliaire de Mgr René Graffin. Évêque diocésain plus tard, une analyse des rapports qu'il eut avec le clergé diocésain et religieux permet de rechercher les éléments de son exemplarité en tant que responsable en premier d'un diocèse. Un avertissement d'importance amène à signaler que la différenciation évêque-prêtre n'a de sens que pour « marquer les rapports qui les unissent et les caractères qui les séparent »[5]. Enfin, une mise en exergue des éléments de son exemplarité s'impose pour scruter les rapports qu'il entretint avec les politiques, les fidèles et toute autre personne rencontrée tout au long de sa vie de prêtre et d'évêque. Autrement dit, l'essentiel de ces travaux s'inscrit dans une dynamique de démonstration scientifique de ce qui est recherché chez le premier prélat du Cameroun et de l'Afrique noire française.

2. Hypothèses de recherche et intérêt

Paul Etoga ayant été un prélat, il est indiqué que soit rappelée dans ses grandes lignes l'étymologie[6] du mot évêque afin de mieux restituer l'essentiel de la dévolution d'un prélat. Ainsi, en considération de ce que représente aujourd'hui, comme portée symbolique, la figure de Mgr Paul Etoga, par rapport à l'histoire de l'Église locale, il est important et significatif d'analyser le rôle ecclésial et politique qui a été le sien, dans un Cameroun résolument engagé dans la lutte anticolonialiste et qui, finalement, accède à la souveraineté nationale le 1er janvier 1960. Aussi, certaines questions de fond s'imposent-elles en constatant que ce prélat suscite à la fois, curiosité, admiration, mépris ou indifférence. Sinon, comment comprendre que le tout premier évêque du Cameroun et de l'Afrique noire française ne jouisse-t-il pas encore de la reconnaissance due à un tel personnage avec une telle destinée ? Ne remplit-il pas les critères pour une reconnaissance méritée ? Comment

---

[5] *Ibid.*

[6] *Ibid.*, « Terminologie, Sens et origine du mot "ÉVEQUE" (ἐπίσκοπος). – 1° *Dans la littérature profane*. – Le mot ἐπίσκοπος est commun chez les classiques, en prose et surtout en vers, au sens de "gardien, protecteur, patron". Il se dit spécialement des divinités tutélaires ou vengeresses, par exemple, des dieux qui veillent sur l'observation des contrats. À Athènes, le mot avait un sens technique ; il désignait les commissaires que la république envoyait pour organiser les colonies ou les pays de conquête et que l'on peut assimiler aux harmostes de Lacédémone. C'est l'explication que donne le scoliaste d'Aristophane, *Oiseaux*, 1023 : […]. Ailleurs, le mot gardait son acception la plus générale de "surveillant, inspecteur". […] », p. 1658.

comprendre enfin l'indolence, la peur et la tiédeur de l'Église au Cameroun à reconnaître ses premiers témoins autochtones de l'histoire de son évangélisation ? N'y aurait-il pas ainsi intérêt à faire des recherches approfondies sur la vie et l'œuvre de Mgr Paul Etoga, à l'instar de la présente démarche, afin d'en constituer un lieu théologique pour la postérité de l'Église au Cameroun ?

Ce thème est susceptible de donner lieu à plusieurs ouvertures par rapport à l'ensemble de l'Église catholique. Cependant, il concerne en premier le Cameroun de manière spécifique, sans oublier tout le peuple de Dieu de ce pays, avec pour axe de recherche le déploiement de Mgr Paul Etoga dans son engagement ecclésial et politique. Aussi, la raison du choix de cette approche est-elle multiple. Le point de départ de l'intérêt de cette thèse est lié à l'actualité de l'Église locale pour laquelle la figure ecclésiale et politique de Paul Etoga semble pouvoir constituer un repère paradigmatique, dans le cadre d'une perspective suggestive d'une éthique sacerdotale relative au témoignage de vie des prêtres et des évêques au Cameroun, ainsi qu'à la formation des futurs prêtres. Sa figure d'ecclésiastique permet de préciser l'originalité de l'engagement politique propre à un homme d'Église, tellement l'Église locale a besoin de repères de témoignages spécifiques en ce qui concerne ses rapports avec le politique. En effet, le nombre d'assassinats d'hommes d'Église au Cameroun – évêques, prêtres, religieux et religieuses – suscite bien des interrogations. Face à cette situation, il s'est avéré impossible de rester insensible dans notre conscience de prêtre catholique, originaire de ce pays, au point où une double question se pose de manière fondamentale et récurrente : ces hommes d'Église assassinés peuvent-ils, aujourd'hui, être considérés comme martyrs à cause de leur fidélité aux exigences du sacerdoce ministériel ou, *a contrario*, sont-ils plutôt victimes de leurs compromissions avec le pouvoir politique ? Mgr Paul Etoga verra deux de ses prêtres froidement assassinés dans la nuit du 29 au 30 novembre 1983, la veille du vingt-huitième anniversaire de son épiscopat.

La principale raison de ce thème est de faire sortir ce prélat de l'oubli et montrer la reconnaissance qu'il mérite dans l'histoire de l'Église et la politique du Cameroun. Le but est également de mettre à contribution sa vie et son œuvre en vue de la promotion d'une mise en valeur de son engagement ecclésial et politique, au sein de l'Église catholique au Cameroun qui, aujourd'hui a besoin de chercher et de trouver en ses propres prêtres et évêques des modèles à suivre. Le projet est d'attirer l'attention de l'Église locale et de la chrétienté, au Cameroun, sur la personne de Paul Etoga, sa personnalité, ses charismes comme pasteur, dans l'environnement qui fut le sien en 1955 et en 1961, jusqu'à sa retraite en 1987. Ceci implique une mise en lumière de ses ambitions vis-à-vis de cette Église, de ses confrères dans l'épiscopat et de sa famille. Ensuite, il s'agit d'une reconnaissance du travail et du sacrifice des premiers missionnaires au Cameroun. Enfin, elle est de manière sous-jacente, une contribution à la promotion des premiers témoins autochtones de la foi ainsi que du clergé autochtone, en terre de mission camerounaise, dont Mgr Paul Etoga est devenu le premier évêque. Autrement dit, la figure de ce prélat participe d'une valorisation de la participation des fils du pays à l'éclosion de l'annonce de l'Évangile au Cameroun et des fruits qui en ont résulté. Ces premiers témoins se comptent parmi les laïcs et les hommes d'Église. Au Cameroun on peut citer parmi eux, l'abbé Simon Mpecke connu sous le vocable de « Baba Simon », Pius Ottou (catéchiste), Grégoire Mebe (catéchiste). Au fond, cette recherche intéresse en premier les chercheurs[7] de ce continent et de ce pays. Malheureusement, les recherches dans ce sens semblent encore timides ; c'est pourquoi Jean-Paul Messina dénonce le déni de reconnaissance dont sont encore victimes les premiers témoins indigènes dans leur engagement d'annonce de la Bonne Nouvelle au Cameroun. D'après lui, « [s]i l'œuvre des missionnaires est très connue, l'action des nationaux est à peine étudiée. Tout se passe comme si les Camerounais étaient restés inactifs dans cette expansion extraordinaire de l'Église catholique sur leur territoire »[8]. C'est dans cette volonté de vulgarisation et de reconnaissance des premiers apôtres nationaux que la figure de Mgr Paul Etoga est principalement proposée tout au long de ce travail. L'essentiel de l'intérêt de cette démarche est centré sur lui afin d'en extirper la substantifique exemplarité pour en faire un modèle d'engagement ecclésial et politique en tant qu'homme d'Église.

Au-delà du but poursuivi, il reste à préciser la légitimité du choix du thème : en vertu de quoi m'a-t-il été donné de l'entreprendre pour analyser et étudier la figure de Mgr Paul Etoga dans son engagement ecclésial et politique ? Est-ce par souci de donner des leçons, de dénoncer ou d'exhorter ? D'entrée de jeu, la légitimité de cette recherche ne repose aucunement sur quelque prétexte moralisateur dans le sens du dénigrement de l'Église. En revanche, cette légitimité est animée par une volonté bienveillante de rappeler, à travers la figure de Mgr Paul Etoga, l'enseignement du Christ et de l'Église. Il s'agit d'une dénonciation et d'une exhortation dans une perspective eschatologique et de conversion des cœurs des hommes d'Église du Cameroun et d'ailleurs. Cette légitimité s'explique aussi par mon état de chrétien et de ma vocation baptismale : le droit de l'Église en son « can. 212 § 3 ne rappelle-t-il pas qu'en vertu du savoir, de la compétence et du prestige de la personne, il peut même y avoir un devoir de s'exprimer, une obligation de faire connaître

[7] Il s'agit en général d'Africains et spécifiquement de Camerounais : historiens, théologiens, sociologues et philosophes, etc. Il leur incombe de mener cette promotion des premiers témoins autochtones dans leur accueil de l'Évangile et dans leur déploiement pour la propagation de la foi au Cameroun.

[8] Jean-Paul MESSINA, *Contribution des Camerounais à l'expansion de l'Église catholique. Le cas des populations du Sud-Cameroun 1880-1961*, thèse de 3e cycle en Histoire, Université de Yaoundé, 1988, p. 38.

aux pasteurs une opinion sur ce qui touche le bien de l'Église ? »[9] Par voie de conséquence, il n'est pas donné de me dérober par rapport à la responsabilité de la vigilance ecclésiastique parce que « de cette délicate tâche essentiellement épiscopale, il ne faudrait pas exclure les autres fidèles car, comme le dit le canon 210, tous les fidèles, clercs et laïcs, ont à apporter, selon leur condition propre, une part à la promotion de la croissance et de la sanctification continuelle de l'Église »[10]. Il n'est pas question d'écarter les fidèles de cette vocation à la vigilance ecclésiastique, « [b]ien plus, il faudrait vraiment les encourager à prendre leurs responsabilités et à exercer eux aussi une fonction de vigilance ou au moins d'alerte »[11]. Ma motivation est en outre fondée sur la collaboration vigilante que les prêtres entretiennent avec les évêques[12]. Elle y trouve sa justification supplémentaire et ecclésiologique.

3. État historiographique du thème

L'évolution des recherches a permis d'appréhender la nécessité de déterminer le public cible pour qui Mgr Paul Etoga est proposé comme modèle de vie et d'engagement ecclésial et politique. Un certain nombre d'études ont personnellement été faites[13] ; d'autres ont publié des mémoires ainsi que des articles sur Mgr Paul Etoga[14]. Ceci dit, cet ouvrage n'est pas un *bis repetita* ni de mes précédents travaux, ni de ceux des autres, le projet étant de ressortir les éléments axiologiques révélant la figure d'homme d'Église de Mgr Paul

---

[9] Anne BAMBERG, « La vigilance de l'autorité ecclésiastique. Visiter, veiller, surveiller », dans *Monitor ecclesiasticus*, 130, 2015, p. 254.

[10] *Ibid.*

[11] *Ibid.*

[12] Cf. *Lumen Gentium*, n° 28 : « Les prêtres, collaborateurs vigilants de l'épiscopat, établis pour l'aider et lui servir d'organe, appelés à servir le Peuple de Dieu, forment avec leur évêque un unique corps sacerdotal (*presbyterium*) réparti, bien sûr, dans diverses tâches ». Nous citons les textes du Concile Vatican II par leur titre et le numéro.

[13] Je rappelle que ce thème repose sur mes précédentes recherches historiques sur Mgr Etoga en master et DSTC à la Faculté de théologie catholique de Strasbourg. Ces travaux intitulés *De la mission à l'Église autochtone au Cameroun : autour de la figure de Monseigneur Paul Etoga, premier évêque du Cameroun et de l'Afrique française noire*, et *Monseigneur Paul Etoga premier évêque autochtone du Cameroun de 1955 à 1966*, ont été accomplis sous la direction de M. Luc Perrin, auquel va toute ma reconnaissance pour cette étape de ma formation.

[14] Relevons d'entrée quelques parutions : Joseph Hervé EKANI, *L'impact socio-économique de l'épiscopat de Monseigneur Paul Etoga sur le développement de la mission catholique de Nlong de 1955 à 1987*, 2008 ; Joseph Célestin ATANGANA, *Monseigneur Paul Etoga. Sur les pas de Mgr François-Xavier Vogt*, 2019 ; Benjamin NKOE, *Ils ont combattu le bon combat... Mgr Paul Etoga..., Ces défunts qui défient les mortels*, 2010 ; Joseph Zambo Belinga, *Mgr Paul Etoga, 1er évêque camerounais. Ancien évêque de Mbalmayo. Consacré prêtre le 30 novembre 1955*, 2016. Sur le net l'on trouve quelques articles sur le premier évêque du Cameroun.

Etoga dans son engagement ecclésial et politique. L'apport spécifique de cette thèse est précisément de mettre en valeur le portrait moral, éthique et symbolique de la figure de prélat de manière à aider, en plus de son engagement ecclésial, à cerner l'engagement politique propre à un prêtre ou à un évêque et d'en faire un modèle au niveau de l'Église locale ; aspect que les précédents travaux, à notre connaissance, n'ont pas abordé jusqu'ici. Il s'agit finalement de dévoiler et de valoriser ce portrait moral et symbolique que beaucoup ignorent, méprisent ou ne soupçonnent même pas. Ceci a amené à revoir la collecte d'informations y compris par interviews. La bibliographie a été amplement complétée ; ce qui a considérablement conduit à reconsidérer les termes de la problématique sur le tout premier prélat du Cameroun et de l'Afrique noire française.

4. Problématique et méthodologie

L'exposé de cette problématique amène à étudier l'édification de la figure de Mgr Etoga dans sa vie, son enfance et sa consécration comme prêtre en 1939 et comme évêque en 1955[15]. Aussi, conserve-t-elle son double volet ecclésial et politique. Cet ouvrage se veut, en définitive, un ensemble de recherches conjuguées au niveau humain, intellectuel et spirituel, dans la dynamique d'une quête d'éléments susceptibles de de voir en lui un modèle d'engagement ecclésial d'une part, et politique d'autre part, en tant que homme d'Église. Cependant, il n'est pas inutile de souligner qu'il y a toujours un intérêt à rappeler qu'il fut un fils d'un terroir donné ayant des liens familiaux quoique prêtre et plus tard évêque. Aussi, au niveau ecclésial, dans quelle mesure l'évêque Etoga, au vu des circonstances et des enjeux de sa nomination, ainsi que de l'actualité ecclésiale au Cameroun, peut-il être considéré comme un repère paradigmatique pour les jeunes générations de prêtres et d'évêques de ce pays ? Au niveau politique, considérant également les enjeux politiques, au moment de sa nomination et l'actualité des rapports qu'entretiennent les ecclésiastiques camerounais avec les politiques, qu'est-ce qui autorise à le considérer comme une figure d'exemplarité à suivre, au point d'y percevoir la spécificité de l'engagement politique d'un homme de Dieu ? De manière significative, qu'est-ce qui fait penser, dans son engagement politique qu'il sut incarner l'ipséité de l'engagement politique d'un homme d'Église ? Quelles ont été ses motivations par rapport à son engagement politique, comme évêque, de manière à le considérer à la fois comme homme

[15] L'on y découvre également de manière spécifique les conditions de vie dans un territoire colonisé, les statuts respectifs des prélats occidentaux et du clergé indigène ou autochtone, ainsi que les tribulations à l'accès à l'indépendance du Cameroun (querelles intestines, résistance de la hiérarchie). De même, les implications politiques de l'Évangile font que cet évêque, dans son engagement ecclésial et politique, en annonçant la Bonne Nouvelle, ne reste pas indifférent au triste sort de son peuple.

d'Église et homme de Dieu ?[16] S'agissant de Mgr Paul Etoga, une analyse de ses échecs permet de comprendre qu'il en connut dans son engagement ecclésial et politique. Tout au long des recherches, à travers sa figure de premier prélat camerounais, la préoccupation fut également de rechercher les éléments plausibles de compréhension de ce que devrait être le fil d'Ariane de l'engagement politique d'un homme de Dieu[17].

En ce qui concerne la méthodologie relative à l'évolution du thème, cette dernière se veut essentiellement interdisciplinaire et semi directive avec quelques éléments de récit de vie, dans le but de mieux situer et de mieux comprendre la démarche au niveau spatio-temporel[18]. Cette démarche s'étend de la famille biologique à son ministère épiscopale. Ceci permet une meilleure intelligibilité de l'étude de la figure de Mgr Paul Etoga.

5. Difficultés et sources

Les difficultés rencontrées sont de plusieurs ordres : le manque crucial de documents sur Mgr Paul Etoga, l'inaccessibilité de certaines sources et le refus de certaines personnes sollicitées pour mettre à disposition leurs archives privées. Cette situation explique en partie les sous-entendus et les non-dits constatés. Néanmoins, la collecte des informations a nécessité de recourir aux sources tant publiées que d'archives, aux instruments de travail, ainsi qu'aux documents du Magistère. Les ouvrages, les articles d'ordre général et spécialisés, une thèse, un mémoire et des sources internet ont également été

---

[16] D'autres questionnements se révèlent préoccupants : visait-il le pouvoir politique ou a contrario n'avait-il pour seul souci que d'assumer son devoir de pasteur à charge d'enseigner, de gouverner, de sanctifier, de dénoncer et d'exhorter en conscientisant et en évangélisant même les hommes politiques et l'action politique ? En tant que tel, devait-il nécessairement justifier son engagement politique par une filiation à une idéologie politique ou par un militantisme au sein d'un parti politique ? Pourtant, certains ecclésiastiques sont parvenus à la magistrature suprême. On peut citer le cas de l'Amérique latine où certains d'hommes d'Église ont dû prendre les armes pour lutter contre le pouvoir oppresseur au nom de la théologie de la libération. En Afrique, des prêtres comme Fulbert Yulu ont brigué la magistrature suprême, ou encore Barthélemy Boganda, premier prêtre catholique de la Centrafrique, appelé à l'époque Oubangui-Chari, ordonné le 27 mars 1938, et premier président de la Centrafrique. En Haïti, l'abbé Jean-Bertrand Aristide est président de la République de 1996 à 2004.

[17] Cet essentiel semble moins la conquête du pouvoir politique qu'une attitude spécifique d'esprit et d'engagement vis-à-vis de celui-ci. Une attitude et un engagement que nous appelons le « politiquement apolitique ».

[18] L'évocation de quelques faits historiques permet uniquement de restituer le repère espace-temps en lien avec certains événements phares qui ont révélé l'importance de sa figure de prélat pour les jeunes générations de prêtres et d'évêques dans un pays qui n'échappe pas aujourd'hui aux tribulations politiques et à l'urgente nécessité de défendre les pauvres et les plus faibles, et de prêcher également avec fermeté la Bonne Nouvelle aux politiques.

consultés dans la collecte des informations dont les détails se retrouvent dans la rubrique bibliographique.

6. Plan

La solution envisagée pour résoudre le problème posé à la problématique, ainsi que les réponses aux différents questionnements qu'elle suggère, sont exposés dans un plan en trois grandes parties comportant chacune deux chapitres : La première partie part des sources de l'édification de la figure sacerdotale et épiscopale de Mgr Paul Etoga et montre le cheminement douloureux de celui-ci en famille, à l'école du village et de la ville, au petit et au grand séminaire, ainsi que dans son ministère sacerdotal. Ce cheminement est marqué par la pauvreté, la domination coloniale avec le système des travaux forcés[19] auxquels il est personnellement assujetti[20]. Dans la deuxième partie, il est examiné le processus de responsabilisation de l'Église locale sous

---

[19] Que ce soit à l'époque coloniale ou aujourd'hui, le travail forcé ou encore corvée est une situation de contrainte, de pénibilité et de non-respect des droits et de la dignité de l'homme. La Cour européenne des droits de l'homme (CEDH) en donne une définition explicite : « Pour la CEDH, "le travail forcé ou obligatoire", désigne "un travail exigé sous la menace d'une peine quelconque" et "contraire à la volonté de l'intéressé, pour lequel celui-ci ne s'est pas offert de son plein gré" ». Cf. https://www.eurojuris.fr/categories/droit-europeen-droit-communautaire-9400/articles/travail-force-condamnation-de-la-france-par-la-cedh-9850.htm. *Travail forcé : condamnation de la France par la CEDH.* Arrêt publié le 16 octobre 2012. L'union africaine dénonce en la condamnant cette situation de travail forcé et d'autres situations assimilées : « Le travail forcé, la traite des êtres humains et l'esclavage moderne sont des termes étroitement liés. Le terme "travail forcé" a trait aux situations dans lesquelles une personne est contrainte de travailler involontairement. La contrainte peut prendre différentes formes, par exemple le recours à la violence, à l'intimidation ou à des moyens plus subtils tels que le trafic de dettes, la rétention de documents d'identité ou la menace de dénonciation auprès des autorités de l'immigration. Les formes de travail forcé comprennent l'esclavage, le trafic d'êtres humains, les vestiges d'esclavage ou les pratiques analogues à l'esclavage, ainsi que d'autres types d'esclavage moderne. […]. La Charte africaine des droits de l'homme et des peuples interdit toutes les formes d'exploitation et de dégradation de l'homme, notamment l'esclavage et le commerce des esclaves [article 5]. L'article 15 stipule que toute personne a le droit de travailler dans des conditions équitables et satisfaisantes. L'article 17 consacre le droit à l'éducation pour tous les individus. Le Protocole à la Charte relatif aux droits de la femme en Afrique garantit à toutes les femmes la protection contre le mariage forcé (articles 6 et 20) ». Cf. 40112-wd-child_labour_action_plan-final-french.pdf (au.int), *Projet de plan décennal (2020-2030) sur l'éradication du travail des enfants, du travail forcé, de la traite des êtres humains et de l'esclavage moderne en Afrique : agenda 2063 – cible 8.7 des ODD.*

[20] En somme, le jeune Etoga, écolier, petit et grand séminariste, puis prêtre, apparaît comme quelqu'un de simple, courageux, épris de justice et engagé, mais jamais au-devant de la scène.

l'angle de la communion d'esprit et d'action à l'héritage prophétique et à l'époque contemporaine. L'on y voit, avec la nomination de l'abbé Paul Etoga comme évêque auxiliaire de Yaoundé le 30 novembre 1955[21], une émancipation au sommet de l'Église missionnaire au Cameroun pourtant hostile au clergé indigène. La troisième partie porte sur la mission de Mgr Paul Etoga comme premier évêque, résidentiel ou diocésain, de Mbalmayo. Cette partie dévoile tout son engagement ecclésial[22] dans son œuvre de promotion de la solidarité ecclésiale et dans son engagement politique[23] spécifique d'homme d'Église en le révélant comme une figure pour aujourd'hui au Cameroun[24]. En même temps il fut confronté politiquement à la forte

---

[21] Évêque auxiliaire, il laisse transparaître son exemplarité dans son attitude d'ecclésiastique obéissant, résilient, fidèle à ses convictions de chrétien et d'homme d'Église épris de justice au niveau ecclésial et politique, malgré les vicissitudes, les humiliations et les échecs endurés. Les rapports avec le métropolitain de l'époque sont des rapports de crise. Toutefois, tout au long de son épiscopat il reste en profonde communion avec l'Église à travers l'héritage prophétique et l'époque contemporaine.

[22] Elle le montre en plein dans sa charge et sa mission de premier évêque diocésain dans un diocèse en création où tout est à faire. De prime abord, ce qu'il importe de savoir est que ce diocèse a été créé avec un arrière-fond de considérations empreintes de rivalité, de règlement de compte, de trahison, d'intrigues et d'injustice.

[23] Ses prises de position politique favorables au respect des colonisés et à l'indépendance du Cameroun, son refus de signer la lettre qui devait dédouaner le haut-commissaire Roland Pré qui eut la main lourde dans la répression des événements de mai 1955, sa forte personnalité ne facilitèrent pas ses rapports avec Mgr René Graffin au point où il était devenu difficile aux deux prélats d'avoir une collaboration vraiment fraternelle. Il sut garder sa liberté d'esprit face au régime d'Ahidjo, premier président du Cameroun.

[24] Pour mieux comprendre la situation sociale, ecclésiale et politique du Cameroun avant et après les indépendances, et aussi comprendre le Cameroun de nos jours, consulter ces documents : Maurice ABADIER, *La défense des colonies*, Limoges, Éditions Charles Lavauzelle, 1937, 203°p. ; Georges BALANDIER, *Anthropologie politique*, Paris, PUF, 1967, 240 p. ; Jean-Paul BAYEMI, *L'Effort camerounais ou la tentation d'une presse libre*, Paris, L'Harmattan, 1989, 170 p. ; Guy DE BOSSCHERE, *Autopsie de la décolonisation*, Paris, Albin Michel, 1967, 330 p. ; Joseph BOUCHAUD, *L'Église en Afrique noire*, Paris, La Platine, 1958, 190 p. Joseph BOUCHAUD, *Mgr Bonneau, évêque de Douala*, Yaoundé, Édition de l'Effort camerounais, 1959, 64 p. ; Guy DE CARMOY, *Les politiques étrangères de la France 1944-1946*, La Table Ronde, 1967, 520 p. ; Georges CHAFFARD, *Les carnets secrets de la décolonisation*, t. II, Paris, Calman-Lévy, 1967, 440 p. ; Paul COULON et Alberto MELLONI, *Christianisme, mission et culture : l'arc-en-ciel des défis et des réponses du XVIe-XXe siècles*, coll. « Mémoires d'Église », Paris, Karthala, 2008, 311 p. ; Paul COULON, *Histoire et Missions chrétiennes, 010, Action française, décolonisation, Mgr Lefebvre : les Spiritains et quelques crises du XXe s*, Paris, Karthala, 2009, 248 p. ; Roger DUSSERCLE, *Du Kilimanjaro au Cameroun, Mgr Façois-Xavier Vogt, 1870-1943*, Paris, Éditions La Colombe, 1954, 208 p. ; Salvador EYEZO'O et Jean-François ZORN, *L'autonomie et l'autochtonie des Églises nées de la mission, XIXe-XXIe siècles*, coll.

opposition d'une partie de l'élite béti et catholique[25] comme lui. Finalement, toute la démarche consiste à rechercher des informations pouvant attester de son exemplarité pour les prêtres et évêques du Cameroun ainsi que pour tout le peuple de Dieu. En résumé, cette étude consiste à rechercher ce qui pourrait contribuer à montrer que la figure de prêtre et d'évêque de Mgr Paul Etoga, dans son engagement ecclésial et politique, peut être à la fois une figure ecclésiale référentielle d'actualité au Cameroun ainsi qu'un prétexte pour en tirer une éthique sacerdotale afin de prêcher un sacerdoce évangélique et engagé.

« Histoires des mondes chrétiens », Paris, Karthala, 2015, 408 p. ; Jean-Claude FROELICH, *Cameroun-Togo, Territoires sous tutelle*, Paris, Éditions Berger-Levrault, 1956, 217 p. ; Justin-Sylvestre KETTE, *La subsistance du clergé séculier en Centrafrique. Possible auto-prise en charge*, Paris, L'Harmattan, 2019, 379 p. ; Henri LABOURET, *Le Cameroun*, Paris, Paul Hartman Éditeur, 1937 ; André LATREILLE, André SIEGFRIED, *Les forces religieuses et la vie politique*, Paris, Armand Colin, 1951 ; Marcel MERLE, *Les Églises chrétiennes et la décolonisation*, Paris, Armand Colin, 1967, 520 p. ; Jean-Paul MESSINA, *Jean Zoa, prêtre, archevêque de Yaoundé : 1922-1998*, coll. « Mémoires d'Église », Paris, Karthala, 2003, 298 p. ; Blaise Alfred NGANDO, *La présence française au Cameroun (1976-1959). Colonialisme ou mission civilisatrice*, coll. « Histoire du droit », Aix-Marseille, Presses Universitaires d'Aix-Marseille, 2008, 448 p. ; Luc PERRIN, *L'affaire Lefebvre*, Paris, Cerf, 1989, 124 p. ; Joseph RICHARD, *Le mouvement nationaliste au Cameroun : les origines sociales de l'UPC (1946-1958)*, coll. « Homme et société : Histoire et Géographie », Paris, Karthala, 2000, 414°p ; Bernard TISSIER DE MALLERAIS, *Marcel Lefebvre, une vie*, Étampes, Clovis, 2002, 720 p.

[25] Cf. Lettre ouverte à Son Excellence Monseigneur Paul Etoga. Évêque auxiliaire de Yaoundé.

Première partie
Aux sources de l'édification de la figure sacerdotale et épiscopale de Mgr Paul Etoga

> « La famille est le lieu principal de la croissance de chacun car, à travers elle, l'être humain s'ouvre à la vie et à cette exigence naturelle de se mettre en relation avec les autres ».
> Pape François

À partir d'une relecture de la vie et de l'œuvre de Paul Etoga, il appert que la figure de prêtre et d'évêque qu'il incarne aujourd'hui n'est pas le fruit d'un hasard. Elle est la résultante d'un processus entamé depuis sa propre famille jusqu'à l'ordination épiscopale en passant par le séminaire et l'ordination sacerdotale avec ses multiples péripéties et écueils. Une figure bâtie par la culture de son terroir et celle de l'occident. Il évolue dans un contexte de souffrances et d'humiliations avec en prime une scolarité perturbée par les réalités de la domination coloniale. Sa formation au petit et au grand séminaire n'échappe pas aux difficultés liées à toute formation sacerdotale. Cependant, cette figure de prêtre donne lieu de penser qu'elle est révélatrice d'un modèle de pasteur engagé et discret. La devise sacerdotale choisie de commun accord avec ses camarades d'ordination manifeste, quant à elle, une volonté commune d'engagement et un état d'esprit de tout un groupe de prêtres décidés à faire de la prière le préalable de leur engagement sacerdotal. En étudiant sa vie et son œuvre des années après sa mort, l'on comprend que les dures épreuves endurées dans son enfance, au petit et au grand séminaire, le préparaient – sans qu'il en fût lui-même conscient – aux défis rencontrés plus tard dans sa vie de prêtre et d'évêque. Les deux univers traditionnel et religieux jettent les premiers jalons de réponse à la problématique du modèle de vie et d'engagement ecclésial et politique de ce prélat. Tout son ministère presbytéral et une bonne partie de son épiscopat se déroulent, non seulement dans un contexte particulier de domination coloniale, mais aussi dans une situation où de l'intérieur l'Église missionnaire est en plein clivage entre le clergé autochtone et occidental.

Chapitre premier
Processus d'édification de la figure sacerdotale et épiscopale de Paul Etoga. Contribution familiale, scolarisation et formation

La figure[26] sacerdotale et épiscopale du premier prélat camerounais draine curieusement admiration et dédain. Comment comprendre ce paradoxe ? La réponse ne semble pas toute donnée, au vu des enjeux ecclésiaux et politiques qu'elle implique. Aussi, l'intérêt est-il de montrer l'importante contribution de son univers familial, scolaire et ecclésial, qui a présidé au processus de réalisation de ce qui se présente, aujourd'hui, comme son portrait symbolique et apodictique, en tant que citoyen et homme d'Église. Par rapport à la contribution de son univers familial, force est de rappeler la complexité de l'institution familiale en Afrique car « [d]éfinir la famille africaine, est un exercice très difficile. [...]. Par le jeu des multiples alliances symboliques et biologiques, personne ne peut dire où commence et où se termine une famille africaine »[27]. Toutefois, dans son autobiographie, il donne une visibilité remarquable par rapport à sa famille dont l'apport est fortement marqué dans la formation de la figure sacerdotale et épiscopale qui est la sienne. Aussi, les souffrances endurées lors de sa scolarisation, affectée par les travaux forcés, les tribulations au séminaire, permettent-elles de cerner cet apport familial dans sa personnalité, ses sensibilités ainsi que ses convictions. Ces souffrances permettent de comprendre ses capacités, ses limites et de ses échecs.

---

[26] Par figure sacerdotale est signifié le portrait moral, symbolique et représentatif de l'exemplarité de la personnalité ainsi que de l'œuvre de celui qui fut le tout premier prélat du Cameroun et de l'Afrique noire française.

[27] Ferdinand EZEMBE, *L'enfant africain et ses univers*, Paris, Karthala, 2009, p. 93-94.

I. Apport familial : une contribution fondamentale

Le mécanisme du système éducatif en milieu traditionnel béti[28] marque fortement le processus de socialisation de l'enfant. Il est difficile de donner avec exactitude les origines et les différents sens du mot Béti[29]. Toutefois, il faut noter que le cadre familial apprit très tôt au jeune Etoga la simplicité, le respect des parents et des ainés, la résilience, l'amour du travail et de son terroir, la culture de la paix, la prière et l'harmonie. Dans cette optique, à travers ses parents, ses frères et sœurs, sa famille constitue un tremplin d'initiation et de protection.

1. Parents et fratrie

Pour Paul Etoga, la famille fut un lieu d'initiation et d'assurance. Il reste cependant difficile de situer avec exactitude sa date de naissance parce que précise-t-il, « l'acte civil n'existait pas encore quand je fus venu au monde »[30].

---

[28] Par rapport à Mgr Paul Etoga, d'autres détails sont fournis dans son autobiographie. Enfin, concernant l'orthographe du mot Béti, régulièrement utilisé il s'écrit « Beti » ou encore « Béti », en majuscule ou en minuscule selon le contexte.

[29] Voir l'ouvrage de l'anthropologue africaniste français Philippe LABURTHE-TOLRA, *Les seigneurs de la forêt. Essai sur le passé historique, l'organisation sociale et les normes éthiques des anciens Béti du Cameroun*, Paris, L'Harmattan, « Collection racines du présent », 2009, p. 47-52. On peut retenir que cette entité ethnico-anthropologique, sociologique et linguistique est principalement localisée dans les régions du centre et du sud Cameroun. À ce sujet, d'après Jean-Paul Messina « [c]e qu'on appelle ici beti est une mosaïque ethnique dont la zone de peuplement correspond globalement au plateau sud-camerounais, soit du 2ème au 4ème degré de latitude Nord et du 11ème au 12ème degré de longitude Est. Il s'agit d'un vaste ensemble de peuples culturellement homogènes et rattachés à la famille pahouine du groupe bantou. Les Béti et apparentés parlent une même langue, mais avec des variantes et des nuances locales », cf. Jean Paul MESSINA, *La mission catholique de Mvolyé. De 1901 à nos jours*, Yaoundé, Presses de l'UCAC, « Collection Église en Afrique », 2001, p.13. Il faut remarquer qu'au cœur de cette « mosaïque ethnique » il faut retenir que l'essentiel du système éducatif traditionnel est de préparer les jeunes à devenir des hommes et des femmes responsables pour assurer la pérennité de la famille et de la société dans ce qu'elles possèdent et véhiculent comme valeurs.

[30] Paul ETOGA, *Mon autobiographie*, édition réalisée par l'Abbé Professeur Edmond Dillinger, Chanoine honoraire avec l'aide de la VC-Afrika-Hilfe, 1995, p. 7. À cette époque, déterminer la date de naissance d'un enfant relevait d'une technique particulière consistant à se référer aux dates de création d'une plantation et à la durée de maturation de certaines cultures vivrières. Approximativement, « [p]our connaître mon âge, écrit-il, ma mère vous dirait : par exemple, quand Etoga est né, j'avais une plantation d'ignames à tel endroit, ensuite une autre à tel endroit », cf. *Ibid.* Grâce à cette technique empirique de comptage de l'âge d'un enfant et sachant que l'igname

De l'enfance à l'épiscopat, il maintint le lien qui l'unissait à sa famille[31]. Malgré tout, il ne sacrifia jamais son ministère de prêtre ou d'évêque au profit de celle-ci. L'intérêt est de retrouver dans son éducation familiale les fondamentaux de sa personnalité qui l'a toujours caractérisé. Une famille qui fut pour lui une école de la joie familiale et de la maîtrise de soi face aux situations. Elle fut également un cadre de la culture de l'amour du terroir qui, plus tard, trouve un écho dans son amour pour l'Église. Cette vocation à l'initiation des enfants n'est pas spécifique à sa famille. Ainsi, de manière générale, dans toutes les cultures, le cadre familial est le lieu premier d'intégration et d'initiation intégrale de l'humain. Autrement dit, la famille se situe au début du processus de socialisation, d'apprentissage et de responsabilisation. Le sens et la conscience citoyenne, religieuse, culturelle, cultuelle et même politique y trouvent un espace d'éveil. Il est également un cadre de protection de ses membres.

Paul Etoga bénéficie de sa fratrie protection et apprentissage à la responsabilisation. Ceci porte à comprendre qu'au sein de son univers socioculturel, fortement marqué par la tradition, l'éducation est d'abord une affaire de famille[32]. Aussi, les activités familiales et sociales obéissent-elles à

---

arrive à maturité au bout de dix mois, l'on a pu estimer non sans exactitude l'année de naissance du prélat, c'est-à-dire qu'il serait « venu au monde en 1911 », cf. *Ibid.*

[31] Les informations relatives aux origines de la famille biologique du prélat Etoga se trouvent, pour l'essentiel, dans le témoignage qu'il livre dans son autobiographie, relayées par celui de certains de ses proches. C'est ainsi qu'on apprend que son père connut un premier mariage, et perdit sa première épouse à l'accouchement de leur premier enfant, Oka Ndzié, un garçon. Paul Etoga est le quatrième d'une famille de treize enfants, issus de l'union, en secondes noces, de son père avec Kunu Elisabeth sa mère. En Afrique, et dans certains pays, la famille nombreuse est la règle. La publication de son autobiographie intervient en 1995. Seules deux de ses sœurs sont encore en vie à cette date. Aujourd'hui, tous ses frères et sœurs sont décédés. Son père meurt sans recevoir le sacrement du baptême, contrairement à sa mère qui avait été baptisée. Il garde d'elle l'image d'une chrétienne engagée. Son père, quoique mort païen, est vu par son fils comme un « bon païen » : « Mon père mourut païen ; mais un bon païen, monogame, homme très doux, énergique et bien accueillant. Le christianisme arrivé n'était pas encore répandu dans l'arrière-pays ; sans doute mon père l'aurait embrassé ». Les conditions de vie de cette modeste famille blottie au cœur de la forêt équatoriale sont difficiles. Il fallut beaucoup d'efforts et de sacrifices pour ces deux parents de nourrir et d'éduquer une si nombreuse famille. Sa mère restée veuve éduque ses enfants dans la prière assidue et la crainte de Dieu. Son père, de son vivant, bien que païen, lui inculque les valeurs de douceur, de dynamisme et d'hospitalité. Ces trois valeurs, marquent à jamais sa vie d'homme et de pasteur. Le sens de l'effort et de la simplicité, d'un autre côté, fait naître en lui l'amour de son terroir. Il reste attaché à sa famille qui lui procure la joie d'avoir des frères et des sœurs.

[32] C'est pourquoi, après la mort de son père, il se voit pris en charge par son frère consanguin et aîné, Oka Ndzié, qui prend son éducation en main en devenant l'agent

des interdictions précises. La chasse que Paul Etoga affectionnait tant ne dérogeait pas à la règle[33]. Habile chasseur, le frère consanguin se charge de l'initiation de son cadet aux techniques de la chasse[34]. Ces activités aiguisent en lui le sens du devoir, de la responsabilité et de la discipline, ainsi que la conscience et la joie de participer activement à la vie familiale et communautaire. En effet, entretenir une plantation, s'organiser pour aller à la chasse, exigent de lui un double sens d'organisation et d'abnégation. Au final, Mgr Paul Etoga a été initié aux us et coutumes de son terroir, au sens du contact et de l'amour de la nature et au monde des esprits qui sous-tend chaque

---

responsabilisant et protecteur de son petit frère. Très jeune il est initié aux travaux champêtres et à la chasse, une des activités vitales pour nourrir la famille. Elle requiert technique et croyances car dans l'univers socio-culturel béti il y a une croyance au monde des esprits. Cette croyance implique que chaque activité est, de manière spécifique, régie par un ou plusieurs esprits dévolus à cet effet. L'activité est fructueuse selon l'humeur des esprits qui les influencent : « Le Béti d'autrefois n'attribuait pas le rapetissement de ses ignames ou le manque de gibier à l'épuisement naturel des sols ou de la forêt, mais à la mauvaise humeur d'esprits qu'il valait mieux fuir ». Philippe Laburthe-Tolra, *op. cit.*, p. 209. Pour ne pas attirer contre soi le courroux des esprits, il était interdit de parler en brousse : « Autrefois, un premier principe était qu'on évitait de se parler en brousse ou en chemin (de peur d'attirer l'attention d'êtres ou d'esprits malfaisants lorsqu'on n'était pas "en force") : d'où l'usage de ne saluer une connaissance qu'en frappant sa paume droite contre la sienne au passage, sans parler ni s'arrêter, en demandant tout au plus "Où vas-tu ?", sans attendre de réponse ». Philippe Laburthe-Tolra, *Ibid.*, p. 223.

[33] « Il était interdit d'appeler quelqu'un par son nom durant la chasse : on doit lui donner un nom d'emprunt ou s'adresser à lui en l'appelant simplement a moé, "mon ami". Cet interdit nous rappelle que la brousse est le domaine des morts et d'esprits qui pourraient jalouser les vivants : il convient donc de leur masquer l'identité de ces vivants, d'autant plus que la chasse est une incursion directe dans leur domaine. En effet, les animaux sauvages sont aux fantômes des morts (bekón) ce que les animaux domestiques sont pour les vivants. [...]. Comme des chiens fidèles, ils suivent partout leurs maîtres, qui circulent surtout de nuit et sous la pluie pour vaquer à leurs affaires : c'est pourquoi la saison des pluies et les lendemains de nuits pluvieuses sont les moments les plus favorables à la chasse : les animaux sauvages en circulant ont laissé leurs traces partout, et souvent, dans le va-et-vient précipité des fantômes, n'ont pas pu éviter les pièges. L'un des problèmes des chasseurs était de s'attirer les bonnes grâces de ces maîtres des animaux. Il ne fallait surtout pas "exagérer", manquer de discrétion à leur égard, par exemple en prolongeant la chasse outre mesure ou en construisant des pièges également démesurés », cf. Philippe LABURTHE-TOLRA, *ibid.*, p. 276.

[34] Il lui fait découvrir des procédés de divination ou « pratiques païennes » en l'initiant à « consulter la tarentule, afin de découvrir les secrets et d'acquérir la connaissance des évènements à venir ». Cette pratique est appelée, en langue ewondo, *abë-dë-ngam*. Il est, également initié, au « *Bian'-nsom* » pour avoir une chasse fructueuse et abondante. Le « *Bian'melam* » a pour effet d'attirer les animaux dans les pièges. Cf. Paul ETOGA, *Mon autobiographie*, *op. cit.*, p. 7.

activité. Ceci lui permit une connaissance de ce que peut être le Cameroun profond et culturel auquel il aura à faire une fois devenu prêtre, puis évêque. Rien d'étonnant qu'il prît, plus tard, fait et cause pour son pays le Cameroun. À titre d'illustration, jusqu'à la fin de sa vie, il n'éprouve à aucun moment de la répugnance, ni pour sa famille, ni pour son terroir dont il partage les joies et les souffrances, ni même pour l'Église.

Finalement, avec Paul Etoga et ses congénères, on peut retenir que l'éducation traditionnelle béti est un engrenage d'initiations, c'est-à-dire un apprentissage aux connaissances et aux pratiques des usages de la société traditionnelle. Ces usages et pratiques, issus de l'héritage des ancêtres, concourent à la formation et au développement d'un individu. Dans la tradition béti, comme dans la plupart des traditions africaines dans le sud du Sahara, l'éducation d'un jeune garçon et d'une jeune fille diffère en fonction du projet de vie déterminé au préalable par la société traditionnelle. Ce projet est configuré au modèle du type d'hommes et de femmes que cette société souhaite avoir. Joseph Célestin Atangana rappelle clairement que :

> « [L]'école comme système d'enseignement, de formation et d'éducation ne fonctionnait pas chez les Beti comme cela se passe de nos jours avec les brassages inter ethniques que nous connaissons. L'école était un système clos et cloisonné, s'effectuant dans un cadre restreint. L'éducation était un problème de famille et se transmettait de père en fils et de mère en fille, soit par le canal de la tradition orale, soit par mimétisme en appliquant ce qu'on voyait faire les parents dans le vécu quotidien répété. On agissait, on réagissait en s'inspirant de la manière de faire du père qui était chargé de l'éducation des garçons ou de la mère qui s'occupait de celle des filles. En effet, le garçon devait se mettre à l'école de son père, l'accompagnant partout et cherchant à l'imiter en tout ; il devenait presque la doublure de son père. Par ce contact permanent, le garçon apprenait par exemple à cueillir les feuilles de raphia "akpa zam", pour tresser les nattes "atui bisie" afin de bâtir sa propre case. [...] Le garçon apprenait à se nourrir par la pêche, par la chasse en tendant une variété de pièges. Il apprenait à extraire le vin de palme soit en saignant les troncs de palmiers abattus soit en grimpant sur les palmiers à l'aide d'un cerceau ; il devait alors produire un vin de palme adapté à la spécificité des consommateurs potentiels, hommes ou femmes. Il était à la fois l'œil, l'oreille, le pied, la canne du père dont il devenait avec le temps complice, s'entendant l'un et l'autre au doigt et à l'œil. Il assistait le père aux différentes assises du village, relatives aux affaires coutumières, matrimoniales, domaniales et autres. Dans ces circonstances il s'initiait progressivement à l'art oratoire de ses ancêtres »[35].

---

[35] Joseph Célestin ATANGANA, *Des us et coutumes de nos ancêtres. À l'usage des jeunes générations*, Yaoundé, ISIprint, 2009, p. 17.

2. Une école de la souffrance

Au regard de sa vie et de son existence, Paul Etoga représente toute une école de la souffrance, c'est-à-dire une sagesse, un engagement et une attitude face à la souffrance[36]. En effet, depuis l'enfance, jusqu'à la mort et pendant le temps de formation, il la côtoie. La mort des siens est source beaucoup de souffrances car confie-t-il, « [t]ous mes frères sont morts »[37]. Jeune, il connaît la pénibilité des corvées ou travaux forcés. Monté en ville pour échapper à la corvée, il endure une autre souffrance[38] quand il faut se loger, se nourrir et étudier. Il éprouve également de la peine face à la maladie de sa nièce, Marie-Thérèse Amombo, tétraplégique pendant plus d'une vingtaine d'années, mariée et abandonnée par son époux. Quelques temps après la mort de Mgr Paul Etoga, elle recouvre « mystérieusement »[39] la santé.

Le cas de Paul Etoga trouve son intérêt dans l'attitude de résilience qui aura été la sienne dans les moments difficiles[40]. Cette attitude se présente comme un mode de vie, un état d'esprit, un engagement, une conviction et une volonté de surmonter les épreuves de la vie. Dans un monde en proie aux

---

[36] Le but poursuivi n'est pas de faire une étude approfondie sur la souffrance. Il s'agit plutôt d'évoquer l'essentiel des moments difficiles ayant constitué la souffrance de Mgr Paul Etoga, c'est-à-dire cette peine endurée dans son corps comme dans son âme. En d'autres termes, il s'agit de situations qui ont douloureusement atteint et marqué son moral et son physique sans pour autant le freiner dans son engagement ecclésial et politique. Au terme, l'intérêt fondamental ici est de dévoiler son attitude et sa sagesse face à la souffrance.

[37] Paul ETOGA, *op. cit.*, p. 5.

[38] Nous fournirons certains détails plus loin lorsque nous parlerons de la corvée, au niveau historique, et lorsque nous évoquerons sa vie d'écolier, de grand séminariste, de prêtre et d'évêque. Nous évoquerons également la souffrance qu'il a endurée dans sa chair à cause d'un diabète qu'il a combattu pendant plus de quarante années.

[39] « Mystérieusement », dans le sens où ce phénomène dépasse l'entendement humain, surtout qu'aucun témoignage écrit ne l'atteste, ni aucune expertise médicale. Une chose reste vraie, c'est que cette dame a été diagnostiquée atteinte de paraplégie. Cependant, aux dires de la concernée, et de ses proches, elle aurait vu, au cours d'une nuit, dans un songe, un vieillard lui demandant de se lever et de marcher. Le lendemain, au retour des champs de ses frères et sœurs, ceux-ci ont été surpris de la voir se tenir sur ses deux pieds et marcher, alors qu'ils l'avaient laissée alitée ce matin-là.

[40] En effet, face à ces souffrances son attitude amène à comprendre que la capacité de résilience résume cet ensemble de moyens humains, intellectuels et spirituels dont dispose une personne pour surmonter les situations graves et traumatisantes qu'elle traverse dans sa vie tant il est toujours vrai qu'aucune existence humaine ne saurait échapper à la souffrance. Mais l'observation des comportements et des réactions face aux situations montre que certaines personnes tombent dans la dépression parce que ne supportant pas ce qui leur arrive. Par contre, d'autres endurent les pires situations de la vie sans succomber à cette dépression. Ils s'y accommodent en adoptant une attitude d'accoutumance.

souffrances, l'attitude de ce prélat suscite admiration, interpellation, détermination, espoir et confiance en soi. Cette capacité exige un sens de l'éthique de la responsabilité que Max Weber oppose à l'éthique de conviction[41]. En réalité, il est très difficile de parler d'une frontière étanche entre l'éthique de responsabilité et de conviction[42]. Le témoignage de vie de Mgr Paul Etoga invite à concilier éthique de responsabilité et éthique de conviction, en ce sens que l'on doit pouvoir compter sur ses capacités et sur la Providence. Autrement perçu, il est question de concilier Foi et Raison. En

[41] Il faut retenir que la logique de l'éthique de responsabilité veut que chacun réponde de ses actes tout en en assumant les conséquences. Il s'agit alors de refuser toute attitude de victimisation de soi en adoptant une démarche de réappropriation de son agir. Max Weber en donne une explication dans son ouvrage *Le savant et le politique* en précisant que c'est en réalité « l'attitude de celui qui agit selon l'éthique de responsabilité qui dit : "Nous devons répondre des conséquences prévisibles de nos actes" […] ». Ainsi, en assumant l'entière responsabilité des résultats et des conséquences de ses actes, « [l]e partisan de l'éthique de responsabilité comptera justement avec les défaillances communes de l'homme […] et il estimera ne pas pouvoir se décharger sur les autres des conséquences de sa propre action pour autant qu'il aura pu les prévoir. Il dira : "Ces conséquences sont imputables à ma propre action" ». Ainsi considéré, celui qui agit selon l'éthique de responsabilité reconnaît au départ les limites d'un être humain. Ne cherchant aucune excuse il se remet plutôt en question de manière permanente. Il ne se dérobe pas et ne cesse de rechercher ce qui relève de sa pleine responsabilité. Cette attitude est caractéristique de celui qui veut son progrès et celui de sa communauté. Par contre, celui qui agit selon l'éthique de conviction a une attitude différente. L'exemple que prend Max Weber, à ce propos, est celui du chrétien qui « fait son devoir et en ce qui concerne le résultat de l'action il s'en remet à Dieu ». L'éthique de conviction suggère dans les résultats de l'action un partage des responsabilités. Elle n'offre pas un espace à une auto-évaluation et à une remise en question de soi par soi-même pour voir en toute entreprise ce qui est imputable à la personne qui agit. Ici, la providence tient une place importante dans l'évaluation de l'agir. Cf. Max WEBER, *Le savant et le politique*, Paris, 10/18, 1963, p. 206-207.

[42] Dans l'éthique de responsabilité, bien qu'assumant ses responsabilités, il y a toujours un aspect imprévisible en toute action. On ne peut pas toujours rendre compte de toutes les données d'une action à cause de certains paramètres qui ne dépendent pas de la personne qui agit : les imprévus ou aléas. Au terme d'une action et au vu des résultats surprenants on peut dire, « j'ai eu de la chance ou de la malchance » pour exprimer la surprise. Dans l'éthique de conviction il ne faut pourtant pas croire que l'individu qui agit est une marionnette où il semble livré à une prédestination qui ne lui laisserait pas un espace pour assumer les conséquences de son action. L'humain est doué d'intelligence et peut avoir une part de responsabilité dans ce qu'il fait. Il se doit d'agir de tout son être et en toute conscience. Même dans la Bible, Jésus demande de s'engager et de ne pas se réfugier dans le prétexte de la foi en Dieu pour se faire prévaloir de quelque confirmation en grâce : « Il ne suffit pas de me dire : "Seigneur, Seigneur !" pour entrer dans le Royaume des cieux ; il faut faire la volonté de mon Père qui est aux cieux » (Mt 7, 21).

achevant l'étude du cadre familial ayant moulé l'enfance et l'adolescence de Paul Etoga, il ressort que cet univers familial fut pour lui, l'occasion de bénéficier d'une éducation, d'une protection et d'une initiation à la tradition béti. Un univers qui fut indéniablement une source d'acquisition de certaines valeurs comme la simplicité, le sens de l'effort et de la souffrance, la responsabilité, la résilience, le courage. Cette éducation familiale constitue l'un des tremplins de l'édification de sa figure sacerdotale et épiscopale. En plus de l'éducation famille, il connut une scolarisation fortement marquée par la corvée et les travaux forcés, piliers du système de l'indigénat.

II. Paul Etoga : entre indigénat et école

Il se retrouve dans une situation imposée et compliquée : se laisser happer par le système de l'indigénat ou bien aller s'instruire à l'école. Tout compte fait, la scolarisation de Paul Etoga est fortement perturbée et tourmentée par la corvée ou encore les travaux forcés, l'ironie de l'histoire faisant qu'il passe son enfance et son adolescence dans un contexte de domination coloniale. Une période où la vie de tout un peuple est rythmée et organisée au gré du bon vouloir du colon. Cette douloureuse expérience déchire et ébranle les premières années de sa vie. Elle est, pour lui et pour ses congénères, une véritable épreuve de souffrances, d'humiliations, d'exploitation et d'indignité avec des conséquences néfastes sur le système familial et sociétal. Un bref aperçu de la politique de l'indigénat permet de mesurer l'impact tragique de cette politique sur le pays et la souffrance vécue par Paul Etoga dans sa vie d'adolescent et dans sa scolarisation.

1. Le système de l'indigénat

Deux choses sont à analyser : les raisons de la pratique et de l'institutionnalisation des travaux forcés d'une part et, d'autre part, la réalité de la pratique de l'indigénat au Cameroun et ses conséquences.

1° Un système d'indignité systématique

La privation des libertés et le déni de la dignité humaine entretenus par la politique de l'indigénat sont marqués par l'oppression, l'exploitation et l'humiliation. Dans cette situation de légitimation de la souffrance, l'administration coloniale est confrontée à l'indignation d'une partie du clergé missionnaire de l'époque qui prend fait et cause en faveur des opprimés. Aussi, dans leur engagement social[43], les pères spiritains s'opposent-ils vivement à ce système d'oppression systématique qui n'épargnait pas les enfants. Mgr Etoga, d'après son propre témoignage, vécut lui-même la triste

[43] Nous entendons par engagement social l'ensemble des initiatives des pères spiritains montrant leur souci de promouvoir le bien-être des fidèles autochtones, afin de préserver et de garantir leur dignité. Pour eux, les travaux étaient une entreprise inhumaine.

expérience de ce système : « Je n'échappai pas à la corvée [...]. Ce fut au moment où l'on construisait le Palais du Gouverneur Marchand, murs en terre battue, toiture couverte de nattes de raphia »[44]. Il s'agissait d'un système d'exploitation des vies humaines sans distinction de sexe. Il fut conduit, continue-t-il, « [...] une fois du côté d'Oveng[45], avec un groupe d'une cinquantaine d'enfants, garçons et filles »[46]. Généralement, dans cette situation, c'est le colon qui est mis sur la sellette, oubliant que certains fils du pays étaient les bourreaux de leurs propres frères et sœurs qu'ils exploitaient à leurs fins propres, à en croire la suite du récit de Mgr Paul Etoga : « [l]e policier qui nous commandait divisa le groupe en deux parties : une partie portait les charges à Yaoundé, l'autre partie allait travailler à la plantation du policier qui s'appelait Seme Ngon Minkoé, originaire d'Oveng. Nous allions alternativement à Yaoundé et à la plantation »[47]. Il doit son salut grâce à un policier colonial autochtone qui connaissait son frère aîné. Malheureusement pour le jeune Etoga, sa joie ne sera que de courte durée car, raconte-t-il, « [t]rois jours après mon arrivée au village, on m'arrêta de nouveau. Vainement ma mère s'était battue avec les policiers ! Charge sur la tête, me voici en route sur Yaoundé »[48].

La question des travaux forcés nécessite une évocation rapide pour bien comprendre le régime de l'indigénat, tremplin de la légalisation et de la légitimation de la pratique des travaux forcés, afin d'en ressortir l'essentiel des conséquences au niveau social et familial. À cette époque le Cameroun est sous mandat international. Cela signifie que sur le papier il n'est pas une colonie française, mais plutôt un territoire sous mandat international supervisé par la France. C'est pourquoi, le traitement réservé au Cameroun devait normalement être différent de celui des colonies. Dans la réalité cependant, précise Marc Michel, bien que « le territoire ait été un mandat international, les Camerounais relevaient du statut de "l'indigénat" commun à toutes les colonies françaises de l'Afrique subsaharienne dans leur relation avec

---

[44] Paul ETOGA, *Mon autobiographie*, *op. cit.*, p. 8.
[45] Oveng est un village de la région du centre Cameroun dans le département de la Mefou-et-Akono dans la commune de Mbankomo.
[46] Paul ETOGA, *Mon autobiographie*, *op. cit.*, p. 8.
[47] *Ibid.*
[48] *Ibid.*

l'administration »[49]. Il s'agit également d'un territoire qui regorge d'un potentiel économique considérable[50].

Il est à noter que la mise en route de la réalisation de l'« objectif économique », imposé à la France par la conférence de Londres, connaît de sérieuses difficultés, d'autant plus que la suite des travaux se présente en termes de nécessité, parce que devant absolument suivre leur cours. Mais « l'insuffisance des crédits consentis par Paris »[51] compromet le financement des travaux. On dénote également « l'absence d'une législation du travail »[52]

---

[49] Marc MICHEL, *La France au Cameroun 1919-1960. Partir pour mieux rester ?*, Paris, Éditions Les Indes Savantes, 2018, p. 56. Le Cameroun gonflait ainsi de ce fait les effectifs des colonies françaises de manière officieuse ainsi que les territoires concernés par le système de l'indigénat dont l'enjeu répondait opportunément à l'obligation de rentabilité que le territoire camerounais sous mandat français doit, à cette époque, garantir à la France métropolitaine astreinte à un « objectif économique » selon l'esprit des accords de Londres. Il fallait urgemment adopter une stratégie d'action. Louis Ngongo en donne quelques détails dans son livre *Histoire des forces religieuses au Cameroun. De la première guerre à l'indépendance*. La problématique de cette urgence d'action et de stratégie était claire : « Comment atteindre l'objectif économique fixé à la France par les accords de Londres ? Quel serait le processus le plus rapide qu'il faudrait adopter pour améliorer le bien-être individuel et collectif des indigènes ? Comment et à quel niveau faire participer ces derniers au développement de leur pays aussi bien dans le secteur privé que dans le public ? En un mot pour accélérer la mise en valeur du pays, quelle politique des travaux publics faudrait-il mettre en œuvre ? ». Cf. Louis NGONGO, *Histoire des forces religieuses au Cameroun. De la première guerre mondiale à l'indépendance*, Paris, Karthala, 1982, p. 81. Cette problématique et cette urgence se résument en quelques points : l'objectif économique avec obligation de résultat, c'est-à-dire réalisation du résultat escompté; le bien-être des autochtones de manière individuelle et collective ; la participation de ces derniers à leur bien-être particulier et d'ensemble ; le développement du pays des colonisés qui demande également la participation de ces derniers ; enfin la politique des travaux publics à mettre en route pour atteindre l'« objectif économique », lequel s'avère justement à la mesure du potentiel économique dont regorge le Cameroun depuis cette époque.

[50] Ce qui signifie que l'administration coloniale arrive dans un territoire qui abonde en ressources naturelles malgré les effets néfastes de la guerre. En termes clairs et explicites, « [e]n prenant en mains les destinées du Cameroun en 1917, les Français héritent d'un pays de près de 432 000 km carrés, peuplé à peine de 4 millions d'habitants, en partie ruinée par la guerre ; mais ses potentialités économiques rendent optimiste l'observateur le plus pressé. Les prospections des ingénieurs allemands dont on a retrouvé quelques dossiers révèlent un sous-sol riche, des terres fertiles où poussent sans difficulté café, cacao, bananes, hévéas, palmiers à huile. Sur la carte de nombreuses voies navigables et terrestres en projet relient les différentes régions. Certains de ces projets ont connu un début de réalisation : l'infrastructure routière et ferroviaire notamment ». Cf. Louis NGONGO, *ibid.*, p. 82.

[51] *Ibid.*

[52] *Ibid.*

à même de garantir les droits et la sécurité sociale des travailleurs indigènes. En marge de ces soucis, la France semble avoir « une certaine idée de l'administration des colonies »[53]. Pour atteindre les objectifs poursuivis, la solution est toute trouvée par l'administration coloniale française en instituant les travaux forcés. La main d'œuvre coloniale étant facile, bon marché et abondante, se présente comme une excellente opportunité pour les colons. L'administrateur, ayant grand pouvoir sur ses administrés, en dispose à sa guise et ne tolère aucune protestation de la part des indigènes. En clair, les raisons de l'institutionnalisation de l'indigénat sont établies et renforcées, surtout que « la France n'a pas encore digéré les ruines de la guerre »[54]. Ces incertitudes juridiques et financières constituent « autant de facteurs qui contribuent à transformer les travaux publics en chantiers de travaux forcés. Le pas est d'autant plus vite franchi que le régime de l'indigénat met constamment à la disposition de l'administrateur autant de manœuvres qu'il désire »[55]. L'effectivité de l'indigénat était alors mise en route sans inquiétude : l'administrateur colonial, « [n]anti d'un pouvoir pratiquement sans limite sur les populations, [...] peut, avec la complicité des chefs, vider des villages entiers de leurs habitants qu'il déplace dans les chantiers de son choix, femmes et enfants compris »[56]. Le gouverneur était le tout-puissant de l'administration coloniale[57].

Pour comprendre l'enjeu de la présence et de l'autorité coloniale française au Cameroun, il ne faut jamais perdre de vue que ce pays, quoique sous le régime de mandat, était géré par la France comme une colonie à part entière. En effet, « [l]e statut de mandat "B" laissait aux mandataires les mains libres

---

[53] *Ibid.*

[54] *Ibid.*

[55] *Ibid.*

[56] *Ibid.*

[57] Pour mémoire, retenons que la présence française au Cameroun vers les années 1930 est bel et bien effective. L'indigénat est officiellement établi, institutionnalisé et légitimé par la promulgation du décret du 4 octobre 1924. Ce décret fait du gouverneur le potentat de la vie et de l'existence des indigènes dans les colonies. Aucun débat public ne préside à la prise des décisions concernant la vie des populations dans les colonies car « [t]ous les pouvoirs sont en effet concentrés entre les mains du gouverneur, représentant de la République française. Cet "empereur sans sceptre", véritable proconsul à la romaine, délègue souvent une partie de ses pouvoirs à ses adjoints dont les plus importants portent le titre de chefs de circonscription », Louis NGONGO, *ibid.* Ces chefs jouissent de prérogatives illimitées. Louis Ngongo en fait une description détaillée en ces termes : « De 1917 à 1944 ceux-ci ont joui d'une prérogative particulière : le droit d'infliger, sans jugement et à tout nègre des colonies, des sanctions, "des peines disciplinaires" allant de la bastonnade ou du portage à la prison. On y ajoute des journées de travaux forcés si l'impôt de capitation n'a pas été payé. À ce régime auquel n'échappent en principe ni prêtres ni pasteurs indigènes, on a donné le nom d'indigénat. Un décret du 4 octobre 1924 l'officialise », *ibid.*, p. 81.

pour administrer ces territoires "comme leurs propres colonies", d'autant plus que l'accord de Londres de 1922 avait reconnu à la Puissance mandataire "pleins pouvoirs d'administration et de législation" sur le territoire qui lui était confié »[58]. La situation des populations, astreintes aux travaux forcés et les conditions inhumaines dans lesquelles elles travaillent, ne laissent pas indifférent une bonne partie du clergé missionnaire. Et « [c]'est ici qu'interviennent les forces religieuses pour prendre la défense de ceux qui ne peuvent ouvrir la bouche pour protester »[59]. Mgr Vogt ne manque pas à son tour de dénoncer les exactions de la police coloniale sur les populations indigènes. Il suggère même l'abrogation pure et simple du système de l'indigénat et les travaux forcés. Les relations entre le clergé missionnaire et l'administration coloniale entrèrent en crise[60]. Cette situation ne pouvait durer longtemps sans interpeller la conscience et l'âme pastorale des pères spiritains[61] en mission au Cameroun. Pour terminer, l'on retient amèrement que les travaux forcés eurent un impact substantiel sur l'équilibre social et familial.

2° Conséquences de l'indigénat

Elles sont manifestes dans le système social et familial autochtone. De prime abord, la pratique et la politique de l'indigénat, visibles à travers les travaux forcés, n'ont pas été spécifiques à l'administration coloniale française[62]. Ces travaux forcés ont fortement compromis l'importance des populations de manière quantitative et qualitative. L'une des plus graves blessures, que la mémoire collective oubliera difficilement, est, ce que Louis Ngongo appelle dans son ouvrage, « l'hémorragie démographique » car « ces

---

[58] Marc MICHEL, *op. cit.*, p. 35.

[59] *Ibid.*, p. 82. Il est à remarquer que, face aux abus auxquels donnent lieu l'application de ce décret établissant l'indigénat et la pratique des travaux forcés qui en découlait, les pères spiritains commencèrent à s'indigner des atrocités causées par celle-ci. C'est ainsi que, « [l]e curé de la mission catholique de Minlaba fut informé des conditions pénibles de vie et de travail pénible des enfants, des femmes et des hommes engagés de force dans le chantier. Après avoir vérifié les informations reçues, il adressa un rapport à Mgr Vogt dénonçant cette nouvelle forme d'esclavage (conditions de vie dégradantes et humiliantes) ». Cf. Jean-Paul MESSINA et Jaap van SLAGEREN, *Histoire du christianisme au Cameroun : des origines à nos jours*, coll. « Mémoires d'Église », Yaoundé, Karthala-Clé, 2005, p. 170.

[60] Cf. *ibid.*, p. 170-171.

[61] Les pères spiritains sont évoqués ici par rapport à leur élan de générosité missionnaire laissant supposer qu'ils étaient indignés de la pratique des travaux forcés. Cependant, en coulisse, il y en avait qui soutenaient le joug colonial dont souffraient les autochtones. Et parmi les autochtones, bon nombre, c'est-à-dire certains chefs traditionnels tiraient profit du système colonial.

[62] D'autres puissances coloniales comme l'Allemagne, la Belgique, par exemple, ont également eu recours à cette pratique dans leurs différentes colonies.

travaux ont "dépeuplé le Cameroun central" par de nombreuses évasions d'hommes valides vers la Guinée espagnole, l'Île de Fernando-Po, le Cameroun sous mandat anglais et le Nigéria »[63]. Il appert que les travaux forcés ont largement contribué à la domination des peuples colonisés par l'usure et la désorganisation de la structure familiale indigène[64]. En plus de la souffrance physique, les hommes et les femmes, livrés aux travaux forcés, sont atteints dans leur mental, provoquant une déchirure psychologique. Cette déchirure maintient le colonisé, jusqu'à nos jours, dans un sentiment de perpétuel complexe d'infériorité et une conviction que son salut est lié à un devoir de dépendance vis-à-vis du colonisateur. Louis Ngongo résume la réalité de la situation en affirmant que « [c]es travaux publics ont usé le pays. La présence d'hommes sur les chantiers a désorganisé la famille indigène, appauvri les villages, et contribué à maintenir chez l'indigène une mentalité d'esclave »[65]. Au final, à cause des travaux forcés, Paul Etoga « enfant des corvées, » connut des moments difficiles dans sa vie d'écolier.

---

[63] Louis NGONGO, *op. cit.*, p. 86. On constate aujourd'hui, à la suite de Louis NGONGO, que cette hémorragie s'est manifestée par l'éparpillement des familles de même souche culturelle, linguistique et religieuse dans différents pays d'Afrique. Cette situation est encore palpable aujourd'hui entre le Cameroun, le Gabon, la Guinée équatoriale et le Nigéria où beaucoup de familles de même souche s'y retrouvent simultanément ; les frontières tracées par les colons ayant été conservées à l'accession à l'indépendance de ces pays au nom du principe de l'*ius possidentis*. Dans le droit international, ce principe est devenu le principe de l'intangibilité des frontières. Au nom de ce même droit les frères d'hier sont des étrangers par les désormais nationalités qu'ils possèdent. Les conflits qui pourraient éclater entre ces États sont en réalité des conflits fratricides. L'urgence pour l'Afrique en quête des retrouvailles de son identité culturelle, spirituelle, politique et économique est de se réapproprier cette fibre des origines communes partagée par bon nombre d'Africains qui ont été séparés arbitrairement par l'imposition des frontières coloniales. Cette réappropriation ne doit pas être envisagée dans une dynamique de retour à l'authenticité, mais plutôt dans une dynamique d'affirmation et de participation spécifique au rendez-vous du donner et du recevoir entre les peuples dans une conscience d'une appartenance originelle commune. Enfin, cette réappropriation aidera à la solution pacifique des conflits entre les pays africains.

[64] Physiquement, les hommes et les femmes affectés aux travaux forcés étaient épuisés. Très peu de femmes restaient au foyer, brisant ainsi l'équilibre familial et sociétal ainsi que l'harmonie dans la reproduction humaine. Les villages vidés de leurs bras qui pouvaient travailler dans les champs sombrent dans la pauvreté et la misère. Le potentiel humain ayant été affecté ailleurs pour servir l'administration coloniale au lieu de nourrir et de développer les populations autochtones.

[65] Louis Paul NGONGO, *ibid.* Cette mentalité d'esclave demeure encore matière à réflexion. En effet, elle marque encore aujourd'hui ces peuples jadis colonisés, tant ils recherchent toujours la tutelle des anciens colons pour la prise en main de leur propre destinée. Aucun domaine n'est épargné que ce soit au niveau politique, économique, religieux ou culturel. Ils se sentent encore obligés de livrer le sort de leur

2. Vicissitudes d'une scolarisation

De manière logique, elle fut fortement perturbée par le système de l'indigénat. Paul Etoga, à l'exemple des jeunes garçons et jeunes filles de son époque, fréquente l'école du village. Mais, il ne manifeste pas assez de zèle vis-à-vis de l'école et se présente *ipso facto* comme un adepte de l'école buissonnière. Finalement scolarisé, l'on verra si l'école a été une échappatoire ou une voie de conviction pour son émancipation. Sa mère y voit un moyen d'échapper à l'esclavage et à la dégradation humaine de la corvée, afin de préparer et d'assurer sa respectabilité et son statut social d'avenir.

1° Ambiance mitigée

Etoga est préoccupé par un paradoxe : en même temps qu'il manifeste un certain bien-être parmi les siens, un sentiment de dédain et d'adversité à l'endroit de l'école l'habite ; cette école qui pourtant l'aidera à échapper au joug des travaux forcés. Il mène ses activités champêtres et de chasse en toute quiétude. Loin cependant de toute idée d'une vie douillette. Effectivement, sa tranquillité est mise à mal lorsqu'il est réquisitionné pour les travaux forcés. Né dans une famille modeste dont la survie est liée aux travaux de la terre, le futur prélat, grâce à ses plantations et à la chasse, ne manque pas de quoi vivre. L'amour du terroir le comble. Dans cette quiétude de vie et d'existence, aller à l'école ne se présente pas comme une priorité. Il l'avoue lui-même : « Je n'aimais pas l'école. Vincent Nnomo, homme très aimable, m'attrapa deux fois et me mettais dans une petite école près de mon village, je fuyais toujours et regagnais mes pièges en brousse »[66].

---

avenir entre les mains d'un assistanat providentiel. Au niveau de l'Église, nos évêques, si ce n'est pas tous, attendent encore des solutions toutes données de Rome pour résoudre les problèmes spécifiques à leurs Églises locales. Le pape François dans son encyclique *La joie de l'Évangile* se fait pourtant l'avocat d'une « décentralisation salutaire » en exhortant chaque évêque à trouver des solutions aux problèmes particuliers qui se posent dans son Église locale sans toutefois oublier cette communion « salutaire » avec le Saint-Siège. Il précise en effet : « Je ne crois pas non plus qu'on doive attendre du magistère papal une parole définitive ou complète sur toutes les questions qui concernent l'Église et le monde. Il n'est pas opportun que le pape remplace les épiscopats locaux dans le discernement de toutes les problématiques qui se présentent sur leurs territoires. En ce sens, je sens la nécessité de progresser dans une "décentralisation" salutaire ». Cf. FRANÇOIS, *Exhortation apostolique. La joie de l'Évangile*, Librairie Editrice Vaticane, Éditions Parole et Silence, 2013, n° 16.

[66] Paul ETOGA, *Mon autobiographie, op. cit.*, p. 8. Il préfère fuguer pour rejoindre ses pièges en brousse et manifeste ainsi son adversité vis-à-vis de l'école. Le système scolaire colonial ne semble pas répondre à ses attentes, lui qui aimait tant le travail manuel. On y lit une soif de liberté animée par un désir d'autonomie et de responsabilisation authentique par rapport à son univers socio-culturel. Les corvées émaillent tellement sa scolarisation au village, qu'il considère l'école comme une autre forme de corvée et de domination occidentale.

Toutefois, il fréquentera l'école du village, malgré les corvées subies avec d'autres jeunes de sa contrée. Le rythme scolaire en prend un coup, obligé de s'enfuir en brousse pour échapper aux rafles : « [p]ersonne ne couchait dans sa case, on se faisait une petite hutte en brousse, c'est là qu'on allait dormir »[67]. La dernière fois qu'il est réquisitionné pour les travaux forcés, malgré le refus de sa mère face aux policiers indigènes réquisitionnés par les chefs traditionnels nommés par l'administration coloniale, il prend la route de la ville à contre cœur. Alibi ou pas, il se convainc une fois en ville que l'école est nécessaire à son émancipation. Mais, il ne sait pas encore ce qui l'y attend, ignorant les réalités de la ville. Heureusement, sur son chemin, la providence mit des personnes de bonne volonté auprès desquelles il trouve soutien et réconfort dans son combat pour la survie.

2° Frustrations et survie

L'école de la ville n'est pas de tout repos pour le jeune campagnard nouvellement arrivé à l'école de Mvolyé. On y découvre un Paul Etoga aux prises avec les réalités et les péripéties de l'environnement urbain qu'il découvre, en même temps qu'il lui offre l'opportunité de faire de nouvelles rencontres. Heureusement qu'il ne rencontre pas que des personnes au cœur dur ; la providence met également sur sa route des hommes et des femmes de cœur. Il est difficile d'évoquer toutes les situations heureuses et malheureuses vécues. Les plus significatives révèlent les aspects déterminants et essentiels de l'édification de sa figure sacerdotale et épiscopale. Notons par exemple la situation de choc subi dès le tout premier jour de classe à l'école de la ville, ainsi que le dilemme à la Shakespeare auquel il est confronté[68]. De manière

---

[67] *Ibid.* Sa mère, lasse de voir son fils réduit ainsi en esclavage, l'exhorte à trouver une école en ville, et à ne plus remettre les pieds au village. Elle le voit, toute impuissante, embarqué de force pour la corvée portant une charge sur la tête. C'est alors qu'elle lui lance ce cri non moins rempli d'amertume et d'espoir tout à la fois : « va chercher l'école à Mvolyé, ne reviens plus ici, va chercher l'école, on veut faire de toi un esclave ». Il est question ici d'une expression de la peine d'une mère voyant le fruit de ses entrailles réduit à l'esclavage des corvées. L'école, pour cette mère éplorée, est le symbole de la libération et de l'affranchissement pour son fils. Elle refuse de voir ce dernier être engagé de force dans un avenir compromis par la corvée. Il s'agit pour elle d'une révolte contre l'injustice coloniale et la déconsidération de l'indigène par le même système coloniale. Cette femme revendiquait pour son fils le droit à la dignité et à la reconnaissance qui passe par l'éducation. La mère du jeune Paul Etoga se représente l'école comme une garantie d'un avenir de dignité et de respect pour son fils. Finalement, l'école qui fut au départ une échappatoire est devenue pour lui une décision de conviction au vu des circonstances dans lesquelles il décide de se faire inscrire à l'école de Mvolyé. Ironie du sort, l'école qu'il dédaignait lui offrait une bouée de sauvetage pour échapper à la corvée et commencer à prendre en main par lui-même sa propre destinée.

[68] Cette situation est révélatrice de son sens de l'effort, de la persévérance et de la combativité. En effet, rendu en ville après s'être déchargé de son colis, accompagné

indéniable, le premier jour de classe à Mvolyé est une véritable onde de choc pour son camarade et lui. Ce jour sonne comme une grande désillusion : à sa grande désolation l'école censée être un rempart pour son émancipation se transforme au premier jour en bourbier de la brimade et de la maltraitance. Son camarade Essomba Ngozolo en fut tellement négativement marqué qu'il décida de ne plus y aller. Pour les deux élèves c'est une absurdité que d'être puni sans avoir rien fait de mal. Et en moins de vingt-quatre heures de classe le camarade de Paul Etoga décrocha : « À la récréation, raconte-t-il, mon camarade me dit : je retourne au village ; on m'a battu pour rien. Il partit »[69]. Essomba fit preuve de répugnance pour l'injustice. En même temps il montrait qu'il était libre de ses choix malgré la rigidité de l'éducation de l'époque. Avec lui on comprend aussi qu'il était possible à un enfant de décider de ne plus aller à l'école pour se forger une voie d'avenir autre. Il donne également l'opportunité de mener aujourd'hui une réflexion sur le phénomène du décrochage scolaire[70] et la tâche éducative[71]. Il a fallu à Paul Etoga un sens de combativité et de persévérance pour ne pas décrocher à son tour.

Ne connaissant pratiquement personne en ville il est confronté au problème de logement, de maltraitance et de nutrition[72]. La question du manque de logement qui se pose à lui contredit de manière évidente la légendaire hospitalité africaine encore de mise à cette époque. Il est désemparé : « Me voici à l'école de Mvolyé ! Mais où demeurer ? Que manger ? »[73]. Sur recommandation de son frère aîné Okala Albert, il trouve un abri chez un

---

d'Essomba Ngozolo du même village que lui, Etoga se dirige vers l'école de Mvolyé pour solliciter une inscription. Ils y sont acceptés en cette année 1923 ; il a alors douze ans d'âge car présumé né en 1911. Son malheur et son épreuve du premier jour d'école en ville est qu'il écope d'une punition qu'il ne comprend pas, ainsi qu'il le relate lui-même : « Le matin même de notre première entrée en classe, le moniteur battit tous les enfants, même nous qui entrions pour la première fois ! Pour quel motif ? Mystère ! ». Cet épisode révèle la grande autorité que les moniteurs ou instituteurs exerçaient sur leurs élèves et sur les parents autrefois. Malgré les élans d'un abus d'autorité, ils jouissaient d'une notoriété sans encombre. Les parents tout comme les élèves ne savaient comment remettre en cause l'autorité de ces derniers. Aujourd'hui, les temps ont changé au point où l'éducateur n'est plus ce qu'il fut autrefois. Malgré le développement et l'amélioration des conditions de vie dans certaines parties du monde leur notoriété et leur reconnaissance sont mises à mal par les réalités actuelles. Face au déni de reconnaissance, beaucoup perdent l'estime de soi et commettent parfois l'irréparable. Au sujet de la « reconnaissance », cf. Axel HONNETH, dans son ouvrage, *Lutte pour la reconnaissance*, Paris, Cerf, 2010, 230 p.

[69] Paul ETOGA, *op. cit.*, p. 9.

[70] Cf. note en annexe.

[71] Cf. note en annexe.

[72] Le nouveau citadin doit absolument, dans un quotidien difficile, puiser dans toutes ses ressources humaines, intellectuelles et spirituelles pour sa survie et gagner le pari du processus de l'édification de sa personnalité en affrontant un quotidien difficile.

[73] Paul ETOGA, *Mon autobiographie*, p. 9.

moniteur de l'école de Mvolyé. Malheureusement, son épouse le maltraite : « quand je revenais de l'école elle ne me donnait rien à manger, mais elle m'appelait : "Etoga, va chercher de l'eau, lave les assiettes, va chercher du bois", etc. Je faisais tout cela, mais je mangeais très peu »[74]. Et « pour trouver à manger, il me fallait chercher les feuilles de patates douces [...] que j'enveloppais dans les feuilles de bananier et je mettais sous la cendre »[75]. De toute évidence, son séjour chez ce moniteur de l'école de Mvolyé témoigne de la maltraitance[76] dont sont victimes beaucoup d'enfants confiés à des proches ou à des connaissances. Pourtant, face à ces difficultés de logement et de nutrition, il ne se décourage pas. Au contraire, il fait preuve d'une capacité de résilience qui le marquera dans sa vie de séminariste, de prêtre et d'évêque.

À l'école de Mvolyé il a toutes les raisons d'abandonner ses études, mais il résiste à la tentation du décrochage[77]. De temps en temps, il est habité par la nostalgie des délices de la case familiale et de ses activités auxquelles il se livrait. Il s'en souvient le cœur serré parce que devant faire un choix : « Je pense à mes pièges, à mon pot de glu ! Retourner au village ? Ma mère me l'a défendu ! »[78]. Il ne retourne pas au village non parce que sa mère le lui avait formellement interdit mais parce qu'il commençait à prendre conscience de l'importance de l'école pour son avenir[79]. Paul Etoga accepte, malgré tout, de

---

[74] *Ibid.*

[75] *Ibid.*

[76] En Afrique, et dans beaucoup d'endroits dans le monde, il est courant que les enfants soient confiés à des proches ou connaissances. Il faut noter que dans plusieurs pays occidentaux, conformément à la législation en vigueur, les enfants pour telle ou telle raison sont placés dans des familles d'accueil. Très souvent, l'expérience tourne au cauchemar pour certains de ces enfants. Aujourd'hui encore la maltraitance infantile est d'actualité. Elle n'épargne aucune société. Or, un enfant maltraité draine des traumatismes difficiles à y remédier. Ces traumatismes font de lui une menace potentielle pour lui-même et pour la société dans la mesure où l'enfant est le plus souvent à jamais marqué par les toutes premières expériences, bonnes ou mauvaises. Mais, c'est les mauvaises qui l'impactent le plus.

[77] Cette attitude mérite une attention dans le cadre de notre travail pour que soit esquissé un rapprochement symbolique et significatif de la situation vécue par Paul Etoga à l'école de la ville avec celle du héros de *Hamlet*, une œuvre dramatique du poète William Shakespeare. Le point commun étant, quoiqu'avec plus de deux siècles d'écart et dans des circonstances différentes, l'exigence d'une prise de décision ultime dans un cas comme dans l'autre. Ainsi, en plus de l'humiliation des travaux forcés dont il est victime depuis son village natal, jusqu'à celle subie à l'école de Mvolyé, il n'abandonne pas sa lutte pour la survie et la quête de la connaissance.

[78] *Ibid.*

[79] Il réalise finalement que dans la vie il faut faire un choix pour donner sens à son existence. Il réalise en même temps que le choix doit désormais se faire par et dans lui, car « [v]ivre c'est choisir, et choisir c'est sacrifier quelque chose », affirme le Père Gaston Courtois, prêtre français né en 1897 à Rouen, et mort en 1970 à Paris. Il est le

continuer à aller à l'école occidentale avec courage, abnégation et ambition dans une perspective de réalisation et d'affirmation de soi. Cette attitude montre qu'il n'avait jamais abandonné la voie de l'effort. Pour survivre, il trouve de petits boulots dans les champs des moniteurs et vend du bois pour gagner un peu d'argent.

3° Paul Etoga : un instrument de la sagesse de Dieu

Grâce à certaines personnes de bonne volonté que la Providence[80] mit sur son chemin, il parvint à surmonter un bon nombre d'obstacles. En tant qu'homme de Dieu, il faut considérer l'intervention bienveillante de ces personnes dans la vie de Paul Etoga comme le fait inéluctable de l'intervention de la sagesse de Dieu, c'est-à-dire de la Providence[81]. Certains membres d'une

---

fondateur du mouvement des Cœurs Vaillants, et a été directeur général de l'Union des œuvres catholiques de France, cofondateur du Bureau international catholique de l'enfance, puis procureur général des Fils de la Charité. Quant à l'écolier Etoga, le dilemme shakespearien est plus que jamais devant lui : « Être ou ne pas être ». Il est encore tout jeune, mais il doit décider, soit d'aller à l'école, soit de retourner au village. Ainsi, « Être » revient à relever les défis qui se présentent sur son chemin, c'est-à-dire la faim, les brimades et accepter de s'engager à aller de l'avant sans hésitation. En revanche, retourner au village ainsi que le fit son camarade, c'est-à-dire, « ne pas être », serait un aveu d'échec, une démission et un manquement au rendez-vous de son histoire avec l'Histoire. D'un autre côté, « ne pas être » est également une trahison, un refus de grandir et une perte de la confiance en soi. (Nous parlons de shakespearien pour dire que la célèbre expression, « Être ou ne pas être », vient de William Shakespeare (1564-1616), dramaturge et poète anglais. Elle est tirée de son œuvre à succès *Hamlet*, parue en 1603, qui relate la tragique histoire d'un prince du Danemark).

[80] Mgr Paul Etoga, sans verser dans l'apologie, d'après certains témoignages recueillis lors de nos interviews, a été un homme de foi, un ecclésiastique pieux. Fort de cela, nous avons écrit Providence avec un grand « P » pour signifier cette conviction qui était la sienne, que Dieu était tout pour lui. Avec le *Dictionnaire historique de la langue française*, *op. cit.*, nous retenons les sens religieux du terme, pour justement « désigner la suprême sagesse par laquelle Dieu conduit tout (v. 1223), et, par métonymie, Dieu gouvernant le monde (1665, La Rochefoucauld), cet emploi seul requérant en principe la majuscule. Ce concept de nature religieuse entre au XVIIIe s. en conflit avec les notions de *destin*, *sort* et, sur un autre plan, de *Nature* ». Nous parlerons également de providence avec petit « p », de manière extensive, selon le même dictionnaire, car, « le mot désigne une personne ou une chose contribuant au bonheur, à la fortune de qqn (1989), par exemple dans *être la providence de qqn* (1718) » (gras et italiques dans le texte). Évidemment, dans cette rubrique, nous voyons certaines personnes, hommes et femmes, qui concourent au bonheur du petit Etoga. Même dans sa vie de prêtre et d'évêque, il rencontre des hommes et des femmes de bonne volonté, que nous appelons aussi des âmes de bonne volonté, qui se révèlent comme des facilitateurs dans telle ou telle situation.

[81] Cette sagesse divine permet de comprendre que le bienfaiteur ne partage pas toujours un lien de son sang avec la personne aidée.

famille peuvent se montrer généreux, ainsi que l'ont été envers lui[82] certains de sa propre famille. En premier, il est normal de citer ses propres parents qui, malgré leurs moyens limités, ont pourvu à son éducation et à celle de ses frères et sœurs. Cela peut paraître un acquis. Il est important, pour un modèle de conscience et d'exemplarité parentale, de signaler le mérite de ces derniers qui n'ont pas démissionné face à leurs responsabilités. Son père étant décédé tôt, sa maman, toute seule, prit principalement en main l'éducation de ses enfants. Elle n'hésite pas à en venir aux mains avec les policiers coloniaux pour empêcher que l'un de ses fils soit réduit en esclavage par le système colonial des travaux forcés. Elle parcourt « cent kilomètres à pied », une fois par mois, pour rendre visite à son fils Etoga. Par ce geste, elle traduisait en acte cette vérité et cette sagesse qui disent que rien n'arrête l'amour d'une mère pour son fils. Son frère aîné, sacristain et logeant chez les pères spiritains de Mvolyé, fait de son mieux pour venir en aide à son petit frère, malgré qu'ils ne se voyaient pas régulièrement, tellement l'accès chez les pères était difficile. Il est pour son petit frère d'un grand soutien tant au niveau psychologique que matériel.

En dehors de sa famille, la Providence frappe toujours à sa porte par l'entremise de plusieurs personnes dont Véronique Bikié et Julienne Ambani. Il y a également les pères spiritains de la mission de Mvolyé dont le père Pierre Pichon et son frère François Pichon. Ils auront été d'une grande aide pour le jeune Etoga[83]. Sa vie connaît un tournant décisif lors de sa rencontre avec le père Pierre Pichon. Ce dernier le prit sous sa protection avec bienveillance en

[82] Cependant, il est difficile de dresser une liste exhaustive des membres de sa famille qui se sont montrés affables à son égard. Beaucoup l'ont aidé dans sa lutte pour la survie.

[83] Ces figures sont importantes et utiles à évoquer parce qu'elles montrent que le bonheur, même à la dernière minute, est à espérer. Elles montrent également que la solution à un problème ou à une situation arrive le plus souvent à un moment où l'on ne s'y attend pas. Cela nécessite un travail de longue haleine et endurant parce que la réussite est au bout d'un effort de persévérance. À ce propos, un homme d'affaires américain affirme que « [p]our réussir, travailler dur, ne jamais abandonner et surtout chérir une obsession magnifique », Walt DISNEY, homme d'affaires américain, producteur et scénariste (1901-1966). Cf. www.citation-celebre.leparisien.fr. Aussi, trouve-t-il auprès de Véronique Bikié, mère du condisciple de son frère aîné Albert Okala, un bon accueil. Malheureusement la distance de cinq kilomètres entre Yelebogo où il habite chez Véronique et le lieu de l'école ne lui permet pas de gagner le pari de la ponctualité tous les jours. Julienne Ambani dont il se souvient des années plus tard, quant à elle, intervient dans sa vie un jour alors qu'il est à la quête de la ration quotidienne. Prise de compassion, elle invite le petit Etoga chez elle prendre régulièrement un bon repas : « Je garde un très bon souvenir de madame Ambani, qui, un jour, me trouva en train de chercher des noix de palme sous un palmier. J'avais faim ! Julienne m'invite plusieurs fois à manger chez elle », cf. Paul ETOGA, *op. cit.*, p. 9.

l'intégrant au service de la mission : « Le Père Pichon me prit comme chambriste. Il me fit cadeau d'une petite culotte, d'une chemisette et d'un béret multicolore. Je fus donc au service de la mission grâce à mon frère Albert »[84]. Opportunément, il rencontre pour la première fois Mgr François-Xavier Vogt dont il gardera un émouvant souvenir : « C'est moi que Mgr Vogt envoya balayer la pièce où il commença son petit séminaire, œuvre pour laquelle tous les missionnaires n'étaient pas d'accord »[85]. Les pères de la mission catholique de Mvolyé ont à charge de s'occuper de sa formation humaine, spirituelle et intellectuelle. Une fois son examen de catéchèse réussi il reçoit le sacrement du baptême le 20 janvier 1924 à l'âge de treize ans. C'est le père François Pichon, frère du père Pierre Pichon qui lui administre son premier sacrement. Lorsque le père Pierre Pichon[86] est affecté à la paroisse de Minlaba son frère François le prend à son service[87]. Malheureusement, il connaît un autre revirement de situation avec l'arrivée, à la mission de Mvolyé, des sœurs spiritaines en 1925. Ces dernières marquent leur présence en réorganisant la mission. Elles congédient d'un revers de main discriminatoire une catégorie spécifique du personnel. Ce fut un coup dur inoubliable pour tous les boys de la mission. Concrètement, « [e]n 1925, les sœurs spiritaines arrivent. Elles vont tout faire avec les filles, on met les boys à la porte »[88].

---

84 Paul ETOGA, *Mon autobiographie*, *op. cit.*, p. 10.

85 *Ibid.* Cette rencontre avec le père Pierre Pichon est une heureuse aubaine pour Etoga : il est engagé au service de la mission, sa condition de vie change et le point culminant est sa rencontre avec Mgr François-Xavier Vogt considéré comme le « père du clergé autochtone » camerounais. Sollicité par Mgr Vogt pour un service, il est le premier à donner le tout premier coup de balai dans le site qui allait être le lieu d'entame de la formation du clergé autochtone camerounais : le petit séminaire de Mvolyé. On est en 1923. Trente-deux ans plus tard, il devient premier fils du pays à être élevé à la dignité épiscopale le 30 novembre 1955. Pour Mgr Vogt, commencer la formation des indigènes au sacerdoce ministériel a été une véritable gageure à cette époque, ainsi qu'on le voit dans le chapitre consacré à la formation sacerdotale de Paul Etoga.

86 L'on peut se demander pourquoi l'affectation du père Pierre Pichon à Minlaba, première paroisse du diocèse de Mbalmayo créée en 1912 par les pères pallottins allemands ; le diocèse de Mbalmayo n'existait pas encore à cette époque-là. Cette affectation est motivée par les constitutions de la Congrégation des spiritains qui interdisent que deux frères fassent office dans une même mission.

87 Il lui apprend à lire, à écrire et à calculer. Avec l'appui du père François Pichon, il n'accuse pas de retard dans ses études primaires. En même temps, il est boy chez les pères. Cette situation l'éloigne de la précarité un bon moment et il retrouve sérénité et assurance. Le terme « Boy » est pris dans le sens de domestique, chargé de faire des travaux domestiques dans une habitation.

88 Paul ETOGA, *Mon autobiographie*, *op. cit.*, p. 11. On se demande pourquoi cette discrimination : les pères prenaient avec eux les jeunes garçons, et les sœurs les jeunes

La bonne volonté de son parrain de confirmation, Jean Ambara, ne suffit pas pour juguler le problème de la distance entre le domicile de ce dernier et l'école de Mvolyé. Dans cette déconvenue, un regain d'espoir est retrouvé grâce au père Fleury, procureur et secrétaire de Mgr Vogt, qui le ramène à la mission où il s'occupe de la vente des fournitures classiques, ainsi que du courrier[89]. Son traitement était à la mesure de l'estime que le père avait à son égard : « Le Père m'habillait. Pour vivre il me donnait cinq francs par semaine. Toute nourriture que je trouvais sur la fenêtre du père Pichon m'appartenait. Un jeune garçon qui avait quitté l'école pour être hébergé chez les Pères me faisait la cuisine »[90]. Il bénéficie désormais d'un accueil favorable auprès des pères de la mission ; un accueil qui permet l'éclosion de sa personnalité et de son épanouissement[91]. Finalement, la scolarisation de Paul Etoga, dans le cycle primaire, fut classique en dehors des difficultés rencontrées. Paul Etoga usa de persévérance et détermination. Ne disposant pas encore de sources attestant de ses bonnes ou de ses mauvaises notes, l'on constate que son cursus scolaire est sanctionné par le succès aux examens. La formation au petit et au grand séminaire contribue également à l'édification de sa figure d'homme de Dieu et d'Église que l'histoire et la postérité gardent de lui aujourd'hui.

III. Concrétisation d'une vocation

Il s'agit du parcours et de l'aboutissement de la vocation sacerdotale de Paul Etoga. L'occasion est donnée de rappeler que la vocation sacerdotale est d'inspiration divine. En effet, « *[l]e pasteur et gardien de nos âmes*, en fondant son Église, a pensé que le peuple choisi et *acquis au prix de son sang* devait toujours avoir ses prêtres jusqu'à la fin du monde, car il ne voulait pas laisser les chrétiens *comme des brebis qui n'ont pas de berger* »[92]. En plus, depuis les temps bibliques jusqu'à nos jours, toute vocation est particulière[93]. Le cheminement du natif de Nkolmewut vers le sacerdoce ministériel et son engagement en tant que prêtre, puis évêque, dans une Église marquée par le clivage entre le clergé autochtone et occidental sont une source d'informations

---

filles, situation qui reflétait la séparation entre l'école des filles et celle des garçons qui eut cours au Cameroun jusque dans les années soixante-dix.

89 Ce retour à la mission est une marque de confiance dont il jouit auprès des pères spiritains depuis les pères Pichon. C'est également pour lui l'occasion d'une initiation à la responsabilisation et au service.

90 Paul ETOGA, *Mon autobiographie*, *op. cit.*, p. 11.

91 Pour la première fois de sa vie, en dehors de la case familiale, il a quelqu'un qui lui fait la cuisine.

92 *Prebyterorum Ordinis*, n° 11 ; italique dans le texte.

93 En ce qui concerne Mgr Paul Etoga, dans l'histoire de sa vocation, il n'a pas toujours été question de devenir prêtre car son premier rêve fut tout autre. Toutefois, au fil du temps, la vocation sacerdotale est née en lui jusqu'au moment où il se décide à suivre la voie de la prêtrise et à faire de son désir de devenir prêtre une ferme détermination.

pleine d'enseignements. Ceci invite à la recherche d'éléments susceptibles de crédibiliser sa substantifique exemplarité de manière à le voir aujourd'hui comme pouvant être un modèle de vie et d'engagement ecclésial et politique.

1. Rêve d'écolier

Il parait naïf, mais sincère et rempli d'une symbolique significative. Subjugué par la dextérité d'un jeune fonctionnaire dactylographe, il nourrit en lui le désir d'en faire autant. Cependant, au fur et à mesure que le temps passe, ce qui était présenté comme projet de vie connaît un revirement radical qui marquera à jamais sa destinée.

1° Un symbole

Rêver de devenir comme telle ou telle personne a toujours bercé tout adolescent[94]. Par rapport à Paul Etoga, son rêve est illustratif d'une ambition et d'un désir d'autoréalisation, ainsi qu'une expression d'une liberté de choix par rapport au sens à donner à sa vie. Ce rêve montre, dans un des aspects de sa représentation, que la voie du sacerdoce, qu'il choisit plus tard, est le fait de son libre arbitre, et le revirement que connaît ce dernier en est révélateur. Au départ, il est tellement ébloui par un jeune fonctionnaire de l'administration coloniale dont il n'oubliera jamais le nom. Ce jeune fonctionnaire « tapait à la machine au Bureau de l'administrateur. Taper à la machine, raconte-t-il, me plaisait beaucoup et je me proposais de faire comme ce jeune homme, c'est-à-dire Jean Mbida »[95]. Ce rêve, au final, était devenu pour lui une détermination représentative de son désir de réussite, afin de compter parmi les élites et les reconnus de la société. Logeant à la mission catholique de Mvolyé, ce désir de devenir fonctionnaire montre, à suffisance,

---

[94] Généralement, à un certain âge, tout enfant innocemment, nourrit une ambition pour donner un sens à sa vie. Le plus souvent, il s'inspire du modèle soit de ses propres parents ou de celui d'une tierce personne voire d'un personnage fictif. Enfant ou adolescent, on se voit ainsi exercer tel ou tel métier dans l'avenir. C'est un réflexe légitime qui peut amener un jeune à tomber d'admiration en voyant un adulte dans une tenue de policier, de gendarme, d'infirmière, de médecin ou encore dans une soutane de prêtre. Cette reflexe d'admiration et de projection se retrouve en chaque enfant ou adolescent en âge de découvrir la vie et le monde. Il se retrouve également en chaque individu en quête de réalisation, indépendamment des époques, des lieux et des cultures. Il en a été ainsi de Paul Etoga alors qu'il est encore à l'école primaire de Mvolyé sortant de la campagne.

[95] Paul ETOGA, *Mon autobiographie*, *op. cit.*, p. 11. L'élève de Mvolyé trouve alors en lui un modèle auquel il aimerait s'identifier en devenant comme lui. Il s'agit pour le jeune écolier Etoga de la voie royale d'estime de soi et d'accomplissement pour une reconnaissance personnelle et sociale. Surtout qu'à cette époque toute personne employée d'administration comptait parmi les élites par le simple fait de travailler avec les blancs. Paul Etoga se présente dans son rêve comme un élève qui a de l'ambition et qui manifeste une certaine potentialité et une volonté de donner sens à sa vie.

qu'il ne pensait pas du tout à la prêtrise à ce moment précis, pas plus que sa maman qui l'encourageait à s'inscrire à l'école de la ville pour échapper à la corvée, en le dissuadant de retourner au village. Toutefois, on ne peut imaginer que sa maman ne voulait pas que son fils eût un avenir merveilleux. L'école, à son avis, était un tremplin de réussite pour libérer son fils du joug des travaux forcés. Ce rêve est un signe révélateur d'une capacité d'ouverture, pour Paul Etoga, au lien matrimonial et à une vie de famille avec femme et enfants. On peut y percevoir sans exagération, avec le recul qu'impose une relecture de sa vie et de sa vocation, que le sacerdoce ministériel ne semble pas avoir été pour lui un refuge. Son rêve d'écolier, par conséquent, est évocateur de ce que sa vie pouvait être orientée vers une voie autre que le sacerdoce. À en croire une certaine enquête menée par un journaliste d'investigation, la vocation sacerdotale est apparue, de façon manifeste, comme un « refuge » pour une certaine catégorie de jeunes gens, à une certaine époque de l'histoire de l'Église. Il affirme à ce sujet que « [l]a sociologie homosexuelle du catholicisme permet aussi d'expliquer une autre réalité : la fin des vocations. Longtemps, comme on le verra, les jeunes Italiens qui se découvraient homosexuels, ou avaient des doutes sur leurs inclinations, choisissaient de se réfugier dans le sacerdoce »[96]. Ainsi, par rapport à Mgr Paul Etoga, en dehors du sacerdoce, il est possible de croire qu'il aurait pu se trouver une autre voie de réalisation, même en s'adonnant au travail de la terre dont il était épris. Il le dit lui-même : « Le travail manuel me plaisait aussi : quittant le village, je laissai deux plantations, une de bananiers et une de cannes à sucre »[97]. Au fil du temps, son rêve d'enfant ou d'écolier prit un coup avec le revirement que l'ironie de l'histoire lui infligeait[98]. L'essentiel est de retenir que l'élément significatif que revêt la symbolique de son rêve d'écolier est que, malgré le changement de cap de sa vocation, Paul Etoga est resté libre et fidèle à ses options et à son engagement.

2° Revirement d'un rêve

Considérant ce que représentait le rêve d'écolier de Paul Etoga, on comprend la radicalité et le caractère décisif, significatif et ferme de son

---

[96] Frédéric MARTEL, *Sodoma. Enquête au cœur du Vatican*, Paris, Éditions Robert Laffont, 2019, p. 15. Au demeurant, je n'entends pas ici me lancer dans un jugement de valeurs. Je ne m'en tiens qu'au fait relaté par ce journaliste et qui, pourtant, mérite que l'on s'y attarde. Pour l'instant, il est essentiellement question de montrer, dans cette démarche que la vocation de Mgr Paul Etoga a connu un pan humain avant d'éclore avec son ordination sacerdotale et épiscopale.

[97] Paul ETOGA, *Mon autobiographie*, *op. cit.*, p. 8.

[98] On peut estimer qu'il eut beaucoup de chance de rencontrer des personnes ressources et déterminantes sur son chemin d'écolier dont Mgr Vogt. Sa rencontre avec ce prélat alsacien fut des plus providentielles et des plus significatives pour son avenir dans l'Église.

revirement[99] : autant il était libre de choisir devenir fonctionnaire, autant il le demeurait dans le choix du sacerdoce. Résidant chez les pères de la mission dont il est le boy, c'est-à-dire un jeune garçon qu'un père occidental, dans sa grande bienveillance, prend à sa charge pour en faire un « évolué ». Il est comme un privilégié ouvert à la civilisation et initié aux bonnes manières à l'occidental. Pour en avoir une idée, le récit de Ferdinand Oyono, dans son roman *Une vie de boy*, est éloquent. L'auteur y restitue la marque de reconnaissance qu'exprime un jeune boy à l'endroit de son bienfaiteur : « Je dois ce que je suis devenu au père Gilbert. Je l'aime beaucoup, mon bienfaiteur. […]. Il me présente à tous les blancs qui viennent à la mission comme son chef-d'œuvre. Je suis son boy, un boy qui sait lire et écrire, servir la messe, dresser le couvert, balayer la chambre, faire son lit… Je ne gagne pas d'argent. De temps en temps, le prêtre me fait cadeau d'une vielle chemise ou d'un vieux pantalon. Le père Gilbert m'a connu nu comme un ver, il m'a appris à lire et à écrire… Rien ne vaut cette richesse, bien que je sache maintenant ce que c'est que d'être mal habillé »[100]. Le jour où Paul Etoga doit prendre la décision d'embrasser la voie du sacerdoce, c'est lui qui va vers Mgr François-Xavier Vogt pour lui signifier son désir de devenir prêtre : « En 1927 je fus hanté par l'idée de me faire prêtre. Devant cette idée, la pensée de me faire fonctionnaire et taper à la machine s'effaça. J'exprimai donc mon désir d'entrer au séminaire à Mgr Vogt »[101]. Il concrétise son souhait de devenir prêtre, un jour, en entrant effectivement au petit séminaire de Mvolyé en 1927.

L'attitude de Paul Etoga manifeste un courage et une confiance en soi, malgré le mystère de l'inconnu. Mgr Vogt aura été un facilitateur en acceptant de l'accueillir au petit séminaire, surtout qu'il était en pleine quête des vocations. La réponse prompte et positive du prélat est révélatrice de son désir de voir les fils autochtones s'engager dans la voie du sacerdoce ministériel. Aussi, Mgr Vogt ne tergiverse-t-il pas face à la demande de l'écolier de Mvolyé qui n'a jamais oublié ce jour des années après : « L'évêque sautant de joie, écrit-il, m'écrivit un billet que je présentai au Père Richard, alors Directeur du Petit Séminaire. Je fus admis »[102]. L'évêque Vogt, par sa réponse,

---

[99] De la rencontre providentielle avec Mgr Fançois-Xavier Vogt à sa détermination de devenir prêtre un pas décisif et ferme a été franchi. Effectivement, Mgr François-Xavier Vogt fut un rempart providentiel et significatif. Et pourtant la rencontre de Paul Etoga avec le prélat alsacien est des plus ordinaires au départ.

[100] Ferdinand OYONO, *Une vie de boy*, Paris, Julliard, 1956, p. 24.

[101] Paul ETOGA, *Mon autobiographie*, *op. cit.*, p. 11. L'écolier de Mvolyé se dit « hanté » par l'idée de se faire prêtre pour signifier sa décision et sa détermination. Il se montre passionné, résolu et engagé, quoique n'étant pas sûr qu'il parviendrait au bout de ses rêves. Le temps passé avec les pères de la mission lui offrait déjà un cadre de discernement idoine pour commencer et murir sa vocation.

[102] *Ibid.* Cet évêque se présente comme un bon berger qui accueille ses brebis pour qu'elles grandissent. Il reçoit le jeune garçon sans protocole et en toute simplicité. Ce prélat alsacien, en son temps, démontre également dans son attitude que le rôle d'un

favorise l'entrée au séminaire et l'entame de la réalisation du rêve sacerdotal de Paul Etoga ; un rêve qu'il évoque lors d'une interview en 1995 en parlant de sa vocation[103]. Une fois admis au petit séminaire, le cheminement vers le sacerdoce, parsemé de joies et de peines, commence.

2. Le temps de formation

À ce niveau, le but est de ressortir, dans ses grandes lignes, la période de formation de Paul Etoga au petit et au grand séminaire. Passages obligés, à cette époque, pour réaliser le rêve et avoir la grâce d'être ordonné prêtre. Ce temps de formation est, pour tout séminariste, un moment propice de discernement et de maturation avant de se voir conférer l'onction presbytérale.

1° Entame et péripéties

La formation sacerdotale, malgré les souffrances endurées, reste quelque chose de merveilleux et d'important. Elle est à la fois un art et une beauté[104].

évêque est d'encourager en les encadrant l'éveil et l'éclosion des vocations sacerdotales et religieuses. Partie d'un événement fortuit, cette rencontre devient significative en tant qu'il assume son rôle de pasteur à la recherche et à l'accueil des futurs moissonneurs de la vigne du Seigneur ; un rôle qui est également de guider et de montrer le chemin à ses brebis.

[103]°Interview de Mgr Paul Etoga accordée à Paladini en 1995, http://www.missionerh.com/site/index.php/fr/rubriques/afrique/nouvelles-d-afrique-cameroun/263-moi-le-garcon-des-travaux-forces-eveque-de-l-eglise-universelle : consulté le 24 juillet 2020 : « Parlez-nous de votre vocation sacerdotale. Je me suis retrouvé comme boy à la mission des pères de Yaoundé. J'assurais tous les services proposés par ces derniers. J'ai eu l'occasion de côtoyer dans les bureaux tous ceux qui travaillaient pour la mission et je me suis mis en tête qu'après mes études, je pourrais travailler dans un bureau, fasciné que j'étais par la machine à écrire. À cette époque-là, je ne pensais pas du tout à devenir prêtre. Ce qui m'intéressait, c'était de travailler auprès des Blancs, en ville. Un jour, j'eus l'idée d'entrer au séminaire. Cette idée me conquit lentement. Finalement, je pris une décision. J'allai donc rencontrer Mgr Vogt qui était Vicaire apostolique à cette époque-là ; celui-ci sauta de joie en apprenant la nouvelle que je voulais entrer au séminaire. Il me fit une lettre de recommandation. J'étais très content. C'est ainsi que j'entrai au séminaire de Mvolyé. Plus tard, une fois mes études de théologie terminées, j'ai été appelé à diriger le petit séminaire de Mvolyé, où j'ai eu comme élève Jean Zoa, actuel archevêque de Yaoundé. Le 19 septembre 1939, j'ai été ordonné prêtre ».

[104] Le Concile Vatican II et le magistère le rappellent sans cesse en ces termes : « La formation est centrale dans le chemin de tout chrétien, comme l'a encore rappelé la récente lettre, en forme de *Motu proprio*, d'indiction de l'Année de la Foi, *Porta Fidei* (11 octobre 2011) et plus importante encore est la formation des prêtres qui incarnent dans l'Église "ces idéaux de donation totale au Christ et à l'Église qui ont inspiré la pensée et l'action du Saint Curé d'Ars", comme l'a écrit Benoît XVI dans la lettre d'indiction de l'Année sacerdotale du 16 juin 2009. Le Concile Vatican II a affirmé "solennellement" dans le décret sur la formation sacerdotale *Optatam Totius* l'"importance capitale" de la formation sacerdotale ». Cf. CONGREGATION POUR LE

Par souci de clarté et d'organisation argumentaire, il est utile de préciser que l'essentiel à ce niveau est de ressortir, en fonction des informations recueillies, les moments saillants de la formation qui ont concouru à l'édification de sa personnalité d'homme de Dieu et d'Église. Certains détails, allant de l'instabilité des locaux devant abriter le petit séminaire à la particularité du père directeur Joseph Kapfer, aident à comprendre les différents rebondissements intervenus au cours de sa formation.

Il commence son cheminement vers le sacerdoce ministériel au petit séminaire Saint Joseph de Mvolyé en septembre 1927. Sa joie de faire partie des effectifs du séminaire est émoussée au gré des désagréments causés par les multiples délocalisations. La première se produit un an après son entrée au séminaire en 1928. À cette date, les huit premiers petits séminaristes sont admis au grand séminaire Saint Laurent de Mvolyé. Cette année-là, « Mgr Vogt invita M. Chaleur, un Breton, homme de lettres, bon chrétien qui, de la ville venait à Mvolyé à pied presque tous les jours, non seulement pour assister à la messe, mais aussi pour la servir et communier[105]. C'est lui qui est sollicité pour procéder au contrôle des connaissances des « [huit] premiers Séminaristes en vue du Grand Séminaire, ce furent André Manga, Tobie Atangana, Jean Tabi et Théodore Tsala, pour Yaoundé. Simon Mpecke, Jean Oscar Awoe, Oscar Minsoka et Joseph Melone, pour Douala »[106]. Le petit séminaire s'est vu dans l'obligation de céder ses locaux au grand séminaire pour être installé à Nlong, un petit village situé à une quarantaine de kilomètres de la ville de Yaoundé[107]. À Akono les mêmes soucis resurgissent[108] ; pourtant, les conditions de vie furent améliorées. Paul Etoga

---

CLERGE, « L'art et la beauté dans la formation sacerdotale », www2.clerus.org/clerus/dati/2013-06/19-13/Arte_e_formazione_del_clero_Fr.html, consulté le 9 juin 2020.

[105] Paul ETOGA, *Mon autobiographie*, *op. cit.*, p. 11

[106] *Ibid.*

[107] Le séjour fut difficile car Nlong, où se trouve la paroisse Saint Claver, n'était pas préparé à accueillir une telle structure. C'est également la paroisse maternelle de Paul Etoga. Tout était à reconstruire parce que les locaux censés abriter le petit séminaire étaient quasi inexistants avec seulement « quelques cases en terre battue, couverture en nattes de raphia. Nous dûmes construire avec les matériaux locaux, piquets, lianes, etc. ». *Ibid.* À l'évidence, Nlong n'offre donc pas les conditions à même de garantir un minimum de sécurité aux éducateurs et aux petits séminaristes. Cette situation provoque une seconde délocalisation de Nlong à Akono en 1929 à cause justement du manque de structures d'accueil et de vie.

[108] Il fallait tout reconstruire. Tout porte à croire que Mgr François-Xavier Vogt était dans une logique d'impréparation et d'improvisation en ayant négligé les conditions de faisabilité de son projet de créer simultanément un petit et un grand séminaire, parce que visiblement, les structures ne suivaient pas. Toutefois, il faut savoir oser et assumer ses choix surtout qu'il a montré qu'il fallait compter avec son bon sens et ses capacités de bon administrateur avant-gardiste. De ce point de vue il fut un modèle

eut des soucis de santé qui le clouèrent au lit deux mois durant. Heureusement, il réussit à ses examens de fin d'année grâce aux camarades qui venaient lui donner leurs cours sur son lit de malade.

Un autre facteur non négligeable est à considérer, tant il est vrai que les éduqués ont besoin de trouver en leurs éducateurs des modèles. Aussi, la formation des séminaristes, dépend-elle largement de la qualité des formateurs, qu'ils soient directeurs ou professeurs. Le Concile Vatican II en revenant sur la formation des prêtres précise à cet effet que « [l]a formation des séminaristes dépend à la fois d'un bon règlement, mais aussi et surtout de bons éducateurs »[109]. C'est pourquoi le choix des éducateurs dans les séminaires ne doit pas se faire ni de façon hasardeuse, ni sous le prisme du favoritisme et du népotisme ; « [a]ussi les directeurs et professeurs de séminaires seront-ils choisis parmi une élite et soigneusement préparés par une solide doctrine, par l'expérience pastorale qui convient, ainsi que par une formation spirituelle et pédagogique particulière »[110]. En l'occurrence, pour le petit séminariste Paul Etoga, le père Joseph Kapfer est l'un des formateurs qui l'aura le plus marqué : sa maîtrise des situations, sa piété et son humilité ne le laissèrent pas indifférent. Face aux péripéties, le père Joseph Kapfer restait serein et confiant ; une attitude suggestive pour un directeur de séminaire et pour tout responsable. Ce père est représentatif d'une figure d'un homme de foi et d'humilité. Il n'hésitait pas à arborer le tablier de cuisinier pour faire à manger aux petits séminaristes, à chaque fois que le besoin se faisait sentir. Joseph Kapfer savait aussi s'en remettre à la divine Providence lorsque les réserves s'épuisaient. La figure du père Joseph Kapfer montre à suffisance que les formateurs ont une obligation d'exemplarité vis-à-vis des éduqués. Ils « doivent être bien convaincus que le succès de la formation des élèves dépend en grande partie de la façon dont ils pensent et se comportent »[111]. Au terme, le petit séminaire, pour Paul Etoga, fut un début dans la formation au sacerdoce, non seulement douloureux, à cause des multiples délocalisations, mais aussi riche d'enseignements.

---

d'audace apostolique. Sabine Ursule lui rend un vibrant témoignage en affirmant qu'il était « [p]ieux, zélé, apôtre dans l'âme, il avait une intelligence d'administrateur. Travailleur infatigable, il exécutait volontiers toutes ses responsabilités avec un grand esprit de foi et de "charité souriante" ». Cf. Sabine Ursule NGUEME, *Mgr François-Xavier Vogt, promoteur de la vie consacrée autochtone au Cameroun et fondateur de la CFMY*, Yaoundé, PUCAC, 2016, p. 62[108]. Et pour soutenir Mgr Vogt dans la réalisation de son projet, le père Stoll y mit du sien dans la construction du petit séminaire d'Akono.

[109] *Optatam Totius*, n° 5.

[110] *Ibid.*

[111] *Ibid.*

2° Paul Etoga au grand séminaire

Le grand séminaire, une occasion de discernement et de maturation de sa vocation sacerdotale. Un moment déterminant pour se forger une personnalité de séminariste et de futur prêtre. Il y fait son entrée en 1931 dans le cadre de la formation des fils du pays au ministère sacerdotal. L'entrée au grand séminaire fut une étape importante dans son parcours vocationnel. Sa vocation, au fur et à mesure du temps, acquiert une visibilité[112]. Entre temps, il faut noter qu'à l'époque de sa formation au séminaire, le système est fortement marqué par la différenciation entre le « Père blanc », ou occidental et l'abbé, prêtre autochtone, au nom du *Règlement du clergé indigène de 1936*. Il s'agit pour lui et pour ses camarades, d'un moment important de maturation vocationnelle[113].

Au sujet de Paul Etoga un accent est mis sur la portée de ses années de stage. Le but est de rendre spécifiques les traits de l'édification de sa figure sacerdotale et épiscopale. Ceci conduit à la mise en exergue des bases de conviction de son exemplarité, dans ce qui sera plus tard son engagement ecclésial et politique en tant qu'homme de Dieu. En dernière analyse, les années d'épreuve ont été une période d'évaluation pratique et individuelle du grand séminariste Etoga. Cette étape a été l'occasion de déceler en lui les qualités requises pour son futur ministère sacerdotal. Les séminaristes, à ce niveau de formation, sont appelés à prendre conscience de l'importance de leur engagement, par rapport à l'Église, ainsi que de la responsabilité particulière qui leur incombe déjà dès le début de leur formation. En effet, dans la mesure où, « [p]oursuivant l'œuvre entreprise par le Concile de Trente et mettant leur confiance dans les directeurs et professeurs des séminaires, qu'ils chargent de former les futurs prêtres du Christ dans l'esprit du renouveau voulu par ce saint Concile, les Pères exhortent vivement ceux qui se préparent au ministère sacerdotal à bien se convaincre que l'espoir de l'Église et le salut des âmes reposent entre leurs mains, et à recevoir avec joie les normes posées par le présent décret, afin de porter des fruits abondants et impérissables »[114].

---

[112] Parmi ses camarades du petit séminaire, beaucoup ont été renvoyés, certains ont même démissionné, d'autres sont décédés.

[113] À ce niveau de formation le grand séminariste est appelé à se construire une personnalité sacerdotale en puisant dans ses ressources personnelles. C'est également une période de questionnements, de défis, d'incertitudes, voire d'impasse dans le quotidien du grand séminariste engagé dans un processus de discernement et de maturation de sa vocation.

[114] *Optatam Totius*, *op. cit.* n° 22. Ajoutons que le séjour au grand séminaire est, en effet, ponctué par deux périodes d'imprégnation sur le terrain appelées stage pastoral ou encore années d'épreuve. Ainsi qu'il a été précisé plus haut, il est plus opportun de mettre davantage l'accent sur ces deux années d'épreuve du grand séminariste Paul

Les années de stage passées sur le terrain permettent de découvrir et de consolider chez le candidat au sacerdoce l'équilibre nécessaire à son futur ministère. Cet équilibre est évalué dans son comportement et ses jugements qu'il pourrait avoir face aux individus et aux situations, même les plus imprévues. Ainsi, « [u]ne formation sagement organisée doit donc cultiver chez les séminaristes également cette nécessaire maturité humaine dont les critères principaux sont une certaine stabilité dans le caractère, la capacité de prendre des décisions réfléchies, et un jugement droit sur les événements et les hommes »[115]. Dans cette optique, le temps passé au séminaire doit être un moment de mise à profit de la formation. Le futur prêtre doit se faire violence et surpasser ses émotions pour sortir de la mêlée et du commun des mortels : il doit s'initier à être un tout autre, un mis à part pour le Royaume de Dieu. Il est, par devers tout, inviter à cultiver le sens des valeurs et des bonnes manières. Aussi, est-il d'impératif catégorique « que les séminaristes prennent l'habitude de dominer leur tempérament, qu'ils acquièrent la force de caractère et, [...] qu'ils apprennent à estimer les vertus que les hommes apprécient davantage et qui recommandent au ministre du Christ, telles que la loyauté, le souci continuel de la justice, la fidélité aux engagements, des manières polies, un langage à la fois modeste et charitable »[116]. Le séminariste doit se préparer à être une tête bien faite et bien pleine en conciliant science et conscience.

La première année de stage fut une année de pleine épreuve qui lui permit de mettre à profit les opportunités de la formation sacerdotale : « [a]près deux années de dures études philosophiques, raconte-t-il, vient la première année d'épreuve. 1933 je fus envoyé à Edéa avec les abbés Joseph Meloné et Benoît Bindzi »[117]. À en croire le même témoignage, ses souffrances commencent pendant qu'il se rendait au lieu du stage. Il raconte précisément que dans le train qui le transportait au lieu du stage, il avait été « brûlé au dos et à la cuisse droite par les étincelles de feu ; car la machine était chauffée avec du bois »[118]. Durant la première année de stage, il assume certaines responsabilités au sein de sa structure d'affectation[119]. La formation est à la dure et frise même

---

Etoga, en tant que ces années ont été une occasion d'évaluation pratique de ce dernier. C'est pourquoi pendant le stage pastoral l'évaluation se veut intégrale parce qu'il tient précisément compte des domaines humain, intellectuel et spirituel du grand séminariste concerné. À l'époque de Paul Etoga, il y en avait deux : la première année de stage intervenait après les études de philosophie, la seconde après la troisième année de théologie.

[115] *Ibid.*, n° 11.

[116] *Ibid.*

[117] Paul ETOGA, *Mon autobiographie*, *op. cit.*, p. 12.

[118] *Ibid.*

[119] Il est de tradition que soit confié à chaque grand séminariste en année de stage une responsabilité comme l'intendance, le chant liturgique, la catéchèse ou l'économat. Cette situation invite alors chaque grand séminariste à déployer toutes ses ressources

l'inhumain. L'abbé Isidore Tabi en donne un témoignage dans son opuscule dédié au jubilé des cinquante ans de sacerdoce de Mgr Paul Etoga. L'abbé affirme qu'« [a]u bout de deux ans Paul Etoga fut envoyé en épreuve à Edéa. Oui, épreuve ! Car les séminaristes d'alors allaient non pas en stage mais étaient soumis à de dures épreuves par les Pères Spiritains »[120]. Ce fut une période difficile car « [l]a santé, le moral, le physique de plusieurs séminaristes en furent ébranlés. Plusieurs prêtres qui en sortaient en portent encore les stigmates : des séminaristes qui n'avaient pu sortir indemnes de ces entraves en furent meurtris pour la vie, voire écœurés »[121]. Il fallait compter parmi les plus durs de caractère et d'esprit pour s'en sortir. Certains d'entre eux « en sont morts »[122]. Paul Etoga a pu être compté parmi les plus durs qui eurent la grâce de s'en sortir non sans séquelle, étant passé par Edéa. Effectivement, « [l]es centres d'épreuve les plus redoutables furent Edéa et Nlong [...]. Paul Etoga en sortit indemne, mais il en fut marqué »[123].

Il ressort du témoignage de l'abbé Isidore Tabi que l'année de stage pastoral, à l'époque, était une année de rudes épreuves et même de cruauté. Il va plus loin en traitant les lieux de stage d'Edéa et de Nlong de « véritables camps tortionnaires des futurs prêtres camerounais qui y furent décimés »[124]. Les conditions de vie ne prêtaient pas à l'aisance et le système donnait lieu à des frustrations de la part des formateurs[125]. Aujourd'hui, en reconsidérant

---

humaines, intellectuelles, spirituelles et à faire preuve d'endurance, d'intelligence, de jugement, d'humilité et de détermination.

[120] Isidore TABI, *Cinquante ans au service du peuple de Dieu. Paul Etoga. Son jubilé sacerdotal d'or (1939-1989)*, Mbalmayo, 1989, p. 5.

[121] *Ibid.*, p. 5-6.

[122] *Ibid.*, p. 6.

[123] *Ibid.*

[124] *Ibid.*, p. 6. Il convient de mettre un bémol aux propos de l'abbé Tabi. Il est vrai, qu'à sa manière, il rend compte d'une réalité qui a eu cours dans la formation des prêtres au Cameroun et peut-être ailleurs. Les termes comme « camps tortionnaires », « décimés » prêtent vraiment à équivoque tout autant qu'ils choquent. L'essentiel est de retenir que ces années de stage ont toujours été des années difficiles quelles que soient les époques.

[125] Le témoignage du père Etienne Nkodo (1911-1983), premier spiritain camerounais, bien que ne faisant pas mention de mort de séminaristes, souligne sur un ton moins enlevé les conditions difficiles dans lesquelles les séminaristes étaient formés pendant l'année d'épreuve. D'après lui, « [p]endant le grand séminaire, les séminaristes avaient deux années d'épreuve, en général une année après la philosophie scolastique et une année après deux ans de théologie. Ces années se faisaient comme professeurs au petit séminaire d'Akono, à celui d'Edéa, au postulat et au noviciat des Frères de Nlong, ou dans les paroisses, et n'étaient pas toujours bien vécues ». Cf. https://dacb.org/fr/stories/cameroon/nkodo-etienne. Etienne Nkodo souligne les frustrations vécues par les grands séminaristes parce qu'ils étaient victimes de discrimination et « n'étaient pas traités comme les professeurs, et se considéraient comme des marginalisés, d'où leur fréquentation des instituteurs, des gens du pays, et

cette formation à la dure, il y a lieu de penser que le souci réel et officiel était de préparer, pour l'Église locale, des prêtres bien formés et rompus à toute épreuve. Mais, en considérant la polémique suscitée autour de la création et de la formation du clergé autochtone camerounais, on peut penser qu'il était davantage question de montrer, avec subreptice, que les autochtones n'étaient réellement pas encore prêts à assumer la charge sacerdotale. D'ailleurs, il ne faut pas perdre de vue la position de certains pères spiritains, détracteurs du projet de Mgr Vogt. Pour eux « c'était trop tôt ; il fallait attendre les arrières petits-fils des catéchistes, parce que le paganisme fumait encore dans le sang des enfants actuels »[126]. La pression psychologique n'était pas en reste au lieu du stage, les conditions de vie frisant l'indignité et la discrimination, la mauvaise alimentation, le manque de considération et de bienveillance envers les grands séminaristes indigènes, par les éducateurs en majorité occidentaux, étaient monnaie courante. Mgr Etoga lui-même en fait un témoigne révélateur de la réalité de la situation des grands séminaristes de son époque : « Quand on est en épreuve, les embêtements extérieurs, mépris, moqueries, etc. ne disent pas grand-chose ; mais éprouver l'estomac par une mauvaise nourriture, c'est cruel »[127]. La première année d'épreuve n'a pas été de tout repos. Les efforts fournis ne trouvaient pas de compensation au niveau de la nutrition[128].

---

certains remettaient en cause leur vocation », *ibid.* On peut comprendre que par des non-dits le premier spiritain camerounais évoque les souffrances des grands séminaristes victimes du déni de reconnaissance et de la perte de l'estime de soi au point de se terrer dans des agissements d'enfouissement qui les faisaient douter de leur projet sacerdotal. Une situation qui frise la dépression.

[126] Paul ETOGA, *Mon autobiographie*, *op. cit.*, p. 10.

[127] *Ibid.* Pour lui, l'une des cruautés qu'on puisse infliger à un être humain est de bourrer son estomac avec une nourriture avariée et mal préparée. En tout état de cause le respect de l'être humain suit avec la nourriture qu'il consomme. Sa santé, son bien-être, sa bonne humeur, tout comme son épanouissement psychosomatique en dépendent. Il y va même de son rendement intellectuel et spirituel. Ne dit-on pas que « ventre affamé n'a point d'oreille » !

[128] Mgr Paul Etoga en fais un témoignage d'un fait vécu : « Nous travaillions beaucoup. En plus des cours, nous creusions des trous pour planter des caféiers, nous cassions des noix de palme, etc. Mais nous mangions mal : un plat de macabo matin, midi et soir, comme viande, poulet et bête crevée. Un jour, au sortir de l'église, après l'examen particulier qui se faisait une heure et quart avant midi, une odeur [nauséabonde] nous accueillit à la porte du réfectoire. À table nous trouvâmes un plat de viande accompagné de mouches ». *Ibid.*, p. 12-13. Malgré les revendications des grands séminaristes, ceux-ci sont éconduits et par la sœur cuisinière et par le père directeur lui-même. Les remontrances et les menaces du directeur ne parvinrent pas à faire manger les grands séminaristes de cette nourriture avariée. Et pourtant les brousses camerounaises de l'époque abondaient encore en gibiers de bonne viande. L'on relève là une discrimination voulue pour préparer les esprits des futurs prêtres autochtones à intégrer en eux cette différence entre les « Pères » occidentaux et les prêtres autochtones une fois ordonnés.

Au terme de la première année d'épreuve Paul Etoga en est bien marqué : « Nous voici de nouveau au Grand Séminaire. Le Supérieur me trouva très maigre et me dit : vous êtes maigre comme un clou ! Je pense qu'il vous faut un régime particulier. Je lui dis : Non je préfère manger comme tout le monde »[129]. Il perçoit bien que son supérieur lui tend un piège : « [a]ccepter un régime alimentaire particulier signifiait frayer son chemin pour sortir du séminaire »[130]. En 1937, une fois les études théologiques terminées, il est à nouveau envoyé, pour la seconde fois, en année d'épreuve.

Il s'agit d'une année de grandes responsabilités[131]. Parmi ses élèves se trouve Jean Zoa, le deuxième futur archevêque[132] de Yaoundé. Il est permis de remarquer que le cheminement de Paul Etoga, de la famille au grand séminaire, est un cheminement parsemé d'embuches et de souffrances. Au séminaire, redisons-le, il expérimente la dureté du règlement et des conditions de vie. Il en est tellement marqué que, plus tard, il aura de la peine à voir ses

---

[129] *Ibid.*, p. 13. Son supérieur, ironise cyniquement sur le physique de Paul Etoga écorché et meurtri par les souffrances de la première année d'épreuve.

[130] *Ibid.*, p. 13. Par cette attitude le grand séminariste Etoga fait montre d'une sagesse pratique et d'une capacité de compréhension du système dans lequel il évolue. Il saisit l'intelligence et les subtilités du système et des situations qui l'environnent. Il faut retenir qu'il passe sa première année d'épreuve au petit séminaire d'Edéa où il dispense des cours à 25 élèves, qui sont en réalité petits séminaristes. L'occasion lui fut offerte de vivre l'encadrement et le suivi des plus jeunes.

[131] Effectivement, il la passe à Mvolyé en tant que directeur du petit séminaire qui, à l'époque, compte un effectif de 35 élèves dont deux parviennent au sacerdoce. Il s'agit de Jean Zoa, et de Clément Angoni, qui comptera parmi les curés de la paroisse d'Endoum. En plus de ses responsabilités de directeur de séminaire, il s'occupe de l'intendance pour 45 grands séminaristes. Ces deux responsabilités requièrent de sa part un sens de l'organisation, de prévision et une forte personnalité pour répondre à toute éventualité venant de ses supérieurs hiérarchiques, du personnel et des séminaristes eux-mêmes. Il faut également être une personne pondérée, calme et attentionnée avec un esprit d'anticipation sur les événements et les subtilités des supérieurs.

[132] Retenons rapidement que « [l]e terme d'*archevêque* servait également, dans les premiers siècles de l'Église, à désigner les évêques des sièges principaux, c'est-à-dire les patriarches et les primats. C'est ainsi que saint Épiphane, Hær., hær. LXVIII, n. 1 appelle archevêques les patriarches d'Alexandrie, et justinien, *Nouvelle XI*, instituant un primat, lui donne le nom d'archevêque : *volumus ut non solum metropolitanus, sed etiam archiepiscopus fiat*. Plus tard, le titre d'archevêque appartient exclusivement aux évêques qui présidaient à toute une province. Ils étaient appelés diocésains, *diœcesani*, parce que, primitivement, la province était désignée sous le nom de diocèse, et métropolitains, *metropolitani*, surtout chez les grecs, parce qu'ils étaient constitués le plus souvent dans les villes métropolitaines ; en Afrique, ils portaient le nom d'anciens, *senes*. Cf. Sebastianelli, *loc. cit.*, p. 127 sq. […] ». Cf. Émile. VALTON, « Évêques. Questions théologiques et canoniques », dans *Dictionnaire de théologie catholique, op. cit.*, p. 1704. Italique dans le texte.

semblables souffrir. Cette sensibilité et cette attention le caractérisent dans sa vie de prêtre et d'évêque. Effectivement, depuis le grand séminaire, il ne recule devant rien pour défendre une bonne cause. On le voit agir ainsi lorsqu'il constate que la ration des séminaristes dont il assure l'intendance est insuffisante. Il en fait lui-même un récit détaillé en ces termes : « En même temps que je dirigeais le petit séminaire, j'étais chargé du menu de 45 grands séminaristes. Pour leur soupe, le Supérieur m'avait dit de donner 1 kilo de pâte d'arachide. Je trouvais cela insuffisant et j'ajoutai 2 kilos plus la pâte de manioc râpé avec viande ou poisson, ça donne une bonne soupe »[133]. Par cette prise de ses responsabilités, il fit montre d'audace, sachant que toute initiative, entreprise sans l'approbation du supérieur, était passible de renvoi et assimilée à de la désobéissance. Les résultats ne tardèrent pas à se faire ressentir sur l'ambiance de la communauté : « [l]e Supérieur ayant remarqué l'absence de réclamations concernant la nourriture, me demanda ce que je faisais »[134]. Malgré cette belle ambiance, il dut s'en expliquer devant le supérieur en courroux ; « je lui dis que j'ajoute 2 kilos d'arachide et la pâte de manioc râpé. Il se fâcha... »[135].

Il se montra ferme en maintint sa décision d'augmenter la ration des séminaristes, tout en étant conscient de sa fragilité devant l'autorité du supérieur : « Mais moi, affirme-t-il, je continuais à faire la chose... Il ne dit plus rien »[136]. La réaction du supérieur signifie, au fond, qu'il ne manquait pas de nourriture. Cet épisode montre que les séminaristes, en année d'épreuve, étaient constamment éprouvés dans le but de déceler en eux leurs capacités d'organisation et leur habilité managériale. Il faut également remarquer qu'ils étaient toujours à deux doigts de se faire renvoyer du séminaire. Cependant, une relecture de l'attitude de Paul Etoga offre un éventail de réflexions : il s'agit manifestement d'une insubordination voire d'une quasi-rébellion contre l'autorité. Dans cette perspective, à première vue, il ne saurait être un modèle d'obéissance pour les jeunes dont il avait la charge de l'intendance, encore moins pour ceux d'aujourd'hui, engagés dans la voie du sacerdoce. En prenant la décision d'augmenter la ration alimentaire des grands séminaristes, il manifestait apparemment une certaine imprudence et un manque de sagesse et de jugement. Il aurait été préférable qu'il s'en référât à son supérieur, sachant que le système dans lequel il évoluait était délicat et ferme sur l'obéissance à la hiérarchie, surtout que l'esprit d'initiative recherché en tout grand séminariste comporte des limites.

Ce qu'il convient de retenir de l'attitude du séminariste Etoga est le sens des responsabilités et la conscience d'en assumer personnellement les conséquences. L'attitude de son supérieur est aussi suggestive d'un regain de

---

133 Paul ETOGA, *Mon autobiographie*, *op. cit.*, p. 13.

134 *Ibid.*

135 *Ibid.*, p. 13-14.

136 *Ibid.*, p. 14.

conscience : malgré sa colère, il décolère face à un grand séminariste responsable et vrai dans ses initiatives. Le supérieur s'est finalement résolu à reconnaître, sans toutefois le manifester, que le grand séminariste avait raison, qu'il n'avait pas agi par égoïsme ou par défi de l'autorité, mais plutôt par altruisme et humanisme. Dans ce cas d'espèce, l'attitude de Paul Etoga révélait un potentiel de qualités personnelles recherchées chez un candidat au sacerdoce ministériel. Cette attitude était une préfiguration éloquente chez un séminariste digne de confiance et à qui de grandes responsabilités pourraient être confiées à l'avenir.

3° Ses qualités personnelles

Elles se sont manifestées et consignées à la fin de chaque étape de sa formation dans un rapport. Il est aussi important de repréciser que Paul Etoga entre au séminaire à une époque où le suivi du séminariste s'effectue dans un système quasi policier. On ne parlait pas encore d'« autoformation ». Une période où le paternalisme des colons envers les colonisés se justifiait par cette idée que le colonisé était à civiliser. Et par le fait même, il avait toujours besoin de tuteur à tous les niveaux : politique, économique, culturel, ecclésial et spirituel. On comprend à ce niveau la réticence, voire le refus de certains pères spiritains à s'investir au profit de la formation d'un clergé autochtone. Dans ce contexte, les premières générations de séminaristes devaient puiser dans toutes leurs ressources personnelles pour prouver qu'ils étaient capables de devenir prêtres. Il leur fallait être au-dessus de la moyenne au niveau humain, intellectuel et spirituel.

Les informations recueillies renseignent que Paul Etoga, tout au long de sa formation, laissa transparaître beaucoup de qualités personnelles, considérées essentielles dans le ministère sacerdotal. Il s'est montré digne de confiance. Doux, sensible, ferme et subtile, il sut répondre aux défis de sa formation en toute responsabilité. Il tenait en horreur l'injustice. On retient également qu'il fut un séminariste courageux et admiratif de ses éducateurs, à l'exemple du père Joseph Kapfer. Mgr François-Xavier Vogt, fut pour lui une véritable figure d'un homme de Dieu et d'Église exemplaire dont la mission au Cameroun fut une « œuvre providentielle ». Cette œuvre vit son plein couronnement avec l'ordination sacerdotale des huit premiers prêtres camerounais, le 8 décembre 1935. Paul Etoga et ses camarades d'ordination appartiennent à la quatrième promotion des prêtres camerounais ordonnés en 1939. Une œuvre qui conserve encore son écho aujourd'hui. L'abord de l'engagement presbytéral de l'abbé Paul Etoga nécessite une étude de sa devise d'ordination.

3. Une devise de conviction

Elle restitue le programme et la profession d'engagement sacerdotal de l'abbé Paul Etoga et de ses confrères[137], ordonnés le 19 septembre 1939 à Mvolyé, des mains de Mgr René Graffin, dans un contexte de clivage ecclésial. Il s'agit d'une approche de compréhension de leur devise, dans une appréciation du contexte biblique permettant une mise en exergue du rôle et de l'importance des douze Apôtres. Le but visé, entre autres, est la prise de conscience de l'importance et du sérieux d'une devise pour un prêtre ou un évêque. La devise sacerdotale ou épiscopale n'est pas un slogan ou un effet de mode. Elle est l'expression d'une conviction et d'une perspective de témoignage de vie dans le ministère ecclésial d'un prêtre ou d'un évêque.

1° Contexte biblique et rôle des Douze

Une voie de compréhension, s'inspirant du contexte biblique dans lequel intervient le verset évoqué et du rôle des Douze, est à explorer, afin d'en extraire le message religieux qui, en réalité fait aussi de cette devise une conviction. Il s'agit d'une devise commune : « Nos vero orationi et ministerio verbi instantes erimus », qui veut dire en langue française : « Quant à nous, nous continuerons à assurer la prière et le service de la Parole »[138]. Le contexte biblique de ce verset est plein de sens et de signes évocateurs. Il intervient au moment où la communauté helléniste indexe la celle hébraïque au sujet du service quotidien[139]. Face à cette crise intercommunautaire, les douze parviennent à la juguler, tellement elle pouvait mettre à mal l'annonce de la Bonne Nouvelle ainsi que l'avenir de l'Église naissante. Les Apôtres, devaient impérativement et sans ambiguïté, se défendre et dissiper tout soupçon de discrimination en faveur d'une communauté. Dans leur intervention, ils se font solidaires du sort des lésés pour que justice soit rendue afin de préserver la cohésion communautaire et le fondement de la nécessité de leur mission.

Cette solidarité est une interpellation encore d'actualité : les hommes d'Église de notre temps, à la lumière de ce que rappelle le document conciliaire *Gaudium et Spes*, y sont conviés. En effet, ledit document précise

---

[137] Les abbés Michel Bindzi, Mathias Kuma, Jean Edzoa, Frédéric Etoundi et Benoît Ndziki sont ses camarades d'ordination. Après l'ordination une année d'imprégnation qui est étudiée au second chapitre leur est imposée.

[138] Ac 6, 4-5. (Nous citons tout au long de ce travail la Bible selon la TOB, c'est-à-dire Traduction œcuménique de la Bible).

[139] « En ces jours-là, le nombre des disciples augmentait, et les Hellénistes se mirent à récriminer contre les Hébreux parce que leurs veuves étaient oubliées dans le service quotidien ». (Ac 6, 1). On est visiblement confronté à une situation d'injustice où une communauté, les Hellénistes, c'est-à-dire les convertis de langue grecque, donc, des allogènes par rapport aux Hébreux, constate l'injustice dont sont victimes leurs veuves. Cette injustice porte sur « le service quotidien », c'est-à-dire « le service des tables » ou encore la distribution des vivres. Il se pose entre les deux communautés un problème d'équité sociale et de considération mutuelle.

que « [l]es joies et les espoirs, les tristesses et les angoisses des hommes de ce temps, des pauvres surtout et de tous ceux qui souffrent, sont aussi les joies et les espoirs, les tristesses et les angoisses des disciples du Christ, et il n'est rien de vraiment humain qui ne trouve écho dans leur cœur »[140]. Ainsi, réalisant que la communauté des disciples, étant en nette croissance, pouvait prendre un coup à cause des soucis d'intendance, les Douze instituent les sept premiers diacres de l'Église qui, entre autres tâches, « servent le peuple de Dieu dans l'office liturgique, le ministère de la prédication, les secours de la charité »[141]. Ces premiers diacres ont désormais la charge de s'occuper du partage équitable des ressources de la communauté[142]. Aujourd'hui, les prêtres à la suite et à l'exemple des Apôtres doivent avoir conscience de la particularité de leur sacerdoce :

> « Par leur vocation et leur ordination, les prêtres de la Nouvelle Alliance sont, d'une certaine manière, mis à part au sein du peuple de Dieu ; mais ce n'est pas pour être séparés de ce peuple, ni d'aucun homme quel qu'il soit ; c'est pour être totalement consacrés *à l'œuvre à laquelle* le Seigneur *les appelle*. Ils ne pourraient être ministres du Christ s'ils n'étaient témoins et dispensateurs d'une vie autre que la vie terrestre, mais ils ne seraient pas non plus capables de servir les hommes s'ils restaient étrangers à leur existence et à leurs conditions de vie. Leur

---

140 *Gaudium et Spes*, n° 1.

141 *Lumen Gentium*, n° 29. Les Apôtres comprennent que l'Église ne doit pas manquer le service de la Parole à cause des questions matérielles : « [i]l ne convient pas, estiment-ils, que nous délaissions la Parole de Dieu pour le service des tables. Cherchons plutôt parmi vous, frères, sept hommes de bonne réputation, remplis d'Esprit et de sagesse, et nous les chargerons de cette fonction ». Cf. Ac 6, 2-3. Dans cette attitude, le souci d'équité, de justice et de paix anime les Douze dans leur apostolat. C'est pourquoi dans cette optique, ils dressent le profil des futurs diacres, mais davantage, ils déterminent les conditions des vertus requises pour la mission de la diaconie : être « remplis d'Esprit et de sagesse ». Ce qui veut dire en substance que la gestion des biens d'une communauté requiert à la fois spiritualité et réalisme. Ils doivent être des hommes pieux et sages, c'est-à-dire des hommes de prière et de patience sachant tirer les leçons du passé et des situations qui se présentent au cours de leur ministère. Des hommes ayant le sens du bon jugement et qui sachent aussi gérer les imprévus.

142 Les Douze manifestent également leur souci du partage sans discrimination car l'attitude de la communauté hébraïque laisse penser qu'elle soupçonnait l'autre communauté de mal gouvernance et de détournement des biens communautaires, c'est-à-dire du bien commun. L'Église posait déjà les jalons de la justice sociale, de la paix entre les communautés, ainsi que du respect du bien commun. Les Apôtres, occupés par la prière et le service de la Parole de Dieu, agissent en se démarquant de la mêlée mais tout en assurant leur droit de regard et de supervision de l'ensemble de la communauté. Ils montrent qu'ils sont des personnes mises à part par leur onction en étant tout aussi responsables et veilleurs au sein de la communauté dont ils ont la charge.

ministère même exige, à un titre particulier, qu'ils ne *prennent pas modèle sur le monde présent*, et, en même temps, il réclame qu'ils vivent dans ce monde au milieu des hommes, que, tels de *bons pasteurs*, ils *connaissent* leurs *brebis* et cherchent à *amener celles qui ne sont pas de ce bercail*, pour qu'elles aussi *écoutent la voix* du Christ, afin *qu'il y ait un seul troupeau, un seul pasteur* »[143].

À la lumière du message religieux de la devise sacerdotale de l'abbé Paul Etoga et de ses camarades d'ordination, il devient compréhensible de percevoir dans cette devise un réel programme de témoignage de vie de prêtre, de consécration totale et de fidélité au ministère sacerdotal.

2° Un programme de vie sacerdotale

Les Douze, en toute sagesse et piété, décident de préserver la mission de la Parole de Dieu au détriment de celle du service des tables, moins pour en signifier mépris ou dédain que pour établir une hiérarchie des priorités dans le sacerdoce ministériel. Ainsi, il s'agit pour Paul Etoga et ses confrères de se donner un programme d'engagement et de vie sacerdotale. Cette devise fait de ce programme une visibilité d'un témoignage de conviction. Ce qui importe, au-delà de tout et constitue l'essentiel de leur mission, est l'annonce de la Parole, la recherche du Royaume des cieux, comme le rappellent les Saintes Écritures[144]. L'abbé Paul Etoga et ses confrères, à la suite des Apôtres, font de leur devise, ainsi qu'il devrait normalement en être chez tout ecclésiastique, une profession d'engagement ecclésial dont la priorité s'articule autour de l'annonce de la Bonne Nouvelle et la prière. Cette profession d'engagement s'inscrit dans la dynamique du désintéressement. Ils promettent de ne pas se donner pour priorité les questions économiques en évitant de s'y intéresser directement, mais en faisant plutôt confiance à leurs futurs collaborateurs laïcs ou prêtres. Au milieu des questions d'économie et de finances, utiles à la vie de l'Église, ils veulent d'abord être au service de la Parole, d'où leur devise. Ils définissent, par cette dernière, le domaine d'action et de préoccupation de leur vie de prêtre et de leur engagement sacerdotal. On y voit une volonté de combattre les tentations de la sécularisation. Pour y parvenir, Paul Etoga et ses camarades d'ordination, intègrent l'élan transcendantal de la vie tout en ne méprisant pas son horizontalité. Ces questions d'ordre financier et économique sont secondaires dans la perspective de leur programme d'engagement en tant que prêtres. Pour eux, la prière est centrale et préalable à toute action missionnaire et ecclésiale. Malheureusement, les sollicitations économiques et financières encombrent

---

[143] *Prebyterorum Ordinis*, n° 3 ; italique dans le texte.

[144] « Cherchez d'abord le Royaume et la justice de Dieu, et tout cela vous sera donné par surcroît. Ne vous inquiétez donc pas pour le lendemain : le lendemain s'inquiétera de lui-même ». Mt 6, 33-34.

de plus en plus de nos jours la priorité de la mission première du prêtre et de l'évêque.

* * *

Ce premier chapitre montre explicitement que la figure sacerdotale et épiscopale de Paul Etoga est le fruit d'un processus d'édification, au milieu de péripéties liées à son univers familial, de tradition béti, et aux souffrances d'une scolarisation de survie en proie aux humiliations. Son enfance est nourrie au berceau familial et à la culture occidentale, à travers l'école et la religion catholiques. La rencontre de ces deux mondes diamétralement opposés, les souffrances endurées, l'amènent à prendre conscience de l'importance de la famille biologique. Les sources de l'édification de cette figure permettent également de comprendre, en partie, son engagement ecclésial et sa personnalité par rapport à l'enseignement de l'Église. Au fil de sa formation se dévoilent également sa capacité de résilience, sa détermination à réussir et son attachement aux valeurs de justice, de courage, de paix et de vérité. Le second chapitre, dans ses grandes lignes, restitue l'essentiel de son ministère sacerdotal ainsi que de son engagement de prêtre dans une Église hostile au clergé autochtone. Il y est également question du symbole que représente aujourd'hui sa figure d'homme d'Église face au phénomène de la sécularisation.

Chapitre II
Ministère sacerdotal de l'abbé Paul Etoga dans une Église missionnaire hostile au clergé autochtone. Un symbole face aux défis actuels de la sécularisation

Ce chapitre se focalise sur l'engagement ecclésial de Paul Etoga en tant qu'homme de Dieu avec une insistance sur son ministère de prêtre, pour déceler ce qui peut contribuer à le proposer comme un modèle en lien avec les jeunes générations de prêtres de son pays et d'ailleurs. Sa détermination laisse voir le zèle d'un prêtre militant pour une Église véritablement universelle et fraternelle. Il importe de ce fait, d'analyser en premier la condition du début de son ministère sacerdotal, c'est-à-dire l'année d'imprégnation, afin d'en dévoiler la pédagogie et les implications. Une étude de son engagement sacerdotal, dans une Église missionnaire en proie au clivage, permet de dégager le symbole, c'est-à-dire, ce que représente sa figure de prêtre et davantage d'homme de Dieu face aux défis de la sécularisation, au problème de la précarité des prêtres au Cameroun et aux perspectives d'avenir.

I. Un engagement sacerdotal militant

Ainsi qu'il en était pour tout prêtre indigène, le ministère sacerdotal de Paul Etoga commence par une année d'imprégnation aux réalités pratiques de la pastorale, preuve manifeste que la formation des prêtres autochtones ne s'arrêtait pas avec l'ordination sacerdotale. Il est tout aussi vrai la formation au sacerdoce se complète dans le cadre de la formation permanente. L'intérêt précis est de dévoiler le sens particulier de l'année d'imprégnation pour les prêtres indigènes. Manifestement, il leur fallait passer une année supplémentaire au grand séminaire pour intégrer les pratiques sacerdotales inhérentes à leur situation de jeunes prêtres locaux. À l'observation, cette année, en elle-même est une véritable problématique car la frontière, entre le souci d'une formation continue et le caractère discriminatoire sous-jacent, n'était pas précise. Rappelons que l'abbé Paul Etoga appartient à la quatrième génération des prêtres du clergé autochtone de l'époque et dont la fondation et la formation furent concrétisées au terme de la ténacité et de la sagacité d'un évêque alsacien, Mgr François-Xavier Vogt[145]. La mémoire individuelle et collective de l'Église au Cameroun se fait unanime sur son apport pour l'éclosion de l'Église catholique romaine et apostolique dans ce pays.

---

[145] Mgr François-Xavier Vogt est né le 3 décembre 1870 à Marlenheim en Alsace, aujourd'hui Grand-Est, en France. Il est ordonné prêtre le 28 octobre 1899, et évêque le 14 octobre 1906 par le cardinal Anton Hubert Fischer. Avant de venir en mission au Cameroun, Mgr Vogt fut vicaire apostolique de Bagamoyo au Tanganyika de 1906 à 1922, l'actuelle Tanzanie, ancienne colonie allemande, qui se trouve en Afrique de l'Est et a pour capitale Dar es Salam quand il s'associe avec le Zanzibar en 1964. Le 19 mai 1923, Mgr Vogt est fait vicaire apostolique au Cameroun. Il est considéré comme « le père du clergé camerounais ». Né pendant la guerre franco-prussienne, il est Allemand, l'Alsace-Lorraine ayant été rattachée à l'Empire prussien. Après la grande Guerre, la France ayant récupéré ses territoires, Mgr Vogt redevient Français. La fondation et la formation du clergé camerounais ne fut pas facile pour ce prélat alsacien. Il dut se confronter aux hésitations de ses supérieurs et à l'indifférence de ses confrères spiritains, premiers détracteurs de son projet. Réaliser son rêve de doter son vicariat d'un petit séminaire afin d'assurer la formation des futurs prêtres autochtones s'est révélé une véritable gageure. Paris trouve, malgré la volonté du Saint-Siège de pourvoir les terres de mission en prêtres, que le projet du vicaire apostolique de Yaoundé est trop ambitieux et trop précipité. Ses confrères en mission avec lui au Cameroun ne lui rendent pas la tâche facile. Leur attitude vis-à-vis du projet épouse celle des supérieurs de Paris, et s'illustre d'indifférence. Pour ces derniers, il est trop tôt de mener au sacerdoce ministériel les fils des individus à peine sortis du paganisme : « Sur place au Cameroun, les collaborateurs de Mgr Vogt n'étaient pas tout acquis à l'idée de former des prêtres indigènes. Ils n'étaient pas convaincus que la sève du paganisme eût totalement cessé de couler dans les veines des candidats qui allaient être retenus pour cette formation ». (Voir Jean-Paul MESSINA et Jaap VAN SLAGEREN, *Histoire du christianisme au Cameroun. Des origines à nos jours*, Paris-Yaoundé, Karthala et Ed. Clé, 2005, p. 151). Cette attitude était en contradiction avec la volonté du père François Libermann. Mais, la détermination de Mgr Vogt est forte et sans ambages dans sa volonté de concrétiser la création et l'éclosion du clergé camerounais. Bien que la patience lui soit conseillée par son supérieur, l'urgence du besoin de prêtres ne s'y prête pourtant pas. Il faut des prêtres pour les célébrations eucharistiques, l'enseignement de la doctrine et l'administration des sacrements, entre autres. Ces tâches missionnaires et bien d'autres nécessitent des prêtres dûment ordonnés. La création d'un petit séminaire s'imposait, et pour avoir des prêtres bien formés, il fallait un corps d'enseignants également bien formés. Déterminé, et malgré toutes les réticences auxquelles il fait face, Mgr Vogt n'abandonne pas son projet : « Les réserves des uns et des autres ne semblent pas suffisamment fondées pour suspendre le projet. À l'annonce de l'ouverture du petit séminaire de Mvolyé, cinq candidats se présentèrent : Martin Atangana, Joseph Essomba, Tobie Biloa Jean Tabi, André Manga ». (Jean-Paul MESSINA et Jaap VAN SLAGEREN, *ibid.*, p. 60). Le 7 septembre 1923, le petit séminaire Saint Joseph de Mvolyé ouvre effectivement ses portes. Le manque de formateurs n'empêche pas que les futurs prêtres indigènes soient pris en charge dans leur formation sacerdotale : « Faute de collaborateurs, Mgr Vogt s'était fait lui-même le premier enseignant de son petit séminaire. Il finira par trouver les collaborateurs

1. Le pré-ministère

Il s'agit d'une étape, préalable à tout envoi en mission sacerdotale, à laquelle étaient astreints les nouveaux prêtres indigènes. Une période préparatoire encore appelée année d'imprégnation que nous appelons « pré-ministère ». L'intérêt est de chercher à mettre en évidence les véritables mobiles de cette année, sans omettre le contexte ecclésial et politique susceptible d'éclairer le projet de l'année d'imprégnation.

1° Pédagogie et spécificité

Le jour de l'ordination, il est formellement rappelé au nouveau prêtre les éléments basiques de son ministère sacerdotal. Ceux-ci restituent les orientations fondamentales de ce qui pourrait être sa spiritualité en tant que prêtre diocésain : entre autres, « rappel de la dignité sacerdotale, exigences de sainteté, union à l'évêque et promesse de mérites pour la vie éternelle. Ainsi se termine la prière eucharistique de l'ordination, méthodique comme un traité de théologie, mais significative à souhait et résumant vraiment l'œuvre totale de l'apostolat diocésain »[146]. Il se présente par l'onction sacerdotale comme « le coopérateur de l'évêque »[147]. Il se trouve qu'à l'époque de Paul Etoga, il fallait encore passer toute une année supplémentaire au grand séminaire. Cependant, l'analyse de cette année, dite d'imprégnation, laisse transparaître une volonté de différenciation de considération entre le clergé indigène et occidental, tellement le clivage était manifeste sur le champ pastoral. L'on est porté, aujourd'hui, à croire que cette année consacrait plutôt une forme de discrimination à l'intérieur de l'Église missionnaire. Il est évident que la formation sacerdotale ne s'arrête pas avec l'ordination. Elle continue dans ce qu'on appelle « complément de formation après l'achèvement du cycle d'études », d'après le titre VII du décret conciliaire *Optatam Totius*[148].

Dans un premier sens, l'année d'imprégnation se comprend comme le souci d'intégrer les jeunes prêtres à la vie et à l'engagement sacerdotal. Le

---

recherchés en la personne du Père Ritter, premier directeur, et du Père François Pichon, un des premiers enseignants ». *Ibid.* Mgr Vogt, en désirant garantir une bonne formation à ses futurs prêtres, est conscient de la nécessité d'un équilibre social. En d'autres termes, les Africains, en général, et les Camerounais, pour un bon équilibre humain, spirituel et intellectuel, doivent bénéficier d'un environnement social et familial harmonieux. Cependant, à l'époque où il crée le petit séminaire Saint Joseph de Mvolyé, le Cameroun est sous domination coloniale comme la plupart des territoires d'Afrique.

[146] Gustave THILS, *Nature et spiritualité du clergé diocésain*, Bruges, Éditions De Brouwer et Cie, 1946, p. 129.

[147] *Ibid.*, p. 133.

[148] Pour une réflexion contemporaine voir Christine DE SAINT CHAMAS, « La formation permanente des prêtres après *Pastores dabo vobis*. Approfondissements et prolongements du canon 279 du Code de droit canonique de 1983 », dans *Revue de droit canonique*, 68, 2018 [2020], p. 223-253.

Concile Vatican II y met un accent particulier en prônant une participation active de chaque évêque, à travers la mise sur pied de structures adéquates. Il s'agit de faciliter l'insertion des jeunes prêtres dans leur nouvelle famille sacerdotale, qui est le presbyterium, pour répondre aux défis liés à leur ministère et à leur époque. Cette perspective d'insertion des jeunes prêtres, à la vie sacerdotale et au ministère presbytéral, est une responsabilité purement ecclésiale. De manière claire, « [l]a formation sacerdotale, surtout dans les conditions de la société actuelle, doit encore se poursuivre et se compléter après l'achèvement du cycle d'études dans les séminaires »[149]. Dans une visée d'efficience organique, opérationnelle et fonctionnelle ecclésiale répondant aux réalités de chaque Église locale, « [i]l appartiendra pour cela aux conférences épiscopales d'appliquer dans chaque pays les moyens les plus adaptés, tels que les instituts de pastorale coopérant avec des paroisses judicieusement choisies, des sessions organisées à date fixe, des exercices appropriés »[150]. Ceci pour aider « le jeune clergé à s'insérer progressivement dans la vie sacerdotale et l'action apostolique »[151] de manière intégrale, plus spécifiquement « sous l'aspect spirituel, intellectuel et pastoral, et à renouveler et développer toujours davantage cette vie et cette action »[152]. Dans cette logique, l'année d'imprégnation est justifiée comme relais de la formation continue. Elle s'avère, pour cette raison, d'une grande utilité pour les nouveaux prêtres. Mais, le contexte colonial prévalant à l'époque de Paul Etoga, donne plutôt l'impression aujourd'hui que cette année a été initiée pour une visée autre. Autrement dit, il fallait préparer l'insertion sacerdotale du jeune prêtre indigène sous le prisme de la légitimation de la domination du prêtre autochtone par son confrère occidental. Elle participait, officiellement, d'un projet d'intégration au presbyterium et de ressourcement intellectuel, spirituel et humain du nouveau prêtre indigène. Pourtant, il était question d'un pilonnage psychologique pour faire accepter et intégrer au prêtre indigène qu'il n'était qu'un assujetti par rapport au père blanc. Une fois prêtres, l'abbé Paul Etoga et ses camarades d'ordination sont appelés à passer une année supplémentaire d'imprégnation au grand séminaire. Ils devaient commencer à acquérir l'esprit sacerdotal maison, exigé au prêtre autochtone, afin d'intégrer « les principes qui guident le Pasteur dans l'exercice du ministère sacerdotal ». Il s'agit en somme d'une initiation à la « déontologie sacerdotale et missionnaire ».

2° Implications

Il faut préciser, pour mieux comprendre les effets de l'initiation à la « déontologie sacerdotale et missionnaire », que les nouveaux prêtres

---

149 *Optatam Totius*, n° 22.
150 *Ibid.*
151 *Ibid.*
152 *Ibid.*

indigènes sont fixés sur les règles à respecter et les devoirs leur incombant, non en tant que prêtres à part entière, mais plutôt comme prêtres indigènes. Ces règles et devoirs des abbés laissent entendre que le prêtre indigène passait après le père occidental. Pour preuve, en cas de conflit entre un abbé et un père, témoigne Mgr Paul Etoga, le père avait raison a priori. Ce dernier jouissait, sans ambages d'une présomption de préséance, d'innocence, de sainteté, de probité morale et spirituelle, tandis que son confrère, abbé et indigène jouissait, quant à lui, d'une présomption de culpabilité, de pécheur, d'immoralité et d'infériorité. Ce dernier est maintenu dans un infantilisme dégradant faisant de lui un éternel assisté qui a continuellement besoin d'un tuteur, confrère blanc, pour se sentir exister et rassuré. Le prêtre autochtone vit dans une reconnaissance par procuration.

Le déni de reconnaissance est manifeste. Pourtant, le souci de l'auto-valorisation et de l'affirmation est générateur de la lutte pour la reconnaissance qui, en réalité, est légitime, nécessaire et inhérent à l'humain. C'est pourquoi Pierre Paroz affirme que « [c]et appel à la reconnaissance semble ainsi traduire un des plus impérieux besoins de l'espèce humaine ; probablement même joue-t-il par son côté sauvage, indomptable, incontrôlable un rôle clef dans l'évolution parfois chaotique ou malheureuse de nos sociétés »[153]. On comprend pourquoi l'engagement ecclésial de Paul Etoga se présente, aux yeux de l'histoire de l'Église locale, comme un engagement militant, tellement l'appel à la reconnaissance devient un « impératif catégorique ». Cet appel est naturel, indépendamment des différences culturelles, religieuses, raciales ou de genre, tant il est vrai que manifestement « les sujets humains doivent leur identité à l'expérience d'une reconnaissance intersubjective »[154]. Dans cette optique, le manque de considération mutuelle entre les prêtres autochtones et occidentaux fut à l'origine de bien de conflits au sein du clergé missionnaire.

Formatés à n'être que les collaborateurs des pères occidentaux, les prêtres autochtones se voient rarement, sinon jamais, confier des responsabilités de premier rang. Ils sont utilisés comme s'ils étaient des ouvriers apostoliques en complément d'effectifs et toujours confinés dans des rôles subalternes de coursiers ecclésiastiques. Régulièrement il leur est ressassé un précepte sacro-saint de la « déontologie sacerdotale et missionnaire », auquel il leur est formellement interdit de déroger : « Ne gardez pas d'argent sur vous, ni dans votre chambre, quand vous revenez de tournée remettez tout l'argent au

---

153 Pierre PAROZ, *La reconnaissance. Une quête infinie*, Paris, Cerf, 2011, p. 8.

154 Alex HONNETH, *La lutte pour la reconnaissance*, Paris, Cerf, 2010, p. 87. En définitive, l'humain ne se sent valorisé ou dévalorisé que par et dans son semblable. Cet appel est un tremplin dans l'évolution des sociétés et des mentalités quoique pouvant susciter des agissements conflictuels. Ce qui signifie que le prêtre indigène avait lui aussi purement et simplement droit à quelque considération en tant qu'être humain.

Supérieur. L'argent c'est l'affaire du démon »[155]. Mgr Etoga continue avec beaucoup plus de détails en précisant que « [l]e prêtre indigène est l'hôte de la congrégation spiritaine. Si le Père Supérieur s'absente, c'est un Père ou un Frère de la congrégation qui vient le remplacer et prend les clefs de la mission. Si un Blanc arrive, le prêtre indigène le salue et se retire : il ne doit pas assister à la conversation »[156]. Il faut remarquer que les questions d'argent ont toujours préoccupé les ecclésiastiques. Certains se croient plus autorisés que les autres à posséder, garder et gérer l'argent de l'Église. À l'époque de Paul Etoga, il est formellement établi que « [l]e prêtre [indigène] ne doit pas garder l'argent sur lui ni dans sa chambre »[157]. Il était tenu en respect par son confrère occidental, au point où, « [e]n cas de voyage, c'est le Supérieur qui donne au prêtre indigène de quoi payer les frais. S'il reste de l'argent, le prêtre indigène doit le remettre au Supérieur »[158]. La discrimination était vécue jusqu'à la table des prêtres où était réservé « au prêtre indigène un plat indigène consistant en soupe d'arachide, kpem, manioc ou banane plantain préparée par une femme de siksa, etc. »[159]. C'est dans ce climat du mépris des prêtres autochtones que l'abbé Paul Etoga exercera son ministère sacerdotal.

---

155 Paul ETOGA, *Mon autobiographie*, *op. cit.*, p. 14.

156 *Ibid.* p. 16.

157 *Ibid.*

158 *Ibid.*

159 *Ibid.* Ces détails amènent à penser que l'abbé Paul Etoga avec ses confrères, prêtres indigènes, connurent une précarité existentielle faite de déni de reconnaissance, d'infantilisation, de déconsidération et d'humiliation. Pourtant ils ont tenu le cap durant tout le temps de leur formation et de leur ministère pour montrer aux jeunes générations de prêtres autochtones d'aujourd'hui que le paradigme fondamental de toute vocation sacerdotale est le Christ. De nos jours malheureusement, les clivages subsistent au sein même du clergé largement autochtone. Il ne s'agit plus de considérations de couleur de peau ou de colonisation. L'on constate que ces relèvent du fait des comportements et de la nature des êtres humains. Dans un contexte colonial, ainsi qu'il en était au Cameroun et dans les autres territoires sous domination coloniale, la raison raciale, sans être complètement écartée, pouvait facilement être évoquée. Même dans un clergé essentiellement autochtone on trouve toujours des situations de clivage et de discrimination entre les prêtres, soit du fait de l'ethnie que l'on partagerait avec l'évêque ou le curé. Sans constituer l'objet principal du propos de ce travail de recherche, l'occasion est offerte d'attirer l'attention des pasteurs d'âmes sur le fait qu'ils sont appelés à être « sel de la terre et lumière du monde ». Ainsi, étant à la suite du Christ, les hommes d'Église doivent combattre ces clivages par un témoignage de vie et d'engagement ecclésial idoines. Finalement, on peut retenir que cette année d'imprégnation apparemment année de formation continue se présente plutôt sous le prisme d'une année d'imprégnation dans une discrimination savamment et religieusement orchestrée par le clergé occidental dont le but était d'avoir à leur solde un clergé autochtone obéissant, moins cher, coursier et pas du tout gênant.

2. Paul Etoga : prêtre

Quelques faits significatifs vécus par l'abbé Paul Etoga, sur le champ pastoral, méritent d'être relevés dans le but de mieux cerner l'ampleur de son engagement ecclésial en tant que prêtre indigène. Il commence son ministère sacerdotal, proprement dit, en 1940 dans une Église locale minée par le clivage entre le clergé autochtone et le clergé occidental.

1° Un prêtre obéissant et entreprenant

Son attitude face aux réalités vécues peuvent faire école, vues les conditions dans lesquelles il exerça le ministère de prêtre indigène dans une Église missionnaire hostile au clergé autochtone. Il dut s'adonner à la tâche et prouver aux missionnaires occidentaux qu'un autochtone méritait d'être prêtre, tellement les défis étaient permanents. Face aux missionnaires blancs, il est, comme tous ses confrères indigènes, lié par une obligation de résultat : la problématique ayant émaillé la création et la formation d'un clergé camerounais était toujours d'actualité. Sur le champ pastoral, il est discrètement efficace dans un état d'esprit qui n'attire pas les regards sur lui. Volontaire, il assoie l'exemplarité de sa personnalité sacerdotale.

Certaines questions se posent quant à l'intérêt d'analyser le sens de l'obéissance de l'abbé Paul Etoga. Il en fait montre tout au long de son ministère presbytéral et épiscopal. Il fit ainsi mentir les détracteurs de la naissance et de l'éclosion du clergé autochtone. Ce prêtre autochtone parviendra à donner envie d'être prêtre en suscitant des vocations sacerdotales dans son entourage[160]. Avec lui, on estime qu'il contribua à la crédibilité de l'indigénisation du clergé au Cameroun par son sens de l'obéissance et le sérieux qu'il mit dans l'exercice de son ministère de prêtre en toute conscience sacerdotale. Lorsqu'il est nommé vicaire dans une paroisse, ses proches et connaissances le dissuadent de ne pas rejoindre le poste d'affectation au motif que cette région était réputée être le berceau de l'anthropophagie au Cameroun. Pourtant, il manifeste une véritable conscience sacerdotale et une volonté ferme d'obéir à l'évêque, malgré les dissuasions de ses proches. Cette conscience est assimilable dans l'administration civile à ce qu'on appelle la conscience professionnelle. Elle revient à dévoiler le sens du discernement et de la capacité de Paul Etoga à comprendre l'essentiel et le fondement de sa vocation sacerdotale. Cette conscience professionnelle n'est pas d'une science infuse, elle est le résultat d'une intégration et d'une assimilation personnelle de toute sa formation et de l'enseignement de l'Église. Grâce à cet enseignement, son engagement ouvre à une compréhension profonde de ce que « [l]es prêtres sont ministres du Christ Tête pour construire et édifier son

[160] Il faut noter pour l'occasion qu'il attira beaucoup de jeunes de sa contrée vers le petit séminaire Saint-Paul de Mbalmayo, dont moi, pour suivre la formation de prêtre. Tous ne parvinrent pas au sacerdoce, mais un bon nombre fut ordonné prêtre.

Corps tout entier, l'Église, comme coopérateurs de l'ordre épiscopal : c'est à ce titre que le sacrement de l'ordre les configure au Christ prêtre »[161].

En acceptant de rejoindre son premier poste d'affectation, dans une localité réputée dangereuse et difficile d'accès, il démontre que les liens familiaux sont à surmonter face à l'ampleur et au mystère de la vocation sacerdotale. Il s'agit pour lui, comme pour tout prêtre, d'une attitude de participation à la construction de l'Église et de coopération vis-à-vis de l'évêque. Pour illustrer les conditions difficiles du début de son ministère, il suffit d'évoquer l'incapacité de la paroisse dont il est vicaire à lui trouver un logement. En réalité, ces problèmes ne sont pas nouveaux, mais leur évocation trouve leur intérêt dans l'exemplarité de la capacité de résilience de l'abbé Paul Etoga nouvellement arrivé à Messamena[162] où le curé est un père canadien[163]. Il posait ainsi, par son attitude, sa pierre de disponibilité et d'obéissance pour l'édification de l'Église autochtone en acceptant de coopérer avec l'ordinaire du lieu.

Évêque, il présente l'obéissance dans son opuscule, *Réflexions sur la vie chrétienne. Mémoires pastorales de Mgr Paul Etoga*, comme l'une des voies qui aident le chrétien, et le prêtre, à se mettre à l'imitation du Christ. Aussi, explique-t-il : « Jésus-Christ fut obéissant à son Père sans réserve. Lui-même l'affirme quand il dit : "Je ne suis pas venu faire ma volonté, mais la volonté de celui qui m'a envoyé" ; "ma nourriture c'est de faire la volonté de celui qui m'a envoyé" (Jn 4, 34). Il fut obéissant jusqu'à la mort sur la croix »[164]. L'obéissance dans l'Église est une attitude et un engagement à remettre sa vie à la disposition d'un supérieur hiérarchique qui, le plus souvent, peut être tenté d'en abuser. Toutefois, elle est essentielle dans la vie de l'Église au nom de la communion hiérarchique. C'est pourquoi :

> « [p]armi les qualités les plus indispensables pour le ministère des prêtres, il faut mentionner cette disponibilité intérieure qui les rend toujours prêts à rechercher non pas leur propre *volonté*, mais la *volonté de celui qui les a envoyés*. Car l'œuvre divine à laquelle les prêtres sont appelés par l'Esprit-Saint dépasse toutes les forces, toute la sagesse de l'homme : "ce qu'il y a de faible dans le monde, Dieu l'a choisi pour la confusion de ce qui est fort" (1 Cor 1, 27) [...]. Mais le ministère

---

161 *Presbyterorum Ordinis*, n° 12.

162 Messamena est une commune localisée dans la région de l'Est Cameroun dans le département du Haut-Nyong.

163 Il paraît curieux d'y retrouver un père canadien. La raison est que, du fait de la seconde guerre mondiale, les pères spiritains, en majorité français, avaient été mobilisés pour répondre à l'appel de leur pays. Beaucoup de paroisses se retrouvaient ainsi sans prêtres, surtout qu'à cette époque les prêtres autochtones étaient encore rares. Le Cameroun, avec l'ordination des six du 19 septembre 1939, en était à sa quatrième génération de prêtres autochtones.

164 Paul ETOGA, *Réflexions sur la vie chrétienne. Mémoires pastorales de Mgr Paul Etoga*, Mbalmayo, CAA, 1995, p. 10.

sacerdotal étant le ministère de l'Église, on ne peut s'en acquitter que dans la communion hiérarchique du corps tout entier. C'est donc la charité pastorale qui pousse les prêtres, au nom de cette communion, à consacrer leur volonté propre, par l'obéissance au service de Dieu et de leurs frères, à accueillir et à exécuter en esprit de foi les ordres et les conseils du pape, de leur évêque et de leurs autres supérieurs, *à dépenser volontiers et à se dépenser eux-mêmes* dans toutes les fonctions qui leur sont confiées, si humbles et si pauvres soient-elles »[165].

L'abbé Paul Etoga, après quelques années passées à Messamena comme vicaire, est nommé curé de paroisse ; un privilège et une promotion pour un prêtre autochtone. Curé, il se révèle entreprenant et bâtisseur dans un esprit de conviction de l'ecclésialité du ministère sacerdotal. Il se fait disponible au travail d'Église en communion collaborante[166] avec les vicaires et les chrétiens. La conscience de la vocation et du ministère sacerdotal doit déboucher sur une visibilité, dans la mesure où l'engagement sacerdotal d'un prêtre est appelé à transparaître dans ses réalisations. Traduisant la conscience sacerdotale et l'engagement ecclésial en actes, l'effectivité observable du ministère s'avère une conséquence logique. Malheureusement, pendant qu'il était vicaire, exerçant son ministère sous les ordres du curé, il ne disposait pas d'une marge considérable d'initiative et de manœuvre, parce que, dans l'Église catholique, « [l]es vicaires paroissiaux, qui sont les coopérateurs du curé, apportent chaque jour une aide précieuse et active au ministère paroissial sous l'autorité du curé »[167]. Voilà pourquoi il est normal de considérer, en premier lieu, ce qu'il a initié et réalisé concrètement pour l'édification de l'Église locale dans son ministère de curé. En effet, être curé est une grande responsabilité : « [à] un titre tout spécial, les curés sont les coopérateurs de l'évêque : c'est à eux qu'est confié, en qualité de pasteurs propres, le soin des âmes dans une partie déterminée du diocèse sous l'autorité de l'évêque »[168]. En tant que tels, ils doivent intégralement remplir les trois fonctions de l'Église avec la collaboration des vicaires. C'est pourquoi « [d]ans l'exercice de leur mission, les curés doivent, avec leurs auxiliaires, remplir la charge d'enseigner, de sanctifier et de gouverner d'une manière telle que les fidèles et les communautés paroissiales se sentent véritablement des membres du diocèse et de toute l'Église universelle »[169].

---

165 *Presbyterorum Ordinis*, n° 15, italique dans le texte.

166 L'idée est d'exprimer une communion ou cohésion entre Paul Etoga et les vicaires qui permettait et facilitait la réalisation en bien des projets de la paroisse ; une communion bénéfique pour l'équipe sacerdotale en tant qu'ensemble de personnes dans une dynamique de participation à la vie de la paroisse.

167 *Christus Dominus*, n° 30.

168 *Christus Dominus*, n° 30 § 1.

169 *Ibid.*

Curé de Yangben et de Nkol-Nkoumou l'abbé Etoga y laisse des marques remarquables de son passage. Il réalise que la construction et le développement d'une paroisse à bâtir commencent par la prise en compte des ressources trouvées sur place[170]. Ne pouvant tout faire avec les vicaires paroissiaux, il mit à contribution le potentiel humain dont les chrétiens et les âmes de bonne volonté. Il comprit qu'étant « [à] la tête de la communauté, les prêtres doivent donc faire en sorte de ne pas *rechercher leurs propres intérêts*, mais *ceux de Jésus-Christ*, en unissant leurs efforts à ceux des laïcs chrétiens »[171]. Il put ainsi compter sur la détermination des chrétiens, de sorte que, malgré le manque de moyens, ne produisant pas de cacao, véritable source financière, ces derniers lui exprimèrent leur désir de doter leur paroisse d'une bonne église construite en matériaux définitifs. Nonobstant le refus de son évêque[172] qui considérait le projet grandiose pour un si pauvre village, les constructions commencèrent[173]. À Nkol-Nkoumou, la dernière paroisse où il fut curé avant sa nomination comme évêque auxiliaire de Yaoundé, il affiche le même engagement pastoral malgré le très court séjour de février 1955 à juillet 1955. En plus de créer des plantations et de construire une nouvelle église à Yangben, l'abbé Paul Etoga ne met pas en veilleuse l'essentiel de la charge d'un curé de paroisse et de tout prêtre : annoncer la Bonne Nouvelle malgré une situation de crise entre le clergé autochtone et occidental.

2° Clivage ecclésial : un déchirement

La patente situation de clivage au sein de l'Église missionnaire au Cameroun fut une douloureuse expérience et une crise profonde pour l'abbé Paul Etoga. Cette situation a été un contre témoignage pour l'Église missionnaire. Dans la troisième partie ce clivage est analysé au sommet de la

---

[170] Sur la problématique des ressources voir Paul NOMA BIKIBILI, *L'administration des biens des missions catholiques du Cameroun allemand et français. Vers une quête d'autonomie patrimoniale*, Paris, Cerf, 2020, p. 267-313. Et la première ressource naturelle de Yangben en tant que paroisse rurale est la terre dont elle dispose gratuitement. Avec les vicaires affectés à la même paroisse, ils parviennent à travers leurs plantations à obtenir d'abondantes récoltes. Mais, malheureusement, il se pose le problème de leur écoulement sur le marché local à cause de l'enclavement de la paroisse. Ce problème d'enclavement de certaines zones au Cameroun et en Afrique est encore aujourd'hui un frein à l'écoulement des récoltes. Très souvent, faute de routes viables, les produits se dégradent aux lieux de leur récolte. L'activité économique dans ces régions s'en trouve compromise. Grâce aux bonnes relations entretenues avec les commerçants des alentours, il gagne le pari de l'écoulement des produits des plantations qu'avec la communauté paroissiale il avait créées. À titre d'exemple, Moricon, Leclerques, Piantino, Papadopoulos et Ambos sont de ceux-là qui l'aidèrent dans le transport des récoltes des plantations et dont il garda un vibrant souvenir.

[171] *Presbyterorum Ordinis*, n° 9, italique dans le texte.

[172] Paul ETOGA, *Mon autobiographie*, *op. cit.*, p. 18.

[173] Au terme de beaucoup d'efforts et de sacrifices, l'église de Yangben fut construite.

hiérarchie de l'Église missionnaire au Cameroun. On y étudiera les rapports difficiles entre Mgr René Graffin et son auxiliaire Mgr Paul Etoga. Présentement, deux faits apparemment anodins, mais profondément révélateurs de cette situation de clivage entre les deux catégories de prêtres sont évoqués :

Le premier est l'accueil de l'abbé Paul Etoga par un curé canadien, lorsqu'il devait regagner son premier poste d'affectation à Messamena. Une région qu'il découvre pour la toute première fois. Il était prévu que le curé, le père Gagnon, vienne l'attendre dans une localité précise pour accueillir le vicaire. Malheureusement, il n'en sera pas ainsi, ledit père étant rentré sur Messamena deux jours avant l'arrivée du vicaire. Avait-il eu un imprévu ? Mais, vue la situation prévalant à l'époque entre le clergé occidental et autochtone, il n'est pas exagéré de constater cette attitude de mépris affichée par le père canadien à l'endroit du confrère indigène. Elle dénote un dédain du père blanc envers le confrère noir. Cette attitude est également suggestive de la répugnance des prêtres occidentaux à accueillir dans un même presbyterium leurs confrères autochtones. Les pères occidentaux ne voyaient toujours pas d'un bon œil l'accès des fils autochtones à la dignité sacerdotale. D'après eux, ces derniers n'étaient pas encore dignes d'y accéder. Heureusement, après moultes péripéties, l'abbé Etoga parvint à rejoindre son poste d'affectation. Sur place, le même père canadien, le fit attendre plusieurs heures avant de lui montrer un local de fortune en guise de chambre à coucher et de presbytère. Rien n'était prêt pour accueillir le vicaire de la paroisse de Laba. Il dut lui-même s'y mettre pour nettoyer sa chambre qui se trouvait dans un état d'insalubrité avancée : « Enfin le Père vint ouvrir la porte de ma chambre. Hélas ! Quelle saleté, quelle poussière ! Cancrelats, puces, chiques y règnent. Je dus balayer moi-même la pièce »[174]. Au final, l'accueil et l'installation du vicaire montrent que le père canadien avait de la peine en réalisant qu'il devait faire œuvre d'Église avec un prêtre autochtone. Il le reçut en désespoir de cause et par dépit.

Le second fait est la rixe avec le procureur diocésain. Il s'agit d'une situation qui provoqua un éclat de voix entre le procureur diocésain et l'abbé Etoga. Elle révèle au grand jour l'esprit de discrimination ecclésiale favorisée par le clivage entre les clergés autochtone et occidental. Lassé de voir ses commandes négligées par le procureur diocésain et constamment rectifiées et revues à la baisse, il exprima publiquement sans détour son mécontentement. En arriver à un niveau de colère est un signe que l'abbé Paul Etoga vivait une situation frustrante : l'enclavement de la région et la saison des pluies étaient très souvent à l'origine du retard de l'abbé Paul Etoga, lors des retraites des prêtres qui se tenaient toujours au mois de septembre en pleine saison pluvieuse. Le vicaire et lui y arrivaient parfois un ou deux jours après le début de la retraite. Lors d'une retraite, le ton ne tarda pas à monter d'un cran entre

---

[174] Paul ETOGA, *Mon autobiographie*, *op. cit.*, p. 15

l'abbé Paul Etoga et le procureur diocésain. Ce dernier prétextait que le curé de Yangben manquait de charité dans ses commandes du nécessaire liturgique. Cette considération ne lui plut pas : « [u]ne fois, raconte-t-il, j'arrivai à Mvolyé avant la retraite et déposai ma commande à la Procure… Presque tout était barré sur mon papier, je demandai le pourquoi au Procureur. Il me dit : "Vous demandez trop. Vous ne pensez pas aux autres". Cette phrase me fâcha »[175]. Vexé, il répliqua : «"Vous me répondez toujours : c'est fini ; les autres ont tout acheté. Quand ils prenaient, pensaient-ils à moi ?" La querelle s'anima vivement »[176]. La réaction du curé de Yangben montre que le comportement du procureur diocésain avait eu raison de sa grande patience ; même la présence de son grand frère, l'abbé Albert Okala, ordonné en 1936, que fit venir le procureur, ne le fit pas décolérer pour autant. Il répliqua sans ambages : « Non ce n'est pas mon frère qui règle mes affaires, j'ai l'âge »[177]. La situation était telle, qu'il fallût l'intervention du père supérieur. Paul Etoga ne baissa pas les yeux pour lui dire l'objet de son mécontentement. En revanche, le père supérieur manifesta à son tour un parti pris en faveur de son confrère occidental en refusant de considérer la vraie raison du litige : « Vous êtes difficile, lui dit le père supérieur »[178]. Et l'abbé Etoga de lui répondre : « "c'est vous qui me rendez difficile" »[179].

Effectivement, vu le contexte de domination coloniale et ecclésiale, il est jugé de difficile par le père occidental. Au fond, le souhait du père supérieur était de voir l'abbé Paul Etoga se plier à la volonté du père procureur. Il était, à l'époque, inconcevable de voir un prêtre autochtone remettre en question la volonté d'un père européen, encore moins d'avoir raison. Mais Paul Etoga fut remonté contre le manque d'estime et de considération du procureur diocésain et du père supérieur à son endroit. En réalité, il y a eu un manque de justice et d'équité dans la mise à disposition des stocks : les pères occidentaux en avaient pour la meilleure qualité tandis que les abbés autochtones se contentaient des produits de qualité inférieure. Finalement, raconte-t-il, « on ouvrit la pièce réservée aux Pères et j'achetai tout ce que j'avais voulu »[180]. Aussi, sa réaction s'en trouve-t-elle justifiée. Il s'agissait en réalité d'une indignation d'un prêtre qui s'insurgeait contre l'ordre clérical établi qu'il estimait anti évangélique, discriminant et honteux pour l'Église, quoique non spécifique à son époque et à sa région. La particularité de la situation vécue par l'abbé Paul Etoga révèle une époque marquée par la coïncidence de la domination coloniale avec la mission dite évangélisatrice. Répondant aux défis de son époque, Paul Etoga s'insurgeait contre cet ordre ecclésial établi

---

[175] *Ibid.*, p. 21.
[176] *Ibid.*
[177] *Ibid.*
[178] *Ibid.*
[179] *Ibid.*
[180] *Ibid.*

qu'il jugeait injuste, déconsidérant et dégradant pour le clergé autochtone. Il resta inflexible sur sa position.

Au regard de ces deux situations mettant à nu la réalité ecclésiale missionnaire, l'on est porté à croire que le militantisme de Paul Etoga, dans le sens de son engagement ecclésial, amène à faire prendre conscience au prêtre indigène qu'il devait s'affirmer par lui-même pour défendre sa respectabilité et son honorabilité. Il affirme dans ce sens qu'« [i]l fallait nous défendre d'autant plus qu'on voulait nous traiter de Prêtres de seconde zone ; Prêtres mitoyens entre les Pères et les Chefs catéchistes. On nous appelait les aides des Pères. Pauvres Prêtres indigènes »[181]. L'abbé Paul Etoga vécut dans sa peau et son esprit cette frustration générée par la discrimination et l'indignité du fait d'être prêtre indigène. Mais, sans prétendre justifier ce déni de reconnaissance dont étaient victimes les prêtres autochtones, il est utile d'en ébaucher une esquisse de compréhension pour cerner les contours de la situation et voir en profondeur ce qui peut en constituer la clef de lecture.

3° Ébauche de compréhension

Le clivage entre les deux clergés doit être appréhendé dans ce qui apparaît comme un ensemble d'enjeux liés au contexte historique, missionnaire et politique à ce moment de l'histoire du Cameroun et de l'Église dans ce pays. Cet ensemble de centres d'intérêts est double. Il y a en premier, la situation conjuguée de domination coloniale et de mission évangélisatrice, qui a donné à croire qu'il s'agissait, en réalité, d'une domination civilisatrice à deux volets : un volet colonialiste et un volet missionnaire. En second lieu, la vie missionnaire au Cameroun est régie par le Code de « déontologie sacerdotale et missionnaire ». Ce Code est spécifiquement assigné aux seuls prêtres indigènes. Au départ, le but officiel était de les aider à assimiler intégralement « les principes qui guident le Pasteur dans l'exercice du ministère sacerdotal ». Mais, à la longue, il a systématiquement de manière évidente, consacré et institutionnalisé la différenciation hiérarchique et discriminatoire entre les deux clergés. On peut encore aujourd'hui se poser la question du véritable motif de l'évangélisation entreprise par les puissances occidentales. Le contexte colonial voulant que la colonisation fût présentée comme une mission civilisatrice dans les territoires sous domination coloniale[182]. Au-delà de certaines considérations, il se pose encore la problématique de l'urgence et l'opportunité de cette mission dite civilisatrice. Avec raison, beaucoup de réserves sont émises quant à sa portée spirituelle. La raison en est que la mission dite civilisatrice porte en effet à croire qu'elle cachait subrepticement des raisons d'ordre économico-stratégiques. Le véritable but semble la consolidation de la domination occidentale sur le Cameroun et les autres

[181] *Ibid.*

[182] Les peuples colonisés étaient perçus comme des peuples sauvages qui avaient besoin d'éducation, de santé, d'instruction.

peuples colonisés. Ainsi, la réserve observée vis-à-vis de la mission civilisatrice tient ses origines à ce contexte colonial où colonisation et évangélisation paraissaient difficilement distinguables. Pour le cas du Cameroun, comme dans bien des colonies en Afrique ou en Asie, colonisation et évangélisation donnaient l'impression de vibrer au même diapason. Les missionnaires se voyaient également investis d'une double mission évangélisatrice et civilisatrice. Convaincus de l'opportunité de leur double mission, les pères occidentaux se croyaient naturellement supérieurs aux prêtres autochtones.

En l'état actuel des recherches entreprises pour en savoir davantage sur ce règlement des prêtres indigènes, le témoignage de Mgr Paul Etoga permet d'en avoir une idée. De manière générale, le règlement définissait la place du prêtre indigène par rapport à la congrégation spiritaine[183]. La préséance étant reconnue au seul père occidental, le prêtre indigène se retrouvait au bas de l'échelle dans la hiérarchie cléricale locale. Le paternalisme colonial évoluait concomitamment avec le paternalisme ecclésial et missionnaire. La ségrégation entre les deux clergés était nette et tranchée. Louis Ngongo en donne aussi un éclairci substantiel :

> « Aujourd'hui saugrenue, la question du statut personnel des prêtres noirs dans le Cameroun colonial a préoccupé les responsables ecclésiastiques des années trente. Alors que les premiers prêtres camerounais doivent être ordonnés dès le 8 décembre 1935, Mgr Graffin, évêque coadjuteur de Yaoundé, soumet le problème au gouverneur Repiquet en juillet de la même année. Pris de court, Repiquet écrit à son homologue du Sénégal où il existe déjà quelques prêtres noirs. Les informations qu'il en reçoit lui permettent de répondre à Mgr Graffin : les futurs prêtres camerounais n'auront d'autre statut que celui de leurs confrères ; comme ceux-ci ils "seront soumis à l'indigénat". De telles décisions ne disposent pas forcément le clergé indigène à épouser les thèses françaises sur la colonisation. Le malaise constaté après la deuxième guerre mondiale trouve ici une partie de son explication »[184].

D'après Louis Ngongo, il faut retenir qu'en chaque prêtre indigène sommeillait quelque velléité nationaliste : se sentant opprimés au sein même de la maison de Dieu, l'Église, l'aspiration à l'émancipation était récurrente en eux. Cette émancipation, chez les prêtres indigènes, était double tant il était évident qu'en plus de la libération du joug colonial, ils lorgnaient et aspiraient, peu ou prou, à la libération du joug ecclésial. C'est pourquoi, dans la lutte anticolonialiste et indépendantiste, ainsi que la situation de l'époque sera présentée plus loin, les nationalistes eurent maille à partir avec le clergé

---

[183] Cf. Paul ETOGA, *Mon autobiographie*, *op. cit.*, p. 16.

[184] Louis NGONGO, *Histoire des forces religieuses au Cameroun…*, *op. cit.*, p. 44.

missionnaire[185]. En revenant à l'abbé Paul Etoga, au vu de son engagement ecclésial, une analyse du symbole que représente sa figure sacerdotale s'impose dans une Église locale et universelle en proie au sécularisme et aux divisions de toutes sortes, à la précarité des prêtres et au défi que constitue l'avenir de l'Église au Cameroun.

II. Un symbole pour l'Église locale

En abordant l'aspect du symbole de la figure d'homme d'Église de Paul Etoga, il est vraiment difficile de dissocier Paul Etoga prêtre d'un côté et Paul Etoga évêque de l'autre. La raison étant tout simplement que la figure d'homme d'Église de ce prélat englobe à la fois son engagement de prêtre et d'évêque. En tant que tel, il amène à considérer ce que fut son ministère sacerdotal et épiscopal en termes de paradigme et de repère pour les jeunes générations de prêtres et d'évêques de son pays et aussi, dans une certaine mesure, pour ceux d'autres pays. Cette ouverture de la portée exemplaire de sa figure d'homme de Dieu et d'Église est largement justifiée par le caractère universel de l'Église catholique.

1. Face aux défis de la sécularisation

Il s'agit de montrer ce qu'il y a de représentatif et de significatif en ce prélat camerounais, relativement aux défis de la sécularisation du monde d'aujourd'hui, à la précarité des prêtres de son pays et aux perspectives d'avenir de l'Église locale. Ici seront abordés de manière succincte la question de la crise des vocations et le problème de l'indifférence religieuse.

1° La crise des vocations

La crise vocationnelle trouve son acuité dans la généralisation de l'indifférence religieuse qui laisse voir manifestement un monde en perpétuelle mutation et ployant sous le fardeau de la sécularisation. À l'observation, « [l]e phénomène de la "sécularisation" autrement dit, la tendance à vivre dans une projection horizontale, en ignorant ou en neutralisant la dimension transcendante de l'existence tout en acceptant

---

[185] *In fine*, l'important est moins de ressasser et de raviver toutes ces frustrations et blessures qui ont terni et ternissent encore, dans la conscience collective des colonisés, l'œuvre colonisatrice que de regarder en face la vérité de ce qui s'est réellement passé dans une attitude d'humilité mue par cette bonne volonté de panser et de guérir les plaies de la colonisation. Cette attitude participe de la construction d'une Église vraiment fraternelle et d'un monde viable selon la volonté du Christ dans sa prière pour ses disciples et partant pour toute l'humanité : « Et moi, je leur ai donné la gloire que tu m'as donnée, pour qu'ils soient un comme nous sommes un, moi en eux comme toi en moi, pour qu'ils parviennent à l'unité parfaite et qu'ainsi le monde puisse connaître que c'est toi qui m'as envoyé et que tu les as aimés comme tu m'as aimé ». (Jn 17, 22).

volontiers le discours religieux, concerne tous les baptisés »[186]. L'Église n'échappe pas aux mouvances de son temps et aux crises qu'elles entraînent. L'une des plus significatives étant la crise des vocations : « [s]'il est vrai que l'Église existe, vit et se perpétue dans le temps dans sa mission évangélisatrice (cf. Conc. Œcum. Vat. II, Décret *Ad Gentes*), il apparaît clairement que l'effet le plus délétère de cette sécularisation déferlante est la crise du ministère sacerdotal »[187]. Cette crise est d'une visibilité qui interpelle toute l'Église et l'ensemble du peuple de Dieu, dans la mesure où elle impacte sur la dimension algébrique et comptable des effectifs sacerdotaux. Elle influe également sur la dimension spirituelle du sacerdoce par une corruption des convictions religieuses et de sa réalité surnaturelle. Aussi, peut-on constaté qu'elle « se manifeste d'une part, par une diminution sensible des vocations et, de l'autre, par la diffusion à la fois d'une perte du sens du caractère surnaturel de la mission sacerdotale et par la propagation de formes inauthentiques qui souvent, dans leurs manifestations extrêmes, ont créé des situations de grandes souffrances »[188]. L'on remarque, en effet, que la crise des vocations sacerdotales est plus nette et plus palpable dans les pays occidentaux où pratiquement il n'existe plus de petits séminaires. Les ordinations sacerdotales n'y sont plus fréquentes. Par contre dans les pays au sud du Sahara et d'Amérique latine, les vocations sacerdotales vivent une éclosion, non sans difficultés cependant. Les petits séminaires y existent encore avec des effectifs considérables. Les ordinations sacerdotales sont régulières dans la quasi-totalité des diocèses du Cameroun, par exemple.

Toutefois, on se pose aussi la question de savoir si cette floraison des vocations ne répondait pas à une conjoncture socio-économique où le sacerdoce serait dilué dans le souci d'une promotion sociale. Mais, en profondeur, les nombreuses vocations sacerdotales constatées, au Cameroun et en Afrique, donnent lieu de répondre à plusieurs nécessités dont celui du souci d'évangélisation du pays par les fils autochtones. On observe par contre, une certaine mentalité qui considère le sacerdoce comme une opportunité de se garantir un tremplin de réussite sociale, dans une société où devenir prêtre ou évêque est synonyme de promotion sociale et de réalisation d'une ambition

---

[186]°CONGREGATION POUR LE CLERGE, *Directoire pour le ministère et la vie des prêtres*, 11 février 2013, Présentation, www.vatican.va/roman_curia/congregations/cclergy/documents/direttorio-presbiteri_fr.html. L'important ici est de le réaliser tout en prenant conscience de ce phénomène qui n'épargne personne. Tout baptisé quelle que soit sa situation est concerné par ce sujet. Je dirais même que tout humain est impliqué dans ce phénomène. Le monde d'aujourd'hui étant un monde en proie aux changements est enclin à faire oublier la dimension transcendantale de la vie et de l'existence. Aujourd'hui, rien n'est plus stable, ou presque. Les idées sur la vie, Dieu, la mort évoluent à une vitesse vertigineuse.

[187] *Ibid.*

[188] *Ibid.*

carriériste. Au fond, une seule et même question vaut pour les pays occidentaux qui vivent une crise des vocations sacerdotales, tout comme pour les pays du sud qui connaissent un apparent boom sacerdotal qui semble aujourd'hui relatif à bien des égards. En réalité, au cœur de la crise des vocations se pose en profondeur la question de la fidélité aux exigences du sacerdoce des prêtres et évêques dans l'exercice de leur ministère. Sur le champ pastoral, il est question de leur exemplarité, à même de susciter des vocations sacerdotales et religieuses dans leur témoignage de vie.

L'urgence d'un guide garde-fou pour susciter et préserver les vocations sacerdotales devient d'actualité : « [c]'est pour toutes ces principales raisons qu'après une longue série de consultations et d'avis, nous nous sommes trouvés impliqués dans la rédaction de la première édition du *Directoire pour le ministère et la vie des prêtres* en 1994, un instrument apte à éclairer et servir de guide dans l'engagement du renouvellement spirituel des ministres sacrés, apôtres toujours plus désorientés, plongés dans un monde difficile et en continuelle mutation »[189]. Tous les pasteurs et responsables de l'Église accrédités par l'Esprit-Saint sont appelés à prendre leurs responsabilités, parce que « [c]e phénomène a pris tellement d'ampleur au cours des dernières décennies qu'il a obligé ceux qui, par mandat divin, ont pour tâche de guider l'Église, à adopter une position claire »[190], face à un monde qui démocratise de la répugnance pour le religieux.

2° L'indifférence religieuse

Parler du problème de la démocratisation de l'indifférence religieuse revient, tout simplement, à signifier la vulgarisation et la généralisation du sentiment de froideur qui n'épargne aucun domaine de la vie et dont la manifestation est la perte du sens de Dieu et des valeurs. Le relativisme gagne les consciences. De toutes les indifférences affichées, l'indifférence vis-à-vis de la religion semble estampiller la conscience contemporaine. Elle se présente aujourd'hui comme une marque et une expression subjectivement identitaire. Il s'agit d'une expression de la liberté individuelle, parfois caractéristique d'une culture qui se manifeste par une timidité, voire un dédain de la pratique religieuse. La société, sous le prisme de la laïcité se déchristianise au fur et à mesure du temps par « une baisse très sensible de la pratique »[191], c'est-à-dire précisément « l'éloignement de la pratique religieuse accompagné d'un refus – parfois conscient, parfois induit par des habitudes imposées sournoisement par une culture décidée à déchristianiser la société civile – tant du *depositum fidei* tel qu'il est authentiquement enseigné par le Magistère catholique, que de l'autorité et du rôle des ministres sacrés

---

[189] CONGREGATION POUR LE CLERGE, *Directoire pour le ministère…, op. cit.*

[190] *Ibid.*

[191] Guillaume CUCHET, *Comment notre monde a cessé d'être chrétien. Anatomie d'un effondrement*, Paris, Seuil, 2018, p. 93.

appelés par le Christ (*Mc* 3, 13-19) à coopérer à son dessein salvifique et à conduire les hommes à l'obéissance de la foi (*Sir* 48, 10 ; *He* 4, 1-11 ; *Catéchisme de l'Église Catholique,* n. 144ss.) »[192].

L'indifférence religieuse n'est pas seulement une attitude ou un état d'esprit, elle est également une « tentation » manifeste du fait du ressenti de la « séparation des chrétiens [...] de la disparité de culte »[193]. Elle est également un péché en tant qu'elle « refuse ou néglige la considération de la charité divine »[194]. Aussi, face à la démocratisation de l'indifférence religieuse, se pose-t-il l'urgence d'une revalorisation de la doctrine catholique. Et le magistère s'y est engagé de manière effective. Cela justifie « l'engagement particulièrement déployé par Benoît XVI, dès le tout début de son pontificat, à revaloriser la doctrine catholique comme une présentation cohérente de la sagesse révélée authentiquement par Dieu et qui a trouvé dans le Christ son accomplissement, doctrine dont la valeur véridique est à la portée de l'intelligence de tous les hommes (*CCC,* n. 27ss.) »[195]. Notons, pour ce qui est du Cameroun et de l'Afrique en général et subsaharienne en particulier, et contrairement à une certaine opinion qui présente cette partie du monde comme imperturbablement religieuse, que la réalité présente cependant des situations qui constituent matière à réflexion[196]. À la suite de l'analyse des défis et de l'interpellation de la sécularisation aujourd'hui, la présentation et l'étude de la situation de précarité du prêtre au Cameroun et ailleurs méritent que l'on s'y attarde, à la lumière du symbole de la figure d'homme d'Église que représente Paul Etoga. Cette situation, qui se révèle être une source de tentations pour les prêtres du Cameroun et d'Afrique, est en réalité un contre témoignage pour l'Église tout entière.

---

[192] *Ibid.*, italique dans le texte.

[193] *Catéchisme de l'Église catholique*, n° 1634.

[194] *Ibid.*, n° 2094.

[195] CONGREGATION POUR LE CLERGE, *Directoire pour le ministère…, op. cit.*

[196] Il se pose des problématiques autour du christianisme en Afrique. Le négro-africain peut-il être athée ? Bien d'autres questions qui interpellent les chercheurs africains en la matière. Il s'agit d'en affirmer avec Jean-Marc ELA, *Le cri de l'homme africain*, Paris, L'Harmattan, 1980, 173 p. dans *[S]a foi d'africain*, Paris, Karthala, 1985, 228 p., et d'assumer la véritable responsabilité missionnaire et politique leur incombant aujourd'hui. Il est également question de réactualiser un *Christianisme sans fétiche*, Essai, Paris, Présence africaine, 1981, 219 p., malgré *La crise du Muntu*, Paris, Présence africaine, 1977 et 1987, 239 p., avec Fabien EBOUSSI BOULAGA, dans une perspective d'intégration de la catholicité ecclésiale. Cette relecture aide à s'investir aussi dans *Culture, christianisme et quête d'une identité africaine*, Paris, L'Harmattan, 2007, 201 p., avec Jean-Paul MESSINA et à réfléchir en même temps sur la religiosité et l'irréligiosité en Afrique au point de se demander avec Eloi MESSI METOGO : *Dieu peut-il mourir en Afrique ?*

2. Face à la précarité du prêtre

En considération de l'expérience personnelle, de curé de campagne et de responsable d'établissements[197] dans le diocèse de Mbalmayo, cette partie court le risque d'être perçue comme une excuse aux prêtres auteurs de manquements à la fidélité à leur engagement sacerdotal.

1° Le paradoxe

Dans l'imaginaire populaire au Cameroun et dans beaucoup d'autres pays africains, la prêtrise est synonyme de réussite ou de promotion sociale. Cet état d'esprit trouve ses origines dans la générosité des pères occidentaux qui, très régulièrement abreuvaient les ouailles de cadeaux et de dons, ne manquant pas d'assurer de temps en temps la scolarité de certains enfants démunis[198]. Ce préjugé est encore d'actualité parce que beaucoup de prêtres autochtones, se croyant redevables, l'entretiennent en acceptant des responsabilités parfois au-dessus de leurs véritables moyens[199]. Le paradoxe est d'autant plus grave que certains vivent dans une aisance visible alors que d'autres croupissent dans la misère de la précarité. Face à cette situation, il y a lieu de s'interroger sur ce qui constitue en premier leur priorité dans leur ministère : l'annonce de la Parole ou le bien-être. Mgr Paul Etoga et ses camarades de promotion, faisant partie de la quatrième promotion des prêtres camerounais, avaient choisi une devise qui exprime et signifie la priorité de leur ministère sacerdotal : s'adonner à la prière et à leur ministère. Le témoignage dans l'exercice de leur sacerdoce est encore vibrant dans la mémoire collective et chrétienne de beaucoup de Camerounais qui les ont connus. Aujourd'hui, sans porter un jugement hâtif et accusateur, certains prêtres donnent paradoxalement l'impression de faire de l'appât du gain et du bien-être la priorité de leur ministère, au détriment de l'annonce de la Bonne Nouvelle. Beaucoup d'évêques ne sont pas en reste quand ils ne recherchent que les chrétiens nantis. Dans cette course effrénée au bien-être, l'essentiel de la mission de l'évêque et du prêtre est négligé et relégué au second plan des préoccupations de l'Église dont la mission est d'enseigner, gouverner et

---

197 De 2002 à 2012 j'ai été, sous l'épiscopat de Mgr Adalbert Ndzana, tour à tour Principal au collège Dupont à Akonolinga et curé de paroisses (2002-2005) ; Recteur du petit séminaire Saint-Paul de Mbalmayo (2005-2009) ; et encore curé de paroisses (2009-2012).

198 C'était des « pères Noël » dont la source de bienfaisance paraissait presque intarissable. De l'autre côté, ces fidèles ne comprenaient pas que ces pères recevaient de nombreux dons de leurs compatriotes restés en occident. Convaincus que leurs frères en mission en Afrique ou ailleurs officiaient dans des régions dangereuses très pauvres et très misérables, ils s'engageaient à leur porter main forte dans leur mission à travers des dons. Pour les fidèles indigènes, les pères occidentaux étaient très riches, surtout que les meilleures odeurs émanaient de leur cuisine.

199 Ils se sentent comme redevables à tous ceux qui les ont soutenus pendant leur formation au petit et au grand séminaire.

sanctifier le peuple de Dieu. La précarité s'aggrave dès lors que l'évêque ne trouve plus assez de temps pour voir la misère de l'Église diocésaine et des prêtres qui sont à sa charge.

Compte tenu de la précarité dans l'Église au Cameroun, les hommes de Dieu oublient les fondamentaux spirituels et prophétiques de leur mission qui exige de poser la recherche du royaume de Dieu comme préalable à leur ministère. Beaucoup se lancent, à la manière du monde, à la recherche de l'argent et autres privilèges pour pourvoir à leurs besoins personnels. La situation de précarité est ainsi aggravée par l'égoïsme de certains ecclésiastiques, les évêques en premier, qui ne font pas montre d'un esprit de partage et de fraternité sacerdotale. Ainsi, manquant à la mission dévolue à la charge d'évêque et à l'indifférence de certains chrétiens, beaucoup de prêtres au Cameroun se retrouvent sans assistance sociale. Et pourtant, leur responsabilité sociale envers leurs prêtres leur incombe de répondre à « la problématique de la subsistance et de la protection sociale des ministres sacrés »[200]. Cette protection sociale des ministres sacrés, quand elle existe, varie selon les pays et les régions[201]. Elle répond à une réalité indéniable selon laquelle ces derniers (prêtres) sont des êtres incarnés ayant des besoins ; et de ce fait, ils ont droit à une assistance sociale pour une couverture médicale en cas de handicap. Le *Code de droit canonique* en vigueur est explicite à ce sujet au canon 281, § 1 et 2 :

> « § 1. Puisqu'ils se consacrent au ministère ecclésiastique, les clercs méritent une rémunération qui convienne à leur condition, qui tienne compte autant de la nature de leur fonction que des circonstances de lieux et de temps, et qui soient telle qu'ils puissent subvenir à leurs propres besoins et assurer une rétribution équitable à ceux dont les services leur sont nécessaires.
>
> § 2. De même, il faut veiller à ce qu'ils bénéficient de l'assistance sociale grâce à laquelle il est correctement pourvu à leurs besoins en cas de maladie, d'invalidité ou de vieillesse ».

La particularité intéressante et édifiante du § 2 du canon 281, pour l'Église en général, est qu'il rappelle que la sollicitude de l'évêque diocésain ne concerne pas que les prêtres valides, elle vaut également pour les prêtres invalides du fait de la maladie, de la vieillesse ou de toute autre raison. Cette catégorie de prêtres est souvent oubliée et placée dans des paroisses ou autres structures diocésaines, où le plus souvent ils ne bénéficient que d'une légère attention de la part du curé ou de l'évêque. Et pourtant, « [c]omme d'autres personnes, les prêtres ont besoin d'être aidés, accompagnés. Ils le seront tout

---

200 Anne BAMBERG, « Droit social au prisme du droit canonique. Droits et devoirs fondamentaux et promotion de la justice sociale », dans *Revue de droit canonique*, 63, 2013, p. 10. Voir, pour plus de détails, p. 14-21.

201 Cf. l'ouvrage de Justin-Sylvestre KETTE, *La subsistance du clergé séculier en Centrafrique. Possible auto-prise en charge*, Paris, L'Harmattan, 2019, 379 p.

d'abord par la "solidarité concrète" du presbyterium tout entier. Ce n'est pas pour rien que le directoire *Apostolorum Successores* suggère que lorsqu'ils "tombent malades, l'Évêque les réconfortera par une visite ou au moins par un écrit ou une communication téléphonique et il s'assurera qu'ils sont bien assistés aussi bien matériellement que spirituellement" »[202]. L'Église doit pourtant prêcher par l'exemple en matière de traitement des ecclésiastiques âgés car « [l]a manière de traiter les prêtres avancés en âge permet de mesurer le degré d'humanité des évêques comme des communautés »[203]. En réalité, il ne s'agit pas d'une faveur qu'on leur ferait : c'est un droit et d'une reconnaissance, parce que ces prêtres âgés aujourd'hui et en situation de handicap ont été jadis au service de l'Église. Il ne faut jamais perdre de vue que les prêtres travaillent pour l'Église, aussi leurs principales ressources proviennent-elles de l'Église. Saint Paul Apôtre en donne une illustration fort édifiante en rappelant un point que l'Église semble très souvent négliger : « Ne savez-vous pas que ceux qui assurent le service du culte sont nourris par le temple, que ceux qui servent à l'autel ont part à ce qui est offert sur l'autel ? De même, le Seigneur a ordonné à ceux qui annoncent l'Évangile de vivre de l'Évangile ». (1 Co 9, 13-14).

En définitive, « [l]es évêques doivent se soucier de l'état spirituel, intellectuel et matériel de leurs prêtres pour qu'ils aient les moyens de mener une vie sainte et pieuse et d'accomplir fidèlement et avec fruit leur ministère »[204], dans le but d'éviter les conséquences désastreuses auxquelles mène la situation de précarité du prêtre. Il est également urgent de faire comprendre que « la question de la subsistance des ministres de l'Église est l'affaire de tous. Si elle doit compter parmi les soucis principaux des évêques, les autres fidèles y sont également tenus en vertu de l'obligation fondamentale énoncée au c. 222, § 1 »[205]. L'on retient ici que Mgr Paul Etoga a eu un sens aigu des droits et devoirs fondamentaux et de la justice sociale tant pour les prêtres que pour les laïcs. Son sens pastoral *« amoris officium »* est fort et il propose une amorce de sécurité sociale et vieillesse pour les prêtres. Elle ne verra cependant le jour que plus tard. En relevant le paradoxe, il convient de faire une mise au point d'importance. Ainsi, loin d'être une excuse, il s'agit d'un parallélisme de dénonciation et d'exhortation visant à mettre les évêques et les prêtres, du Cameroun et d'ailleurs, face à leurs responsabilités relativement à la question de la précarité des prêtres. Les premiers ont vis-à-vis des seconds un devoir de sollicitude, de bienveillance et de veille en tant qu'évêques. Les seconds quant à eux ne sont pas exempts de cette sollicitude et de cette bienveillance à l'égard des premiers, étant leurs collaborateurs

---

[202] Anne BAMBERG, « L'*amoris officium* à l'égard des prêtres et évêques d'âge avancé », dans *Nouvelle revue théologique*, 127, 2005, p. 230.

[203] *Ibid.*, p. 29.

[204] *Christus Dominus*, n° 16.

[205] Anne BAMBERG, « Droit social… », *op. cit.*, p. 21.

naturels. De manière claire et profonde, le problème de la précarité des prêtres au Cameroun relève de la coresponsabilité entre les évêques et les prêtres, y compris les laïcs, chacun devant se sentir responsable de son frère et de la vie de l'Église. Et cette coresponsabilité met à nu la problématique d'une véritable fraternité au sein de l'Église au Cameroun et même à l'échelon universel.

2° Conséquences et perspectives

En abordant le volet de l'impact de la précarité sur l'Église locale et la vie des prêtres, il est proposé une contribution constructive pour l'Église à laquelle Paul Etoga était sensible dans son engagement ecclésial et politique. Les retombées de la précarité des prêtres sur l'Église et le peuple de Dieu sont profondes. Elles impactent l'humain, le spirituel et l'intellect du prêtre qui sombre dans l'indignité, ne se souciant plus d'entretenir une activité intellectuelle. Sa vie spirituelle devient chancelante et hésitante, se livrant à la débrouille pour survivre, donnant inéluctablement libre cours à la stipendie et à la simonie. On comprend finalement que le problème de la précarité des prêtres cache indubitablement le manque d'humanisme de certains évêques qui tuent la bonne volonté de beaucoup de prêtres car « à l'impossible, nul n'est tenu ». Contrairement à ce que vivent certains prêtres camerounais ou africains, Paul Etoga n'était pas dans la débrouillardise mais plutôt dans un travail en lien avec la paroisse et les fidèles, malgré les conditions difficiles de son époque. Une manière de rappeler que dans sa mission, le prêtre est appelé à être attaché à sa paroisse pour le meilleur et pour le pire ; mais, d'un autre aspect de la situation, il faut lui éviter de vivre dans l'héroïsme en permanence.

Il est tentant de dire que l'époque d'aujourd'hui est différente de celle de l'abbé Paul Etoga. L'on n'en disconvient pas. Toutefois, les fondements et les exigences du sacerdoce ministériel restent les mêmes, en dépit de la différence des époques. En considérant le fait que l'abbé Paul Etoga avait pour évêque, au départ Mgr François-Xavier Vogt, un prélat qui aimait ses collaborateurs, prêtres indigènes et occidentaux, le poids de la charge pastorale s'en trouvait psychologiquement atténué. L'une des solutions au problème de la précarité, dans notre Église locale et universelle, est l'amour que l'évêque doit porter à l'ensemble du presbyterium. Mgr François-Xavier Vogt donne le bon exemple d'un évêque qui aimait et respectait ses prêtres. Ce prélat alsacien s'est même présenté comme l'avocat de ces derniers, surtout pour les plus faibles qui étaient les abbés autochtones. Par contre, Mgr René Graffin qui succède à Mgr François-Xavier Vogt en 1943 avait maille à partir avec le clergé autochtone, à cause de son manque de respect et d'attention envers ce clergé indigène, mettant par le fait même tout le presbyterium sous tension permanente. Aussi peut-on estimer qu'un presbyterium est considérablement à l'image de son évêque. Le modèle voulu par le Christ invite inlassablement l'évêque diocésain et le presbyterium à former une véritable fraternité ecclésiale pour éviter que certains prêtres se sentent oubliés et lésés ou encore défavorisés. En fin de compte, le combat contre la précarité est un combat d'ensemble et d'Église où l'évêque, les prêtres, les fidèles chrétiens et toutes les âmes de bonne volonté sont concernés parce que constituant le peuple de Dieu. Il s'agit, pour l'évêque diocésain et le presbyterium d'être motivés et convaincus que l'Église a besoin de tous pour avancer au large dans une perspective de coresponsabilité et de justice ecclésiale. Et pour une contribution de la réalisation de cette avancée au large dans l'Église locale, une exploration de l'exigence de témoignage de l'Église est également à prendre en considération. L'Église est aussi appelée à prêcher par le bon exemple.

3. Face à l'exigence de témoignage

Le défaut de témoignage amène à comprendre que « les malheurs de l'Église sont causés par la tiédeur et les péchés des clercs »[206]. Ce qui signifie que l'accomplissement du témoignage passe fondamentalement et inéluctablement par « la conversion des prêtres à une vie cohérente avec leur état sacramentel »[207]. Face à l'exigence de témoignage de l'Église, l'engagement ecclésial et politique de ce prélat propose, entre autres, fidélité aux exigences du ministère sacerdotal, un renouveau ecclésial d'avenir dans la formation des futurs prêtres et la nécessité de la Parole de Dieu et de l'Eucharistie dans la vie du pasteur et de l'Église. Il montre aussi que le prêtre et l'évêque doivent avoir un esprit ouvert et une bonne formation humaine, puisqu'ils sont pasteurs d'hommes dans un environnement spatiotemporel précis. Présidant aux destinées intégrales de communautés humaines paroissiales ou diocésaines, les hommes d'Église sont appelés, dans leur ministère, à être bienveillants, rassembleurs et respectueux des règles de bienséance. Leur ministère les convie ainsi à ne pas être videurs d'églises, d'où l'exigence de la maîtrise de leur époque dans ses aspirations profondes et radicales, afin de s'éviter un ministère empreint de naïveté et de ratées. L'exigence de témoignage implique finalement une mise en valeur du zèle pastoral sans exclusive.

1° Fidélité à l'engagement sacerdotal

La figure sacerdotale et épiscopale de Paul Etoga est représentative du sens de la fidélité au sacerdoce ministériel. L'intention est de dire que le prêtre ne doit pas oublier qu'il tient son sacerdoce ministériel du Christ. Il doit, et de manière constante, avoir à l'esprit que « [d]ans le service ecclésial du ministre ordonné, c'est le Christ lui-même qui est présent à son Église en tant que tête de son Corps, Pasteur de son troupeau, grand prêtre du sacrifice rédempteur, Maître de la vérité. C'est ce que l'Église exprime en disant que le prêtre, en

---

[206] Robert SARAH, *Pour l'éternité. Méditation sur la figure du prêtre*, Paris, Fayard, 2021, p. 23-24.

[207] *Ibid.*, p. 24.

vertu du sacrement de l'Ordre, agit *in persona Christi Capitis* »[208]. Le Christ, pour le prêtre, reste le modèle par excellence ; au cours de sa mission sur terre il a connu des tribulations et des découragements. Il s'en est toujours remis à la volonté de son Père[209]. Posant ainsi la volonté de Dieu comme préalable à tout engagement sacerdotal, le Christ invite l'Église à éviter une conception « fonctionnaliste » du prêtre, avec une connotation « politique », le réduisant tout simplement à l'activisme social, oubliant l'essentiel du sacerdoce ministériel. La Congrégation pour le clergé est plus précise à ce propos en posant l'exigence d'une réappropriation d'anciens enseignements. À cet effet, « certains thèmes traditionnels qui ont, petit à petit, été relégués dans l'ombre ou parfois même rejetés en faveur d'une vision fonctionnaliste du prêtre comme "professionnel du sacré", ou d'une conception "politique" qui ne lui reconnaît dignité et valeur que dans la mesure où il est actif dans le social »[210].

Paul Etoga, durant tout son ministère sacerdotal et épiscopal permit aussi de comprendre que le prêtre conserve, de toute évidence, son humanité, y compris dans sa dimension de pécheur. Le magistère, à la suite du Christ, n'est pas insensible à la condition d'homme et de pécheur du prêtre, comme en témoigne le *Message aux prêtres* du pape François à l'occasion de la 57e journée mondiale de prière pour les vocations le 3 mai 2020. Il y est écrit en effet :

> « Après la multiplication des pains, qui avait enthousiasmé la foule, Jésus ordonna à ses disciples de monter dans la barque et de le précéder sur l'autre rive, pendant qu'il renverrait les foules. L'image de cette traversée sur le lac évoque, en quelque manière, le voyage de notre existence. La barque de notre vie, en effet, avance lentement, toujours agitée parce qu'à la recherche d'un lieu d'accostage favorable, prête à affronter les risques et les opportunités de la mer, mais aussi désireuse de recevoir du timonier un virage qui conduise finalement vers la bonne direction. Mais parfois, il peut arriver qu'elle s'égare, qu'elle se laisse aveugler par les illusions, au lieu de suivre le phare lumineux qui la conduit à bon port, ou d'être défiée par les vents contraires des difficultés, des doutes et des peurs »[211].

Le pape restitue clairement dans ses grandes lignes la vocation de tout prêtre à son humanité et le devoir d'humanisme incombant aux responsables de l'Église, évêques et supérieurs de communautés, envers tous ceux dont ils ont la charge dont les prêtres. Faisant suite à cette analyse du pape François,

---

[208] *Catéchisme de l'Église catholique*, n° 1548 ; italique dans le texte.

[209] « Père, si tu veux écarter de moi cette coupe… Pourtant, que ce ne soit pas ma volonté mais la tienne qui se réalise ! ». Lc 22, 42.

[210] CONGREGATION POUR LE CLERGE, *Directoire pour le ministère et la vie des prêtres*, *op. cit.*

[211] FRANÇOIS, *Message aux prêtres*, 2020, www.clerus.va/content/clerus/fr/notizie/new17.html.

il reste à étudier l'autre dimension du symbole de la figure de Paul Etoga qui semble proposer l'urgence d'une adaptation de la formation sacerdotale au Cameroun en fonction des défis du temps présent.

2° Pour un renouveau ecclésial d'avenir

La figure d'homme de Dieu et d'Église que représente aujourd'hui Paul Etoga, relativement à l'actualité au Cameroun et dans le monde, signifie l'urgence d'une nécessité d'ouverture dans la formation des futurs prêtres pour un renouveau ecclésial d'avenir. Néanmoins, il est nécessaire de préciser que l'Église, pour autant, ne doit pas être à la traîne des sollicitations des changements et mutations de notre temps du fait de l'évolution des idées, croyances, idéologies et modes de vie. Il est question de promouvoir et d'encourager un renouveau dans la formation des futurs prêtres, afin de les préparer à affronter justement les défis, présents et à venir, en toute clairvoyance et bon jugement. L'Église est ainsi et de manière incessante appelée à être, selon la volonté du Christ, un tremplin de vertus, de sagesse, de prudence, de courage, d'espoir et d'espérance, avec l'aide et le témoignage de ses pasteurs et de tout l'ensemble du peuple de Dieu. C'est pourquoi, sur le terrain pastoral, le prêtre ne doit pas être naïf et ignorant des subtilités et des pièges de son époque. Aussi, est-il utile pour lui d'être connecté à son époque dans une visée de modèle et de témoignage de vie.

Le magistère du pape Benoît XVI en avait déjà mesuré la portée quand il affirmait que « les blessures douloureuses qui ont atteint l'Église suite au comportement de certains de ses ministres, nous ont amenés à envisager une nouvelle édition du *Directoire* pour mieux répondre au moment historique que nous vivons actuellement »[212]. L'adaptation de la formation sacerdotale au Cameroun est une urgence. Elle signifie une prise en considération des défis et des interpellations spécifiques. Ces défis et interpellations sont tributaires de l'évolution du temps dans ce pays où l'Église a encore à jouer son rôle de défense et de protection des pauvres et des plus faibles. Il ne faut cependant pas envisager un bouleversement de fond en comble du processus de formation des futurs prêtres. Il doit être préservé l'essentiel de cette formation qui est à conserver dans son fondement comme dans son importance. Le magistère fait une précision claire et ferme à cet effet : « Une fois de plus nous insistons sur l'importance de la formation du prêtre qui doit être intégrale, sans privilégier un aspect au détriment d'un autre »[213]. Il faut retenir à ce sujet que « [l]'essence de la formation chrétienne, de toute manière, ne peut pas être comprise comme "un entraînement" qui touche les facultés spirituelles humaines (intelligence et volonté) dans, pour ainsi dire, leur manifestation extérieure. Il s'agit là de la transformation de l'être même de l'homme, et tout

---

[212] CONGREGATION POUR LE CLERGE, *Directoire pour le ministère et la vie des prêtres*, Présentation, *op. cit.*

[213] *Ibid.*

changement ontologique ne peut venir que de Dieu, par l'action de son Esprit dont la fonction, comme nous le dit le Credo, est de "donner la vie" »[214].

Dans l'optique d'un renouveau ecclésial, l'abbé Paul Etoga se fait, pour la postérité, l'écho de cette conviction selon laquelle le prêtre est un facteur de développement intégral dans une paroisse. Il faut par conséquent se rappeler que le Christ a lutté contre la misère, la famine et toutes les autres formes d'indignité durant son ministère[215]. Ce qui veut dire que la contribution des hommes d'Église au Cameroun et en Afrique, à la suite du Christ, reste de mise et d'actualité pour sortir le Cameroun et l'Afrique du sous-développement. L'Afrique représente toujours de nos jours une des parties du monde encore à développer. Elle est continuellement à la traine dans l'avancée des peuples vers le progrès scientifique, économique, politique et technologique, malgré plusieurs décennies d'indépendance. Le prêtre, dans le Cameroun d'aujourd'hui, à la suite du Christ et de l'enseignement de l'Église, doit être comme le fut l'abbé Etoga pour les paroisses, un stimulateur de développement en sensibilisant le peuple de Dieu dans ce sens. Au Cameroun, sans verser dans l'activisme sacerdotal, les prêtres ont besoin d'être formés dans des secteurs de la médecine, l'architecture, l'ingénierie, les sciences juridiques et administratives[216]. En effet, l'adaptation de la formation du prêtre répond à l'urgence du renouveau dans la formation sacerdotale. Il ne doit pas être un « opium » pour le peuple, mais plutôt un éveilleur des consciences. Sous cette nouvelle impulsion, les futurs prêtres doivent être initiés aux sciences administratives et managériales dès le grand séminaire, tellement ils ont besoin que leur soit inculqué l'abécédaire des règles administratives.

Le prêtre doit travailler pour gagner sa vie, non pas à la manière du monde, mais en toute fidélité aux exigences non négociables de son engagement sacerdotal. Il ne doit pas oublier son identité sacerdotale qui est sacrée, inaliénable et radicale, ainsi que le rappelle le magistère : « "Il semble dès lors opportun de rappeler quelques éléments doctrinaux fondamentaux qui se trouvent au centre de l'identité, de la spiritualité et de la formation permanente

---

[214] *Ibid.*

[215] Il a multiplié le pain, guéri les malades pour montrer que le pasteur doit en faire autant.

[216] L'Église en elle-même constitue déjà toute une administration, les paroisses tout autant, d'où l'importance de maîtriser les règles élémentaires de la gestion des structures comme les paroisses : gouverner veut tout aussi dire administrer. Le prêtre est à cet égard administrateur, et comme tel il est appelé à connaître les règles générales, élémentaires et basiques qui régissent toute administration pour s'éviter une gestion aveugle et balbutiante des structures ecclésiales. Cela nécessite à coup sûr un sens éclairé du management des ressources humaines. Au Cameroun, comme en Afrique, on a besoin d'une génération de prêtres initiés et rompus aux connaissances scientifiques et techniques : l'évangéliste Luc était un médecin. Dans certains diocèses au Cameroun on compte déjà parmi les prêtres un médecin, des juristes publicistes, privatistes entre autres.

des prêtres pour les aider à approfondir l'essence de leur identité et à grandir dans leur relation exclusive avec Jésus »[217]. Tout doit être centré sur le Christ pour éviter tout dérapage. Il est à cet effet nécessaire de comprendre que « [t]oute la personne du prêtre ne pourra qu'en retirer des bienfaits sur le plan de l'être et de l'agir". [...] »[218]. Finalement, « "[c]e *Directoire* est un document d'édification et de sanctification pour les prêtres qui vivent dans un monde en grande partie sécularisé et indifférent" »[219]. Et c'est en s'inspirant à la fois de la figure de Paul Etoga et des textes magistériels récents que la situation des prêtres au Cameroun trouvera des voies justes et équilibrées pour traverser les épreuves.

3° Amour de la Parole et de l'Eucharistie

Mgr Paul Etoga, à ce niveau, est une figure de prélat pétri de l'amour de la Parole de Dieu et de l'Eucharistie. L'annonce de la Parole de Dieu devient le cadre incontournable établissant la nécessité qui donne sens et consistance à la mission du prêtre et de l'évêque. Annoncer la Bonne Nouvelle est manifestement une responsabilité de volonté divine[220]. Pour ainsi dire, la toute première responsabilité de l'évêque et du curé, responsables en premier d'une communauté paroissiale ou diocésaine, est d'annoncer la Bonne Nouvelle dans l'amour de la Parole et de l'Eucharistie. À travers les homélies prononcées à chaque célébration eucharistique, ils sont enseignants des commandements de Dieu et des vérités de foi enseignées par l'Église. Mgr Paul Etoga estime quant à lui que la parole de Dieu est déjà fondamentale pour entretenir la vocation baptismale des baptisés. Il l'affirme dans ses *Réflexions sur la vie chrétienne* en estimant qu'« [à] part les sacrements et la prière, la vie chrétienne est nourrie par la parole de Dieu. Un jour, Jésus dit à ses disciples : "[...].Travaillez non pour la nourriture périssable mais pour la nourriture qui demeure en vie éternelle" (Jn 4, 26) »[221]. Le cardinal Martini, quant à lui, rappelle vivement que « [l]e devoir de l'Église n'est pas de soutenir la moralité dans un monde menacé d'immoralité, bien qu'elle soit toujours attentive aux jugements éthiques. Le devoir de l'Église est tout

[217] CONGREGATION POUR LE CLERGE, *Directoire pour le ministère et la vie des prêtres*, Présentation, *op. cit.*

[218] *Ibid.*

[219] *Ibid.*, italique dans le texte.

[220] L'évangéliste Luc rapporte à ce propos les paroles du Christ à l'entame de son ministère : « L'Esprit du Seigneur est sur moi parce qu'il m'a conféré l'onction pour annoncer la Bonne Nouvelle aux pauvres. Il m'a envoyé proclamer aux captifs la libération et aux aveugles le retour à la vue, renvoyer les opprimés en liberté, proclamer une année d'accueil par le Seigneur ». Lc 4, 18-19.

[221] Paul ETOGA, *Réflexions sur la vie chrétienne*..., *op. cit.*, p. 24.

d'abord de prêcher l'Évangile. Il s'agit de proclamer un Dieu qui toujours pardonne au nom de son Fils Jésus, crucifié et ressuscité »[222].

Ne pouvant tout faire seul pour réaliser l'œuvre de la diffusion de l'amour de la Parole de Dieu et de l'Eucharistie, la mission du pasteur requiert la collaboration et la participation des fidèles laïcs. Il s'agit d'élargir les horizons et les lieux de la propagation de la foi. Cette diffusion nécessite la promotion de la pastorale des laïcs. Le canon 528 § 1 du *Code de droit canonique* en vigueur explicite clairement l'obligation de l'annonce de la Parole : « Le curé est tenu par l'obligation de pourvoir à ce que la parole de Dieu soit annoncée intégralement aux habitants de la paroisse ». Il doit avoir un esprit de collaboration dénudé de tout cléricalisme et instruire les laïcs « des vérités de la foi, surtout par l'homélie à faire les dimanches et aux fêtes d'obligation, et par la formation catéchétique à dispenser »[223].

Mgr Etoga fut sensible à l'apostolat des laïcs, conscient que le curé, depuis Vatican II, à la suite de l'appel de l'Église, doit se rappeler en permanence l'importance de l'apport des laïcs dans la promotion et le développement de l'action pastorale. Cela demande une vulgarisation de l'apostolat des laïcs. Durant son séjour à Mbalmayo comme évêque résidentiel, il les a considérablement intégrés dans la pastorale à travers la réalisation du projet du Centre de promotion sociale. Atangana Ndzié dans un extrait de sa conférence donnée le 16 mars 1999, en marge de la commémoration du premier anniversaire du décès de Mgr Paul Etoga, rappelle l'esprit de Vatican II au sujet des laïcs ; esprit auquel Mgr Paul Etoga souscrivit avec détermination et conviction. On peut y lire : « [a]près le Concile Vatican II, l'Église reconnaît aux laïcs une mission spécifique, celle de participer activement à la transformation du monde dans le sens de l'Évangile afin de construire le royaume de Dieu sur terre »[224]. Cet apostolat des laïcs[225] est une reconnaissance et une valorisation de ces derniers au sein de l'Église universelle et des Églises locales. La coopération avec l'évêque diocésain doit favoriser la communion entre tous les acteurs paroissiaux, c'est-à-dire tout le peuple de Dieu. Le canon 529 dans ses § 1 et 2 en donne une lecture précise[226].

---

[222] Carlo Maria MARTINI, *L'Évêque. Au jour le jour*, Bruxelles, Lessus, 2012, p. 35. Cf. également Anne BAMBERG, « Carlo Maria Martini, *L'évêque. Au jour le jour* », dans *Revue des sciences religieuses*, 87, 2013, p. 264.

[223] *Ibid.*

[224] Atangana NDZIE, « Commémoration du 1er anniversaire du décès de Mgr Paul Etoga du 12 au 21 mars 1999 », extrait de la conférence donnée le 16 mars, par M. Joseph Atangana Ndzié. Thème : *Mgr Paul Etoga, l'homme et son combat contre la misère et la pauvreté*, Mbalmayo, archives personnelles, 16 mars, 1999.

[225] Cf. VATICAN II, décret sur l'apostolat des laïcs, *Apostolicam Actuositatem*.

[226] « § 1. Pour remplir avec zèle sa charge de pasteur, le curé s'efforcera de connaître les fidèles confiés à ses soins ; aussi il visitera les familles, prenant part aux soucis des fidèles, surtout à leurs inquiétudes et à leurs deuils, en les soutenant dans le Seigneur, et en les reprenant également avec prudence s'ils venaient à faillir en

Le curé ne doit oublier le volet social et évangélique de sa mission ; c'est pourquoi « il favorisera aussi les œuvres par lesquelles est stimulé l'esprit évangélique, y compris ce qui regarde le domaine de la justice sociale »[227]. La promotion de la jeunesse qui lui incombe fortement passe par « l'éducation catholique des enfants et des jeunes »[228]. En collaboration avec le peuple de Dieu, le curé mettra tout en œuvre pour que « l'annonce de l'Évangile parvienne également à ceux qui se sont éloignés de la pratique religieuse ou qui ne professent pas la vraie foi »[229].

La figure d'homme d'Église de Paul Etoga fait prendre conscience de la nécessité de la Parole de Dieu dans toute vie chrétienne. Cette Parole est présente depuis les temps bibliques jusqu'au Nouveau Testament : « [c]e sont ces paroles de la vie éternelle qui attiraient les foules de Sidon, Tyr, de la Judée, du littoral, de Jérusalem, vers Jésus »[230]. L'annonce de la Parole de Dieu est une œuvre de longue haleine qui nécessite amour, persévérance et assiduité dans son accueil, afin de lutter contre l'ignorance religieuse qui « gagne les âmes faute d'instruction religieuse répétée. La répétition est la mère des études, il est très utile que les curés insistent sur cette doctrine des

---

quelque manière; il aidera d'une charité sans bornes les malades, particulièrement les mourants, en les réconfortant avec sollicitude par les sacrements et en recommandant leur âme à Dieu ; il entourera d'une attention spéciale les pauvres, les affligés, les isolés, les exilés, ainsi que ceux qui sont aux prises avec des difficultés particulières ; il s'appliquera encore à soutenir les époux et les parents dans l'accomplissement de leurs devoirs propres et favorisera le développement de la vie chrétienne en famille. § 2. Le curé reconnaîtra et soutiendra la part propre que les laïcs ont dans la mission de l'Église, en favorisant leurs associations à des fins religieuses. Il coopérera avec son propre Évêque et le presbyterium du diocèse, en travaillant aussi à ce que les fidèles aient le souci de la communion dans la paroisse et qu'ils se sentent membres tant du diocèse que de l'Église tout entière, et qu'ils participent aux œuvres qui ont pour but de promouvoir cette communion et les soutiennent ».

[227] *Ibid.*

[228] *Ibid.*

[229] *Ibid.*

[230] Paul ETOGA, *Réflexions sur la vie chrétienne…*, *op. cit.*, p. 25. Marie, la sœur de Marthe et de Lazare dans l'Évangile ne put résister à l'inéluctabilité et à l'implacabilité de cette part inaliénable et éternelle acquise auprès de Jésus. Effectivement, « [c]e sont ces paroles de la vie éternelle qui retenaient Marie assise aux pieds de Jésus quand Marthe dit à Jésus : "Dis à ma sœur de m'aider" et Jésus lui répondit : "Marie a choisi la meilleure part qui ne lui sera pas enlevée" (Lc 10, 42). La meilleure part de Marie, c'est l'écoute de la parole de Dieu, parole de la vie éternelle ». *Ibid.* Cette Parole de Dieu a été le vivier dès l'entame de l'évangélisation du Cameroun. Selon l'écrit de Mgr Paul Etoga, « [a]u début de l'Évangélisation au Cameroun les chrétiens se réunissaient dans la chapelle du village mercredi et vendredi pour écouter la Parole de Dieu. C'était "dokten bekristen", doctrine pour les chrétiens de persévérance ou le prêtre ou le catéchiste reprenait le sermon du dimanche ou expliquait une question du catéchisme ». *Ibid.*

chrétiens. Il ne suffit pas d'être baptisé ; mais il faut approfondir la connaissance de Dieu et de sa parole »[231]. C'est pourquoi, pour un bon accueil de la parole de Dieu, la formation catéchétique des laïcs et la doctrine sont importantes et doivent de ce fait être ses priorités. L'abbé Paul Etoga le comprit rapidement. Il révèle effectivement dans une interview que sa « première préoccupation fut la formation des chrétiens »[232]. En réalité, « [l]es gens ne connaissaient pas du tout la doctrine chrétienne. Ils avaient reçu le baptême, mais ne connaissaient que les réponses les plus simples de la catéchèse. Il fallait alors reprendre l'enseignement sur les sacrements. Enseigner comment les recevoir dignement fut le but de ma mission de curé »[233].

Dans sa vie de chrétien, de prêtre et d'évêque, Paul Etoga intègre l'Eucharistie comme le centre de diffusion de la foi qui naît justement de l'écoute de la Parole de Dieu[234]. L'Eucharistie se résume, à la suite de l'annonce de la Parole de Dieu, comme le cadre récapitulatif de toute l'économie du salut où l'ancien et le nouveau Testament trouvent leur plein achèvement en Jésus-Christ. Elle est, d'après l'expérience et le témoignage de Mgr Paul Etoga « le corps et le sang de Jésus-Christ, nourriture de notre âme. L'Eucharistie nous donne non seulement la grâce, mais Jésus-Christ lui-même vient habiter en nous si notre âme est en état de grâce. Cet état de grâce est une condition *sine qua non*, nécessaire »[235]. Jusqu'aux derniers moments de sa vie, la célébration eucharistique avait toujours été l'essentiel de son engagement sacerdotal et épiscopal. Aussi, rejette-t-il les recommandations de son médecin traitant lui suggérant d'arrêter de dire la messe. Ce médecin, de bonne foi, était préoccupé par son état de santé qui se dégradait au fil des jours. Il réalisait les efforts que devait fournir le vieux prélat pour une célébration eucharistique[236].

---

[231] *Ibid.*

[232]°Interview accordée au père Paladini en 1995, http://www.missionerh.com/site/index.php/fr/rubriques/afrique/nouvelles-d-afrique-cameroun/263-moi-le-garcon-des-travaux-forces-eveque-de-l-eglise-universelle.

[233] *Ibid.*

[234] L'Apôtre Paul affirme à cet effet : « Ainsi la foi vient de la prédication et la prédication, c'est l'annonce de la parole du Christ ». (Rm 10, 17).

[235] Paul ETOGA, *Réflexions sur la vie chrétienne…*, *op. cit.*, p. 13.

[236] Atangana Ndzié fait un témoignage significatif à ce propos en révélant que pour Mgr Paul Etoga « [l]a messe était le point central de la journée ; à 18 heures, les jours ordinaires, 11 heures, les jours de fête. Une fois, l'an dernier, revenu de la consultation à l'hôpital Général de Yaoundé, il me rapporta que son médecin lui avait demandé de ne plus dire la messe à cause de la fatigue. "Si je ne peux plus dire la messe, fit-il remarquer, alors à quoi je peux servir ?" Ainsi sa vie de prêtre était indissociable de la célébration quotidienne de la messe ». Extrait du témoignage de Joseph Atangana Ndzié aux obsèques traditionnelles de Mgr Paul Etoga dans son village natal de Nkolmewout le 17 avril 1998. Ce témoignage est tiré de ses archives personnelles.

L'enseignement de l'Église, affirmant la nécessité de l'Eucharistie, la présente comme une synergie dominicale en communion avec l'évêque et avec la paroisse[237]. Sacrement principal et fondamental, l'Eucharistie pourvoit, ainsi que les autres sacrements, à l'entretien spirituel de l'assemblée paroissiale. Par la diligence et la bienveillance du curé, premier liturge d'une communauté paroissiale, les chrétiens participent à l'animation liturgique, d'où l'intégration des familles qui doivent être encouragées à être des foyers et des lieux de la prière familiale[238]. L'Eucharistie devient le lieu privilégié de la rencontre permanente avec le Christ dans une présence eucharistique réelle « où Dieu est présent au monde, dont il ne cesse jamais d'être le créateur ; le Christ, lui aussi, "remplit toutes choses" de sa présence (Ep 4, 10), car il a hérité du "Nom qui est au-dessus de tout nom" (Ph 2, 9 ; He 1, 4) et partage la seigneurie créatrice de Dieu (1 Co 8, 6 ; Col 1, 15-17) »[239]. Cette rencontre

---

[237] Cf. *Eucharisticum Mysterium*, https://www.introibo.fr/Eucharisticum-Mysterium-1967, n 26, consulté le 1er juillet 2020 : « La célébration du dimanche autour de l'évêque et en paroisse. Il convient que le sens de la communauté ecclésiale, qui est spécialement nourri et exprimé par la célébration commune de la messe dominicale, se développe autour de l'évêque, surtout dans l'église cathédrale, et dans l'assemblée paroissiale dont le pasteur tient la place de l'évêque. On devra pousser avec zèle à la participation active de tout le peuple, qui s'exprime par le chant, même dans la célébration dominicale ; on doit même préférer, autant que c'est possible, la forme de la messe chantée. Surtout le dimanche et les jours de fête, les célébrations qui ont lieu dans les autres églises et dans les oratoires doivent s'accorder avec les célébrations de l'église paroissiale, de façon à collaborer à l'action pastorale. Il est même bon que les petites communautés religieuses non cléricales et les autres communautés analogues, surtout celles qui travaillent sur la paroisse, participent à la messe ce jour-là dans l'église paroissiale. Au sujet de l'heure et du nombre des messes à célébrer dans les paroisses, on devra se soucier de ce qui est utile à la communauté paroissiale et on ne multipliera pas le nombre des messes au point qu'il nuise à une action pastorale vraiment efficace. C'est ce qui arriverait par exemple si, par la multiplication des messes, ne se rassemblaient plus, pour chaque messe, que de petites communautés de fidèles dans les églises capables d'en contenir bien davantage, ou encore si, pour le même motif, les prêtres étaient surchargés de travail au point de ne pouvoir plus accomplir leur ministère que très difficilement ».

[238] Le canon 528 § 2 du *Code de droit canonique* actuellement en vigueur stipule ainsi qu'il suit : « Le curé veillera à ce que la très Sainte Eucharistie soit le centre de l'assemblée paroissiale des fidèles; il s'efforcera à ce que les fidèles soient conduits et nourris par la pieuse célébration des sacrements et en particulier qu'ils s'approchent fréquemment des sacrements de la très Sainte Eucharistie et de la pénitence; il s'efforcera aussi de les amener à prier, même en famille, et de les faire participer consciemment et activement à la sainte liturgie que lui, curé, sous l'autorité de l'Évêque diocésain, doit diriger dans sa paroisse, et dans laquelle il doit veiller à ce que ne se glisse aucun abus ».

[239] François-Xavier DURRWEILL, *L'Eucharistie sacrement pascal*, Paris, Cerf, 1980, p. 90.

n'échappe pourtant pas aux différences des espaces socioculturels. Aussi, les pratiques religieuses, prises dans l'étreinte de l'évolution mentale et civilisationnelle des humains ainsi que dans leurs manières de concevoir le monde ou d'entretenir leurs rapports avec la Transcendance, donnent-elles lieu à un nouveau type d'évangélisation par le concept de la « conversion pastorale »[240].

À la fin, et en prenant exemple sur l'enseignement de l'Église et du témoignage de Mgr Etoga, il revient au pasteur de s'investir dans un engagement pastoral global et intégral sans discrimination. Il comprit finalement le rôle primordial des parents. Ces derniers, en assumant leurs responsabilités de père et de mère, tiennent une place importante dans la promotion de la diffusion de l'amour de Dieu, de la Parole et de l'Eucharistie. Les enfants et les jeunes eurent une place de choix dans son ministère à travers l'éducation catholique[241] dont le canal est l'enseignement privé catholique.

* * *

En résumé, il a été question de l'essentiel de l'engagement sacerdotal de l'abbé Paul Etoga. Dans sa vie de vicaire, puis de curé de paroisse, il est resté fidèle à son engagement sacerdotal malgré les difficultés rencontrées. Difficultés liées à une époque de domination coloniale et de clivage ecclésial dans une Église missionnaire très timidement favorable à la fondation et à la formation d'un clergé autochtone. Au terme, il reste que cette figure de prêtre, et plus globalement d'homme de Dieu et d'homme d'Église, est représentative d'un engagement sacerdotal fidèle au Christ et à l'Église. Elle reste d'actualité dans une Église fortement menacée par la sécularisation et reste un symbole d'inspiration et de repère pour les jeunes générations de prêtres au Cameroun.

---

240 En effet, ce concept « est un des thèmes fondamentaux de la "nouvelle étape de l'évangélisation" que l'Église est appelée aujourd'hui à promouvoir, afin que les communautés chrétiennes soient toujours plus des centres qui favorisent la rencontre avec le Christ. Dans cet esprit, le Saint Père a suggéré : "Si quelque chose doit saintement nous préoccuper et inquiéter notre conscience, c'est que tant de nos frères vivent sans la force, la lumière et la consolation de l'amitié de Jésus-Christ, sans une communauté de foi qui les accueille, sans un horizon de sens et de vie. Plus que la peur de se tromper j'espère que nous anime la peur de nous renfermer dans les structures qui nous donnent une fausse protection, dans les normes qui nous transforment en juges implacables, dans les habitudes où nous nous sentons tranquilles, alors que, dehors, il y a une multitude affamée, et Jésus nous répète sans arrêt : "Donnez-leur vous-mêmes à manger" (Mc 6, 37) », cf. http://press.vatican.va/content/salastampa/it/bollettino/pubblico/2020/07/20/0391/00886.html.

241 Cf., II. 1. 1° du chapitre premier de la troisième partie.

Elle est également un encouragement à un renouveau dans la formation des futurs prêtres et dans la considération de la prise en charge juste des ministres valides ou en situation de handicap.

Conclusion de la première partie

La première est une étude du cheminement douloureux du premier prélat camerounais, de la famille au sacerdoce ministériel. Toutes les qualités manifestées dans l'exercice de son ministère presbytéral trouvent leur cadre d'initiation dans son éducation familiale, malgré la pauvreté et la situation de domination coloniale. Cette éducation lui a permis de répondre aux défis rencontrés en corvée, à l'école, au petit et au grand séminaire ainsi que dans sa vie de prêtre. En famille, à l'école, au séminaire, sur le champ pastoral, il est simple, courageux, épris de justice et engagé, mais jamais au-devant de la scène. Pourtant, ainsi que le laisse constater l'évolution de l'Église missionnaire au Cameroun dans la deuxième partie, l'indigénisation au sommet de l'Église locale prend corps avec lui. Il présente une constance dans sa personnalité qui mûrit avec le temps du fait des épreuves rencontrées.

Le signe palpable que le jeune Etoga est décidé à se forger un nom au milieu de tant d'adversités (époque coloniale, corvée, famine, maltraitance, manque de logement), est qu'il décide de continuer à aller à l'école malgré le choc du premier jour. Il est resté constant dans ses convictions en toute liberté d'esprit et dans le souci de la justice et du bonheur pour tous. Grand séminariste en stage, il éprouve de la peine en voyant les petits séminaristes insuffisamment nourris. Prêtre, il est indigné en réalisant la différence de traitement entre les prêtres européens et leurs confrères autochtones. Différence entretenue et nourrie par le clivage entre le clergé autochtone et occidental. Dans son ministère sacerdotal, il s'imprime un engagement ferme en restant fidèle aux exigences liées à ce ministère dont l'obéissance à son évêque et à l'Église.

Face au problème de la sécularisation, Paul Etoga, par une relecture de son engagement d'homme d'Église, donne lieu de comprendre qu'il est un symbole de prêtre convaincu pour affronter les défis de la précarité, la crise des vocations et de l'indifférence religieuse. Dans les pays en voie de développement, la situation de précarité des prêtres, aggravée par la pauvreté et la crise économique, interpelle l'humanisme solidaire transfrontalier et évangélique des dirigeants de l'Église et de leurs collaborateurs dans une dynamique de coresponsabilité. Ainsi, « [f]ace à la grande pauvreté, l'*amoris officium* doit nécessairement dépasser le cadre local. Tant canoniquement qu'humainement, on ne peut imaginer que la solidarité ecclésiale internationale fasse défaut alors que des organismes non gouvernementaux laïcs s'efforcent de tous leurs moyens à venir en aide à ces pays »[242]. La

[242] Anne BAMBERG, « L'*amoris officium*... », *op. cit.*, p. 231.

responsabilité de l'évêque diocésain reste de mise, d'autant plus qu'il lui reviendra toujours « de faire de son mieux, suscitant l'initiative et encourageant la générosité et la créativité »[243]. Faisant partie du collège épiscopal local, « c'est bien au niveau des conférences des évêques qu'il s'agit d'imaginer et de développer des projets durables où les communautés locales s'impliquent. Ni l'autorité suprême ni aucune Église particulière ne peut se dispenser de la solidarité avec les Églises les plus pauvres »[244]. Au final, l'inéluctabilité de cette coresponsabilité montre à souhait que le prêtre et l'évêque sont condamnés à un engagement ecclésial et fraternel selon la volonté du Christ qui veut que ses envoyés et lui fassent « Un ».

La figure de Paul Etoga présente un portrait de modèle d'enfant qui accepte sa condition sociale. Prêtre, il est sobre, résiliant et courageux face à l'adversité, pas du tout insolent mais de toute bienveillance. Elle se présente finalement comme un symbole de témoignage de l'amour du ministère sacerdotal à même d'inspirer les prêtres, les évêques et l'Église locale. En donnant l'image d'un prêtre convaincu et engagé, on est en droit de se demander quelle importance a-t-il pu avoir dans le processus de la responsabilisation hiérarchique de l'Église catholique missionnaire au Cameroun, ainsi que dans la communion à l'héritage prophétique et à l'époque contemporaine ?

---

[243] *Ibid.*
[244] *Ibid.*

Deuxième partie
Un processus de responsabilisation de l'Église locale. Communion à l'héritage prophétique et à l'époque contemporaine

« L'eschatologie chrétienne authentique ne favorise nullement l'immobilisme ».
Oscar Cullmann

Lorsque Rome décide l'indigénisation au sommet de l'Église catholique au Cameroun, l'abbé Paul Etoga est choisi comme premier évêque de ce pays dans un contexte de crise politique drainée par la lutte anticolonialiste et indépendantiste qui, d'ailleurs ne laisse pas indifférent le clergé missionnaire de l'époque. Ce clergé est amené à adopter une position ecclésiale et politique pour faire face à la situation et répondre aux attentes du peuple de Dieu, en défendant sa dignité en tant qu'ensemble de personnes humaines. Dans un tel contexte, qu'est-ce qui peut donner à croire que Paul Etoga a été l'homme et le prêtre de la situation ? Sa nomination et son charisme répondaient-ils au caractère délicat de la conjoncture ? Son engagement ecclésial et politique peut-il s'inscrire dans la dynamique d'une communion à l'héritage prophétique et contemporain, à travers quelques figures représentatives de ces deux époques, malgré la différence des cultures et l'éloignement dans le temps et l'espace ? Cette communion, s'entendant comme une « mise en commun des moyens [...] de rédemption »[245], a-t-elle été une communion d'esprit et d'action ? Autrement dit, Paul Etoga a-t-il toujours été fidèle à l'héritage prophétique et à l'époque contemporaine quant à l'intention et aux moyens d'action ? Cette question conserve son actualité et sa visibilité par rapport à l'époque contemporaine. En effet, l'intention de libérer le peuple africain et de dénoncer les dérives de la domination coloniale et postcoloniale est unanime dans l'engagement ecclésial et politique des ecclésiastiques africains confrontés à cette situation. Par ailleurs, on constate que, par rapport à l'action à mener pour lutter contre la domination et gérer la lutte indépendantiste, les moyens ont été différents. Certains hommes de Dieu, d'Afrique ou d'ailleurs, ont utilisé les moyens forts à l'instar de la lutte armée. D'autres ont opté pour la voie pacifique dans leur engagement politique, restant ainsi fidèles aux exigences fondamentales dues à leur ministère de prêtre ou d'évêque. Les deux attitudes importent dans la mesure où elles permettent, plus tard, dans la troisième partie, une mise en exergue de ce qui devrait être la spécificité de l'engagement politique de tout homme d'Église, selon la volonté du Christ. Pour l'instant, l'attention est focalisée, d'une part, sur une proposition d'étude relative à la situation politico-ecclésiastique du Cameroun à cette époque, et d'autre part, sur un examen de certains éléments de l'exemplarité de l'engagement ecclésial et politique de Paul Etoga. Ceci pour montrer que le premier prélat camerounais ne s'était pas situé du côté de « l'immobilisme »[246].

---

245 Odon VALLET, *Petit lexique des mots essentiels*, Paris, Albin Michel, 2001, p. 38.
246 Oscar CULLMANN, *Jésus-Christ et les révolutionnaires de son temps*, Paris, Éditions Delachaux et Niestlé, 1970, p. 27. Cité en exergue.

Chapitre premier
Mgr Paul Etoga : une figure d'émancipation ou de responsabilisation hiérarchique ?

La mission évangélisatrice au Cameroun, comme dans la plupart des territoires d'Afrique et d'Asie des années 1800, jusqu'à l'avènement des indépendances de 1960, s'est faite dans un contexte marqué par la domination coloniale et la lutte anticolonialiste et indépendantiste. Cette évangélisation s'est ainsi opérée en situation de crise politique et de domination spirituelle et politique de certains peuples par d'autres. En toute logique, les nominations épiscopales intervenues dans ces territoires colonisés ne pouvaient être que des nominations sur fond de crise. Les évêques autochtones, nommés dans ce contexte, devaient présenter certaines qualités humaines et personnelles ; entre autres, avoir un sens élevé de discernement, une probité morale à tout épreuve, être un modèle de vie, de piété, avoir une forte personnalité, être convaincu soi-même d'être un homme de Dieu selon le cœur de Dieu. Il leur fallait répondre aux attentes de leurs peuples et participer du rayonnement de l'Église catholique locale. Ils devaient relever le défi de capacité, en prouvant aux détracteurs de la création et de la formation du clergé autochtone que les prêtres, fils du terroir, étaient bel et bien capables d'accéder à la dignité épiscopale. C'est pourquoi, pour mieux saisir la portée de l'engagement ecclésiale et politique de Paul Etoga, il faut analyser l'urgence politique de l'époque et l'implication ecclésiale et politique du clergé missionnaire. Ce clergé, précisons-le, dont une bonne partie ne voyait pas d'un bon œil la lutte anticolonialiste et indépendantiste menée par les nationalistes camerounais. Il devient significatif d'examiner le rôle de l'Église missionnaire dans sa mission évangélisatrice censée être impartiale, sans velléité de domination ni de discrimination[247].

Pour le magistère, il était temps que le Cameroun, parvenu à un certain niveau, dans le processus de son évangélisation, eût un évêque, fils du pays.

---

247 Une mission qui peut faire dire à l'observateur d'aujourd'hui à la suite de Pierre chez le centurion romain ces paroles de conviction et d'émerveillement : « "Je me rends compte en vérité que Dieu est impartial" ». Ac 10, 34-35.

Pourtant, il ne fallait pas du tout négliger les enjeux et les considérations d'ordre diplomatique et culturel que présentait la situation. L'attitude évangélisatrice et politique du clergé missionnaire était également à prendre en considération. En définitive, Paul Etoga, choisi pour devenir le tout premier prélat du Cameroun et de l'Afrique noire française devait, en toute circonstance et sollicitation, avoir en premier le souci de l'annonce de la Bonne Nouvelle et de la défense des pauvres et des plus faibles en tant qu'homme de Dieu et d'Église. En avait-il pertinemment le profil pour accomplir cette lourde et délicate mission, face aux défis qui se présentaient déjà avant sa nomination ? Pour donner une réponse conséquente et plausible à cette interrogation, il faut passer au crible l'effectivité du processus d'émancipation et de responsabilisation hiérarchique au sommet de l'Église missionnaire au Cameroun. Une étude de l'environnement politique du Cameroun, au niveau externe et interne, est aussi faite, avec une mise en exergue de la vision du premier prélat camerounais au sujet de l'indépendance et de la diaspora.

I. Dans la hiérarchie

Il est question de savoir si la nomination de Mgr Paul Etoga a été accompagnée d'une responsabilisation hiérarchique au somme de l'Église missionnaire au Cameroun.

1. Enjeu et tensions

Le contexte, dans lequel intervient le choix de Paul Etoga, revêt un enjeu à deux principaux volets avec des tensions à la mesure de la situation ambiante.

1° Un enjeu double

Le choix de Paul Etoga répond visiblement à la volonté missionnaire de Rome d'émanciper et de responsabiliser les prêtres autochtones, au plus haut niveau de la hiérarchie de l'Église locale au Cameroun. Mais il faut y ajouter une considération politique étant donnée la situation de crise provoquée par les émeutes[248] de mai 1955 et la répression sanglante qui s'en suivit, aggravant le climat politique et social, déjà délicat à cause de la lutte anticolonialiste et indépendantiste. La destinée de la vie spirituelle et politique de milliers de Camerounais était encore entre les mains des seuls occidentaux. Cette situation anxiogène nourrit chez la majorité des Camerounais le désir de se voir libérés du joug colonial. Au niveau de l'Église locale, les prêtres autochtones avaient maille à partir avec leurs supérieurs occidentaux, considérés comme l'autre face en soutane de la domination coloniale. Tout

---

[248] Cf. Thomas DELTOMBE et al., *Kamerun! Une guerre cachée aux origines de la françafrique 1948-1971*, Paris, Éditions La Découverte, 2011, p. 169-170.

semble indiquer que cette nomination revêt un aspect missionnaire et diplomatique. Certaines considérations, liées à l'époque, auront des répercutions après l'accession du Cameroun à l'indépendance au niveau politique, social, sociologique et ecclésial. Pour percevoir l'enjeu et les conflits d'intérêts qu'implique la nomination du premier prélat camerounais, il ne faut jamais oublier qu'elle s'inscrivait dans une logique d'évangélisation et d'émancipation des Églises locales, en prenant en compte les réalités spécifiques qui étaient les leurs. Elle constitue également une amorce prévisible d'une responsabilisation hiérarchique dans les Églises missionnaires. Le Cameroun à ce moment précis, traverse une période de tensions au sein même de son Église locale. Il convient de considérer cette fois la situation de clivage au sommet de la hiérarchie de cette Église. Cette situation montre ouvertement la crise qui mine les rapports entre Mgr René Graffin et son auxiliaire Mgr Paul Etoga.

La nomination du premier évêque camerounais revêt son caractère ecclésial et missionnaire, dès lors qu'elle répond à la volonté du Christ de voir annoncer la Bonne Nouvelle à tous les peuples de la terre sans exclusive ; et comme le précise le *Catéchisme de l'Église catholique*, cette annonce a un caractère sacramentel et missionnaire du moment où « [l]a mission de baptiser, donc la mission sacramentelle, est impliquée dans la mission d'évangéliser, parce que le sacrement est préparé par la Parole de Dieu et par la foi qui est consentement à cette Parole »[249]. Ce dynamisme de la mission[250]

---

[249] *Catéchisme de l'Église catholique*, n° 1122. L'on peut comprendre à cet effet pourquoi l'élan missionnaire qui porte le missionnaire à quitter son pays d'origine pour se lancer vers des horizons inconnus s'en trouve justifié.

[250] Il est important de rappeler que la mission en plus de son caractère sacramentel est ouverte à l'universel, comme le précise le n° 1565 du *Catéchisme de l'Église catholique* : « En vertu du sacrement de l'Ordre les prêtres participent aux dimensions universelles de la mission confiée par le Christ aux Apôtres. Le don spirituel qu'ils ont reçu dans l'ordination les prépare, non pas à une mission limitée et restreinte, "mais à une mission de salut d'ampleur universelle, jusqu'aux extrémités de la terre, "prêts au fond du cœur à prêcher l'Évangile en quelque lieu que ce soit" ». La mission requière une « exigence de vie morale et de témoignage missionnaire ». Cf. n° 2044 : « La fidélité des baptisés est une condition primordiale pour l'annonce de l'Évangile et pour *la mission de l'Église dans le monde*. Pour manifester devant les hommes sa force de vérité et de rayonnement, le message du salut doit être authentifié par le témoignage de vie des chrétiens. "Le témoignage de la vie chrétienne et les œuvres accomplies dans un esprit surnaturel sont puissants pour attirer les hommes à la foi et à Dieu"» ; n° 2045 : « Parce qu'ils sont les membres du Corps dont le Christ est la Tête, les chrétiens contribuent à la constance de leurs convictions et de leur[s] mœurs, à *l'édification de l'Église*. L'Église grandit, s'accroît et se développe par la sainteté de ses fidèles, jusqu'à ce que "soit constitué l'homme parfait dans la force de l'âge, qui réalise la plénitude du Christ" (Ep 4, 13) » ; n° 2046 : « Par leur vie selon le Christ, les chrétiens *hâtent la venue du Règne de Dieu*, du "Règne de justice, de la vérité et

souscrivant à l'optique de l'universalisme du salut concerne tous les peuples parce que « [l]'Église, envoyée par le Christ pour manifester et communiquer la charité de Dieu à tous les hommes et à toutes les nations, comprend qu'elle a à faire une œuvre missionnaire encore énorme »[251]. Le but et le premier enjeu de la mission sont de faire des disciples par le baptême et l'évangélisation.

L'autre face de l'enjeu de cette mission dévoile la concomitance avec la colonisation, au point où elle est considérée comme la face religieuse de la domination coloniale[252]. Toute la problématique de la mission et de l'évangélisation semble se résumer au questionnement de la possible interconnectivité entre les deux actions. Jean-Paul Messina affirme à ce sujet que « [l]a situation est donc telle qu'on a l'impression d'une complicité étroite entre les missionnaires et leurs compatriotes coloniaux. Ce qui n'est pas toujours faux, au regard de certaines attitudes observées sur le terrain »[253]. Pourtant, l'attitude officielle du magistère suprême manifeste dans sa volonté et ses écrits le souci de « dissocier évangélisation et colonisation. Le moins que l'on puisse dire est que la doctrine missionnaire du Saint-Siège a le mérite de clarifier une situation que beaucoup commençaient déjà à soupçonner en faisant valoir que Rome est un relais spirituel du système colonial »[254]. On peut retenir qu'il était opportun qu'un prêtre camerounais, fils du pays, soit élevé à la dignité épiscopale. En effet, les autochtones camerounais, dans l'administration coloniale ou ecclésiale étaient réduits à des postes de subalterne. La nomination de Paul Etoga apparaît comme un geste d'apaisement dans un climat social et politique sensible, d'autant plus que les Camerounais manifestaient déjà un réel désir d'indépendance et d'autonomie.

2° Un pan du réel missionnaire

Entre la lettre et le vécu qui en est fait, il y a très souvent un grand écart en ce qu'« [i]l reste cependant que le Saint-Siège ne peut que donner des directives, c'est sur place que tout se passe. Le missionnaire, au fond d'une brousse équatoriale, garde toute sa liberté d'action. Et tout dépend des charismes de son Institut religieux, de sa formation spirituelle et intellectuelle,

---

de la paix". Ils ne délaissent pas pour autant leurs tâches terrestres ; fidèles à leur Maître ils les remplissent avec droiture, patience et amour ». Italique dans le texte.

[251] *Ad Gentes*, n° 10.

[252] Dans l'esprit et l'entendement des colonisés, le colon représente la force coloniale et le missionnaire le symbole de la force religieuse et spirituelle, d'autant plus que le missionnaire et le colon parlaient tous deux de mission civilisatrice.

[253] Jean-Paul MESSINA, *Culture, christianisme et quête d'une identité africaine*, Paris, L'Harmattan, 2007, p. 60. Tout porte à croire que le déploiement des missionnaires et des colons, tous occidentaux, était en réalité une situation de deux actions d'un même combat : la domination des peuples colonisés. L'action missionnaire par rapport à la colonisation continue cependant de faire couler beaucoup d'encre en suscitant des interrogations.

[254] *Ibid.*, p. 61.

et de la manière dont il a été préparé à aller en mission »[255]. Dans beaucoup de cas, les dérives constatées lors de l'époque missionnaire ont été le fait personnel de certains missionnaires qui se sentaient tout puissants sur le champ de la mission. Malgré tout, ayant agi au nom de l'Église qui les envoyait en mission, celle-ci en porte toute la responsabilité à travers les Instituts de leur formation. Il appert que l'Église catholique et le christianisme n'échappent pas à la responsabilité qui est la leur dans ce qui constitue, aujourd'hui, le sort et la situation actuelle du Cameroun et des autres anciennes colonies au niveau économique, politique, culturel et religieux.

Cette analyse est encore d'actualité et anime toujours la question de l'« aventure missionnaire » de l'occident dans le monde, tellement une conviction est évidente selon laquelle l'Église, au vu de son potentiel naturel et surnaturel, peut être participante de la construction ou de la destruction du monde. Un paradoxe est dénoncé par Françoise Raison lorsqu'elle déclare que « [l]'aventure missionnaire du XIXe siècle est un des grands faits de l'histoire universelle du christianisme. C'est paradoxal, car ce siècle est aussi celui des révolutions, lentes ou explosives, qui lui font une place plus mesurée »[256]. Ce paradoxe implique un questionnement fondamental, quant à l'intention des nations chrétiennes lancées dans cette aventure missionnaire et à leurs Églises. Au fond, « [s]'agit-il d'une remarquable et positive réaction de défense, voulue par les plus humbles, animée par les grandes nations chrétiennes, organisées par les Églises ? Et où l'Évangile trouve son compte ? Ou s'agit-il d'abord d'un élément, majeur, de la stratégie inconsciente par laquelle la civilisation européenne investit les autres mondes ? »[257].

L'actualité de ce débat tire également son acuité de ce que l'Église catholique et la religion, tout comme il en est des autres Églises et obédiences religieuses, ont déterminé et déterminent encore les rapports entre les peuples, les continents et les cultures. Il n'y a pas de domaine – économie, politique, culture – qui ne soit influencé par les Églises et les religions. L'Afrique n'en fait pas exception, ainsi que le précise Jean-François Bayart lorsqu'il affirme que « [j]amais, peut-être, l'évidence de l'interaction entre la sphère de la religion et celle de la politique n'a été aussi grande en Afrique »[258]. Jean-Paul Messina précise de son côté que « [s]ur cette question de l'alliance entre évangélisation et colonisation, Eve Dessare pense que c'est la seconde guerre mondiale qui a opéré une rupture, tout autant qu'elle a remis en question, de

---

255 *Ibid.*, p. 61-62.

256 Françoise RAISON, *« Le siècle des missions »*, dans *2000 ans de christianisme*, Société d'Histoire chrétienne, t. 8, Dossier 22, « Hier », Paris, Éd. Aufadi et SHC International, 1976, p. 7.

257 *Ibid.*

258 Jean-François BAYART, *État et religion en Afrique*, Paris, Karthala, 2018, p. 5.

manière plus systématique l'ordre colonial préexistant »[259]. Pour ce qui est de l'indépendance du Cameroun, le clergé missionnaire occidental reflète manifestement l'image d'une Église missionnaire divisée. Au niveau ecclésial, le clivage étudié dans la première partie est analysé cette fois au sommet de la hiérarchie ecclésiale locale par la crise qui mine les rapports entre l'archevêque Graffin et son auxiliaire Etoga. En revanche, le clergé indigène, quoique ne le manifestant pas ouvertement, est unanime sur la libération du Cameroun du joug colonial et ecclésial. D'où l'enjeu et l'intérêt de l'indépendance du Cameroun et de la nomination d'un fils du pays comme évêque au sein d'une Église missionnaire fracturée et fortement divisée.

2. Fracture, division, et joie d'une Église

Un évêque autochtone, Mgr Paul Etoga, est nommé dans une Église missionnaire qui éprouve de la peine à vivre la communion fraternelle et sacerdotale, à cause des considérations d'ordre politique, culturel, voire racial.

1° Dissensions ecclésiales à Yaoundé

En plus des tensions entre l'archevêque René Graffin et les fidèles, la fracture et la division connaissent un paroxysme à travers les rapports devenus de plus en plus difficiles entre l'archevêque et son auxiliaire[260]. L'Église missionnaire au Cameroun vit une dégradation de plus en plus accentuée des rapports entre Mgr René Graffin[261] et le clergé indigène. Ces rapports étaient empreints de mépris et de déconsidération vis-à-vis des fidèles de la part de l'archevêque Graffin. Ces derniers subissent également de mauvais traitements de leur évêque. Jean-Paul Messina révèle même qu'il ne manquait pas de faire montre de brutalité et de sévices corporels sur les fidèles. En effet, « [l]e ministère épiscopal de Mgr René Graffin allait s'exercer dans un contexte plutôt difficile. Les prêtres et les séminaristes lui reprochaient le mauvais traitement auquel ils étaient soumis et le déficit de considération qui s'exprimait dans les multiples relations que leur vicaire entretenait avec eux. Les catéchistes indélicats, les femmes adultères, bref tous les chrétiens en situation d'immoralité redoutaient ses soufflets qui, souvent, laissaient des

---

259 Jean-Paul MESSINA, *Culture, christianisme*, *op. cit.*, p. 62. Pour cerner davantage la question de la concomitance de l'évangélisation et de la colonisation en Afrique, il est conseillé de lire en entier le chapitre 2 intitulé, « L'évangélisation de l'Afrique aux XIXe et XXe siècles : essai d'analyse critique de la pratique missionnaire », p. 57-76.

260 On reviendra sur ce climat de tension entre Mgr René Graffin, le métropolitain, et Mgr Paul Etoga, l'auxiliaire, ultérieurement dans l'analyse faite sur l'échec de Mgr Paul Etoga de n'avoir pas remplacé le métropolitain.

261 Il a été vicaire apostolique de Yaoundé de 1943 à 1955, puis archevêque de 1955 à 1961.

marques de douleurs aux victimes »[262]. Ces relations tendues entre l'évêque et son clergé indigène, ainsi que ses chrétiens, ravivent chez les prêtres comme chez les fidèles un sentiment de révolte et une volonté de libération. Jean-Paul Messina révèle par ailleurs qu'un ancien prêtre, l'abbé Léon Messi, parlant de Mgr Graffin, « fait savoir que ce prélat n'a pas su se faire aimer du fait qu'il manquait de bonté dans sa collaboration avec les prêtres camerounais »[263]. En tant qu'homme de Dieu, continue cet ancien prêtre, « Mgr Graffin ne savait pas nous donner des conseils – peut-être n'en avait-il pas le temps – mais il savait nous infliger des sanctions chaque fois qu'il en avait l'occasion »[264]. Cette attitude de l'évêque Graffin, d'après l'abbé Léon Messi « ne faisait que nous inciter nous les prêtres camerounais à la révolte »[265].

2° Joie dans une Église divisée

Une lueur d'exaltation : au milieu de cette Église fracturée et divisée par cette situation de double oppression coloniale et ecclésiale, la nomination à la tête de la hiérarchie de l'Église locale d'un autochtone était la bienvenue. Elle constituait une marque de reconnaissance de la valeur et de la capacité des prêtres autochtones à assumer de hautes responsabilités au sommet de l'Église missionnaire au Cameroun. Cette nomination participait, immanquablement, de l'émancipation du clergé autochtone au plus haut niveau de l'Église missionnaire locale. Elle a aussi suscité un sentiment d'estime de soi chez le peuple autochtone, ravi de voir un des siens au sommet de la hiérarchie ecclésiale du terroir. Les Camerounais ont vécu un sentiment d'assurance, conscients que leur frère, évêque, avait, historiquement, des dispositions linguistiques, culturelles, spirituelles, sociologiques, humaines, anthropologiques et même mystiques pour les comprendre dans leurs aspirations les plus profondes. Mgr Paul Etoga représentait le rayonnement et la reconnaissance de l'autochtonie des enfants de Dieu de l'Église catholique au Cameroun. Il s'agit à travers lui d'un fils du pays qui, depuis sa tendre enfance, baigne dans un des espaces socio-culturels du terroir, ayant vécu les affres de la domination coloniale. Cette nomination fut indubitablement un motif de grande joie de voir ainsi un fils du pays élevé à la dignité épiscopale. À travers celle-ci, considérant la symbolique de ses armoiries, on peut percevoir un réel enjeu culturel et de valorisation de la culture béti, berceau culturel et maternel du prélat Etoga.

À propos, le nouvel évêque s'inspire largement et abondamment de l'univers socioculturel béti qui, en réalité, constitue son premier environnement éducationnel. C'est pourquoi, le choix des éléments

---

262 Jean-Paul MESSINA et Jaap VAN SLAGEREN, *Histoire du christianisme au Cameroun : des origines à nos jours*, coll. « Mémoires d'Église », Yaoundé, Karthala-Clé, 2005, p. 187.
263 *Ibid.*, p. 188.
264 *Ibid.*
265 *Ibid.*

constitutifs et symboliques de ses armoiries illustre de manière significative tout le sens qu'il entend donner à son engagement ecclésial et politique. Cet environnement socioculturel favorisa son initiation à la vie et aux valeurs qui le marqueront dans sa vie d'homme et de pasteur. Ses armoiries et ses insignes en sont révélateurs. Ils participent de l'intégration et de la domestication de son autochtonie par et dans lui-même. Au Cameroun, dans la culture beti, chez les Kóló-Bëti, l'évêque est appelé « mvamba », c'est-à-dire « grand-père ». À ce titre, il est assimilé à un ancien, un patriarche, chef d'une communauté. Cette communauté, par rapport à Paul Etoga en tant que pasteur, est son Église particulière en communion apostolique avec l'Église universelle. En tant que tel, l'un des symboles visibles de son autorité ainsi que de sa mission est la crosse, appelée « ntum bisop » (la canne de l'évêque). Pour la sagesse traditionnelle l'évêque, en tant que patriarche et chef d'une communauté, doit incarner certaines qualités[266] : il est vigilant, responsable, consciencieux et simple dans l'exercice de l'autorité dont il est investi. Ses armoiries sont représentatives de symboles culturels pleins d'enseignements : la souche d'arbre, le palmier, les lances[267]. En dernière analyse, ses insignes et ses armoiries se présentent comme le reflet évocateur de sa personnalité et de ses convictions. Sa figure sacerdotale et épiscopale montre, en effet, un prêtre et un évêque resté cohérent avec la foi catholique en toute responsabilité, courage et discrétion, quoiqu'ancré dans la culture de son terroir.

La connaissance et l'amour de sa culture de naissance n'ont pas édulcoré ses convictions d'homme d'Église. Il est l'une des preuves que l'Église peut s'enrichir dans la rencontre avec les cultures à travers lesquelles l'Évangile est annoncé. Ainsi, « [l]'expérience des siècles passés, le progrès des sciences, les richesses cachées dans les diverses cultures qui permettent de mieux connaître l'homme lui-même et ouvre de nouvelles voies à la vérité, sont également utiles à l'Église »[268]. L'Église reconnaît et revalorise par cette attitude les cultures longtemps considérées comme des lieux de paganisme par certains pasteurs de la première évangélisation. L'inculturation trouve ici son importance et sa profondeur. Ceci constitue une interpellation pertinente et d'actualité, pour les hommes d'Église africains, à prendre en considération leurs propres cultures et celles des autres à la lumière de l'Évangile : « En

---

[266] Cf. l'ouvrage de l'abbé Théodore TSALA, *Minkana beti*, (Proverbes beti), Douala, Collège Libermann, coll. « Langues du Cameroun », 1975, n° 2114-2130. Il s'agit d'un recueil de proverbes beti du Cameroun.

[267] L'interprétation fournie dans son autobiographie en donne les différentes significations et connotations : « Armoiries : 2 lances = symbole de la force dans le combat. Ma paroisse se nomme Ngul-Mekong : la force des lances. Les Ewondo et les Eton s'étaient coalisés pour chasser les Bassas à coups de lance. 1 palmier = signe d'abondance, apostolat fructueux. 1 souche d'arbre = symbole de la résistance, de la solidité : tornade, ouragan et tempête ont beau secouer violemment, elle ne bouge jamais ». Cf. Paul ETOGA, *Mon autobiographie*, *op. cit.*, p. 27.

[268] *Gaudium et Spes*, n° 44.

effet, dès le début de son histoire, elle [Église] a appris à exprimer le message du Christ en se servant des concepts et des langues des divers peuples et, de plus, elle s'est efforcée de le mettre en valeur par la sagesse des philosophes : ceci afin d'adapter l'Église, dans les limites convenables, et à la compréhension de tous et aux exigences des sages »[269], car « [à] vrai dire, cette manière appropriée de proclamer la parole révélée doit demeurer la loi de toute évangélisation »[270]. Il s'agit pour l'Église de « susciter en toute nation la possibilité d'exprimer le message chrétien selon le mode qui lui convient, et que l'on promeut en même temps un échange vivant entre l'Église et les diverses cultures »[271]. Au demeurant, une préoccupation se présente : il s'agit de voir si la figure d'homme d'Église du premier évêque camerounais participe d'une simple émancipation du clergé indigène, au sommet de l'Église missionnaire locale, ou alors d'une véritable responsabilisation hiérarchique encore appelée « africanisation ». Autrement dit, voir si le prélat Etoga, premier évêque du Cameroun représente l'effectivité de la prise en main, par le clergé indigène, des responsabilités hiérarchiques dans l'Église catholique au Cameroun. En termes clairs, si, finalement, on peut parler d'une « africanisation » dans la hiérarchie de l'Église missionnaire au Cameroun avec Mgr Paul Etoga.

II. Émancipation ou africanisation ?

Cette question se pose pour une démarche de la reconnaissance de ce prélat en le proposant comme modèle d'engagement ecclésial et politique. Dans sa volonté de responsabiliser les prêtres indigènes au sommet des Églises locales, le Saint-Siège se fait de plus en plus précis et décidé. Pour lui, en ce qui concerne le Cameroun et les autres terres de mission en Afrique, il était temps de promouvoir non seulement l'émancipation de ces Églises, mais aussi leur africanisation par la responsabilisation hiérarchique, en nommant évêques titulaires des prêtres autochtones. Cette détermination du Saint-Siège a donné lieu à des manœuvres politiques et laissé cours aux spéculations ; la grande curiosité étant de savoir quel prêtre serait élevé, pour la toute première fois, à la dignité épiscopale au Cameroun ? La solution à cette question requiert une analyse des atouts et des faiblesses du pays. Ensuite une lumière est faite pour dire pourquoi Mgr Paul Etoga est plus une figure de l'émancipation que de l'africanisation de l'Église missionnaire au Cameroun. Enfin, il s'agit de comprendre pourquoi il n'a pas pu succéder à Mgr René Graffin.

---

[269] *Ibid.*

[270] *Ibid.*

[271] *Ibid.*

1. Potentialités et faiblesses

Au Cameroun, le choix fut porté sur l'abbé Paul Etoga qui, par le fait même, participe de « [l]a pentecôte africaine »[272] dans la responsabilisation et la promotion du clergé africain. La tâche ne fut pas facile au vu des difficultés rencontrées dans la création et la formation d'un clergé autochtone. Aussi, l'analyse conjuguée des atouts et des zones de fragilité du Cameroun permet-elle de comprendre, à la fois, la portée significative des capacités et des ressources de ce pays, ainsi que ses points faibles ou pôles d'incertitude qui ont confirmé son potentiel de crédibilité à la nomination de Paul Etoga comme évêque auxiliaire de Yaoundé en 1955. Il faut noter, comme atout important, la présence catholique au Cameroun à cette période[273].

Cependant, au moment où le Saint-Siège, inexorablement, se fait précis dans sa volonté de doter le Cameroun d'un évêque autochtone, la situation politique[274] et ecclésiale est préoccupante. Le clergé missionnaire ne manque pas de s'y impliquer, tellement la situation prévalente exigeait de lui d'assumer ses responsabilités pastorales et politiques. Il ne devait pas rester

---

[272] Cf. Jean-Paul MESSINA, *Culture, christianisme…*, *op. cit*., p. 79-82.

[273] À en croire les informations fournies par le journal *l'Effort camerounais* du 15 mars 1957 dans sa rubrique *Le dossier de la quinzaine*, qui donne une vue des statistiques de la présence catholique au Cameroun en 1955, le Cameroun méritait déjà d'avoir au moins un évêque autochtone. On y compte à cette période : 599 000 baptisés (dont sensiblement 11.000 étrangers) ; 106.602 catéchistes ; 299 prêtres étrangers ; 91 prêtres indigènes et 82 grands séminaristes. La répartition des catholiques africains par diocèses se présente comme suit : Yaoundé : 279.803 ; Douala : 172.479 ; Nkongsamba : 101.400 ; Garoua : 4.560, soit un effectif de 587.362 catholiques. En termes de progression, le catholicisme au Cameroun à cette époque est dans une dynamique ascendante : 1900 marque le début de l'évangélisation ; 1914 : 28.469 catholiques ; 1922 : 68.571 ; 1932 : 248.692 ; 1952 : 528.578 et en 1955, le Cameroun compte 599.000 catholiques. Au 31 décembre 1955, les effectifs de l'enseignement primaire public et privé sont : l'enseignement public 520 écoles ; 1.331 classes, avec un effectif de 69.254 élèves dont 49.729 garçons et 19.525 filles. Dans le privé à la même date, on compte 1.681 écoles ; 3.497 classes pour un effectif de 176.969 élèves dont 132.125 garçons et 44.844 filles. Le privé et le public comptabilisent au total 2.201 écoles ; 4.828 classes et 246.223 élèves dont 181.854 garçons et 64.369 filles. Dans l'enseignement technique public : 28 écoles ; 1.417 élèves (1.197 garçons+220 filles. Dans le privé : 20 écoles ; 1.085 élèves (434 garçons+651 filles). Les deux catégories d'enseignement technique donnent : 48 écoles ; 2.502 élèves (1.631 garçons+871 filles). L'enseignement secondaire enfin : Public : 21 écoles ; 93 classes ; 3.044 élèves dont 2.493 garçons et 551 filles. Privé : 28 écoles ; 58 classes ; 2.434 élèves pour 2.182 garçons et 252 filles. Au total, l'enseignement secondaire public et privé comptent 49 écoles ; 151 classes ; 5.478 élèves pour 4.675 garçons et 803 filles.

[274] Une analyse de cette situation politique préoccupante est abordée dans la troisième partie du présent chapitre. C'est à ce niveau qu'est présenté l'enjeu politique de la nomination du premier prélat camerounais.

insensible à la situation que traversait le Cameroun. C'est pourquoi le Saint-Siège, conscient des enjeux politiques et ecclésiaux à ce moment, trouve une amorce de réponse à cette situation. Pour le Saint-Siège, le Cameroun méritait d'avoir un évêque parmi les prêtres originaires du pays ; et pour cause, « [l]a nomination d'un évêque camerounais est déjà d'actualité en 1950 »[275]. La diplomatie s'en mêle avec efficacité. En effet, « dans une lettre datée du 29 mai 1950, adressée à M. Robert Schumann, de la direction d'Afrique-Levant au Ministère des affaires étrangères de la République de France, l'ambassadeur Wladimir d'Ormesson, près du Saint-Siège à Rome, fait savoir que la sacrée congrégation pour la propagation de la foi prépare la nomination d'un évêque camerounais »[276]. Convaincus des capacités du Cameroun, les autorités du Saint-Siège maintiennent le projet de la nomination d'un évêque autochtone. Le moment était enfin arrivé de concrétiser la volonté de Rome d'émanciper et d'africaniser la hiérarchie des Églises en terres de mission. Rappelons la forte présence catholique au Cameroun qui, selon le Saint-Siège, constituait une raison supplémentaire de crédibilité pour ce pays. En revenant en arrière, on note effectivement que dès l'arrivée des pères pallottins jusqu'au moment de la nomination Paul Etoga, l'évolution de l'Église catholique au Cameroun est nettement visible. L'éclosion des vocations sacerdotales, suscitée par la création du tout premier petit séminaire, favorise la croissance du catholicisme camerounais. Les chiffres illustrés par les statistiques évoquées plus haut donnent un aperçu d'un Cameroun en pleine expansion catholique.

La qualité de la formation des premières générations de prêtres d'Afrique en général et du Cameroun en particulier, milite pour que Rome, à cette époque, encourage l'émancipation et l'africanisation du clergé autochtone dans ce pays. Les premières ordinations presbytérales du 8 décembre 1935 au Cameroun, offrent une bonne visibilité du sérieux et du dynamisme de cette jeune Église. L'indigénisation du clergé se lançait dans une perspective d'avenir porteuse de beaucoup d'espoirs. Des années après, on réalise avec satisfaction que les premiers prêtres camerounais sont des références d'engagement ecclésial pour l'Église locale.

Toutefois, le Cameroun, avec ses zones de fragilités et de faiblesses au niveau politique, sociologique, social, économique et religieux, présente la face d'un pays fragilisé. Les principales faiblesses de ce pays à la nomination de Mgr Paul Etoga, avant et après l'indépendance jusque vers les années 1970, sont la domination coloniale, l'instabilité politique, la crise au sein de l'Église missionnaire et une économie balbutiante, à cause de la seconde guerre mondiale. Dans la troisième partie du présent chapitre, un accent est mis sur les tensions politiques, dans le but de poser quelques jalons de compréhension de ce qui constitue le propre de l'engagement politique de Mgr Paul, voire de

---

[275] Jean-Paul MESSINA et Jaap VAN SLAGEREN, *op. cit.*, p. 182.
[276] *Ibid.*

tout homme de Dieu et d'Église. Cet engagement est visible dès sa nomination comme auxiliaire de Yaoundé et continue une fois évêque résidentiel de Mbalmayo sous le régime Ahidjo. Notons rapidement que, malgré les efforts fournis au cours de la première décennie, le règne d'Ahidjo n'obtint ni socialement, ni économiquement les résultats escomptés, tant il est vrai que « l'idée d'une "nouvelle société" à créer semblait sans rapport avec la base humaine chez les dirigeants de la première République, plus doués pour la répression que pour la création [...] »[277]. Les zones reculées du pays sont de plus en plus oubliées parce que « [l]'orientation autoritaire vers la seule agriculture (avec le grand élevage du Nord du pays) dont la "révolution verte" fut le sommet en 1972, n'améliora guère la vie ni le travail du monde rural camerounais, toujours plié sur sa houe ou plié sous sa hotte villageoise ! »[278]. Au niveau religieux enfin, « on a affaire à une période très instable, où les individus et les groupes se cherchent et ne parviennent pas encore à s'identifier, période sans repère précis, sans modèles de référence évidents »[279]. En jetant un regard rétrospectif, sous quel angle peut-on percevoir aujourd'hui la nomination du premier prélat du Cameroun et de l'Afrique noire française ?

2. Une figure d'émancipation

Une élucidation s'impose pour préciser pourquoi Mgr Paul Etoga est davantage une figure d'émancipation que d'« africanisation » ou de responsabilisation hiérarchique du clergé autochtone. Dans le giron administratif colonial, plus précisément à partir de 1944, les puissances coloniales parlent de la « participation des colonies à la marche des affaires »[280]. La voie vers l'indépendance était un non-dit qui allait justifier la lutte anticolonialiste et indépendantiste observée dans les colonies. La participation aux affaires laissait également entendre que les colonies devenaient parties prenantes dans la conduite de leurs destinées. Rien ne devait plus se passer comme avant où elles n'étaient que des territoires passifs, se faisant dicter la conduite à tenir dans la gestion des affaires politiques, économiques, sociales, culturelles et même religieuses de leurs propres pays respectifs. C'est pourquoi, « [à] partir de 1945, les colonies réclament donc cette émancipation qu'on leur a laissé entrevoir »[281], surtout que le général de Gaulle, évoque cette participation aux affaires le 30 janvier 1944 à

[277] Nicolas OSSAMA, *L'Église du Cameroun. Schéma historique. 1890-2000*, Yaoundé, Presses de l'UCAC, « Coll. Église en Afrique », 2011, p. 42.
[278] *Ibid.*
[279] *Ibid.*, p. 43.
[280] Darius ENGUENGH, « L'émancipation des colonies et l'affirmation politique du tiers monde », http://cahigec.e-monsite.com/pages/espace-histoire-terminale/emancipation-des-colonies-et-l-affirmation-politique-du-tiers-monde.html.
[281] *Ibid.*

Brazzaville[282]. En parlant de la participation, par les colonies, à la gestion de leurs propres affaires, il n'est pas exagéré de penser aux affaires religieuses dans Églises en terres de mission. Le discours politique du général de Gaulle semble rejoindre la volonté missionnaire du Saint-Siège d'africaniser les Églises locales basées dans les colonies. Au fond, face à l'évolution de l'histoire et de la situation socio-économique, politique, culturelle et même religieuse dans ces anciennes colonies, l'actualité fait mentir le discours du général de Gaulle car la situation tarde à prendre son envol.

Au niveau ecclésial et local, l'Église au Cameroun, comme dans les colonies, connaît une forte présence missionnaire occidentale : les premiers prêtres sont ordonnés le 8 décembre 1935, le premier évêque le 30 novembre 1955. L'émancipation de ces Églises, voulue par le Saint-Siège, signifie logiquement la participation et la prise en main de ces Églises par les clergés locaux et autochtones, jusqu'au plus haut niveau de leur hiérarchie. Pour ce qui est du Cameroun, l'on peut dire que l'émancipation du clergé autochtone débute effectivement avec les premières ordinations sacerdotales de 1935. Cette émancipation trouve sa promotion au Cameroun avec l'ordination épiscopale de Mgr Paul Etoga. Cependant, ce dernier ne réalise pas l'africanisation hiérarchique de l'Église locale. Celle-ci étant encore hiérarchiquement entre les mains des évêques occidentaux. Le père Nicolas Ossama en fait un compte rendu clairvoyant et détaillé :

> « Un héritage, on le reçoit pour le faire valoir. Celui qui reçoit doit être de même niveau et de qualification équivalente par rapport au transmetteur. Or, dans l'Église catholique, l'autorité est épiscopale comme son pouvoir. Et en 1960, à l'heure de l'indépendance politique, sur les 6 responsables d'Église au Cameroun, un seul est camerounais, Mgr Thomas Mongo, Évêque résidentiel de Douala. En 1961, l'auxiliaire camerounais de l'Archevêque français de Yaoundé, Mgr Paul Etoga, est envoyé fonder le nouveau diocèse de Mbalmayo, tandis que l'avènement de Mgr Jean Zoa à l'archevêché de Yaoundé, en janvier 1962, arrange un peu la situation, sans résoudre le problème. Celui-ci ne peut être résolu que par l'africanisation urgente de la

[282] Il déclare : « Nous croyons, en particulier, qu'au point de vue du développement des ressources et des grandes communications, le continent africain doit constituer, dans une large mesure, un tout. Mais, en Afrique française, comme dans tous les autres territoires où des hommes vivent sous notre drapeau, il n'y aurait aucun progrès qui soit un progrès, si les hommes, sur leur terre natale, n'en profitaient pas moralement et matériellement, s'ils ne pouvaient s'élever peu à peu jusqu'au niveau où ils seront capables de participer chez eux à la gestion de leurs propres affaires. C'est le devoir de la France de faire en sorte qu'il en soit ainsi ». Cf. Général DE GAULLE, « Discours de Brazzaville », 30 janvier 1944, https://mjp.univ-perp.fr/textes/degaulle30011944.htm.

hiérarchie ecclésiastique du Cameroun, pour une réception correcte de l'héritage missionnaire et sa gestion honnête »[283].

Il est clairement établi que l'africanisation de la hiérarchie ecclésiale ne débute pas avec Mgr Paul Etoga. Elle prendra près de deux décennies pour être effective au Cameroun, suivie d'une troisième[284]. N'ayant pas pu voir se réaliser avec lui l'africanisation hiérarchique du clergé camerounais, Mgr Paul Etoga, affecté à Mbalmayo, se voit éloigné de l'archevêché de Yaoundé au plus fort de la crise qui l'oppose à Mgr René Graffin : un échec plein d'enseignements.

3. Deux prélats en crise

L'intérêt est de tirer les leçons d'une crise ecclésiale, au sommet, qui s'est avérée, au long de l'histoire de l'Église missionnaire locale, un échec pour l'Église. Évoquer cet échec, aujourd'hui, participe de cette intention d'éviter toute attitude justificative visant à dédouaner Mgr Paul Etoga tout en accablant Mgr Graffin. Il est question de poser un regard constructif et fidèle au vu de la conjoncture, ainsi qu'aux faits et enjeux qui y ont présidé.

1° Échec d'une collaboration

Cette crise entre Mgr Graffin et son auxiliaire n'est pourtant pas la première du genre dans l'histoire de l'Église. Elle constitue une preuve de la corruption de l'Église missionnaire qui, dans certaines de ses prises de position, met en veilleuse l'essentiel de sa mission d'annoncer la Bonne Nouvelle dans les colonies. Elle apparaît comme un échec de la mission et un contre-témoignage pour l'Église locale et universelle dont il faut tirer des leçons. Il y a lieu, au vu de l'enseignement de l'Église sur la collaboration entre évêques et la solidarité ecclésiale, de considérer que cet échec incombe inéluctablement aux deux prélats. Au terme, on pense que Mgr Paul Etoga n'est jamais devenu archevêque de Yaoundé à cause de la crise survenue entre Graffin et lui.

Cette situation préoccupe encore beaucoup d'esprits. En effet, tout semblait porter à croire que l'africanisation de la hiérarchie ecclésiale, au Cameroun, allait se réaliser, plus tard, avec la nomination, à la tête de

---

[283] Nicolas OSSAMA, *op. cit.*, p. 41.

[284] Nicolas fait cette précision : « L'africanisation de la hiérarchie catholique du Cameroun demandera deux décennies : de 1962 à 1972, puis de 1972 à 1982. Ces deux décennies donnent chacune six nouveaux évêques camerounais ; soit douze évêques en vingt ans. 1ère décennie (1962-1872) : NN.SS. Jean Zoa, Pierre Célestin Nkou, Albert Ndongmo, Simon Tonyé, Paul Verdzekov et Pius Awa. 2ème décennie (1972-1982) : NN.SS. Denis Ngande, Thomas Nkuissi, Jean-Baptiste Ama, Athanase Bala, André Wouking, Christian Tumi et Cornelius Fontem Esua. Une 3ème décennie a été engagée assez rapidement par NNSS Antoine Ntalou, Pierre Tchouanga, Adalbert Ndzana et Jérôme Owono Mimboe, décennie close en 1999 par Joseph Atanga ». Cf. *ibid.*, p. 41-42.

l'archidiocèse de Yaoundé, du premier évêque du Cameroun et de l'Afrique noire française, Mgr Paul Etoga. Il n'en a pas été ainsi. Au Rwanda pourtant, cette africanisation hiérarchique trouve son effectivité en 1952 avec un prêtre autochtone, Aloys Bigirumwami qui, directement, a été nommé au poste de vicaire apostolique dans son pays. Mais, malheureusement Mgr Bigirumwami[285] ne sera pas nommé archevêque de Nyundo. Au Cameroun,

---

[285] Eugène SHIMAMUNGU, « Biographie de Mgr Aloys Bigirumwami », www.editions-sources-du-nil.over-blog.com, 26 mai 2009 : « Mgr Aloys Bigirumwami est né le 22 décembre 1904, il a été baptisé le jour de Noël 1904. Il est le fils de Joseph Rukamba l'un des premiers chrétiens de la Mission catholique de Zaza fondée en 1900 après celle de Save. À l'âge de 10 ans, il est entré au Petit Séminaire de Kabgayi. Après le Grand Séminaire, il fut ordonné prêtre le 26 mai 1929. Il fut curé de Muramba pendant 18 ans, du 30 janvier 1933 au 17 janvier 1951, ensuite curé de Nyundo. Le 14 février 1952, il fut nommé à la tête du Vicariat apostolique de Nyundo, lors de sa création, par le Pape Pie XII. Premier évêque africain, il fut consacré le 1er juin 1952 à Kabgayi par l'évêque Perraudin à la tête du diocèse de Nyundo. Celui-ci comprenait les anciennes préfectures de Gisenyi, Kibuye et une partie de Ruhengeri qui comprenait 54.000 chrétiens, 27.000 catéchumènes sur une population totale de 375.000. Le Diocèse de Nyundo comptait 25 prêtres, 8 Pères Blancs, 11 Frères Joséphites, 28 religieuses de la congrégation Abenebikira, et 5 Sœurs Blanches. À sa consécration, le diocèse de Nyundo reçut 20.000 nouveaux convertis.

Il a écrit beaucoup d'ouvrages sur la culture rwandaise. En décembre 1954, peu avant Noël, il a fondé le magazine "Hobe" ("salut accompagné d'une accolade") destiné à la jeunesse. Il aimait dire que "Hobe" c'était son enfant. En 1980, il expliquait le choix de ce titre en ces termes : *"Vous avez déjà vu l'enfant Jésus endormi dans la crèche les bras ouverts... pour embrasser tout le monde, les petits comme les grands. Voilà le sens du choix de ce nom de Hobe. J'ai pensé à la jeunesse et j'ai dit : Que Dieu leur fasse connaître Jésus, que Jésus les embrasse et que eux aussi L'embrassent. J'ai pensé à tous les enfants du Rwanda et j'ai dit : Que Jésus soit un modèle pour eux, qu'ils grandissent aimés de Dieu et des hommes"*. Feu Mgr Aloys Bigirumwami dont personne ne peut dire, même aujourd'hui, qu'il était Hutu, nous surprend dans une lettre écrite en 1958 (traduit du kinyarwanda) au sujet de son identité ethnique : *"Il existe aujourd'hui un problème crucial pour ceux qui doivent développer notre pays, ce n'est pas autre chose, c'est le problème ethnique ou les relations entre les Tutsi, les Hutu et les Twa. Voici le nœud du problème : qui est Hutu ? Qui est Tutsi ? Qui est Twa ? Peut-on déterminer cela à partir de traits physiques, des origines, du pouvoir ou de la richesse ? Je peux citer le cas des intermariages dans les territoires ou les régions de Nyanza-Nduga, Kigali-Busanza, Kibuye et Kinyaga ; le plaisir serait pour moi de savoir ce qu'en pensent les habitants de ces régions. Ce serait extrêmement difficile de distinguer Hutu, Tutsi et Twa à partir de la ressemblance physique. Moi-même j'ai toujours cru que j'étais Tutsi (mais sans en être certain) j'ai été convaincu du contraire en lisant l'ouvrage du Père Delmas attestant que les Abagesera sont des Hutu"*. À l'époque, il était de bon ton de se déclarer Tutsi et réfuter tout lien héréditaire avec les Hutu. La déclaration de Bigirumwami prend le contre-pied d'une autre déclaration signée, elle aussi au courant de l'année 1958, par les hauts

c'est plutôt avec Mgr Thomas Mongo que l'africanisation hiérarchique commence, ayant été le premier évêque diocésain autochtone du pays. Paul Etoga ne le devient qu'en 1961 quand le Saint-Siège l'envoie comme premier évêque du diocèse de Mbalmayo. Comment comprendre cet échec ?

La principale raison est la difficile collaboration entre les deux prélats, Graffin et Etoga. Une collaboration nourrie et entretenue par la crise entre le clergé autochtone et occidental évoquée plus haut. La situation politique du moment ne laisse pas indifférents les deux. Ils restent opposés dans leurs convictions politiques personnelles, bien qu'hommes d'Église. Le clivage est vécu au sommet de l'Église locale dans une crise ouverte entre les deux prélats. Une crise marquée par la ségrégation entre les deux évêques avec les allures d'un apartheid ecclésial. La haine entre les deux hommes de Dieu semblait avoir pris le déçu sur leur sacerdoce. Pour Jean-Paul Messina, « [i]l faut dire que les relations entre l'archevêque de Yaoundé et son auxiliaire s'étaient très rapidement dégradées. Mgr Graffin et Etoga ne s'asseyaient jamais à la même table pour partager un repas »[286]. Ensuite, s'ajoute la différence marquée de leur tempérament[287]. En lien avec la situation politique, il y a la question du sens politique de l'évangélisation que nourrit chacun des deux prélats. Il y apparaît une divergence nette dans leur vision de la mission d'évangélisation. On retient en substance, malgré la crise entre les deux prélats, que l'avènement de Paul Etoga comme évêque fut un grand événement pour le Cameroun, ainsi que l'atteste Nicolas Ossama : « En juillet 1955, la nomination de Mgr Paul Etoga, comme premier évêque camerounais, éclate comme un feu de joie dans le ciel menaçant des premières échauffourées entre *upécistes* et "forces de l'ordre". Elle est suivie de celle de Mgr Mongo, à

---

dignitaires du Roi (*Abagaragu b'i Bwami*) qui contestaient tout lien héréditaire ou génétique entre Tutsi et Hutu pour que ceux-ci ne puissent prétendre à un quelconque partage du pouvoir. Après 21 ans de service, l'évêque Aloys Bigirumwami a démissionné le 17 décembre 1973, atteint par la limite d'âge. Il est mort le 3 juin 1986, à l'âge de 81 ans, à l'hôpital de Ruhengeri, et fut enterré à la cathédrale de Nyundo. Il aura droit à des funérailles nationales comme le Premier Président de la République Dominique Mbonyumutwa, Chancelier des ordres nationaux, qui disparaît près de deux mois plus tard, le 25 juillet 1986 », italique dans le texte. Erratum par MANISHIMWE : "Je crois que c'est Bigirumwami qui a consacré Perraudin et non l'inverse. En 1952, A. Perraudin n'était pas encore évêque (il était à l'époque recteur du grand séminaire de Nyakibanda). C'est une petite erreur qui n'enlève rien à la qualité de votre travail" ».

[286] Jean-Paul MESSINA et Jaap VAN SLAGEREN, *op. cit.*, p. 190.

[287] De l'ensemble des témoignages recueillis sur les deux prélats, il ressort de manière récurrente que Graffin et Etoga, en plus de leurs qualités sur le champ pastoral, étaient différents sur le plan humain. Le premier était très impulsivement ferme alors que le second était doucement ferme.

Douala et du sacre du premier évêque à Yaoundé, le 30 novembre. Événements d'un retentissement infini ! »[288].

En plus de ce clivage au sommet l'Église missionnaire, l'échec et la disgrâce de Paul Etoga sont scellés après son refus de signer une correspondance visant à dédouaner le haut-commissaire Roland Pré. Ce dernier avait brutalement réprimé les populations après les émeutes de mai 1955. Cette attitude lui valut accusations et mise en quarantaine, du côté du gouvernement comme du côté de l'Église missionnaire au Cameroun, fortement dominée par la présence des pères occidentaux. Etoga raconte lui-même cet épisode : « J'ignore ce qui s'est passé entre temps, je sais seulement que le 26 février 1956, jour du sacre de Mgr Thomas Mongo, évêque auxiliaire de Douala, le soir, la haute autorité gouvernementale nous convoqua, Mgr Mongo et moi, à son bureau à Douala et nous demande d'écrire une lettre… en sa faveur… Nous refusâmes… »[289]. Mgr Paul Etoga, à cause de son refus d'écrire cette lettre, fut taxé d'être un anti blanc et un opposant politique, et « [l]e bruit courut alors que Mgr Etoga n'aime pas les blancs ; il est contre le Gouvernement, etc »[290]. L'attitude de Paul Etoga, jugée de rébellion par l'administration coloniale française, est à l'origine de ses soucis. Il fut considéré dès cet instant comme un danger pour les intérêts de la France coloniale au Cameroun et subissait désormais les foudres des politiques et de certains hommes d'Église, ainsi qu'il le raconte lui-même : « De là acharnement contre moi. J'étais devenu une bête noire. Je n'avais d'appui ni du côté ecclésiastique ni du côté gouvernemental »[291].

Quelques temps après il subit des remontrances de la part de deux caciques du gouvernement dans le bureau de Mgr Graffin. Il fut traité d'ingrat et d'insoumis : « un jour, deux dignitaires du gouvernement vinrent me faire des reproches au bureau de mon Supérieur à Yaoundé : Mgr Etoga, fulminèrent-ils, vous êtes désobéissant, vous n'êtes pas reconnaissant. Vous étiez simple petit Prêtre… »[292]. À partir de cet instant, il fit l'objet de graves menaces, lesquelles montrent aujourd'hui que l'autorité politique ne le supportait plus. Elle était prête à tout pour le faire taire y compris par l'élimination physique. Il se verra dire avec véhémence, « [v]ous êtes contre le Gouvernement, sachez

[288] Nicolas OSSAMA, *op. cit.*, p. 23.

[289] Paul ETOGA, *Mon autobiographie*, *op. cit.*, p. 27.

[290] *Ibid.*

[291] *Ibid.*

[292] *Ibid.*, points de suspension dans le texte. Cet épisode porte à croire que la nomination de Paul Etoga comme évêque auxiliaire n'aura été qu'une faveur à lui faite et que par ce fait il devait être à la solde du gouvernement, donnant son onction épiscopale même aux dérives dont le gouvernement pourrait être auteur. Il devait, en somme fermer les yeux sur les injustices et les abus de pouvoir des autorités politiques. On comprend alors que le gouvernement le voulait plutôt acquis à sa cause que d'être fidèle à sa mission d'annonce et de défense des pauvres et des plus faibles.

que le Gouvernement cherche des mesures contre vous maintenant »[293]. L'attitude de Graffin est révélatrice de l'hostilité du gouvernement et de certains dignitaires du clergé camerounais envers la personne de Mgr Etoga qui commençait à être agaçant. Il relate un détail de la situation plein de significations : « [m]on Supérieur resta impassible devant ces menaces ! »[294]. Sans détour, face au silence visiblement approbateur de Graffin, Etoga exprime sa colère en clarifiant sa prise de position et ses convictions politiques et d'homme de Dieu et d'Église : « Alors, je mis mes offenseurs à leur place en leur disant : Vous, simples laïcs que vous êtes, vous n'avez pas le droit de vous immiscer dans les affaires du clergé ; allez appeler vos gens ; je vous attends avec vos mesures… »[295].

Il est à noter que « [l]a dignité épiscopale de Mgr Paul Etoga n'était pas respectée dans l'entourage immédiat de Graffin, constitué de spiritains français »[296]. Ceci est manifeste lors d'une visite qu'il effectue dans un établissement de formation de futurs prêtres : « J'allais visiter le Petit Séminaire d'Akono, je fus mal reçu par les dirigeants… »[297]. Le dernier point et non des moindres, évoqué plus loin, est son attitude politique : il est soupçonné d'être favorable à André-Marie Mbida, nationaliste convaincu. De plus, l'on note l'adversité à son endroit d'une partie de l'élite béti[298] catholique affiliée à l'Union camerounaise, parti politique du président Ahidjo. L'attitude politique de Paul Etoga montre conséquemment qu'un homme d'Église peut avoir de la sympathie pour telle ou telle formation politique, sans toutefois oublier sa première mission d'annoncer la Bonne Nouvelle et de prendre fait et cause pour les pauvres et les plus faibles.

Une relecture de ce fait amène à se poser des questions quant aux réelles motivations du choix de Paul Etoga comme premier évêque du Cameroun. Ce choix semble avoir été présidé, entre autres, par cette idée de la déconsidération du prêtre autochtone par le clergé occidental dont l'intention subjacente était de faire, plutôt de Mgr Paul Etoga, un simple valet épiscopal, réduit et relayé au second plan et confiné dans un rôle de figuration. D'après ces dignitaires, à en juger par le silence de Mgr René Graffin, Mgr Paul Etoga devait continuellement exprimer sa reconnaissance, en se faisant permanemment docile, pour avoir été élevé à la dignité épiscopale à la faveur d'une contingence, par pitié et sans mérite de sa part. Il devait pour cela être un évêque béni oui-oui, un évêque de façade et de seconde zone avec une autorité épiscopale d'apparat. Et, l'attitude des dirigeants du petit séminaire

---

[293] *Ibid.*

[294] *Ibid.*

[295] *Ibid.*, points de suspension dans le texte.

[296] Jean-Paul MESSINA et Jaap VAN SLAGEREN, *op. cit.*, p. 190.

[297] *Ibid.*, points de suspension dans le texte.

[298] Cf. Annexe VI. Cette frange de l'élite béti et catholique adresse une lettre ouverte à Mgr Paul Etoga alors évêque auxiliaire de l'archidiocèse de Yaoundé.

d'Akono, en majorité occidentaux, est affirmativement révélatrice de ce mépris qu'affiche le clergé missionnaire envers le clergé autochtone, ainsi que de l'évêque qui en est issu. Or, Mgr Etoga, dans son attitude, récuse un épiscopat de pitié.

De toute évidence, ce qui paraît être la véritable intention dans le choix de Paul Etoga échoue devant sa détermination à se définir comme un pasteur à respecter, un pasteur convaincu dans sa mission d'annoncer la Bonne Nouvelle sans exclusive. Mgr Graffin se voit contrarié et blessé dans son amour propre, face à ce qu'il considère comme une insubordination de son auxiliaire et dont la présence à ses côtés devenait de moins en moins acceptable. Jean-Paul Messina estime qu' « il est permis de penser que ce refus fut une des causes de l'éloignement de ce prélat camerounais de Yaoundé, des années plus tard. Son archevêque, Mgr Graffin n'avait pas été satisfait de la position de son auxiliaire et aurait pris la résolution de le faire partir de Yaoundé dès que la première occasion se présenterait »[299]. Pour Jean-François Bayart « [i]l semble en fait que l'évêque auxiliaire, sacré sous la pression du nationalisme en novembre 1955, n'ait pas eu la stature nécessaire pour prendre en charge l'archevêché »[300]. Toutefois, en dépit des différences de points de vue sur les capacités de Paul Etoga à pouvoir succéder à Mgr Graffin, cet échec de la collaboration entre les deux prélats se présente comme un témoignage antiévangélique.

2° Un contre-témoignage

La crise entre Graffin et Etoga exige une analyse, en profondeur, des responsabilités des deux prélats, pour comprendre qu'il est question d'un contre-témoignage venu du sommet de l'Église missionnaire au Cameroun. Cette crise permet aujourd'hui de se réapproprier l'essentiel de l'enseignement actuel de l'Église, en matière de collaboration entre les évêques dans les différents degrés de leurs responsabilités. Les deux évêques ont, certes, collaboré sous Vatican I, mais l'Église est restée fidèle à ses fondamentaux en ce qui concerne la collaboration entre un évêque diocésain et ses possibles collaborateurs directs, (auxiliaires ou coadjuteur). Il semble judicieux d'étudier cette collaboration, entre Graffin et Etoga, sous l'éclairage de Vatican II et des Saintes Écritures, pour une actualisation destinée aux futures générations de prêtres et d'évêques au Cameroun et ailleurs. Dans cette optique, les évêques et les prêtres sont dans la logique de la collaboration voulue par Dieu de qui ils tiennent leur identification et leur reconnaissance[301].

---

[299] Jean-Paul MESSINA et Jaap VAN SLAGEREN, *op. cit.*, p. 186.

[300] Jean-François BAYART, « La fonction politique des Églises au Cameroun », dans *Revue française de science politique*, 23-3, PUF, p. 518.

[301] Saint Paul précise à cet effet : « Puisque nous sommes à l'œuvre avec lui, nous vous exhortons à ne pas laisser sans effet la grâce reçue de Dieu. Car il dit : *Au moment favorable, je t'exauce et au jour du salut, je viens à ton secours*. [...]. Nous ne voulons d'aucune façon scandaliser personne, pour que notre ministère soit sans reproche. Au

Ainsi pour l'Église, le peuple de Dieu, croyants et non-croyants, la collaboration entre Graffin et Etoga fut un véritable scandale. C'est pourquoi, tout échec de collaboration entre pasteurs, quelle que soit l'époque, est toujours un scandale, surtout qu'au stade actuel de nos recherches, rien ne donne lieu de penser qu'une tentative de réconciliation entre les deux hommes d'Église avait été initiée.

Or, l'enseignement de l'Église priorise fondamentalement l'intérêt du peuple de Dieu. C'est cet intérêt qui justifie en premier la nomination des coadjuteurs ou auxiliaires dans des diocèses. De la sorte, l'évêque diocésain, pour telle ou telle raison, peut solliciter un évêque auxiliaire, et un coadjuteur dans une circonstance particulière. En effet, « dans le gouvernement des diocèses, on doit pourvoir de telle façon à la charge pastorale des évêques que le bien du troupeau du Seigneur soit toujours la règle suprême »[302]. Il est d'exigence ecclésiale que ce bien soit garanti ; ainsi, « il n'est pas rare que des évêques auxiliaires doivent être établis, du fait que l'évêque diocésain ne peut accomplir par lui-même toutes ses fonctions »[303]. Parmi les raisons de la nécessité d'établir un ou des auxiliaires, il y a « le bien des âmes »[304], ou encore « la trop grande étendue du diocèse ou du trop grand nombre des habitants ou de circonstances spéciales d'apostolat, ou pour d'autres causes diverses »[305].

Paul Etoga arrive à Yaoundé au moment où certains diocèses actuels faisaient encore partie de l'archidiocèse de Yaoundé. Il en est du cas des diocèses de Bafia, Obala, Mbalmayo. La tâche était énorme pour l'archevêque Graffin. Il lui fallait de l'aide. Cette aide fut l'abbé Paul Etoga : « en 1955, lorsque la hiérarchie fut érigée au Cameroun, les vicariats devenant des diocèses, et Yaoundé archidiocèse, Mgr Graffin devenait le premier archevêque du Cameroun. Le 30 novembre de cette année, Mgr Paul Etoga, le premier évêque camerounais, qu'il avait choisi comme auxiliaire, recevait de lui la consécration au milieu d'une foule de cent mille personnes, magnifique de fierté et de joie »[306]. En tant qu'évêque auxiliaire, son archevêque lui confie l'administration des « confirmations dans tout l'archidiocèse. C'est un Père spiritain qui était Vicaire Général »[307].

Dans la bienveillance ecclésiale, la présence d'un évêque auxiliaire ou d'un coadjuteur aux côtés de l'évêque diocésain ne doit, en principe, compromettre

---

contraire, nous nous recommandons nous-mêmes en tout comme ministres de Dieu ». 2 Co 6, 1-2. 3 ; italique dans le texte.

[302] *Christus Dominus*, n° 25.

[303] *Ibid.*

[304] *Ibid.*

[305] *Ibid.*

[306] *Album des 75 ans de l'Église catholique du Cameroun* (1841-1966), Yaoundé, Imprimerie St Paul, 1966, p. 28.

[307] Paul ETOGA, *Mon autobiographie*, *op. cit.*, p. 27.

en rien l'unité diocésaine encore moins son autorité. Il est question de préserver son efficacité et la dignité épiscopale en général. D'ailleurs, selon le Concile, « [c]es évêques coadjuteurs et auxiliaires doivent être pourvus de pouvoirs convenables, de sorte que, tout en sauvegardant toujours l'unité de gouvernement du diocèse et de l'autorité de l'évêque diocésain, leur action soit rendue plus efficace et la dignité propre aux évêques davantage assurée »[308]. Le coadjuteur et l'auxiliaire participent à l'attention et au témoignage dont l'évêque diocésain fait montre à l'endroit de la parcelle du peuple de Dieu qui lui est confiée. Ces derniers doivent travailler en communion avec lui, afin qu'il n'y ait qu'un seul évêque à la fois dans un diocèse, pour éviter un bicéphalisme hiérarchique au niveau de la communauté diocésaine. Il leur est demandé, à cet effet, obéissance à l'égard de l'évêque diocésain. En termes clairs, « comme les évêques coadjuteurs et auxiliaires ont été appelés à partager la sollicitude de l'évêque diocésain, ils exerceront leur charge de telle sorte qu'en toutes les affaires ils agissent en plein accord avec lui. De plus, ils feront toujours preuve de soumission et de respect envers l'évêque diocésain qui, en retour aimera fraternellement les évêques coadjuteurs et auxiliaires et les entourera d'estime »[309]. Il ressort automatiquement que ce respect[310] ne veut pas dire que l'évêque coadjuteur

---

308 *Christus Dominus*, n° 25.

309 *Christus Dominus*, n° 25.

310 La question de la soumission et du respect dont il est question dans les rapports entre le coadjuteur et l'évêque diocésain ou encore entre l'auxiliaire et ce dernier est une question bien préoccupante. Jusqu'où peuvent aller cette soumission et ce respect ? Dans le cas de Mgr Paul Etoga et de son archevêque, Mgr Graffin, la situation est délicate. À première vue, Mgr Paul Etoga fait montre d'une insubordination en refusant de signer la lettre de dédouanement de la répression dont le haut-commissaire Roland Pré avait été l'auteur. Devait-il sacrifier la vérité de la répression des émeutes de mai 1955 au nom de cette soumission et de ce respect ? Il est porté à croire qu'au nom du respect de la vie et de la dignité humaine, son refus s'apparente à une objection de conscience. Ce refus peut également être perçu comme un acte politique, en plus d'être un acte d'un homme d'Église. On peut retenir que « [l]'objection de conscience est une attitude individuelle de refus d'accomplir certains actes requis par une autorité lorsqu'ils sont jugés en contradiction avec des convictions intimes de nature religieuse, philosophique, politique ou sentimentale. Une telle objection, mûrement réfléchie ou plus spontanée, exprime une difficulté de se conformer à une situation, voire un reproche ou une accusation, et peut être un acte illégal occasionnant des poursuites et des châtiments pénaux. L'objection de conscience est un aspect universel de la liberté de conscience, qui s'inscrit dans un effort historique de l'humanité pour mieux circonscrire le pouvoir des autorités civiles et religieuses, et même des pouvoirs économiques » https://fr.m.wikipedia.org/wiki/Objection_de_conscience, consulté le 1er août 2020. Cf. dans son intégralité Yves GIMELLO, *L'infirmière de l'Akfouda. Témoignage d'un objecteur de conscience infirmier en Algérie (1959-1962)*, coll. *« Histoire de l'objection de conscience »*, 2016, 308 p.

et l'évêque auxiliaire sont les laquais de l'évêque diocésain. Ils se doivent mutuellement considération et bienveillance.

Malheureusement, entre Graffin et Etoga la fraternité ecclésiale n'a pu être au rendez-vous. Le climat entre les deux prélats était plutôt empreint de suspicion, de méfiance et de mépris de l'un envers l'autre. Pourtant, entre l'évêque diocésain et ses collaborateurs, auxiliaire ou coadjuteur, il doit régner un climat évangélique, avec pour témoignage essentiel la dette de l'amour[311]. Somme toute, la situation entre Graffin et Etoga ne constitue pas un exemple ni pour les jeunes générations de prêtres et d'évêques, ni pour l'Église, encore moins pour le peuple de Dieu. Mais, l'intérêt est d'en prendre conscience et d'en tirer sagesse pour une perspective d'avenir et de devenir de l'Église locale et universelle, tant dans la formation des futurs prêtres que dans la vie de témoignage des pasteurs déjà sur le terrain, sans oublier l'édification du peuple de Dieu. En réalité, pour un témoignage évangéliquement ecclésial, entre l'évêque diocésain et son coadjuteur ou son auxiliaire, il ne devrait pas y avoir de rivalité ou de compétition. Il s'agit, au contraire d'une œuvre de collaboration, de témoignage et d'Église. L'accomplissement de leurs différentes responsabilités les convie à faire œuvre d'Église, c'est-à-dire, à être engagés et tendre vers un objectif de rassemblement du peuple de Dieu et non de dispersion et de perdition, parce qu'ils participent de l'*ecclesia*. Mgr Graffin et Mgr Etoga laissent transparaître dans leur collaboration qu'ils ont manqué leur rendez-vous à faire œuvre d'Église. L'ambiance de l'époque n'est pas à négliger : le clergé missionnaire accueillait la nomination de Paul Etoga dans un contexte de clivage, de tensions politiques et sociales. Toutefois, ces deux prélats, dans leur figure et témoignage respectifs, amènent à prendre conscience de la nécessité, pour tout pasteur d'âmes, de rester fidèle aux exigences de l'Évangile et du sacerdoce ministériel. A présent, il est important d'étudier ce contexte particulier qui ne laissa pas indifférent le clergé missionnaire au Cameroun dont l'implication politique et missionnaire s'est avérée, à plus d'un égard, évangélico-politique.

III. Une situation préoccupante

Le souci, au niveau international et national, est de trouver des solutions durables à l'instabilité qui impacte à la fois, les relations entre les grandes puissances ainsi que la vie politique et sociale à l'intérieur des colonies. Ces dernières, devenant de plus en plus des foyers de tensions animés par des luttes

---

311 S'adressant aux Romains l'Apôtre Paul se fait précis et exhortatif : « N'ayez aucune dette envers qui que ce soit, sinon celle de vous aimer les uns les autres ; car celui qui aime son prochain a pleinement accompli la loi. En effet, les commandements : *Tu ne commettras pas d'adultère, tu ne tueras pas, tu ne voleras pas, tu ne convoiteras pas*, ainsi que les autres, se résument dans cette parole : *Tu aimeras ton prochain comme toi-même*. L'amour est donc le plein accomplissement de la loi ». (Rm 13, 8-10), italique dans le texte.

anticolonialistes et indépendantistes. Et, l'urgence est d'éteindre ces foyers de tensions. Des conférences sont initiées pour juguler la crise internationale que les différentes frondes nationalistes aggravent dans les territoires coloniaux. L'avenir des Églises missionnaires se voit lié à cette situation d'instabilité politique, au regard des enjeux drainés par le projet d'indépendance des colonies, diversement vécu de l'intérieur par les pères missionnaires occidentaux. Au Cameroun où les positions sont bien tranchées, les missionnaires sont divisés quant à l'idée de voir ce pays accéder à la souveraineté nationale. L'intérêt est de comprendre la position ecclésiale et politique de l'évêque auxiliaire de Yaoundé, Mgr Paul Etoga.

1. Question coloniale et guerre froide

Dans les années 1939, la scène internationale[312] est dominée par certaines puissances : France, Hollande, Portugal, Belgique, Italie et Japon. Et pourtant, dans les colonies, il est constaté des revirements insoupçonnés. Il faut souligner que l'« on ne saurait comprendre les décolonisations sans prendre en compte les bouleversements engendrés par les colonisations. Un des résultats majeurs de celles-ci fut, en effet, d'avoir déterminé l'apparition de catégories sociales nouvelles, qui, le temps venu, se retournèrent contre les colonisateurs »[313]. Il convient de considérer la situation générale de la société internationale, les solutions proposées au niveau international, ainsi que la position de l'Église en matière de décolonisation pour en déceler le rôle politique joué par cette dernière.

1° Manœuvres des puissances coloniales

La question de la colonisation est examinée dans son aspect général, en précisant que la décolonisation des territoires sous domination, ne s'est pas effectuée sans l'influence de grandes puissances regroupées au sein de deux blocs rivaux, est et ouest[314]. Ces deux blocs influencent la cartographie géopolitique internationale, au point où la question coloniale est traitée et configurée à la donne internationale de l'époque. Le processus de la décolonisation est par conséquent défini, encadré et déterminé par la rivalité des deux blocs est-ouest dont la visibilité prend la forme d'une guerre spécifique dénommée guerre froide. Notons néanmoins ceci : « jusqu'en 1949-1950, les décolonisations restèrent préservées du climat de la Guerre froide »[315]. Mais, après 1950, ce n'est fut plus le cas ; les rivalités entre les deux blocs influencent désormais et incontestablement la scène internationale

---

[312] Cf. Marc MICHEL, *Décolonisation et émergence du tiers monde*, Paris, Hachette, 1993, p. 8-15.
[313] *Ibid.*, p. 26.
[314] Le bloc de l'est est constitué de pays communistes avec pour chef de file l'ancienne URSS. Celui de l'ouest, représentatif de l'idéologie capitaliste, regroupe autour des États-Unis d'Amérique les pays de l'Europe de l'ouest.
[315] Marc MICHEL, *Décolonisation et émergence…*, *op. cit.*, p. 136.

dans le déroulement et le dénouement des combats anticolonialistes et indépendantistes menés dans les colonies. Les pays en quête d'émancipation ne sont pas en reste, parce que leur situation résume bien les convoitises et les velléités nourries par les grandes puissances à leur égard[316]. Finalement, la décolonisation a été menée sous le prisme de la Guerre froide : les initiatives, en réponse à cette question coloniale, ont été plus politiques et stratégiques, sans une réelle considération des réalités des territoires colonisés. En Afrique, les velléités anticolonialistes et indépendantistes se font jour dans presque tous les territoires coloniaux. Les puissances occidentales, conscientes des conséquences de la perte des colonies par certaines puissances après la grande guerre, entreprirent de rétablir un équilibre international pour affaiblir la mouvance de l'anticolonialisme international[317].

Le déploiement des puissances coloniales trouve, entre autres, une source d'inspiration dans certaines recommandations faites au clergé missionnaire au départ de la mission[318]. Ainsi, dans l'entretien de M. Renquin avec les pères missionnaires belges, il apparaît clairement que la première mission des pères missionnaires, dans les colonies en général, était moins la propagation de la foi dans l'annonce de la Bonne Nouvelle, que la consolidation de l'hégémonie politique, économique et culturelle de la Belgique dans le Congo belge. L'exploitation des richesses du Congo belge s'effectue sous le couvert de l'évangélisation, ainsi que le confirment les propos de M. Renquin : « Le but essentiel de votre mission n'est donc point d'apprendre aux noirs à connaître Dieu. Ils le connaissent déjà. Ils parlent et se soumettent à un Nzanbe ou un Nvindi-Mukulu, et que sais-je encore ? »[319] Le ministre ne doute pas de la probité morale et éthique des habitants des colonies. En effet, poursuit-il,

---

[316] Ainsi, précise Marc Michel, *ibid.* : « [l]es années 1949-1950 représentèrent un réel tournant. La Guerre froide qui touchait l'Europe gagna l'Asie. Elle prit la forme d'un affrontement direct par adversaires interposés dans le reste de l'Asie du Sud-Est. Mais l'antagonisme entre les blocs ne resta pas limité à ces points d'impact spectaculaires ; il se traduisit par l'influence du modèle soviétique et la volonté occidentale de définir, en réponse au défi communiste, une nouvelle ligne de conduite vis-à-vis des peuples et des pays en voie d'émancipation ».

[317] Cf. *ibid.*, p. 136-153 et p. 186-204, la question coloniale largement expliquée. Un autre ouvrage de Marc MICHEL est d'importance pour mieux comprendre la présence française au Cameroun et la stratégie de son départ de ce pays : *La France au Cameroun 1919-1960. Partir pour mieux rester ?*, Paris, Éditions Les Indes sauvages, 2018, 244 p.

[318] La plus célèbre reste celle de M. Jules Renquin en 1920 alors Ministre belge des colonies. En effet, beaucoup de politiques, d'après leurs visées expansionnistes, firent des recommandations aux missionnaires envoyés annoncer la Bonne Nouvelle de par le monde.

[319] « L'histoire des Antilles et de l'Afrique », dans, *Avenir colonial belge*, 30 octobre 1921, https://pyepimanla.blogspot.com/2016/04/extrait-de-la-causerie-de-jules-renquin.html.

« [i]ls savent que, tuer, voler, calomnier, injurier est mauvais. Ayant le courage de l'avouer, vous ne venez donc pas leur apprendre ce qu'ils savent déjà »[320]. Manifestement, le rôle des pères missionnaires est de se servir de la Parole de Dieu aux fins colonialistes et impérialistes. En termes clairs, le rôle des missionnaires « consiste, essentiellement, à faciliter la tâche aux administratifs et aux industriels »[321]. Pour cela, précise Renquin, les pères missionnaires doivent corrompre « l'évangile de la façon qui sert le mieux nos intérêts dans cette partie du monde »[322]. Cette déclaration explique le constat d'ambiguïté entre mission évangélisatrice et mission colonisatrice ; Renquin assigne évidemment à la Mission un devoir de patriotisme expansionniste. Elle se retrouve partagée entre l'annonce de l'Évangile et l'apologie de la domination coloniale.

En évoquant ces recommandations faites au clergé missionnaire, l'objectif n'est pas d'inviter à un procès contre la colonisation et la mission de la première évangélisation, mais de jeter un regard critique et constructif pour l'avenir des Églises locales et de l'Église universelle, ainsi que l'avenir des rapports entre les nations. Il s'agit, par ricochet, de cerner les mobiles réels de l'engagement ecclésial et politique de Mgr Etoga qui s'inscrivait dans cette volonté de libérer le Cameroun et d'annoncer la Bonne Nouvelle, en toute vérité et intégrité. Une certitude montre qu'une bonne adaptation de la Mission aujourd'hui ne doit pas ignorer les réalités passées de l'Église et de la Mission *ad extra*. Il est par conséquent important, dans cette entreprise de vérité, d'éviter toute attitude braquée sur les seuls ratés de la colonisation et de la première évangélisation, ou l'inverse qui consisterait à ne considérer que leurs bienfaits. Il est préférable, à la lumière de l'engagement ecclésial et politique de Mgr Paul Etoga, lui-même, fidèle à l'enseignement du Christ et de l'Église, d'adopter une attitude de discernement pour éviter des positions tranchées et stériles, afin de promouvoir la cohésion à l'intérieur de l'Église et entre les peuples.

2° L'attitude de l'Église

Elle ne fut pas indifférente à la double question de la colonisation et de la décolonisation. En effet, confrontée à la situation qui se présentait dans les colonies, où elle était en pleine évangélisation, et considérant la polémique alimentée autour de la coïncidence entre évangélisation et colonisation, elle joua un rôle missionnaire et politique évident. Dans ses trois fonctions[323], l'Église manifeste son attention et son intérêt pour toute situation liée à l'humain au niveau social, politique, économique ou culturel. Aujourd'hui, elle se fait promotrice de l'écologie intégrale : l'Église s'est toujours

---

[320] *Ibid.*

[321] *Ibid.*

[322] *Ibid.*

[323] Enseignement, gouvernement et sanctification.

impliquée dans les grandes questions de l'histoire de l'humanité. Toutefois, il se pose toujours la question de sa fidélité à sa mission première d'annoncer la Bonne Novelle et de défendre les pauvres et les plus faibles. Aussi, certains faits de la Mission sont-ils à prendre en considération pour mieux cerner l'engagement missionnaire de l'occident en terres de Mission : visiblement, rappelons-le, il y eut des consignes données aux missionnaires et qui semblent avoir présidé aux vrais motifs de l'élan missionnaire. Ces faits viennent aussi éclairer l'attitude et les faits et gestes de Mgr Paul Etoga dans son engagement ecclésial et politique.

En conséquence, pour comprendre l'attitude de l'Église même dans son ambiguïté, il est intéressant de revisiter les recommandations faites aux missionnaires par le magistère de l'époque. La Lettre apostolique *Maximum Illud* du 30 novembre 1919, du pape Benoît XV, invite les missionnaires à s'investir dans le sens de l'abandon et l'acceptation, sans réserve des réalités et des imprévus de la mission. L'engagement missionnaire doit être accepté même au prix du sacrifice ultime. Le missionnaire est appelé à tout abandonner pour focaliser son attention sur sa mission. Le pape Benoît XV précise également que « celui qui se consacre à l'Apostolat des Missions, abandonne sa patrie, sa famille et ses parents ; il s'aventure souvent dans un long et périlleux voyage, disposé et prêt à tolérer n'importe quel tourment pourvu qu'il gagne de nombreuses âmes au Christ »[324]. Le Souverain Pontife met en garde contre tout risque de voir les missionnaires phagocytés par leur patrie lorsqu'il affirme : « souvenez-vous que vous ne devez pas propager le règne des hommes mais celui du Christ et ne pas ajouter des citoyens à la patrie terrestre, mais à la patrie céleste »[325]. Il y aurait beaucoup de souffrances pour le Christ, son Église et l'ensemble du peuple de Dieu, de voir les missionnaires dévier de leur vocation. En effet, « ce serait déplorable si certains Missionnaires, oublieux de leur propre dignité, pensaient plus à leur patrie terrestre qu'à la patrie céleste »[326]. La mission première de l'Église est la propagation de la foi et non l'expansion territoriale outre-mer de la patrie mère des missionnaires, ce qui serait un contre-témoignage « s'ils se souciaient davantage d'en accroître la puissance et la gloire par-dessus tout. Ce serait là une des plus tristes plaies de l'apostolat, qui paralyserait chez le Missionnaire le zèle pour les âmes et réduirait son autorité auprès des indigènes »[327]. La préoccupation étant de ne « chercher d'autres gains que celui des âmes. À cet égard, il n'est nul besoin que nous dépensions trop de paroles. En effet, comment celui qui serait avide d'argent pourrait-il chercher, uniquement et convenablement, la gloire de Dieu, comme cela est de son

[324] Benoit XV, http://www.vatican.va/content/benedict-xv/fr/apost_letters/documents/hf_ben-xv_apl_19191130_maximum-illud.html.
[325] *Ibid.*
[326] *Ibid.*
[327] *Ibid.*

devoir et, pour la servir en sauvant son prochain, être prêt à sacrifier tout son avoir et jusque sa vie même ? »[328].

Pourtant, et paradoxalement, l'Église semble elle-même avoir entretenu cette ambiguïté, dès lors qu'elle s'est attribué la promotion de la *mission civilisatrice des peuples à évangéliser*. Le pape Pie XI voit, en cette mission évangélisatrice, une manière de « répandre la lumière de l'Évangile et les avantages de la culture et de la civilisation chrétiennes aux peuples qui "se sont assis dans les ténèbres et dans l'ombre de la mort" »[329]. L'Église, à travers les propos du Pontife Pie XI, opère visiblement un revirement de position en faveur de la promotion de la culture et de la civilisation occidentale dans les terres de Mission. On y perçoit un arrière-fond de mépris et de dévalorisation des cultures des peuples autochtones, soupçonnés d'être inférieurs, barbares et sauvages, parce que vivant encore dans « les ténèbres et l'ombre de la mort ». Le même magistère réajuste ses considérations, comme pour mettre un bémol au discours de 1920 de M. Renquin et faire une mise en garde à l'endroit des missionnaires : « Quiconque considère ces indigènes comme des membres d'une race inférieure ou comme des hommes de faible mentalité commet une grave erreur. L'expérience sur une longue période de temps a prouvé que les habitants de ces régions reculées de l'Est et du Sud ne sont souvent pas inférieurs à nous du tout »[330]. Le pape Pie XI a conscience que les peuples à coloniser sont capables et intelligents, c'est-à-dire des humains à part entière. Il reste cependant à comprendre comment cette Église qui défend la mission civilisatrice est la même qui reconnaît les capacités des peuples à évangéliser ?

[328] *Ibid.* L'Église donne l'impression ici de décourager toute velléité expansionniste des missionnaires une fois en mission, surtout que l'attitude de Renquin intervenant après la mise en garde du pape Benoît XV allait à contre-courant de la volonté de l'Église. Il ressort de l'attitude du ministre belge des colonies une volonté de confusion et d'occultation de l'œuvre évangélisatrice par l'entreprise colonisatrice. Cette attitude fait naître, à juste titre, une ambiguïté dans les esprits des colonisés déjà émancipés par l'éducation occidentale reçue, et dont les répercussions se font sentir dans le sentiment anticlérical nourri par une certaine jeunesse africaine de l'époque et d'aujourd'hui, avide de liberté. L'une des raisons de la lutte anticolonialiste et indépendantiste trouve sa source dans cette ambiguïté qui, en réalité, est une expression de la déception des colonisés. En effet, l'Église est censée œuvrer pour le rachat des âmes et la libération des peuples. Pour une compréhension du manque de confiance et l'anticléricalisme de certains Africains, cf. MONGO BETI, *Le pauvre Christ de Bomba*, *Ville cruelle*, *Main basse sur le Cameroun*, Paris, Présence Africaine, 1976, 349 p. Cf. Sembene OUSMANE, *Les bouts de bois de Dieu*, Paris, Le livre contemporain, 1960, 412 p.

[329] Pie XI, *Rerum Ecclesiæ*, http://w2.vatican.va/content/pius-xi/en/encyclicals/documents/hf_p-xi_enc_28021926_rerum-ecclesiae.html.

[330] *Ibid.*

L'ambiguïté de la coïncidence, entre l'évangélisation civilisatrice et la colonisation civilisatrice, laisse penser que l'occident s'est bien servi de l'Église pour assoir ses velléités de domination des peuples. Selon Françoise Raison, « [l]es deux hypothèses sont vraies, et se vérifient encore aujourd'hui, par les multiples décolonisations : selon le cas, et souvent en même temps, la mission chrétienne est dénoncée comme signe de domination, et reconnue comme lieu d'un avenir ecclésial nouveau »[331]. Cette problématique offre encore des voies de réflexion et d'engagement, tellement « [l]'issue de ce débat, qui échappe à l'Europe chrétienne, est aujourd'hui capitale : il y va de l'universalité du christianisme et, finalement, de sa vérité »[332]. Cette ambigüité est encore d'actualité. En effet, dans plusieurs pays africains subsahariens, en l'occurrence, indépendants depuis plus de 60 ans, les hommes de Dieu entretiennent localement la même ambiguïté, cette fois, en faveur du pouvoir en place, lorsqu'ils offrent le visage d'une Église locale en soutien indéniable et inconditionnel aux élites et aux politiques, au détriment des pauvres et des plus faibles. Par cette attitude, ils délaissent leur mission première d'annonce de la Bonne Nouvelle et de protection des pauvres et des plus faibles. Cet aspect des choses montre largement pourquoi la figure de Mgr Paul Etoga semble pouvoir être, par son engagement ecclésial et politique, un modèle pour les jeunes générations de prêtres et d'évêques du Cameroun et d'ailleurs, parce que de l'intérieur ce pays a connu une situation politique et sociale assez trouble.

2. Difficultés internes

La situation sociale et politique du Cameroun, à cette période, est tributaire du climat politique de la communauté internationale et des manœuvres entreprises par les grandes puissances pour maîtriser les différents conflits dans les colonies. Territoire sous tutelle en 1955[333], le Cameroun traverse une

---

[331] Françoise RAISON, « Le siècle des missions », *op. cit.*, p. 7.

[332] *Ibid.*

[333] Cette tutelle est double et assurée par l'ONU (Organisation des Nations Unies). Effectivement, l'Angleterre contrôle la partie du nord-ouest et du sud-ouest (Cameroun britannique). La France quant à elle assure la tutelle dans le reste du pays (Cameroun français). Mgr Paul Etoga est en réalité le tout premier évêque des deux Cameroun. L'ONU est également l'une des institutions internationales présentent dans le pays. Le FIDES (Fonds d'investissement pour le développement économique et social) est créé après la Conférence de Brazzaville pour pourvoir à l'avenir économique et social des territoires d'Outre-mer. Cf. Thomas DELTOMBE, *op. cit.*, p. 55-73. Au niveau législatif, le Cameroun possède en 1946 une Assemblée représentative dénommée ARCAM, plus tard vers 1952 l'ARCAM devient ATCAM (Assemblée territoriale du Cameroun), et en 1956 l'ATCAM devient ALCAM (Assemblée législative du Cameroun). Dans les années 1959, il devient un territoire autonome avec une Assemblée législative. Au niveau ecclésial, les Vicariats apostoliques deviennent des diocèses, ou des archidiocèses comme celui de Yaoundé

crise délicate, avec la lutte anticolonialiste et indépendantiste. De l'intérieur, le clergé missionnaire est divisé sur la question brûlante de l'indépendance ; un sujet sur lequel Mgr Etoga se prononce en tant que citoyen et homme de Dieu et d'Église.

1° Divergences, discordes et suspicions

La vie sociale, sociologique et politique du Cameroun à cette époque est en pleine ébullition. La toute première organisation politique y voit le jour en 1948, avec la création de l'UPC (Union des populations du Cameroun) : fruit d'une âpre et longue réflexion, politiquement, mûrie et d'une maîtrise de la situation sociale et politique du pays[334] par les initiateurs de ce parti politique. Généralement, il est lié à la personne et au charisme de Ruben Um Nyobé ; et pourtant il s'agit d'une formation politique d'un groupe d'individus engagés dans la lutte anticolonialiste et indépendantiste, considérés comme les pères fondateurs[335]de l'UPC. Effectivement, ces derniers ont à cœur l'unité du

---

en 1955. À souligner aussi qu'avant l'avènement des partis politiques, la vie politique au Cameroun est animée par le « syndicalisme indigène », cf. Thomas DELTOMBE, et al., *op. cit.*, p. 40-42, et les groupes de pression.

[334] En 1955, le Cameroun connaît la mouvance multipartiste avec la présence sur le champ politique local de plusieurs formations politiques dont l'UPC, le PDC et les autres formations syndicalistes. L'histoire politique du Cameroun montre que cette mouvance multipartiste est mise en veilleuse dès 1966 avec l'institutionnalisation d'un système monopartiste dont l'UNC (Union nationale camerounaise) sera représentative jusqu'à la réapparition du multipartisme vers les années 1990. L'UPC, créée le 10 avril 1948, se présente dans l'histoire de la vie politique camerounaise comme le parti pivot de la lutte anticolonialiste et indépendantiste. Cette formation politique affronte ouvertement l'administration coloniale allant jusqu'à la lutte armée. C'est après un débat houleux qu'un consensus est trouvé pour sa dénomination actuelle, « Union des populations du Cameroun ». Les pères fondateurs voient dans cette formule « un moyen terme acceptable, qui reflète la difficulté à bâtir un mouvement nationaliste au sein d'une colonie divisée en centaines de groupes et sous-groupes ethniques, dont le destin commun se résume parfois à une même oppression coloniale », précise Thomas DELTOMBE et al., *op. cit.*, p. 78. Cette attitude des pères fondateurs de l'UPC est réfléchie, parce que certains partis politiques étaient le reflet de l'appartenance ethnique du fondateur. Au lieu d'une affiliation politique, ces formations en apparence politiques, donnaient la visibilité d'une affiliation ethnique et tribale. En définitive, on peut retenir que l'UPC a un programme politique soutenu par une réflexion sociopolitique qui prenait en compte les diverses réalités sociales et politiques, pourtant solidaires dans leur cause commune qui est la lutte pour la libération des populations du Cameroun. C'est pourquoi, l'appellation « Union des peuples du Cameroun » a été récusée au profit de celle de « Union des populations du Cameroun » pour éviter que la dynamique de la multiplicité des peuples n'édulcore l'idée d'une « nation » camerounaise. Cf. Thomas DELTOMBE, et al., *ibid.*, p. 76-78.

[335] Une précision vaut la peine d'être faite : beaucoup d'observateurs assimilent l'UPC à Ruben Um Nyobe et à l'ethnie bassa dont il était originaire, faisant de lui, par le fait même, le fondateur de cette formation politique. La réalité est que l'UPC connaît une

peuple camerounais. Le PDC (Parti des démocrates camerounais) d'André-Marie Mbida[336] est créé le 12 janvier 1958. Sans négliger l'importance et l'impact des autres partis politiques, l'UPC et le PDC jouèrent un rôle déterminant dans la vie politique du Cameroun. Ces deux formations politiques sont représentatives des deux grandes mouvances politiques et idéologiques qui dessinent le paysage politique du Cameroun et rendent compte des divergences et des discordes entre les nationalistes[337]. La situation politique est sous tension et fragilisée : les événements de mai 1955, la sanglante répression menée par le haut-commissaire Roland Pré et la

---

période critique de son histoire politique lorsque ce dernier en est l'emblématique Secrétaire général. Son charisme et son habileté politique feront, plus tard, que son nom et sa tribu soient affiliés au parti du crabe, c'est-à-dire à l'UPC. En résumé, il est faut retenir que « [l]'UPC a été fondée dans un café-bar de Douala-Bassa dénommé "Chez Sierra". Ses pères fondateurs sont Jacques Ngom, Charles Assalé, Guillaume Hondt, Joseph Raymond Etoundi, Léopold Moumé Etia, Georges Yémi, Théodore Ngosso, Guillaume Bagal, Léonard Bouli, Emmanuel Yap, Jacques-Réné Bidoum, H-R Manga Mado (Ruben Um Nyobe n'y a en revanche pas pris part) ». Cf. https://fr.wikipedia.org/wiki/Union_des_populations_du_Cameroun.

[336] Le père d'André-Marie Mbida est chef traditionnel à Endinding, un village de l'arrondissement d'Obala dans le département de la Lékié dans la région du centre Cameroun. On retient d'André-Marie Mbida qu'il a été un homme politique camerounais, nationaliste et homme d'État. L'ironie de l'histoire fait de lui un premier exceptionnel : en effet, il est le tout premier député autochtone élu à l'Assemblée nationale française ; premier Premier ministre du Cameroun, premier chef d'État du Cameroun autonome français (12 mai 1957-16 février 1958). Il est également le tout premier prisonnier politique du Cameroun indépendant (29 juin 1962-29 juin 1965). Après ses études primaires, il entre au petit séminaire d'Akono pour devenir prêtre (1929-1935), avec pour camarade de séminaire Fulbert Youlou et Barthélémy Boganda qui, plus tard, seront respectivement président du Congo Brazzaville et de la République Centrafricaine. En 1935, il entre au grand séminaire de Mvolyé où il fait la connaissance de Paul Etoga, futur premier prélat du Cameroun, déjà grand séminariste depuis 1931. Il quitte le séminaire en 1943, alors que Paul Etoga est prêtre depuis 1939. Un des fils d'André-Marie Mbida comptera plus tard parmi les effectifs du petit séminaire Saint-Paul de Mbalmayo vers les années 70-80. Très tôt, il se révèle nationaliste soucieux et engagé dans le combat politique contre les injustices et les inégalités. Il commence ainsi sa carrière politique en s'impliquant dans le sort des travailleurs et des paysans de son pays. En 1954, après sa brouille avec Aujoulat, il quitte le Bloc démocratique camerounais (BDC) et fonde le Comité de Coordination du Cameroun (COCOCAM) pour marquer sa rupture radicale avec le Dr Louis-Paul Aujoulat. Cependant, certains pensent qu'il n'est pas le fondateur du COCOCAM. Cf. Daniel ABWA, *André-Marie Mbida premier ministre camerounais (1917-1980)*, Paris, L'Harmattan, 1993, p. 41. Le 12 janvier 1958, André-Marie Mbida « fonde » son parti politique, le PDC (Parti de Démocrates Camerounais).

[337] Il faut essentiellement retenir qu'il y a d'un côté les radicaux représentés par les upécistes, et de l'autre les modérés avec pour cadre d'expression le PDC et les autres différents groupes politiques sympathisants.

dissolution de l'UPC, le 13 juillet 1955, aggravent le climat politique camerounais déjà compromis. Le Cameroun vivra une situation de guerre civile jusque dans les années 1970. Au départ, les nationalistes sont unanimes pour l'indépendance et la libération du Cameroun. En revanche, ils sont divisés quant aux moyens d'y parvenir[338]. La haine s'installe, compromettant et fragilisant le nationalisme camerounais, dans sa lutte de libération du pays. Malgré tout, le 1er janvier 1960, le Cameroun accède à la souveraineté nationale dans des conditions telles, que certains observateurs parlent d'une « fausse "indépendance" de janvier 1960 »[339].

D'un autre côté, les nationalistes, surtout upécistes, auront maille à partir avec le clergé qu'ils soupçonnent d'être d'intelligence avec l'administration coloniale. En même temps, le clergé se méfie de ces mêmes nationalistes les accusant d'athéisme, de violence et de pactiser avec le communisme. Ces deux attitudes, du clergé et des nationalistes, alimentent un climat[340] permanent de confusion, de suspicion et de tension. C'est ainsi que les vicaires apostoliques rédigent une Lettre commune le 10 avril 1955[341]. Dans cette Lettre « ils invitent les fidèles à prendre leurs distances vis-à-vis des méthodes violentes et de l'idéologie communiste du parti politique dénommé "Union des populations du Cameroun" (UPC) »[342]. La riposte de l'UPC est prompte et à

---

[338] L'UPC favorable à l'idée d'un Cameroun immédiatement et totalement indépendant opte pour la lutte armée, alors que le PDC, milite pour une indépendance par étapes et convie l'UPC à déposer les armes. La situation se dégrade davantage au fur et à mesure que le temps passe avec l'excès des dissensions qui minent les rapports entre les nationalistes camerounais. La lutte anticolonialiste et indépendantiste se transforme en guerre intestine et devient une affaire de personnes.

[339] Thomas DELTOMBE et al., *op. cit.*, p. 379. Cf. même ouvrage de p. 301-378 pour comprendre les tractations ayant présidé à l'accession du Cameroun à l'indépendance.

[340] Les nationalistes, surtout upécistes, veulent, même par la force, libérer rapidement et totalement le Cameroun français. Ils se méfient du clergé. Le clergé de son côté voit d'un mauvais œil les velléités des nationalistes soupçonnés d'être à la solde de l'idéologie communiste française. Beaucoup de missionnaires subiront le courroux des nationalistes. Les missionnaires de la zone d'évangélisation des prêtres du Sacré-Cœur de Quentin n'y échappent pas. Cf. Jean-Paul MESSINA et Jaap VAN SLAGEREN, *op. cit.*, p. 185. Dans cette zone d'évangélisation, catéchistes, missionnaires et chrétiens subissent maltraitance et assassinat de la part des nationalistes. Églises et quartiers sont incendiés. Les villages sont soumis à un exode rural forcé, entraînant le déplacement des populations. Tout est mis en œuvre pour déstabiliser le commandement colonial et le renverser. L'UPC en veut aux missionnaires occidentaux en tant que responsables en premier de l'Église locale au Cameroun. Lire également Goustan LE BAYON, *Les prêtres du Sacré-Cœur et la naissance de l'Église au Cameroun : Kumba-Foumban-Nkongsamba-Bafoussam*, Paris, Procure des Missions SCJ, 1986, p. 108-118.

[341] Cf. Louis NGONGO, p. 289-292.

[342] Auguste OWONO-KOUMA, « La riposte des leaders de l'UPC aux vicaires apostoliques du Cameroun. Analyse historico-littéraire de la réaction des nationalistes

la mesure de l'urgence de la situation : « aussi, précise Auguste Owono-Kouma, témoigne-t-elle du contexte sociopolitique du Cameroun des années 1950 »[343]. Le Cameroun ne constitue pas une exclusivité, parce que « [l]'heure est, comme partout ailleurs en Afrique et en Asie, à la lutte pour l'accession des États à la souveraineté internationale. L'UPC milite pour l'unité et l'indépendance du Cameroun »[344]. Relire les motivations profondes de ce parti politique, amène à saisir que « [s]a réaction est manifestement une riposte aux manœuvres des missionnaires européens, alliés des colonialistes »[345]. Dans la riposte des nationalistes, les missionnaires font l'objet de plusieurs accusations[346] : en résumé, ils sont accusés de parjure, d'imposture, de racisme, de complicité avec le pouvoir politique et économique.

Beaucoup d'intellectuels camerounais de la diaspora d'avant les indépendances et postindépendances, dont Eza Boto ou Mongo Béti, de son vrai nom Alexandre Biyidi, sont amères et sans égards à l'endroit des missionnaires européens. Tout comme les nationalistes, l'écrivain camerounais, Alexandre Biyidi, considère que ces missionnaires étaient loin d'être le reflet de l'Évangile qu'ils annonçaient dans les églises les dimanches et les autres jours de célébration. Il en fait une évocation dans une note de bas de page, parlant de Mgr Graffin et des spiritains, dans son roman intitulé *Main basse sur le Cameroun*. En effet, il relève le côté « raciste », hypocrite et inhumain de la Mission[347]. Au final, la réaction des nationalistes semble avoir

---

camerounais à la Lettre commune d'avril 1955 », https://www.cairn.inforevue-histoire-monde-et-cultures-religieuses1-2009-2-page.119.htm.

343 *Ibid.*, p. 125.

344 *Ibid.*

345 *Ibid.*

346 *Ibid.*, p. 126-132.

347 MONGO BETI, *Main basse..., op. cit.*, note 1, p. 52 : « Mort il y a quelques années, Mgr Graffin appartenait à la congrégation des spiritains, qui détenait un monopole de fait de l'évangélisation au Cameroun sous la colonisation française. Quand ils exerçaient leur apostolat dans une contrée sous souveraineté française, comme le Cameroun avant 1960, les spiritains n'avaient guère coutume de faire mystère de leur condescendance outrageante pour les indigènes, ni d'un conservatisme et d'un obscurantisme militants, toutes tares aggravées au Cameroun par la prépondérance numérique de fils de paysans bretons, vendéens, alsaciens, pleins de bonne volonté, mais un peu trop hâtivement dégrossis et affligés d'un incurable fond de rusticité récurrente. Ma propre expérience d'enfant me fait penser aujourd'hui que ces soi-disant messagers du Christ se voyaient bien mieux en descendants de Robinson Crusoé environnés de hordes de Vendredis africains au cannibalisme mal ravalé. Tout jeune garçon, j'ai été marqué par mon séjour dans plusieurs établissements missionnaires où les expressions aussi affectueuses que "sale nègre" ou "affreux négrillon" n'étaient pas rares dans les échanges des religieux blancs avec leurs employés et élèves noirs. Le personnage du missionnaire-colon, raciste et, à l'occasion, très violent, est banal dans certaines régions d'Afrique centrale, mais si peu connu en Europe qu'il n'y est même pas soupçonné. Quelle inépuisable source de

eu des retombées : nomination de deux fils du pays comme évêques, interdiction des maisons de formation et de préparation des jeunes filles au mariage, appelées « sixa ». Il s'en suit, de manière inéluctable, une émancipation du clergé indigène[348]. En 1959, à la veille de la proclamation de l'indépendance du Cameroun, les évêques adressent une lettre aux fidèles, en rappelant leur vocation baptismale : « Dans quelques semaines, le 1er janvier 1960, l'indépendance de votre pays, le Cameroun, sera devenue effective [...]. Nous vous recommandons à vous, chers fils et filles, d'accueillir cette indépendance, non pas seulement en citoyens libres, mais aussi en chrétiens »[349]. En revanche, le clergé missionnaire, de l'intérieur, n'était pas unanime au sujet de l'accession du Cameroun à la souveraineté nationale.

2° Clergé missionnaire et indépendance du Cameroun

Les pères missionnaires condamnent unanimement les méthodes et les actions de la rébellion des nationalistes upécistes dans leur Lettre commune de mai 1955. Curieusement, ils n'y condamnent pas la répression du gouverneur Roland Pré, après les émeutes de mai 1955. Il est évident qu'une bonne partie du clergé missionnaire s'oppose à l'indépendance du Cameroun. La conférence de Brazzaville, marquée par les propos du Général de Gaulle, a été une levée de bouclier des colonies face aux puissances coloniales. Ambigu et ne proposant aucun calendrier, le Général de Gaulle donne l'impression d'être favorable à une certaine évolution dans les colonies. Cependant, il reste à élucider l'accueil de « l'esprit » de la conférence de Brazzaville au Cameroun. Louis Ngongo fait une observation qui ne manque pas d'intérêt : « Mais pour notre propos, l'essentiel ne réside pas dans le détail de ce qui s'est dit à Brazzaville, mais dans la manière dont les populations camerounaises, blanches et noires, le perçoivent, le comprennent, l'interprètent et finalement le traduisent dans la réalité de leur existence quotidienne »[350]. En réalité, l'esprit caractéristique de Brazzaville influence la

---

malentendus entre les étudiants africains séjournant en Europe et leurs interlocuteurs français, par exemple, pour qui un missionnaire est forcément un saint, comme le père De Foucauld. À mon avis, une part considérable de la personnalité de Mgr Lefebvre, l'actuel évêque d'Écône, échappe à l'observateur qui ignore que Mgr Lefebvre est spiritain et, de surcroît, ancien archevêque missionnaire de Dakar, avant l'indépendance du Sénégal. Les spiritains du Cameroun se dressèrent tôt contre les progressistes camerounais, et surtout contre l'UPC dont ils sont aujourd'hui encore les adversaires les plus déterminés, ce qui n'est pas peu dire dans un pays où les exterminateurs de "communistes" ne manquent pas ».

348 Cf. Auguste OWONO-KOUMA, « La riposte des leaders... », *op. cit.*, p. 132-136.

349 Cinquantenaire de la Conférence épiscopale nationale du Cameroun (1955-2005), l'enseignement social des évêques du Cameroun 1955-2005, « 1959. Lettre des évêques du Cameroun à leurs fidèles à l'occasion de l'indépendance du pays », Yaoundé, AMA-CENC, 2005, p. 35.

350 Louis NGONGO, *Histoire des forces religieuses au Cameroun*, *op. cit.*, p. 180.

vie politique au Cameroun. Effectivement, « [u]n fait nous frappe : il règne au Cameroun, entre 1944 et 1946, un "esprit" dit de Brazzaville, générateur d'attitudes politiques contradictoires. Un bout de phrase du Général de Gaulle paraît en offrir l'occasion, sinon la justification »[351]. Ce « bout de phrase » prête vraiment à équivoque[352]. Ainsi, le flou suscité par les propos du Général de Gaulle semble se refléter dans les divergences de points de vue des pères missionnaires sur l'indépendance du Cameroun. Deux camps se dessinent clairement et fermement : certains sont favorables à l'indépendance du Cameroun et d'autres s'y opposent énergiquement. Plus précisément, « chez les expatriés, colons et administrateurs aussi bien que chez les missionnaires, les clivages portent avant tout sur le rythme de cette évolution »[353].

Mgr René Graffin est farouchement favorable au maintien du *statu quo ante*. Pour l'archevêque de Yaoundé et ses partisans, aucune évolution de la situation du Cameroun ne devait être envisagée, « jugeant prématurée l'accession des indigènes au rang d'acteurs politiques »[354]. Beaucoup pensent même que la colonisation est une affaire de privilège et de supériorité, au point où les grèves sont l'expression d'une « jalousie mesquine »[355] de la part des Camerounais. Elles constituent également les avatars de la Conférence de Brazzaville. L'attitude du père Carret, d'après la réflexion de Louis Ngongo, est révélatrice de la position de ceux des missionnaires qui n'acceptent et ne supportent pas que l'on parle d'indépendance au sujet du Cameroun :

> « Avec son franc parlé habituel, le père Carret n'introduit aucune nuance dans ses affirmations. Pour lui, l'agitation sociale de 1945 n'est que le premier fruit amer de la Conférence de Brazzaville. Insolence des noirs dans les trains, refus d'entretenir les pistes, renaissance de l'anticléricalisme dans les écoles, grèves fomentées par "des syndicalo-communistes", autant de conséquences directes, immédiates et publiques de la nouvelle politique coloniale mise au point dans le huis-clos de Brazzaville […]. Pour lui, en effet, la colonisation se présente comme une affaire d'hommes supérieurs : "notre supériorité qu'ils (les

---

351 *Ibid.*

352 Le Révérend père Engelbert MVENG en fait mention justement quand il cite le Général de Gaulle dans son ouvrage intitulé, *Histoire du Cameroun*, Paris, Présence Africaine, 1963, p. 407. Il s'agit d'un extrait du discours de Brazzaville du 30 janvier 1944 : « comme dans tous les autres territoires où les hommes vivent sous notre drapeau, il n'y aurait aucun progrès qui soit un progrès, si les hommes sur leur terre natale n'en profitaient pas, moralement et matériellement, s'ils ne pouvaient s'élever jusqu'au niveau où ils seront capables de participer chez eux à la gestion de leurs propres affaires. C'est le devoir de la France de faire en sorte qu'il en soit ainsi ». L'intégralité de ce discours, déjà cité plus haut est disponible en ligne https://mjp.univ-perp.fr/textes/degaulle30011944.htm.

353 Jean-Louis MORELLEAU, *op. cit.*, p. 46.

354 *Ibid.*

355 *Ibid.*

Noirs) ne peuvent nier les aigrit". À travers les œillères de cette teinte, toute grève, toute agitation sociale, toute révolte même sont réduites à l'expression d'une jalousie mesquine mal contenue »[356].

De la position des pères qui s'opposent à l'indépendance du Cameroun, il ressort de manière évidente des considérations d'ordre suprémaciste et hégémoniste qui voulaient que le colonisé fût toujours reconnu inférieur au colon blanc. Ainsi considéré, sa condition ne le prédisposait pas à accéder à l'indépendance, c'est-à-dire, à la liberté et à la dignité humaine, apanages des privilégiés. Mgr Paul Etoga s'est toujours insurgé, dans son engagement d'homme de Dieu et d'Église, contre ce mépris et cette déconsidération du colonisé. Dans son témoignage de vie et de prélat, il ne se laissait ni dominer, ni mépriser. Aujourd'hui encore beaucoup considèrent certains humains comme inférieurs et dépourvus de toute dignité. Cette indignation du premier évêque du Cameroun est une interpellation d'actualité pour les hommes de Dieu, censés prêcher et vivre la bienveillance et la fraternité sans exclusive. Par conséquent, les pères missionnaires qui, pour des raisons d'idéologie suprémaciste, réfutaient toute idée de dignité envers les colonisés, étaient l'illustration d'un témoignage antiévangélique.

Le père Dehon, quant à lui, représente une autre dynamique plus conséquente, parce que, consciente des conséquences néfastes d'une obstination du refus de certains missionnaires de prendre conscience de l'évolution de la situation et des capacités intellectuelles et mentales des colonisés. C'est dans cette optique de prise de conscience de l'évolution des événements qu'il est « favorable à l'"esprit de Brazzaville". Dans son ouvrage *La nouvelle politique coloniale de la France* paru en 1945, il propose d'accélérer l'évolution de la société indigène sans faire passer l'Afrique par les étapes parcourues par l'Europe. Il n'hésite pas à écrire : "pour que notre Empire devienne une communauté véritable, il faut que les indigènes deviennent des êtres politiques, c'est-à-dire des personnes capables d'initiatives et de responsabilités" »[357].

---

[356] Louis NGONGO, *op. cit.*, p. 181.

[357] *Ibid.*, p. 184. Il est à retenir que Mgr Graffin, en toute logique, n'est pas d'accord avec le père Dehon. Et le père Carret, acquis à la cause de Graffin, tient des propos durs à l'endroit de son confrère Dehon, considérant que ce dernier verse dans l'utopie : « le Père Dehon livre au public "une généreuse et longue utopie". Car, *"où donc a-t-il vu la prétendue société indigène qu'il décrit ? A-t-il si peu connu le Noir en dix ans de ministère, pour le croire apte à cette émancipation socialisante communiste qu'il revendique ? Tout cela est une thèse artificielle et malfaisante, car inapplicable et destructive, bonne tout au plus à provoquer un esprit de revendication révolutionnaire impossible à satisfaire, ce qui engendre inéluctablement l'hostilité déclarée des indigènes envers nous (nous leur promettons ce que nous sommes incapables de leur donner) ; il en résultera de nouvelles émeutes et l'inévitable intervention étrangère que soi-disant nous prétendons pouvoir ainsi éviter*". (Journal, 10-5-1945) ». Cf. *Ibid.*, italique dans la citation. Pour saisir en profondeur cette divergence des points de vue

En somme, les divergences constatées dans le clergé missionnaire, sont la preuve qu'un homme d'Église n'échappe pas à la sensibilité politique. Il peut avoir de la sympathie pour telle ou telle idéologie ou encore embrasser la cause de tel ou système politique. Il s'agit de la manifestation intrinsèque et individuelle de la liberté d'opinion et de pensée. L'attitude du clergé missionnaire montre aussi que la pastorale peut être influencée par les idées politiques pouvant trahir l'orientation de la proclamation de la Bonne Nouvelle. L'exemple, à ce sujet, est donné dans l'extrait de la causerie de Jules Renquin, Ministre Belge des Colonies, en 1920 dans son entretien avec les premiers missionnaires catholiques du Congo-Belge, évoqué plus haut.

À ce niveau, il convient de saisir l'idéologie politique qui animait Mgr Paul Etoga dans son engagement politique, en tant que homme de Dieu et homme d'Église, et d'avoir une idée de la problématique de la sensibilité politique d'un prêtre ou d'un évêque et sa mission d'annonce de l'Évangile. Une analyse à ce sujet est faite au chapitre suivant où il est proposé une étude sur la communion d'esprit et d'action de Mgr Paul Etoga avec l'héritage prophétique et l'époque contemporaine. Ce qu'il faut retenir, en attendant de revenir sur ces préoccupations, est que « la foi n'est pas une abstraction, elle subit l'influence des conditions sociales de vie et certaines lois sur l'éducation, la famille ont un rapport direct avec la foi. L'Église ne saurait, sans renoncer à sa mission, s'en désintéresser. D'autre part, le chrétien ne doit pas mener une double existence : sa vie est un tout et c'est à travers son comportement quotidien, donc politique, que transparaît son christianisme »[358]. Dès lors que cette indéniable filiation de l'action pastorale d'un homme d'Église à sa sensibilité politique est prise en considération, il convient d'examiner la position politique qui fut celle de Mgr Paul Etoga, au sujet de l'indépendance du Cameroun et son idée sur l'importance de la diaspora, par rapport à son utilité pour son pays d'origine.

3. Face à l'indépendance du Cameroun et à la diaspora

Il s'agit ici de clarifier la vision que ce prélat se fit de l'indépendance de son pays et de la diaspora constituée de ressortissants camerounais établis dans des pays étrangers dont la France, pour diverses raisons : études, exil,

---

du clergé missionnaire par rapport à la question de l'indépendance du Cameroun, cf. Louis NGONGO, *Histoire des forces religieuses au Cameroun*, *op. cit.*, p. 173-186. Pour le père Carret, manifestement, l'indigène colonisé reste et demeure notoirement un primitif incapable de toute émancipation intellectuelle, humaine, spirituelle et politique. Ses velléités révolutionnaires ne sont qu'un mimétisme simpliste de l' « esprit de Brazzaville » et du communisme. Il demeure toujours incapable de responsabilité et d'autoréalisation, infantile et tributaire du tuteur qui est le colon. Le colon devient une opportunité référentielle de vie et d'existence pour lui et dont il ne saurait se séparer.

[358] *Ibid.*, p. 183.

aventures, etc. Selon lui, il faut compter avec cette diaspora camerounaise installée partout dans le monde. Elle regroupait essentiellement à cette époque les étudiants et les exilés politiques. Mgr Etoga ne pouvait être insensible à la question de l'indépendance du Cameroun, tellement cette question préoccupait les esprits avec tout ce qu'elle drainait comme interrogations sur l'avenir du pays au niveau interne et externe.

1° Mgr Paul Etoga et l'indépendance du Cameroun

Monseigneur estime que la lutte pour l'indépendance de son pays est l'expression d'une soif de liberté de tout un peuple. Il reconnaît la peine et la douleur qu'elle a causées dans le quotidien de ses compatriotes. En tant que fils du pays et homme d'Église, il est lui-même épris de cette soif de libération. Il reconnaît, politiquement, la légitimité de la lutte pour l'indépendance du Cameroun, sans pour autant cautionner la violence qui l'a accompagnée. Pourtant, raconte-t-il, « le pays bougeait très fortement ! »[359], parce que « [l]es Camerounais réclamaient leur indépendance politique. Réclamation qui était mal vue ! Émeute à Douala, émeute à Yaoundé et un peu partout ; beaucoup de Camerounaises et Camerounais y perdirent la vie »[360]. Pour lui comme pour tout Camerounais, la lutte pour l'indépendance était devenue une cause nationale qui dépassait les frontières particulières de chaque ethnie. Il était d'une cause qui engageait l'avenir des hommes et des femmes de tout un pays, chaque Camerounais devant se sentir concerné. Aussi, considère-t-il sa nomination comme une corrélation entre l'émancipation au sein de l'Église missionnaire et l'émancipation politique de son pays. Le Cameroun s'engageait résolument, dans le projet de l'indépendance, sur une voie de la libération politique et ecclésiale. En répondant à un journaliste français, il clarifie sa vision des choses lorsqu'il évoque sa nomination dans une presse parisienne : « Je vois là, répondit Mgr Paul Etoga, une simple preuve que le travail des missionnaires a été profond et efficace au Cameroun. En me choisissant en premier, l'Église a voulu aussi reconnaître dans ce pays de 700000 chrétiens, une foi solide et un profond désir d'émancipation spirituelle »[361]. Il établit un lien politique avec sa nomination à la prélature en précisant qu'il s'agit d' « une étape dans la marche continue de ce territoire vers une indépendance de plus en plus complète, en accord avec la France »[362]. En homme d'Église, pour que l'indépendance du Cameroun conserve toute sa valeur profonde, citoyenne et spirituelle, les Camerounais doivent lever les yeux vers le ciel, étant entendu que « la meilleure caution de cette

---

[359] Paul ETOGA, *Mon autobiographie*, *op. cit.*, p. 27.

[360] *Ibid.*

[361] « Pour le clergé indigène », dans *Bulletin trimestriel de l'œuvre de Saint Pierre Apôtre*, novembre 1955, 4e trimestre.

[362] *Ibid.*

indépendance, c'est encore le travail des hommes et celui des véritables chrétiens »[363].

Dans cette réponse, en tant que citoyen et homme d'Église, il exprime tout son nationalisme et tout son attachement à l'Église et à son pays ; un nationalisme soucieux de la libération de son peuple, misant sur le sens du travail des fils et filles du Cameroun, ainsi que sur leur engagement citoyen dans une vie véritablement chrétienne, c'est-à-dire, basée sur l'Évangile et l'enseignement du Christ et de l'Église. Pour autant, il ne prendra jamais les armes pour que le Cameroun soit indépendant, souhaitant pour ce pays non une indépendance de circonstance et de convenance mais plutôt une « indépendance de plus en plus complète » dans une « marche continue ». On peut voir en lui une sensibilité politique proche de celle d'André-Marie-Mbida[364] qui prônait une indépendance modérée et progressive. Toutefois, il semble apparaître dans ses propos l'idée qu'une véritable indépendance est en réalité une quête permanente. Sa supposée proximité politique avec André-Marie Mbida lui valut les foudres d'une bonne partie de l'élite catholique béti, partisane de l'Union camerounaise (UC) du président Ahidjo. Plus tard, l'UC devient Union nationale camerounaise (UNC) en 1966, parti unique, au terme de l'unification de la vie politique. Cette opposition des frères de sang de Paul Etoga ajoutera une couche dans les rapports déjà fragiles entre Mgr Graffin et lui. De manière explicite, cette élite catholique, béti, l'accuse dans une lettre ouverte, de soutenir André-Marie Mbida, d'être d'intelligence avec l'UPC, soupçonnée d'être un parti communiste et violent. Elle l'accuse de racisme et de tribalisme. Cette même élite va bien loin dans ses allégations contre lui en insinuant qu'il était contre l'accession, au pouvoir, des musulmans et de toute autre tribu. Il y a intérêt à reproduire un extrait de cette lettre :

> « C'est avec beaucoup de peine que nous nous sommes déterminés à vous écrire cette lettre. Certes, ce n'est pas la voie normale entre les chrétiens, vos ouailles, que nous sommes et l'évêque, leur pasteur. Car chrétiens nous sommes et nous disons solennellement que nous voulons le demeurer. C'est que l'objet de notre démarche ne touche pas au dogme sur lequel nous vous devons obéissance et ne saurions discuter vos enseignements. Il s'agit de l'initiative dont vous avez pris personnellement la tête et qui consacre dorénavant l'entrée du clergé catholique dans l'arène politique, comme groupement d'intérêts prenant officiellement et ouvertement parti. […]. Il y a loin de la formulation des objectifs chrétiens à la recommandation expresse de voter le "Coq". […]. Quelle n'est pas notre stupeur de vous voir parrainer à ciel ouvert le racisme et le tribalisme des plus violents !

---

[363] *Ibid.*

[364] Selon certaines informations non dûment publiées, au cours des élections de 1957 où Louis-Paul Aujoulat était en lisse avec André-Marie Mbida, il exprima subtilement son intention favorable au second.

N'estimez-vous pas que le racisme et le tribalisme appellent un autre racisme de retour ? Certes, il est humain que vous souhaitiez le pouvoir pour vos congénères. Mais dans un Cameroun indépendant, le Béti ou le chrétien a-t-il seul par cette qualité uniquement vocation au pouvoir ? Est-ce que d'autres tribus, parce que musulmanes ou animistes, sont éternellement condamnées à subir la loi des chrétiens ? »[365]

Il faut reconnaître que cette opposition d'une partie de l'élite béti compromettra considérablement ses chances de remplacer Mgr René Graffin à la tête de l'archidiocèse de Yaoundé ; tellement il parait humainement et politiquement difficile d'imaginer Ahidjo, président de la République et musulman, soutenir la proposition de voir Paul Etoga remplacer René Graffin à la tête de l'archidiocèse de Yaoundé. Tout porte à croire que cette élite ne supportait plus, elle aussi, le voir à Yaoundé. Toutefois, malgré cette opposition, Paul Etoga est resté fidèle à ses convictions d'homme d'Église et de citoyen, préoccupé par la libération et l'émancipation de l'Église au Cameroun et du peuple de ce pays.

2° Une nomination : une perspective politique

En considérant sa nomination comme « une étape dans la marche continue de ce territoire vers une indépendance de plus en plus complète », il laisse percevoir une conviction politique où il récuse une indépendance précipitée et acquise au prix d'une violence aveugle. Il souhaite une indépendance qui serait l'aboutissement d'un processus de compromis, de diplomatie et d'exigence d'un certain préalable : la garantie d'une démocratie économique, sociale et culturelle. Le prélat camerounais du 30 novembre 1955 n'est pas acquis à une indépendance greffée ou de convenance. Cependant, souhaiter pour le Cameroun une « indépendance de plus en plus complète, en accord avec la France », suscite polémique et interrogation. On est tenté de croire que c'est la France qui aurait le dernier mot ; ou bien, que la France devait reconnaître l'évidence du désir d'émancipation politique du peuple camerounais, dès lors que l'Église autochtone pouvait déjà assumer de hautes responsabilités au niveau hiérarchique, avec la nomination de Mgr Paul Etoga et plus tard de Mgr Thomas Mongo, premier évêque résidentiel autochtone. À y regarder de près, lorsqu'il parle d'une « indépendance de plus en plus complète, en accord avec la France » et dans une « marche continue », il donne une vision particulière à cette indépendance ; une vision de collaboration et de partenariat entre le Cameroun et la France. Cette indépendance, pour être fiable et durable, doit se fonder sur le travail et la collaboration de toutes les forces vives du Cameroun dans une dynamique de compromis juste avec la France : la France se devant de reconnaître à son tour la capacité intégrale du peuple camerounais à pouvoir s'autodéterminer. Chaque Camerounais se sentant aussi concerné par la lutte pour

---

[365] Cf. Annexe : Lettre ouverte à Mgr Paul Etoga. Évêque auxiliaire de Yaoundé.

l'indépendance du pays dans son intégralité. Ceci, pour garantir une véritable paix non armée et s'éviter entre ces deux peuples un conflit larvé ou express qui durerait de générations en générations. Dans cette synergie, les chrétiens du Cameroun doivent marquer de leur empreinte baptismale leur contribution au développement réel et intégral du pays. Il s'agit d'une indépendance résultant de l'histoire, de la politique, de l'économie, de la culture et de la conscience religieuse des Camerounais et des Camerounaises. Le chrétien doit ainsi s'investir pour être un acteur de développement[366].

3° Vision de la diaspora de Mgr Paul Etoga

Nouvellement nommé, l'auxiliaire de René Graffin se rend en Europe pour sa toute première fois. Il retiendra de ce voyage qu'il fut « partout bien accueilli »[367]. Au-delà de l'aspect touristique, ce voyage interpelle sa conscience quant à l'importance d'une diaspora pour son pays d'origine ; surtout que la problématique de la diaspora se pose encore de nos jours avec acuité, qu'elle soit en provenance d'Afrique en général ou du Cameroun en particulier. En soi, elle constitue un potentiel utile au développement des pays africains[368]. Il y a lieu de s'interroger sur l'apport positif de la diaspora par rapport aux pays africains en général, et au Cameroun en particulier.

De retour de son tout premier voyage européen (France, Suisse, Allemagne), Mgr Etoga réalise l'importance de la diaspora. Il n'hésite pas, à cette époque, à l'inviter à prendre conscience de sa force et de son utilité pour

---

[366] Soulignons ici l'importance de la participation des hommes et des femmes dans la vie des entreprises. Les chrétiens et les chrétiennes ne sont pas en reste : « Dans les entreprises économiques, ce sont des personnes qui sont associées entre elles : c'est-à-dire des êtres libres et autonomes, créés à l'image de Dieu. Aussi, en prenant en considération les fonctions des uns et des autres, propriétaires, employeurs, cadres, ouvriers, et en sauvegardant la nécessaire unité de direction, il faut promouvoir, selon des modalités à déterminer au mieux, la participation active de tous à la gestion des entreprises. Et comme bien souvent ce n'est déjà plus au niveau de l'entreprise mais à des instances supérieures que se prennent les décisions économiques et sociales dont dépend l'avenir des travailleurs et de leurs enfants, ceux-ci doivent également participer à ces décisions, soit par eux-mêmes, soit par leur représentants librement choisis » (*Gaudium et Spes*, n° 68, § 1). Il est tout aussi intéressant de voir la note 7 du document : « Jean XXIII, enc. *Mater et Magistra* : AAS (1961), p. 408, 424, 427 ; mais le mot "curatione" est tiré du texte latin de l'enc. Quadragesimo anno : AAS 23 (1923), p. 199. Pour l'évolution de la question, cf. aussi : Pie XII, allocution du 3 juin 1950 : AAS 42 (1950), p. 485-488 ; Paul VI, allocution du 8 juin 1964 : AAS 56 (1964), p. 574-579 ».

[367] Cf. Paul ETOGA, *Mon autobiographie*, *op. cit.*, p. 23-24.

[368] Pour plus d'informations, cf. https://www.diplomatie.gouv.fr/fr/dossiers-pays/afrique/la-diaspora-africaine-en-france/, https://www.afd.fr/fr/actualites/les-diasporas-africaines-un-partenaire-en-mouvement, https://www.france24.com/fr/20191016-diaspora-africaine-etat-union-louis-georges-tin-citoyennete-gouvernement.

le Cameroun, au vu de ce qu'il retint de son premier « chemin d'Europe ». Il réalise que le développement d'un pays n'est pas effectif à partir de rien : « Mon séjour en Europe dura trois mois. Je vis que les Français, les Allemands et les Suisses, en somme les Européens, ont fait la beauté de leurs pays respectifs, grâce à l'acharnement au travail »[369] ; d'où le souhait qu'il formule en termes d'exhortation, en invitant la diaspora camerounaise d'hier et d'aujourd'hui au travail et à la solidarité : « Je souhaite donc que les Camerounaises et les Camerounais qui travaillent en Europe ou visitent l'Europe acquièrent l'esprit de solidarité et l'ardeur au travail [...]. L'union fait la force »[370]. Le Cameroun, au vu des défis internes et externes qui sont les siens, ne pourra valablement compter que sur une diaspora responsable, solidaire, travailleuse et pieuse et non sur une diaspora de la dépravation des mœurs, paresseuse, oisive, complotiste, haineuse, vandale et luxuriante. L'actualité révèle une partie de la diaspora camerounaise qui constitue la risée du Cameroun. Il est légitime de penser que Mgr Paul Etoga laissait déjà transparaitre l'exemplarité de tout son engagement ecclésial et politique en tant qu'homme de Dieu et d'Église.

* * *

La nomination de l'abbé Paul Etoga comme évêque auxiliaire de Yaoundé aux côtés de Mgr René Graffin, premier archevêque de l'archidiocèse de Yaoundé, authentifie la reconnaissance de Rome à l'endroit de la jeune Église du Cameroun. Elle est un signe manifeste de son émancipation. Par contre, la responsabilisation hiérarchique ne se réalise pas pour autant avec le premier prélat du Cameroun. Il est nommé alors que le Cameroun n'échappe pas aux tensions internes et internationales. Elles sollicitent et interpellent l'Église missionnaire en terre de mission au Cameroun à un double niveau ecclésial et politique. La mission se voit encore écartelée aujourd'hui entre l'annonce, la célébration de la Bonne Nouvelle et le désir avoué ou inavoué de contribuer à asseoir la puissance de la patrie d'origine en terre de mission. Les querelles intestines compromettent l'action nationaliste et le visage de l'Église auprès de ses fidèles. Mgr Paul Etoga, de son côté, ne cache pas son désir de voir le Cameroun se libérer de ce joug colonial. Ses rapports difficiles avec son archevêque, Mgr Graffin, lui font de la peine. Au final cependant, il veut une indépendance vraie qui prenne en considération les intérêts du Cameroun, en partenariat avec la France. Ceci est le fonds de garantie du gage d'une paix durable entre les nations camerounaise et française. Il était conscient que les luttes d'intérêts, surtout égoïstes, allaient perpétuer un climat de frustrations

---

[369] Paul ETOGA, *Mon autobiographie*, *op. cit.*, p 24.
[370] *Ibid.*

de générations en générations. Aussi, invite-t-il les filles et les fils du Cameroun au travail et à l'amour de leur patrie, où qu'ils se trouvent. Il leur faut, de manière catégorique, être de bons chrétiens et de bonnes chrétiennes. Au terme de ce chapitre, l'on peut résumer le profil et la personnalité du premier évêque camerounais en ces termes tirés de la presse française qui avait recueilli ses premiers propos à son arrivée à Paris pour son premier voyage en Europe : « Nous lui devons, écrit le bulletin de l'Union Missionnaire du Clergé, la rareté d'emprunter à Combat la déclaration faite aux journalistes par le jeune évêque, très aimable, mais déjà très réservé comme un prélat plein d'expérience, au dire des reporters »[371]. Son attitude aimable et son caractère réservé et d'homme d'expérience le prédisposaient déjà à un humanisme solidaire, ainsi qu'à la communion à l'héritage prophétique et à l'époque contemporaine.

---

[371] « Pour le clergé… », *op. cit.*

Chapitre II
Humanisme solidaire et communion à l'héritage prophétique et à l'époque contemporaine

L'essentiel est de poursuivre la recherche et l'analyse des éléments liés à l'état d'esprit de Paul Etoga ; éléments ayant révélé sa fidélité au sacerdoce ministériel. Autrement dit, il s'agit d'une mise en exergue de ces valeurs humaines, intellectuelles et spirituelles qui l'ont disposé à bâtir une personnalité de prêtre et d'évêque, à même de rendre exemplaire son engagement ecclésial et politique, au point d'inspirer les jeunes générations de prêtres et d'évêques. Cette approche est basée sur une étude de certains indices d'ordre général et particulier de la vie de Mgr Etoga. Il s'agit d'une réflexion sur ce qui se présente comme une constance équilibrée dans son engagement ecclésial et politique. Dans cette optique, deux éléments viennent éclairer les voies de réponse à notre préoccupation : son humanisme et sa solidarité avec la nature communautaire de la condition humaine d'une part ; d'autre part, il convient de noter, à son actif et dans l'intérêt de son exemplarité, sa communion– en tant qu'union profonde – ininterrompue à l'héritage prophétique des temps bibliques et à l'époque contemporaine.

Il est impossible de rendre compte ici de tout l'héritage prophétique. C'est pourquoi, par souci de clarté et de précision, certaines figures de prophètes sont évoquées à titre indicatif, mais représentatives de la connexion de l'engagement ecclésial et politique de Mgr Paul Etoga à ces prophètes, malgré l'éloignement du temps et de l'espace. Certains prêtres et évêques de l'époque contemporaine ont été engagés dans la même dynamique. Leur évocation est la preuve que l'engagement qui a également été le sien n'est pas un engagement isolé, et qu'il vaut encore la peine aujourd'hui, au Cameroun et partout où la Bonne Nouvelle doit être annoncée. Cette communion[372] rappelle

---

[372] Quelques éclaircissements par rapport au terme « communion » : l'idée dans ce travail est de mettre en exergue le caractère commun de l'engagement ecclésial et politique de Mgr Paul Etoga dévolue à tout serviteur de Dieu depuis les temps bibliques jusqu'à l'époque contemporaine, en passant par les époques de l'antiquité, médiévale et moderne, sans interruption. C'est cette communion qui confère son essence au ministère sacerdotal à travers les époques. En substance on peut retenir

et réitère constamment le caractère universel et catholique[373] du peuple de Dieu. Il est tout aussi important de relever que le terme politique est polysémique, parce que, retenons-le : en tant que science, il s'agit d'un ensemble de connaissances scientifiques liées au gouvernement des États. Comme manière de faire, la politique devient un art englobant tout un ensemble de considérations d'ordre idéologique, sociologique, anthropologique, culturel, économique, écologique et spirituel, pour signifier ce que l'on appelle régime politique. Enfin, la politique a pour matière les affaires publiques en tant qu'elle s'applique à tout ce qui relève des affaires de la cité, afin de garantir une saine gestion du bien commun en ce qu'il

---

ceci : « Communio. – C. ne vient pas, comme on le croit et l'écrit spontanément de *cum* (avec) et *unio*. Il vient de *cum* et *munis* ce qui "partage la charge" et, en un sens dérivé, ce qui est "partagé entre tous", donc commun. Cette relation à un grand nombre fait que parfois le mot en viendra à évoquer la banalité, la vulgarité, voire l'impureté. Le nom c., assez rare mais employé par Cicéron, signifie dans le latin classique mise en commun, possession commune, traits communs, caractère commun, parfois communauté (Ernout-Meillet 1951). Dans le latin patristique, ce sens classique sera, quand on l'appliquera aux réalités ecclésiales, porteur d'une harmonique proprement chrétienne. Elle vient de ce que la communauté en cause a sa source en ce que Dieu lui-même ne cesse de *communiquer* à l'Église (Parole, ministère, sacrements dont le sommet est l'eucharistie) et que les croyants sont appelés à *se communiquer* les uns aux autres, en particulier par l'entraide matérielle. Il y a *c*. dans les biens *communiqués* par Dieu, et elle étreint tous les membres du corps du Christ.. Cf. Tertullien, *De Virg. Vel. 2*, PL 2, 891. C'est en elle que la *societas*, la *congregatio*, la *fraternitas*, la *concordia*, la *pax*, fruits de l'eucharistie, ont leur achèvement » Cf. Jean-Yves LACOSTE et al., *Dictionnaire critique de théologie*, Paris, Quadrige/PUF, 2019, col. 1, p. 286. Cf. même dictionnaire aux p. 285-292, pour de plus amples explications.

[373] Cf. *Lumen Gentium*, n° 13. On peut y lire : « Tous les hommes sont appelés à former le nouveau peuple de Dieu. En conséquence, ce peuple doit, sans cesser d'être un et unique, s'étendre au monde entier et en tous les siècles afin que s'accomplisse le dessein de Dieu, qui au commencement créa la nature humaine une et voulut ensuite rassembler en un seul corps ses enfants dispersés (cf. Jn 11, 52). À cette fin, Dieu envoya son fils, qu'il constitua héritier de toutes choses (cf. He 1, 2), pour être Maître, Roi et Prêtre de l'univers, Chef du peuple nouveau et universel des fils de Dieu. À cette fin aussi Dieu envoya l'Esprit de son Fils, Seigneur et vainqueur, qui est, pour toute l'Église et pour chacun des croyants, principe de réunion et d'unité dans l'enseignement des Apôtres, dans la communion, dans la fraction du pain et les prières (cf. Ac 2, 42 gr.). En toutes les nations de la terre subsiste l'unique Peuple de Dieu, puisque c'est de toutes les nations qu'il tire ses membres, citoyens d'un Royaume dont le caractère n'est pas terrestre, mais bien céleste. Car tous les fidèles épars à travers le monde sont en communion les uns avec les autres dans l'Esprit Saint, et ainsi "celui qui habite à Rome sait que les Indiens sont ses membres" ».

désigne à la fois une science, une manière et une zone d'application et de compétences[374].

I. Paul Etoga : un humanisme solidaire

Né dans une culture où la vie et l'existence sont essentiellement communautaires à la base[375], malgré un contexte socio-politique de domination coloniale. Il est resté uni et fidèle à la condition humaine et naturelle qui rappelle le caractère social et communautaire inéluctable de l'être humain. Citoyen à part entière, il n'échappe ni à la présence de l'État, ni à la réalité du pouvoir politique. L'on peut dire qu'il n'a pas échappé à la conditionnalité politique de la condition humaine. Sa famille aurait-elle joué un rôle catalyseur dans son engagement politique ? Par ailleurs, est-il possible de considérer qu'il fut partisan d'une idéologie politique ?

1. L'être humain : une entité naturellement communautaire

L'humain est naturellement et fondamentalement enclin à la vie de groupe. Il en est de même dans son engagement politique où il aspire toujours à la communauté. Le désir de liberté et d'émancipation relève également de son humanité et l'effectivité du pouvoir politique est inéluctable au quotidien : qu'il soit politiquement actif ou non, la nécessité de la société humaine est toujours liée à celle de la société politique.

1° Sociologiquement et politiquement

L'individu se réalise de manière naturelle au sein d'un groupe nucléaire. Dans une dimension sentimentale et affective, le groupe humain se présente comme une communauté, en tant qu'« elle évoque un enracinement naturel »[376] ; celle-ci commence par la famille dont l'ensemble constitue un village avec pour distinction, la langue et la religion. En effet, « la famille est une communauté, le village considéré comme ensemble de familles ; la langue et la religion peuvent fonder des communautés »[377]. À côté de la communauté, il y a la société qui opère un dépassement de la dimension du sentiment pour englober une dynamique d'interactions. Ici, « les rapports sont fondés sur l'échange, c'est-à-dire l'intérêt réciproque, et supposent une différenciation des fonctions et une division du travail »[378]. L'efficacité de la recherche et la préservation de l'intérêt confèrent une originalité au jeu et au lieu social qui,

---

374 Cf. Serge Guinchard et al., *Lexique des termes juridiques*, Paris, Dalloz, 18e éd., 2011, p. 608, col. 2.

375 Cf. Philippe LABURTHE-TOLRA, *op. cit.*, p. 44-48 et 416. L'ensemble de l'essai montre que les Béti à la base sont communautaires.

376 Didier JULIA, *Dictionnaire de la philosophie*, Paris, Éditions. France Loisirs, 1993, p. 263, col. 1.

377 *Ibid.*

378 *Ibid.*

en fait, constituent le cadre naturel de tout individu, dont l'évêque Etoga, par le fait que « l'homme est dès sa naissance un être social »[379]. Ce jeu et ce lieu social sont également source de conflits entre les sujets d'une même société, chacun étant mu par le désir de se réaliser. Mgr Etoga vécut cette réalité des conflits au sein de l'Église. L'individu se trouve ainsi, d'une part, dans un sentiment de satisfaction, en prenant conscience qu'il est entouré de ses semblables[380] ; tandis que, d'autre part, son désir de réalisation et d'autonomie se heurte à l'altérité qui est son semblable tant, il est évident que « l'homme ne peut pas vivre sans la société »[381].

Il y a entre l'être humain et la société comme une interconnectivité absolue ; ainsi la réalité inéluctable de la dimension sociale de l'humain se trouve avérée. L'on réalise à cet effet que « le caractère social de l'homme fait apparaître qu'il y a interdépendance entre l'essor de la personne et le développement de la société elle-même »[382]. Aussi, est-il recommandé de ne jamais considérer l'être humain comme un moyen, mais plutôt comme une finalité, parce que « la personne humaine qui, de par sa nature même, a absolument besoin d'une vie sociale, est et doit être le principe, le sujet et la fin de toutes les institutions »[383]. Il s'agit d'une considération de la dignité de la personne humaine dont Mgr Paul Etoga s'était toujours fait respectueux, dans sa vie d'homme et d'ecclésiastique. Avec lui, il devient naturellement compréhensible que l'existence sociale de l'homme, sous le prisme de la considération de la personne humaine en tant que valeur, constitue son déploiement naturel d'émancipation et de réalisation. Dans ce sens « [l]a vie sociale n'est donc pas pour l'homme quelque chose de surajouté : aussi c'est par l'échange avec autrui, la réciprocité des services et le dialogue avec ses frères que l'homme grandit selon toutes ses capacités et peut répondre à sa vocation »[384]. C'est de cette manière que Mgr Paul Etoga trouvera en son univers familial et sociologique, un lieu d'imprégnation bienveillante par l'éducation aux valeurs sociales et familiales. Il faut aussi reconnaître qu'il s'est laissé modeler par l'univers social, familial et communautaire qui était le sien. Librement, il l'a accepté, avec beaucoup d'amour, tel qu'il se présentait, sans rébellion ni dédain, en contribuant à son rayonnement.

En politique, l'homme n'échappe pas davantage à la communauté : l'État est naturellement le cadre d'exercice et de réalisation de la vie politique au

---

379 *Ibid.*

380 Voir Paul ETOGA, *Mon autobiographie*, *op. cit.*, p. 5-8, quand il évoque avec fierté son appartenance à un groupe, sa vie familiale, etc.

381 Didier JULIA, *op. cit.*, p. 263, col. 1.

382 *Gaudium et Spes*, n° 25 § 1. Pour davantage comprendre « [l]e caractère communautaire de la vocation humaine », voir le *Catéchisme de l'Église catholique*, *op. cit.*, n° 1879-1882.

383 *Ibid.*

384 *Ibid.*

sein duquel évoluent d'autres regroupements, à l'instar des partis politiques et des syndicats. C'est pourquoi l'être humain trouve naturellement son authenticité au sein de la société politique incarnée par l'État. Ceci amène à comprendre que « [l]'origine et la nature de l'État (ou communauté politique) découlent de la nature même de l'être humain qui ne peut se réaliser pleinement que dans la vie en société. En effet, l'homme, "animal politique"[385], partage le sort de tous les êtres vivants, celui de dépendre constamment d'un milieu ambiant, à partir duquel il se construit »[386]. La dépendance d'un être vivant à son milieu de vie s'avère inéluctable et irréversible, même en politique où il se retrouve lié aux autres et au pouvoir politique. Dès son plus jeune âge, Paul Etoga ressent l'effectivité du pouvoir politique à travers le régime de la corvée institué par l'administration coloniale[387] ; une administration qu'il endure tout au long de son ministère sacerdotal et pendant une partie de son épiscopat. C'est un moment de sa vie qu'il n'a jamais oublié. Et l'on perçoit que l'émancipation de l'être humain, à tous les niveaux, ne prend sa consistance et son authenticité qu'avec le libre-arbitre.

2° La liberté : une vocation humaine

Sans anticipation ou exagération, Mgr Etoga, dans son engagement ecclésial et politique, présente le profil d'un homme et un évêque libre. Preuve que la liberté est inconditionnellement une aspiration liée à tout être humain. L'observation des relations interpersonnelles, dans cette optique, montre que les risques de tiraillements sont inévitables, malgré le désir de cohésion nourri par chacun. Il s'agit là de la problématique du paradoxe de conjuguer le désir du vivre-ensemble et l'aspiration à la liberté et à l'autonomie de chaque individu, cherchant à s'affirmer face à la réalité de l'altérité, pôle de restriction et de modération des libertés individuelles. La liberté devient vitale dans la vie des individus. Elle revêt dès lors une dimension psychologique et sociale[388] à travers la question du bien-être de l'homme. Il est par conséquent

---

[385] Cf. Didier JULIA, *op. cit.* : « Pour Aristote (383-322 av. J.-C.) l'homme est un "animal politique". La communauté constituée par la nature pour la satisfaction des besoins de chaque jour est la famille… D'autre part, la première communauté formée de plusieurs familles en vue de la satisfaction de besoins qui ne sont plus purement quotidiens, c'est le village… Enfin, la communauté formée de plusieurs villages est la cité, au plein sens du mot ; elle atteint dès lors, pour ainsi parler, la limite de l'indépendance économique : ainsi formée au début pour satisfaire les seuls besoins vitaux, elle existe pour permettre de bien vivre. C'est pourquoi toute cité est un fait de nature (Aristote, La politique, I, 2) ».

[386] Michel DUBOST et al., *Théo. Encyclopédie catholique pour tous*, Paris, Droguet-Ardant/Fayard, 1992, p. 884, col. 1.

[387] Cf. Paul ETOGA, *Mon autobiographie*, *op. cit.*, p. 8-9.

[388] Elle commence au niveau physiologique : l'être humain est physiologiquement diminué lorsqu'un de ses membres perd son autonomie à cause d'une maladie. Il

évident que la liberté soit à promouvoir et à défendre et que le genre humain, dans son ensemble, se fasse résolument solidaire de cette option. Telle fut l'une des convictions de Paul Etoga quand on le voit s'insurger contre les discriminations au sein du clergé et face au déni de reconnaissance. Le « démêlé à la procure »[389] en est une des manifestations. Il éprouve de la peine, parce que les prêtres indigènes n'avaient pas la possibilité de choisir, par eux-mêmes, leurs commandes ; surtout que l'administration de la procure donnait l'impression de manquer de justice et d'équité vis-à-vis de ces derniers. Il permet de comprendre qu'en revendiquant le bien-être, les individus et les groupes prennent en compte le problème de la justice dans le partage des biens et des services. En ecclésiastique, il comprend que l'Église, elle-même, n'échappe pas à la soif de liberté. Dans cette perspective, elle devrait être un exemple de promotion et de défense de la liberté en son sein, en exigeant respect et considération mutuelle entre tous les membres du clergé sans exclusive. Ainsi, l'évêque et les prêtres doivent pleinement vivre la liberté chrétienne qui « est libération de tout ce qui enchaîne l'homme au plus profond de son cœur, parce qu'elle est d'abord un don de Dieu : l'homme a été créé libre pour entrer en communion avec ses semblables et avec Dieu ; l'amour est source et finalité de la liberté »[390].

Dans sa dimension humaine, sociale, économique, philosophique et chrétienne, la liberté comporte un sens essentiel et fondamental. Elle s'est révélée, au cours de l'histoire de l'humanité, comme le fil d'Ariane dans toutes les expressions des hommes et des peuples. Elle justifie leurs luttes et leurs révolutions. Cette même liberté continue à justifier l'authenticité et la franchise du combat ecclésial et politique du premier prélat camerounais. L'actualité de son engagement doit encourager les chrétiens, par la grâce de l'œuvre de rédemption, à œuvrer pour reconquérir cette liberté compromise par le péché originel : « Ainsi apparaît aux yeux des chrétiens le sens profond de la liberté, sa signification morale : elle est donnée à chacun pour entrer en

---

devient dépendant du soignant ou du garde malade. Les épicuriens conçoivent la liberté comme « la spontanéité des tendances. L'homme est libre quand il peut réaliser ses désirs (épicurisme) ». Au niveau du for intérieur, c'est-à-dire de la conscience, la liberté ouvre à toute possibilité de choisir entre « plusieurs possibilités de choix ». Pour Kant, « l'action est libre lorsque la conscience se détermine "contre" les désirs sensibles, en fonction d'un principe rationnel ». En d'autres termes, une action libre se réalise moins « par pitié » que « par principe ». Pour les philosophes modernes comme Jaspers et Sartre, « l'homme devient libre lorsqu'il substitue une "attitude active" à une "situation subie", lorsqu'il prend parti à l'égard des événements du monde, au lieu de les subir du dehors, comme un destin aveugle ». Cf., Didier Julia, *op. cit.*, p. 154, col. 2. Être libre revient à se définir comme un acteur de l'histoire de sa vie et de la société ou du monde où l'on vit en toute conscience. Cf. également *ibid.*, p. 155, col 1 et 2.

[389] Cf. Paul ETOGA, *Mon autobiographie*, *op. cit.*, p. 21.

[390] Michel DUBOST et al., *op. cit.*, p. 787, col. 2.

relation, en communion »[391]. Elle doit s'arrimer à la volonté de se démettre de toutes formes de nombrilisme dans la mesure où, « [t]ournant le dos à toute perspective individualiste, la liberté morale n'est vraiment elle-même qu'au service d'une communauté humaine où les rapports d'indifférence ou de violence cèdent le pas à des liens de reconnaissance et respect mutuels »[392]. Elle répond à la conditionnalité ultime qui est l'amour ; et « [l]a liberté s'accomplit dans l'amour »[393]. Elle est universellement une aspiration humaine et profonde. Mgr Etoga, citoyen et homme d'Église, a su instaurer, ainsi qu'il est évoqué dans la troisième partie, une gestion basée sur la liberté individuelle et d'initiative de chacun des prêtres, en leur faisant confiance à la limite de l'exagération, signe d'un humanisme familial dont l'héritage n'est constitué que de valeurs.

3° L'humanisme familial de Paul Etoga

L'institution familiale est d'importance dans toutes les cultures humaines. Celles de l'Afrique ne sont pas en reste dans ce constat[394]. L'Église en fait une priorité vitale, face aux bouleversements que l'institution familiale connaît aujourd'hui. Elle est à la base de l'existence de tout humain : Personne n'y échappe. Dans *Lettre aux familles* de 1994, le pape Jean Paul II rappelle justement l'importance de la famille. Elle constitue inéluctablement un cadre idoine d'accueil et de vie. Elle est de manière indéniable une voie incontournable de l'Église car, précise le Souverain Pontife, « [p]armi ces nombreuses routes, la famille est la première et la plus importante : c'est une route commune [...] une route dont l'être humain ne peut s'écarter. En effet, il vient au monde normalement à l'intérieur d'une famille ; on peut donc dire qu'il doit à cette famille le fait même d'exister comme homme »[395]. La famille, lieu d'accueil et de vie est un cadre d'éveil à la vie de foi et de socialisation. Elle est envisagée comme structure d'éveil à la citoyenneté. Pour Jorge Mario Bergoglio, pape François, « [l]a famille est le lieu principal de la croissance car, à travers elle, l'être humain s'ouvre à la vie et à cette exigence naturelle de se mettre en relation avec les autres »[396]. Dans cette dynamique, la famille, selon l'Église, est au cœur de l'évolution économique, culturelle, spirituelle et même politique de l'histoire de l'humanité. C'est pourquoi elle n'échappe pas aux bouleversements, quelles que soient les époques. Parfois, elle paie le prix

---

391 *Ibid.*

392 *Ibid.*

393 *Ibid.*

394 Cf. entre autres Philippe LABURTHE-TOLRA, *op. cit.* ; Ferdinand EZEMBE, *L'enfant africain et ses univers*, Paris, Karthala, 2009, 384 p ; Joseph Célestin ATANGANA, *Des us et coutumes de nos ancêtres. À l'usage des générations*, Yaoundé, ISIprint, 2009, 184 p.

395 JEAN PAUL II, *Lettre aux familles*, Vatican, Libreria Editrice Vaticana, 1994, n° 2.

396 Jorge Mario BERGOGLIO, *La famille*, Vatican, Libreria Editrice Vaticana, « Parole et Silence », 2014, p. 13.

fort ces changements. Le pape Jean Paul II en fait un constat d'actualité : « À notre époque, la famille, comme les autres institutions, et peut-être plus qu'elle, a été atteinte par les transformations, larges, profondes et rapides, de la société et de la culture »[397]. Le pape Benoît XVI affirmait déjà, qu'« en tant que cellule fondamentale de la société, la famille doit également être au centre de l'action politique »[398]. Il invite, en conscientisant le politique, à la sauvegarde de l'institution familiale. Elle doit être encadrée et protégée par le politique, en même temps qu'elle demeure un vivier de l'éveil et de l'engagement politique. En plus d'être un socle de transmission des valeurs humaines, sociales, familiales, la famille est un cadre de « transmission politique ».

Mgr Paul Etoga, ayant baigné dans un univers socioculturel où la famille était un point central et de reconnaissance, a toujours gardé cette conception dans sa vie d'homme et de pasteur. La famille a été pour lui un repère, un lieu d'équilibre et d'inspiration, une fois parvenu à l'âge adulte. Constamment, il fait référence à sa famille biologique ainsi qu'en témoigne son autobiographie. Il aimait sa famille biologique, étant toujours à ses côtés, en temps de joie comme en temps de peine. Cet amour de la famille n'était pas essentiellement basé sur un apport matériel ou financier. Certes, quand les moyens le lui permettaient, il pouvait gratifier ses proches d'une aide purement symbolique. L'apport financier et matériel ne représentait pas grand-chose à côté de l'héritage humain et spirituel qu'il lègue aux familles : il « était un homme d'un calme olympien, extrêmement réservé, jamais agité encore moins excité, quel que soit l'évènement. Rarement ému, il avait l'art de se maîtriser devant les évènements même les plus sensibles »[399]. Malheureusement, son entourage familial et ecclésial ne répondait pas toujours à ses attentes : beaucoup ont abusé de son très grand sens de la confiance qui, au fil du temps s'était retourné contre lui.

En tant qu'Africain soucieux de la prospérité et de l'épanouissement des familles, il se faisait une préoccupation indéniable et absolue qui participe de la bénédiction de celles-ci, conformément aux canons de sa culture et de l'héritage traditionnel : le respect inconditionnel et sans réserve de la parenté. Il en faisait toute une mission dans sa propre famille et partout où il sentait la nécessité de rappeler le respect de la parenté. Il en fait un véritable *credo* dans les premières pages de *Mon autobiographie* en rappelant avec aisance les origines de sa famille : « Beaucoup d'hommes m'ont demandé d'écrire ma

---

[397] JEAN PAUL II, *Exhortation apostolique. Familiaris Consortio*, Vatican, Libreria Editrice Vaticana, 1981, n°1.

[398] www.eglise.catholique.fr/vatican/les-papes-recents/pape-benoit-xvi/371874-lenseignement-de-benoit-xvi-sur-la-famille, consulté le 4 février 2020.

[399] Joseph ZAMBO BELINGA, *Témoignage. Mgr Paul Etoga, 1er évêque camerounais. Ancien évêque de Mbalmayo. Consacré le 30 novembre 1955*, Mbalmayo, avril-mai 2016, p. 40-41.

vie. Je suis d'accord. Mais avant de parler de ma personne, je pense qu'il est bon d'esquisser d'abord l'origine de ma famille »[400]. Avec son cousin, Mgr Athanase Balla[401], ils se faisaient cette obligation morale, éthique et spirituelle de rappeler, à la famille « Mebadkono »[402] et aux jeunes générations de cette famille, la nécessité du respect de la parenté. D'où l'importance, en l'Afrique, de l'éducation familiale traditionnelle. Ces jeunes générations doivent s'abreuver à la source de la connaissance des anciens ; les anciens, à leur tour, doivent se faire disponibles vis-à-vis des jeunes : « Vous les jeunes, précise-t-il, sachez que l'avenir vous appartient, cultivez bien votre jeunesse, ornez-la de bonnes habitudes et de bonnes mœurs, suivez les bons exemples des hommes qui vous ont précédés, afin que vous deveniez des hommes dociles, justes et honnêtes »[403]. Dans cette affirmation, l'évêque promeut la communion entre éducateurs et éduqués, tout en interpellant la disponibilité des jeunes. La jeunesse a besoin d'un accompagnement permanent ; elle est à placer au cœur de la pastorale des jeunes et des enfants en difficulté. La jeunesse demande amour, écoute et protection, chaque pasteur se faisant jeune avec les jeunes et pour les jeunes. Dieudonné cardinal Nzapalainga, dans un entretien exceptionnel, sur la chaine catholique KTO[404] du 7 mai 2021, en donne une dynamique corroborative et d'actualité à l'exhortation de Mgr Paul Etoga ; on y retient en substance qu'à Auteuil, en France, il s'intéressait aux jeunes en situations difficiles, abandonnés ou issus de familles difficiles. Le

---

[400] Paul ETOGA, *Mon autobiographie*, *op. cit.*, p. 5. Pour en savoir davantage sur les origines de sa famille, lire p. 5-6.

[401] D'après le témoignage de Jean François DENWO, « Mgr Athanase Bala est né le 2 mars 1927 à Nlong, village situé dans la région du centre [Cameroun]. Il a fait ses études secondaires au petit séminaire d'Akono avant d'entrer dans la Congrégation des spiritains. Il a été ordonné prêtre le 3 juillet 1955. Il a été ordonné évêque coadjuteur de Bafia et titulaire de Gegi (Gegitanus) le 31 mai 1976. Son ordination épiscopale a eu lieu le 26 septembre 1976 par feu Mgr Jean Zoa, deuxième évêque métropolitain de Yaoundé dont il était proche. Il est nommé évêque de Bafia le 21 décembre 1977 après la renonciation canonique de Mgr André Loucheur, le tout premier évêque de Bafia. Comme prêtre, le père Athanase Bala donnait des cours de français, de mathématiques et de latin au petit séminaire d'Akono. Il était également missionnaire courageux qui n'hésitait pas à parcourir 300 km à pied pour aller à la rencontre des fidèles de son diocèse dans les villages reculés ». Cf. le site, https://africa.la-croix.com/au-cameroun-leveque-emerite-de-bafia-est-decede/.

[402] Mebadkono est le géniteur éponyme de Ndobo et Nama, comme l'explique si bien Mgr Paul Etoga dans son autobiographie à la p. 5 : « Ma famille est d'origine Baboute. Les Wute sont immigrés du Nord au 19e siècle, aux dire de Ngilla, Chef des Wute, C. Von Morgen le 23-12-1889. Notre [a]ncêtre Tabene engendra Ebandzongo, Ebandzongo Ekusu Mbala et Mebadkono Mbala, Mebadkono Mbala engendra Ndobo et Nama ».

[403] Paul ETOGA, *Mon autobiographie*, *op. cit.*, p. 59.

[404] Cf.,°https://www.ktotv.com/video/00332135/entretien-special-avec-le-cardinal-nzapalainga.

premier réflexe ne consiste pas à les condamner ou à les étiqueter. Il faut les accueillir. Dans sa pédagogie, il utilise le jeu comme un tremplin éducatif. Les enfants en situations difficiles sont des êtres humains à part entière qui ont besoin de fraternité et d'amitié. Le monde est à bâtir ensemble dans une volonté d'avancer vers la même direction avec des regards croisés. Ce dessein trouve sa plus belle expression dans la recherche de l'intérêt intergénérationnel, animée par une volonté de conciliation intelligible entre tradition et modernité. L'intérêt intergénérationnel, revient à prendre conscience de ce que les générations gagnent à travers la visée intergénérationnelle. Ceci étant, l'évolution des sociétés ne se réalise pas en marge de la problématique des « identités générationnelles ». Cette évolution n'apparaît pas comme un fait spontané. Elle porte toujours l'empreinte de l'interaction entre la tradition et la modernité, surtout qu'elle draine avec elle la volonté des jeunes générations à vouloir intégrer ce monde, qu'ils trouvent déjà occupé et dont ils se sentent étrangers. Cette évolution sociale passe par la révolution sociale, consécutive à une prise de conscience sociale. Une observation attentive montre qu'aucun secteur de la vie n'échappe à l'évolution sociale et aux mutations qu'elle suscite[405].

Ces mutations bouleversent les convictions classiques dont la tradition se fait l'écho, en proposant de nouvelles façons de penser et de concevoir l'existence et dans ses différents modes. Il y a comme une reconsidération des acquis qui ouvre la voie à un nouveau projet qui embrasse un bon nombre de domaines comme : l'économie, la finance, la politique, la culture, l'habitat, la famille, l'alimentation, l'instruction, et se fait appeler le « nouveau monde ». La religion n'est pas en reste étant donné qu'elle passe au crible de la pensée, de la contestation et de la critique et même de l'indifférence ou du rejet. Il est alors important et recommandable d'encourager cette conciliation des générations dans le sens d'une synergie intergénérationnelle entre tradition et modernité. Dans cette synergie intergénérationnelle, l'intérêt se trouve dans la prise de conscience de l'apport du passé sur le présent. Elle implique, d'après Benoît Duguay « des relations qui peuvent lier différentes générations entre

---

[405] En effet, « [l]a question des identités générationnelles a toujours passionné les sociologues tant elle détient d'éléments qui concernent l'évolution des sociétés. D'abord, elle touche au sujet de l'intégration des jeunes et de la transmission des valeurs et des modes de vie. Ensuite, elle met en cause les événements historiques connus ou subis par les générations dans leurs années de jeunesse, et qui reconfigurent leur rapport au monde : les transformations économiques, les mouvements intellectuels, les crises, les guerres impriment les mémoires, conditionnent les attitudes et introduisent des mutations culturelles ». Cf. Monique DAGNAUD, *Génération Y. Les jeunes et les réseaux sociaux, de la dérision à la subversion*, Paris, Éditions Nouveaux Débats, 2013, p. 8-9.

elles, de façon à apporter bien-être pour les uns et bien-être pour les autres ; ce que le concept "intergénération" n'inclut pas formellement »[406].

Ainsi, « [s]aisir le concept "intergénérationnel" c'est comprendre que toute initiative intergénérationnelle ne peut apporter que du bien-être à ceux et celles qui y participent. C'est en même temps se rappeler que les groupes qui y participent – par exemple, celui des personnes aînées et celui des jeunes enfants – peuvent partager des valeurs qui contribuent à l'actualisation de l'être humain, quel que soit son âge »[407]. L'intergénérationnel se présente, de toute évidence, comme une voie et un engagement de valorisation et de reconnaissance réciproque entre les générations. En le considérant comme un engagement, il devient un état d'esprit de réceptivité, de bienveillance et de convivialité entre les générations. Celles-ci sont invitées à s'accepter et à s'accueillir dans une mutualité de conscience dont le dénominateur commun réside dans le fait que, quoiqu'ayant une histoire et des expériences différentes, elles partagent la même « Terre des hommes » en tant qu'humains. Mgr Paul Etoga a expérimenté cette mutualité intergénérationnelle à travers une de ses petites nièces. Cette dernière a accepté sacrifier le chemin l'école pour Mgr Paul Etoga : elle fut sa garde-malade permanente pendant plus d'une dizaine d'années[408]. En définitive, cette « Terre » que les différentes générations partagent est la « Terre des hommes » dont parle Antoine de Saint-Exupéry[409] dans son ouvrage *Terre des hommes*. L'intergénérationnel se présente à cet effet comme un atout essentiel. Après avoir étudié l'humanisme de Paul Etoga uni à cette vérité que l'humain est naturellement une entité communautaire au niveau sociologique et politique, il importe de voir comment cet homme de Dieu a assimilé l'inéluctabilité et l'effectivité du pouvoir politique et de l'État.

2. Une expérience radicale

Il s'agit de l'inéluctabilité du pouvoir politique et de l'État. Citoyen et homme d'Église, Paul Etoga exhorte à savoir donner à César ce qui lui revient et à Dieu ce qui est à Dieu[410]. Le pouvoir est un instrument de direction et d'organisation de la société qui a bel et bien une origine. Cette démarche

---

[406] Benoît DUGUAY, *www.faafc.ca/l-intergenerationnel-qu-est-ce-que-c-est*, extrait du Rapport final intitulé « L'intergénérationnel : une richesse à partager », mars 2007.
[407] *Ibid.* Cf. également Anne QUENIART et Roch HURTUBISE, *L'intergénérationnel. Regards pluridisciplinaires*, Rennes, Presses de L'EHESP, 2009, 300 p.
[408] En 2022, cette nièce est encore vivante. Il s'agit de Barbe Tatiana Ngono.
[409] Antoine DE SAINT-EXUPERY est un écrivain français, né en 1900 et disparu en vol en 1944 aux larges de Marseille. En plus de sa casquette d'écrivain, il est poète, aviateur et reporter. Aviateur, il écrit les belles pages de la compagnie Latécoère, qui devient l'Aéropostale.
[410] Cf. Mc 12, 13-17.

permettra, tout en l'éclairant, de percevoir ce qui tient lieu de vision du pouvoir politique et de l'État de Mgr Etoga.

1° Le pouvoir politique : prérogative et effectivité

Le point de départ est de reconnaître que le pouvoir politique est une prérogative et une effectivité dévolues à qui de droit : le gouvernant. Dans l'attitude de ce prélat, s'actualise la réflexion sur les rapports à entretenir avec César et Dieu, en tant que citoyen et croyant. Il ne s'agit pas de rapports d'égalité horizontale mais plutôt de dépendance verticale et transcendantale car il ne faudrait pas donner à César plus qu'il ne mériterait. En revanche, il faudrait concéder tout ce qui reviendrait à César à Dieu, parce que Dieu, dans la foi catholique, est « le Créateur de tous les éléments du monde, Maître des temps et de l'histoire »[411]. Voilà pourquoi il importe de présenter brièvement le pouvoir politique dans sa dévolution de prérogative et d'effectivité. Il s'agit d'une réalité qui s'impose à tous de manière impersonnelle, indépendamment des aspirations personnelles.

D'après les spécialistes du droit, le pouvoir est un avantage ou un privilège reconnu à une personne du fait de la fonction qu'elle exerce ou de son état. Clairement dit, il est « une prérogative permettant à une personne de gouverner une autre personne publique ou privée (mandats politiques, autorité parentale, tutelle) ou de gérer les biens d'une autre personne pour le compte de celle-ci (dirigeants de sociétés, représentation légale, judiciaire ou contractuelle) »[412]. Sur le champ du jeu politique, l'observation montre que le pouvoir politique est une interaction dont l'effectivité est concrétisée à travers un mécanisme dialectique « du commandement et de l'obéissance »[413]. Ainsi « [l]e devoir d'obéissance impose à tous de rendre à l'autorité les honneurs qui lui sont dus, et d'entourer de respect et, selon leur mérite, de gratitude et de bienveillance les personnes qui en exercent la charge »[414]. Le pouvoir politique dévolu aux gouvernants est une instance d'anticipation, de prévoyance, d'animation et de galvanisation de la société. Cette instance veille également à harmoniser le groupe auquel il s'applique[415]. Cet aspect organisationnel du pouvoir politique trouve toute sa justification dans « la réalisation des fins supérieures et communes à l'ensemble de la société politique. Cette idée est fréquemment admise tant par les juristes que par les

---

411 *Missel romain*, 5e préface des dimanches, Paris, Desclée-Mame, troisième édition typique, 2021, p. 434.

412 Serge GUINCHARD et al., *op. cit.*, p. 614, col. 2.

413 Cf. Julien FREUND, *L'essence du politique*, Sirey, 1965, 764 p. Pour Freund, le commandement « consiste en la relation hiérarchique qui s'établit au sein d'un groupe par la puissance qu'une volonté particulière exerce sur d'autres volontés particulières et façonne par-là la cohésion du groupe », *op. cit.*, p. 108.

414 *Catéchisme de l'Église catholique*, *op. cit.*, n° 1900.

415 Cf. Pierre PACTET, dans *Droit constitutionnel Institutions politiques*, Édition Masson, 1994, 13e éd., p. 17-18.

théoriciens de la politique. On la retrouve par exemple, en droit, derrière la notion d'intérêt général (du droit administratif). C'est aussi l'idée du bien commun (de Saint Thomas d'Aquin) ou du salut public des révolutionnaires »[416]. Le pouvoir politique trouve également son effectivité fonctionnelle dans la structuration et l'agencement organique de la société[417]. Il remplit aussi une « fonction de direction de la société et de gouvernement des hommes ». Une autre dimension de l'inéluctabilité du pouvoir politique est visible par le fait que les activités des humains, (économie, culture ou politique..), s'organisent au sein d'entités étatiques biens structurées et règlementées. Chacune de ces entités dispose d'une organisation particulière en fonction de ses spécificités. Par rapport à Mgr Etoga, son expérience personnelle de l'inéluctabilité du pouvoir politique et de l'État, en plus de l'expérience coloniale, a été vécue dans les rapports qu'il eut avec le régime colonial et celui du président Ahidjo entre autres. De cette expérience a germé une certaine perception de la politique du prélat.

2° Vision de la politique selon Paul Etoga

Il n'a laissé aucun écrit sur ce qui pourrait être considéré comme sa pensée sur le pouvoir politique et l'État. Cependant, ses réactions et ses prises de position laissent penser qu'il avait une certaine vision et compréhension de la politique, ainsi que de la notion de l'État. Une notion qui préoccupe encore les spécialistes du droit[418]. Sa vision à ce sujet dévoile ses convictions d'homme d'Église et de citoyen quant à l'origine du pouvoir et de l'éthique

---

416 Joël MEKHANTAR, *Introduction au Droit public. Principes constitutionnels*, Paris, MA Éditions – ESKA, 2019, p. 11-12.

417 Cf. Bernard CHANTEBOUT, affirme, dans son ouvrage intitulé *Droit constitutionnel et science politique*, Patis, Armand Colin, 1994, 11e éd., p. 18, que le pouvoir politique est le « pouvoir d'organiser la société en fonction des fins qu'on lui impose ». Cf. également Georges BURDEAU dans son ouvrage *L'État*, Paris, Seuil, 1970, p. 22, où il estime qu'« [i]l importe de comprendre en effet que c'est dans la mesure où la collectivité globale se compose de corps partiels d'essences différentes qu'il est nécessaire que s'affirme, au-delà de chacun d'eux, une valeur qui leur est commune à tous ».

418 Cf. Joël MEKHANTAR, *Introduction au Droit constitutionnel. Principes constitutionnels*, déjà cité ; Bernard CHANTEBOUT, *Droit constitutionnel*, 27e édition, Paris, Armand Colin, 2010. Il est également intéressant de voir en ligne, https://mjp.univ-perp.fr/m/constit-biblio.htm. Pour un meilleur approfondissement de la question, cf. certains titres des Dictionnaires et Lexiques suivants : Pierre AVRIL et Jean GICQUEL, *Lexique- Droit constitutionnel,* Paris, PUF, 7e éd. 1998 ; François CHATELET, Olivier DUHAMEL et Evelyne PISIER, *Dictionnaire des œuvres politiques*, Paris, PUF, 2e éd., 1989 ; Olivier DUHAMEL et Yves MENY, *Dictionnaire constitutionnel,* PUF, 1992 ; Guy HERMET, Pierre BIRBAUM, Philippe BRUAUD, Bertrand BADIE, *Dictionnaire de la science politique et des institutions politiques*, Paris, Armand-Colin, coll. Cursus, 2e édition, 1996 ; Jean-François SIRINELLI, *Dictionnaire historique de la vie politique française au XXe siècle*, Paris, PUF, 1995.

de la gouvernance. L'intervention au meeting politique du 10 février 1965 à Yaoundé et les déclarations au cours d'un entretien avec le président Ahmadou Ahidjo portent en elles ce qui peut être admis comme sa vision de la politique et du pouvoir politique.

Au meeting, il était question de le sonder face à la contestation par le peuple de la victoire du président Ahidjo. Avec finesse, non sans souci de vérité, il déclare : « L'Assemblée a siégé et a déclaré que c'est tel qui est Président de la République… En dehors de l'Assemblée, nous n'avons pas d'autre opinion… Mais vous qui travaillez avec le Président sachez que nous aussi nous avons faim… Nous souffrons… Pensez à nous ! »[419]. Implicitement, il regrettait le caractère autoritaire de faire accepter les résultats des élections de février 1965, au vu des contestations postélectorales dont elles firent l'objet. En reconnaissant la légitimité des institutions politiques et républicaines, telle que l'Assemblée nationale, il se faisait la voix des sans voix en rappelant subtilement et efficacement que le peuple réclame justice et dignité. Pour lui, l'État est garant de la protection des personnes et des biens. Face au président Ahidjo, répondant aux accusations de ses détracteurs, il ne manque pas de lui rappeler qu'il a un droit de regard sur la gouvernance de tous ses collaborateurs et que la charge qui lui incombe en tant que Président de la République est d'origine divine[420]. Il raconte dans son autobiographie :

---

[419] Paul ETOGA, *Mon autobiographie*, *op. cit.*, p. 33, points de suspension dans le texte.

[420] Plusieurs théories ou conceptions ont été élaborées à ce sujet. Les deux principales évoquent deux sources de l'origine du pouvoir politique : il s'agit des théories théocratiques et démocratiques. D'après les théories théocratiques de l'origine du pouvoir politique, le pouvoir vient de Dieu. En France, Bossuet a été l'un des influents représentants de ce courant théocratique de l'origine du pouvoir politique au XVIIe s. Partant des Saintes Écritures : « Que tout homme soit soumis aux autorités qui exercent le pouvoir, car il n'y a d'autorité que par Dieu et celles qui existent sont établies par lui. Ainsi, celui qui s'oppose à l'autorité se rebelle contre l'ordre voulu par Dieu, et les rebelles attireront la condamnation sur eux-mêmes ». (Rm 13, 1-2). Toutefois, il faut remarquer que l'Apôtre Paul soumet l'action des autorités à la volonté divine : « Veux-tu ne pas avoir à craindre l'autorité ? Fais le bien et tu recevras ses éloges, car elle est au service de Dieu pour t'inciter au bien », (Rm 13, 3-4). L'Apôtre trouvait ainsi des arguments de justification de la monarchie absolue. Cf. Marcel PRELOT, *Histoires des idées politiques*, 1990, p. 373 et s. Cf. également, https://www.persee.fr/doc/ridc_0035-3337_1960_num_12_4_12538. Ainsi, d'après cette conception, « tout pouvoir vient de Dieu ». Est-ce à dire que tout détenteur d'autorité est de droit divin ? Il faut comprendre qu'il s'agit de l'origine du fondement de cette autorité ou pouvoir. Ainsi, la gravité du pouvoir politique tient, non de la personne détentrice de ce pouvoir, mais de son fondement qui est Dieu. Voir le résumé du livre de Émilie TARDIVEL-SCHICK, *Tout pouvoir vient de Dieu,* Ad Solem, https://www.decitre.fr/livres/tout-pouvoir-vient-de-dieu-9782372980005.html#resume : « "Tout pouvoir vient de Dieu" signifie non pas que toute autorité dispose d'un pouvoir divin mais que le fondement de cette autorité est invisible. Ce que saint Paul dénonce, c'est la confusion de ce fondement avec les

« Des rapports envoyés à Yaoundé contre moi, je demandai audience au Président. Il me l'accorda. Monsieur le Président, dis-je, on m'accuse d'être contre le Gouvernement. Je ne peux pas être contre le Gouvernement en tant [que] tel, puisque je sais que toute autorité vient de Dieu. Mais je suis contre les agissements de vos Ministres, Préfets, Sous-Préfets et autres. Quand je constate une injustice, je leur fait la remarque. Au lieu de s'examiner, ils évoquent le Gouvernement. Un ministre ou Préfet n'est pas le Gouvernement… Votre entourage est mauvais… Faites confrontation… Que l'accusé et l'accusateur s'expriment devant vous… Vous verrez qui vous dit la vérité. Je vous dirais, Monsieur le Président, d'entrer incognito au tribunal pour écouter les jugements… Il y a trop d'injustice ! »[421].

L'attitude de Paul Etoga devant le président Ahidjo est révélatrice de son courage et de sa probité morale et éthique. Il en ressort une éthique sacerdotale

---

modes de sa manifestation. "Tout pouvoir vient de Dieu" renvoie dos à dos aussi bien une conception de l'autorité politique qui dériverait son pouvoir du "sacré" attaché à la personne de l'empereur (ou plus tard du monarque) comme à son fondement, que celle qui la fait dériver du peuple. Voilà pourquoi les chrétiens obéissent aux lois de la Cité et se soumettent aux autorités : parce que l'autorité politique manifeste ce fondement (toujours caché). Quand les lois de ce pouvoir vont à l'encontre du Logos (et donc du Bien commun), les chrétiens ne s'opposent pas au pouvoir comme un corps politique mais rappellent aux gouvernants que leur pouvoir ne repose pas sur eux mais sur Dieu - le Logos, c'est-à-dire la Raison, à laquelle tous les hommes participent par leur propre raison. Le livre prend notamment l'exemple que donnent les Pères apologistes : Justin, Tertullien, puis Augustin, dont la Cité de Dieu s'inscrit dans le sillage des grandes apologies. En ce sens, il n'y a pas deux cités (des hommes et de Dieu), mais une seule, et c'est la mission – critique – des chrétiens (comme citoyens et non pas comme un contre-pouvoir) de rappeler ce fondement invisible du pouvoir quand la Cité s'en affranchit. Un livre de discernement capital aujourd'hui. Émilie Tardivel docteur en philosophie diplômée de Sciences Po Paris, est maître de conférences à l'Institut catholique de Paris et a déjà publié une étude remarquée sur la philosophie de Patocka, La liberté au principe ». Cf. également https://www.lesalternativescatholiques.fr/2015/04/12/tout-pouvoir-vient-de-dieu/. Le pape Jean XXIII, aujourd'hui saint Jean XXIII, en donne une explication sur l'importance des autorités dans la société et le fondement du pouvoir qu'elles exercent, en évoquant saint Jean Chrysostome dans sa lettre encyclique *Pacem in Terris* du 11 avril 1963 (cf. http://www.vatican.va/content/john-xxiii/fr/encyclicals/documents/hf_j-xxiii_enc_11041963_pacem.html, N° 46. Cf. aussi John LOCKE pour qui « le pouvoir politique tire son origine de la convention et du consentement mutuel de ceux qui se sont joints pour composer une société », dans *Traité du gouvernement civil*, 1690, rééd. Garnier Flammarion, 1984, p. 312 ; Jean-Jacques ROUSSEAU dans son livre *Du Contrat social ; ou, Principes du Droit politique*, https://www.rousseauonline.ch/pdf/rousseauonline-0004.pdf ; Joël MEKHANTAR, *op. cit.*, p. 9 et p 17-19.

[421] Paul Etoga, *Mon autobiographie*, *op. cit.*, p. 33, points de suspension dans le texte.

et épiscopale qui montre que, même les hommes politiques, le président de la République en premier, ont besoin de la vérité qui sort de la bouche d'un homme d'Église en toute sincérité. Paul Etoga, par cette posture montre qu'il n'a pas été ce genre d'homme d'Église complaisant face aux politiques pour attendre d'eux quelque faveur. Autrement dit, à ses risques et périls, avec courage, il a été vrai avec le Président Ahidjo, moins pour convoiter quelques avantages que pour être une conscience de dénonciation et d'exhortation en toute bienveillance.

L'Église catholique au Cameroun, au moment où il y a comme une quête de modèles d'engagement ecclésial et politique, doit trouver en ce pasteur une source d'inspiration et de témoignage. Il n'eut pas besoin de militer au sein d'un parti politique pour revendiquer la justice dans la gouvernance des collaborateurs du président Ahidjo, preuve qu'il était libre d'esprit et non complice de l'élite dirigeante. Il se posait en conscience critique et éthique de la vie politique et sociale du Cameroun. Dans engagement politique en tant qu'homme d'Église, il joua un rôle d'apaisement dans les rapports entre l'Église et le nouvel État indépendant du Cameroun[422] : le premier évêque de Mbalmayo, au cours de son ministère épiscopal, a eu des contacts personnels avec le premier président du Cameroun. Ce lien ne l'a pas empêché de lui dire la vérité en face avec douceur, fermeté et bienveillance. Preuve, s'il en était besoin, qu'il est possible pour un homme d'Église de garder sa dignité dans sa relation avec le politique. Une attitude rarissime aujourd'hui au Cameroun. L'essentiel n'est pas de prendre ses distances vis-à-vis du politique, encore moins de le répugner. Pour un homme d'Église, il s'agit de conserver sa liberté et sa dignité face au politique et à ses sollicitations. L'homme de Dieu est appelé à amener l'homme politique à être sensible au sort et à la défense des pauvres et des plus faibles de la République.

En réalité, ce qui est généralement reproché à certains membres du clergé au niveau universel et local, le Cameroun n'étant pas en reste, est qu'ils donnent l'impression, en les observant, que l'Église se fait le valet et le souffre-douleur du politique et des élites. Au Cameroun, à certains égards, le clergé, à travers les agissements de certains pasteurs, donne les allures d'une Église de connivence et d'intelligence avec le pouvoir. Pourtant, la première

[422] L'histoire retient à cet effet ce geste fort d'estime du président Ahidjo à l'endroit de Paul Etoga lors d'une visite officielle à Mbalmayo en 1965. Un témoignage digne de foi fait état de ce que Mgr Paul Etoga, pendant l'instant d'un moment privé que lui accorda le président Ahidjo au cours de cette visite, le prit dans sa voiture pour se rendre au petit séminaire : « Une preuve supplémentaire de cette détente des relations entre l'évêque de Mbalmayo et le pouvoir de Yaoundé est une visite privée rendue par le premier président de la République du Cameroun à Mgr Paul Etoga au cours d'une visite officielle dans la "ville cruelle" en 1965. Mgr a pris le président de la République dans sa voiture de marque "Taunus", berline de couleur noire et l'a "promené" jusqu'au petit séminaire Saint Paul à Mbock-Kulu ». Cf. Joseph ZAMBO BELINGA, *op. cit.*, p. 39.

et ultime mission de l'Église et des pasteurs, à la suite du Christ, est d'annoncer la Bonne Nouvelle et de défendre les pauvres et les plus faibles. Eza Boto le remarquait déjà vers les années 1972 quand il affirmait que, « [l]oin d'être une institution nationale, l'Église camerounaise se présente comme une institution aliénée, qui n'a pas fait sa révolution, et que continue d'endormir une platitude et bonne conscience héritée de la colonisation. Vénération des autorités établies, déférence envers les puissants et les riches, insensibilité à la détresse des foules ignorantes et démunies, collaboration ostentatoire avec un régime qui se maintient par l'effusion de sang ininterrompue, telles sont quelques-unes des tares dont souffre l'Église camerounaise »[423]. Jean-François Bayart parle, dans le même ordre d'idées, de cette grande proximité entre l'Église et le politique en Afrique[424]. La situation n'a pas tellement changé aujourd'hui si on y ajoute les tares du temps présent dont parle le pape François, quand il dénonce les maladies qui minent l'Église[425] dans son discours du 24 décembre 2014. Dans certains cas, il est difficile de faire la différence entre le discours politique d'un gouvernant et la prédication à l'église, pourtant il s'agit de domaines différents. C'est ce qui fait dire à Jean François Bayart que « [l]'analyse des rapports entre religion et politique en Afrique doit également tenir compte de la différentiation respective des deux ordres de réalité »[426]. Toutefois, ce phénomène n'est pas propre à la seule Afrique ; en effet, les tensions entre l'Église et l'État ne datent pas d'aujourd'hui. Effectivement, « il n'y a là rien de spécifiquement "africain". Bien au contraire, la vitalité du fait religieux sur le continent atteste que celui-ci participe du "temps mondial", et ce de longue date »[427].

Il faut noter, à la suite de cette analyse, que depuis les années 1980, le Cameroun enregistre une série d'assassinats d'hommes et de femmes d'Église (évêques, prêtres, religieux et religieuses). L'observation de cette situation, sous réserve du principe de la présomption d'innocence, donne matière à réflexion. La question se pose toujours : ces hommes et femmes d'Église ont-ils été assassinés à cause de leur fidélité à leur engagement ecclésial, ou alors à cause de leurs compromissions dans leurs rapports avec le politique ? Cette question mérite une attention particulière pour l'avenir de l'Église locale et universelle. Pendant son ministère épiscopal, Mgr Paul Etoga fut, à plusieurs reprises, l'objet d'une surveillance policière de la part du premier régime. À titre d'exemple, le domicile de Charles Okala fut encerclé par la gendarmerie alors qu'il y prenait un repas avec certains prêtres : « Le 27.6.1962 allant au sacre de Mgr Lambert Van Heigen à Doumé, j'étais en train de prendre un

---

423 MONGO BETI, *Main basse...*, *op. cit.*, p. 111.

424 Cf. Jean-François BAYART, *op. cit.*, p. 5.

425 Cf. http://www.vatican.va/content/francesco/fr/speeches/2014/december/documents/papa-francesco_20141222_curia-romana.html.

426 Jean-François BAYART, *op. cit.*, p. 11.

427 *Ibid.*, p. 7.

repas chez M. Charles Okala à Yaoundé, quand les gendarmes encerclèrent la maison : on avait annoncé à la gendarmerie que, moi, Mgr Paul Etoga, je tenais une réunion politique avec un groupe de prêtres chez Charles Okala »[428]. Cet évènement montre concrètement que le régime Ahidjo contrôlait ses faits et gestes.

Son grand regret et sa grande peine ont été de se rendre à l'évidence que certaines autorités de l'Église camerounaise étaient à la solde du pouvoir politique. Le 8 juillet 1962 son arrestation lui est annoncée jusqu'au jour où il reçoit un renseignement d'une haute personnalité du gouvernement qui lui confia que « dans une réunion gouvernementale, une haute autorité ecclésiastique a dit qu'elle était d'accord avec le gouvernement et que c'est vous Mgr Etoga qui vous opposez ! »[429]. Il eut des doutes jusqu'au jour où la vérité éclata devant lui : « Je n'ajoutai pas foi à ce dire. Mais deux semaines après, je reçus une délégation gouvernementale composée de neuf membres dont la haute autorité ecclésiastique dont on m'avait parlé »[430]. Par ce fait, Paul Etoga a la certitude que certains ecclésiastiques camerounais étaient réellement d'intelligence avec le régime Ahidjo. Il réalise ainsi cette trahison de manière concrète qu'un confrère, évêque ou prêtre, peut être un judas et un loup pour son confrère. En réalité, la délégation voulait le rallier à la cause du gouvernement, sous le prisme d'un chantage qui tenait Mgr Paul Etoga pour responsable de la situation déplorable dans une région du Cameroun. Il lui fut clairement signifié ceci : « Mgr Etoga… le Gouvernement ne peut rien faire dans le Nyong et Sanaga à cause de l'opposition des Démocrates… Alors le Gouvernement vous demande de faire cesser cette opposition »[431]. Cette injonction dénote du climat sociopolitique tendu de l'époque[432]. La peine fut grande du côté de l'évêque de Mbalmayo : « Je leur demandai : "Qui sont les Démocrates ici chez moi, boys, cuisiniers ou chauffeurs, n'est-ce pas à

---

[428] Paul ETOGA, *Mon autobiographie*, *op. cit.*, p. 32.

[429] *Ibid.*

[430] *Ibid.*, p. 32-33.

[431] *Ibid.*, p. 33.

[432] Le parti des Démocrates camerounais (PDC) est créé par André-Marie Mbida le 12 janvier 1958 ; le Pr Daniel Abwa, sur la base de certaines sources, affirme que « c'est le 4 mai 1958 que fut effectivement créé le Parti des démocrates camerounais, avec l'élection du comité directeur, ». Cf. Daniel ABWA, *op. cit.*, p. 164. Patriote nationaliste, André-Marie Mbida, né le premier janvier 1917, est favorable à une indépendance du Cameroun par étapes et à la régionalisation. Après l'UPC, le PDC se présente comme le parti qui a causé des insomnies au régime Ahidjo, d'où sa dissolution en 1962. André-Marie Mbida devient le tout premier prisonnier politique camerounais. Il séjourne trois ans en prison. Mgr Paul Etoga qui, à l'occasion ne cache pas son désir de voir le Cameroun libre, est soupçonné d'avoir de la sympathie pour le PDC dont le fief est justement dans cette division administrative du Nyong et Sanaga dans la région du Centre Cameroun. Cf. Paul ETOGA, *Mon autobiographie*, *op. cit.*, p. 32-33.

Yaoundé qu'ils font de la politique avec vous ? Allez-vous-en. Ne mettez plus les pieds ici pour des questions pareilles… Sachez que si j'avais voulu vendre le pays comme vous le faites…". Ils s'en allèrent »[433]. Cette attitude est rare de nos jours dans le clergé camerounais, et même africain, où il est difficile de trouver des prélats aussi audacieux et courageux, ainsi que le fut Mgr Paul Etoga. Ici, il se montre et se définit comme un prélat qui a refusé de donner sa caution au pillage et à la destruction de son pays. Cependant, le clergé camerounais est plein d'avenir parce que dans son histoire, tout comme dans son actualité, il connaît des exemples de bons pasteurs évangéliquement engagés.

Dans sa vision politique et de gouvernance, il ressort que Mgr Paul Etoga recommande au président de la République et aux collaborateurs de ce dernier, bienveillance et équité dans l'accomplissement de leur devoir d'état. Il estime à ce sujet que, « [l]e Président de la République, est le père de tous les Camerounais et Camerounaises. Tous ont les yeux fixés sur lui, chacun compte sur lui. C'est pourquoi il doit diriger le pays avec amour, prudence et justice »[434]. Il rappelle la responsabilité des collaborateurs du chef de l'État dans le sort que connaît le pays, dans la mesure où « [l]e Président seul ne pouvant pas assurer le bien public, il confie des charges à des ministres, que ceux-ci et les fonctionnaires se souviennent qu'ils sont les serviteurs du peuple »[435]. La vocation régalienne et missionnaire de ces collaborateurs est le service. C'est pour cette raison qu'« Ils doivent être à la disposition de tous et serviables. Pas de "Reviens demain" alors qu'on a le temps et le moyen de servir. Qu'ils ne s'accaparent pas du bien public »[436]. Une telle recommandation implique que le président de la République et ses collaborateurs connaissent, au préalable, leur pays dans ses réalités les plus profondes, se dotent d'une éthique politique, sociale et religieuse ; que leur conception du peuple ne soit pas que politique, mais aussi et surtout démocratique. Ainsi, ils pourront se mettre à son service en toute connaissance de cause. Aux yeux de certains, la vision politique de Mgr Paul Etoga peut paraître un vœu pieux d'un ecclésiastique, à la limite illuminé. Il s'agit pour lui de se définir comme « conscience critique » de l'Église, de la société et de la vie politique dans son pays. En effet, le politicien est également convié à être « sel de la terre et lumière du monde ». Pourtant, la franchise, la préservation de sa dignité épiscopale et l'esprit d'homme et d'évêque libre dont il fit montre face à l'élite, ont fait qu'il soit reçu plusieurs fois, en audience, par le président Ahidjo pour débattre des questions de la

---

433 *Ibid.*, p. 33.
434 *Ibid.*, p. 59.
435 *Ibid.*
436 *Ibid.*

République[437]. L'attitude spécifique du prélat Etoga, face au politique, montre sa fidélité à son ministère sacerdotale et épiscopale. À ce niveau, il convient de rechercher le fil d'Ariane de sa fidélité à l'époque biblique et contemporaine.

II. Communion à l'héritage prophétique et à l'époque contemporaine

L'intérêt est, d'une part, d'analyser la communion de l'engagement ecclésial et politique de Mgr Paul Etoga au prophétisme biblique à travers certaines figures de prophètes ; d'autre part, montrer que cette union le lie également à l'époque contemporaine par l'engagement de certains prêtres et prélats contemporains, quoique ne les ayant pas connus. Pour l'essentiel, cette communion s'inscrit dans la logique d'une union d'esprit et d'action, malgré l'éloignement spatio-temporel et culturel. Cette union est transhistorique et entretient l'actualité du message biblique, ainsi que de tout engagement ecclésial et politique des hommes d'Église. Il s'agit d'une justification et d'une légitimation qui fournissent en même temps la crédibilité, le repère historique et sacré de l'éternité du sacerdoce ministériel. Cette communion trouve en dernière analyse son implacabilité dans la diffusion de l'universalisme du salut qui transcende les époques et les lieux. Elle n'est pas spécifique à Mgr Paul Etoga, parce qu'elle concerne toute personne engagée dans le sacerdoce ministériel apostolique et romain, ainsi qu'il en est de lui. L'on cherche à démontrer ici qu'il est resté fidèle à cette communion d'esprit et d'action tout au long de son ministère sacerdotal et épiscopal. Cependant, une clarification est faite quant à la communion d'action par rapport à l'époque contemporaine : l'on remarque, à ce niveau, que cette communion d'action n'est pas unanime relativement aux moyens déployés par certains hommes d'Église pour participer à la mission de dénonciation et d'exhortation du peuple de Dieu.

1. Communion avec l'héritage prophétique

L'engagement des prophètes montre qu'ils furent confrontés aux différents pouvoirs politiques de leurs différentes époques. Le bien-fondé de l'engagement politique de Mgr Paul Etoga est estimé avoir été un engagement en communion spirituelle de conviction et d'action avec l'héritage prophétique. Dans l'Ancien Testament quelques figures significatives, à

[437] En plus de sa toute première audience avec le président Ahidjo, Mgr Paul Etoga, d'après son propre témoignage eut encore cinq audiences avec lui : « Suite des audiences chez le Président : 22-01-1965 : table ronde avec les autres partis politiques ; 31-05-1967 : La jeunesse camerounaise est en danger : mauvais films et cinéma ; 31-10-1972 : relâcher les détenus politiques ; 18-04-1975 : retour d'Hubert Noa ; 11-10-1978 : destruction des cases dans les quartiers de Yaoundé ? ». Cf. Paul ETOGA, *Mon autobiographie*, *op. cit.*, p. 33.

l'image d'Amos, Esaïe et Jérémie, sont évoquées en illustration de l'objectif visé. Dans le Nouveau Testament, l'évocation de Jean-Baptiste, le précurseur, permet une compréhension de la portée spécifique de la mission du Christ, lui-même justification ultime et profondément parfaite de l'engagement ecclésial et politique de tous les hommes de Dieu. Cette justification du Christ trouve son expression et sa visibilité dans ce qu'il convient de nommer avec Oscar Cullman le « radicalisme eschatologique ». Dans l'engagement politique de Paul Etoga, l'actualité contemporaine est un champ d'interpellation : il fut confronté au « cri » du peuple de Dieu dont il avait la charge au Cameroun ; c'est pourquoi sa communion est aussi une illustration de sa fidélité au ministère sacerdotal et épiscopal.

1° Quelques prophètes de l'Ancien Testament

En dehors des prophètes Amos, Esaïe, Jérémie et Osée, beaucoup de ceux qui ne sont pas évoqués donnent des informations et des preuves de l'importance et de l'actualité de l'engagement politique et social des prophètes. Amos, Esaïe, Jérémie et Osée permettent une intelligibilité de l'objectif poursuivi : justifier la source originelle de la communion d'esprit et d'action de l'engagement ecclésial et politique de Mgr Paul Etoga avec l'époque des prophètes.

Amos et Esaïe participent de la dénonciation et de l'annonce du salut. Dans l'univers vétérotestamentaire, le prophète Amos est une illustration vivante et encore d'actualité dans la dénonciation des injustices sociales et politiques de son temps. Une précision importe de savoir que l'esprit et la lettre de l'expression littéraire de l'époque sont représentatifs de cette dénonciation de l'injustice sociale et de la défense des plus faibles. Ainsi, « [l]a promotion de la justice sociale et la dénonciation de l'injustice sociale occupent une place importante dans la littérature prophétique biblique. [...]. On peut en effet penser aux prophètes Amos, Michée, Isaïe, Jérémie, Habacuc, Sophonie, Zacharie et Malachie »[438]. Face aux manquements des dirigeants dans leurs responsabilités, dont l'essentiel se résume à la promotion et à la protection des faibles et des pauvres, le prophète Amos s'en insurge et les dénonce. La dénonciation est assortie du sort qui leur est réservé[439]. Amos rappelle

[438] Éric BELLAVANCE, « Dénonciation de l'injustice sociale et rhétorique impérialiste chez le prophète Amos », dans *Théologiques*, 24, p. 37–49. Cf. https://doi.org/10.7202/1044738ar. Cf. également Samuel AMSLER, « Amos et les droits de l'homme », dans Joseph DORE (dir.), *De la Tôrah au Messie. Mélanges Henri Cazelles*, Paris, Desclée, 1981, p. 181-187. Cf. aussi https://www.erudit.org/fr/revues/theologi/2016-v24-n1-theologi03584/1044738ar.pdf, consulté le 16 novembre 2020.

[439] « Malheureux ceux qui ont fondé leur tranquillité sur Sion et ceux qui ont mis leur sécurité dans la montagne de Samarie, eux, l'élite de la première des nations, vers qui vient la maison d'Israël [...]. En voulant repousser le jour du malheur, vous rapprochez le règne de la violence. Allongez sur des lits d'ivoire, vautrés sur leurs

urgemment aux élites et aux dirigeants de son époque le caractère divin des responsabilités qui leur incombent : « Comme les dieux mésopotamiens, le Dieu d'Israël est la source et le gardien de la justice et confie au roi le soin de maintenir et de préserver la justice sociale »[440].

Dans la mission du prophète Amos, il s'est posé la question de la détermination du champ de compétence de son action. Autrement dit, lui revenait-il de s'intéresser et de dénoncer ce qu'il se passait dans le voisinage d'Israël ? Sa mission à cette époque était-elle restreinte par le principe d'exterritorialité ? Aujourd'hui, on peut se demander si un prêtre ou un prélat d'un pays donné peut dénoncer les injustices qui ont cours dans un pays autre que le sien ? Beaucoup d'hypothèses ont été émises[441]. Actuellement, avec

---

divans, ils se régalent de jeunes béliers et de veaux choisis dans les étables ; ils improvisent au son de la harpe, chantant comme David leurs propres cadences, buvant du vin dans des coupes, et se parfumant à l'huile des prémices, mais ils ne ressentent aucun tourment pour la ruine de Joseph. C'est pourquoi, maintenant, ils vont être déportés en tête des déportés, et finie la confrérie des avachis ! ». Cf. Am 6, 1. 3-7.

440 Éric BELLAVANCE, *op. cit.*

441 Il s'agit en réalité d'une polémique suscitée par l'attitude du prophète Amos qui condamne les nations voisines d'Israël. Éric Bellavance en fait une analyse intéressante dans son article. Cf. en ligne sur le même site cet extrait : « Les raisons qui ont poussé Amos à condamner les gestes posés par les nations voisines des royaumes de Juda et d'Israël ont été étudiées par plusieurs exégètes. Dans le cadre de cet article, nous nous concentrerons sur une théorie en particulier, celle proposée par John Barton au début des années 1980, reprise et développée dans les années 1990 par Noble (1993) et Hayes (1988 ; 1995), puis récemment remise en question par Wazana (2013). Selon l'hypothèse de Barton, Amos se serait basé sur un certain "droit coutumier international" pour condamner le comportement des nations étrangères voisines des royaumes de Juda et d'Israël. Cette hypothèse suppose qu'il se serait développé, à partir des relations diplomatiques et politico-militaires internationales, une sorte de compréhension de ce qui était contraire au comportement coutumier normal, autrement dit des "normes morales" acceptées ou reconnues par différentes nations. Pour Amos, les nations étrangères étaient soumises à certaines obligations morales dans leurs relations internationales en général, et dans leur manière de se comporter en temps de guerre en particulier. Ce "fond d'humanité commun à tous", pour reprendre l'expression de Fournier Bidoz (1994, 52), aurait fait en sorte que certains gestes posés par les nations auraient été perçus comme des "crimes de guerre". Noble et Hayes sont, pour l'essentiel, du même avis que Barton. Tous ces concepts de "droit coutumier international", de "normes morales ", de "crimes de guerre", etc., ont cependant été rejetés par Wazana, qu'elle considère comme anachroniques. Selon l'auteure, les crimes décrits par Amos ne doivent pas être qualifiés de "crimes de guerre" au sens moderne du terme. Il n'y aurait pas, selon Wazana, de gestes ou d'actions "universellement" considérées comme répréhensibles. Ce serait uniquement l'accumulation, le caractère extrême, répétitif ou illégitime de certaines actions qui auraient provoqué la colère de Dieu et poussé le prophète Amos à les dénoncer. Cette mise à jour faite par Wazana nous paraît nécessaire. L'auteure soulève des questions importantes et nous sommes, pour l'essentiel, d'accord avec

l'évolution du droit international en matière de règlementation des relations internationales, la solution semble évidente au nom de l'universalisme de l'Église catholique : les peuples partagent une même foi, un même Dieu et une même Église à travers la mission *ad gentes*. Amos jette prophétiquement son dévolu sur la défense de ceux qui sont « justes, faibles et plus vulnérables ». Il est normal et responsable de dénoncer toute action menée à l'encontre de la défense des faibles et préjudiciable à cette catégorie de personnes. Le prophète veille au respect et à la soumission de l'élite à la volonté de Dieu qui recommande de « protéger et venger les plus vulnérables, qu'ils fassent partie de son peuple ou non »[442]. Amos use de métaphore pour faire comprendre son attitude par rapport au voisinage du peuple d'Israël[443].

La situation sociale et politique qui caractérise l'époque d'Esaïe est une situation de crise provoquée par les Assyriens, envahisseurs de Jérusalem au VIIe siècle av. J. C. Il se distingue par sa forte personnalité et son style allégorique et poétique. Au plus fort de la crise, « Dieu lui apparaît pour lui confier la mission de dénoncer le péché et de restaurer l'espérance. Plus tard, alors que Jérusalem est assiégée par les Assyriens, Isaïe annonce au faible roi Achaz (736-716) le proche salut, symbolisé par la naissance d'un prince évoqué sous un nom prometteur, *Emmanuel* (Dieu avec nous) »[444]. Aussi, se voit-il, comme tout appelé de Dieu, impliqué et interpellé par la situation de son milieu dont il ne saurait ignorer les joies et les peines. Le prophète proclame ainsi le nom de Dieu en toute connaissance de cause. La vocation

---

son argumentation. Toutefois, comme nous le démontrerons dans cet article, ce n'est pas nécessairement pour leur caractère "extrême, répétitif ou illégitime" que ces gestes sont condamnés par le prophète. Nous sommes d'avis qu'Amos condamne le comportement des voisins d'Israël et les menaces de destruction parce que sa conception de la justice sociale est influencée par la rhétorique impériale assyrienne. Le Dieu d'Amos se comporte, en effet, comme un dieu impérial qui n'hésite pas à punir les peuples vassaux qui ne respectent pas leurs engagements envers l'empire. La rhétorique d'Amos est toutefois originale : YHWH menace de punir les nations voisines d'Israël parce qu'elles n'ont pas fait appliquer les règles de base de la justice sociale, où les plus vulnérables devraient être protégés ».

442 Éric BELLAVANCE, *op. cit.*

443 Envoyé de Dieu, « Amos présente YHWH comme un dieu impérial, c'est-à-dire comme un suzerain dont le pouvoir dépasse celui de son territoire. Comme le Dieu assyrien Aššur qui, en tant que dieu impérial, pouvait se permettre de condamner et de menacer de destruction des peuples qui ne le vénéraient pas. […]. En présentant YHWH comme un dieu impérial qui a le pouvoir de juger d'autres peuples, Amos pouvait se permettre de critiquer et de condamner les habitants du royaume d'Israël pour leurs nombreuses injustices sociales. Ainsi, le Dieu qu'Amos présente aux Israélites n'est pas qu'un dieu national ; il a les traits d'un dieu impérial, c'est-à-dire qu'il a le pouvoir de punir qui bon lui semble, incluant son propre peuple, lorsque le comportement de ce dernier, envers les individus les plus vulnérables, quels qu'ils soient, n'est pas approprié ». *Ibid.*

444 Michel DUBOST et al., *op. cit.*, p. 245, col. 1., italique dans le texte.

du prophète est l'appel de Dieu pour une mission de défense et de promotion de la justice. Au final « la réalité politique de Jérusalem et de Juda, de même que le jugement prophétique et en fin de compte l'interprétation des générations postérieures qui ont reçu l'héritage d'Isaïe, se combinent harmonieusement pour interpeller les communautés de foi d'aujourd'hui à ne pas dissocier réalité temporelle et réalité spirituelle. Il n'existe donc pas de dichotomie du point de vue du prophète Isaïe et de ses héritiers, entre la sphère du profane constituée du politique, de l'économique, du social d'un côté, et la sphère du religieux ou de la relation avec Dieu de l'autre »[445]. Cette affirmation donne aujourd'hui toute sa crédibilité et toute sa légitimité à l'engagement ecclésial et politique d'un prêtre ou d'un prélat dont le souci est de porter la Bonne Nouvelle en tout lieu sans exclusive.

Les prophètes Jérémie et Osée représentent respectivement dans leur mission un engagement de lamentations et de miséricorde de Dieu. Jérémie restitue son expérience personnelle, intime et communautaire, au point de faire dire à Albert Vincent que « le livre de Jérémie n'est pas un livre proprement dit au sens où nous l'entendons aujourd'hui, mais bien plutôt un recueil d'écrits, d'oracles, exhortations ou sermons parus à l'occasion de tel événement, qu'il soit de nature intime ou qu'il ait été provoqué par un incident politique »[446]. Effectivement, l'époque du prophète Jérémie est marquée par le rayonnement de l'Empire d'Assourbanipal, la faiblesse ou le manque de charisme de Manassé, et « le syncrétisme religieux » qui sévit dans le royaume de Juda[447]. Le prophète Jérémie se voit appelé par Dieu dans un contexte politique et religieux préoccupant[448]. L'on remarque qu'à la spontanéité d'Esaïe (Es 6, 8), s'oppose l'hésitation et la fébrilité de Jérémie qui se voit encore bien jeune et incapable de parler devant le peuple. Mais le Seigneur ne se laisse pas du tout impressionner par cette attitude d'humilité sur fond d'échappatoire : il lui assigne une mission précise[449]. Fort de l'urgence de

[445] Emmanuel LEMANA, *Qu'avez-vous à opprimer mon peuple ? Étude linguistique et exégétique d'Isaïe 3, 1-4, 1*, Würzburg, Echter Verlag, 2005, p. 399-400.

[446] Albert VINCENT, « Jean Steinmann, Le prophète Jérémie. Sa vie, son œuvre, son temps », (Coll. Lectio Divina, 9), 1952, [compte-rendu], https://www.persee.fr/doc/rscir_0035-2217_1954_num_28_2_2046_t1_0179_0000_2, p. 179-180.

[447] Albert VINCENT, *ibid.*

[448] Jérémie témoigne lui-même de sa vocation : « La parole du SEIGNEUR s'adressa à moi : "Avant de te façonner dans le sein de ta mère, je te connaissais ; je fais de toi un prophète pour les nations" ». Cf. Jr 1, 4-5.

[449] « Je dis : "Ah ! Seigneur DIEU, je ne saurais parler, je suis trop jeune". Le SEIGNEUR me dit : "Ne dis pas : je suis trop jeune. Partout où je t'envoie, tu y vas ; tout ce que je te commande, tu le dis ; n'aie peur de personne : je suis avec toi pour te libérer – oracle du SEIGNEUR". Le SEIGNEUR, avançant la main, toucha ma bouche, et le SEIGNEUR me dit : "Ainsi je mets mes paroles dans ta bouche. Sache que je te donne

l'appel de Dieu, le prophète Jérémie accepte sa mission en dénonçant ce que son peuple fait de mal avec ses fausses divinités et ses multiples trahisons. Il prêche « contre les faux dieux, contre l'infidélité du peuple, il prédit la guerre et la ruine de Jérusalem et une grande sécheresse ne sera que l'annonce d'un châtiment plus terrible encore »[450]. Il voit et dit les déboires de son peuple[451].

Le prophète Jérémie donne de comprendre qu'il n'est pas donné à l'envoyé de Dieu de vivre la bonne ou la mauvaise issue de sa mission. Parfois, à la fin de sa vie, il n'y a qu'échec et désespoir, preuve que sa mission peut s'achever sans lui : « Finalement, Jérusalem est prise en 587, le Temple totalement pillé et la population emmenée en captivité au moins dans son élite. Vers 585, le vieux prophète disparaît dans la nuit, désespéré de l'apostasie, du cynisme et de l'idolâtrie de son peuple »[452]. Ceci montre que la mission du prophète le dépasse, dès lors qu'il n'en est pas l'auteur[453], mais plutôt un serviteur quelconque[454], un collaborateur[455], un envoyé, un choisi[456]. Il est, au terme, un instrument de Dieu pour la visibilité de la réalisation de la Révélation : « Jérémie est avant tout un apôtre, mais avant de prêcher, il vivait et c'est au plus profond de son cœur qu'il entend la voix divine lui parler. Entendre l'agonie du prophète, communier aux souffrances de son martyre, demeure la meilleure manière de saisir comment par lui la révélation a progressé d'une façon si décisive »[457].

L'engagement d'Osée ne manque pas de se frotter également aux réalités du contexte sociopolitique de son temps. Il est aussi confronté à la royauté ou plus précisément à la vie politique de son territoire. Il n'en reste pas indifférent, d'où « la fréquence des invectives contre le ou les rois associés ou non aux "princes" (sarïm) »[458]. Opiniâtre, il est regardant sur la vie de la

---

aujourd'hui autorité sur les nations et sur les royaumes, pour déraciner et renverser, pour ruiner et démolir, pour bâtir et planter" ». Cf. Jr 1, 6-10.

450 Albert VINCENT, *op. cit.*

451 À titre d'exemple, « [e]n 605, les poèmes de Jérémie sur la coupe de la colère et sur Karkemish. En 604-603, la crise morale du prophète. Suivent le siège de Jérusalem par Nabuchodonosor, la reddition de Joachim, la première déportation et le pillage du temple. La captivité du prince ne fut pas trop dure, mais c'étaient pourtant des malheurs sans précédent et Jérémie en proclama la tristesse dans une série de lamentations ». Cf. *ibid.*

452 *Ibid.*

453 En effet, c'est Dieu qui envoie et détermine les axes et les priorités de toute mission. Cf. les différentes vocations des prophètes, entre autres : la vocation d'Isaïe (Is. 6, 1-8) ; de Jérémie (Jr 1, 4-8) ; Samuel (1Sm 3, 1-18) ; d'Amos (Am 3, 8) ; de Daniel (Dn 9).

454 Lc 17, 7-10.

455 1 Co 3, 9.

456 Jn 15, 16.

457 Albert VINCENT, *op. cit.*

458 https://www.persee.fr/doc/rhpr_0035-2403_1961_num_41_2_3647.

royauté, s'insurge contre les « pratiques cananéennes » et dénonce « le culte païen ou paganisant, l'institution monarchique et une politique étrangère non conforme au "neutralisme" requis par la confiance en Yahwé, condition nécessaire et suffisante de la perpétuation heureuse d'Israël »[459]. Osée a la ferme conviction que la royauté de son époque, d'inspiration cananéenne « est non-yahviste, sinon anti-yahviste ». Selon lui, une bonne royauté, ou bien une bonne autorité politique, doit ajuster sa volonté à celle de Yahwé, au risque de verser dans l'infidélité, cause des déboires du peuple d'Israël. Que doit-on percevoir en Osée, dans son engagement : un « défenseur zélé d'un culte yahviste exempt de contaminations plutôt qu'un prophète politique ? »[460]. Le prophète Osée se positionne-t-il comme un anti monarchiste en tant que rejet de l'institution en soi, ou plutôt comme quelqu'un qui ne s'en prend qu'à l'agir de la royauté ?

Il semble plus probable qu'Osée ne rejette pas l'institution de la monarchie comme telle, mais plutôt le comportement des dirigeants qui s'abandonnent à l'idolâtrie et à l'infidélité en ne respectant pas la volonté de Yahwé. Telle fut l'attitude de Mgr Paul Etoga lorsqu'il dénonçait les méconduites de certains collaborateurs du président Ahidjo. Finalement, il ressort que le prophète Osée n'est pas contre les institutions politiques, mais plutôt contre la mauvaise gouvernance des dirigeants, c'est pourquoi « "[o]n aurait tort de croire qu'Osée voit dans la royauté une source de corruption et qu'il est à l'origine de la condamnation deutéronomique. Osée critique les révolutions, les usurpations, non l'institution elle-même" [...]. Osée stigmatise des rois individuels et l'institution sécularisée telle qu'elle se présentait à ses yeux dans le royaume du Nord »[461]. Finalement, pour Esaïe, Jérémie et Amos, l'engagement politique et social des prophètes, dans l'Ancien Testament, est une mission et un devoir de prendre la défense du peuple selon la volonté de Dieu. Avec Osée, le prophète dénonce et fustige les travers de la classe dirigeante et de la société. En revanche, Osée ne fait la promotion ni de la dénonciation insolente, ni de la destruction des institutions politiques ; plutôt, il milite pour qu'elles soient des havres de paix, de justice et de crainte de Dieu. Le prophète Osée n'est donc pas un anarchiste nihiliste. Avec Jean-Baptiste, le Nouveau Testament est un supplément de confirmation de la communion d'esprit et d'action dans l'engagement prophétique vétérotestamentaire. Il est également une onction de cette même communion

---

[459] *Ibid.*

[460] *Ibid.*

[461] *Ibid.* Il est aussi intéressant, pour comprendre l'essentiel des dénonciations du prophète Osée de consulter Paul HUMBERT, « Osée le prophète bédouin », dans *Revue d'histoire et de philosophie religieuses*, 1, 1921. p. 97-118. DOI : https://doi.org/10.3406/rhpr.1921.2319, www.persee.fr/doc/rhpr_0035-2403_1921_num_1_2_2319.

qui a soutenu et entretenu l'engagement ecclésial et politique de Mgr Paul Etoga, homme de Dieu et d'Église.

2° Jean-Baptiste le précurseur

La figure du Christ donne fondamentalement sens à celle de Jean-Baptiste, le précurseur, qui se définit lui-même comme « la voix de celui qui crie dans le désert »[462]. Une voix austère, courageuse et libre à l'aube du Nouveau Testament, une voix d'engagement social et politique jusqu'au martyre suprême. Il est le symbole d'un engagement courageux en toute austérité et un signe de contradiction. Le prophète Jean-Baptiste, en même temps qu'il clôt l'effectif des prophètes de l'Ancien Testament, ouvre à la perspective de « l'âge messianique ». Il eut la grâce de vivre la réalisation, en Jésus-Christ, du mystère et de la merveille de la promesse de Dieu. Il devient manifestement évident que « [s]a supériorité sur ses prédécesseurs réside dans le fait qu'il a assisté à l'accomplissement de sa propre prophétie – il a baptisé Jésus et l'a reconnu comme le Messie [...]. »[463]. Dans sa mission, il est un homme de Dieu austère, désintéressé, courageux et une conscience critique de son époque. Sa naissance et son nom défient tous les codes de la filiation ayant cours dans son univers sociologique et culturel. Il opère une grande et déconcertante rupture avec l'ordre établi culturellement, socialement et même politiquement. Cette rupture n'est cependant pas une abolition anarchique de la réalité sociale et politique de son temps, mais une amorce radicale et décisive de quelque chose de nouveau dont le Christ est le fondement et l'achèvement. Pour dire l'essentiel, « [i]l n'y a pas de création de voies nouvelles sans un travail de rénovation. Le prophète ne se contente pas d'annoncer, il fait en sorte que l'avènement soit possible et l'orientation autre qu'il prédit ne va pas sans interruption. Plus que continuité, le prophétisme est rupture. Jean assume une bifurcation neuve, déjà en portant par son nom la rupture qu'il énonce »[464].

Jean-Baptiste aiguillonne les regards, les mentalités et les visions de son époque. La mission étant d'opérer la conversion des mentalités et des comportements, au niveau social et politique, en y jetant un regard nouveau. Il est aussi un signe de contradiction et de vie austère quand « [i]l rompt bien sûr aussi avec le monde en partant au désert où sa tenue est celle des prophètes »[465]. Le symbolisme de ses faits et gestes, ainsi que son apparence, vivifient et actualisent la rupture déclenchée par le phénomène mystérieux nommé Jean-Baptiste. Il sort de l'ordinaire car « suivant les Écritures, le récit

[462] Jn 1, 23.
[463] Françoise LAURENT, « Une voix crie dans le désert... », dans *Jean-Baptiste : Le précurseur au Moyen Âge.* Nouvelle édition [en ligne]. Aix-en-Provence : Presses universitaires de Provence, 2002, disponible sur Internet : http://books.openedition.org/pup/4157, ISBN : 9782821836983. DOI : https://doi.org/10.4000/books.pup.4157, p. 149-165.
[464] *Ibid.*
[465] *Ibid.*

le présente vêtu à la manière d'Élie d'une ceinture et d'une peau de chameau »[466]. L'être Jean-Baptiste est un « signe non de régression à l'état animal, mais de rupture ; la peau de bête s'opposant au tissu qui, par ses fibres végétales, est lien tenu, liaison rassurante et symbole de continuité »[467]. La destinée du fils de Zacharie et d'Élisabeth est à la mesure du mode de vie qui lui est propre, ainsi que le prédit la prophétie de l'ange[468]. Jean-Baptiste se positionne comme le précurseur qui éduque à l'avènement de la révolution sociale, culturelle, spirituelle, humaine, économique et politique, dont le Christ est la Révélation. Malgré toute sa notoriété, il reconnaît sa vraie place.

Jean-Baptiste est un prophète dont l'humilité est à la fois un exemple et un mystère. Sans prétention ni usurpation, il avoue qu'il n'est pas le Messie[469]. Son ministère draine suspicions et d'interrogations sur sa destinée, tellement le peuple est dans l'expectative de l'avènement d'un messie. En reconnaissant sa réelle place, l'on y décèle les traits d'un homme vrai, honnête, humble et soucieux de l'altérité. Il n'est pas le Messie, contrairement à ce qui se dit à son sujet. Il n'en est que l'écho qui annonce un baptême de conversion[470]. Telle se présente, dans ses grandes lignes, la feuille de route missionnaire et prophétique de Jean-Baptiste qui se considère comme celui-là qui doit s'abaisser, afin que grandisse celui qui arrive au nom du Seigneur. Autrement dit, la vraie mission qui lui incombe est d'annoncer la venue du Christ[471]. Jean-Baptiste est le panneau de signalisation missionnaire et prophétique qui indique le chemin, la vérité, la vie, incarnés par le Christ[472]. Tout au long de

---

466 *Ibid.*

467 *Ibid.*

468 « Ta femme Élisabeth t'enfantera un fils et tu lui donneras le nom de Jean. Tu en auras joie et allégresse et beaucoup se réjouiront de sa naissance. Car il sera grand devant le Seigneur ; il ne boira ni vin ni boisson fermentée et il sera rempli de l'Esprit Saint dès le sein de sa mère. Il ramènera beaucoup de fils d'Israël au Seigneur leur Dieu ». Cf. Lc 1, 13-16.

469 Jn 1, 20.

470 En effet, Jean-Baptiste est celui qui « vint dans toute la région du Jourdain, proclamant un baptême de conversion en vue du pardon des péchés, comme il est écrit au livre des oracles du prophète Esaïe : *Une voix crie dans le désert : Préparez le chemin du Seigneur, rendez droits ses sentiers. Tout ravin sera comblé, toute montagne et toute colline seront abaissées ; les passages tortueux seront redressés, les chemins rocailleux aplanis ; et tous verront le salut de Dieu* ». Cf. Lc 3, 3-6. Cf. également, Mt 3, 1-6 ; Mc 1, 1-6 ; Jn 1, 19-23.

471 Il ajoute, parlant de lui-même : « "Moi, c'est d'eau que je vous baptise ; il vient, celui qui est plus fort que moi, et je ne suis pas digne de délier la lanière de ses sandales. Lui, il vous baptisera dans l'Esprit Saint et le feu" ». Cf. Lc 3, 16. Cf. également, Mt 3, 1-12 ; Mc 1, 2-8 ; Lc 3, 15-17.

471 Jn 1, 29-30.

472 « […] il voit Jésus qui vient vers lui et il dit : "voici l'agneau de Dieu qui enlève le péché du monde". C'est de lui que j'ai dit : "Après moi vient un homme qui m'a devancé, parce que, avant moi, il était" ». Cf. Jn 1, 29-30.

sa mission il se révèle un prophète de conviction, opiniâtre et courageux face au politique et à l'élite.

De l'Ancien au Nouveau Testament, une évidence se confirme selon laquelle, le prophète ou l'homme de Dieu n'échappe pas à la politique et au politique. Son ministère se frotte toujours à la sphère politique sans avoir besoin de le rechercher. La prédication est sans exclusive dans la mesure où elle concerne tout le peuple y compris ses dirigeants. La Bonne Nouvelle doit tout aussi leur être annoncée. La dénonciation et la remontrance font partie des devoirs de tout homme de Dieu, parce qu'il est appelé à adopter une attitude exemplaire, de modèle et de témoignage de vie. Le prêtre et l'évêque doivent être capables du sens du désintéressement par rapport au politique, sans scandale à l'exemple du prophète Jean-Baptiste. Effectivement, « Jean ne se compromet pas avec le pouvoir en place, assumant vis-à-vis des membres de la société et du roi Hérode un rôle de remontrance qui a toujours été celui des prophètes »[473]. Il se montre, tout long de sa prédication, convainquant et convaincu de ce qu'il prêche, en faisant preuve de cohésion entre ce qu'il enseigne et son témoignage de vie. La détermination et le courage qui le caractérisent l'amènent à affronter directement toutes les couches de la société[474]. Non seulement il reprend le peuple, mais aussi il l'exhorte dans son cheminement de conversion[475]. Aujourd'hui le prêtre et l'évêque doivent tout autant savoir dénoncer et exhorter le peuple de Dieu.

L'envergure prophétique de Jean-Baptiste conserve toute son ardeur, même devant les dirigeants dont il dénonce efficacement les travers, sans haine, ni insolence, encore moins règlement de compte. Il est fidèle à sa mission et la dimension politique de son ministère est à peine voilée : Jean-Baptiste « reproduit la dénonciation tonitruante et c'est toute la société qui se trouve épinglée sous son regard de prédicateur. Greffé aux reproches adressés par Jean [...] aux collecteurs d'impôts ou à Hérode, son discours peut présenter un caractère moral, mais il est surtout politique »[476]. L'exemple plein d'enseignement est dans sa confrontation interpellative avec Hérode qui prit

---

473 Françoise LAURENT, *op. cit.*

474 On peut lire dans l'Évangile : « Jean disait alors aux foules qui venaient se faire baptiser par lui : "Engeance de vipères, qui vous a montré le moyen d'échapper à la colère qui vient ? Produisez donc des fruits qui témoignent de votre conversion" ». Cf. Lc 3, 7-8.

475 En effet, « [l]es foules demandaient à Jean : "Que nous faut-il donc faire ?" Il leur répondait : "Si quelqu'un a deux tuniques, qu'il partage avec celui qui n'en a pas ; si quelqu'un a de quoi manger, qu'il fasse de même". Des collecteurs d'impôts aussi vinrent se faire baptiser et lui dirent : "Maître, que nous faut-il faire ?" Il leur dit : "N'exigez rien de plus que ce qui vous a été fixé". Des militaires lui demandaient : "Et nous, que nous faut-il faire ?" Il leur dit : "Ne faites ni violence ni tort à personne, et contentez-vous de votre solde" ». Cf. Lc 3, 10-14.

476 Françoise LAURENT, *op. cit.*

la femme de son frère. L'audace de Jean-Baptiste lui vaut la prison[477]. Au bout, la figure de ce prophète montre suffisamment que l'engagement d'un prophète ou d'un homme de Dieu est toujours jonché d'épreuves[478].

Face aux vicissitudes, Jean le précurseur est resté fidèle à sa vocation et à sa mission[479]. À la fin, le témoignage spirituel, mystique et exaltant de Jean-Baptiste, le précurseur, est une sorte de pré-imitation du Christ : « Prédication, baptême, persécution, mort, voyage aux limbes font de Jean-Baptiste le précurseur du Christ et son plus fidèle serviteur. Rien ne le fait hésiter, personne ne le fait reculer ; seule la présence de Dieu l'emplit d'une crainte révérencieuse qui traduit l'humilité de la créature devant le Créateur »[480]. Une telle destinée prophétique ouvre également à la compréhension de la communion du premier évêque de Mbalmayo avec son époque, dévoilant sa fidélité à la famille ecclésiale : l'Église.

2. Communion de Paul Etoga à l'époque contemporaine

Cette époque regorge de prélats, prêtres, religieux et religieuses ayant eu un engagement ecclésial et politique significatif. Considérant sa communion à l'époque contemporaine, un distinguo est à faire entre communion d'esprit et communion d'action. La communion d'esprit apparaît naturelle et évidente. Elle s'entend comme une cohésion intentionnelle, entre l'engagement ecclésial et politique de Paul Etoga et celui de ses confrères contemporains

---

[477] L'Évangile rapporte à ce propos : « Mais Hérode le tétrarque, qu'il blâmait au sujet d'Hérodiade, la femme de son frère, et tous les forfaits qu'il avait commis, ajouta encore ceci à tout le reste : il enferma Jean en prison ». Cf. Lc 3, 19-20. Cf. également Mt 14, 3-4 ; Mc 6, 17-18.

[478] Le Christ le dit dans l'Évangile : « Mais avant tout cela, on portera la main sur vous et on vous persécutera ; on vous livrera aux synagogues, on vous mettra en prison ; on vous traînera devant des rois et des gouverneurs à cause de mon nom. Cela vous donnera une occasion de témoignage ». Cf. Lc 21, 12-13. Cf. également, Mt 10, 17-22 ; Mc 13, 9-13.

[479] « Un peu plus tard, Jean affronte Hérode et Hérodiade. Entre l'ermite farouche et le couple royal, la colère conduit vite aux sarcasmes, aux menaces, puis aux actes ; le prédicateur est jeté en prison. Le roi offre un banquet ; les invités se pressent, les serviteurs s'agitent, les vêtements chatoyants, les cris et les rires emplissent la scène ; non loin, dans sa geôle, le saint prie. Ici, une jeune acrobate fait applaudir des sauts provocants ; là, un bourreau fait rouler par terre la tête hirsute du prisonnier, la pose sur un plat et la fait remettre à la demoiselle. Hérodiade frappe d'un couteau le crâne du mort et la foule des invités se disperse en murmurant. Le rôle de Jean n'est pourtant pas terminé ». Cf. Jean-Pierre BORDIER, « Le rôle de Jean-Baptiste chez Arnoul Gréban et Jean Michel », dans « Jean-Baptiste : Le précurseur au Moyen Âge » [en ligne]. Aix-en-Provence : Presses universitaires de Provence, 2002. Disponible sur Internet : <http://books.openedition.org/pup/4166>. DOI : https://doi.org/10.4000/books.pup.4166, p. 43-59.

[480] Jean-Pierre BORDIER, *ibid.*

d'autres pays. La communion d'action, quant à elle, est sujette à débat et suscite des réserves, dans ce sens que tous n'ont pas eu recours aux mêmes moyens dans leur engagement. Certains sont restés fidèles aux exigences du ministère sacerdotal, d'autres ont pris les armes pour marquer leur engagement, voire quitter le sacerdoce en accédant à la magistrature suprême. Unis dans l'intention de libérer leur peuple de l'oppression coloniale, ils se sont vus éloignés des directives de l'Église au regard de l'histoire quant aux moyens utilisés. La plausibilité de la communion de Paul Etoga à l'époque contemporaine exige une analyse de l'engagement ecclésial et politique de certaines figures d'ecclésiastiques de son époque, malgré la différence spatiotemporelle et culturelle.

1° Mgr Oscar Romero : une figure significative

Mgr Oscar Arnulfo Romero Galdámez, plus connu sous le nom d'Oscar Romero, est né « le 15 août 1917 à Ciudad Barrios, ville située à l'est du Salvador, 900 mètres d'altitude, non loin de la frontière avec le Honduras »[481]. Son univers familial est modeste. Sa mère est une femme pieuse. Son père, quant à lui, se laisse facilement aller à la colère. La poliomyélite dont il souffre à l'âge de 14 ans impacte « sur ses capacités à se mouvoir et à parler ». Cependant, il entretient un potentiel réflexif remarquable qui fait dire qu'« Oscar avait le goût des mots et de leurs significations, il était avide de savoir. Physiquement faible, il jouait peu avec les enfants de son âge »[482]. Plutôt doué, mais « [à] l'école, il n'était pas intéressé par les mathématiques, mais était bon en langue espagnole »[483]. De manière générale, « [s]on enfance, mis à part sa maladie, fut sereine. Oscar avait cinq frères et deux sœurs (dont une qui mourut enfant) »[484]. Au départ pourtant, Santos Romero, son père, destine son fils à la menuiserie. Finalement, le jeune Oscar entre au petit, puis au grand séminaire en vue du sacerdoce. Ce ne fut pas facile pour le jeune Oscar et sa famille[485]. Au final, on retient que sa formation de futur de prêtre fut marquée par son passage à Rome. En effet :

> « Ces années romaines (1937-1943) sont fondamentales dans la vie de Romero. L'expérience romaine marqua en profondeur le futur archevêque de San Salvador. La "romanité" de Romero, qui fut un

---

[481] Roberto MOROZZO DELLA ROCCA, *Mgr Oscar Romero*, Paris, Cerf, 1991, p. 18. À ce moment au Cameroun Paul Etoga était âgé de six ans.

[482] *Ibid.*, p. 19.

[483] *Ibid.*

[484] *Ibid.*

[485] Son père « mit en location une partie de la maison familiale pour payer les études d'Oscar au séminaire. Il changea ensuite d'avis et fit savoir à l'évêque de San Miguel qu'il n'avait plus l'intention de maintenir son fils au séminaire. L'évêque ne voulut pas perdre Oscar et prit en charge lui-même la majorité des dépenses. Oscar travailla également pour pouvoir rester au séminaire. Il passa notamment un été à travailler à la mine », cf. Roberto MOROZZO DELLA ROCCA, *op. cit.*, p. 20.

élément décisif de sa formation et, par la suite, de son identité de prêtre et d'évêque, a été peu prise en compte. Il faisait partie de cette génération d'ecclésiastiques qui tentèrent de réformer la situation sinistrée, pour ne pas dire calamiteuse, du clergé latino-américain par le biais de la discipline et de la spiritualité. Cette réforme se manifesta à travers la ferme volonté, émanant de Rome, cœur du catholicisme, de donner une empreinte plus romaine à l'Église latino-américaine. Cela signifiait former un personnel ecclésiastique détaché d'un certain provincialisme, doté d'un sens plus universel de l'Église, d'une solide discipline morale, distinguant les sphères de l'Église et de l'État, détaché de la politique pour donner la primauté à l'ecclésial et au spirituel »[486].

Au terme de sa formation, il est ordonné prêtre le 4 avril 1942. De retour au pays, il assume de grandes responsabilités dans son diocèse aux côtés de son évêque[487]. Homme de confiance et défenseur du clergé séculier, une fois évêque, son engagement ecclésial et politique est à la mesure de sa pugnacité[488]. Le 24 mars 1980, alors qu'il est en pleine célébration eucharistique, il est froidement assassiné par le capitaine de l'armée de l'air Rafael Savaria affilié à un parti d'extrême droite. Il appartenait également aux escadrons de la mort. Ainsi, l'on pense sans risque de se tromper que cet évêque « payait de sa vie, non pas un engagement politique au sens politicien du terme, mais sa défense des droits de l'homme et sa dénonciation de la misère et de l'injustice sociale. Un choix éminemment religieux, parce que évangélique »[489]. Pris entre le marteau et l'enclume dans son engagement d'homme de Dieu et d'Église, « [i]l s'est heurté à des forces plus puissantes que lui, se trouvant doublement à contre-courant, entre un pouvoir oligarchique qui entendait se servir de la religion comme moyen de contrôle social afin de préserver ses intérêts de caste, et une guérilla marxiste qui cherchait elle aussi à récupérer l'Église à son profit, mais en niant son message spirituel »[490]. Finalement, miné par l'affrontement des intérêts diamétralement opposés de ceux qui voulaient se servir de l'Église, Mgr Romero « a été broyé, comme bien d'autres, prêtres, religieuses et religieux, et laïcs engagés, entre ces deux blocs antagonistes »[491].

Oscar Romero, quoique décédé, illustre encore aujourd'hui et pour la postérité, de manière manifestement évangélique, le témoignage exemplaire d'un engagement ecclésial et politique sans réserve. Cet engagement s'inscrit dans la fidélité aux exigences du sacerdoce avec pour préoccupation

---

486 *Ibid.*, p. 21-22.
487 Cf. *Ibid.*, p. 30 et s.
488 Cf. *ibid.*, p. 38 et s.
489 *Ibid.* p. 10.
490 *Ibid.*,
491 *Ibid.*

fondamentale la défense des pauvres et des plus faibles. Politiquement parlant, son but n'était pas du tout la conquête du pouvoir ; il s'investissait pour la conscientisation et l'humanisation de ce pouvoir et de la rébellion dans une perspective de responsabilisation éthique et politique en vue du bien commun, dans la paix et la justice. À l'heure de l'apogée de la théologie de la libération[492], il est demeuré un résistant non violent et pacifique. Retenons que Mgr Oscar Romero s'inscrit en droite ligne dans la communion d'esprit et d'action avec le prélat Etoga. Il est resté fidèle à son sacerdoce ayant pour seule arme la Parole de Dieu ; taxé de conservateur, il sut prendre la défense des pauvres et des plus faibles. Oscar Romero est resté fidèle aux directives de l'Église. En Afrique, il y a également des exemples d'engagement ecclésial et politique méritant une attention significative dans le cadre de ce travail sur Mgr Paul Etoga.

2° Les abbés Augustin Diamacoune Senghor, Fulbert Youlou et Barthélémy Boganda

Comme prêtre, l'abbé Augustin Diamacoune Senghor assume la charge de formateur de futurs prêtres : il est directeur du séminaire moyen et professeur de littérature et d'éducation civique. Le 4 avril 1928 il voit le jour à Senghalène à l'ouest de Ziguinchor au Sénégal. Après une longue maladie, il décède en France le 13 janvier 2007. La fibre du militantisme politique lui est communiquée par son propre père Mathieu Diamacoune[493]. En effet, la situation en Casamance vers les années 1980 ne laisse pas indifférent l'abbé Diamacoune Senghor. Il fut même à la tête du Mouvement des forces démocratiques de Casamance (MFDC). Ce mouvement était une fédération regroupant en son sein les forces rebelles indépendantistes. On comprend pourquoi l'engagement politique de l'abbé Diamacoune est doublé d'un militantisme ouvert pour la libération de la Casamance. Précisons au final que l'objectif de cette étude n'est pas d'effectuer une analyse sociopolitique soutenue de la question de la Casamance, mais de signaler rapidement, en lien

---

[492] Cf. pour un complément de réflexion, Jean-Paul MESSINA, *Culture, christianisme, quête d'une identité africaine*, *op. cit.*, p. 116-121.

[493] « L'abbé Augustin Diamacoune Senghor est un dirigeant indépendantiste de la Casamance, né le 4 avril 1928 à Senghalène, à 40 km à l'ouest de Ziguinchor (Sénégal) et mort à l'hôpital militaire du Val-de-Grâce à Paris (France) le 13 janvier 2007. Son père, Mathieu Diamacoune Senghor (un Sérère) était un des membres fondateurs et militants actifs du Bloc démocratique sénégalais (BDS) du président Senghor. Sa mère, Marthe Badiate est une Diola. », cf., https://fr.wikipedia.org/wiki/Augustin_Diamacoune_Senghor, consulté le 7 décembre 2020, et pour de plus amples informations, *L'abbé Augustin Diamacoune Senghor – Par lui-même et par ceux qui l'ont connu*, E-book PDF René Capain Bassène, https://www.furet.com/ebooks/l-abbe-augustin-diamacoune-senghor-rene-capain-bassene-9782296517172_9782296517172_4.html, consulté le 7 décembre 2020.

avec notre propos, l'implication politique d'un homme d'Église qui est allé jusqu'à porter son soutien à la lutte armée. La figure de l'abbé Diamacoune amène justement à spécifier les limites de l'engagement politique d'un ecclésiastique. Cette attitude de l'abbé Diamacoune rappelle celle de certains prêtres d'Amérique latine sympathisants de la théologie de la libération[494].

Au Congo Brazzaville, l'engagement politique de l'abbé Fulbert Youlou[495] le conduit à la magistrature suprême en décembre 1959. Il voit le jour à Madibou le 9 juin 1917, reçoit le sacrement de baptême en 1926, entre au petit séminaire de Brazzaville en 1929, achève ses études secondaires au petit séminaire d'Akono, au Cameroun, où il enchaîne avec les études philosophiques au grand séminaire de Yaoundé. Il n'est pas impossible que Paul Etoga et Fulbert Yulu aient fait connaissance à Akono ou à Yaoundé en tant que séminaristes[496]. Son ordination sacerdotale intervient en 1946. Sans interruption, il exerce son ministère sacerdotal pendant dix années, jusqu'au jour où il décide de faire véritablement carrière en politique. En se présentant « aux élections à l'Assemblée Territoriale du Moyen-Congo en 1956, il va connaître une popularité étonnante. En dépit d'un premier échec électoral, ce prêtre condamné par Rome, par vengeance raciale, disent ses amis, va connaître une irrésistible ascension qui le portera à la magistrature suprême, en décembre 1959 »[497]. C'est la raison première de ses démêlés avec Rome qui ne voit pas d'un bon œil cet engagement politique radical d'un ecclésiastique de l'Église catholique romaine et apostolique. Il lui est alors interdit de dire la messe.

En revanche, l'attitude et la sanction de Rome n'affectent ni sa popularité, ni sa détermination. Beaucoup de ses partisans voient au contraire en cette attitude romaine une forme de racisme. De son côté, il se considère toujours comme prêtre et ne quitte pas sa soutane, malgré sa suspension *a divinis*. Surnommé « l'abbé », Fulbert Yulu est d'une imprévisibilité marquée par son

---

494 La situation en Amérique latine pendant les dictatures et la misère qui s'en est suivie, fait naître chez le père dominicain Gustavo Gutiérrez, péruvien, ce sentiment de soif de justice, et de concevoir une dynamique théologique de la libération qui le fait être considéré comme « le père de la théologie de la libération ». Pour une esquisse de clarification, cf. https://croire.la-croix.com/Definitions/Lexique/Theologie/Qu-est-ce-que-la-theologie-de-la-liberation, consulté le 7 novembre 2020.

495 Cf. https://dacb.org/fr/stories/congo/youlou-fulbert/, consulté le 8 décembre 2020.

496 Ce qui fait présumer d'une éventuelle rencontre transparaît dans les dates : Paul Etoga, en 1929, selon son autobiographie, est à mi-parcours au petit séminaire d'Akono, puisqu'il intègre le grand séminaire en 1931. Son ordination sacerdotale intervient le 19 septembre 1939. Or Fulbert Youlou commence le petit séminaire à Brazzaville en 1929. Si c'est prouvé, l'écart entre les deux séminaristes était considérable, Fulbert Youlou ayant été ordonné prêtre en 1946, soit sept ans après Paul Etoga, ce qui signifie que Fulbert Youlou est entré au grand séminaire en 1938 alors que Paul Etoga était en quatrième année de théologie, donc en fin de formation.

497 Cf. https://dacb.org/fr/stories/congo/youlou-fulbert/, consulté le 8 décembre 2020.

univers socioculturel africain et le contexte de lutte anticolonialiste et indépendantiste. Politiquement, il affiche son anticommunisme radical. Ecclésialement, il n'admet pas le célibat des prêtres. Avant la magistrature suprême, son engagement politique l'amène à être maire de Brazzaville en 1956, conseiller territorial de Djoué en 1957, et ministre de l'agriculture. Président du Conseil de gouvernement en 1958, c'est lui qui fait de Brazzaville la capitale du Congo. Il affirme son autorité en concentrant l'essentiel des pouvoirs entre ses mains. Pour le peuple, son statut de prêtre, quoique frappé de suspense *a divinis*, fait de lui un titulaire à la fois du pouvoir politique et religieux. Il ne manque pas d'envoyer en prison ses opposants. Dans sa volonté d'asseoir son autorité il crée un parti unique en 1962. Malheureusement, en 1963 il est renversé, mis en résidence surveillée et exilé. Installé à Madrid, il décède le 6 mai 1972.

L'abbé Barthélémy Boganda[498] (1910-1959) est orphelin de père et de mère : il perd ses parents dans des situations atroces. Boganda est le tout premier prêtre de l'Oubangui-Chari, ordonné le 27 mars 1938[499]. Prêtre, il est dévoué, plein de ressources et d'initiatives, soucieux de l'émancipation de son peuple. Comme Fulbert Youlou, il est formé au grand séminaire de Yaoundé. En substance, l'on retient que Barthélémy Boganda est le « Premier Oubanguien à avoir eu accès aux études secondaires, il devient également le premier à atteindre l'enseignement supérieur avec son admission en octobre 1931 au grand séminaire Saint-Laurent de Mvolye à Yaoundé. Il y reçoit les différentes étapes de l'ordination. Il rencontre dans cette institution le futur Premier ministre camerounais André-Marie Mbida et le futur président de la République congolaise Fulbert Youlou, élèves comme lui. En octobre 1937, Mgr Grandin l'honore en lui confiant l'encadrement du nouveau petit séminaire Saint-Marcel à Bangui »[500]. Notons que Boganda entre au grand séminaire Saint-Laurent de Mvolyé à Yaoundé l'année où Paul Etoga commence sa formation comme grand séminariste dans le même grand séminaire, c'est-à-dire en 1931.

Sa vision de la pastorale et de l'Évangile le met en difficulté avec ses supérieurs. Il devient une menace pour l'administration coloniale jusqu'à son

---

[498] Cf. https://www.grioo.com/info7957.html, consulté le 8 décembre 2020.

[499] Il est ordonné prêtre un an avant Paul Etoga. Ce qui suppose qu'il serait entré au grand séminaire en deuxième année alors que le Paul Etoga y entrait en première année. Ayant été, visiblement à la même époque, au grand séminaire de Yaoundé que Paul Etoga, la proximité avec le futur premier évêque est plausible. Cf. Daniel ABWA, *op. cit*., p.14-15. Sa date de naissance est située vers 1910. Il décède en 1959. On peut donc estimer qu'à un moment donné de l'histoire du grand séminaire au Cameroun, malgré la différence des promotions, Boganda, Paul Etoga, André-Marie Mbida et Fulbert Youlou auraient partagé une partie de leur histoire au petit et/ou grand séminaire.

[500] https://www.grioo.com/info7957.html, consulté le 8 décembre 2020.

divorce d'avec les spiritains et la renonciation à l'état clérical[501]. Dans son engagement politique, on lui reconnaît son panafricanisme régional et son anticommunisme. Barthélémy Boganda est considéré comme le « père fondateur » de la nation. Cet homme se plaça en première ligne pour la transformation de l'Oubangui-Chari en République centrafricaine. Il lui attribua un drapeau, une devise et un hymne national. Il est le premier président de la RCA, malgré un règne de courte durée (1958-1959). Son combat et sa conviction sont clairs : « Libérer l'Afrique et les Africains de la servitude et de la misère, telle est ma raison d'être et le sens de mon existence »[502], confie-t-il. Il a été un artisan de premier plan dans l'émancipation politique de son pays jusqu'à sa mort le 29 mars 1959 à l'âge de 48 ans.

Les abbés Augustin Diamacoune, Fulbert Youlou et Barthélémy Boganda ont eu chacun un engagement ecclésial évident et louable. Ils ont exercé et milité dans un contexte de domination coloniale et de lutte anticolonialiste et indépendantiste. Il n'est pas assez de rappeler que la double domination ecclésiale et politique fut génératrice d'une attitude d'une double révolte chez certains de ces prêtres autochtones. Ces derniers se sentaient obligés, comme par un devoir moral, de contribuer à leurs risques et périls, à la libération de leurs différents peuples, quitte à sacrifier leur sacerdoce à l'autel du nationalisme. Certains ont adopté la méthode forte, c'est-à-dire la violence de la lutte armée pour libérer leurs peuples, ainsi que le fit l'Apôtre Pierre en tranchant l'oreille du serviteur du grand prêtre lors de l'arrestation du Christ

---

[501] Voici en grandes lignes ce qu'il s'est passé : « En octobre 1941, il est affecté à la mission Saint-Joseph de Bambari avec la charge de christianiser la population banda. Il se voit pour cela confier la jeunesse des écoles et l'action pastorale dans la subdivision. Contrairement à ses supérieurs, pour qui la priorité est le catéchisme, Boganda conçoit son action religieuse comme inséparable de son action sociale : "l'Évangile pour l'école, l'Évangile par l'école". À cette époque, le taux de scolarisation en Oubangui-Chari est de 1,5 %. À Grimari, poste secondaire où toute mission spiritaine a jusque-là échoué, il prend toute la mesure du rôle départi à l'œuvre éducative. Malgré de faibles moyens, il met en pratique ses préceptes. Les résultats sont plutôt concluants : l'église est pleine les dimanches et jours de fête, une économie embryonnaire se développe avec les plantations de manioc et de bananes, et des ateliers de fabrication de meubles en rotin produisent régulièrement. Ce volontarisme ne plaît pas à tout le monde. Son comportement très ferme vis-à-vis des familles restées attachées aux "traditions" se heurte à l'administration qui, par le biais du chef de subdivision M. Dieu, soutient les pratiques de mariage forcé et de polygamie au nom de la coutume banda. Des divergences de vue avec ses supérieurs provoquent sa mutation en juin 1946 à la mission Saint-Pierre-Claver de Bangassou. Ce transfert-sanction, décidé par les pères Hemme et Morandeau (proches des milieux coloniaux), marque le début de sa rupture avec les spiritains installés en Oubangui ». Cf. https://www.grioo.com/info7957.html.

[502] Cf. *ibid.*

au jardin des oliviers[503]. La réaction du Christ est significative pour illustrer l'attitude et la spécificité de l'engagement politique d'un ecclésiastique en tout temps et en toute circonstance : la non-violence. Une réaction de maîtrise et de réserve pour signifier la prééminence de l'engagement ecclésial sur l'engagement politique[504].

3° Augustin, Fulbert et Barthélémy : tout un symbole

Ces trois prêtres illustrent ce qui aujourd'hui constitue le fil d'Ariane dans tous les peuples en général et en Afrique de manière urgente : la réconciliation et la paix. Ils sont matière à réflexion quant à la fidélité de l'Église et de ses pasteurs à la mission d'annoncer la Bonne nouvelle et la défense des pauvres et des plus faibles. Retenons que l'engagement politique des trois abbés, Augustin Diamacoune, Fulbert Youlou et Barthélémy Boganda, eut le dessus sur leur engagement sacerdotal. Pour le moment, l'on en reste là en attendant poursuivre dans la troisième partie l'analyse de la spécificité de l'engagement ecclésial et politique d'un clerc tel que voulu par le Christ, modèle parfait et absolu. Toutefois, il faut considérer que ces trois prêtres ont sacrifié les directives de l'Église, brisant ainsi la communion d'action avec le Christ. Il devient difficile pour l'Église de les considérer comme des modèles d'engagement ecclésial et politique pour les jeunes générations de prêtres et d'évêques. Ils constituent la preuve que les peuples d'Afrique et d'ailleurs ont toujours besoin de réconciliation, de justice et de paix. À cet effet, il appert qu'« il n'existe aucun peuple ou groupe humain qui n'aie besoin de se réconcilier avec son passé ou qui n'aie besoin de la justice et de la paix »[505]. La meilleure réconciliation commence de l'intérieur, tant il est vrai que la force d'un peuple ou d'une nation réside dans sa communion de pensée et d'action. La voie royale de cette réconciliation passe par une réappropriation inclusive de son histoire pour en accepter les peines et les joies, les réussites et les dérives. Ainsi, entre les peuples, il est nécessaire de regarder de face l'histoire de leurs rapports. Certains ont dominé à force de coups de canon et d'épée. D'où, il urge que l'histoire devrait désormais être écrite et par les vaincus et par les vainqueurs, parce que ces derniers n'ont pas toujours vaincu avec raison.

Aujourd'hui, l'Afrique et les peuples qui la dominent depuis l'époque de l'esclavage jusqu'à ce jour doivent se regarder en face pour une véritable réconciliation en vue d'une paix et une justice durables. Le rôle de l'Église, dans cette quête de réconciliation, de justice et de paix, est tellement important

---

503 « Alors Simon-Pierre, qui portait un glaive, dégaina et frappa le serviteur du grand prêtre, auquel il trancha l'oreille droite ; le nom de ce serviteur était Malchus », Jn 18, 10.

504 Ainsi, le Christ recommanda à Pierre : « "Remets ton glaive au fourreau ! La coupe que le Père m'a donnée, ne la boirai-je pas ?" ». Cf. Jn 18, 11.

505 En l'absence des références exactes, il nous a été préférable de conserver les guillemets.

pour l'édification d'une Afrique nouvelle. L'histoire de l'Afrique interpelle par conséquent l'Église universelle dans sa responsabilité missionnaire et prophétique quant au sort et au devenir de ce continent. Selon Benoît XVI l'Église en Afrique est davantage interpellée parce que « [l]es trois concepts principaux du thème synodal, à savoir la réconciliation, la justice et la paix, ont mis le Synode face à sa "responsabilité théologique et sociale", et ont permis de s'interroger aussi sur le rôle public de l'Église et sa place dans l'espace africain d'aujourd'hui. "On pourrait dire que réconciliation et justice sont les deux présupposés essentiels de la paix et qu'ils définissent également dans une certaine mesure sa nature" »[506]. L'Église en Afrique, au Cameroun en particulier, doit prendre toutes ses responsabilités pour garantir la réconciliation de l'Afrique avec elle-même.

Au Cameroun, sa responsabilité est évidemment manifeste dans le processus de réconciliation du pays avec lui-même par rapport à son histoire et à son actualité[507]. Pour y parvenir, il lui faut avoir des modèles d'engagement ecclésial et politique de la trame de Mgr Paul Etoga. Des modèles d'hommes de Dieu et d'Église qui promeuvent un engagement politique sous le prisme inaliénable de la fidélité à l'engagement sacerdotal et épiscopal. L'Église en terre africaine ne saurait se dérober de sa responsabilité de promotion d'un discours théologique et social qui dévoile les préoccupations et les aspirations spécifiques des Africains. Ceci n'est pas tellement facile, reconnaît le souverain Pontife lui-même : « [l]a tâche qu'il nous faut préciser, n'est pas aisée, car elle se situe entre l'engagement immédiat en politique – qui ne relève pas de la compétence directe de l'Église – et le repli ou l'évasion possible dans des théories théologiques et spirituelles ; celles-ci risquant de constituer une fuite face à une responsabilité concrète dans l'histoire humaine »[508]. Dans la suite de notre étude, en France et en Pologne, certains ecclésiastiques de l'époque contemporaine sont également illustratifs de cette communion à l'époque contemporaine.

4° L'abbé Pierre et les abbés Josef Schofer et Jerzy Aleksander Popiełuszko

L'abbé Pierre[509], de son vrai nom Henri Marie Joseph Grouès, est né le 5 août 1912 et décédé le 22 janvier 2007. Il est de ceux dont on dit qu'ils sont

---

506 Benoit XVI, Exhortation apostolique post-synodale sur l'Église en Afrique au service de la réconciliation, de la justice et de la paix, *Africae munus*, 19 novembre 2011.

507 Le Cameroun, entre autres crises, traverse une crise sociale et politique dans les zones du nord-ouest et du sud-ouest qui a besoin d'une véritable réconciliation.

508 *Ibid.*

509 Pour des informations complémentaires cf. https://www.jesuismort.com/tombe/abbe-pierre#biographie. Il est signalé que les informations relatives à son engagement ecclésial et politique sont les plus prises en compte dans le cadre de l'objectif poursuivi dans cette démarche.

nés avec une cuillère en or à la bouche, n'ayant pas connu la disette durant toute son enfance et son adolescence. Mais son père, malgré sa fortune, éduque son fils à se faire sensible à la misère des autres. Capucin, il est ordonné prêtre en 1938 puis envoyé à Grenoble comme vicaire. Témoin et conscient des horreurs de la seconde guerre mondiale, il devient par son engagement politique une figure influente de la Résistance en France et très active dans les maquis. C'est en pleine clandestinité qu'il prend le pseudonyme de Pierre et sera davantage connu plus tard et ce jusqu'à sa mort en tant que « Abbé Pierre ». Dans son engagement politique il est député de Meurthe-et-Moselle en 1945-1946, puis de 1946 en 1951. Il siège au sein du Mouvement républicain populaire (MRP) et milite également au sein de certaines formations politiques. On peut citer : la Ligue de la jeune République (Mouvement chrétien socialiste) et le groupe de la gauche indépendante, entre autres. Préoccupé par le souci des pauvres et des plus démunis, surtout les sans-abris, il fonde l'association Emmaüs en 1949. Le désastre causé par l'hiver de 1954 le pousse à lancer un cri de cœur, de colère, d'espoir et d'espérance pour venir en aide aux pauvres meurtris par le grand froid de cette année-là. L'histoire retient ce cri sorti des tripes d'un prêtre indigné. Cette situation l'a galvanisé dans son élan de la lutte contre la misère et l'indifférence humaine pour l'éveil de la générosité entre les humains :

> « Le jeune prêtre lançait le 1er février 1954 un appel sur les antennes de Radio-Luxembourg (RTL) : "Mes amis, au secours... Une femme vient de mourir gelée cette nuit à 3 heures, sur le trottoir du boulevard Sébastopol, serrant sur elle le papier par lequel, avant-hier, on l'avait expulsée. Devant leurs frères mourant de misère, une seule opinion doit exister entre les hommes : la volonté de rendre impossible que cela dure. Je vous en prie, aimons-nous assez tout de suite pour faire cela. Que tant de douleur nous ait rendu cette chose merveilleuse : l'âme commune de la France, merci ! Chacun de nous peut venir en aide aux sans-abris. Il nous faut pour ce soir, et au plus tard pour demain : 500 000 couvertures, 300 grandes tentes américaines, 200 poêles catalytiques. Grâce à vous, aucun homme, aucun gosse, ne couchera ce soir sur l'asphalte ou les quais de Paris. Merci". Le lendemain, la presse titra sur "l'insurrection de la bonté". L'appel rapportera 500 millions de francs en dons »[510].

L'abbé Pierre se rendit intrépide et infatigable dans sa lutte pour la cause des plus faibles. Il s'est également montré sans réserve pour dénoncer la léthargie et le manque de zèle chez certains de ses contemporains à partager, au point de paraître étrange dans ses propos. Il s'insurge contre l'indifférence et le nombrilisme du monde présent et milite pour un monde qui sache se mobiliser et mettre en commun toutes les opportunités afin de mener ce « combat jamais achevé pour le pain, la santé, le logement, le travail et

---

[510] Cf. *Ibid.*

l'éducation des plus pauvres »[511]. Il se met dans une posture de révolte et de dénonciation de telle sorte que « [l]a voix dont on espérait le pardon, l'évangélisme, tonne et accuse. Henry dénonce, il montre du doigt, foudroie du regard. Contre la loi du plus fort qui écrase, contre le mépris qui blesse et l'indifférence coupable, contre la bonne conscience qui se paye d'une aumône, il rugit et martèle sa colère, son aversion »[512]. L'Abbé Pierre, dans une relecture de son engagement ecclésial proprement dit, est en communion d'esprit avec Mgr Paul Etoga. Quant à son engagement politique, il s'en distance par son implication active, directe, partisane et militante au sein de certaines formations politiques.

L'abbé Josef Schofer quant à lui est né « le 30 janvier 1866 dans la Vallée d'Oberbühl dans le pays de Bade »[513]. Il est ordonné prêtre en 1892. Aumônier militaire, son engagement ecclésial et politique intervient à une époque critique de l'histoire moderne et contemporaine de la France et de l'Europe. Cet engagement demeure une source d'inspiration pour les jeunes générations d'ecclésiastiques : « [i]l était relativement âgé et sa forte implication ecclésiale et politique inhabituelle »[514]. Il n'est presque jamais au-devant de la scène : en effet, « [s]a figure est cependant intéressante comme objet de recherche : il apporte un certain regard dans le milieu ecclésiastique catholique de Bade et de l'archidiocèse au début de la guerre au regard de son âge et de sa position de *phare* pour d'autres ecclésiastiques en déployant une dimension interrégionale comme auteur et éditeur de littérature religieuse de guerre »[515]. Il justifie la présence d'un aumônier à travers une apologie de la guerre qui, manifestement est un serment de Dieu fait aux hommes, un plan divin et une possibilité de renouvellement chrétien. L'aumônier militaire est perçu comme une personne dont la foi en Dieu est une justification de son engagement. Ses premiers écrits en sont évocateurs. Dans « Paroles d'un aumônier », il assimile à la souffrance et au sacrifice ultime du Christ le déploiement des soldats qui accomplissent leur devoir d'état jusqu'à la mort. Pour lui, la vie du soldat est inexorablement liée à un univers où les valeurs chrétiennes s'appliquent en donnant sens et en constituant en même temps les fondements de tout engagement chrétien. Le premier fondement de cet engagement est Dieu par son Fils Jésus-Christ. Selon l'abbé Schofer la guerre est l'initiative la plus juste au monde et l'implication dans la guerre était pour

---

[511] Pierre LUNEL, *L'Abbé Pierre. L'insurgé de Dieu*, Paris, Édition°1/Stock, 1989, p. 288.

[512] *Ibid.*, p. 299.

[513] Marc FEIX et al., *Vallée du Rhin : terre de conflit et de paix. Benoît XV, le pape initiateur de la fraternité*, Strasbourg, Ercal Publications, 2018, p. 222. Pour une bonne compréhension du rôle ecclésial et politique de l'abbé Josef Schofer, *ibid.*, p. 219-256.

[514] *Ibid.*, p 223

[515] *Ibid.*

l'Empire allemand une soumission à la volonté de Dieu. Dans une telle perspective, l'officier allemand remplace Dieu et l'aumônier dans sa pastorale, s'engage à l'humanitaire à travers les messes qu'il dit, les confessions qu'il entend et la communion qu'il porte aux autres soldats.

La tournure que prend la guerre avec le temps et la mutation de l'abbé Josef Schofer provoqueront en lui un déclic qui assagira son zèle d'aumônier militaire. Cette mutation le mit face à la dure réalité de la guerre. Ainsi, les convictions connues de l'abbé aumônier au sujet de la guerre et à la mission du soldat connaîtront un revirement substantiel et significatif. Il passe de la sphère théorique et idéologique de la guerre à la prise de conscience de son désastre et de son horreur en effectuant un saut qualitatif dans un mouvement de passage de la justification de la souffrance à l'acceptation de celle-ci. La guerre n'est plus considérée comme un moyen de purification. En effet, l'époque 1914-1918 est une époque déprimante pour l'abbé Schofer. Il plonge dans une méditation profonde, espérant que la Providence de Dieu sauvera le monde d'un autre conflit aussi riche en horreurs qu'en atrocités. Malheureusement, un autre conflit mondial éclate en septembre 1939, neuf ans après son décès.

L'on retient finalement de lui une figure d'engagement ecclésial et politique qui sut réviser ses positions d'origine sur la guerre pour adopter une attitude de promotion de la paix et de la réconciliation. Il donne de comprendre d'une part, que l'engagement politique d'un ecclésiastique n'est pas une mise en veilleuse de sa fidélité au sacerdoce et d'autre part, que son patriotisme doit être informé et fondé sur la vie et l'engagement du Christ. Enfin, l'abbé Josef Schofer, idéologue, montre que l'Église donne très souvent l'image d'une structure éloignée des réalités du peuple de Dieu. Par contre, l'abbé Josef Schofer sur le terrain, révèle tout l'intérêt que l'Église aurait à avoir de plus en plus des pasteurs au fait du vécu quotidien du peuple de Dieu ; une Église responsabilisant davantage ceux des pasteurs qui ont une bonne expérience sur le terrain. Malheureusement, dans l'Église catholique romaine et apostolique, il y a encore des pasteurs de bureaux qui président aux destinées de celle-ci. Les pasteurs de terrain, pour la plupart, ne sont que les collaborateurs des premiers. Pourtant, le pape François ne cesse d'encourager tout le clergé catholique dans son ensemble à se mettre au service du peuple de Dieu en ouvrant son cœur au cri des pauvres et des plus faibles.

En Pologne, le père Jerzy Aleksander Popiełuszko (1947-1984)[516] voit le jour dans une famille modeste de paysans. Il fréquente le lycée de Suchowola où il est réputé être un « élève médiocre ». Né dans une famille catholique et pratiquante, il fait son entrée au séminaire à l'âge de 18 ans. Ordonné prêtre

---

[516] Cf. https://www.jesuismort.com/tombe/jerzy-popieluszko#biographie. et https://eglise.catholique.fr/actualites/362959-le-pretre-polonais-jerzy-popieluszko-reconnu-martyr-par-le-pape/, consulté le 13 décembre 2020, pour les informations complémentaires.

en 1972, il a été responsable de la pastorale des jeunes et de la santé ainsi que de l'aumônerie universitaire Sainte Anne. Pendant son service militaire les autorités communistes lui demandent régulièrement de renier sa foi catholique. Il y oppose un refus catégorique. Dans son engagement ecclésial, il se positionne contre l'avortement. En 1980, pendant la grève des ouvriers des chantiers navals de Gdańsk menée par le chef historique et syndicaliste Lech Walesa, il est choisi pour célébrer une eucharistie. Le syndicat Solidarnosc est créé. Pour les autorités communistes, il s'agit d'une organisation illégale et clandestine. Le père Popiełuszko prend fait et cause des ouvriers à l'intention desquels il célèbre les « Messes de la Patrie » tous les mois en tant que leur aumônier attitré. Il confirme ainsi publiquement son engagement politique. Il ne manque pas de critiquer le régime des communistes dans certaines de ses décisions, à l'exemple de celle interdisant les crucifix dans les écoles. Ce jeune prêtre polonais est constamment surveillé par la police d'État de son pays. Il prêche avec autorité et conviction. Ses homélies et ses célébrations attirent des foules et parviennent même aux oreilles du pape Jean Paul II qui ne reste pas indifférent et le rassure de son soutien.

La presse officielle communiste et partisane indexe ses prédications en les qualifiant d'« homélies de la haine ». Pour lui éviter le courroux du régime communiste polonais de l'époque et l'éventualité d'un assassinat, son évêque envisage de l'envoyer aux études à Rome. Il rejette la proposition et déclare à ce dernier : « Je me suis consacré, je ne me retirerai pas ». Fiché par les autorités communistes, il se retrouve indexé dans la liste noire de 69 prêtres polonais considérés comme « extrémistes ». Il fait aussi l'objet de plusieurs accusations : détention d'armes, célébration des « Messes de la haine » et abus de sacerdoce. Le régime communiste de Pologne cherche par tous les moyens à se débarrasser de lui. Il échappe à un attentat, puis à un accident de voiture provoqué par la police politique. Malheureusement, il est enlevé puis torturé et finalement assassiné le 19 octobre 1984 dans un contexte sociopolitique dominé par le régime communiste où la foi catholique est combattue et les restrictions des libertés la règle.

Son martyre et sa mort sont une preuve du courage et du témoignage de son engagement ecclésial et politique[517]. L'abbé Aleksander Popieluszko,

---

[517] Pour preuve : « En novembre 1984, plus de 500 000 personnes se déplacent pour les funérailles de Jerzy Popiełuszko, dont les obsèques insufflent une seconde vie au syndicat Solidarnosc alors bâillonné. Inhumé au cœur même de sa paroisse, sa modeste tombe est constamment couverte de fleurs (un réseau de plusieurs dizaines de fidèles veille en permanence sur la tombe du prêtre) et est devenue lieu de nombreux pèlerinages : plus de 18 millions de personnes l'ont déjà visitée. Le pape Jean Paul II lui-même était venu s'y recueillir en 1987. Le soutien public de Jerzy Popiełuszko à ce syndicat lui a coûté la vie. L'abbé Popiełuszko symbolise aux yeux des Polonais la lutte commune de l'opposition démocratique et de l'Église catholique

dans son engagement ecclésial et politique, participe de la communion d'esprit et d'action, tout comme Mgr Paul Etoga. Il n'eut jamais l'intention de briguer quelque mandat politique, encore moins de conquérir le pouvoir politique. L'engagement de ce prêtre polonais le conduisit à la mort après avoir refusé d'aller aux études à Rome comme le souhaitait son évêque. Ce refus, loin d'être un suicide implicitement voulu par l'abbé, ou encore une volonté d'un héroïsme sacerdotal voulu et recherché, est plutôt une marque d'engagement d'un prêtre totalement résolu à la suite du Christ. L'écho et le rayonnement de l'engagement de ce prêtre porte à croire qu'il fut convaincu dans son ministère sacerdotal. Son martyre participe encore aujourd'hui de la floraison de la semence des chrétiens de son pays et de l'Église tout entière, à en croire les « nombreuses conversions, et même l'éclosion de vocations sacerdotales »[518] qui s'en suivirent. Il est resté fidèle à l'Église.

Ces figures d'ecclésiastiques, choisis à titre indicatif dans le cadre de cette démarche, montrent le caractère universel de l'Église en matière d'engagement ecclésial et politique des prêtres et des évêques. Ils montrent que chaque prêtre ou évêque s'engage dans son ministère avec sa personnalité, en fonction des spécificités de son environnement sociologique, politique et ecclésial. Certains sont parvenus fidèlement au sacrifice ultime, d'autres ont été submergés par leur engagement politique au point de se détourner de l'Église et des exigences du sacerdoce. Mgr Paul Etoga, dans son engagement ecclésial et politique, a communié au déploiement de ces ecclésiastiques contemporains qui ont vécu à leur manière le même engagement.

Il importe à ce niveau de mettre en exergue l'élément essentiel de cette communion qui, de toute évidence, ne peut être que spirituel et divin. Il s'agit d'un élément fondamental qui donne toute sa substance à cette communion qui lia profondément Mgr Paul Etoga à l'héritage prophétique et à l'époque contemporaine, ainsi qu'à d'autres époques. Cette communion est une source sacrée d'inspiration, d'action et de légitimation de tout engagement ecclésial et politique d'un homme d'Église. Cet élément fédère tous les engagements ecclésiaux et politiques de tous les hommes d'Église de toutes les époques, en tant qu'il constitue fondamentalement une force vivante et inépuisable qui entretient l'actualité et la cohésion permanente de l'Ancien et du Nouveau Testament de manière ininterrompue.

3. Le Saint-Esprit

Il s'agit de l'élément substantiel et nécessaire à cette communion. Celui-ci entretient en permanence cette conviction, chez tout homme d'Église, que le fondement du sacerdoce est le même depuis les temps bibliques. Aujourd'hui,

---

contre le régime totalitaire en place. Le martyre du jeune prêtre aura entraîné de nombreuses conversions, et même l'éclosion de vocations sacerdotales ». Cf. https://www.jesuismort.com/tombe/jerzy-popieluszko#biographie.

[518] *Ibid.*

le Christ en est le parfait achèvement. La ferme conviction de Mgr Paul Etoga, d'être concerné par le même engagement que les prophètes d'autrefois et les pasteurs de toutes les autres époques, est mystérieusement de manière ininterrompue, propagée de génération en génération sous l'action de Saint-Esprit qui en assure la pérennité. Une approche, divine et trinitaire, ecclésiale, pastorale et christologique permet de clarifier le mystère de cette communion qui est éternellement animée par le Saint-Esprit.

1° Un signe divin et trinitaire

L'action du Saint-Esprit dans ce mystère de la communion d'esprit et d'action est un signe manifeste de provenance divine et trinitaire. Il est honnête de préciser qu'il ne s'agit pas d'un exposé exhaustif sur la divinité et la trinité[519]. L'objectif poursuivi est davantage de proposer une contribution intellectuelle et spirituelle pour une bonne spiritualité cette éternité, fondement de l'ininterruption de cette communion, laquelle se manifeste depuis le commencement de l'économie du salut. Son implacabilité montre qu'elle est d'origine divine, trinitaire et théologale parce que voulue et provenant de Dieu lui-même, puis retournant à Dieu par son Fils unique, avec le concours du Saint-Esprit. Elle est ainsi toujours d'actualité à travers les siècles grâce à l'action de l'Esprit Saint, élément substantiel et nécessaire. C'est ce même Esprit, procédant du Père et du Fils, qui a perpétué et animé spirituellement ce sentiment chez Mgr Paul Etoga d'être engagé dans le même ministère que les prophètes des temps bibliques et tous les hommes de Dieu de toute époque. Un ministère dont la mission fondamentale est l'annonce la Bonne Nouvelle et la défendre des pauvres et des plus défavorisés. Que ce soit en lien avec les temps bibliques ou l'époque contemporaine, cette communion est d'éternité malgré la distance spatio-temporelle. Elle constitue une source d'inspiration dans l'engagement ecclésial et politique de tous les hommes d'Église investis dans l'œuvre ecclésiale. Son caractère divin garantit son éternité universelle au point où aucun homme de Dieu n'y échappe pas.

En étudiant la communion à l'époque contemporaine de Paul Etoga, il a été considéré à dessein l'engagement ecclésial et politique de certains hommes d'Église qui, tout comme lui, ont évolué au cours de l'histoire du XXe siècle. Une histoire dominée principalement par les crises au niveau mondial : guerres mondiales, épidémies, catastrophes naturelles, colonisation, guerre froide, développement scientifique et technique. Bien qu'éloignés géographiquement, culturellement, avec des expériences personnelles différentes, ils étaient, sans se connaître forcément, sous l'action du même Esprit Saint dans leurs différents combats : lutte pour la justice, la paix, la libération de leurs peuples et la protection des plus faibles au nom du Christ,

---

519 La préoccupation ici est de montrer que cette union n'est pas le fait de l'homme, mais de Dieu. Pour comprendre ainsi l'essentiel sur la divinité et la trinité, cf. Jean-Yves LACOSTE, *Dictionnaire critique de théologie*, *op. cit.*, p. 371-373.

le modèle parfait. Une relecture permet de réaliser que cette communion est – malgré ces distances et ces différences géographiques et culturelles – le symbole fort du partage d'une même foi, l'appartenance réelle à une même Église et à un seul et même Dieu : une mise en exergue de l'action ubiquitaire de l'Esprit Saint[520]. En effet, l'Esprit Saint convie tous les peuples à l'« Alliance nouvelle », indépendamment de leurs origines et de leurs cultures sociologiques et anthropologiques. C'est pourquoi, « la foule dont les Apôtres se font comprendre malgré les différences de langages souligne, par son caractère cosmopolite, la vocation de tous les peuples, races et cultures à entrer dans l'Alliance nouvelle scellée sur la croix et à rejoindre le nouveau peuple de Dieu »[521].

L'Alliance nouvelle trouve profondément tout son sens dans la Pentecôte, en tant qu'elle fait de tous les peuples un seul et même peuple, celui de Dieu. Ainsi, « [l]a Pentecôte est restée dans la mémoire chrétienne comme la manifestation du don de l'Esprit aux Apôtres et à l'Église, pour les soutenir dans leur mission d'annoncer au monde entier la bonne nouvelle du salut en Jésus ressuscité. C'est par-delà les circonstances de l'événement, ce que retient la théologie chrétienne ; c'est aussi le sens de la place faite, dans le cycle liturgique, à la fête de la Pentecôte : elle conclut la période pascale, tout entière consacrée à la contemplation et la célébration de Jésus ressuscité et vivant à jamais ; elle convie les chrétiens à se faire, sous l'impulsion de l'Esprit-Saint, les signes visibles du salut »[522].

Par la manifestation de ce même Esprit, Mgr Paul Etoga ainsi que tous les autres ecclésiastiques, à travers leur engagement ecclésial et politique, participent à la fois de ces « signes visibles du salut » et de la vie de l'Église devenue éternellement missionnaire depuis l'avènement de la Pentecôte. Aujourd'hui, la Bonne Nouvelle est annoncée dans beaucoup de peuples de la terre en différentes langues. Et les serviteurs de cette Bonne Nouvelle ne sont pas toujours originaires des terres de mission ou d'évangélisation. Ils parviennent, grâce à l'action de l'Esprit Saint, à s'intégrer aux us et coutumes des lieux de mission ainsi qu'aux langues en usage dans ces lieux d'annonce de la Bonne Nouvelle. Au fond, cette communion, d'esprit et d'action, à l'héritage prophétique et à l'époque contemporaine que vécut Mgr Etoga, invite à l'envisager dans une autre approche révélatrice du don de Dieu et du divin envoi.

[520] « "Vous n'avez pas à connaître les temps et les moments que le Père a fixés de sa propre autorité ; mais vous allez recevoir une puissance, celle du Saint-Esprit qui viendra sur vous ; vous serez alors mes témoins à Jérusalem dans toute la Judée et la Samarie, et jusqu'aux extrémités de la terre" ». Cf. Ac 1, 7-8.

[521] Michel DUBOST, *op. cit.*, p. 300-302.

[522] *Ibid.*, p. 302.

2° Grâce de Dieu et mission divine

L'important pour les jeunes générations de prêtres et de prélats d'aujourd'hui, au Cameroun et ailleurs, est d'avoir conscience et conviction que cette communion et une grâce de Dieu et une mission divine[523]. Elle est appelée à se révéler, de génération en génération et de mission en mission, en tout lieu de manière qu'au final aucun endroit sur terre ne soit ignorant et incapable de Dieu[524]. Il s'agit aussi d'un témoignage d'une mission universelle et divine[525]. Cette communion, grâce à l'action de l'Esprit Saint, amène à intégrer résolument le caractère de choisis et d'envoyés que sont les prêtres et les évêques, tellement « [l]e monde ecclésiastique cède facilement à la jalousie »[526]. En effet, c'est le Christ qui les choisit et les envoie[527]. De la sorte, aucun prêtre ni aucun évêque, aucun ouvrier apostolique ne doit se considérer comme le centre de l'engagement ecclésial et politique, encore moins de l'Église. Ils doivent toujours faire preuve d'humilité et de fidélité à leur état de choisis et d'envoyés du Christ, tête de l'Église et Révélation du Père. La communion d'esprit et d'action apparaît dans cette visée prophétique et missionnaire comme un signe de contradiction et un découragement au cléricalisme[528] qui pousse certains ecclésiastiques à se prendre pour le centre

---

523 « "Allez donc : de toutes les nations faites des disciples, les baptisant au nom du Père et du Fils et du Saint Esprit, leur apprenant à garder tout ce que je vous ai prescrit. Et moi, je suis avec vous tous les jours jusqu'à la fin des temps" ». Cf. Mt 28, 19-20.

524 Cf. *Catéchisme de l'Église catholique*, n° 27-49.

525 Cf. Ac 1, 8.

526 Roberto MOROZZO DELLA ROCCA, *op. cit.*, p. 35.

527 Le Christ le dit lui-même dans l'Évangile : « Ce n'est pas vous qui m'avez choisi, c'est moi qui vous ai choisis et institués pour que vous alliez, que vous portiez du fruit et que votre fruit demeure : si bien que tout ce que vous demanderez au Père en mon nom, il vous l'accordera. Ce que je vous commande c'est de vous aimer les uns les autres ». Cf. Jn 15, 16.

528 En des termes différents, le pape François cite en premier le cléricalisme comme la première des 15 maladies curiales qui minent l'Église : « La Curie est appelée à s'améliorer toujours, et à croître en *communion, sainteté et sagesse* pour réaliser pleinement sa mission. Cependant, comme tout corps humain, elle est exposée aussi aux maladies, aux dysfonctionnements, à l'infirmité. Et je voudrais ici mentionner certaines de ces probables maladies, des maladies curiales. Ce sont les maladies les plus habituelles dans notre vie de Curie. Ce sont des maladies et des tentations qui affaiblissent notre service du Seigneur. Je crois que le « catalogue » de ces maladies dont nous parlons aujourd'hui – à l'instar des Pères du désert, qui faisaient de tels catalogues – nous aidera : il nous aidera à nous préparer au sacrement de la Réconciliation, qui sera pour nous tous une belle étape pour nous préparer à Noël. 1. La maladie de se sentir "immortel", "à l'abri" et même "indispensable", outrepassant les contrôles nécessaires ou habituels. Une Curie qui ne *s'autocritique* pas, qui ne se met pas à jour, qui ne cherche pas à s'améliorer est un corps infirme. Une simple visite au cimetière pourrait nous permettre de voir les noms de nombreuses personnes, dont certaines pensaient être immortelles, à l'abri et indispensables ! C'est la maladie du

de la Révélation et de l'Église. L'homme de Dieu, à l'exemple du prophète Jean-Baptiste, est appelé à reconnaître humblement sa place ; « [l]e prêtre qui reste disciple tout en étant apôtre, voilà ce qui permet d'éviter le cléricalisme. Le prêtre qui refuse de passer par la case "disciple", qui se hausse par lui-même, qui refuse l'humilité, voilà le clérical »[529].

À en croire la devise de Mgr Paul Etoga, « Scio cui credidi »[530], son ministère épiscopal a toujours été guidé, dans son dévouement, par cette attitude d'humilité et de fidélité au devoir et à l'engagement liés au sacerdoce ministériel. Il ne se reconnaît aucun mérite personnel d'avoir été choisi comme premier évêque du Cameroun et de l'Afrique noire française ; d'où sa grande surprise quand on lui notifie sa nomination[531]. Cette communion est également

---

riche insensé de l'Évangile qui pensait vivre éternellement (cf. *Lc* 12, 13-21) et aussi de ceux qui se transforment en patrons et se sentent supérieurs à tous et non au service de tous. Elle dérive souvent de la pathologie du pouvoir, du "*complexe des élus*", du narcissisme qui regarde passionnément sa propre image et ne voit pas l'image de Dieu imprimée sur le visage des autres, spécialement des plus faibles et des plus nécessiteux. L'antidote à cette épidémie est la grâce de nous sentir pécheurs et de dire de tout cœur : « Nous sommes de simples serviteurs ; nous avons fait ce que nous devions faire » (*Lc* 17, 10) » ; http://www.vatican.va/content/francesco/fr/speeches/2014/december/documents/papa-francesco_20141222_curia-romana.html, consulté le 2 décembre 2020. Cf. également Faustin RAKOTOARISOA, « Cléricalisme et abus de pouvoir dans l'Église. Entre droit et réalité », dans *Revue de droit canonique*, 69/1, 2019, p. 105-122.

[529] Don Paul PREAUX, *Les prêtres... op. cit.*, Paris, Éditions Artège, 2020, 130. Don Paul PREAUX continue avec beaucoup plus de précision : « [s]ouvent, tous, nous prêtres compris, nous pouvons nous situer dans une "extériorité" : on se sert de Jésus, mais on ne sert pas Jésus ; on se sert de l'Église, mais on ne sert pas l'Église. C'est une tentation de tous les siècles, donc aussi aujourd'hui pour chacun d'entre nous. À un moment de notre vie, on se rend compte qu'on se sert de Dieu, qu'on se sert des sacrements pour notre confort psychologique, mais pas vraiment par amour de Dieu, pas pour servir Dieu. Or l'homme a été créé pour aimer, louer et servir Dieu. [...]. Souvent on constate qu'on se sert de Dieu pour s'aimer soi-même, se louer soi-même, se trouver une place soi-même et avoir son petit espace bien à soi. C'est un peu pitoyable. On se sert aussi souvent de Dieu pour des raisons qui ne sont pas louables. Et que dire de ceux qui se servent de Dieu pour commettre des exactions, des délits, des crimes ! », *op. cit.*, p. 130-131.

[530] « Je sais en qui j'ai mis ma foi » Tm 1, 12.

[531] « Pris d'émotion je regagnai Nkol-Nkumu sans rien dire à personne. Le lendemain Mgr Graffin m'envoya un billet me disant : "Faites vos malles et venez ici". Mon émotion devint intense ! Je me rendis à la cathédrale... J'étais réellement nommé évêque ! "Que les décrets de Dieu sont insondables, ses voies incompréhensibles" (Rm 11, 33). "Qui est comme Yahvé notre Dieu, de la poussière il relève le faible, du fumier il retire le pauvre pour l'avoir avec les princes, avec les princes de son peuple" (Ps 112, 5-8). Devenir évêque ! Je n'y ai jamais pensé, car mes études... philosophiques et théologiques... Pas grand-chose ». Cf. Paul ETOGA, *Mon autobiographie*, *op. cit.*, p. 23, points de suspension dans le texte.

une manifestation de la propagation, ou encore de la transmission du sens de la pastorale de la compassion, en tant que Dieu est compassion et amour.

3° Signe divin d'un relais

À ce niveau, le Saint-Esprit est, dans tout ministère presbytéral et épiscopal, le relais indispensable à la communion d'esprit et d'action. Il s'agit de l'instance de transmission des valeurs spirituelles et de collation du ministère sacerdotal à travers les générations d'hommes de Dieu des diverses époques. Cette instance éclaire et guide également toute action pastorale, en l'occurrence la pastorale de la compassion. Nous privilégions dans notre démarche la transmission de la pastorale de la compassion, de génération en génération, étant donné qu'elle est à la base de l'essentiel du ministère sacerdotal et épiscopal. Au fond, cette pastorale de la compassion est, d'une part une visibilité de Dieu qui est amour et miséricordieux et, d'autre part, de tout l'enseignement du Christ et de l'Église. Ainsi, si nous sommes concernés par le projet du salut de toute éternité, c'est parce que Dieu se montre compatissant vis-à-vis de ses créatures. Aussi sommes-nous justement prédestinés[532] et impliqués dans *Le dessein de Dieu et les merveilles de son amour miséricordieux*[533] ; un dessein d'Amour et de Miséricorde.

Cette rubrique est justificative du sens de la compassion, provenant du Christ et dont Mgr Etoga fut marqué tout au long de son ministère sacerdotal et épiscopal. L'Église, dans sa dimension universelle et ce malgré les époques, reste concernée et sensible aux cris[534] des peuples. Ceci montre que

---

532 L'Apôtre Paul précise : « Nous savons d'autre part que tout concourt au bien de ceux qui aiment Dieu, qui sont appelés selon son dessein. Ceux que d'avance il a connu, il les a aussi prédestinés à être conforme à l'image de son Fils, afin que celui-ci soit le premier-né d'une multitude de frères ; ceux qu'il a prédestinés, il les a aussi appelés ; ceux qu'il a appelés, il les a aussi justifiés ; et ceux qu'il a justifiés, il les a aussi glorifiés ». (Rm, 8, 28-30).

533 Il s'agit du titre de l'ouvrage de l'abbé Paul, cité dans ce travail, intitulé : *Le dessein de Dieu et les merveilles de son amour miséricordieux. Exposé de la doctrine chrétienne*, Paris, Téqui, 14e édition, 1976, 560 p.

534 Dans Ex 3, 7, il est précisément écrit au sujet de l'idée de la propagation de la considération de la souffrance des peuples, pour signifier que cette considération, c'est-à-dire le sens de la sensibilité et la compassion à la souffrance de l'autre, existe depuis les temps bibliques et s'est transmis de génération en génération jusqu'à nos jours : « LE SEIGNEUR DIT : "J'ai vu la misère de mon peuple en Egypte et je l'ai entendu crier sous les coups des chefs de corvée. Oui, je connais ses souffrances" ». Le Christ vient mener cette considération à son ultime achèvement : « En ces jours-là, comme il y avait de nouveau une grande foule et qu'elle n'avait pas de quoi manger, Jésus appelle ses disciples et leur dit : "J'ai pitié de cette foule, car voilà déjà trois jours qu'ils restent auprès de moi et ils n'ont pas de quoi manger" » (Mc 8, 2). L'ère apostolique, entre autres gestes, se constitue en fidèle relais de cette compassion à travers la guérison d'un infirme : « On y portait un homme qui était infirme depuis sa naissance – chaque jour on l'installait à la porte du temple dite La Belle Porte pour

l'engagement ecclésial et politique de Mgr Paul Etoga et de ses confrères, dans le sacerdoce ministériel s'inscrit, malgré les générations et les pays, à l'unité d'action et de mission amorcée depuis les temps bibliques et parachevée par le Christ : prendre en compte le cri des peuples et en faire une raison d'être prêtre ou évêque. Les défis de leurs différentes époques, chacun dans les spécificités de son pays, les ont amenés à prendre une part active dans la lutte contre la misère, les injustices, les violences et à promouvoir la paix, la justice et la défense des plus faibles. Par leur engagement, ils ont refusé d'être indifférents au « cri » des hommes, des femmes et des enfants de leurs différents peuples. Ils ont été témoins des transformations de leurs terroirs et ont agi au nom du sens de la compassion et de cette sensibilité de cœur inspirée par la loi de Dieu[535]. Ce sens de la compassion est transmis par la propagation évangélique et missionnaire de génération en génération. Les transformations de leurs différentes sociétés et les aspirations profondes des fidèles ont donné des raisons supplémentaires à leur existence et à leur engagement d'hommes d'Église. Ceci a été possible grâce à la connaissance de leurs milieux de vie et à l'amour dont ils les ont aimés[536], ainsi qu'à leur dévouement, en se mettant à leur service[537] en vue d'une transformation de la qualité de vie et d'une visée de l'espérance béatifique.

À travers les époques, l'Église est demeurée fidèle à la défense des plus faibles et des pauvres dans l'accomplissement de sa triple mission d'enseigner, gouverner et sanctifier. Sous l'action de l'Esprit-Saint, à travers la propagation de la conscience compatissante chez les prêtres et les évêques, l'Église est restée fidèle à sa mission et sensible aux souffrances des peuples. Une conscience transmise de génération en génération de sorte que l'Église, hier, aujourd'hui et demain, ne se lassera jamais d'être compatissante dans son engagement pastoral et évangélique. Cette vocation de l'Église à la compassion et à la défense des pauvres et des faibles est un héritage prophétique, initié, voulu et mené à son plus grand achèvement par le Christ Jésus. Il s'agit d'une diffusion de cette conscience compatissante qui amène les serviteurs de Dieu à prendre à bras le corps les souffrances des peuples dont ils sont pasteurs. Cette diffusion ou transmission rentre dans ce qui fait comprendre pourquoi le péché originel, entamé par Adam et Eve, s'est

---

demander l'aumône. Pierre alors, ainsi que Jean, le fixa et lui dit : "Regarde-nous !" L'homme les observait, car il s'attendait à obtenir d'eux quelque chose. Pierre lui dit : "De l'or ou de l'argent, je n'en ai pas ; mais ce que j'ai, je te le donne : au nom de Jésus-Christ, le Nazôréen, marche !" Et, le prenant par la main droite, il le fit lever » Ac 3, 2-7.

535 L'épître aux Hébreux précise à ce propos : « Voici l'Alliance par laquelle je m'allierai avec eux après ces jours-là, dit le Seigneur : En donnant mes lois, c'est dans leurs cœurs et leur pensée que je les inscrirai ». Cf. He 10, 16.

536 Jn 15, 12 ; Jn 13, 34 et s. ; 2 Jn 5.

537 Lc 22, 27 ; Jn 13, 4-16.

« transmis de génération en génération à tous les hommes »[538] et à tous les peuples de tous horizons. Ainsi, le souci et le zèle de partager les espoirs des humains et de compatir aux leurs peines constituent la préoccupation essentielle de la mission de l'Église à travers ses prêtres et ses évêques. Ces derniers sont appelés à initier des démarches et des actions concrètes, à travers une pastorale diversifiée, pour rejoindre les enfants de Dieu dans leurs situations de détresse, de vulnérabilité et de précarité. Ces situations sont multiples : maladie, chômage, exclusions, manque de logement, poisse, adversité, injustices, situations de guerre, discrimination, intolérance religieuse, violences faites aux femmes, maltraitance, etc. Les actions à mener pour juguler ces différentes crises incitent à promouvoir la pastorale pratique et d'accompagnement spirituel[539].

Les hommes d'Église de l'époque contemporaine, engagés dans la libération de leurs différents peuples, entre autres Mgr Paul Etoga, firent preuve d'une connaissance de leur époque et des situations particulières vécues par ces peuples. Rappelons que cette disponibilité, ainsi que nous l'avons vu antérieurement, est le fruit de leur éducation familiale, sociale et culturelle et de l'imprégnation qui s'en est suivie, sans oublier la formation reçue au séminaire. Une formation dont les fondements restent identiques de génération en génération dans l'imitation du Christ pour une meilleure connaissance de Dieu[540]. Ils ont été, depuis leur enfance, moulés aux réalités sociologiques de leurs terroirs. L'union d'esprit et d'action, visibilité et effectivité du relais de la conscience compatissante qui est l'Esprit-Saint, vécue par toutes les générations des serviteurs de Dieu, ne pouvait pas épargner Mgr Paul Etoga. Vue sa rage apostolique, il ne pouvait donc pas rester indifférent à cette communion dans son engagement ecclésial et politique. Il s'agit effectivement de l'ADN prophétique et missionnaire qui transcende l'Histoire et les époques de la Mission. Il imprègne l'Église en préservant l'essentiel de toute l'économie du salut amorcée depuis les temps bibliques. Cette union d'esprit et d'action trouve son plein achèvement dans la centralité de la figure du Christ.

4° Approche christologique

Le projet est de montrer le Christ comme point d'achèvement et de centralité de cette communion. En fin de compte, le bien-fondé ultime et radical de l'engagement ecclésial et politique de Mgr Paul Etoga se trouve

---

538 Michel DUBOST, *op. cit.*, p. 698.

539°Pour une bonne compréhension de la définition de la pastorale de l'accompagnement, cf. Christine AULENBACHER et Robert MOLDO, *Ni coach, Ni thérapeute, Ni gourou. L'accompagnateur spirituel, un guide fraternel*, Paris, Médiaspaul, 2010, p. 30-33.

540 Jn 17, 3 ; Sg 15, 3 ; 1 Th 1, 9 ; 1 Jn 5, 20.

dans l'imitation et la centralité du Christ[541] dont il a été prêtre et évêque. Le Christ étant le modèle parfait, semblable aux humains en tout, à l'exception du péché[542]. L'engagement ecclésial et politique de ce prélat trouve, de manière fondamentale, sa justification et son plein achèvement dans la personne et l'attitude du Christ : une attitude de liberté et de détachement résumée dans les Béatitudes[543]. En effet, le but de l'engagement politique du premier prélat camerounais n'a jamais été de conquérir le pouvoir politique[544]. Sa devise épiscopale en dit davantage sur son attachement à la personne et à l'attitude du Christ : « Scio cui credidi ». Il est ainsi évident que la préoccupation de ce prélat, dans son engagement politique, a été de se définir comme une conscience critique et éthique, en même temps exhortative de l'action politique dans son pays, à l'exemple de Mgr Oscar Romero qui savait être exhortatif ou dénonciateur selon les circonstances[545]. Pour le prélat Romero, en effet, "l'Église était une société supranaturelle", bien différente

---

541 Dans la troisième partie, une rubrique est consacrée au Christ comme modèle parfait pour l'Église et le peuple de Dieu. Toutefois, il convient de préciser que l'idée de l'approche christologique de la communion dont il est question dans cette étude restitue le caractère central du Christ en tant qu'achèvement récapitulatif et parfait de cette communion. Le Christ est essentiellement le fondement d'une « convivence » anthropologique et spirituelle des hommes et des femmes de tous les peuples. Il récapitule l'Ancien et le nouveau Testament dans le mémorial de sa passion et de sa résurrection, et toujours vivant transmis tout au long des générations dans une communion d'esprit et d'action à travers le sacrement de l'ordre. Ce mémorial est l'Eucharistie et tout l'héritage sacramentel. Cette communion n'a de sens et de plénitude qu'en Jésus-Christ en tant que sa « résurrection inaugure les temps de l'eschatologie ». Il convient de voir de manière intégrale les notions de Christ et de christologie dans le *Dictionnaire critique de théologie*, *op. cit*, p. 266-273.

542 Cf. He 4, 15.

543 Mt 5, 1-12.

544 Accusé auprès de Rome d'avoir des ambitions politiques, il déclare devant Mgr Antonio Sigismondi, secrétaire du Cardinal Agagiagian : « Je me présente : Mgr Paul Etoga, évêque auxiliaire de Yaoundé. "Ah ! Asseyez-vous Mgr… Vous faites de la politique ? Je lui dis : Non ! Je ne me suis jamais présenté aux élections comme Député, loin encore comme président de la République". "En tout cas, dit-il, c'est votre supérieur qui vous accuse de faire la politique" ». Cf. Paul ETOGA, *Mon autobiographie*, *op. cit.*, p. 28, points de suspension dans le texte.

545 Par exemple : « Quand les autorités publiques faisaient montre de respect envers l'Église, Romero en était presque ému. En 1967, le président sortant du Salvador quitta ses fonctions en citant, entre autres, l'encyclique *Pacem in terris*. Peu de temps après, son successeur fit référence à l'encyclique *Populorum Progressio* et au "développement des peuples" selon la vision de Paul VI. Romero en profita pour affirmer son enthousiasme, au nom des catholiques, "un patriotisme qui fait de nous les meilleurs serviteurs du bien commun du Salvador". Mais quand c'est le contraire qui se passait, Romero ne craignait aucune autorité civile ». Cf. Roberto MOROZZO DELLA ROCCA, *op. cit.*

de la raison d'être de la "société politique", et chacune des deux "sociétés" était indépendante et souveraine dans son propre domaine »[546].

L'approche christologique montre finalement que l'attitude du Christ à ce sujet est pleine d'enseignement et de prophétie. Il se déroba, ayant lui-même pressenti qu'il allait être sollicité pour devenir roi de son peuple. Ceci, pour montrer que sa mission et partant celle de tous ceux qui sont à sa suite – prêtres et évêques – n'est pas la conquête du pouvoir politique, mais plutôt engagement à la mission d'annonce de la Bonne Nouvelle et de défense des pauvres et des plus faibles, dans la prière, le dévouement et la discrétion[547]. En ce qui concerne Mgr Etoga, il s'agissait pour lui, à la suite du Christ, de contribuer à sa manière à la préservation et à la sauvegarde de l'État de droit au Cameroun, tout en restant fidèle à sa vocation baptismale et à son sacerdoce et libre dans ses rapports avec le politique. En effet, tout prélat est libre d'entretenir des contacts avec le pouvoir dans l'accomplissement de son ministère car « [p]our s'acquitter de leur ministère apostolique, qui vise au salut des âmes, les évêques jouissent d'une liberté et d'une indépendance qui sont de soi pleines et parfaites à l'égard de tout pouvoir civil »[548]. C'est dire que l'annonce de la Bonne Nouvelle est sans exclusive. Ainsi, vis-à-vis des pouvoirs publics le prélat ne doit jamais perdre de vue que sa mission est aussi d'évangéliser l'élite de son peuple, parce qu'elle a aussi besoin de la *Splendeur de la Vérité*[549]. Il reste, pour finaliser notre analyse, un dernier

---

[546] *Ibid.* Dans le texte dactylographié sur *Ideología de la Iglesia en la Independencia*, p. 2, cité par Roberto Morozzo, le prélat Romero déclare : « Puisque les deux sociétés gouvernent les mêmes hommes, en même temps, sur le même sol, des problèmes mixtes surgiront qui devront se régler pacifiquement à travers des concordats. Mais si parfois "la politique touche à l'autel", comme le disait Pie XI, alors la force des faits obligera l'Église à toucher la politique pour défendre l'autel. L'Église, ainsi, ne s'occupera pas des lois de l'État parce que ce n'est pas de son domaine mais si les lois de l'État foulaient aux pieds la loi divine, alors l'Église les condamnerait et interdirait aux catholiques de s'en servir ». Pour Mgr Oscar Romero, les chrétiens catholiques iraient jusqu'à la désobéissance civile si l'État se montrait indélicat quant au respect des domaines de ses compétences par rapport à l'Église. Cette position, à la limite tranchée, est compréhensible et envisageable dans un pays fortement catholicisé et dont la pratique religieuse est largement considérable. Par contre, dans les démocraties occidentales très laïcisées et fortement en perte de vitesse dans la pratique religieuse, doublée d'une indifférence religieuse marquée, cette vision des rapports entre l'Église et l'État est à tempérer et à reconsidérer.

[547] L'Apôtre Jean en donne une illustration dans l'Évangile : « À la vue du signe qu'il venait d'opérer, les gens dirent : "Celui-ci est vraiment le prophète, celui qui doit venir dans le monde". Mais Jésus, sachant qu'on allait venir l'enlever pour le faire roi, se retira à nouveau, seul, dans la montagne ». Cf. Jn 6, 14-15.

[548] *Christus Dominus*, n° 19.

[549] Il s'agit du titre de la Lettre encyclique du pape Jean Paul II, *Veritatis splendor*, du 6 août 1993, fête de la Transfiguration du Seigneur, marquant la quinzième année de son pontificat. En substance « La splendeur de la vérité se reflète dans toutes les

élément justificatif de la capacité et de la compétence à jouir de la grâce d'état du ministère sacerdotal et épiscopal, en lien avec la communion à l'héritage prophétique et à l'époque contemporaine. Il s'agit d'un élément qui justifie et confère son caractère déterminant et fondamental dans l'approche divine, trinitaire, ecclésiale, pastorale et christologique de cette communion ; un élément qui confère cumulativement le pouvoir, la capacité et la prérogative d'exercice en faisant, à jamais, de l'élu consacré un *alter Christus*.

4. L'ordination

Elle est un acte substantiel, significatif et à caractère qui restitue *de facto* la visibilité fonctionnelle et spirituelle de cette communion. L'ordination sacramentelle confère la compétence et le pouvoir de continuer les paroles et les gestes du Christ établis lors de l'institution de l'Eucharistie et du sacrement de l'ordre. Ce sacrement marque de son empreinte la réception et l'exercice du sacerdoce ministériel. Il transmet un état d'esprit et d'attachement indéfectible et indissoluble à l'être sacerdotal en générant la conscience du ministère sacerdotal depuis l'Ancienne Alliance. Cet état d'esprit et cette conscience du sacerdoce ministériel sont transmis à travers les siècles. Ainsi, l'acte d'ordination est resté une conviction et un gage d'engagement pour Paul Etoga tout au long de son presbytérat et de son épiscopat. Il confère en effet, le sacrement de l'ordre et trouve ses sources dans l'Ancienne Alliance. Par voie de conséquence, l'ordination devient à la fois un élément de conscience, de reconnaissance et de solidarité sacerdotale sans exclusive. Ce triptyque – conscience, reconnaissance solidarité sacerdotale – est toujours d'actualité. Il continue à marquer comme d'une empreinte l'onction sacerdotale et dissipe tout enfouissement des hommes de Dieu en les faisant s'identifier et se reconnaître comme tels dans « l'unique sacerdoce du Christ » selon l'ordre de Melchisédech.

1° Aux sources de l'Ancienne Alliance

L'essentiel à ce niveau n'est pas de faire une étude exhaustive de l'histoire du sacerdoce, ni de la liturgie qui en découle depuis les temps bibliques. Plutôt, il s'agit de montrer, à titre indicatif, que la qualité de prophète, de prêtre ou d'évêque et la conscience de cette qualité, trouvent leurs origines depuis l'Ancienne Alliance. Cette qualité et cette conscience participent de cette communion d'esprit et d'action que Mgr Paul Etoga vécut par le biais de l'ordination et de l'héritage des temps bibliques et de l'époque contemporaine.

œuvres du Créateur et, d'une manière particulière, dans l'homme créé à l'image et à la ressemblance de Dieu (cf. Gn 1, 26) : la vérité éclaire l'intelligence et donne sa forme à la liberté de l'homme, qui, de cette façon, est amené à connaître et à aimer le Seigneur. C'est dans ce sens que prie le psalmiste : "Fais lever sur nous la lumière de ta face" (Ps 4, 7) ». http://www.vatican.va/content/john-paul-ii/fr/encyclicals/documents/hf_jp-ii_enc_06081993_veritatis-splendor.html.

Cette communion est toujours vivante aujourd'hui chez tous les serviteurs de Dieu qui partagent le même sacerdoce ministériel du Christ dont l'ordre de Melchisédech est la préfiguration. En substance, on peut retenir du sacerdoce des temps bibliques que « [l]e peuple élu fut constitué par Dieu comme "un royaume de prêtres et une nation consacrée" (Ex 19, 6). Mais au-dedans du peuple d'Israël, Dieu choisit l'une des douze tribus, celle de Lévi, mise à part pour le service liturgique ; Dieu Lui-même est sa part d'héritage. Un rite propre a consacré les origines du sacerdoce de l'Ancienne Alliance (Ex 29, 1-30 ; Lv 8)[550]. La mission des hommes de Dieu est précisée depuis l'Ancienne Alliance. Effectivement, « [l]es prêtres y sont "établis pour intervenir en faveur des hommes dans leurs relations avec Dieu, afin d'offrir dons et sacrifices pour les péchés" »[551]. Aussi, « [t]outes les préfigurations du sacerdoce de l'Ancienne Alliance trouvent-elles leur accomplissement dans le Christ Jésus "unique médiateur entre Dieu et les hommes" (1 Tm 2, 5). Melchisédech, "prêtre du Dieu Très Haut" (Gn 14, 18), est considéré par la Tradition chrétienne comme une préfiguration du sacerdoce du Christ, unique "Grand prêtre selon l'ordre de Melchisédech" (He 5, 10 ; 6, 20), "saint, innocent, immaculé" (He 7, 26), qui, "par une oblation unique, a rendu parfaits pour toujours ceux qu'Il sanctifie" (He 10, 14), c'est-à-dire par l'unique sacrifice de sa Croix »[552].

Dans cet ordre d'idées, l'acte qui confère le sacrement de l'ordre se présente comme un acte à caractère, c'est-à-dire indélébile et éternel, tout comme le sacrement conféré. Il est aussi, et de manière spécifique générateur du corps sacerdotal et ministériel. Les générations de toutes les époques concernées par le sacerdoce ministériel y sont liées à jamais. Mgr Paul Etoga, engagé par le lien sacerdotal, est resté fidèle dans l'exercice et les exigences du sacerdoce ministériel durant son ministère d'homme d'Église. Il avait compris, à travers certains faits, que cet acte originel et divin, était d'importance pour la cohésion du presbyterium universel et pour l'unité interne de l'Église catholique[553]. Il devient utile de chercher à appréhender ce

---

[550] *Catéchisme de l'Église catholique*, n° 1539.

[551] *Ibid.*

[552] *Ibid.*, n° 1544. Cf. également les n° 1545, 1546 et 1547 pour bien comprendre la substance de l'unique sacerdoce du Christ et les deux modalités de participation à cet unique sacerdoce.

[553] Le *Catéchisme de l'Église catholique* précise à cet effet : « L'intégration dans un de ces corps de l'Église se faisait par un rite appelé *ordinatio*, acte religieux et liturgique, qui était une consécration, une bénédiction ou un sacrement. Aujourd'hui le mot *ordinatio* est réservé à l'acte sacramentel qui intègre dans l'ordre des évêques, des presbytres et des diacres et qui va au-delà d'une simple *élection*, *désignation*, *délégation* ou *institution* par la communauté, car elle confère un don du Saint-Esprit permettant d'exercer un « pouvoir sacré » (*sacra potestas*) qui ne peut venir que du Christ Lui-même, par son Église. L'ordination est aussi appelée *consecratio* car elle est une mise à part et une investiture par le Christ Lui-même, pour son Église.

à quoi on peut s'attendre de l'acte d'ordination par lequel le sacrement de l'ordre est conféré. L'intérêt de cette attente est pleinement justifié. Plus précisément, il s'agit de relever les implications directes de cet acte sur la personne qui reçoit le sacrement de l'ordre, sur l'institution qui l'accueille, l'Église, et enfin sur l'esprit ecclésial devant animer les sujets concernés dans leurs rapports interpersonnels en tant que confrères.

2° Implications

L'acte d'ordination implique à la fois une conscience spécifique liée à l'état clérical, une reconnaissance et un sentiment d'appartenir et de maintenir cette chaleur humaine entre clercs, à travers la solidarité sacerdotale, indépendamment du temps et de l'espace. Elle confère de manière consécratoire et définitive l'état clérical. En même temps, elle suscite une prise de conscience d'un engagement spécial dans un nouvel état de vie au sein de l'Église et la société chez celui qui la reçoit. L'ordination est un argument de reconnaissance et de confiance en soi. Elle forme et consolide la conscience sacerdotale qui unit tous les presbytres et épiscopes sans distinction de race, d'époque, de culture ou de langue. Il en résulte indéniablement une reconnaissance universelle de l'être sacerdotal. Aussi, tous les ecclésiastiques se reconnaissent-ils, sur l'essentiel, du fait du même sacerdoce qu'ils partagent au nom du Christ. L'ordination et le sacrement de l'ordre reçu concourent, par voie de conséquence, à la visibilité de l'unicité du sacerdoce ministériel et à l'unité de l'Église. Ils participent également de la solidarité entre les serviteurs de Dieu et les différentes communautés dont ils sont pasteurs, de telle manière qu'ils sont reconnus partout où ils exercent le ministère sacerdotal. De la sorte, la solidarité sacerdotale doit perpétuellement et inlassablement s'abreuver à la source de l'héritage prophétique jusqu'à l'époque contemporaine. Sur cette base, l'on comprend que c'est cette conscience d'appartenir à un même ordre qui poussait Paul Etoga à revendiquer égalité, respect et considération mutuelle entre les pères occidentaux et les abbés indigènes. Les premiers considéraient les seconds comme de simples collaborateurs[554]. Cette déconsidération ne s'est pourtant pas arrêtée avec son ordination épiscopale comme premier évêque du Cameroun et de l'Afrique noire française. Les prêtres et les évêques doivent en être conscients quoique l'Église soit encore minée par des considérations exclusivistes. Effectivement, la réalité ecclésiale est tout autre dans beaucoup d'endroits au sein même de l'Église qui se trouve encore divisée, au grand

L'*imposition des mains* de l'évêque, avec la prière consécratoire, constitue le signe visible de cette consécration ». Cf. *Ibid.*, n°1538, italique dans le texte. Pour de plus amples explications sur « le sacrement de l'ordre dans l'économie du salut », cf. n° 1539, 1540, 1541, 1542.

[554] Cf. Paul ETOGA, *Mon autobiographie*, *op. cit.*, p. 21.

dam de l'appel incessant du Christ à l'amour et à l'unité[555]. Cette conscience et cette reconnaissance sacerdotale font intégrer la dimension de la solidarité sacerdotale qui dépasse toutes barrières.

Malheureusement, hier, tout comme de nos jours, beaucoup sont loin de vivre ecclésialement la solidarité sacerdotale. Pour preuve, Mgr Etoga, nommé évêque résidentiel de Mbalmayo, fut accusé de haine envers les pères occidentaux et de nourrir les idées de venger le clergé indigène : « [l]e bruit qui courait à Yaoundé que Mgr Paul Etoga n'aime pas les blancs, qu'il allait chasser les pères Européens était arrivé jusqu'à Mbalmayo »[556]. Effectivement, comme pour avoir par lui-même la preuve de ces accusations, « [t]rois jours après mon installation, le Supérieur de la mission de Mbalmayo (Père Albert Moll) entrait chez moi avec un groupe de dignitaires de Mbalmayo, pour me supplier d'épargner le Père Supérieur qui avait beaucoup travaillé dans cette mission »[557]. La réponse de l'évêque fut une réplique de remise à la conscience de ses interlocuteurs : « Je leur répondis que je ne suis pas venu chasser les pères Européens. Ceux qui refusent de travailler avec moi s'en iront d'eux-mêmes »[558]. Par cette attitude, il est conscient de l'exigence de la solidarité sacerdotale sans frontière qui convie chaque prêtre et chaque évêque à aimer et à accepter ses confrères au nom de l'ordination et de l'onction sacerdotale qu'elle confère. Cet état d'esprit exprime son adhésion à l'universalisme du sacerdoce ministériel. Ici, tout ordonné a pour mission de participer à la consolidation de la solidarité sacerdotale. Sa rencontre avec les

---

[555] « "Je ne prie pas seulement pour eux, je prie aussi pour ceux qui, grâce à leur parole, croiront en moi : que tous soient un comme toi, Père, tu es en moi et que je suis en toi, qu'ils soient en nous eux aussi, afin que le monde croie que tu m'as envoyé. Et moi, je leur ai donné la gloire que tu m'as donnée, pour qu'ils soient un comme nous sommes un, moi en eux comme toi en moi, pour qu'ils parviennent à l'unité parfaite et qu'ainsi le monde puisse connaître que c'est toi qui m'as envoyé et que tu les as aimés comme tu m'as aimé" ». Cf. Jn 17, 20-23. Remarquons que cet appel est toujours d'actualité dans l'Église d'aujourd'hui ; une Église qui peine à être le reflet de l'Évangile et du respect du semblable dans sa dignité en tant qu'être humain. Il en ressort que la reconnaissance au sein même de l'Église n'est pas toujours au rendez-vous. Cependant beaucoup de pasteurs ou hommes d'Église maintiennent allumée, en toute discrétion, la lampe et l'étincelle de la conscience, de la reconnaissance et de la solidarité sacerdotale. Au cours des premiers voyages qu'il effectue en Europe, Paul Etoga est reconnu comme évêque appartenant tout simplement à la communauté ecclésiale, et avait été reçu comme tel.

[556] Paul ETOGA, *Mon autobiographie*, *op. cit.*, p. 30.

[557] *Ibid.*, p. 30-32.

[558] *Ibid.*, p. 32.

pères Edmond Dillinger[559] et Don Francesco Pedretti[560] rentrent dans cette vérité et cette merveille communionnelle du mystère de l'onction sacerdotale transmise par l'acte d'ordination de génération en génération. L'onction sacerdotale reçue à l'ordination contribue également à la perpétuation du « peuple de prêtres, peuple de Dieu » et au sentiment lié à l'élan affectif d'y appartenir. Il s'agit à la fois d'un lien sentimental et de conviction.

---

[559] Ce fut une rencontre providentielle liée par la providence du sacerdoce : tout porte à croire que les deux hommes ne se seraient pas connus s'ils n'étaient pas des ecclésiastiques. Laïc, Dillinger aurait été conduit soit à un hôtel ou à une auberge. À ce sujet, Mgr Paul Etoga affirme joyeusement : « Mention spéciale du Père Edmond Dillinger de Saarbrücken en Allemagne Fédérale. Ce prêtre en route pour Sangmelima pour visiter son ami Mgr Pierre Célestin Nkou, arrive de nuit à Mbalmayo. Il s'apprête à coucher à la belle étoile au stationnement des cars. Un jeune homme l'aborde et lui demande : "Que faites-vous là Monsieur ?". "Je vais coucher ici", dit le Père. "Vous avez l'air d'un Prêtre !" "Oui, je suis Prêtre". "Pourquoi n'allez-vous pas à la mission ?" "Je ne connais pas la mission". Le jeune homme le conduisit à la mission chez le Père Moll. Les deux prêtres conversent en allemand. Le lendemain matin, Père Moll vint me présenter son hôte. Ensemble nous allâmes à la léproserie de Ngallan. Le Père Dillinger a pitié de ces pauvres gens qui habitent des cases en très mauvais état et il promet de faire quelque chose pour eux. Cette rencontre était le début de la fondation de CV-Afrika-Hilfe qui a réalisé beaucoup de projets dans le diocèse de Mbalmayo. Un an après sa première visite à Mbalmayo (mars 1970), grâce au Père Dillinger, un puit fut creusé, des cases minables, remises à neuf, un dispensaire fut construit. […]. Ensuite, la belle chapelle d'Efoulan, fut construite. Le Père a la joie de célébrer la première messe dans cette chapelle le 3 décembre 1980. Par sa fondation "CV-Afika-Hilfe" il a financé le Foyer des jeunes au Centre-ville de Mbalmayo, le renouvellement de la toiture de la Cathédrale, la construction des bureaux de la Mission de Mbalmayo. Ce Père Professeur et Aumônier Général des Étudiants catholiques aux Universités d'Allemagne, m'invita en Allemagne et me fit visiter presque toutes les villes et les Universités de son pays. Dans sa voiture, nous voyagions jour et nuit. […]. Je fus nommé membre honoraire de l'Association des Universitaires Catholiques de l'Allemagne : Cartellverband der Katholischen Deutschen Studentenverbindungen CV (Association des Étudiants Catholiques Allemands). Le Père Dillinger est un grand bienfaiteur du diocèse de Mbalmayo. Il est nommé Chanoine Honoraire de la Cathédrale de Mbalmayo », *ibid.*, p. 52-54.

[560] À son sujet, Mgr Paul Etoga écrit : « Mention spéciale également du Père Don Francesco Predretti de Barzio en Italie. J'ai fait la connaissance de ce généreux Prêtre grâce à Monsieur Joseph Atangana Ndzié, Séminariste que j'avais envoyé aux études à Rome. Don Francesco Pedretti est un grand bienfaiteur du diocèse de Mbalmayo ! Son premier geste : je manquais d'argent pour l'achat d'un terrain en vue de construire le Séminaire St. Paul de Mbalmayo. Père Pedretti m'a beaucoup aidé pour acquérir ce terrain. Ensuite, il a construit le collège Nina qui éduque sérieusement et un dispensaire qui soigne bien et où les séminaristes sont soignés gratuitement. Les gestes de Don Pedretti pour le diocèse de Mbalmayo sont innombrables ! Que le Seigneur lui en tienne compte », *ibid.*, p. 54.

Pour Mgr Paul Etoga la conscience sacerdotale doit être le leitmotiv des hommes d'Église. Une conscience sacerdotale entendue comme la connaissance de cause, missionnaire et prophétique, conjointement en rapport avec le ministère sacerdotal, la conviction sacerdotale, l'être sacerdotal et l'expérience du ministère sacerdotal. De ce point de vue, la conscience sacerdotale se manifeste concrètement dans l'amour du sacerdoce, le soin que l'ecclésiastique y porte et l'entrain et le zèle qui l'animent dans l'exercice de son ministère. La conscience sacerdotale manifeste sa visibilité dans un engagement d'éthique sacerdotale car le prêtre et l'évêque sont appelés, malgré leurs propres limites, à servir d'exemple au sein de leurs communautés de mission. Ils doivent continuellement avoir à l'esprit que leurs faits et gestes ont un impact sur leur entourage vu qu'ils ont une responsabilité et une obligation de témoignage de vie. C'est pourquoi Mgr Paul Etoga a toujours pensé et cru que les rapports entre ecclésiastiques devaient être empreints de sincérité et d'honnêteté pour servir de modèle au peuple de Dieu ; d'où son indignation lorsqu'il réalise qu'un confrère évêque, était d'intelligence avec le gouvernement Ahidjo pour se liguer contre lui : « Je fus très indigné de voir une haute autorité ecclésiastique dans cette caravane »[561]. Il est également peiné de constater que son projet de faire venir les pallottins au Cameroun a été détourné toujours par un de ses confrères[562]. Finalement, au nom du sacerdotal ministériel, les prêtres et les évêques sont conviés continuellement à l'éveil en menant une vie d'attention, malgré les faiblesses et évitant d'être objet de scandale et de contre-témoignage[563].

---

[561] Paul ETOGA, *ibid.*, p. 33.

[562] Mgr Paul Etoga, raconte sa mésaventure au sujet du projet avec les pères pallottins : « Devenu fondateur du Diocèse de Mbalmayo, fort des paroles de Père Baumann et du billet qu'il m'avait remis, je demandai des prêtres à Limburg… Père Otu, ancien élève des Pallottins, revenant de Limburg me dit : "Des prêtres vont venir". Herman Yene, également élève des Pallottins, me rapporta la même nouvelle. Entre temps, le Supérieur général des Pallottins vint au Cameroun et à Mbalmayo chez moi… Je le conduisis à Minlaba où il promit des prêtres. Toute l'assistance poussa des cris de joie et de remerciement… Enfin des Pallottins vinrent au Cameroun, non pas à Mbalmayo, mais à Yaoundé. Ne comprenant plus rien, je me dirigeai à Limburg. À Koblenz, je rencontrai l'ancien Provincial avec qui j'avais traité. Il me dit : "Je ne suis plus Provincial !" Il me conduisit à Limburg chez le nouveau Provincial. Celui-ci me répondit : "Mes supérieurs m'ont dit d'envoyer des Prêtres à Yaoundé…". Je compris le jeu ! Pendant le Concile, l'Évêque qui avait détourné les Pallottins logeait à la Maison-Mère des Pallottins à Rome. Le Supérieur Général qui avait promis à Mbalmayo de m'inviter chez lui à Rome, ne parut plus et l'invitation tomba à l'eau ! Entre les hommes et en particulier entre ecclésiastiques, toujours sincérité et vérité ! Probité et honnêteté ! », *ibid.*, p. 23-24, points de suspension dans le texte.

[563] Saint Paul propose toute une exhortation : « Ne soyez pour personne une occasion de chute, ni pour les Juifs, ni pour les Grecs, ni pour l'Église de Dieu. C'est ainsi que moi-même je m'efforce de plaire à tous en toutes choses, en ne cherchant pas mon

* * *

L'Église constitue une force vive au sein d'un État et dans le monde. En réalité, elle n'est pas à être réduite aux seules dévotions spirituelles, disposant d'un potentiel substantiel pour participer à l'édification d'un monde meilleur au milieu des préoccupations du temps présent. Le développement et les mutations au sein des peuples et des sociétés lui incombent également en répondant à sa vocation d'être « sel de la terre et lumière du monde »[564]. Elle doit, à travers ses pasteurs, mettre à contribution toutes ses énergies pour une saine et bonne éclosion sociale, religieuse, culturelle, économique et politique. Le Christ y invite ses disciples en demandant à ces derniers de donner eux-mêmes du pain à manger aux foules[565]. Manifestement, l'Église a une forte responsabilité dans le relèvement ou la chute du monde. Donc, elle n'a pas à être mise à l'écart des préoccupations et de la recherche des réponses aux situations de son époque. Une question se pose depuis l'aurore des années 2000 quant à sa mission fondamentale en ces termes : « on peut l'exprimer tout de suite dans une question initiale, lourde d'enjeux et de défis, mais fascinante : comment l'Église, chez nous, peut-elle et doit-elle prendre le tournant de l'an 2000, pour exercer sa mission, non pas en retrait, non pas en marge mais au cœur même de ce monde en pleine mutation ? »[566]. Cette question peut être adaptée aux préoccupations spécifiques liées à chaque Église particulière.

---

avantage personnel, mais celui du plus grand nombre, afin qu'ils soient sauvés ». Cf. 1 Co 10, 32-33.

564 Mt 5, 13-16 ; Mc 9, 50 ; Lc 14, 34-35. Voir aussi les textes conciliaires et la doctrine sociale de l'Église. Cf., *Gaudium et Spes*, n° 46-93 ; *Unitatis Redintegratio*, n° 5-7 ; *Inter Mirifica*, n° 14. b, c, d ; n° 15. Le n° 46 § 1 et 2 de la Constitution pastorale *Gaudium et Spes* esquisse un compendium de la dévolution de la doctrine sociale de l'Église. § 1 :« Après avoir montré quelle est la dignité de la personne humaine et quel rôle individuel et social elle est appelée à remplir dans l'univers, le Concile, fort de la lumière de l'Évangile et de l'expérience humaine, attire maintenant l'attention de tous sur quelques questions particulièrement urgentes de ce temps qui affectent au plus haut point le genre humain. § 2. Parmi les nombreux sujets qui suscitent aujourd'hui l'intérêt général, il faut notamment retenir ceux-ci : le mariage et la famille, la culture, la vie économico-sociale, la vie politique, la solidarité des peuples et la paix. Sur chacun d'eux, il convient de projeter la lumière des principes qui nous viennent du Christ ; ainsi les chrétiens seront-ils guidés et tous les hommes éclairés dans la recherche des solutions que réclament des problèmes si nombreux et si complexes ».

565 Lc 9, 13 ; Mt 14, 13-21 ; Mc 6, 30-40.

566 Marc GIRARD, *La mission de l'Église au tournant de l'an 2000*, Paris, Mediaspaul, 1998, p. 9.

Par rapport à l'Afrique, la thématique du synode africain au sujet de sa contribution à l'évangélisation du monde présent constitue matière à réflexion. Selon Jean-Paul Messina, « [q]uant au thème du synode : "l'Église en Afrique et sa mission évangélisatrice vers l'an 2000. Vous serez mes témoins", ses interpellations missionnaires n'échappent à personne, et sa célébration a lieu à un moment où toute l'Église s'apprête à entrer dans le jubilé de l'an 2000. La question qui se pose ici est celle de savoir comment l'Afrique catholique va contribuer à l'évangélisation du monde en l'an 2000 ? On est là dans un débat fondamentalement théologique »[567]. L'amorce de réponse à cette interrogation de Jean-Paul Messina implique pour l'Afrique de spécifier son identité et d'assumer ses responsabilités en puisant dans la richesse de ses atouts potentiels qui lui sont spécifiques. Ils sont à trouver au niveau sociologique, humain, spirituel, intellectuel, culturel, artistique, politique, économique, anthropologique et même mystique. Il lui faut promouvoir des recherches sur ses premiers témoins valeureux laïcs et clercs, artisans de son évangélisation comme le fut Mgr Paul Etoga.

Conclusion de la deuxième partie

La constance remarquée dans la personnalité de Mgr Paul Etoga depuis son jeune âge n'a pas changé une fois devenu évêque. L'homme est resté fidèle à ses convictions de chrétien et d'homme d'Église, malgré les vicissitudes et les échecs endurés. Sa devise épiscopale restitue son attachement au Christ. Pour ne pas perdre pied, il ne cesse de se rappeler d'où il vient et tout ce qu'il connut comme humiliations et frustrations dès son enfance. Il est resté courageux et déterminé durant tout son ministère et n'a brisé aucun lien, ni familial ni ecclésial. Paul Etoga est resté en communion avec l'héritage des temps bibliques et celui de l'époque contemporaine, dans une union d'esprit et d'action, avec cette précision que dans la communion d'action, c'est-à-dire quant à la méthode et aux moyens utilisés pour agir, certains ecclésiastiques se sont séparés de l'Église. Somme toute, il s'agit d'une communion ininterrompue, depuis l'Ancienne Alliance, qui est une invite, de tout consacré au sacerdoce ministériel, à une permanente mise à jour de sa relation avec ce ministère et partant, avec le Christ. Il s'agit également, à la lumière de l'engagement ecclésial et politique de Mgr Paul Etoga, d'une exhortation à l'humilité et à la répugnance pour tout cléricalisme. Aucun prêtre, aucun évêque, aucun pape ne peut s'exclure cette communion qui assure la catholicité ecclésiale par et dans le Christ, en tant qu'elle intègre tous les

---

[567] Jean-Paul MESSINA, *Culture, christianisme*, *op. cit.*, p. 11. Sur le jubilé de l'an 2000 voir également JEAN PAUL II, *Le jubilé de l'an 2000*, Paris, Cerf, 1999 et l'exhortation apostolique post-synodale *Ecclesia in Africa*, signée à Yaoundé, le 14 septembre 1995.

prêtres et évêques de toutes les époques pour en faire un « peuple de prêtres, [...] peuple de Dieu »[568]. Un peuple multiculturel.

Cette communion implique fondamentalement une adhésion rendue possible par l'ordination, laquelle confère le sacrement de l'ordre, tout en constituant le pacte d'engagement et de justification, de génération en génération sous l'action permanente de l'Esprit-Saint. Mgr Paul Etoga, dans son engagement d'homme d'Église, fournit les raisons de la nécessité de la fidélité à cette communion, d'esprit et d'action, à l'héritage prophétique et à l'époque contemporaine. Une communion constituante d'une source d'inspiration et d'action tout au long de son ministère de prêtre et d'évêque. Elle éclaire et nourrit sa détermination dans la lutte contre les conséquences néfastes du cléricalisme et l'imitation de l'attitude du Christ face au pouvoir. Au final, le premier prélat du Cameroun offre beaucoup d'éléments d'exemplarité de vie. Il est demeuré une personnalité épiscopale restée fidèle à son éducation de base et ouvert à l'évolution intellectuelle, humaine et spirituelle que sa modeste existence lui a donnée de vivre. Dans la suite de ce travail, il importe de chercher à présent, pour les jeunes générations de prêtres et d'évêques au Cameroun et ailleurs, comment cet évêque s'est investi, comme diocésain, pour la visibilité d'une communauté diocésaine où tout ou presque était encore à mettre sur pied ? Comment, par son engagement politique, a-t-il pu aider à dévoiler clairement la spécificité de l'engagement politique d'un homme d'Église ?

[568] Chant du compositeur Lucien Deiss, au refrain « Peuple de prêtres, peuple de rois, assemblée des saints, peuple de Dieu, chante ton Seigneur ! »

Troisième partie
Mgr Paul Etoga comme premier évêque résidentiel de Mbalmayo et son engagement ecclésial et politique

> « Monseigneur n'est pas allé étudier en France, il n'a pas eu des protecteurs humains, cependant il a été inséré au Collège des Apôtres. Il faut rappeler cela parce qu'il s'agit d'un vrai chef-d'œuvre de l'Esprit Saint qui ouvre notre cœur à comprendre la docilité et la confiance qu'il faut toujours lui donner ».
>
> Don Francesco Pedretti

Une personne se rend crédible auprès de ses semblables lorsque ses dires trouvent leur visibilité dans ses réalisations. Il s'agit d'une logique non de la juxtaposition, mais de la cohésion entre la parole et l'acte. Cependant, considérant la divergence des opinions et des appréciations d'une œuvre, l'accord ne fait pas toujours l'unanimité, tellement les conditionnements d'appréciation sont multiples. Ils peuvent tenir soit de la culture, de la religion, de la politique ou même des époques. Aussi, est-il délicat aujourd'hui de porter un jugement sur les valeurs qui auront présidé à la réalisation de l'œuvre de telle personne ou de telle personnalité, tant le relativisme gagne les mentalités, au point où même les faits et gestes des hommes d'Église passent au crible du doute, du dédain, de l'indifférence et du relativisme[569]. L'œuvre

[569] Cf. Luc BOLTANSKI et Laurent THEVENOT, *De la justification. Les économies de la grandeur*, Paris, Gallimard, 2011, p. 414-417 ; cf. Alain REY et al., *Dictionnaire historique de la langue française*, *op.cit.*, p. 3009, col. 2 ; Didier JULIA, *Dictionnaire de philosophie*, *op.cit.*, p. 243, col. 1.

du premier évêque de Mbalmayo, Mgr Paul Etoga, en tant qu'évêque résidentiel n'est pas en reste de cette considération. Toutefois, il n'en demeure pas moins vrai que, malgré le doute, l'indifférence et le relativisme, les valeurs, dans l'absolu, demeurent un pôle d'appréciation de la vie, de l'existence et des œuvres de toute personne. Quant à Mgr Paul Etoga, cette troisième partie est une mise en valeur de la visibilité de son œuvre dans l'Église locale en tant que responsable premier en charge d'une entité diocésaine : le diocèse de Mbalmayo. Il s'agit, à la suite des précédentes parties, de continuer de présenter sa figure d'évêque comme susceptible d'être un modèle d'homme d'Église. Cette fois-ci, il est question de la considération et de l'évaluation de son œuvre d'évêque diocésain qui sut préserver sa dignité épiscopale aussi bien dans son engagement ecclésial que politique.

Parlant précisément de son engagement politique, il donne des arguments plausibles quant à son imitation du Christ face à la politique et au politique. Au fond, il est question dans cette partie de montrer en quoi, de manière concrète, le premier évêque résidentiel de Mbalmayo est proposé comme un modèle à travers ses réalisations d'évêque et son attitude face au pouvoir politique. Une attitude politique calquée sur celle du Christ dans la visée d'une « perspective eschatologique ». Il est vrai que la question du modèle de vie est variable en fonction des époques, des circonstances et des sociétés. Elle est également relative en fonction des religions et des cultures. Autant rappeler que cette démarche s'inscrit dans une perspective de la foi chrétienne catholique dont le critère d'appréciation demeure le Christ et l'Évangile qui transcendent les époques. Cette perspective, au nom de cet Évangile du Christ, « lumière des nations », n'est pas renfermée sur elle-même car l'Église catholique concerne des peuples et des cultures divers et différents. Il peut, cet Évangile, inspirer même les non croyants. Au final, cette dernière partie montre que Mgr Paul Etoga, dans ses œuvres d'évêque responsable de toute une communauté diocésaine et dans son attitude face au politique, interpelle croyants et non croyants. Ainsi, une analyse de ses réalisations s'impose, parce que, « [c]'est au pied du mur qu'on voit le maçon »[570]. En réalité, cet évêque s'est toujours laissé guider par le Seigneur dans son ministère épiscopal. Le cardinal Martini précise justement que « [c]'est en effet le Seigneur qui, par son Esprit, conduit les journées d'un évêque »[571]. Ici, l'évêque est interpellé de manière particulière dans sa charge épiscopale ; l'Église lui recommande vivement « la fidélité et la prudence, le zèle et la sollicitude, l'humilité, la véracité et l'incorruptibilité »[572]. Les grands traits de ce qui est convenu comme pouvant être sa spiritualité semblent se dessiner dans l'insistance à « la perfection, aux vertus les plus diverses »[573]. Ainsi, « [l]es *interrogationes*

[570] Proverbe français.
[571] Carlo Maria MARTINI, *op. cit.*, p. 6.
[572] *Ibid.*, p. 137.
[573] *Ibid.*, p. 138-139.

de l'examen préliminaire citent nommément la chasteté, la sobriété, le désintéressement, l'humilité, la patience, l'affabilité et la miséricorde. [...]. Dans la trame diaprée de ces vertus, une place de choix est donnée à la fidélité de l'évêque au Souverain Pontife »[574].

574 *Ibid.*, p. 139.

Chapitre premier
Une mission de promotion de la solidarité ecclésiale : responsabilités, engagement social, éducationnel et économique dans un diocèse à bâtir

Paul Etoga arrive à la tête du diocèse de Mbalmayo comme premier évêque dans des conditions qui frisent l'épopée : le calendrier de la Conférence épiscopale de l'époque ne prévoyait pas la création d'un diocèse à Mbalmayo, aucune structure d'accueil n'était pratiquement prête. Il témoigne lui-même de la situation : « Le 4 juin 1961, je reçus de la Délégation apostolique un télégramme me disant : [m]on Secrétaire vous visitera mardi prochain : signé, Sergio Pignedoli. En fait, le Secrétaire arriva et me tendit une lettre. Le Saint-Siège vous envoie fonder un diocèse à Mbalmayo. Acceptez-vous ? J'acceptai. Mais je fus très étonné ; car évêque auxiliaire je passai six ans à la Cathédrale de Yaoundé. J'assistai à toutes les Conférences Épiscopales. On parlait de fonder des Diocèses à Doumé, Bafia et Sangmelima : Mbalmayo n'a jamais été mis sur le tapis ! Si c'est la volonté de Dieu, soit ! »[575]. Il s'agit d'un diocèse très pauvre dont on dira plus tard qu'il avait été « créé pour les besoins de la cause », donc, appelé à disparaître après Paul Etoga. Le premier évêque de Mbalmayo doit alors relever le défi de la survie du nouveau diocèse à lui confié. La charge de pionnier qui lui incombe à cette époque est à la dimension des péripéties vécues à Yaoundé comme évêque auxiliaire.

I. Paul Etoga : évêque résidentiel

L'objectif visé dans ce chapitre est de montrer Mgr Paul Etoga à l'œuvre à la tête d'un diocèse où tout était à bâtir. Comment s'y est-il pris et dans quelle mesure peut-il être considéré comme un modèle de vie et d'engagement ecclésial pour les jeunes générations de prêtres et d'évêques au Cameroun, en Afrique et ailleurs. Son implication, en tant que gouverneur, enseignant et sanctificateur ecclésial, rappelle-t-elle en mieux son adhésion à la figure du Christ, tête et fondement de l'Église ? La réponse à cette question mérite que soit étudiés quelques repères essentiels de l'idonéité d'un évêque à partir des Saintes Écritures, de la tradition apostolique et de l'héritage patristique.

---

[575] Paul ETOGA, *Mon autobiographie*, *op. cit.*, p. 30.

1. Idonéité d'un évêque

La tâche consiste à retrouver les éléments d'adéquation entre un évêque et la mission qui lui est confiée dès lors qu'il devient pasteur en charge d'un diocèse. La charge épiscopale confère certes un prestige et une visibilité du point de vue honneur, quoique que l'on dise, parce que celui qui est élevé à la dignité épiscopale « est appelé au ministère de la présidence en tant qu'évêque, il se trouve mis, en quelque sorte, sur un piédestal »[576]. Mais, l'essentiel de son ministère d'évêque ne doit pas être occulté et relégué au second plan, parce qu' « il doit donner le bon exemple »[577]. En d'autres termes il s'agit d'analyser son aptitude à assumer la charge épiscopale ainsi que son témoignage de vie en tant que pasteur du troupeau de Dieu. Il est question de rechercher si Paul Etoga, évêque, répond actuellement et pour la postérité à cette idonéité par rapport à son œuvre, seule critère objectif et palpable de son éventuelle exemplarité pour l'Église locale et universelle. Les textes et les enseignements du Magistère et l'héritage patristique abondent en ce qui concerne la description du profil d'un bon pasteur, qu'il soit prêtre, évêque ou pape. Ces textes et enseignements s'inspirent des Saintes Écritures. Ils offrent des arguments d'appréciation et d'analyse pour décrypter de manière originelle ce qui paraît comme essentiel du profil d'un évêque en tant que pasteur. Ce profil englobe à la fois les qualités et la manière de prendre soin du peuple de Dieu.

1° D'après les Saintes Écritures

La possibilité n'est pas offerte d'entreprendre une étude exhaustive du profil du modèle d'évêque tel que présenté et enseigné par les Saintes Écritures, la tradition apostolique, la patristique, le droit canonique et le magistère. Toutefois, certains textes choisis à dessein permettent une mise en évidence du profil d'évêque préconisé dans les Saintes Écritures et la tradition. Ceci permet de mieux appréhender ce qu'est un bon pasteur et en quoi il se différencie du mauvais. Cette approche est fondamentale dans la mission d'un évêque. En effet, « [l]'évêque, envoyé par le Père pour gouverner sa famille, aura permanemment à l'esprit l'exemple du Bon Pasteur qui est venu non pour être servi mais pour servir (cf. Mt 20, 28 ; Mc 10, 45) et donner sa vie pour ses brebis (cf. Jn 10, 11) »[578]. Il ressort que le bon évêque à la tête d'une communauté diocésaine, à l'image du Christ, est bon parce qu'il justifie sa présence et son action par le service et le sacrifice. L'évêque est ainsi appelé à servir le peuple de Dieu, jusqu'au sacrifice ultime. Homme parmi les hommes, il doit être disposé à la compassion « à l'égard de ceux qui sont dans l'ignorance ou l'erreur (cf. He 5, 1-2) »[579]. En bon pasteur, l'évêque doit

---

576 Carlo Maria MARTINI, *op. cit.* p. 29.
577 *Ibid.*
578 *Lumen Gentium*, n° 27.
579 *Ibid.*

cultiver le sens de l'attention et de la bienveillance et « ne refusera aucunement d'écouter ses sujets, qu'il aimera comme de vrais fils »[580]. Dans son ministère d'évêque, il doit s'éviter toute promptitude à sanctionner ; plutôt « il les exhortera à collaborer activement avec lui. Puisqu'il doit rendre compte à Dieu de leurs âmes (cf. He 13, 17) »[581]. Dans sa mission, le prélat est appelé à se forger une spiritualité forte, dans la mesure où « il lui faut, par la prière, la prédication et toutes les ressources de la charité, prendre soin d'eux et aussi de ceux qui ne sont pas encore dans l'unique troupeau et qu'il regardera comme lui étant confiés dans le Seigneur »[582].

L'Ancien et le Nouveau Testament portent à comprendre la portée prophétique et messianique du berger ou du pasteur. L'image du berger est représentative d'une personne d'autorité et de délicatesse[583]. Si dans l'Ancien Testament l'image du pasteur ne se réfère pas souvent à Yahweh[584], la

---

580 *Ibid.*

581 *Ibid.*

582 *Ibid.*

583 Cf. Xavier-Léon DUFOUR et al., *Vocabulaire de théologie biblique*, Paris, Cerf, 1970, p. 917, col. 1. On peut retenir en substance que « [p]rofondément enracinée dans l'expérience de ces "araméens nomades" (Dt 26, 5) que furent les patriarches d'Israël au sein d'une civilisation pastorale (cf Gn 4, 2), la métaphore du berger menant son troupeau exprime admirablement deux aspects, apparemment contraires et souvent séparés, de l'autorité exercée sur les hommes. Le pasteur est à la fois un chef et un compagnon. C'est un homme fort, capable de défendre son troupeau contre les bêtes sauvages (1 S 17, 34-37) ; cf Mt 10, 16 ; Ac 20, 29) ; il est aussi délicat envers ses brebis, connaissant leur état (Pr 27, 23), s'adaptant à leur situation (Gn 33, 13 s.), les portant dans ses bras (Is 40, 41), chérissant l'une ou l'autre "comme sa fille" (2 S 12, 3). Son autorité est indiscutée, elle est fondée sur le dévouement et l'amour. D'ailleurs, dans l'ancien Orient (Babylonie, Assyrie), les rois se considéraient volontiers comme des pasteurs auxquels la divinité avait confié le service de rassembler et de soigner les brebis du troupeau. Sur cet arrière-plan, la Bible détaille les relations qui unissent Israël et Dieu, à travers le Christ et ses délégués ».

584 Cf. *ibid*, p. 917-918, col. 1 et 2 : « 1. *Yahweh, chef et père du troupeau.* – Contrairement à ce qu'on pourrait penser, Yahweh ne porte presque jamais le titre de pasteur : deux désignations anciennes (Gn 49, 24 ; 48, 15) et deux invocations dans le psautier (Ps 23, 1 ; 80, 2). Le titre semble réservé à celui qui doit venir. En revanche, s'il n'est pas transposé allégoriquement sur Yahweh, on peut décrire en une véritable parabole du bon berger les relations de Dieu avec son peuple. Lors de l'Exode, "il poussa son peuple comme des brebis" (Ps 95, 7), comme "un troupeau dans le désert" (Ps 78, 52 et s). "Tel un berger qui fait paître son troupeau recueille dans ses bras les agneaux, les met sur sa poitrine, conduit au repos les brebis mères" (Is 40, 11), Yahweh continue à "mener" ainsi son peuple (Ps 80, 2). Certes Israël ressemble plus à une génisse rétive qu'à un agneau dans une prairie (Os 4, 16) ; il devra partir en captivité (Jr 13, 17). Alors, de nouveau, Yahweh le "guidera vers les eaux bouillonnantes" (Is 49, 10), rassemblant les brebis dispersées (cf 56, 8) en les "sifflant" (Za 10, 8). Il montre la même sollicitude envers chaque fidèle, qui ne

bienveillance et la sollicitude de Dieu ne supportent pas que son troupeau soit sans pasteurs[585]. Ainsi, depuis les temps bibliques la volonté de Yahweh est de pourvoir continuellement son peuple de pasteurs. Ces derniers doivent être à la fois forts et bienveillants, ayant toujours à l'esprit qu'ils sont les envoyés de Dieu, c'est-à-dire les « instruments » de Dieu. Ainsi, comme messager de la Bonne Nouvelle, l'évêque doit être sûr de ses connaissances sur la vie de l'Église ; cela exige d'avoir un esprit ouvert et d'être au courant de l'évolution du monde, des idées, ainsi que des aspirations profondes de son époque. En plus de connaître l'Église, il est appelé à l'aimer en se mettant à son service pour mener les âmes et lui-même à la vie éternelle, parce que « [l]es évêques, quand ils enseignent en communion avec le pontife romain, doivent être respectés par tous comme les témoins de la vérité divine et catholique ; et les fidèles doivent accepter l'avis donné par leur évêque au nom de Jésus-Christ en matière de foi et de morale, et y adhérer avec un respect religieux »[586].

Dans l'Évangile, le Christ mène à son plus grand achèvement le profil du pasteur ou du berger. L'on y parle généralement du « bon pasteur » ou encore du « bon berger » lors de la célébration du quatrième dimanche de Pâques. Le Christ révèle par et dans lui-même le profil et la mission du bon berger : « Je suis le bon berger : le bon berger se dessaisit de sa vie pour ses brebis [...]. Je suis le bon berger, je connais mes brebis et mes brebis me connaissent, comme mon Père me connaît ; et je me dessaisis de ma vie pour les brebis »[587]. Le bon berger est mu par la connaissance de ses brebis et par l'amour pour ces dernières au point de s'oublier au détriment de sa propre vie afin que celles-ci vivent. En temps de joie, et surtout en temps de peine, le bon berger est toujours avec ses brebis[588]. Contrairement au berger mercenaire qui délaisse

---

manque de rien et ne peut rien craindre sous la houlette de Dieu (Ps 23, 1-4). Enfin sa miséricorde s'étend à toute chair (Si 18, 13) ». Italique dans le texte.

[585] Cf. *ibid.*, p. 918, col. 2 : « *Le troupeau et ses pasteurs*. – Le Seigneur confie à ses serviteurs les brebis qu'il fait paître lui-même (Ps 100, 3 ; 79, 13 ; 74, 1 ; Mi 7, 14) : il les guide "par la main de Moïse" (Ps 77, 21) et, pour éviter que "la communauté de Yahweh soit sans pasteurs", il désigne Josué comme chef à la suite de Moïse (Nb 27, 15-20) ; il tire David de derrière le parc à moutons pour lui faire paître son peuple (Ps 78, 70 ss ; 2 S 7, 8 ; cf 5, 2 ; 24, 17) ».

[586] *Lumen Gentium*, n° 25. Au sujet de ce respect religieux (religioso animi obsequio) avec ses implications, il est recommandé de lire entièrement le n° 25 de LG. On peut aussi utilement se reporter à Dominique LE TOURNEAU, « L'adhésion au magistère ecclésiastique », dans *Studia canonica*, 46, 2012, p. 570-589 et Alphonse KY-ZERBO, « Obligations et droits de tous les hommes vis-à-vis de la vérité dans le livre III du code de droit canonique de 1983 », dans *Revue de droit canonique*, 62/2, 2012 [2014], p. 305-329.

[587] Jn 10, 11. 14-15.

[588] Cf. *ibid.*, p. 922, col. 2 : « 1. *Jésus*, par son attitude à l'égard des pécheurs et par ses enseignements, illustre et incarne la patience divine ; il reprend ses disciples impatients et vindicatifs (Lc 9, 55) ; les paraboles du figuier stérile (13, 6-9) et de

le troupeau à l'approche du loup, le bon berger ne démissionne pas comme « [l]e mercenaire, qui n'est pas vraiment un berger et à qui les brebis n'appartiennent pas, voit-il venir le loup, il abandonne les brebis et prend la fuite ; et le loup s'en empare et les disperse. C'est qu'il est mercenaire et que peu lui importent les brebis »[589]. À la lumière de l'attitude du Christ, la gouvernance d'un évêque et de tout autre pasteur doit être une gouvernance de contradiction au milieu de ce monde et de cette Église en proie à la mauvaise gouvernance et aux scandales de toutes sortes. Elle doit se démarquer de celle des maîtres et des dirigeants du monde : « Jésus les appela et leur dit : "Vous le savez, ceux qu'on regarde comme les chefs des nations les tiennent sous leur pouvoir et les grands sous leur domination. Il n'en est pas ainsi parmi vous. Au contraire, si quelqu'un veut être grand parmi vous, qu'il soit votre serviteur. Et si quelqu'un veut être le premier parmi vous, qu'il soit l'esclave de tous. Car le Fils de l'homme est venu non pour être servi, mais pour servir et donner sa vie en rançon pour la multitude" »[590].

2° Apport des temps apostoliques et de la patristique

Avec les Apôtres, la tradition apostolique est l'héritage de l'imitation du Christ pour perpétuer la transmission de ses enseignements et de ses faits et gestes de génération en génération[591]. L'Apôtre Pierre à la suite du Christ dans

---

l'enfant prodigue (15), celle du serviteur impitoyable (Mt 18, 23-35) sont autant de révélations de la patience de Dieu, qui veut sauver les pécheurs, que des leçons de patience et d'amour à l'usage de ses disciples. Le courage de Jésus dans sa Passion, spécialement mis en relief dans le récit de Luc, deviendra le modèle de toute patience pour l'homme en butte aux persécutions, mais qui commence à comprendre maintenant la signification et la valeur rédemptrice de ces souffrances », italique dans le texte.

[589] Lc 10, 12-13.

[590] Mc 10, 42-45.

[591] Cf. Xavier-Léon DUFOUR, *op. cit.*, p. 1300, col. 2-1301, col. 1 : « Effectivement, on constate dans l'Église l'existence de cette tradition, définie dans un vocabulaire emprunté au judaïsme. Le fait se note surtout chez Paul, rompu par sa formation première aux techniques de la pédagogie juive. Aux Thessaloniciens, il a "donné des instructions" de la part du Seigneur Jésus (1 Th 4, 2), et ils ont "reçu son enseignement" (1 Th 4, 1). Il les adjure de "garder ferment les traditions (*paradoseis*) qu'ils ont apprises de lui, oralement ou par lettres" (2 Th 2, 15). Il dit aux Philippiens : "Ce que vous avez appris, reçu, entendu de moi et constaté en moi, voilà ce que vous devez pratiquer" (Ph 4, 9). Il précise aux Corinthiens : "Je vous ai transmis tout d'abord ce que j'avais moi-même reçu" (1 Co 15, 3), "J'ai reçu du Seigneur ce que à mon tour je vous ai transmis" (11, 23) ; dans le premier cas, il s'agit d'un sommaire doctrinal relatif à la mort et à la résurrection du Christ ; dans le second, d'un récit liturgique de la Cène. L'objet de la tradition apostolique consiste donc en actes aussi bien qu'en paroles. [...]. Les recueils évangéliques ne font donc que consigner par écrit une tradition déjà existante. Parallèlement à eux, la vie de l'Église les gestes et les coutumes légués par le Christ et mis en œuvre par les Apôtres ».

sa première lettre, restituant l'essentiel de la tradition apostolique dans une exhortation aux anciens, rappelle ce que doit être un pasteur dans sa mission : « J'exhorte donc les anciens qui sont parmi vous, moi qui suis ancien avec eux et témoin des souffrances du Christ, moi qui ai part à la gloire qui va être révélée : Paissez le troupeau de Dieu qui vous est confié, en veillant sur lui non par contrainte, mais de bon gré, selon Dieu ; non par cupidité, mais par dévouement. N'exercez pas un pouvoir autoritaire sur eux qui vous sont échus en partage, mais devenez les modèles du troupeau. Et quand paraîtra le souverain berger, vous recevrez la couronne de gloire qui ne flétrit pas »[592]. Finalement, la tradition apostolique dévoile l'évêque comme un veilleur libre, dévoué, bienveillant, doux et désintéressé. Il ne doit pas être autoritaire et dictateur ne laissant prévaloir que son point de vue. L'Apôtre Pierre convie l'évêque, successeur des Apôtres, à se disposer à attendre en toute humilité « le Chef des pasteurs » qui est le Christ, Pasteur unique du troupeau de Dieu. L'évêque est lui-même dans cette attente de « la couronne de gloire qui ne flétrit pas », n'étant pas encore confirmé en grâce. L'évêque doit toujours avoir à l'esprit que le troupeau qui lui est confié et circonscrit dans un diocèse n'est pas le sien propre. Il n'en est que le veilleur et le surveillant et en assure, en premier, la vigilance ecclésiastique tout en restant attentif aux problèmes qui surgissent dans les communautés. En termes clairs, « [l]es évêques diocésains devraient [...] veiller à ce que soient évitées des dérives d'un nouveau genre tel les abus de pouvoir de supérieurs et supérieures locaux débouchant sur des mises à l'écart voire des exclusions de personnes déjà avancées en âge, ou leur placement dans d'autres instituts qui ont peu en commun avec le charisme de leur institut d'origine »[593].

Cette vigilance ecclésiastique incombe directement aux évêques et on ne devrait pas en éprouver de la répugnance parce que « la vigilance de l'autorité ecclésiastique, en particulier des évêques, [...] loin d'être une odieuse surveillance, [...] est hautement nécessaire mais doit s'exercer avec un grand discernement et une constante ouverture aux personnes et aux situations nouvelles »[594]. Avec Anne Bamberg, on comprend finalement que « [l]e nœud

---

592 1 P 5, 1-4.

593 Anne BAMBERG, « La vigilance... », *op. cit.*, p. 243.

594 *Ibid.*, p. 254. Pour une compréhension de la nécessité et de l'importance de la vigilance ecclésiastique, lire en entier l'article cité et aussi Anne BAMBERG, « Questions autour de la vigilance de l'Autorité suprême sur les Églises particulières », dans Éric BESSON (dir.), *Les évolutions du gouvernement central de l'Église.* Ecclesia sese renovanda semper eadem. *Colloque des 23-25 novembre 2016 à l'occasion des XX ans du Studium de droit canonique de Lyon*, Toulouse, Institut catholique de Toulouse – Les Presses Universitaires, 2017, 367 p., p. 283-304. Pour une bonne saisie des questions liées au droit social et à la promotion de la justice sociale au sein de l'Église, lire de la même auteure, « Droit social... », *op. cit.*, p. 9-30. En ce qui concerne les questions des prêtres et évêques âgés et des vacances et de l'obligation de résidence de l'évêque diocésain, cf. Anne BAMBERG, « L'amoris

du bon exercice de la vigilance [...] semble donc résider dans une capacité d'écoute et de dialogue qui, pour demeurer effective, doit être constamment rappelée et travaillée afin de ne pas glisser sur quelque dangereuse pente de laisser-faire ou d'abus d'autorité. Plutôt que de surveiller, il s'agit en effet de veiller avec grand soin, prudence, charité et sagesse... comme font les bons bergers de l'Église de Dieu »[595]. L'évêque est continuellement appelé à être un modèle pour le troupeau de Dieu dont il est au service. C'est pourquoi, « il n'est pas question d'exercer un pouvoir quel qu'il soit, mais de donner l'exemple, d'être des "modèles". [...]. Ainsi le responsable en Église, à l'imitation du Christ serviteur, doit pour ainsi dire s'évider, pour permettre à chacun de grandir à son tour dans la foi »[596].

La contribution de la patristique au sujet de l'idonéité de l'évêque, ne peut être restituée intégralement dans son ampleur et sa profondeur. Elle est évoquée ici à titre indicatif, mais non moins essentielle et fondamentale. Cependant, deux figures de l'héritage patristique – Jean Chrysostome et Jean Damascène – semblent permettre la mise en évidence d'une visibilité de quelques éléments référentiels du portrait symbolique de l'évêque idéal. Ainsi, « Jean Chrysostome et Jean Damascène se font écho à trois siècles de distance, non pour prôner un idéal abstrait, mais pour offrir des images inspiratrices d'un travail intérieur, auxquelles se référer pour se définir, des images qui, telles les statuts viennoises, donnent à penser la continuité de la diffusion d'un message et la permanence d'une identité »[597]. De la sorte, malgré la différence des époques et des cultures, Jean Chrysostome et Jean Damascène proposent des modèles d'évêques de leur temps ; ces modèles dont l'exemplarité peut encore inspirer le ministère des prélats d'aujourd'hui. Ils peuvent de ce fait constituer un repère et autoriser une appréciation de l'engagement ecclésial et politique de Mgr Paul Etoga. Autrement dit, ces modèles d'évêques des Ve et VIIe siècles éclairent, dans une certaine mesure, les voies de recherche de ce qui peut donner lieu de considérer Mgr Paul Etoga comme un modèle pour l'Église du Cameroun, d'Afrique et d'ailleurs.

Paul Etoga, intervenant au XXe siècle, connaît des déboires dans son ministère sacerdotal et épiscopal. Il en a été de même, longtemps avant lui, de Mélèce[598], Chrysostome et Damascène :

---

officium... », *op. cit.*, p. 226-235 et « Vacances et obligation de résidence de l'évêque diocésain. Réflexion autour de l'interprétation de canons », dans *Ius Ecclesiae*, 17, 2005, 199-220.

[595] Anne BAMBERG, « La vigilance... », *op. cit.*, p. 255.

[596] Roselyne DUPONT-ROC, « Modèles », dans *Prions en Église*, n° 410, février 2021, p. 166.

[597] Laurence BROTTIER, *Figures de l'évêque idéal. Jean Chrysostome et Jean Damascène*, Paris, Édition Les Belles Lettres, 2004, p. 16.

[598] Mélèce était un prêtre catholique qui naquit vers 310 et mourut en 381. Il combattit l'arianisme, une hérésie enseignée par un autre prêtre catholique du nom d'Arius. Selon cette hérésie Jésus-Christ n'est pas Dieu. Les Ariens avaient même espéré le

« [À] des titres divers, ces trois personnages ont dû faire face à des décisions du pouvoir temporel, dont l'arbitraire atteignit son paroxysme dans l'aventure de Jean Chrysostome. Mélèce fut exilé à trois reprises par des empereurs ariens. Jean Chrysostome fut exilé, rappelé d'exil, puis exilé de nouveau, définitivement, en l'espace de quelques mois. Jean Damascène, s'il ne fut pas persécuté, dut néanmoins abandonner ses fonctions auprès du calife de Damas, à la suite d'un édit, promulgué par Umar II entre 717 et 720, qui interdisait aux chrétiens d'accéder aux plus hautes charges de l'État, à moins de se convertir. Mais l'exil de Jean Chrysostome, qui le conduira à la mort, présente cette particularité de constituer un véritable scandale à l'intérieur même de l'Église »[599].

Cette époque dévoile les intrigues et les scandales qui ont eu cours au sein de l'Église. Au XXIe siècle, l'Église est toujours en proie aux intrigues et aux scandales[600], de sorte que les expériences de Mélèce, Jean Chrysostome et Jean Damascène conservent toujours leur écho d'actualité. L'époque contemporaine peut en tirer sagesse tellement « ces écrits produits dans des contextes religieux particuliers et marqués par leur époque, posent des questions universellement pertinentes »[601]. Il reste à continuer l'analyse de l'engagement et du dévouement du premier évêque diocésain de Mbalmayo. Un engagement et un dévouement éclairés par l'exhortation de l'apôtre Paul qui incite les pasteurs à l'imiter : « Soyez mes imitateurs, comme je le suis

---

rallier à leur cause lors de sa prise de possession de son siège épiscopal. Il tint ferme sur ses convictions si bien qu'« [a]près sa mort, saint Grégoire de Nysse et saint Chrysostôme ont prononcé chacun un panégyrique qui nous fait bien connaître ce saint évêque et la pureté de sa foi. Ils disent qu'ils possédaient toutes les vertus : la crainte de Dieu, la chasteté, la sincérité, la justice ; mais que surtout il s'est distingué par sa douceur, sa modestie et son amour de la paix ». Cf. Alban STOLZ, *Légendes ou vies des saints*, Fribourg en Brisgau et Strasbourg, B. Herder, Libraire-Éditeur, 1867, p. 114, col. 2 ; p. 115, col. 1.

[599] Laurence BROTTIER, *ibid*, p. 16-17. Retenons en substance que Mélèce d'Antioche (360-381), 4e siècle. Le concile de Nicée est initié en 325 par l'empereur Constantin qui avait sorti le culte chrétien des catacombes en lui conférant une forme légale et en faisant une religion d'État. Le concile avait alors pour priorité de « régler l'épineuse question des rapports entre le Père et le Fils, entre le Dieu créateur et le Christ incarné », *ibid.*, p. 24. Il fait montre d'un courage qui déconcerte ceux qui croyaient qu'il représentait leur cause. En effet, « ordonné par des évêques ariens au concile de Mélitène en 358, ce que soulignent les historiens ecclésiastiques, et dans les querelles consécutives au concile de Nicée, il s'est situé dans le camp modéré des *homéens*, celui d'Acace de Césarée », *ibid.*, p. 25. Et pourtant, il ne manque pas d'affirmer son orthodoxie par rapport au concile de Nicée. L'empereur et les évêques présents ne l'entendirent pas de cette oreille. Mélèce est déposé de son siège épiscopal d'Antioche. L'exemplarité de Mélèce est d'avoir su intelligemment et fermement affirmer son orthodoxie par rapport au concile de Nicée. Cf. *ibid.*, p 24-27.

[600] Cf. Caroline PIGOZZI, *Le Vatican indiscret*, Paris, Plon, 2012, 380 p.

[601] Laurence BROTTIER, *op. cit.*, p. 20.

moi-même du Christ »[602]. En demandant de l'imiter, l'Apôtre Paul invite justement à l'imitation du Christ, le modèle par excellence.

2. Dans sa charge épiscopale

Cette charge sacrée lui a été conférée par l'Église à travers l'ordination épiscopale le 30 novembre 1955 ; c'est pourquoi il est important et indiqué de comprendre qu'un évêque est, par l'onction épiscopale, sacrement du Christ, c'est-à-dire visibilité du Christ à travers ses responsabilités ecclésiales dûment assumées. Tout évêque ordonné selon les normes canoniques se trouve être révélation du Christ au milieu du peuple de Dieu, son lieu de mission et de ministère. En ce sens on parle de « la sacramentalité de l'épiscopat ». En effet, « [e]n la personne des évêques qu'assistent les prêtres, le Seigneur Jésus-Christ, Pontife suprême, est donc présent au milieu de ses fidèles »[603]. L'évêque jouit ainsi de la grâce de présentification du Christ au sein du peuple de Dieu par l'onction épiscopale qui lui confère « la plénitude du sacrement de l'ordre, que la coutume liturgique de l'Église et la voix des saints Pères appellent sacerdoce suprême, résumé du ministère sacré »[604]. Aussi, se voit-il confié et investi de la mission d'enseigner, de gouverner et de sanctifier. La présence épiscopale dans une communauté diocésaine donne de la visibilité à la présence éternelle et réelle du Christ vivant dans l'Église, au milieu du peuple de Dieu et dans le monde. Cette visibilité justifie et légitime les trois fonctions ou charges dont est investi tout évêque. Mgr Etoga, dans son engagement ecclésial, laisse penser qu'il s'est fait sacrement du Christ au cours de son épiscopat et sa devise épiscopale en est révélatrice : « Je sais en qui j'ai cru ! » (2 Tm 1, 12). Ainsi perçu, l'évêque doit être un bon pasteur à l'image même du Christ.

Mgr Etoga, dans sa charge de gouvernement ecclésial, eut à prendre des décisions en temps normal comme en temps de crise étant donné que « [l]e devoir de gouverner est la conséquence de la responsabilité que l'évêque a d'une Église locale »[605]. Il a géré des situations de certains prêtres qui s'étaient montrés indélicats dans leurs paroisses ; ne manquait pas de donner son avis sur certaines questions relatives à la vie chrétienne des fidèles, en l'occurrence en matière matrimoniale[606]. Beaucoup de témoignages non publiés montrent

---

[602] 1 Co 11, 1.

[603] *Lumen Gentium*, n° 21.

[604] *Ibid.*

[605] Carlo Maria MARTINI, *op. cit.*, p. 33.

[606] Au Cameroun, le mariage est régi par une triple instance : coutumière, civile et religieuse. Parfois, la célébration civile et religieuse est compromise pour défaut de dot coutumière. Dans ce pays, cet état des choses représente encore de nos jours un motif de découragement à se marier, chez beaucoup de jeunes. Par contre, beaucoup de femmes vivent un déni de reconnaissance tant que la dot n'est pas versée, quoique déjà mariée : la dot étant une justification de l'estime de soi et de considération. En

un évêque attentionné, doux, mais ferme quant à la prise de certaines décisions. C'était un évêque qui ne prenait jamais de décision à la hâte ou sous l'emprise de la colère, quelle que soit la gravité de la situation[607]. Ayant été dans la légitimité de sa mission, il fut un commissionnaire de Dieu, un gouverneur ecclésial rempli d'une sollicitude à la dimension des exigences de sa charge épiscopale. De la sorte, malgré l'importance de la fonction de gouvernement, l'évêque est appelé à l'exercer « avec une certaine souplesse »[608]. Il n'est pas le geôlier du diocèse. Voilà pourquoi « Il est nécessaire que ceux qui sont soumis à l'autorité de l'évêque se sentent estimés comme de véritables collaborateurs et que l'évêque se réjouisse de leur action »[609]. Paul Etoga en fait même un credo et un engagement. Pour lui, les évêques ne sont pas des princes. Ils « sont les envoyés du Christ pour être ses témoins dans le monde. "Vous serez mes témoins jusqu'à l'extrémité de la terre" »[610]. L'évêque est invité à incarner les habitudes et les qualités du Christ et a constamment besoin du secours de l'Esprit Saint qui lui en donne force et courage. Paul Etoga précise à cet effet que, « [l]'évêque doit être imprégné de l'Esprit du Christ, imbu des Vertus du Christ, accueillant comme le christ, agissant comme lui, serviable comme lui qui est venu servir, mais non pour être servi »[611].

Dans cet élan d'humilité et de service dévolu au sacerdoce de l'évêque, il est superflu pour un prélat de se laisser flatter par le titre de prince de l'Église qui, chez certains consolide la distanciation apostolique en faisant oublier la vocation de pasteur et de berger de l'homme de Dieu. Effectivement, pour Paul Etoga, « […] le mot prince de l'Église doit être aboli ; on est tous frères, pères et fils. (Mt 20, 17-20) »[612]. L'essentiel, selon lui, est « [q]ue l'évêque aime ses prêtres, qu'il les attire, qu'il ait confiance en eux comme les prêtres en lui. Cette mutuelle confiance est nécessaire, sinon la collaboration dans l'œuvre apostolique est impossible »[613]. Un des collaborateurs de longues date affirme que Paul Etoga « faisait sincèrement confiance à tous ses collaborateurs, les consultant et les écoutant individuellement, ou en assemblée plénière sur tous les problèmes d'importance concernant le

---

1958, Mgr Paul Etoga, cité par l'abbé Simon Mpecke dans son article, « Ne vendez plus vos filles, dotez-les ! », paru dans *l'Effort camerounais*, n° 168, 21 décembre 1958, s'insurge contre cette pratique qui a perdu tout son sens symbolique pour devenir une source de revenus pour les beaux-parents du prétendant. Pour Mgr Paul Etoga, « Jésus-Christ étant contre cette vente, l'auteur de cette odieuse coutume ne peut être que son antagoniste : Satan ».

607 Cf. Joseph ZAMBO BELINGA, *op. cit.*, p. 40-41.

608 Carlo Maria MARTINI, *op. cit.*, p. 33.

609 *Ibid.*

610 Paul ETOGA, *Mon autobiographie*, *op. cit.*, p. 59.

611 *Ibid.*

612 *Ibid.*

613 *Ibid.*

diocèse »[614]. En définitive, il souhaite « [q]u'il y ait un dialogue franc et sincère entre l'évêque et ses prêtres »[615]. Son rôle n'est pas seulement de jouer au gardien-père-fouettard, il doit également « veiller à la subsistance, à la santé et au salut de ses prêtres »[616] et manifester l'un des aspects de la bienveillance qu'il a envers ses prêtres. En substance, l'évêque ne doit pas être une occasion de chute et de perdition, ni pour les prêtres ni pour les ouailles, ni pour tout autre personne.

Quant à la charge de sanctification du peuple de Dieu dont est investi l'évêque, elle aide à parvenir à la vie éternelle qui, en réalité est la connaissance de Dieu, ainsi que le rappelle le Christ lui-même : « Père, l'heure est venue, glorifie ton Fils, afin que ton Fils te glorifie et que, selon le pouvoir sur toute chair que tu lui as donné, il donne la vie éternelle à tous ceux que tu lui as donnés. Or la vie éternelle, c'est qu'ils te connaissent, toi, le seul vrai Dieu, et celui que tu as envoyé, Jésus-Christ »[617]. En conséquence, « [l]'évêque, revêtu de la plénitude du sacrement de l'ordre, est "l'économe de la grâce qui ressortit au suprême sacerdoce", spécialement en ce qui concerne l'Eucharistie, qu'il offre lui-même ou fait offrir, dont l'Église vit continuellement et par laquelle elle s'accroît »[618]. Dans cette fonction, précise le cardinal Martini, « l'évêque a le devoir de se relier à *l'Église du ciel*. Sous ce titre, j'ai voulu désigner le devoir de sanctifier. Ce devoir s'accomplit dans les liturgies que l'évêque préside ordinairement »[619]. L'évêque conduit les âmes au salut à travers l'annonce de la Parole de Dieu et l'administration des sacrements. Il doit être un facilitateur de l'accès à la sanctification en faisant l'effort d'être lui-même quelqu'un à suivre. Dans cette perspective, les évêques doivent « par l'exemple de leur vie, pour aider ceux qu'ils conduisent, garder leur conduite de tout mal et la rendre bonne autant qu'il leur est possible, avec l'aide de Dieu ; ainsi pourront-ils, en union avec le troupeau qui leur est confié, atteindre la vie éternelle »[620]. Ainsi, dans l'optique de la dynamique de l'économie du salut, l'évêque, comme bon responsable en premier d'un diocèse, doit d'abord s'abreuver à la source de l'enseignement doctrinal. C'est ce qui fait dire à Mgr Etoga dans une interview : « Ma principale préoccupation fut la formation des chrétiens. Les gens ne

---

[614] Benjamin NKOE, *Ils ont combattu le bon combat… Mgr Paul Etoga, Gibert Biwole, François-Xavier Elle Ntonga, Mgr Jean Baptiste Ama. Ces morts qui défient les mortels*, [Yaoundé], Édition 2010, p. 22.

[615] Paul ETOGA, *Mon autobiographie*, *op. cit.*, p. 59.

[616] *Ibid.*

[617] Jn 17, 1-3.

[618] *Lumen Gentium*, n° 26.

[619] Carlo Maria MARTINI, *op. cit.*, p. 33.

[620] *Lumen Gentium*, n° 26.

connaissaient pas du tout la doctrine chrétienne »[621]. La sacramentalité du Christ, la fonction de gouvernement et de sanctification, trouvent leurs échos dans la fonction d'enseignement.

L'évêque n'échappe pas au devoir d'enseignement qui, en réalité, est le début de toute mission. Pour enseigner, c'est-à-dire proclamer la Bonne Nouvelle, « il doit avoir l'Évangile à l'intérieur de lui-même et donc être un Évangile vivant »[622]. La constitution dogmatique *Lumen Gentium* est explicite à ce sujet : « Parmi les principaux devoirs des évêques se distingue la prédication de l'Évangile »[623]. Comme tels, ils « sont les hérauts de la foi qui amènent au Christ de nouveaux disciples ; ce sont des docteurs authentiques, revêtus de l'autorité du Christ »[624]. Les évêques « prêchent au peuple commis à leur soin les vérités de foi à croire et à appliquer dans la pratique de la vie »[625]. Ils ont également pour mission d'éclairer « ces mêmes vérités à la lumière du Saint-Esprit en tirant du trésor de la Révélation du neuf et de l'ancien (Mt 13, 52), qui les font fructifier »[626]. Gardiens et garants du dépôt de la foi, en collaboration avec le Christ, ils « veillent à écarter de leur troupeau les erreurs qui les menacent (cf. Tm 4, 1-4) »[627]. Ils sont les messagers attitrés de la Bonne Nouvelle à travers la prédication qui tient une place primordiale dans leur ministère épiscopal. Il s'agit là du tremplin de l'exercice et du dévoilement de leurs responsabilités d'investis de la plénitude du sacerdoce.

Dans ses mémoires pastorales, Mgr Etoga exhorte à l'écoute de la prédication en affirmant : « Écoutons attentivement la prédication, c'est la parole de Dieu, parole de la vie éternelle. Heureux celui qui écoute la parole de Dieu et la met en pratique. […]. À part les sacrements et la prière, la vie chrétienne est nourrie par la parole de Dieu »[628]. L'abbé Benjamin Nkoé dresse un portrait éloquent qui restitue tout le charisme d'intelligence, d'assiduité, de simplicité, de profondeur, de bonté, de foi, de visionnaire et de prévoyance qui fut celui de Mgr Paul Etoga en tant qu'enseignant épiscopal :

> « Du style de gouvernement tout évangélique de cet évêque, il appert qu'il enseignait ce qu'il croyait et il le vivait par conviction personnelle. Il instruisait son peuple au cours des rencontres individuelles ou en groupe, debout n'importe où, assis à sa véranda ou à son bureau, à tout

---

[621] Voir interview de Mgr Paul Etoga accordée à Sandro Puliani en 1995, en ligne http://www.missionerh.com/site/index.php/fr/rubriques/afrique/nouvelles-d-afrique-cameroun/263-moi-le-garcon-des-travaux-forces-eveque-de-l-eglise-universelle.
[622] Carlo Maria MARTINI, *op. cit.*, p. 32.
[623] *Lumen Gentium*, n° 25.
[624] *Ibid.*
[625] *Ibid.*
[626] *Ibid.*
[627] *Ibid.*
[628] Paul ETOGA, *Réflexions sur la vie chrétienne…*, *op. cit.*, p. 23-24.

moment et sans demander d'audience. Chaque fois qu'il était là, il prêchait tous les dimanches et les jours de fête dans sa chapelle privée ouverte à quiconque voulait y venir. Au cours des tournées pastorales, sa prédication était particulièrement soignée, avec un thème pour chaque année, intelligemment exploité pour chaque paroisse. Au début des temps forts de l'année liturgique et aux grandes solennités, il ne manquait jamais d'adresser à toutes les paroisses ses lettres pastorales que beaucoup de prêtres lisaient avec plaisir en chaire à la place de l'homélie. Cet évêque n'avait rien des grandes envolées du style d'un Bossuet. Tout lyrisme verbeux suscitait en lui une sainte horreur. Il aimait aller droit à l'essentiel, avec les mots de tous les jours, parlant avec aménité à l'intelligence du cœur. Cela donnait à son style de prédication je ne sais quoi de "naïf" et de sublime à la fois. Quant au contenu, il parlait plus fréquemment de la foi, de la bonté et de l'amour-agapè : "Mod asiki dzam nyeb Zamba a nnem ngë abëlë ki n'yëbë ; ndò fe Zamba te abende bia na bibò mam më ngòl ; ndzogan hm mama më nget" (sans la foi, personne ne peut plaire à Dieu ; et Dieu nous recommande d'accomplir les œuvres de miséricorde ; abandonnons donc les œuvres de méchanceté). Sachant avec Saint Augustin que tout ce qui commence a une fin, y compris lui-même Mgr Paul Etoga, il fonda le Séminaire Saint-Paul de Mbalmayo et créa le Centre Catéchétique de Mbok-Kulu, afin que la [P]arole de Dieu, la Réconciliation et l'Eucharistie se perpétuent dans son diocèse en faveur de toutes les générations pour la gloire de Dieu »[629].

Tout au long de son ministère épiscopal, et ce depuis son presbytérat, Paul Etoga a adopté une attitude d'homme d'Église sensible à l'écoute et à la mission sans frontière.

3. Écoute et mission sans frontière

Le projet est de mettre en exergue les éléments d'exemplarité de l'engagement d'homme de Dieu et d'Église qu'a été Paul Etoga ; ces éléments donnant lieu de croire que ce prélat fut un pasteur dévoué dans l'écoute et l'ouverture à la mission sans exclusive. Effectivement, tout au long de son ministère épiscopal, Paul Etoga s'avère une personne qui savait écouter avec un esprit ouvert à la collaboration y compris avec les étrangers. Cependant, en arrivant à Mbalmayo, il était déjà signalé comme un évêque qui ne voyait pas d'un bon œil la présence des pères occidentaux. Heureusement que son engagement par la suite fit mentir ses détracteurs. Il présenta plutôt le visage d'un pasteur de l'écoute et de la mission sans frontière.

---

629 Benjamin NKOE, *Ils ont combattu le bon combat…*, *op. cit.*, p. 25-27.

1° Mgr Paul Etoga : un pasteur de l'écoute

Le sens et le dévouement dans l'écoute et la disponibilité ont été une voie propice pour mieux se mettre au service de son diocèse et relever les défis qui s'y présentaient. À travers les tournées pastorales il se donne l'occasion de communier et de vivre les réalités quotidiennes des ouailles. Ce prélat prenait tout le temps nécessaire pour écouter ceux et celles qui le sollicitaient. Ce sens de l'écoute cultive en lui le sens de la mesure et de la tempérance, au point où il prenait difficilement une décision sous le feu de la précipitation ou de la colère, mais plutôt dans une attitude de patience et de sérénité. Il disait toujours : « Reviens demain, la nuit porte conseil », ou encore « Je vais y réfléchir ». L'abbé Nkoé donne une précision d'envergure sur ce propos : « [t]ant qu'il n'était pas en paix avec sa conscience d'évêque, il poursuivait avec patience, rigueur et aménité toutes les investigations nécessaires pour arriver à la connaissance de la vérité. Un homme d'une pareille circonscription ne pouvait que se hâter lentement. Lui soumettez-vous un problème important, renoncez à en recevoir de lui une réponse primesautière »[630]. Ce sens hors norme de la patience était pour certains de ses prêtres une exagération exaspérante : « Infiniment moins patients que notre pasteur, révèle l'abbé Nkoé, nous étions parfois exaspérés. Un confrère qui n'en pouvait plus éclata un jour en ces termes : Mgr Paul Etoga nous embête avec son système de "Bitam-yanga-aman-bueisme" que je me hasarde à rendre par "laisser pourrir dans l'attentisme" »[631].

Aujourd'hui, l'écoute est toujours d'actualité et d'exigence. Le pape François, dans sa Lettre encyclique *Evangelii Gaudium*, rappelle aux évêques et à tout pasteur la voie de la promotion de la pastorale de l'écoute. Le souverain pontife y met un point d'honneur dans cette encyclique en y exprimant tout son attachement à la pastorale dite de l'écoute. En effet, ce désir « d'écouter tout le monde », selon le pape, fait souvent défaut dans notre Église. Pourtant, l'écoute est une exigence évangélique et un élan missionnaire qui ne doit souffrir d'aucune forme d'exclusivisme. L'évêque, dans l'accomplissement des devoirs ecclésiaux qui lui incombent, est appelé à écouter tout le monde sans discrimination. Le sens de l'écoute favorise un bon climat de dialogue, d'accueil, de collaboration, de confiance entre l'évêque et ses prêtres. Sa mission doit être catholique, c'est-à-dire ouverte à l'universel à partir de son diocèse.

2° Pour une Église locale ouverte

Il comprend rapidement que l'Église, Corps mystique du Christ et tremplin de la mission, doit être une Église ouverte à l'universel pour répondre pleinement à sa vocation catholique « [c]ar en communiquant son Esprit, il a

---

630 Benjamin NKOE, *Ils ont combattu le bon combat…*, *op. cit.*, p. 23.
631 *Ibid.*

mystiquement établi ses frères, appelés d'entre toutes les nations, comme son propre corps »[632]. La mission de l'Église est confiée, dans sa dimension sacerdotale et ministérielle à un pasteur. Ce dernier est un homme conditionné par son environnement socio-culturel et dont la tâche est d'annoncer la Bonne Nouvelle. Il continue l'œuvre du Christ dans sa paroisse ou son diocèse, parce que, « [c]hoisi d'entre les hommes, le prêtre reste l'un d'eux et il est appelé à les servir en leur donnant la vie de Dieu. C'est lui qui "continue l'œuvre de rédemption, sur la terre" »[633]. Ainsi, le pasteur – prêtre ou évêque – n'est pas à l'abri du conditionnement socio-culturel, mais il est aussi appelé à ne pas oublier ce pourquoi il est pasteur. Il reçoit certes l'Évangile dans une culture donnée mais il est appelé à l'annoncer, pour certains, dans une culture autre que la sienne et à laquelle il doit s'accommoder au nom de la mission. Raison pour laquelle, nonobstant ce conditionnement socio-culturel, l'évêque doit pourvoir aux missions, tant il importe d'être conscient que « [d]e toutes leurs forces les évêques doivent procurer aux missions, non seulement des ouvriers, mais aussi les secours spirituels et matériels aussi bien directement par eux-mêmes qu'en suscitant de la part des fidèles une fervente coopération »[634]. Ces ouvriers et ces secours spirituels et matériels sont à chercher à l'échelle universelle car devant répondre à la catholicité de l'Église.

Il comprend que cette collaboration ou coopération épouse la diversité des humains dans leurs cultures et langues ; ceci pour répondre aux exigences de l'Évangile pour une Église ouvertement missionnaire. Une Église où l'évêque accepte librement de travailler avec tous les prêtres, quelles que soient leurs origines, ainsi qu'il le témoigne dans son autobiographie lorsqu'il est obligé de s'expliquer au sujet de ses rapports avec « les blancs », entendus « missionnaires blancs ». Rappelons qu'il avait déjà, dès son arrivée à Mbalmayo, clarifié son attitude et son état d'esprit en rassurant ses interlocuteurs qu'il n'était pas venu à Mbalmayo pour « chasser les Pères Européens »[635], tout en précisant que « [c]eux qui refusent de travailler avec moi s'en iront d'eux-mêmes »[636]. Aujourd'hui encore, le pape François invite chaque évêque, dans son Église diocésaine à promouvoir cette « communion missionnaire ». Il rappelle, en effet, que l'œuvre missionnaire est une œuvre d'ensemble, c'est-à-dire une œuvre d'Église qui, pour sa réalisation, nécessite la participation de toutes les forces vives dont chaque Église locale dispose. L'œuvre d'Église se réalise au sein d'une communauté qui tire richesse des différences et de la diversité de ses membres. Il démontre que son élan pastoral

---

632 *Lumen Gentium*, n° 7.

633 Christoph SCHÖNBORN, *La joie d'être prêtre. À la suite du Curé d'Ars*, citant le Pape François à l'occasion de l'ouverture de la retraite sacerdotale internationale à Ars en septembre 2009, Éditions des Béatitudes, Burtin, 2009, p. 7.

634 *Lumen Gentium*, n° 23.

635 Paul ETOGA, *Mon autobiographie*, *op. cit.*, p. 32.

636 Paul ETOGA, *ibid.*

s'inscrit dans la « communion missionnaire » et la promotion de la justice sociale. En effet, « [l]a promotion de la justice sociale est chère au Magistère de l'Église catholique qui, de l'encyclique *Rerum novarum* de Léon XIII à celle de Benoît XVI *Caritas in veritate* et à toute la récente exhortation apostolique post-synodale du pape François *Evangelii Gaudium*, y revient régulièrement »[637]. Pour ce qui est du premier évêque de Mbalmayo, le défi principal était l'existence et la survie du diocèse de Mbalmayo.

II. Survie du diocèse de Mbalmayo

La grande question qui se pose et qui constitue un grand défi à la création du diocèse de Mbalmayo est celle de sa survie. Les conditions de sa création laissent entendre, à l'époque, qu'il s'agissait d'un diocèse « en sursis ». Pourtant, son œuvre de premier évêque de Mbalmayo fut impressionnante[638]. Aujourd'hui, on croirait que dans sa mission d'évêque résidentiel, Mgr Etoga était comme lié par une obligation de résultat. À travers lui, la crédibilité et l'efficacité du clergé autochtone étaient mises à rude épreuve dans l'effectivité de la responsabilisation hiérarchique au sein de l'Église locale. Il devait prouver qu'un fils du pays élevé à la dignité épiscopale, et de surcroit à la tête d'une communauté diocésaine, était digne de la charge et capable d'en assumer les responsabilités avec piété, honneur et fidélité. Un défi face au clergé missionnaire majoritaire au Cameroun en ce temps-là. Un défi encore d'actualité aujourd'hui, tant il est vrai que sous certains cieux le prêtre venu d'Afrique est régulièrement soupçonné de toujours avoir besoin d'un code de « déontologie sacerdotale et missionnaire », comme à l'époque de Mgr Paul Etoga. Les termes « prêtres étudiants », « prêtres africains » en sont révélateurs. Dans la majorité des cas, il est très souvent réduit à n'être que l'aide du curé, démuni de toute initiative pastorale. Cette considération fait comprendre pourquoi le tout premier prélat du Cameroun et de l'Afrique noire française devait s'investir corps et âme pour assurer la survie du diocèse de Mbalmayo où tout était encore en friche. Son engagement se révèle aujourd'hui comme un combat missionnaire et prophétique qui sut garantir de manière pérenne le quota de crédibilité du clergé autochtone. Il s'agit maintenant, pour les prêtres et évêques du Cameroun et d'Afrique d'une exhortation à se laisser interpeller par ce combat pour continuer à offrir aux yeux de l'Église universelle le visage d'une Église catholique au Cameroun et en Afrique capable, digne, priante et engagée. Il est à retenir que les deux pôles de cet engagement furent son souci de l'avenir du diocèse de manière générale et spécifiquement la formation des futurs.

---

637 Anne BAMBERG, « Le droit social… », *op. cit.*, p. 21-22.

638 Cf. en annexe le tableau récapitulatif de l'œuvre de Mgr Paul Etoga dans le diocèse de Mbalmayo (1961-1987).

1. Une préoccupation d'avenir

En arrivant dans un diocèse pauvre et véritablement démuni, Paul Etoga s'investit dans des projets à long terme dont celui de la formation des jeunes et des chrétiens, parce qu'il comprend que le premier atout d'avenir de toute structure est son potentiel jeunesse et que l'avenir de l'Église locale compte sur une jeunesse bien formée et sur des chrétiens bien encadrés.

1° L'éducation catholique

Le premier évêque de Mbalmayo, dès les débuts de sa mission, manifeste une soif de former intégralement les jeunes. Il se constitue comme fil d'Ariane l'éducation catholique. Celle-ci est véhiculée et garantie par le biais de l'enseignement privé catholique. L'éducation catholique et l'enseignement y afférent mettent l'accent sur les dimensions humaine, intellectuelle et spirituelle en englobant la pastorale des vocations. Pour y parvenir, il met à contribution la famille. Cette dernière se présente comme une structure sociale de base au cœur du déploiement existentiel de toute personne humaine. Aucun être ou groupe humain n'y échappe. En 1994, dans sa *Lettre aux familles*, déjà citée, rappelons que le pape Jean Paul II souligne l'importance de la famille dans la vie humaine en tant qu'elle est le cadre d'accueil et de vie du genre humain. Pour le Souverain Pontife, elle « […] est une route commune… une route dont l'être humain ne peut s'écarter »[639]. Aussi, en plus de compter sur les familles humaines et l'enseignement privé catholique, Paul Etoga crée-t-il en son temps le Centre catéchétique, ainsi que les paroisses et promeut la pastorale vocationnelle.

Il est de ceux qui pensent que l'éducation des enfants, en général, incombe en premier aux parents ; et que l'éducation catholique exige de ces derniers encore plus. Auxiliaire de Yaoundé, il affirme lors d'une prise de parole que « le premier devoir des parents est donc de faire connaître Dieu à leurs enfants, leur enseigner l'amour de Dieu et à se soumettre à la volonté de Dieu. C'est pourquoi après la naissance de l'enfant, les parents doivent le plus tôt possible lui procurer le baptême »[640]. De manière incisive, le prélat interpelle les parents à s'occuper très tôt de la vie spirituelle de leurs enfants dont le début est le baptême. En plus des parents, les maîtres d'école sont interpellés à leur tour. Relais d'importance dans l'éducation catholique des enfants, ils participent à l'effectivité des enseignements dispensés dans l'optique de l'enseignement catholique. D'après lui, ils remplacent les parents et doivent jouir d'un profil idoine dans leurs responsabilités de substituts de ces derniers. Ils sont appelés à être « respectueux de la morale et de la religion ». Il est convaincu que « de la bonne éducation des enfants dépend le bonheur des parents ». Aussi, prend-t-il au sérieux l'enseignement privé catholique qu'il

---

[639] JEAN PAUL II, *Lettre aux familles*, *op. cit.*, n° 2, points de suspension dans le texte.

[640] « Son Excellence Monseigneur Paul ETOGA nous parle de l'éducation chrétienne des enfants », dans *L'Effort camerounais*, n° 174, 25 janvier 1959, p. 5.

considère comme un palliatif à la démission de certains parents face à leurs responsabilités parentales. Pendant tout son épiscopat à Mbalmayo, il donne quitus à la création de collèges d'enseignement privé catholique. On peut citer, à titre indicatif, le collège Tobie Atangana de Ngomedzap, le collège Saint-Cœur de Marie et le collège Nina Gianetti à Mbalmayo. Ces établissements ont pu voir le jour avec le concours, entre autres, de la Congrégation des Filles du Saint Cœur de Marie et du COE. Il a également à cœur la formation et l'éducation chrétienne des populations de son diocèse, ce qui explique la création de nouvelles paroisses et d'un Centre catéchétique.

2° Formation des chrétiens : une conviction

Après son ordination sacerdotale le 19 septembre 1939, une fois sur le terrain de la pastorale, il saisit dans son ampleur la nécessité de former les chrétiens. Il se confie à propos lors d'une interview accordée à Sandro Puliani en 1995, lorsque ce dernier lui demande de parler des principaux objectifs de sa pastorale : « Ma principale préoccupation fut la formation des chrétiens. Les gens ne connaissaient pas du tout la doctrine chrétienne. Ils avaient reçu le baptême, mais ne connaissaient que les réponses les plus simples de la catéchèse. Il fallait alors reprendre l'enseignement sur les sacrements. Enseigner comment les recevoir dignement fut le but de ma mission de curé. »[641].

Devenu évêque le 30 novembre 1955, il est installé comme premier évêque résidentiel du diocèse de Mbalmayo le 22 août 1961 par Mgr René Graffin. Jouissant désormais d'un pouvoir d'initiative, il crée un Centre catéchétique pour promouvoir la formation des chrétiens en matière de catéchèse. Dans ce projet, il comble l'abime, constaté depuis ses premiers pas de prêtre, entre mémoriser les réponses de la doctrine et d'en comprendre le sens et la portée. L'essentiel réside effectivement et fondamentalement dans la compréhension des fondamentaux de la doctrine chrétienne et dans le témoignage de vie. Cette compréhension de la doctrine participe selon lui de la maturation des chrétiens dans leur vie de foi. Ce témoignage de vie sollicite en permanence tout leur être en tant qu'ils sont des êtres de foi, doués d'intelligence et de raison. Le Centre catéchétique se présente à dessein comme un tremplin pastoral de véhicule et de vulgarisation de la catéchèse dans tout le diocèse et participe de ce dont Mgr Paul Etoga avait pleinement conscience bien avant que Vatican II y insiste : « Les évêques veilleront à ce que l'enseignement catéchétique, dont le but est de rendre chez les hommes la foi vivante, explicite et active, en l'éclairant par la doctrine, soit transmis avec un soin attentif aux enfants et aux adolescents, aux jeunes et même aux adultes »[642]. Le Centre doit également

[641] Interview accordée à Sandro Puliani par Mgr Paul Etoga en 1995 trois ans avant sa mort. Cette interview est un souvenir remémoré à l'occasion de la clôture du jubilé du diocèse de Mbalmayo qui célébrait le cinquantenaire de sa création en 2011. Mgr Paul était déjà décédé.

[642] *Christus Dominus*, n° 14.

assurer la formation continue des catéchistes eux-mêmes, comme le préconisera le Concile : « les évêques seront attentifs à ce que les catéchistes soient dûment préparés à leur tâche : ils devront bien connaître la doctrine de l'Église et apprendre, dans la théorie comme dans la pratique, les lois de la psychologie et les disciplines de la pédagogie »[643].

Les paroisses sont un des cadres de logistique ecclésiale et d'appui pour l'évêque. Elles constituent un levier important en tant qu'elles sont des structures ecclésiales autour desquelles gravitent et se coordonnent toutes les actions pastorales. L'action pastorale de l'évêque ne peut s'en passer. C'est pourquoi, « [c]omme l'évêque dans son Église ne peut présider en personne à tout son troupeau ni toujours ni partout, il doit nécessairement constituer des assemblées de fidèles, parmi lesquelles les plus importantes sont les paroisses, organisées localement sous un pasteur qui tient la place de l'évêque ; car, d'une certaine manière, elles représentent l'Église visible établie dans l'univers »[644]. Au centre de ces structures paroissiales, il y a la célébration continuelle de la sainte Eucharistie. Ceci étant, les évêques « doivent être persuadés que la principale manifestation de l'Église consiste dans la participation plénière et active de tout le saint peuple de Dieu aux mêmes célébrations liturgiques, surtout dans la même Eucharistie, dans une seule prière, auprès de l'autel unique où préside l'évêque entouré de son presbyterium et de ses ministres »[645]. Mgr Paul Etoga en a créé tout au long de son épiscopat, conscient que les paroisses, sous l'impulsion des curés, représentent également des lieux missionnaires de l'éveil des vocations. Il appert alors que « …c'est sous la responsabilité des curés que vicaires paroissiaux, religieuses, maîtres d'école, catéchistes et autres laïcs œuvraient à l'éveil des vocations dans leur milieu »[646]. Les établissements, sont également des lieux d'éveil des vocations à travers les cours d'instruction religieuse qui y sont dispensés.

3° COE : promotion sociale et éducation des masses

Concrètement, en matière de promotion sociale, la rencontre du premier évêque de Mbalmayo avec un prêtre italien, Don Francesco Pedretti, permit la création d'un Centre de promotion sociale dénommé COE[647]. À l'époque, ce prêtre italien dirigeait déjà un Centre en Italie à Barzio quand il fait la connaissance de Mgr Etoga. Le contact est favorisé par la médiation de Joseph Atangana Ndzié, à la fin du Concile Vatican II. L'objectif du Centre est de promouvoir l'éducation des masses. Aujourd'hui, il compte un collège mixte d'enseignement technique, un institut de formation artistique (IFA) et une

643 *Ibid.*

644 *Sacrosanctum Concilium*, n° 42.

645 *Ibid*, n° 41.

646 Benjamin NKOE, « La pastorale vocationnelle de Mgr Paul Etoga », dans *Revue du diocèse de Mbalmayo Notre Église diocésaine*, 3, 2018 p. 32.

647 COE : Centro Orientamento Educativo.

école primaire et maternelle. L'institut de formation artistique forme à ce jour des jeunes garçons et filles en art plastique et en production audio-visuelle. Un autre prêtre prête main-forte à Mgr Etoga. Il s'agit d'un Allemand, l'abbé professeur Edmond Dillinger, avec qui le premier prélat de Mbalmayo fonde la CV-Afrika-Hilfe. Cette Fondation à but humanitaire est au centre d'un bon nombre de projets et de leur réalisation dans le diocèse de Mbalmayo. Soucieux de la santé de ses futurs prêtres et de ses populations, l'évêque crée d'abord, avec le concours du COE, le dispensaire Saint Luc où les petits séminaristes y reçoivent gratuitement des soins médicaux. Quelques années plus tard, ce dispensaire devient hôpital Saint-Luc, accueillant sans exclusive tous les patients de toutes les obédiences religieuses. Aujourd'hui, il est l'un des hôpitaux de référence de la ville de Mbalmayo. Préoccupé par l'avenir de l'Église locale, Mgr Etoga garantit la formation des futurs prêtres avec la création du petit séminaire Saint-Paul de Mbalmayo, « prunelle » de ses yeux. Une œuvre pour laquelle il ne ménagea aucun effort pour sa réalisation malgré les critiques et les dénigrements.

2. Le petit séminaire Saint-Paul de Mbalmayo : un affront

La création du petit séminaire Saint-Paul de Mbalmayo est à l'image de l'initiateur et du promoteur de cette institution. Cet établissement de formation de futurs prêtres récapitule les joies et les peines qui auront émaillé sa vie d'évêque en général et résidentiel en particulier. Les humiliations et le mépris dont il fut l'objet n'ont cependant pas altéré sa détermination. Son courage, son dévouement et sa persévérance font de cette institution une œuvre d'un pasteur visionnaire qui a vu grand, à la fois, pour l'Église locale et universelle, pour la nation camerounaise et même pour l'Afrique. Une œuvre qui s'apparente à un affront contre l'adversité.

1° Une œuvre de témérité

La mise en route du petit séminaire Saint-Paul de Mbalmayo requit, pour son fondateur, patience, persévérance, témérité et audace. Il dut passer par bien d'épreuves empreintes d'humiliations et de mépris. Arriver les mains vides dans un diocèse vraiment pauvre et démuni, il fallait être d'un acabit tout autre pour oser une telle entreprise : « Le 22 août 1961, c'est Mgr Graffin, raconte-t-il, archevêque de Yaoundé qui m'installa. L'Église était comble ; joie délirante de la part des fidèles… Je fus installé ; mais je n'avais [pas] de logement ; rien n'avait été préparé pour moi […]. Pas d'argent ! Je n'avais rien apporté de Yaoundé... Les fidèles de Mbalmayo sont généreux, mais ils sont pauvres »[648]. Pourtant, il pense déjà à un petit séminaire, symbole phare de la survie, non seulement de son diocèse, mais aussi de toute l'Église locale en termes de crédibilité et de compétence d'un évêque autochtone en charge d'un diocèse. En avance sur son temps, sans moyens substantiels, il s'accroche

[648] Paul ETOGA, *Mon autobiographie*, *op. cit.*, p. 30, points de suspension dans le texte.

mordicus à son rêve : celui d'offrir à l'Église locale un cadre de formation de futurs prêtres. Le constat qu'il fit dès son arrivée à Mbalmayo fut pour lui une raison supplémentaire pour y croire. Un constat sans appel : le manque crucial de prêtres. Il se mit au travail sans hésitation « avec 28 prêtres dont 9 spiritains parmi lesquels un frère »[649]. La vaste superficie du diocèse en rajoute aux défis qui se présentaient à lui. À cheval sur deux départements, le Nyong et So'o et le Nyong et Mfoumou, le diocèse de Mbalmayo s'étend sur une superficie assez considérable. Selon les informations recueillies dans le fascicule non publié de Isidore Tabi, intitulé *Histoire du diocèse de Mbalmayo*, il ressort que ce dernier s'étend « [d]u point de vue géographie humaine, sur une superficie de 11 664 km^2 »[650].

Son expérience personnelle de prêtre et d'évêque indigène, dans un pays qui connut successivement la domination coloniale, la lutte anticolonialiste et indépendantiste, puis l'indépendance suivie de la lutte armée contre le régime Ahidjo, l'amène à comprendre la nécessité d'avoir des fils du pays comme prêtres. En plus, l'univers socioculturel, dans lequel il a baigné toute sa vie, requiert une connaissance des us et coutumes du terroir, ainsi qu'une maîtrise des aspirations profondes des peuples. Il est alors question de promouvoir une annonce de l'Évangile au fait des réalités locales. Cette annonce nécessitant bien évidemment la formation au sacerdoce ministériel des fils du pays. Mgr François-Xavier Vogt le comprit en son temps. Quant à Mgr Etoga, la nécessité d'un petit séminaire et l'urgence d'avoir des prêtres autochtones, en nombre et en qualité à Mbalmayo, le poussent à commencer les travaux de construction moins d'un an après son arrivée à la tête du diocèse de Mbalmayo. Le corps professoral est essentiellement constitué de prêtres autochtones. Ceux-ci suscitent plutôt mépris et déconsidération, parce que, de l'avis de ses détracteurs, ils sont « incapables ». En effet, selon eux, ils ne présentaient pas le profil idoine pour assurer une bonne formation aux petits séminaristes de Mbok-Kulu. Néanmoins, « [l]e Séminaire St. Paul de Mbalmayo fut fondé le 22 Janvier 1962 et ouvert le 30 avril de la même année avec 75 élèves. Il était construit en matériaux locaux : piquets, terre battue, mais couvert de tôles. Il fut confié au clergé diocésain jugé incapable par les "savants", mais au brevet pour la première fois 10/12 »[651]. Animé par le désir d'offrir un cadre propice, viable et fiable aux petits séminaristes, il décide d'améliorer leur cadre de vie. Il eut l'insigne idée de faire construire un grand bâtiment en matériaux définitifs et modernes, ainsi qu'il en témoigne dans son autobiographie : « Non content d'un Séminaire provisoire, je soumis le plan à Rome et je reçus des subsides pour un Séminaire définitif. C'est S. E Mgr Antonio Mazza, Secrétaire Général de l'œuvre pontificale St. Pierre Apôtre

---

[649] *Ibid.*

[650] Isidore TABI, *Histoire du diocèse de Mbalmayo*, Mbalmayo, 1988-1990, p. 3.

[651] Paul ETOGA, *Mon autobiographie*, *op. cit.*, p. 35.

qui bénit et posa la première pierre le 11.1.1969 »[652], soit sept ans après la fondation dudit séminaire. Il prit alors son bâton de pèlerin à la recherche des fonds nécessaires à travers l'Europe[653] afin de pouvoir continuer la construction du grand bâtiment en matériaux définitifs.

Mgr Etoga a été taxé de rêveur, à la limite de l'insouciance et de l'inconséquence. À ce propos, vers les années 1973, il ressort justement d'un entretien, entre un grand séminariste du diocèse de Mbalmayo et une autorité de la curie romaine, que l'avenir du petit séminaire était problématique. Cette personne déclare en effet : « Le petit séminaire de Mbalmayo est, excusez-moi l'expression, à l'image même de Mgr Etoga. Projet grandiose conçu dans la précipitation (la tendance de la plupart de nos diocèses d'Afrique étant de vouloir s'équiper de tout). Le petit séminaire de Mbalmayo est une œuvre d'improvisation sans lendemain »[654]. En 1973, ledit séminaire existait déjà depuis onze années. Les déclarations de cette autorité de la curie romaine laissent percevoir que Paul Etoga n'avait pas été conséquent, parce qu'ayant fait preuve d'un manque de jugement et de discernement en s'engageant dans une telle aventure. La simple sagesse demandait une évaluation des

---

652 *Ibid.*

653 Ce récit tiré de son témoignage personnel, *Mon autobiographie*, p. 35, mérite d'être évoqué : « Dans mon discours, je dis à la foule que le bâtiment étant grand, nous mettrons cinq ans peut-être... Le Secrétaire Général m'interrompit et dit à l'auditoire que les travaux seront terminés en deux ans. Et la foule applaudit vivement. Les subsides épuisés, j'écrivis à Rome pour en obtenir d'autres. On me demanda le compte-rendu de l'argent reçu. Le calcul bien fait, plus de 27.000.000 [de francs Cfa] donnés par les fidèles, le compte-rendu fut envoyé à Rome, qui continua son aide. Et Mgr Mazza m'écrivit : Vous avez employé l'argent au mieux ! Pour la construction de ce Séminaire, j'allai chez les Bénédictines d'Argentan, en France et je leur dis : Je vous ai parlé de mon Séminaire... Les constructions sont arrêtées faute d'argent... je viens vous demander de l'argent. Je leur demande : "Pour qui êtes-vous enfermés ici ?" Elles me répondent : "Pour le Bon Dieu, pour le Christ". "Ah ! le Christ, c'est le plus riche du monde. Lui avez-vous demandé de l'argent pour moi ?" L'Abbesse dit : "Nous allons prier pour vous". "Qu'attendiez-vous ?" dis-je... L'Abesse m'envoya chez l'abbé Raymond Daniel, curé d'Izé. Ce saint prêtre me reçut aimablement... Nous quêtâmes toute la journée dans le village, le lendemain dans les fermes en campagne... Le curé me dit : "Rentrez ; je vais travailler pour vous...". Je recevais ce mois [un] million de F/CFA, l'autre mois 900.000 [francs Cfa]. La somme d'Izé est montée à 13 millions de F/ cfa. De tout cœur, je remerciai l'abbé Raymond Daniel et ses généreux fidèles. Aux moniales d'Argentan, je dis : "Vous êtes mariées à un homme qui vous aime beaucoup ! Il vous suffit de lui exprimer vos désirs... d'ailleurs ce que femme veut, Dieu le veut". (Prov.). Pour ce séminaire, Sa Sainteté le pape Paul VI me donna personnellement cinq mille dollars et grâce à lui la Propaganda me signa un chèque de sept mille dollars », points de suspension dans le texte.

654 Il s'agit d'un extrait de l'entretien qu'un grand séminariste, Rigobert Owono, avait eu avec Mgr Bernardin Gantin à Rome le 9 avril 1973 et dont l'intégralité est présentée à l'annexe. Cf. archives de la Congrégation des spiritains à Chevilly-Larue (France).

possibilités et des conditions de faisabilité d'une telle œuvre. Aujourd'hui, il y a lieu de se demander d'où cet évêque a tiré cette force et cette conviction qu'il valait la peine de s'engager dans un tel projet, reconnaissant lui-même qu'il ne disposait pas d'argent.

Toutefois, l'attitude du prélat romain est également suggestive de ce que le premier évêque de Mbalmayo n'était plus tellement en odeur de sainteté aux yeux de certaines autorités du Saint-Siège, ainsi que semble laisser percevoir ces propos : « Essayez vous-même de considérer la situation globale ; la situation d'ensemble du Sud-Cameroun, vous décèlerez vous-même l'inopportunité de cette improvisation. Ainsi donc, si Mgr venait par hasard à Rome, qu'il ne parle pas de ce séminaire soit à la Propaganda, soit une 2e fois au Pape, soit à Mgr Mazza dont la colère éclaterait à propos de ce séminaire, surtout à cause des propos qu'on lui a prêtés, à savoir qu'il a annoncé à tout Mbalmayo que Rome enverra de l'argent pour que le séminaire soit construit en deux ans »[655]. Que s'est-il passé pour en arriver là au point de suggérer l'abandon du projet ? Les propos de l'évêque Gantin, puisqu'il s'agit de lui, sont assez graves lorsqu'il continue en déclarant : « Si je peux me permettre un conseil à Mgr Etoga, c'est qu'il renonce purement et simplement à ce séminaire, à son simple maintien même. Car c'est un gouffre »[656]. Le sort du séminaire de Mbalmayo semble définitivement scellé, à en croire l'insistance du prélat romain qui estime que « Rome financièrement ne peut se le permettre. D'ailleurs la Propaganda a déjà décidé (les lettres de promesse d'argent à Mgr Etoga n'auront jamais de suite ; on n'y tire qu'un effet psychologique, c'est-à-dire pour ne pas démoraliser Mgr Etoga) qu'elle ne donnera pas un centime au sujet de la construction de ce séminaire. Mbalmayo est d'ores et déjà exclu pour les commissions qui auront lieu en novembre »[657].

Mgr Gantin laissait percevoir qu'il doutait de la capacité humaine et intellectuelle du premier évêque de Mbalmayo à gérer un diocèse. Par ailleurs, il laisse entendre que Paul Etoga avait été fait évêque pour seulement répondre à la conjoncture politique, sociale et ecclésiale au moment de sa nomination. Le premier prélat camerounais apparaissait ainsi comme un évêque épouvantail dépourvu de tout charisme d'un gouverneur ecclésial ; un petit évêque qui, en dehors de sa culture d'origine et de la seule formation reçue dans les petits et grands séminaires du Cameroun, n'était pas instruit, pour n'avoir jamais étudié en Europe. Le profil que dresse Mgr Gantin au sujet de Mgr Paul Etoga donne l'impression d'un manque de considération à son égard. Il est perçu comme un évêque en retard sur son temps ; mais, malgré tout, il reconnaît quelque chose d'exceptionnel chez lui. Sans ambages, Mgr Gantin affirme : « Quant à Mgr Etoga lui-même. C'est véritablement un saint évêque, mais un très mauvais administrateur. Mieux, il n'administre pas du

[655] *Ibid.*
[656] *Ibid.*
[657] *Ibid.*

tout son diocèse. Mgr Etoga est l'homme d'une époque et d'une formation »[658].

Ainsi, Mgr Etoga et le diocèse de Mbalmayo semblent pris dans un engrenage de considérations politiques et ecclésiales frisant l'intrigue et le désaveu. Le prélat Gantin présente la figure d'une personne bien renseignée sur la situation qui prévalait à Yaoundé et à Mbalmayo en déclarant ouvertement : « Je vous répète que je connais très bien les circonstances de la nomination de Jean Zoa comme archevêque, de la création du diocèse de Mbalmayo et surtout de l'audience et de l'influence dont jouit Mgr Etoga, premier évêque camerounais, ewondo de surcroît, auprès des masses comme auprès des dirigeants camerounais. Compte tenu de tous ces éléments, le Vatican a opté pour la prudence devant ce diocèse de Mbalmayo : ne pas toucher à Mgr Etoga au risque d'avoir tout le Cameroun sur le dos. Éviter de blesser la susceptibilité camerounaise auprès de qui Mgr Etoga jouit d'une influen[t]e considération »[659]. Le destin du petit séminaire Saint-Paul de Mbalmayo était lié à celui du diocèse qui l'abrite, ainsi qu'à l'évêque qui en est l'initiateur : Mgr Paul Etoga. Un diocèse appelé à faire long feu, et appelé à être rattaché à l'archidiocèse de Yaoundé. Gantin déclare justement à ce sujet : « Mais je connais parfaitement les circonstances de création du diocèse de Mbalmayo pour avoir été chargé moi-même de prendre contact sur le terrain : c'est un diocèse qui a été créé pour les besoins de la cause […] »[660].

La disgrâce de Mgr Etoga auprès de certaines autorités du Saint-Siège se confirme au fur et à mesure que le temps passe ; et son cas suscite beaucoup d'interrogations de manière à laisser penser qu'il payait au prix fort sa tumultueuse collaboration avec Mgr Graffin. Rappelons la goutte d'eau qui déborda le vase de cette collaboration : son refus de signer cette lettre qui devait disculper le haut-commissaire Roland Pré qui eut la main lourde dans la répression des émeutes de mai 1955 à Douala. En l'état actuel de nos recherches, il est difficile d'en parler avec beaucoup plus de détails. D'un autre côté, la santé du prélat Etoga ne joue pas en sa faveur : il est terrifié par le diabète et les propos de Mgr Gantin semblent insinuer que certaines pistes de solution étaient déjà envisagées pour régler le problème de Mbalmayo :

> « Je veux vous dire la vérité. Le Saint Siège n'attend plus qu'une chose : la démission ou alors, excusez-moi cette vérité brutale, la mort de Mgr Etoga. Je vous assure que Mbalmayo n'aura ni auxiliaire ni coadjuteur. Le diocèse n'est pas grand : c'est un diocèse qui a été créé pour les besoins de la cause ; à quoi Mgr Etoga initiera-t-il son coadjuteur ? Deux évêques pour un si petit diocèse, ce n'est pas possible, alors que l'archidiocèse n'en a même pas. Pour des raisons historiques et juridiques le diocèse de Mbalmayo demeure et demeurera. C'est le cas

---

658 *Ibid.*
659 *Ibid.*
660 *Ibid.*

de plusieurs diocèses d'Italie ou d'ailleurs qui ont perdu leur titulaire et se trouvent sous la direction directe de Rome. Pour le cas de Mbalmayo, après la démission ou la mort de Mgr Etoga c'est un évêque d'un diocèse limitrophe qui sera nommé administrateur, notamment l'évêque de l'archidiocèse, Mgr Zoa. Mais si Mgr Etoga donne sa démission tout de suite – ce que souhaite d'ailleurs Rome, surtout que Mgr Etoga a un diabète – il peut alors s'entendre fraternellement avec l'archidiocèse pour que l'un des prêtres du diocèse de Mbalmayo puisse avoir la chance d'être nommé coadjuteur de Mgr Zoa. Il faut que Mgr Etoga écrive directement au Pape dans le cas de sa démission. À aucun moment, il n'y aura pas d'évêque titulaire de Mbalmayo après Mgr Etoga. Je vous demande de lui écrire pour lui dire ceci. Si Mgr Etoga arrive ce mois-ci en Europe – ce que je ne souhaite pas du tout, car le climat n'est pas du tout favorable pour lui en ce moment ; la cote de son diocèse risque encore de baisser cinq fois plus chez ceux qui l'auront rencontré à cette occasion – je suis prêt à le rencontrer ici à Rome et à lui dire toute la vérité sans ambages. Non, le diocèse de Mbalmayo n'aura pas de titulaire après lui »[661].

Malgré l'humiliation de voir le séminaire et le diocèse, pour lesquels il s'est tant investi, corps et âme, présentés sous un lendemain incertain, courageux et persévérant, Mgr Etoga ne se découragea pas et le petit séminaire de Mbalmayo, fondé le 22 janvier 1962, continue d'être aujourd'hui une maison de formation des futurs prêtres. En 1984, le diocèse de Mbalmayo accueillait son coadjuteur en la personne de Mgr Adalbert Ndzana qui, trois ans plus tard en devenait le deuxième évêque diocésain. En 2017, il accueillait son troisième évêque : Mgr Joseph Marie Ndi Okalla. En dehors des Camerounais issus de presque toutes les régions du pays, les élèves venus du Gabon, dans les années 1970 et 2000 fréquentent cette institution. Vers les années 1990, on notait la présence de Rwandais. Le diocèse de Mbalmayo, en 2022, a soixante et un an d'existence et le petit séminaire soixante. Ainsi, la

---

[661] *Ibid.* Il est important de souligner que Mgr Gantin a formellement apporté un démenti au sujet de cet entretien. Aux dires de l'évêque, ces propos relevaient d'un contexte privé et confidentiel. Son interlocuteur aurait donc manqué de réserve. S'il en est fait écho dans le cas de cette recherche, c'est justement parce qu'ils ont été sortis de leur contexte privé et confidentiel voulu par le prélat romain. Il est de bon ton que soit également faite l'économie de ce démenti en annexe. Toutefois, les propos recueillis par Rigobert Owono et le démenti de Mgr Gantin qui s'en est suivi montrent à suffisance que Mgr Paul Etoga constituait une préoccupation qui suscite encore aujourd'hui curiosité et interrogations. Il y avait comme une anguille sous roche. L'intérêt de cet épisode de l'épiscopat de Mgr Paul Etoga n'est pas tant de susciter une polémique gratuite empreinte d'angélisme qui le présenterait comme un saint consacré. Il s'agit plutôt d'un souci de tirer sagesse de cette expérience qui aura été la sienne et qui pourrait inspirer tout homme d'Église dans son engagement ecclésial et politique, surtout dans le contexte camerounais et africain.

survie du petit séminaire et du diocèse de Mbalmayo a infirmé et enterré l'incapacité supposée des autochtones à assumer les responsabilités inhérentes à la dignité épiscopale. Un évêque « d'une époque et d'une formation », autochtone et pas du tout bardé de diplômes, s'est montré plus apte à diriger un diocèse mieux que certains évêques truffés de distinctions académiques. Mgr Paul Etoga, par son témoignage, révèle que la bonne et évangélique gouvernance d'une communauté diocésaine ne dépend pas en premier des diplômes, mais des qualités intrinsèques du pasteur qui est à sa tête. Mgr Etoga, regardé de haut et considéré comme un évêque d'une époque résolument révolue, s'identifiait, par la grâce de Dieu, aux Apôtres qui, à leur époques étaient considérés comme des « hommes sans instruction et gens quelconques »[662].

Au final, le diocèse de Mbalmayo et le petit séminaire sont la résultante du combat qu'aura mené de l'intérieur le premier évêque de Mbalmayo. Mais, l'essentiel ne réside pas fondamentalement dans ce combat car beaucoup l'ont aussi mené. Il réside dans sa capacité de résilience et la fidélité constante de son amour pour l'Église. Un amour dont il sut témoigner et vivre les exigences jusqu'au bout. Il offre ainsi à travers le diocèse de Mbalmayo et le petit séminaire Saint-Paul, le visage d'un pasteur courageux, discret, effacé, ferme, méprisé, mais déterminé, engagé, dévoué et animé d'une certaine perspective d'avenir pour son diocèse et pour l'Église locale.

2° Un pasteur visionnaire

Toute l'œuvre de Mgr Paul Etoga le dévoile aujourd'hui comme une figure de pasteur visionnaire qui eut le souci de l'avenir de l'Église locale et de la nation camerounaise. Un pasteur en avance sur son temps et à la force discrète. Au départ, rappelons-le, sa motivation première était de doter son diocèse d'une structure de formation de futurs prêtres en nombre et en qualité pour pallier au manque d'ouvriers apostoliques. La raison fondamentale d'un petit séminaire était la formation de jeunes garçons en vue du sacerdoce. La règle, à cette époque et ce jusque dans les années 1980, voulait qu'on entrât au petit séminaire pour devenir prêtre. L'exception était de ne pas parvenir au sacerdoce et le renvoi du séminaire était assimilé à une malédiction. Il fallait également miser sur les familles, lieux privilégiés pour tout début de socialisation et d'éducation humaine, intellectuelle, spirituelle et même religieuse. Autrement dit, elles constituent le premier pôle d'éveil de la foi qui, plus tard peut contribuer à l'éveil des vocations sacerdotales et religieuses. Le pape François rappelle à ce propos qu' « [e]n famille, la foi accompagne tous les âges de la vie, à commencer par l'enfance : les enfants apprennent à se confier à l'amour de leurs parents. C'est pourquoi, il est important que les parents cultivent en famille des pratiques communes de foi,

---

[662] Ac 4, 13.

qu'ils accompagnent la maturation de la foi de leurs enfants »[663]. À côté des familles, la communauté chrétienne joue un rôle de tremplin dans l'éclosion des vocations sacerdotales, en tant qu'il lui « incombe le devoir de susciter les vocations, et c'est d'abord par une vie pleinement chrétienne qu'elle doit poursuivre cette fin »[664]. Au final, « [l]'aide la plus précieuse est fournie par les familles, animées d'un esprit de foi, d'espérance et de charité, qui sont comme le premier séminaire »[665]. Mgr Paul Etoga, ainsi qu'il a été évoqué antérieurement, mit un accent sans réserve sur l'éducation chrétienne catholique en interpellant les familles et même les maîtres d'école dans l'accomplissement de leur tâche. Conscient de l'ampleur de sa mission à Mbalmayo, il se fait le devoir d'exiger un séminaire qui garantisse une bonne formation aux petits séminaristes.

Aujourd'hui, dans une relecture de sa volonté et de sa détermination, le petit séminaire Saint-Paul de Mbalmayo dévoile le côté visionnaire de Mgr Paul Etoga. Il était soucieux de voir ses séminaristes bien formés pour une Église locale d'avenir et de qualité. Dans sa logique de pasteur prévoyant, de manière implicite, pour ceux qui n'aboutiraient pas au sacerdoce ministériel, sa vision était d'avoir pour la République du Cameroun des citoyens à la tête bien pleine et bien faite. Le Saint-Siège recommande à cet effet d' « adopter pour chaque pays et chaque rite un "programme de formation sacerdotale spécial", fixé par les conférences épiscopales et approuvé par le Saint-Siège »[666]. Mgr Paul Etoga a conscience que le petit séminaire doit souscrire à l'exigence de garantir une bonne formation aux petits séminaristes, pour l'Église et pour la nation camerounaise.

La formation au petit séminaire Saint-Paul de Mbalmayo, ainsi qu'il en est dans tout séminaire catholique, se veut intégrale. L'accent est mis sur l'humain, l'intellectuel et le spirituel. L'intérêt est de montrer comment les différents formateurs s'y sont déployés pour répondre aux attentes de l'évêque fondateur. Déterminé à faire du séminaire un pôle fiable et viable, en matière de formation intégrale des futurs prêtres, il confie cette institution à des formateurs autochtones compétents pour promouvoir l'éclosion d'un clergé autochtone bien formé. Le règlement qui régit la vie quotidienne des petits séminaristes et les activités qui l'animent en donnent une esquisse[667]. Au niveau humain la formation aide le petit séminariste à acquérir les bonnes manières, afin de mener une vie communautaire et sociale dans l'assimilation de cette maxime qui dit, « ma liberté s'arrête là où commence celle d'autrui ». Il est question d'éveiller en lui le sens de la bienveillance, de l'attention et de

---

[663] Jorge Mario BERGOGLIO, *op. cit.*, p. 68-69.

[664] *Optatam Totius*, n° 2.

[665] *Ibid.*

[666] *Optatam Totius*, n° 1.

[667] Cf. Archives privées, *Petitio adoptioni seminarii minoris*, Rapport des activités du petit séminaire Saint-Paul de Mbalmayo, année scolaire 2007-2008.

l'ouverture à l'autre. La formation intellectuelle y est importante et fortement soutenue. Le futur prêtre doit être préparé à affronter les défis à venir en étant sensibilisé aux réalités de son époque. Il ne doit pas être étranger aux bouleversements scientifiques, techniques, idéologiques et spirituels de son époque. En dehors du programme scolaire classique, le séminaire propose la lecture des journaux et revues pour la culture générale. Au niveau spirituel, la source première demeure la Parole de Dieu. Toutes les activités spirituelles proposées aux petits séminaristes s'y réfèrent principalement : la *lectio divina*, la dévotion mariale. L'Eucharistie est célébrée quotidiennement. L'un des objectifs de la formation est également que le petit séminariste reste familiarisé à son univers socioculturel et à ses us et coutumes. D'où l'importance des activités parascolaires qui incluent, en plus du sport, les soirées culturelles, les jeux de société traditionnels et modernes, le travail manuel ; question de savoir harmoniser « la plume et la pioche »[668]. Les séminaristes sont préparés à jouer, une fois prêtres, le rôle de catalyseur multidimensionnel dans leurs paroisses. Et dans la société civile, ils sont implicitement préparés à être de bons citoyens.

Les petits séminaristes reçoivent la même éducation à la base. Mais, tous ne parviennent pas au sacerdoce. En exigeant et en garantissant une bonne formation à tous les séminaristes, Mgr Etoga, préoccupé, certes, par la floraison sacerdotale, préparait aussi indirectement les futurs hauts responsables du pays. Beaucoup d'anciens séminaristes ont gravi des échelons dans la haute administration camerounaise au niveau politique, civile, militaire administratif et même à l'international. On peut citer, entre autres, M. Jean-Marie Atangana Mebara, ancien ministre d'État, secrétaire général à la présidence de la République du Cameroun (2002-2006). Au niveau ecclésial, le petit séminaire Saint-Paul de Mbalmayo compte de nombreux prêtres à travers les diocèses du Cameroun et quatre évêques[669]. Pour y arriver Mgr Etoga « exigeait de l'équipe des éducateurs de former avec sollicitude en ces jeunes des hommes de trempe pour demain »[670].

Aujourd'hui le diocèse de Mbalmayo et le petit séminaire sont un argument supplémentaire qui laisse penser que, malgré les humiliations, la maladie, le déni de reconnaissance, Mgr Paul Etoga offre le profil d'un pasteur courageux, persévérant, visionnaire, dévoué, vertueux et humble. Au terme de son combat pour sa contribution à l'édification de l'Église locale et de la nation camerounaise, « sans autosatisfaction facile et sans fausse humilité, le Séminaire Saint-Paul peut être légitimement fier de la prestation professionnelle, sociale… et du témoignage de foi, parfois héroïque des [l]aïcs

---

[668] Cf. Jean-Marc ELA, *La plume et la pioche*, Yaoundé, Éditions Clé, 1971, 95 p.

[669] Mgr Jean-Marie Benoît Balla (ancien évêque de Bafia – décédé), Mgr Jean Mbarga (archevêque de Yaoundé), Mgr Philippe Mbarga (évêque d'Ebolowa) et Mgr Joseph Ndi Okalla (évêque de Mbalmayo).

[670] Benjamin NKOE, *Ils ont combattu le bon combat…*, *op. cit.*, p. 27.

sortis de son sein. Je ne prétends pas qu'ils sont parfaits. D'ailleurs, qui de nous est parfait ? En tout cas Mgr Etoga avait vu juste. C'est magnifique »[671]. Il se présente également comme un évêque réaliste qui avait compris en son temps que le prêtre était aussi un humain fait de chair et d'os. Par conséquent, il n'échappe pas aux réalités de la condition humaine. Autrement dit, dans son ministère, le prêtre a des besoins d'homme à satisfaire. Il revient alors à l'évêque d'assurer la sécurité sociale aux prêtres, non par charité, dans le sens laïc du terme, ou encore par faveur, mais plutôt comme une responsabilité et une mission lui incombant.

3° Un pasteur soucieux de la qualité de vie des prêtres

La pauvreté du diocèse dont il est le premier pasteur ne l'empêche pas de se soucier du bien-être des prêtres. Il comprend dès le départ que la solidarité ecclésiale[672] passe par la garantie d'une assistance sociale et matérielle aux prêtres, qu'ils soient en fonction, malades, handicapés ou âgés. Il s'agit pour lui de garantir à ces derniers une bonne qualité de vie. Ainsi, l'assistance matérielle est un moyen propice de lutte contre la précarité et la paupérisation qui minent la vie ecclésiale dans les Églises locales. Arrivé à la tête du diocèse de Mbalmayo en août 1961, il est convaincu que le bon rendement des prêtes sur le terrain de la pastorale n'est pas indifférent à la situation de leur sécurité sociale. Il a conscience que le prêtre, comme tout être humain a droit à une assistance sociale et à un traitement pour pourvoir à ses besoins. Grâce au témoignage d'un des anciens prêtres du diocèse de Mbalmayo, qui a longtemps travaillé avec lui comme curé de paroisse et chargé de la communication du diocèse, il ressort que ce prélat avait pris la peine d'assurer tous ses prêtres. Ainsi, tous bénéficiaient d'une assurance maladie (EMI : Entraide missionnaire internationale) ; d'une assurance vieillesse à partir de 65 ans, grâce à l'*Opus securitatis*, un organisme des prêtres allemands qui cotisaient pour les prêtres de Mbalmayo. Malheureusement, toutes ces assurances n'existent plus. La santé des prêtres fut également l'une de ses préoccupations. Enfin, il ne manquait pas de soutenir la vie matérielle des prêtres en leur versant une symbolique somme mensuelle de 15.000 francs CFA. La vie n'était pas aussi chère que nos jours, l'inflation pas encore si galopante et l'argent avait encore de la valeur.

Son attention et sa bienveillance se manifestent aussi à l'égard des prêtres âgés dont les capacités physiques et parfois psychiques étaient défaillantes. Ce sont des prêtres qui se sont dévoués dans leur jeunesse au service de l'Église. En réalité, la question des prêtres âgés se pose avec beaucoup d'acuité « et de manière dramatique, dans de jeunes Églises totalement

[671] *Ibid.*, p. 28.

[672] L'essentiel des informations concernant cette rubrique a été fourni par l'abbé Apollinaire Ebogo, un des doyens du diocèse de Mbalmayo longtemps chargé des mass médias et de la communication diocésaine.

démunies, où les solutions ne pourront se trouver à l'issue d'une campagne de dons autour d'un "projet exceptionnel" »[673]. Mais, malgré l'état de pauvreté du diocèse de Mbalmayo, Paul Etoga se refusait à abandonner les prêtres quel que soit l'âge. Ne disposant pas d'assez de moyens, il était habituel de le voir accueillir dans son évêché des prêtres malades et âgés à qui il rendait régulièrement visite. Il savait sensibiliser les âmes de bonne volonté, c'est pourquoi certains laïcs prêtaient main forte pour soutenir ces prêtres âgés. En effet, quoique « l'évêque et le presbyterium sont les premiers concernés, mais les laïcs ne sont pas dispensés du souci des pasteurs qui avancent en âge »[674]. Malheureusement, la question des prêtres âgés demeure une préoccupation d'actualité qui, vraisemblablement, est toujours très négligée dans nos Églises locales. Certains prêtres en activité éprouvent déjà des difficultés à subvenir à leurs besoins au quotidien, la situation des prêtres âgés frise le pire ; ne recevant pas régulièrement ou jamais, de visite de leur évêque ou de leurs confrères, ils sont le plus souvent abandonnés à eux-mêmes. Cette situation est liée à la précarité que vivent les prêtres dans les jeunes Églises. Elle montre également qu'il est important de proposer aux jeunes générations d'évêques des figures d'engagement ecclésial comme celle de Mgr Paul Etoga : question de leur faire prendre conscience de la mission qui leur incombe de savoir pouvoir faire œuvre d'Église, parce que « [...] l'évêque doit veiller à ce que la question soit traitée, évitant que le sujet ne devienne tabou à quelque niveau que ce soit »[675]. La figure ecclésiale de Paul Etoga rappelle en définitive « les mots de saint Augustin définissant le "ministère épiscopal comme *amoris officium*" »[676]. L'intéressant, ici, est de voir que l'évêque Etoga veillait au bien-être des prêtres. En se préoccupant des personnes, il devenait aussi un catalyseur économique.

III. Un catalyseur économique soucieux du salut des âmes

Il n'est pas étrange et déviant de voir un homme d'Église sous la casquette d'un promoteur économique. La recherche des biens, en vue de la satisfaction des besoins, est inhérente à la condition humaine. L'homme d'Église n'échappant pas à cette vérité basique, Mgr Paul Etoga n'y a pas dérogé. En tant que responsable de son jeune et nouveau diocèse, il dut se mettre à la recherche des biens en vue de la satisfaction de ses propres besoins, de ceux des prêtres, ainsi que de toutes les personnes en service dans le diocèse. Toutefois, pour lui, l'argent et le matériel ne devraient pas être une voie de perdition ni pour les prêtres ni pour les ouailles et les bienfaiteurs. En tant que pasteur réaliste et conséquent, avec un bon sens du compromis, il n'oublie pas

---

673 Anne BAMBERG, « L'amoris officium... », *op. cit.*, p. 226.
674 *Ibid.*, p. 230.
675 *Ibid.*
676 *Ibid.*, p. 226.

que même dans les activités économiques et la garantie du bien-être, le salut des âmes est central.

1. Situation et sensibilisation

Mgr Etoga saisit rapidement l'ampleur des responsabilités qui sont désormais les siennes : automatiquement, il lui incombe, en tant que responsable en premier du diocèse, de se lancer à la recherche des ressources financières et humaines, tout en étant soucieux du salut des âmes.

1° Pauvreté et misère : une confusion

Il importe de faire une mise au point en dissipant quelques nuages dans les rapports à l'argent par rapport aux hommes d'Église : d'après une certaine conception populaire de la pauvreté, pour un homme d'Église, concilier recherche des ressources financières et salut des âmes paraît invraisemblable car il est impossible de poursuivre deux lièvres à la fois : « servir Dieu et l'argent »[677]. Son statut le convie justement à la pauvreté. Or, il ne faut pourtant pas perdre de vue que « [l]'économie est liée à l'être social de l'homme »[678] indépendamment de son statut. L'essentiel est de rester maître de soi face à l'argent, parce qu'il ne sera jamais autre chose qu'un moyen. Aussi, est-il important, pour l'homme d'Église et pour tout humain, d'avoir toujours en conscience cette conviction que l'argent, fondamentalement ne saurait jamais être une fin en soi. Il requiert une attitude de « sainte indifférence ». Il est également judicieux de comprendre qu'au-delà de l'aspect pragmatique et social de l'activité économique, il ne faut non plus occulter sa dimension supranaturelle. Effectivement, « [l]'activité économique concerne l'homme dans sa recherche de biens nécessaires à sa subsistance et à son développement. Ces activités économiques, tout en portant directement sur des réalités matérielles, débordent cet ordre, car elles mettent en jeu l'activité globale de l'homme et conditionnent en grande partie son activité intellectuelle, morale et spirituelle »[679]. On perçoit alors la pauvreté recommandée aux hommes d'Église dans le sens de la « pauvreté évangélique ». Cette pauvreté est à la fois un engagement et un état d'esprit de « sainte indifférence » par rapport aux biens matériels. Il ne s'agit aucunement d'une apologie à la misère. Pour le premier évêque de Mbalmayo et bien d'autres, il est possible de rechercher évangéliquement les ressources financières pour faire vivre une communauté diocésaine. Pour y parvenir, il procède d'abord par une sensibilisation sur l'état des lieux du diocèse ; ensuite, il priorise globalement ses besoins ; enfin, il lance un appel aux dons qui a toutes les allures d'une campagne d'évangélisation des riches et d'une interpellation au sens de la spiritualité vis-à-vis de la richesse.

---

[677] Lc 16, 13.

[678] Michel DUBOST et al., *op. cit.*, p. 848, col. 2.

[679] Michel DUBOST et al., *op. cit.*, p. 848, col 2.

2° État des lieux

En arrivant à Mbalmayo, le nouveau diocèse est extrêmement pauvre. Mgr Etoga lui-même est un évêque pauvre financièrement, ne disposant d'aucun sou. Le défi est grand : on confie un diocèse pauvre à un évêque pauvre. Le diocèse de Mbalmayo commence à être en friche avec lui et il lui faut tout mettre sur pied pour en faire une communauté diocésaine. Ainsi, dans l'optique de son engagement ecclésial, il s'agissait de bâtir un diocèse et un presbyterium, d'en garantir la survie, la viabilité et la dignité. Son réalisme lui fait comprendre que pourvoir au bien-être des prêtres et promouvoir leur dignité nécessitent des ressources financières et matérielles. Elles sont à créer objectivement sans perdre de vue son statut d'homme de Dieu. Il fallait donc mettre sur pied des projets d'autofinancement à travers des activités économiques propres en collaboration avec les prêtres et toutes les âmes de bonne volonté. L'on peut estimer à bon escient que son attitude et ses initiatives montrent qu'il fut un homme d'Église qui sut discerner et comprendre la donne du nouveau diocèse de Mbalmayo. Il ajuste de manière conséquente les réalités économiques existantes et les initiatives à engager. Il comprend que ce qu'il veut pour le diocèse en termes de création et de développement des structures, de bien-être des prêtres, de formation du presbyterium, ne commencera et ne se réalisera qu'avec un apport propre, financier et matériel du diocèse.

Il est question de relever la situation de manque crucial en personnel et en structures que connaît le diocèse de Mbalmayo à l'arrivée de Paul Etoga en août 1961. Il urgemment besoin d'une curie diocésaine et les autres structures liées au fonctionnement d'un diocèse. À l'évidence, l'évêque doit être entouré de collaborateurs dans sa charge épiscopale. De manière générale, il lui faut dans l'immédiat un vicaire général[680], des prêtres coopérateurs[681], des laïcs et un clergé diocésain[682]. En plus, il faut disposer d'autres prêtres, curés et

[680] *Christus Dominus*, n° 27 : « Dans la curie diocésaine, la première fonction est celle de vicaire général. Mais chaque fois que le bon gouvernement du diocèse le demande, l'évêque peut constituer un ou plusieurs vicaires épiscopaux, c'est-à-dire qui jouissent de plein droit, dans une partie déterminée du diocèse ou pour une catégorie d'affaires spéciales, ou relativement aux fidèles d'un rite déterminé, des pouvoirs que le droit commun accorde au vicaire général ».

[681] *Ibid.*, « Parmi les coopérateurs de l'évêque dans le gouvernement du diocèse, il faut aussi mentionner les prêtres qui constituent son sénat ou son conseil, comme c'est le cas du chapitre cathédral, du groupe des consulteurs, ou d'autres conseils, selon les circonstances ou la diversité des lieux. Ces institutions, les chapitres cathédraux surtout, devront, autant qu'il est nécessaire, recevoir une nouvelle organisation, adaptée aux besoins d'aujourd'hui ».

[682] *Ibid.*, « Les prêtres et les laïcs qui appartiennent à la curie diocésaine doivent savoir que c'est au ministère pastoral de l'évêque qu'ils concourent. La curie diocésaine doit être organisée de telle façon qu'elle devienne pour l'évêque un instrument adapté, non

vicaires, en charge de la pastorale dans les paroisses. Or, Monseigneur Etoga doit se contenter d'un diocèse qui n'est qu'à ses débuts avec une superficie considérable. Dans sa présentation du nouveau diocèse dont il a désormais la charge, il affirme en effet : « Le diocèse a une superficie de 11 664 km^2. Sa population : 117 000 habitants dont 59 867 catholiques. Des écoles florissantes : 11 408 élèves. Les chiffres ci-dessus indiquent une portion de terrain importante à défricher. Il y a 15 Missions et dix postes prévus qui demandent au moins un prêtre chacun. Le personnel actuel est de 25 prêtres absorbés par les besoins du diocèse »[683]. Conscient de l'ampleur et des contraintes de la moisson qui l'attend, il entreprend une priorisation des actions à mener. Pour lui, trois urgences se présentent : « le personnel nécessaire pour le diocèse ; la fondation d'un séminaire préparatoire ; la construction de l'évêché ». Face à ces urgences, le diocèse manque drastiquement de ressources. La générosité des fidèles ne suffit pas ; leurs ressources financières proviennent essentiellement de la culture du cacao. Or, la bonne récolte n'est pas toujours au rendez-vous. Décidé à doter le diocèse d'une visibilité, il s'implique dans la recherche des ressources nécessaires à un diocèse en fondation. Pour autant, il n'oublie pas le salut des âmes. Il s'engage courageusement dans une campagne de sensibilisation d'appel aux dons aux allures missionnaires et évangéliques.

3° Une sensibilisation d'opportunité

La situation du diocèse est préoccupante ; toutefois, Mgr Etoga n'entend pas baisser les bras. Il doit éveiller l'attention de la population chrétienne et les âmes de bonne volonté, afin de prendre conscience de l'urgence de la situation. Dans ce contexte, en pasteur engagé, dévoué et discret, il saisit le moyen de la sensibilisation comme une opportunité d'interpeler évangéliquement une catégorie de personnes : les riches. Son déploiement à propos, participe aujourd'hui de la réflexion à mener sur une problématique qui est d'actualité : celle de la supposée richesse de l'Église et de l'appel aux dons quelle initie régulièrement. Ainsi, en charge du salut des âmes, Mgr Etoga ne s'arrête pas à l'appel aux dons. Il saisit cette occasion pour rappeler que donner, en plus d'être un acte de générosité, apparaît également comme un acte de foi, d'espérance et de charité. Aussi, est-il utile de rappeler les raisons pour lesquelles l'Église se reconnaît le droit de demander de l'aide en faisant des appels aux dons, parce que beaucoup de personnes se demandent toujours si l'Église est en droit de demander des aides. À propos, « [o]n entend plutôt dire : l'Église a de l'argent, et pourtant elle ne cesse de demander ! Ou bien dans les paroisses : le diocèse a de l'argent, et il nous en prend ! Ou et

---

seulement à l'administration du diocèse, mais aussi à l'exercice des œuvres d'apostolat ».

683 Informations recueillies dans la Présentation du diocèse de Mbalmayo par Mgr Paul Etoga et dont l'intégralité se trouve à l'annexe II. Ce texte est à situer au moment de son arrivée à Mbalmayo, probablement en 1961.

vice-versa ! »[684] En revanche, cette opinion oublie que l'Église ne peut pas échapper aux dons pour avoir certaines ressources. Elles ne sont pas le fait d'une génération spontanée. Elles sont à rechercher et à produire. Pour les avoir, il faut demander. Il s'agit d'une grâce que de donner du sien à la réalisation d'une œuvre ecclésiale ou de tout autre œuvre de vie. Primitivement, les Églises de Macédoine ont vécu cette grâce du don et ont connu la transformation suscitée par cette grâce[685]. Aujourd'hui, avec le Pape François, on peut parler de « la joie de l'Évangile ».

L'Église, pour générer des ressources, compte d'abord sur le denier du culte, les quêtes, les messes, le casuel et les legs. Aujourd'hui, elle ne cesse de solliciter les âmes de bonne volonté. Cependant, à côté de ces âmes généreuses, il y en a qui restent toujours sceptiques quant à la légitimité de solliciter la générosité des bienfaiteurs, et davantage lorsqu'il s'agit de faire appel aux non croyants. Elles s'interrogent également sur la destination de ces dons qui, à première vue soutiennent l'Église dans sa vie matérielle et quotidienne. D'ores-et-déjà, étant une structure ecclésiale, la principale « légitimité [des] sollicitations » de l'Église ne peut provenir que des Saintes Écritures[686]. À l'exemple des premières communautés chrétiennes, l'Église convie celles d'aujourd'hui à solliciter, en toute communion et solidarité, les frères et sœurs qui partagent la même foi. Cette sollicitation intègre même ceux qui ne partagent pas la même foi catholique, tant il est vrai que « demander est un appel à participer à l'expérience de la foi. Même si ceux que l'on sollicite ne sont pas des pratiquants réguliers, on crée avec eux, et on leur donne l'occasion de tisser un lien avec les communautés. Ce lien peut nous paraître ténu, trop matériel, extérieur, mais ce serait mépriser les donateurs éventuels que de ne pas leur donner cette occasion de manifester leur générosité, et de provoquer chez eux un désir de relation »[687]. Ceci au nom de la fraternité universelle. L'on comprend également que l'Église doit se ménager dans la manière de demander.

N'étant pas une génération spontanée, la collecte des ressources nécessite une certaine ingéniosité. Saint Paul en son temps, stimulait les Églises, presque de manière compétitive, pour mettre en éveil leur élan de générosité : « Je ne dis pas comme un ordre ; mais, en vous citant le zèle des autres, je

---

[684] Laurent ULRICH, *« Pour une gestion évangélique des biens de l'Églises »*, dans *Documents épiscopat*, Bulletin du secrétariat de la Conférence des évêques de France, 11, 2004, p. 9.

[685] *Ibid.* p. 4 : « Le grand texte au sujet de cette collecte, ce sont les chapitres 8 et 9 de la deuxième lettre aux Corinthiens. C'est d'abord une grâce qui est faite aux Églises de Macédoine de participer à cette œuvre : la détresse et la pauvreté de ces Églises sont transformées par leur don en joie et libéralité ».

[686] Ac 11, 27-30 ; Ac 20, 36 ; Rm 15, 26 ; Ga 6, 6 ; 1 Co. 9, 10-14 ; 1 Co 16, 14 ; Dt 18, 1-3 ; Lv 6, 9 ; Nb 18, 8 ; Mt 10, 10 ; Lc 10, 7 ; Ex 16, 18.

[687] Laurent ULRICH, *op. cit.*, p. 5.

vous permets de prouver l'authenticité de votre charité »[688]. Une générosité calquée sur celle du Christ car poursuit-il « [v]ous connaissez en effet la générosité de notre Seigneur Jésus Christ qui, pour vous, de riche qu'il était, s'est fait pauvre, pour vous enrichir de sa pauvreté »[689]. L'Apôtre Paul s'engage ici dans la dynamique de la « sainte émulation ». Cette charité ne trouve naturellement toute son authenticité qu'en Jésus-Christ. Son enseignement fait découvrir que sa pauvreté n'est pas la misère. Elle est un état d'esprit et un engagement dans l'optique de réalisation et du vécu de la vocation baptismale chez tout enfant de Dieu. Cet état d'esprit et cet engagement dépouillent les orgueils et les présomptions et ouvrent au sens de la compassion et à l'attention à l'égard du prochain. Ici, chacun se sent responsable de son semblable. Il s'agit de promouvoir entre les humains une connexion fraternelle au diapason de l'universel. Cela nécessite de chacun de nous de rejoindre tout nécessiteux là où il est en se faisant pauvre avec lui pour le relever de sa misère. Cette sollicitude vaut également à l'endroit de l'Église qui doit être relevée de sa propre « misère », c'est-à-dire de sa « pauvreté » et de son indigence.

Cependant, « [i]l reste encore du chemin pour faire percevoir comment l'Église est pauvre, c'est-à-dire qu'elle s'accomplit et remplit sa mission en demandant, en sollicitant, en appelant »[690]. L'Église est alors à considérer comme une communauté fraternelle, de sorte qu'en exprimant sa sollicitude à son endroit, on participe du relèvement de son prochain. En d'autres termes, il faut agir pour relever l'Église et celui qui ploie sous le fardeau de la misère et de la pauvreté. Le pape François invite à cet effet à la praxis lorsqu'il déclare : « Je livre cette encyclique sociale comme une modeste contribution à la réflexion pour que, face aux manières diverses et actuelles d'éliminer ou d'ignorer les autres, nous soyons capables de réagir par un nouveau rêve de fraternité et d'amitié qui ne se cantonne pas aux mots »[691]. Dans cette fraternité sociale et universelle, la pauvreté selon le Christ, rappelons-le, devient détachement et engagement. Être pauvre à la manière du Christ consiste à prendre du sien pour son prochain dans la compassion, la miséricorde et l'amour.

Mgr Paul Etoga a fait de la recherche des ressources une opportunité ciblée de sensibilisation missionnaire et évangélique en vue du salut des âmes. Avec un réalisme et un flair de la maîtrise de l'opportunité des situations, il sensibilise les riches et les âmes de bonne volonté du diocèse et d'ailleurs. Ses propos sont évocateurs lorsqu'il dit : « Le diocèse débutant ainsi à zéro, je fais donc appel à tous les hommes de bonne volonté auxquels les Anges, la nuit de

---

[688] 2 Co 8, 8.
[689] 2 Co 8, 9.
[690] Laurent ULRICH, *op. cit.*, p. 9.
[691] FRANÇOIS, Lettre Encyclique Fratelli tutti. *Tous frères. Sur la fraternité et l'amitié sociale*, Paris, Éditions Salvador, 2020, p. 10-11.

la naissance de Notre Seigneur, ont souhaité la paix. Il s'agit d'établir à Mbalmayo un siège du Royaume de Dieu sur la terre »[692]. Pour lui, son diocèse doit participer et contribuer à la réalisation de la visibilité du Royaume de Dieu. Autrement dit, Mbalmayo doit faire partie de ces lieux de l'avènement et de l'établissement du règne de Dieu. Il envisage faire de sa nouvelle mission un reflet vivant de l'Évangile où tous les enfants de Dieu établis à Mbalmayo et ailleurs donnent corps à son éclosion. Dans sa visée pastorale et spirituelle il est manifeste qu'il se refusait à voir son diocèse devenir la risée de l'Église. Il le voulait « siège du Royaume de Dieu sur la terre » ; une Église catholique locale digne et unie, participant honorablement du rayonnement et de la sainteté de l'Église universelle ; une Église finalement où l'éthique sacerdotale s'abreuve toujours inconditionnellement à la source de l'enseignement du Christ et aux exigences du sacerdoce ministériel qui en découlent.

Pour s'y investir, il puise dans certaines de ses qualités dont la sagesse et l'esprit de foi[693]. Avec sagesse et foi, il cible une catégorie de personnes caractérisées par leurs avoirs : les riches. Le but étant de susciter en eux de l'intérêt d'une spiritualité vis-à-vis de l'argent et en leur rappelant que l'argent est également une voie du salut. Cet évêque comprend à son époque que les riches ont besoin de l'annonce de la Bonne Nouvelle. Le salut dans sa dimension universelle concerne précisément et les riches et les pauvres, sans exclusive. L'Esprit-Saint ne fait pas de différence entre les enfants de Dieu. L'Apôtre Pierre le réalise chez le centurion Corneille : « "Je me rends compte en vérité que Dieu est impartial" »[694]. Or, beaucoup de personnes, y compris certains ecclésiastiques, donnent l'impression que les riches doivent être traités comme des privilégiés dans l'annonce de l'Évangile, au point de ne retenir à leur égard que les morceaux de versets choisis pour contenter leur susceptibilité. Pourtant l'annonce de la Parole de Dieu dans ses exigences les concerne, même dans leurs avoirs, en toute vérité et impartialité. Cette annonce ne doit pas se refuser à leur rappeler que leur argent et leurs richesses devraient tout aussi être des voies de salut pour leurs âmes. L'argent ne doit pas les dévoyer. Aujourd'hui, très peu de riches pensent que leurs biens constituent un moyen de salut ; tout comme très peu de prêtres et d'évêques ont le courage de rappeler aux riches que toute la richesse qu'ils possèdent doit les aider à rechercher le Royaume de Dieu et sa justice.

C'est pourquoi à la suite du Christ, Mgr Paul Etoga, dans son souci du salut de toute âme, indépendamment de sa situation sociale, ne manqua pas de sensibiliser les riches à ce sujet. Pour susciter cet intérêt en eux, il les amène, par l'entremise des Saintes Écritures, à réaliser qu'ils ont intérêt à être des

---

[692] Cf. Annexe II, « Présentation du diocèse de Mbalmayo par Mgr Paul Etoga ».

[693] Il en est fait une analyse au chapitre suivant. Cf. Joseph Célestin ATANGANA, *Monseigneur Paul Etoga. Sur les pas de Mgr François-Xavier Vogt*, *op. cit.*, p 47-50.

[694] Ac 10, 34.

riches selon la volonté de Dieu pour s'éviter l'iniquité : « Aux riches je répète ces paroles de la Sainte Écriture : "Faites-vous des amis de la Mammon de l'iniquité" »[695]. Cette exhortation venant du Christ n'est pas de nature à encourager la tromperie de l'argent et de la richesse. Une pédagogie pastorale s'en dégage dans les clarifications du prélat : « Cela veut dire employez votre richesse, votre argent à faire de bonnes œuvres qui seront consignées dans le Livre du Père éternel qui vous en récompensera à la vie future. À tous je rappelle ces paroles du vieux Tobie à son fils : "Fais l'aumône de ton bien et ne détourne ton visage d'aucun pauvre ; car il arrivera ainsi que le visage de Dieu ne se détournera point de toi [...]. Si tu as peu aie soin de partager même ce peu de bon cœur : car l'aumône délivre de tout péché et de la mort. Elle ne laissera point l'âme descendre dans les ténèbres" (Tb 4, 7-12) »[696].

Au fond, la richesse peut être une voie de salut et de grâce ou, en revanche, une voie de disgrâce et de l'iniquité. Selon l'Évangile, elle constitue une voie de damnation pour les mauvais riches qui n'amassent que pour eux en restant sourds et muets au cri de désespoir de leurs semblables. C'est l'exemple du riche insensé[697] ou du mauvais riche qui ignore le pauvre Lazare[698]. Il est également question du jeune homme riche[699] qui « s'assombrit et [...] s'en alla tout triste, car il avait de grands biens »[700]. La Parole de Dieu montre, avec acuité, que les riches ont besoin de la Parole de Dieu et d'une pastorale appropriée pour les amener à être convaincus, qu'il est de leur intérêt, que leur richesse soit une occasion de faire le bien autour d'eux. Cela implique une pastorale de longue haleine nécessitant, des prêtres et évêques, courage, patience, dévouement et foi. Le Christ en fait lui-même la révélation devant ses disciples : « "[...] il est difficile à ceux qui ont des richesses d'entrer dans le Royaume de Dieu !" Les disciples étaient déconcertés par ses paroles. Mais Jésus leur répète : "Mes enfants, qu'il est difficile d'entrer dans le Royaume de Dieu ! Il est plus facile à un chameau de passer par le trou d'une aiguille qu'à un riche d'entrer dans le Royaume de Dieu" »[701]. Le Christ, loin de décourager les prêtres et les évêques, les prévient de la pénibilité de la pastorale de sensibilisation des riches quant à leur salut. Il les exhorte par ailleurs à être courageux, patients et persévérants dans leur vie de foi et d'hommes de Dieu.

---

695 Lc 16, 9. « Eh bien ! Moi je vous dis : faites-vous des amis avec l'argent trompeur pour qu'une fois celui-ci disparu, ces amis vous accueillent dans les demeures éternelles ». Cf. présentation du diocèse de Mbalmayo par Mgr Paul Etoga, *op. cit.*

696 Cf. *Ibid.*, présentation du diocèse...

697 Lc 12, 16-21.

698 Lc 16, 19-31

699 Mc 10, 17-31.

700 Mc 10, 22.

701 Mc 10, 23-25.

Une certitude se fait de plus en plus précise : Mgr Paul Etoga, dans son engagement ecclésial et politique, comprit que la Parole de Dieu doit être annoncée aux riches en toute bienveillance et sans détour. Il ne faut pas les considérer comme des privilégiés et des consacrés en grâce ; des personnes qu'il ne faut pas contrarier dans les homélies, au risque de voir leurs générosités et largesses envers l'Église diminuer. Dans certaines paroisses au Cameroun, le début de la messe du dimanche dépend très souvent de l'arrivée des élites qui s'estiment en être les principaux sponsors. Ostentatoirement assis aux premières places dans l'église, ils ont l'insigne et audacieux privilège de communier aux deux espèces, avec la bénédiction du prêtre ou de l'évêque. Pourtant, le Christ montre l'exemple que le prêtre ou l'évêque doit garder sa liberté dans l'accomplissement de son ministère. Cette liberté pouvant aller jusqu'au sacrifice ultime. L'épisode de l'Évangile où Jésus est invité chez Simon le pharisien[702] en est révélateur. Il ne manque pas cette occasion pour enseigner, même devant les élites pharisiennes, quitte à blesser leur amour propre. En revanche, le Christ n'invite pas les prêtres et les évêques à se laisser aller dans des attitudes de dénonciation insolentes et méprisantes envers les riches et les autres ouailles. La courtoisie pastorale invite justement les pasteurs à user de tact, de douceur et de bienveillance, à l'exemple du Christ face aux pécheurs qu'il rencontrait au cours de son ministère[703]. Toutefois, lorsque le besoin se fait sentir, ils doivent faire preuve de fermeté et prendre le fouet pour rappeler la dévolution des lieux saints et des moments[704].

Au terme, l'attitude de Jésus envers les riches ne veut pas dire qu'il est contre la richesse ou qu'il haïrait les riches. Il est tout simplement contre les mauvais riches qui refusent de partager avec leurs prochains car il est soucieux du salut de tous. Il voit que leur richesse constitue le point d'ancrage de leur puissance terrestre, de leur vulnérabilité et de leur chute. Étant jaloux de leurs avoirs et de leur ego, ils sont prêts à tout pour conserver leur bien-être. C'est pourquoi, ils ne prêtent une oreille attentive qu'aux pasteurs, prêtres et évêques, qui ne leur disent que ce qu'ils aimeraient entendre. Pourtant, ces pasteurs doivent être pour ces riches une occasion d'enseignement et de sanctification conformément aux fonctions et missions de l'Église. L'attitude de Jésus montre que le riche peut aller au ciel à condition qu'il se convertisse en se soumettant à la volonté de Dieu. Zachée constitue dans l'Évangile l'un des exemples de salut d'un riche. Il montre en effet que le riche doit se faire

[702] Lc 7, 36-50.

[703] Cf. à titre indicatif : Jn 8, 1-11, (la femme adultère) ; Lc 19, 1-10 (l'épisode de Zachée le chef des collecteurs d'impôts).

[704] Cf. Jn 2, 13-22, (Jésus chasse les marchands du Temple).

humble et manifester la soif de Dieu[705], c'est-à-dire son désir du ciel. Le Christ se fait sensible à l'effort de Zachée[706].

Finalement, il est essentiel de retenir qu'un prêtre ou un évêque, à l'image du Christ, se doit d'être fidèle à son engagement sacerdotal et épiscopal. L'annonce de la Bonne Nouvelle aux riches requiert un sens de liberté d'esprit de la part des pasteurs. Ils doivent être convaincus eux-mêmes que le sacerdoce ministériel est de l'ordre divin et demeure toujours sous l'action de l'Esprit Saint. Ainsi, en tant qu'homme de Dieu, Paul Etoga rappelle, dans sa sensibilisation des nantis, le côté spirituelle de la richesse. Pour les jeunes générations de prêtres et d'évêques au Cameroun et ailleurs, il représente, dans une certaine mesure, une figure d'inspiration en matière d'autofinancement d'un diocèse. Aujourd'hui, la gestion des biens ecclésiastiques est une grande préoccupation et un cauchemar dans la vie de l'Église. L'évêque Etoga est susceptible de représenter un modèle significatif dans la gestion de ces biens.

2. Production et respect des biens de l'Église : un grand défi

Une fois la sensibilisation lancée, le premier évêque de Mbalmayo se présente comme un homme de Dieu entreprenant. Il s'investit dans des projets d'autofinancement et initie diverses activités économiques, avec un grand intérêt pour le respect des biens de l'Église.

1° La question de l'autofinancement

Elle est toujours d'actualité dans l'Église en Afrique et manifeste sa volonté d'autonomie financière afin de pouvoir d'abord compter sur elle-même. Pour ce, il lui faut apporter par elle-même la pierre et les moyens de sa propre construction. L'autofinancement est également le refus, pour l'Église catholique en Afrique d'être toujours tenue en pitié en ayant sans cesse la main tendue en quête d'aide. Il y va de sa dignité et de sa réponse à cet appel évangélique que le Christ adresse à ses disciples en leur demandant de trouver eux-mêmes à manger à la foule qui les suivait. Il s'agit pour elle de sa prise en charge, par elle-même, de sa responsabilité prophétique et missionnaire en matière de finances. Dans cette lancée, l'Église, en Afrique et au Cameroun en particulier, doit se trouver elle-même à manger avant de compter sur la solidarité ecclésiale et le principe de subsidiarité. En réalité, la question de

---

[705] Ps 42, 2-3 ; Ps 63, 2.

[706] Lc 19, 4-10 : « Il courut en avant et monta sur un sycomore afin de voir Jésus qui allait passer par là. Quand Jésus arriva à cet endroit, levant les yeux, il lui dit : "Zachée, descends vite : il me faut aujourd'hui demeurer dans ta maison". Vite Zachée descendit et l'accueillit tout joyeux. Voyant cela, tous murmuraient ; ils disaient : "C'est chez un pécheur qu'il est allé loger". Mais Zachée, s'avançant, dit au Seigneur : "Eh bien ! Seigneur, je fais don aux pauvres de la moitié de mes biens et, si j'ai fait tort à quelqu'un, je lui rends le quadruple". Alors Jésus dit à son propos : "Aujourd'hui, le salut est venu pour cette maison, car lui aussi est un fils d'Abraham. En effet, le fils de l'homme est venu chercher et sauver ce qui était perdu" ».

l'autofinancement constitue en permanence la préoccupation de tous les évêques du Cameroun et des chercheurs, dont Honorine Ngono[707]. En substance, Honorine Ngono amène à comprendre que l'autonomie financière doit reposer sur une base principielle, en tant qu'elle est une compétence, un système et une démarche de faits et d'initiatives de liberté et de responsabilité. En clair, l'autonomie financière comporte une dimension de subjectivité impliquant justement une mise à contribution de tout le potentiel individuel et personnel. Elle est concernée, en tant que système, par un réseau de connexions impliquant plusieurs niveaux interactifs de dépendance et d'interdépendance. Comme processus, l'autonomie financière est suggestive d'une logique de cheminement qui met à la fois en route des personnes, des structures et des normes. Ceci met en exergue tout son aspect de liberté et de responsabilité[708]. Cependant, il ne s'agit pas présentement d'une étude exhaustive sur les biens ecclésiastiques[709].

Mgr Paul Etoga comprit très vite la problématique et l'exigence de l'autonomie financière. Aussi, s'est-il impliqué dans des activités de promotion économique dans le but de faire vivre son jeune et nouveau diocèse jusque-là sans ressources. De sa propre initiative, comme pour prêcher et montrer le bon exemple, il crée une plantation de café à Obout, un lac piscicole à Mbock-Kulu ; il met également en route un garage diocésain autonome. Pendant sa retraite il reste toujours en activité en fabriquant des chapelets qu'il vend et qu'il distribue à certaines connaissances. Il fera même cadeau d'un de ces chapelets au pape Jean Paul II. Parmi les directives qu'il donne aux prêtres du diocèse de Mbalmayo, il y a la création des plantations de café et de cacao dans chacune de leurs paroisses, avec une gestion rigoureuse des bénéfices pour la vie du diocèse. Il enverra même deux religieuses au Tchad se perfectionner en couture, dont sœur Marie Emmanuelle Medzo. Mais, malheureusement, ces initiatives n'eurent pas toutes les résultats escomptés.

---

[707] Cf. Honorine NGONO, *L'autonomie financière dans la mission d'évangélisation de l'Église en Afrique. Le cas du Cameroun*, Paris, L'Harmattan, coll. Églises d'Afrique, 2015, 401 p.

[708] Honorine NGONO, *op. cit.*, p. 32-38.

[709] Cf. Christus Dominus, n° 6, 22, 23 § 3 ; *Prebyterorum Ordinis,* n° 17, 20. Consulter également Guillaume MINGIEBE KATAMBA, *Impact de la mauvaise gestion des biens de l'Église sur l'accomplissement des fins ecclésiastiques. Le cas du diocèse d'Ifoa en République démocratique du Congo*, Paris, L'Harmattan, coll. « Religions et spiritualité », 2019, 284 p ; Justin Sylvestre KETTE, *La subsistance du clergé séculier en Afrique. Possible auto-prise en charge*, Paris, L'Harmattan, coll. « Église d'Afrique », 2019, 386 p ; Anne BAMBERG, « Sanctions canoniques face aux abus financiers », dans Revue de droit canonique, 69/1, 2019, p. 85-104 ; Silvia RECCHI (dir.), *Autonomie financière et gestion des biens dans les jeunes Églises d'Afrique*, Paris, L'Harmattan, 2007, 241 p ; Jean SCHLICK, « Communication, transparence et compréhension des finances diocésaines », dans *PJR-Praxis juridique et religion*, 15, 1998, p. 228-344.

En dépit de ces échecs, le diocèse de Mbalmayo a disposé d'un certain nombre de biens du temps de Paul Etoga.

L'important, dans cette rubrique, consiste moins en un inventaire des biens diocésains générés et gérés pendant son épiscopat, qu'en une mise en exergue de l'attitude spirituelle et éthique léguée à la postérité. Par son témoignage de vie, Mgr Paul Etoga est une source d'inspiration. Il permet de comprendre que le développement économique d'un diocèse, et partant de l'Église universelle, est aussi tributaire du respect réservé aux biens ecclésiastiques. Ces biens sont considérés comme tels, parce qu'ils sont des biens impersonnels et de charité. Ainsi, l'éclosion et même l'épanouissement économique d'un diocèse ou de toute autre structure ecclésiale sont liés au respect des biens de l'Église. Il y va de la respectabilité de tout homme d'Église car même ce dernier peut être tenté d'abus et de légèreté dans la gestion de ces biens ; c'est pourquoi l'Église, censée montrer le bon exemple en la matière, n'est pas en reste des scandales du fait de la mauvaise gestion de ses biens.

Le rappel de ce qu'est un bien ecclésiastique dans sa dévolution permet de cerner l'attitude du premier évêque de Mbalmayo : « [o]n appelle "biens ecclésiastiques" des biens temporels, meubles et immeubles, qui sont la propriété d'une personne morale ecclésiastique (diocèse, paroisse, par exemple) selon le droit canonique, quelle que soit l'affectation de celle-ci : qu'elle ait une fin religieuse, culturelle, caritative, ou qu'elle soit simplement source de revenus »[710]. Ainsi considérés, ces biens deviennent une propriété qui n'appartient pas à la personne qui en a la charge ou qui en est la source. Le concile Vatican II a opéré un changement substantiel en la matière. On peut retenir que « ce changement d'optique permet de restituer la nature et la destination du bien constitué en bien de l'Église »[711]. En d'autres termes, le bien ecclésiastique, impersonnel et anonyme, veut dire que « ...ce bien n'a pas à être géré suivant les critères qui le rendent utile uniquement à ceux qui se sont cotisés pour le constituer »[712]. Mgr Paul Etoga en a gardé une profonde et intime conviction.

2° Le respect des biens de l'Église

Parmi tant d'autres, l'un des indices qui montrent que l'évêque Etoga était respectueux des biens de l'Église a été la bonne gestion de l'aide financière qu'il reçut de Rome lors de la construction du petit séminaire, ainsi qu'il en témoigne lui-même dans son autobiographie[713]. Durant toute sa vie d'évêque, il sut utiliser l'argent et les biens de l'Église à dessein, au point où tout était pour elle et rien pour lui. Un autre indice montrant qu'il était prêt à se dépouiller pour enrichir l'Église est qu'il affecta tout ce qu'il reçut comme

---

[710] « Biens & Bénéfices ecclésiastiques », dans *Encyclopædia Universalis*, consulté le 10 mai 2021.

[711] Laurent ULRICH, *op. cit.*, p. 12, col. 1.

[712] *Ibid.*

[713] Cf. Paul ETOGA, *Mon autobiographie*, *op. cit.*, p. 35.

dons en argent et en nature à la construction du petit séminaire Saint-Paul de Mbalmayo. Dans son attitude, il amène à intégrer les exigences qui concourent à la bonne gestion des biens ecclésiastiques dont la discipline, la probité morale, le sens du désintéressement et de la charité. Au final, l'une des attitudes propices au respect des biens ecclésiastiques est le désintéressement dont le prêtre ou l'évêque doit cultiver l'habitus. À travers le sens du désintéressement, il peut inciter les hommes d'Église à se démettre de leur nombrilisme et égoïsme, en faisant du respect des biens de l'Église un témoignage de vie et d'engagement ecclésial et politique. On y perçoit également une invite à tendre une oreille charitable aux souffrances des autres diocèses qui sont dans le besoin[714]. La bonne gestion des biens ecclésiastiques requiert de la bienveillance chez les personnes qui en sont responsables. Le sens du respect des biens de l'Église exige une éducation de base depuis la cellule familiale où l'enfant devrait être initié aux valeurs familiales, sociales, politiques, humaines, intellectuelles et spirituelles[715].

Le respect des biens de l'Église renforce la crédibilité de l'Église, en tant qu'institution naturelle et divine, au milieu du monde et concourt également à une présence de paix. L'Église doit en effet contribuer à sauvegarder la paix[716] même dans la gestion de ses biens par ceux et celles qui en ont la responsabilité. La présence de l'Église dans le monde est aussi, à travers le respect de ses biens, une présence de foi, d'espérance et de charité. Cette présence ecclésiale est au fond, un témoignage d'enseignement, de gouvernement et de sanctification au milieu du monde, à l'image du ministère du Christ. Le respect des biens ecclésiastiques est un état d'esprit et un engagement susceptible de transformer l'Église qui, à son tour répond à sa vocation missionnaire pour transformer le monde. Il s'agit d'une responsabilité collective pour une justice et une charité durables. Dans cette perspective de respect des biens de l'Église, assimilables aux biens de Dieu, la préoccupation des pauvres et des plus faibles est une exigence d'impératif catégorique. Aussi, toute responsabilité assumée dans l'Église ou dans

---

[714] *Christus Dominus*, n° 6 : « dans l'usage des biens ecclésiastiques, les évêques doivent penser à tenir compte non seulement des besoins de leur diocèse, mais encore de ceux des autres Églises particulières, puisqu'elles sont des parties de l'unique Église du Christ. Qu'ils soient enfin attentifs à soulager, selon leurs possibilités, les désastres dont d'autres diocèses ou d'autres régions ont à souffrir ».

[715] Cf. éducation familiale de Mgr Paul Etoga dans la première partie.

[716] *Gaudium et Spes*, n° 78 § 1 : « une pure absence de guerre et elle ne se borne pas seulement à assurer l'équilibre des forces adverses ; elle ne provient pas non plus d'une domination despotique, mais c'est en toute vérité qu'on la définit "oeuvre de justice" (Es 32, 17). Elle est le fruit d'un ordre inscrit dans la société humaine par son divin Fondateur, et qui doit être réalisé par des hommes qui ne cessent d'aspirer à une justice plus parfaite ». Pour une bonne saisie du rôle fondamental de l'Église et des hommes en matière de paix dans le monde, cf. chapitre V de *Gaudium et Spes* : « la sauvegarde de la paix et la construction de la communauté des nations ».

quelque communauté humaine doit-elle avoir pour horizon la défense des pauvres et des plus faibles. Le pape François en fait tout un credo en affirmant que « [l]'Évangile met les pauvres au centre. Si tu n'es pas pauvre de cœur, tu ne seras pas un bienheureux, un bon chrétien. C'est la première des béatitudes : les pauvres, les pauvres de cœur »[717].

3° Le non-respect des biens de l'église

Il s'apparente inéluctablement à une injustice infligée à ceux qu'on est appelé à servir. Il est source de tensions, d'aigreurs et de frustrations au sein de l'Église universelle et des Églises locales. Au Cameroun, beaucoup de diocèses sont en difficulté à cause de la mauvaise gestion des biens de l'Église. Ceci est le résultat des détournements vertigineux de fonds ecclésiaux. Les méprises de ce genre créent régulièrement des tensions entre l'évêque et les prêtres indélicats, et aussi entre le clergé et les fidèles. Ces manquements mettent les diocèses à mal, surtout lorsque le diocèse n'assure plus, ou pas du tout, le traitement prévu par les textes de l'Église[718]. Il s'agit d'un contre-témoignage par rapport à la promotion de la justice sociale, de la paix ainsi que de la cohésion ecclésiale et communautaire ; un contre-témoignage à l'endroit de la vie chrétienne qui, pour Mgr Paul Etoga, se résume à « assumer les vertus du Christ »[719]. Le non-respect des biens de l'Église constitue manifestement un déni de l'enseignement du Christ. En définitive, le respect des biens de l'Église reste un indicateur qui montre que tout ecclésiastique qui en a conscience est un homme de Dieu et d'Église qui a de la valeur et de la qualité.

3. Mgr Paul Etoga : une richesse

Recherchons en cet évêque le profil d'une personne qui sut faire preuve de force d'esprit et de maîtrise de soi. Très effacé, il vécut son ministère sacerdotal et épiscopal sans velléité de domination d'autrui. À sa nomination, beaucoup n'avaient toujours pas conscience de sa véritable personnalité. Pourtant, à chaque étape de son déploiement en famille, au petit et au grand séminaire, dans le presbytérat et l'épiscopat, Paul Etoga se distingue par sa personnalité, son calme devant les situations, sa fidélité à son engagement de fils d'un terroir culturel et d'homme d'Église.

1° Ses qualités humaines et personnelles

Pour le présenter comme un modèle de vie et d'engagement ecclésial et politique, dans une Église secouée par toutes sortes de scandales au niveau local et universel, il importe de rechercher en cet évêque les qualités humaines et personnelles qui font de lui, aujourd'hui, un homme de Dieu de valeurs et de qualités pour la postérité. Si une importance est accordée à son éducation

---

[717] FRANÇOIS, *Servir pour transformer le monde*, Paris, Éditions Salvator, 2021, p. 35.
[718] Cf. Anne BAMBERG, « Droit social... », p. 9-30.
[719] Paul ETOGA, *Réflexions sur la vie chrétienne…*, *op. cit.*, p. 9-10.

familiale, fortement imprégnée de son univers sociologique et culturel, c'est pour signifier que la figure sacerdotale et épiscopale, spécifique qu'il incarne, n'est pas le fait d'un hasard car « l'enfant est le père de l'homme ». Étant « [i]ssu d'une modeste et nombreuse famille, disciple des grands hommes, moulé dans des Séminaires traditionnels, il n'est pas étonnant que Paul Etoga ait été profondément marqué par tous ces cadres de vie et de formation [...] »[720]. Toutes les personnes qu'il a rencontrées dans sa vie, dès son enfance et durant sa vie de prêtre et d'évêque, sont unanimes sur ses qualités[721] de simplicité, de générosité et le sens du désintéressement qui l'ont toujours caractérisé. Sa modeste famille l'y a certainement prédisposé. Il a gardé cette modestie toute sa vie, ne se prévalant d'aucune importance ou de quelque mérite. Il est resté humble, malgré l'ironie de l'histoire qui voulut que l'insigne honneur lui revienne d'être choisi comme le tout premier évêque du Cameroun et de l'Afrique noire française : « il ne s'est pas laissé griser la tête par les privilèges et les honneurs qu'il avait reçus. Il est resté un homme normal à la vie simple, le fils de Nkolmewut, qui a continué à conduire lui-même sa voiture jusqu'à un âge avancé. Il a fallu que ses prêtres fassent pression sur lui pour l'amener à recruter un chauffeur »[722]. Une anecdote le

---

720 Joseph Célestin ATANGANA, *Monseigneur Paul Etoga...*, *op. cit.*, p. 35.

721 Dans l'extrait de l'hommage de Graziosa Invernizi, ancienne volontaire du COE au Cameroun rendu à Mgr Paul Etoga, on peut lire ceci : « Son esprit de pauvreté et de générosité était grand : il a reçu beaucoup de dons mais il ne gardait rien pour lui, il y avait toujours quelques œuvres du diocèse qui en avaient besoin. Aussi pour sa personne, il ne demandait rien, ses soutanes devaient durer longtemps, c'était seulement l'attention de quelque sœur couturière qui avec diplomatie lui en cousait. Dans son bureau il gardait avec fierté les deux chaises (en style... ?) cadeautées par le gouverneur de Yaoundé lors de son sacre, les autres meubles étaient très artisanaux ». Lisetta Bianchi, dans son souvenir de la mémoire de Mgr Paul Etoga abonde dans le même sens : « Nous qui frappions à la porte de son bureau à n'importe quelle heure de la journée et il t'accueillait sans rendez-vous, sans être introduit par son secrétaire qui, du reste, n'était jamais là ou par un domestique. Non, lui était toujours disponible et pour tous, avec une simplicité désarmante ; il te mettait à l'aise et tu pouvais avec lui tout dire sans peur de rien. Du reste, l'évêché où il a vécu depuis sa nomination comme évêque de Mbalmayo jusqu'à sa mort, était une maison simple sans aucun confort, d'une pauvreté franciscaine, en conformité avec sa personne et avec la plus grande partie de ce que vivait son peuple. Le pape François, s'il l'avait connu, aurait dit de lui : voilà un vrai Pasteur, parce qu'il a assumé la vraie senteur de son troupeau. Son habillement et tout en lui disait qu'il a choisi de vivre la pauvreté. Ses habits, même de cérémonie, que nous cherchions de réparer, jusqu'à sa première mitre désormais usée qu'il n'a pas voulu changer et pour qu'il pût la mettre nous avons raccommodée et redoublée avec des moyens de fortune. Né d'une famille pauvre, il a vécu pauvre et il est mort pauvre ». L'intégralité de ces témoignages et souvenirs se trouvent en annexe. Ils furent retrouvés dans les archives privées de M. Joseph Atangana Ndzié, intitulé « En mémoire de Mgr Paul Etoga ».

722 Joseph Célestin ATANGANA, *Monseigneur Paul Etoga...*, *op. cit.*, p. 38.

montre déjà évêque mais toujours serviable et prêt à rendre service à sa mère en tant que fils ou à accueillir des gens même sans rendez-vous :

> « De nombreuses anecdotes jalonnent la vie de Monseigneur les unes plus abracadabrantes que les autres. À titre d'exemple ce fait qui est resté légendaire et mémorial dans la famille du prélat et qui illustre son naturel et sa simplicité. En effet, malgré la pléthore d'enfants qui grouillaient dans la maison de Nna Kunu, la mère de l'évêque, celle-ci avait déclaré à son fils lors d'une visite de routine à la famille qu'elle n'avait pas d'eau. Était-ce une réalité ou un caprice de maman ? Difficile à dire. Toujours est-il que sans mot dire et après avoir ajusté sa soutane, Monseigneur s'est empressé d'empoigner un seau d'eau qui se trouvait à proximité, avec l'intention d'aller puiser de l'eau dans une borne fontaine publique du quartier Mokolo. Quelle image ? Scandale dans la famille ! Chacun, toute honte bue, s'était précipité pour arracher le seau des mains de Monseigneur. Depuis ce jour, la décision qu'il ne manquât plus jamais d'eau dans la cuisine de Nna Kunu fut prise »[723].

2° Un pasteur bienveillant et une forte personnalité

En toute simplicité, il recevait petits et grands, riches et pauvres, sans discrimination. Une ancienne volontaire en fait un vibrant témoignage : « Il a été d'une simplicité extrême et savait se réjouir des petites choses. De temps en temps il aimait se rendre au petit lac de Mbog-Kulu, dans sa vieille soutane et son vieux chapeau, avec les miettes de pain qu'il avait gardées soigneusement pour donner aux poissons qui l'attendaient au rendez-vous de l'après-midi »[724]. Il ressort également de sa vie et de son engagement ecclésial et politique que ce fut un prélat dont les qualités[725] sont recherchées dans notre Église et dans notre monde d'aujourd'hui. Homme d'épreuves, régulièrement sujet à des humiliations, il sut faire montre de résilience et de sérénité. Cette attitude fit de lui un homme et un prélat dont la figure et l'engagement font de lui un repère de resourcement humain, intellectuel, spirituel et de modèle de vertus. Il sut cultiver et vivre la patience, l'endurance et la piété, même lorsque ses deux prêtres – l'abbé Materne Bikoa et son oncle maternel, le prélat de Sa Sainteté Mgr Jean Kunu – sont froidement assassinés dans la nuit du 29 au 30 novembre 1983, alors qu'il était en pleine célébration du 28e anniversaire de son ordination épiscopale[726]. Cette tragédie secoua l'Église catholique au

---

723 Joseph Célestin ATANGANA, *ibid.*, p. 36-37.

724 Cf. Témoignage de Graziosa Invernizzi, ancienne volontaire du COE au Cameroun.

725 Cf. Joseph Célestin ATANGANA, *Monseigneur Paul Etoga…*, *op. cit.*, p. 38-51.

726 On peut lire dans Paul ETOGA, *Mon autobiographie*, *op. cit.*, p. 49-51, un article relatant cet assassinat intitulé « Deux prêtres assassinés » et signé de Patrice Etoundi-M'Balla, ancien journaliste éditorialiste et responsable de la chronique « Autant le dire » au journal *Cameroon Tribune. Grand quotidien national* d'information. Patrice Etoundi-M'Balla, en reportage à Mbalmayo le jour des obsèques des deux

Cameroun. La richesse de la personnalité de Mgr Paul Etoga est aujourd'hui très recherché, dans un monde épris de vitesse et davantage dans une Église minée par des ambitions carriéristes et l'appât du gain dénoncés par le pape François[727].

Né et grandi à une époque difficile, pour le Cameroun, à cause de la domination coloniale, le régime de l'indigénat et les travaux forcés qui s'en suivirent ; jeune et adolescent, Paul Etoga fait montre d'un courage révélateur d'une forte personnalité et d'un destin tout particulier. Rappelons que son sacre intervient à un moment crucial dans la vie politique et ecclésiale du Cameroun. Le pays était fortement engagé dans la lutte anticolonialiste et indépendantiste. Au niveau ecclésial, le clergé est dominé par la forte présence des missionnaires occidentaux. Un clergé soupçonné par les nationalistes d'être l'antichambre de la domination coloniale. Il a fallu beaucoup de courage, aux quelques prêtres autochtones de cette époque, pour s'affirmer et montrer aux détracteurs de Mgr Vogt, « père » du clergé autochtone, qu'ils méritaient d'avoir été élevés à la dignité sacerdotale. Le premier prélat camerounais a dû, lui aussi, passer par bien des situations délicates pour bâtir la figure sacerdotale et épiscopale suggestive ; et qui est proposée comme modèle d'engagement ecclésial et politique, non seulement pour les jeunes générations de prêtres et d'évêques au Cameroun, mais aussi d'ailleurs. Il est resté imperturbable et fidèle à ses convictions malgré les vicissitudes rencontrées. En effet, « [t]out simple, tout doux, tout docile qu'il parût, Monseigneur n'était pas influençable ; il agissait dans la discrétion et par conviction après avoir ressassé une situation dans tous les sens. Ses réactions, ses prises de position étaient de ce fait et de façon inattendue, fortes, et irréversibles »[728]. La figure sacerdotale et épiscopale de Mgr Paul Etoga est représentative de ces prêtres et prélats en voie de disparition dans notre Église locale et universelle. Sa sagesse, en tant qu'homme, chrétien, prêtre, puis évêque, est liée au fait qu'il n'a jamais oublié ses origines et les conditions de vie difficile qui l'ont forgé dans sa vie humaine, intellectuelle et spirituelle[729].

---

ecclésiastiques assassinés écrit : « Désormais et pour l'éternité, Mgr Jean Kounou, prélat de Sa Sainteté, et M. l'abbé Materne Bikoa, curé d'Atéga, reposent depuis hier au cimetière de la cathédrale de Mbalmayo. Ils ont été sauvagement assassinés dans la nuit du 29 au 30 novembre 1983, à l'intérieur de l'évêché de Mbalmayo ».

[727] Cf. la présentation des vœux de Noël le lundi 22 décembre 2014, http://www.vatican.va/content/francesco/fr/speeches/2014/december/documents/papa-francesco_20141222_curia-romana.html, consulté le 2 décembre 2020.

[728] Joseph Célestin ATANGANA, *Monseigneur Paul Etoga…*, *op. cit.*, p. 41.

[729] Joseph Atangana Ndzié, dans l'extrait de sa conférence donnée le 16 mars 1999 lors de la commémoration du 1er anniversaire du décès de Mgr Paul Etoga et signalé en annexe, affirme que « dans son enfance, le petit Etoga a été assujetti à la corvée et aux travaux forcés, il a connu les brimades et les mauvais traitements de la période coloniale ; écolier, il a souffert de la faim et de toutes sortes de privations. Ce qui l'a sans doute rendu très sensible à la misère et à la pauvreté des gens. Car il convient de

* * *

Quand il était évêque auxiliaire, Mgr Paul Etoga ne disposait pas de coudée franche pour définir une ligne pastorale relevant de sa propre initiative comme l'aurait fait un évêque responsable direct d'un diocèse. Nommé évêque résidentiel de Mbalmayo, un diocèse à bâtir et dont les antécédents de création subodoraient une situation d'improvisation et de règlement de compte, il se mit au travail aussitôt. Partant de rien et comptant beaucoup sur les potentialités dont regorgeait ce diocèse en fondation, il en assura une visibilité encore d'actualité de nos jours. La détermination des âmes de bonne volonté, à son arrivée, sera d'un très grand atout. Il mit alors à contribution tout ce qui pouvait aider à construire cette Église locale, peuple de Dieu établi à Mbalmayo. Son expérience pastorale de prêtre de campagne lui fit comprendre que l'une des préoccupations d'un évêque, quelle que soit la pauvreté du diocèse dont il a la charge, est le respect des prêtres dans leur dignité humaine. Cette dignité passe aussi par la considération de leur sécurité matérielle et sociale. Il a également cette conviction qu'il ne doit pas négliger la famille. Elle est, en réalité, une structure de transmission de la foi aux enfants. Il soutient et encadre l'enseignement catholique, en tant qu'il est d'importance pour préparer les jeunes à la relève. Le petit séminaire, selon lui, conserve toute sa raison d'être parce qu'il constitue la pépinière des vocations sacerdotales et religieuses. Il offre ici une figure d'évêque travailleur, dévoué, engagé et soucieux de la fraternité et de la solidarité ecclésiale. Il est un évêque bon, un bâtisseur soucieux de l'avenir de l'Église et de la société tout entière. Malgré les échecs, cet évêque autorise à le considérer dans son épiscopat comme un homme de Dieu et d'Église. Il constitue une grande richesse au-delà des considérations matérialistes et utilitaristes. Il fut un évêque qui a su préserver son intégrité. Ainsi qu'il est démontré dans le chapitre suivant, Mgr Paul Etoga rappelle également une spécificité suggestive dans son engagement politique.

---

le souligner avec force. Si Mgr Etoga a combattu la misère et la pauvreté, ce n'est pas pour son avantage personnel. Tous ceux qui l'ont connu de près, peuvent en témoigner [...]. La 2e raison relève de la conviction chrétienne du prélat : Mgr Paul Etoga était persuadé que Dieu a créé l'homme pour le bonheur dès ici-bas, puisqu'en le créant Dieu a placé l'homme au Paradis terrestre. C'est dire que la misère et la pauvreté sont les fruits du péché. Le salut par Notre Seigneur Jésus-Christ doit amener l'homme à combattre la misère et la pauvreté comme des obstacles qui s'opposent à la dignité de l'homme et l'empêchent d'adorer Dieu ». Graziosa Invernizzi confie que Mgr Paul Etoga « aimait se souvenir de sa vie dure quand jeune séminariste, il cherchait de se nourrir de palmistes à tel point qu'il appelait "Mvolzié" la colline de Mvolyé ou quand jeune prêtre il était en tournée en brousse et souvent il devait transporter le vélo qui aurait dû, au contraire, le transporter, tellement les pistes étaient boueuses, mais il ne démordait pas ».

Chapitre II
Mgr Paul Etoga : une figure pour aujourd'hui au Cameroun

Dans son engagement politique, à la suite du Christ, Mgr Etoga permet une mise en exergue de la spécificité de ce que devrait être l'engagement politique d'un homme de Dieu et d'Église. À ce niveau l'essentiel n'est pas de dire qu'un ecclésiastique ne doit pas s'engager politiquement. Il est plutôt éclairant de dire quelle attitude doit être la sienne face à la politique et aux politiques ; tellement son ministère ne n'y échappe pas. Mgr Etoga, tout au long de son ministère épiscopal, s'est vu confronté, lui aussi, à la politique et aux politiques. Il est concevable, en tant que citoyen, qu'un homme d'Église éprouve de la sympathie pour tel ou tel courant politique. Il est tout aussi normal qu'il exprime sa préférence par rapport à tel ou tel homme politique plutôt qu'à un autre. Quand il exprime son vote, il le fait justement en fonction de ses sensibilités politiques. De la sorte, il importe de spécifier que son militantisme politique trouve inspiration sur l'exemple du Christ dans ce qu'Oscar Cullmann appelle « le radicalisme eschatologique ». Dans ce dernier chapitre, Mgr Paul Etoga est présenté comme une figure encore d'actualité. Autrement dit, une personnalité ecclésiastique qui invite aujourd'hui tout Camerounais – clerc, laïc, croyant ou non croyant –, décidé à bâtir un Cameroun d'hommes et de femmes attachés à leur pays et prêts à se sacrifier pour lui ; un Cameroun où règne la paix véritable entre les populations ; un Cameroun d'ouverture au détriment des communautarismes ; un Cameroun où l'Église, est un exemple de témoignage d'annonce de la Bonne Nouvelle et de défense des pauvres et des plus faibles. Il évoque également une Église où est sincèrement vécue la fraternité sacerdotale. Son témoignage décourage cette Église continuellement objet de scandale et encourage une Église qui ne se dérobe pas dans l'annonce de la « splendeur de l'Évangile », même aux élites. La quintessence de l'exemplarité du prélat du 30 novembre 1955 vient de ce qu'il fut un homme de Dieu de conviction. Il sut rappeler et vivre les exigences du ministère sacerdotal et épiscopal. Son attitude dévoile le propre de l'engagement politique d'un homme d'Église. Par ailleurs, considérant l'actualité de la question et de la problématique de l'écologie qui n'épargne aucun domaine aujourd'hui, la figure de Mgr Etoga peut également constituer un élément d'inspiration pour la promotion d'une conscience écologique dite intégrale.

I. Un pasteur de conviction

Le parcours de Paul Etoga comme évêque donne lieu de penser que ce prélat avait une conviction d'être un homme de Dieu. Ce sentiment se laisse percevoir dans sa devise épiscopale et dans l'exercice de son autorité d'évêque résidentiel, en toute vigilance, ainsi que dans son sens de la stabilité. Cette conviction se manifeste visiblement dans l'intimité qu'il développe dans ses rapports, personnels et de confiance, avec le Christ et dans sa présence diocésaine effective.

1. Dans sa foi en Jésus-Christ

Il n'a jamais oublié qu'il était d'abord un homme de Dieu. Sa devise épiscopale montre toute sa fidélité à celui pour qui il a consacré sa vie, depuis son entrée au séminaire jusqu'à sa mort le 13 mars 1998. Chaque instant de son existence d'homme de Dieu en a été imprégné et inspiré. Cette devise justifie et illustre la place que le Christ a occupée dans son engagement politique en tant que prélat, tout comme dans son engagement ecclésial à travers sa dévotion mariale.

1° Centralité du Christ chez Paul Etoga

Elle se vit dans la prière et l'abandon au Christ. C'est pourquoi en revisitant la vie de cet évêque, il est récurrent de constater que depuis le moment où il exprime à Mgr Vogt son intention et son désir de devenir prêtre, il n'a cessé de cultiver cette conscience et cette conviction que sa vie tout entière dépendait de Dieu. Au petit et au grand séminaire, jusqu'à l'épiscopat, en passant par le presbytérat, le Christ est resté le centre de tout son déploiement au point d'en faire un intime et « un familier ». Il apparaît ainsi comme un homme de Dieu voué à la prière : Il est convaincu que, « [l]a prière étant l'élévation de notre âme vers Dieu, on peut prier partout, à n'importe quelle heure de la journée, ou de la nuit, debout ou couché »[730]. La prière devient une vie. Elle fit de lui un prélat connecté en permanence à Dieu. Il en fut ainsi jusqu'à la fin de sa vie. Mgr Etoga témoignait ainsi du mystère de la présence du Christ. En effet, « [q]uand "le disciple que Jésus aime" reconnaît la présence et s'écrit : "C'est le Seigneur !", la fête commence (cf. Jn 21, 7). Car le Christ est en personne la fête eschatologique, est en personne le repas nuptial du Royaume ; la joie du salut est "d'être toujours avec lui" (1 Th 4, 17) »[731]. Habités en permanence par la présence perpétuelle du Christ après l'Ascension, « [l]es disciples rompent le pain "en allégresse et simplicité du

---

[730] Paul ETOGA, *Réflexions sur la vie chrétienne…*, *op. cit.*, p. 17.

[731] François-Xavier DURRWELL, *L'Eucharistie, sacrement pascal*, Paris, Cerf, 1980, p. 117.

cœur" (Ac 2, 46), "remplis de joie à la vue du Seigneur" (cf. Jn 20, 20) »[732], parce que « [l]'eucharistie se célèbre dans l'accueil, en vivant la rencontre »[733]. Aussi, cultive-t-il tout au long de sa vie une intimité radicale avec le Christ sous l'action de l'Esprit-Saint, de manière à ne pas concevoir son existence et sa vie sans lui. C'est pourquoi, « [d]ans l'épître aux Romains de Paul, on a l'idée de l'Esprit à l'œuvre en nous, intercédant pour nous "dans des gémissements ineffables", et nous faisant entrer dans l'intimité du Père en disant "Abba" comme Jésus lui-même (Rm 8, 14-23 ; cf. Ga 4, 6 et Mc 14, 36) »[734]. Il comprend et assimile que « la prière est l'activité par excellence de l'Église, communauté de ceux qui sont "dans le Christ" à la suite du baptême »[735].

Le Christ est le modèle par excellence de consécration orante. La devise de Paul Etoga en est évocatrice. Elle exprime toute sa conviction de chrétien et d'homme de Dieu : « Scio cui credidi » qui signifie, « Je sais en qui j'ai mis ma foi ». (2 Tm 1, 12). De toute évidence, la centralité du Christ, vécue dans la prière, s'avère indispensable. Le cardinal Dieudonné Nzapalainga, dans un entretien sur la chaine de télévision catholique KTO, le confirme. Pour lui, la centralité du Christ rend inéluctablement proche du Christ. En effet, « [l]a proximité avec le Christ est nécessaire si on veut le partager : ça passe par la prière. Ça veut dire que moi-même je dois entretenir une relation profonde avec lui »[736]. Cette proximité à entretenir avec le Christ est exigeante. Elle demande, de la part du pasteur, un effort d'accueil. Il doit se laisser modeler par lui, afin d'en être le reflet dans sa communauté et dans son ministère : « Je dois l'accueillir en moi, précise le cardinal, et moi-même je dois laisser le visage du Christ habiter mon visage »[737]. Ainsi considéré, l'homme de Dieu, dans sa proximité quotidienne avec Dieu, s'assimile à l'enseignement et à la vie du Christ. Alors, il sera amené à dire avec l'Apôtre Paul, « Je vis, mais ce n'est plus moi, c'est le Christ qui vit en moi »[738]. Cette attitude de la centralité du Christ doit être permanente. Paul Etoga s'est déployé pour se montrer fidèle dans cette proximité avec le Christ, malgré ses faiblesses et les contrariétés. C'est ainsi qu'il va implorer le pardon pour les assassins de ses deux prêtres brutalement arrachés à la vie dans la nuit du 29 au 30 novembre 1983.

Il vécut en toute discrétion un attachement au Christ, davantage en actes qu'en paroles. Tellement pétri de Dieu, il fit du Christ son allié inéluctable, et

---

[732] *Ibid.*
[733] *Ibid.*
[734] Andrew LOUTH, « Prière », dans *Dictionnaire critique de théologie*, *op. cit.*, p. 1125, col. 1.
[735] *Ibid.*
[736] https://www.ktotv.com/video/00332135/entretien-special-avec-le-cardinal-nzapalainga.
[737] *Ibid.*
[738] Ga, 2, 20.

de l'Esprit-Saint son défenseur et inspirateur absolu. La centralité du Christ devient primordiale pour tout chrétien, laïc ou homme d'Église. Il permet aussi de réaliser qu'être lié au Christ signifie adhésion au mystère de la sainte Trinité. Ce mystère donne d'être convaincu que c'est le Christ qui continue de choisir ses disciples en tant qu'il est Dieu fait homme[739], véritablement Dieu[740], homme de toute perfection[741], Dieu révélé[742], Fils du Père, deuxième personne de la Sainte Trinité[743], médiateur[744], rédempteur et sauveur[745], fondement et tête de l'Église[746], source vive et intarissable des sacrements[747]. Mgr Etoga vécut cette vérité de la foi catholique qui voudrait que l'intimité spirituelle avec le Christ soit liée à celle de la Vierge Marie, le visage qui montre le Christ. Il lui voua une dévotion sans interruption.

2° L'inéluctabilité de Marie chez Paul Etoga

La Vierge Marie constitue l'exemplarité dans sa foi[748] et sa vie[749]. Mère du Christ[750] et de l'Église[751], la Vierge Marie est la présence parfaite de la nouvelle Eve[752] dans l'Église. Effectivement, « [l]a tradition catholique a exalté le rôle de M[arie] comme auxiliaire de l'œuvre de son fils, en insistant tantôt sur la réception du salut (M[arie] médiatrice de toute grâce), tantôt sur le salut lui-même (coopération de M[arie] au salut, corédemption) »[753]. Ainsi, l'inéluctabilité de Marie, dans la foi de Paul Etoga, vient dévoiler comment cet évêque a intégré la figure de Marie tout au long de sa vie de chrétien et de prélat. Pour lui, la Vierge Marie est une figure merveilleuse de confiance qui peut bousculer et sortir Jésus de sa réserve. Marie peut également faire manifester la Toute-puissance de Jésus et l'amour de celui-ci pour tous les enfants de Dieu qui viennent à elle. La *Mater Dei* amène les croyants et toutes les âmes de bonne volonté à obéir à Jésus. Elle représente la maternité dans sa perfection, sa fidélité et sa pureté ; attentive et attentionnée, anticipant sur les

---

[739] Cf. *Catéchisme de l'Église catholique*, n° 423, 430, 432, 456, *sq.*, 486, 495, 1161, 1374.

[740] Cf. *ibid.*, n° 151 sq., 461.

[741] Cf. *ibid.*, n° 464, 520, 632, 1701.

[742] Cf. *ibid.*, n° 101, 125, 129, 238, *sq.*, 425.

[743] Cf. *ibid.*, n° 430 *sq.*, 232, 290 *sq.*, 331, 356, 422 *sq.*, 689 *sq.*

[744] Cf. *ibid.*, n° 50, 65 *sq.*, 151, 1066, 1071, 1691 *sq.*, 1995, 2634, 2665, 2765 *sq.*

[745] Cf. *ibid.*, n° 52 *sq.*, 436, 668-679, 823 *sq.*, 1085, 1987, 1999.

[746] Cf. *ibid.*, n° 75, 551, *sq.*, 771, 787, 796, 811, 871, 880 *sq.*, 981, 1076, 2032.

[747] Cf. *ibid.*, n°1076, 1114 *sq.*, 1213 *sq.*, 1323, 1446, 1503, 1536, 1612.

[748] Cf. *ibid.*, n° 148 *sq.*, 165, 273, 494, 2618.

[749] Cf. *ibid.*, n° 484, 490 *sq.*, 529, 721, 2097.

[750] Cf. *ibid.*, n° 437, 466 *sq.*, 726, 963 *sq.*, 1014, 1171.

[751] Cf. *ibid.*, n° 829, 963 *sq.*, 972 *sq.*, 1172, 1370, 1477, 1655, 1717, 2146, 2617, 2674, 2676 *sq.*

[752] Cf. *ibid.*, n° 411, 726.

[753] Maurice JOURJON et Bernard MEUNIER, « Marie », dans *Dictionnaire critique de théologie*, *op. cit.*, p. 853, col. 2. Consulter également p. 846-855.

besoins et les misères des créatures de Dieu. Cette conviction de Paul Etoga ressort dans l'épisode des noces de Cana qu'il évoque dans ses mémoires pastorales : « Allons avec confiance à Marie : elle est puissante auprès de son Fils. Nous voyons cela aux noces de Cana en Galilée : le vin de noces est épuisé ! Marie dit à Jésus : "Ils n'ont plus de vin". Jésus répond : "Que me veux-tu, femme ? Mon heure n'est pas encore venue" (Jn 2, 3). En dépit de sa réponse, Marie dit aux servants : "Tout ce qu'il vous dira, faites-le" »[754]. Jésus, à son tour, obéit à sa Mère en montrant qu'il ne saurait refuser d'accomplir des merveilles pour l'humanité sous sa demande. Paul Etoga est convaincu que « Jésus fait ce miracle avant le temps parce que sa mère le lui a demandé ! »[755]. Marie possède une force qui est notoirement un don de Dieu. L'expérience personnelle et spirituelle de l'évêque Etoga, lui fait rappeler à ce sujet les propos d'un saint : « Jamais personne, dit St Bernard, ne l'a invoquée sans ressentir les effets de sa protection »[756]. Paul Etoga évoque même une anecdote riche d'enseignements : « Pendant mon voyage en Allemagne, je visitai une belle Église. Le curé avait placé la statue de la Sainte Vierge Marie presqu'en face de l'autel. L'Évêque dit au curé de mettre la statue à côté et en arrière. Le curé dit "non", elle reste là parce qu'elle représente la Vierge Marie qui est l'intermédiaire entre Dieu et les hommes. Nous lui confions nos peines et nos joies, c'est elle qui les porte à Dieu. Et l'évêque de laisser »[757].

Tellement, Paul Etoga développa intimité avec le Christ et la Vierge Marie, qu'il lègue à la postérité un témoignage de vie chrétienne et d'homme d'Église : « Dans les difficultés que je rencontrais dans mon ministère sacerdotal et ma charge épiscopale, je me rappelais toujours ces paroles de Notre Seigneur Jésus-Christ : "Sans moi vous ne pourrez rien faire (de bon)". Je me tournais alors vers Jésus pour l'appeler à mon secours, ainsi que vers sa divine mère la Vierge Marie. C'est grâce à leur aide que j'ai tenu bon »[758]. Il en a fait une conviction, de sorte que pendant sa retraite, étant évêque émérite du diocèse de Mbalmayo, son passe-temps favori qui berçait sa spiritualité était la fabrication de chapelets. Il n'y eut pas meilleure façon de lutter contre la solitude de la retraite : « Quand on est habitué à mener la vie communautaire, il est difficile de s'adapter à la vie solitaire : on vit seul, on prie seul, on mange seul, on s'ennuie. Pour atténuer mes ennuis, je fais des chapelets et des colliers avec des graines de mvuandu »[759]. Il était question certes de tuer l'ennui, mais cette attitude était animée par une forte conviction qu'il avait de la force du chapelet. Fabriquer des chapelets devenait tout une prière. Il en fait un témoignage de foi en affirmant que « [l]e chapelet est une

[754] Paul Etoga, *Réflexions sur la vie chrétienne…*, *op. cit.*, p. 18.
[755] *Ibid.*
[756] *Ibid.*, p. 19.
[757] *Ibid.*
[758] *Ibid.*
[759] Paul Etoga, *Mon autobiographie*, *op. cit.*, p. 55.

arme puissante contre les ennemis de notre âme et de l'Église. Rappelez-vous de la victoire de Lépante : c'est pendant que les chrétiens récitaient le chapelet qu'elle fut remportée par don Juan d'Autriche sur les Turcs en 1571 »[760]. Enfin, pour ceux qui l'ont connu et prié régulièrement avec lui le soir à complies, ils retiennent qu'il affectionnait l'antienne mariale *Alma redemptoris Mater*[761]. Prenant en compte son intimité avec le Christ, entretenue par sa dévotion mariale, il convient d'étudier comment il assuma ses responsabilités dans la mission de vigilance qui incombe à tout évêque diocésain.

2. Une présence diocésaine effective

Paul Etoga se présente comme un prélat fidèle aux obligations de vigilance, de stabilité. Il est obéissant, même dans sa mission d'évêque. Mais, on retient également sa force de caractère qui fit de lui un prélat qui savait aussi dire non. Il offre ainsi le visage d'un homme de Dieu paisible et intransigeant surtout lorsqu'il fallait faire prévaloir les valeurs et la dignité de l'Église pour défendre les pauvres et les plus faibles.

1° Un évêque vigilant et stable

Considérant les conditions de la création du diocèse de Mbalmayo et ses défis, Mgr Etoga était comme pris dans l'étau d'une obligation de résultat. S'il faut y ajouter le défi que constituait déjà son élévation à la dignité épiscopale, en référence au clivage entre le clergé autochtone et le clergé missionnaire – essentiellement occidental, – cette obligation de résultat devenait un impératif catégorique. Pour comprendre que ce prélat a été vigilant, il convient de se rappeler que son enfance est marquée par le sens de veille : il fallait veiller sur le village pour ne pas se laisser prendre par les policiers coloniaux. De même, la veille était de rigueur pendant les parties de chasse nocturne. Au petit et au grand séminaire, la vigilance était de mise pour répondre, au quotidien, aux diverses sollicitations de la maison. Prêtre, il veille sur le respect mutuel entre

---

[760] Paul ETOGA, *Réflexions sur la vie chrétienne…*, *op. cit.*, p. 19. Pour en savoir davantage sur la bataille de Lépante, cf. https://www.traditions-monastiques.com/fr/blog/bataille-lepante-victoire-rosaire-notre-dame-pie-n168.

[761] Cf. René BOUDON, Daniel MILON, et al., *Prière du temps présent*, Paris, Cerf – Desclée – Desclée de Brouwer – Mame, 1980, p. 1139. Version française : « Sainte Mère de notre Rédempteur Porte du ciel, toujours ouverte, Étoile de la mer, Viens au secours du peuple qui tombe et qui cherche à se relever. Tu as enfanté, ô merveille ! celui qui t'a créée, et tu demeures toujours vierge. Accueille le salut de l'ange Gabriel et prends pitié de nous, pécheurs ». Version latine : « Alma Redemptoris Mater, quæ pérvia cæli porta manes, et stella maris, succúrre cadénti súrgere qui curat, pópulo : Tu quæ genuísti, natúra mirránte, tuum sanctum Genitórem, Virgo prius ac postérius, Gabriélis ab ore sumens illud Ave, peccatórum miserére », cf. *ibid.*, p. 1140. Sommairement on retient que cette antienne mariale a été composée par les bénédictins au XIIe siècle. L'auteur reste encore inconnu.

abbés indigènes et pères occidentaux. À chaque étape de sa vie il fallait atteindre un certain objectif. Évêque, il fallait désormais veiller canoniquement sur toute une communauté diocésaine. Ainsi, dans « un sens métaphorique : veiller, c'est être vigilant, lutter contre la torpeur et la négligence afin de parvenir au but visé (Pr 8, 34) »[762]. Au niveau spirituel, Paul Etoga s'est montré veilleur dans la prière selon la recommandation du Christ. En effet, « [p]our le croyant, le but est d'être prêt à accueillir le Seigneur, lorsque viendra son Jour ; c'est pour cela qu'il veille et qu'il est vigilant, afin de vivre dans la nuit sans être de la nuit »[763]. En tant que responsabilité incombant à un évêque diocésain, la vigilance a fondamentalement pour but de « préserver l'intégrité catholique ». Canoniquement parlant, la vigilance concerne, entre autres, l'enseignement catholique, les associations et les œuvres caritatives. Il est « indispensable de rappeler que le livre II du Code de droit canonique contient tout un chapitre sur les écoles (c. 796 à 806) dont le dernier canon établit le droit de l'évêque diocésain de veiller [*ius invigilandi*] sur les écoles catholiques et de les visiter [*invisendi*] »[764].

Etoga, évêque, s'est toujours montré vigilant et regardant dans tous les secteurs relatifs à la vie de son diocèse[765]. En substance, « la vigilance et le contrôle ne sont pas entendus comme un manque de confiance, mais comme l'expression d'un service à la communion et à la transparence »[766]. Et pour ceux qui l'ont connu – clercs, laïcs, croyants et non croyants – il fut un évêque stable, toujours présent dans son diocèse, allant difficilement en vacances. Pour l'essentiel, il développa une proximité naturellement sincère avec tous ceux qu'il rencontrait dans sa vie d'homme et dans son ministère d'évêque. Joseph Atangana Ndzie en fait un témoignage qui montre un pasteur ouvert, présent, accueillant, simple et bienveillant : « En tant qu'homme, Paul Etoga a incarné la sagesse béti (considération de l'homme, hospitalité, sagesse, solidarité). Il a incarné la bonté, la proximité, l'humilité et l'ouverture. C'est la figure de Jésus-Christ que je vois en Paul Etoga. Il se mettait au niveau de tout le monde : petits, grands, pauvres, riches, … »[767]. Son sens de la stabilité fit de lui un évêque proche des gens, « [s]ur le plan familial, par exemple, il est resté proche de ses racines ; toujours entouré de ses petits et arrières petits neveux. Il a cultivé une proximité avec les malades et tous ceux qui

---

762 Cf. Xavier LEON-DUFOUR, et al., *Vocabulaire de théologie biblique*, *op. cit.*, p. 1321, col. 1.

763 Cf. *ibid.*

764 Anne BAMBERG, « Questions autour de la vigilance… », *op. cit.*, p. 288.

765 Cf. premier chapitre de la troisième partie et Anne BAMBERG, « Questions autour de la vigilance… », *op. cit.*, p. 283-304.

766 Anne BAMBERG, « Questions autour de la vigilance… », *ibid.*, p. 293.

767 Cf. Annexe VI.

souffrent »[768]. En son temps, il développe également un sens de la stabilité *ad extra*, c'est-à-dire, non autarcique mais ouverte à l'accueil des étrangers : « il était un homme ouvert à tous, à preuve la manière dont il reçut le Père Dillinger, un allemand, dont l'amitié avec lui a rayonné sur tout le diocèse avec la fondation de la léproserie de Ngalan. Il a également entretenu une proximité avec le Père don Francesco Pedretti qui a permis la création du Centre d'Orientation Éducative (COE) »[769]. Cependant, derrière son tempérament doux, il savait aussi dire « non ».

2° Obéissance et objection de conscience

Il a été un prélat non seulement obéissant, mais aussi objecteur de conscience. En reconsidérant sa vie, beaucoup d'éléments laissent croire qu'il a vécu sous le prisme de l'obéissance depuis son enfance. Il a été obéissant jusqu'à l'épiscopat et tout au long de celui-ci. Il ne dit mot lorsque son évêque métropolitain, Mgr René Graffin, lui refuse l'autorisation de se rendre en Allemagne au Congrès Eucharistique et raconte, avec ironie, cet épisode qui, sûrement l'avait marqué : « En 1960 eut lieu un Congrès Eucharistique en Allemagne comme avant à Lourdes où l'on m'avait invité ; mais empêché par mon Supérieur, je n'y allais pas »[770].

L'engagement ecclésial et politique de Mgr Paul Etoga permet de dégager le sens réel de l'obéissance. Elle n'est point une soumission aveugle et servile à son supérieur. Ce dernier auquel on obéit, au nom du vœu d'obéissance, n'a pas un droit absolu sur ses administrés. Il ne doit pas en disposer à sa guise au mépris de la dignité humaine reconnue à tout humain. La vie et le témoignage d'homme de Dieu et d'Église de Mgr Paul Etoga devrait inspirer les jeunes générations de prêtres et d'évêques, au Cameroun et ailleurs, pour assumer leurs différentes responsabilités en toute obéissance et objection de conscience. Il faut justement retenir, à propos, que « [l]oin d'être contrainte subie et soumission passive, l'obéissance, libre adhésion au dessein de Dieu encore enfermé dans le mystère mais proposé par la Parole à la foi, permet à l'homme de faire de sa vie un service de Dieu et d'entrer dans sa joie »[771]. Il ressort que dans sa relation à Dieu, l'homme reste libre d'adhérer ou de ne pas adhérer au dessein de Dieu. Malgré cette liberté reconnue à la créature, il apparait comme une subjugation de la volonté humaine par la Toute-Puissance de Dieu qui légitime par ailleurs la crainte de Dieu. Il n'en demeure pas moins vrai que l'homme reste pour autant libre. Ainsi, par rapport aux chrétiens, « l'obéissance chrétienne n'a rien à voir avec celle de l'esclave : la loi chrétienne est une parole d'amour de Dieu, et l'obéissance est une réponse

---

768 *Ibid.*
769 *Ibid.*
770 *Ibid.*, p. 28.
771 Xavier LEON-DUFOUR, et al., *op. cit.*, p. 853, col. 1. Pour plus de détails sur l'obéissance, cf. *ibid.* p. 853-586.

libre à cette parole de Dieu, le Christ »[772]. Dans cette optique l'obéissance chrétienne s'inscrit dans la dynamique de la libération. En obéissant, le chrétien se rend libre, parce que « [p]our lui, toute vraie libération passe par la découverte de l'existence de l'autre, existence que la loi oblige à reconnaître »[773].

Mais, d'un autre côté, il montre la face d'un séminariste et d'un homme d'Église qui savait aussi exprimer son désaccord quand il le fallait. Avant même de devenir prêtre, alors qu'il n'était encore que grand séminariste, il s'oppose à son directeur de séminaire. Ce dernier lui demandait de réduire la quantité de la ration des séminaristes. Or, le séminariste Etoga, contre l'avis de son supérieur, avait plutôt augmenté la quantité du menu des séminaristes[774]. On le voit aussi, accompagné de ses camarades, refuser un menu avarié[775]. Plus tard, il est taxé de désobéissant et d'ingrat par « deux dignitaires du Gouvernement » camerounais de l'époque[776], ayant refusé de jouer le jeu des politiciens.

D'après le témoignage de Joseph Atangana Ndzié, « Mgr Paul Etoga était persuadé que Dieu a créé l'homme pour le bonheur dès ici-bas, puisqu'en le créant Dieu a placé l'homme au Paradis terrestre »[777] et ce bonheur est sans exclusive. Partant de ce principe, Mgr Etoga a toujours été contre toute forme de confiscation du bonheur. Il s'indignait et dénonçait tous ceux qui, sous le prétexte de l'obéissance, piétinent les libertés et la dignité des autres. On le voit s'insurger contre la discrimination instituée et systématisée entre prêtres autochtones et missionnaires occidentaux. Évêque, il ne manque pas de signifier ses désaccords à son supérieur hiérarchique, Mgr René Graffin. Rappelons également qu'il refusa de signer la lettre qui devait dédouaner le haut-commissaire Roland Pré, après sa lourde répression des émeutes de mai 1955. Il dénonce subtilement la mal gouvernance de certaines autorités du pays au cours d'un meeting politique en février 1965[778]. Avec courage, il demande une audience auprès du président Ahidjo pour lui exposer son point

[772] Michel DUBOST, et al., *op. cit.*, p. 828, col. 1.

[773] *Ibid.* Cependant, « [l]e mot obéissance (du latin ob et audire, écouter quelqu'un, suivre ses avis) sonne désagréablement aux oreilles modernes : il évoque le manque de liberté, voire la dictature. Un grand nombre de chrétiens aujourd'hui pensent que ce mot n'a plus de sens et qu'il doit être renvoyé au musée de la Loi, Loi que le Christ est venu remplacée par l'Esprit. "Tout m'est permis", dit Saint Paul (1 Co 6, 12 ; 10, 23). Pourtant le même Saint Paul propose à la contemplation des chrétiens Jésus-Christ qui s'est fait "obéissant jusqu'à la mort et à la mort sur une croix" (Ph 2, 8) », cf. *ibid.*

[774] Cf. Paul ETOGA, *Mon autobiographie*, *op. cit.*, p. 13-14.

[775] Cf. *ibid.*, p. 12-13.

[776] Cf. *ibid.*, p. 27.

[777] Cf. Annexe IV.

[778] Cf. Paul ETOGA, *Mon autobiographie*, *op. cit.*, p. 33.

de vue et répondre aux accusations dont il faisait l'objet[779]. Sa figure d'homme d'Église laisse appréhender, à sa juste valeur, le phénomène de l'autorité, dans le sens d'un service ecclésial, dont le but est la promotion et la défense de la dignité humaine[780]. Cet évêque fut un objecteur de conscience[781] fortement marqué par le sens de la justice. Il a été un homme et un évêque de compromis et non de compromission. Finalement, cette attitude d'évêque vigilant, stable, obéissant et objecteur de conscience posait les jalons de la particularité de son engagement politique et partant, celui de tout homme de Dieu et d'Église.

II. Un engagement politique spécifique

La spécificité de l'engagement politique de Mgr Paul Etoga, en tant qu'homme de Dieu et homme d'Église, tire toute sa légitimité dans l'authenticité de Jésus face à la politique et au politique. Aussi, offre-t-il un profil d'engagement politique propre à son statut d'ecclésiastique. Ce profil est fortement recherché aujourd'hui au Cameroun et même dans l'Église universelle. Tout au long de son ministère de prêtre (1939-1955) et d'évêque diocésain (1955-1987), il affiche son entière fidélité au sacerdoce indéfectiblement lié au Christ, sa principale source d'inspiration. Son engagement politique est un engagement de foi, d'espérance, de charité, d'exhortation et de dénonciation pour la défense des pauvres et des plus faibles.

1. Le Christ : modèle authentique

Parler de Jésus-Christ comme étant le repère pur, authentique et irréprochable, de quelque engagement ecclésial et politique au XXIe siècle, demande de proposer une perspective de compréhension de sa mission par rapport à son temps. Il n'est pas du tout aisé d'étudier la mission du Christ, libérateur de son peuple et porteur en même temps d'un message religieux à portée universelle, sans se méprendre sur l'essentiel de cette mission et de ce message. Aussi, « [t]out essai de confronter Jésus avec les problèmes actuels présuppose-t-il nécessairement la solution préalable du problème historique »[782].

---

[779] Cf. *ibid.*

[780] Cf. pour plus de détails l'instruction *Faciem tuam, Domine, requiram*, https://www.vatican.va/roman_curia/congregations/ccscrlife/documents/rc_con_ccscrlife_doc_20080511_autorita-obbedienza_fr.html. Ce document permet de comprendre les enjeux du « service de l'autorité et de l'obéissance ».

[781] Cf. https://fr.m.wikipedia.org/wiki/Objection_de_conscience, *op. cit.*, consulté le 1er août 2020 ; également Yves GIMELLO, L'infirmière de l'Akfouda. Témoignage d'un objecteur de conscience infirmier en Algérie (1959-1962), coll. « Histoire de l'objection de conscience », op. cit., 2016, 308 p.

[782] Oscar CULLMANN, *Jésus et les révolutionnaires de son temps*, *op. cit.*, p. 8. Il est fortement indiqué de consulter Daniel MARGUERAT, « Jésus de l'histoire », dans

1° Jésus face aux défis de son temps

L'objectif affiché n'est pas d'étudier tous les défis auxquels Jésus a été confronté au cours de sa mission terrestre. Par rapport au projet qui est le nôtre, un accent est mis sur l'aspect politique et religieux du déploiement de Jésus relativement à son époque. Toutefois, il ne faut pas manquer de reconnaître que la double casquette de Jésus, à la fois temporelle et spirituelle, continue à préoccuper les esprits. Au cours de sa mission sur terre, le politique et le religieux se sont côtoyés au quotidien, avec parfois des étincelles. C'est dire, qu'historiquement parlant, Jésus s'est inévitablement retrouvé face aux défis politiques et religieux. Les Zélotes et les Sicarii constituent les deux principaux pôles d'opposition par rapport à la mission de Jésus. Pourtant, il n'est pas facile de rendre compte de cette mission, parce que Jésus est perçu et taillé aux mesures des visions et préoccupations de chaque époque. C'est ainsi que le XIXe siècle voit en lui « le représentant d'un certain idéal philosophique, social et politique caractéristique de ce temps »[783]. Pour s'éviter cette méprise il est utile d'« examiner l'enseignement de Jésus sur l'arrière-plan des idées de son temps »[784].

Il faut déjà noter que l'époque de Jésus est marquée par l'occupation de la Palestine par les Romains. Il s'agit d'une domination coloniale avec tout ce que l'on peut imaginer de lutte anticolonialiste. La situation fait émerger deux groupes ou tendances sur le champ politique et religieux : d'un côté, il y a les Zélotes qui animent la contestation fanatique politico-religieuse[785] ayant pour but la « réforme radicale ». Cette réforme vise à la fois le culte, le temple et le sacerdoce de cette époque. Les Zélotes sont de ceux qu'on appelle « [l]es zélateurs de Yahweh »[786]. Le Zélote suscite et communique son zèle en son

---

Dictionnaire critique de théologie, *op. cit.*, p. 715-725. L'on peut déjà retenir avec Daniel Marguerat qu'« [o]n appelle "Jésus de l'histoire" ou "Jésus historique" (J.h) le Jésus dont la vie peut être reconstituée sur la base de données historiques "scientifiquement neutres" ; la neutralité s'oppose ici soit à l'intervention de la foi (transformant les données de l'histoire), soit aux méfaits du temps (altérant la mémoire des témoins) ».

783 *Ibid*, p. 13.

784 *Ibid.*

785 Cf. *Ibid.*, p. 14.

786 Cf. Bernard RENAUD et Xavier LEON-DUFOUR, « Zèle », dans *Vocabulaire de théologie biblique*, *op. cit.*, p 1393, col. 1. Il convient, pour une bonne compréhension de lire l'article en entier, p 1391-1394. Avec Alain Rey, « Zélote », dans *Dictionnaire historique de la langue française*, *op. cit.* p. 3987, col. 2, ces détails sont importants : « Zélote n. m. est un emprunt (1606) au bas latin *zelotes* "jaloux", lui-même pris au grec *zêlôtês* "qui a du zèle pour", et en grec chrétien "partisan zélé" et "jaloux" dérivé de *zêloun*, "rechercher avec ardeur, admirer" et en mauvaise part "jalouser, envier", lui-même de *zêlos*, "envie". Terme didactique, repris au XIXe s., *zélote* désigne un patriote juif, membre d'une faction qui défendait la loi mosaïque et l'indépendance nationale, en prônant l'action violente. Par extension (1864), le mot se dit – aussi au

peuple Israël et à certaines figures des temps bibliques[787]. Les Zélotes « estiment nécessaire de prôner la révolte contre l'occupant païen (Ac 5, 35ss) et la violence contre ceux qu'ils jugent hérétiques, comme Paul (23, 12ss) »[788]. De l'autre côté, la contestation politique et religieuse est menée par les Sicarii[789]. Dans leur mouvement, essentiellement violent, ils préconisent d'expulser tous azimuts les Romains pour constituer un Royaume d'Israël fort[790]. Le mouvement des sicarii, à l'observation, est un mouvement violent, extrémiste, armé et sanguinaire. Le sicaire est un assassin, dans « le sens de "tueur à gages" ; il est d'emploi historique ou très littéraire aujourd'hui. Il a désigné un terroriste zélote de l'antiquité hébraïque (1863, Renan) »[791]. Ainsi sommairement restitué, Jésus, dans sa mission, est manifestement impliqué, sans ambages, dans la situation politique de son époque et dans sa mission de salut des âmes.

L'attitude de Jésus face au zélotisme de son époque est marquée par sa fidélité à sa mission messianique : annoncer la Bonne Nouvelle, libérer l'humanité pécheresse[792]. Cette mission tombe à point nommé pour le peuple d'Israël qui attend un libérateur. Cette attente d'un libérateur fait que dans l'esprit de beaucoup, Jésus est la figure idoine de ce libérateur tant attendu, tant son discours et ses prises de position, face à l'actualité de son époque, suscitent à la fois sympathies[793] et oppositions. Il est comme pris entre deux options contradictoirement conflictuelles. Pourtant, la clé de l'énigme se trouve en Jésus lui-même.

---

féminin – d'une personne animée d'un zèle religieux fanatique, puis dans un emploi littéraire (1905) de qqn qui pousse le zèle jusqu'à l'aveuglement. Le dérivé Zélotisme n. m. (v. 1850 dans Proudhon) est rare », italique dans le texte.

[787] Cf. Dt 32, 21 ; Nb 25, 11 ; 1 R 19, 14 ; Si 48, 2 ; Ps 69, 10 ; Ps 119, 139 ; 1 M 2, 54. 58 ; 1 M 2, 24-27 ; 2 M 4, 14 ; 1 M 2, 42 ; Si 51, 18.

[788] Bernard RENAUD et Xavier LEON-DUFOUR, *op. cit.*, p 1393-1394, col. 1 et 2.

[789] Cf. https://www.definitions.net/definition/Sicarii : « Les Sicarii (hébreu moderne : סיקריים siqari'im) étaient un groupe dissident de zélotes juifs qui, dans les décennies précédant la destruction de Jérusalem en l'an 70 [ap. J-C], se sont fortement opposés à l'occupation romaine de la Judée et ont tenté de les expulser, eux et leurs sympathisants, de la région. Les Sicarii portaient des sicae, ou petits poignards, dissimulés dans leurs manteaux. Lors de rassemblements publics, ils ont sorti ces poignards pour attaquer les romains et les sympathisants romains hébreux, se fondant dans la foule après l'action pour échapper à la détection. Les Sicarii sont considérés comme l'une des premières unités d'assassinat organisé connues de manteau et de poignards, précédant le hashishin islamique et les ninjas japonais par des siècles ».

[790] Cf. Oscar CULLMANN, *op. cit.*, p. 15.

[791] Alain REY et al., *Dictionnaire historique de la langue française*, *op. cit.*, p. 3338, col. 1.

[792] Lc 4, 18.

[793] Cf. Oscar CULLMANN, *op. cit.*, p. 18.

Pour Oscar Cullmann, certains faits et gestes de Jésus, y compris dans ses propos, donnent lieu de penser qu'il est très proche du zélotisme ambiant de son époque[794] : les zélotes parlaient également de l'avènement du Royaume de Dieu. Effectivement, le Christ, dans sa prédication, enseigne qu'il fallait se préparer à accueillir le Royaume de Dieu[795]. Il est marqué par une conviction selon laquelle il était investi d'une mission divine et surnaturelle. Conscient de cette mission, Jésus conserve le franc-parler quand il faut adopter une attitude critique ou de dénonciation, même s'il s'agit d'une grande autorité comme Hérode « le renard »[796]. Il en est de même envers les souverains à l'endroit desquels il aime bien ironiser[797]. Dans sa manière d'être et d'agir[798], Jésus subjugue les foules et exerce une influence sur les zélotes : parmi ses disciples, on dénombre au moins un zélote appelé Simon ; son attitude, au sujet du Temple dont il dit qu'il doit être purifié, est révélatrice ; certains de ses disciples sont même armés à Gethsémané. Ainsi caricaturé, Jésus représente inéluctablement l'agitation zélote aux yeux des Romains.

Pourtant, ce même Jésus devient incompréhensible et insaisissable aux yeux de ces mêmes zélotes[799], tellement son discours coupe nettement avec l'intransigeance et la violence de ces derniers, pour redorer le blason de la non-violence et de la tolérance : Jésus demande par exemple de ne point résister au méchant[800]. Ce discours qui frise la lâcheté, contrarie les zélotes qui voyaient déjà en Jésus leur libérateur et justicier, au sens politique et historique. Ils ne comprenaient pas que la mission messianique de Jésus relevât d'un discours tout autre. Il va même jusqu'à recommander l'amour envers les ennemis[801]. La mission du Christ est impartiale, sans exclusive ni

---

794 Cf. *ibid.*, p. 19-20.

795 Cf. Lc 21, 29-33) : « [...] "Voyez le figuier et tous les arbres : dès qu'ils bourgeonnent vous savez de vous-mêmes, à les voir, que déjà l'été est proche. De même, vous aussi, quand vous verrez cela arriver, sachez que le Règne de Dieu est proche. En vérité, je vous le déclare, cette génération ne passera pas que tout n'arrive. Le ciel et la terre passeront, mes paroles ne passeront pas" ».

796 Lc 13, 32.

797 Lc 22, 25.

798 Jn 6, 15.

799 Cf. Oscar CULLMANN, *op. cit.*, p. 22 et s.

800 Cf. Mt 5, 38-42 : « Et moi, je vous dis de ne pas résister au méchant. Au contraire, si quelqu'un te gifle sur la joue droite, tends-lui aussi l'autre. À qui veut te mener devant le juge pour prendre ta tunique, laisse aussi ton manteau. Si quelqu'un te force à faire mille pas, fais-en deux mille avec lui. À qui te demande, donne ; à qui veut t'emprunter ne tourne pas le dos ».

801 Cf. Mt 5, 43-45, italique dans le texte : « "Vous avez appris qu'il a été dit : *Tu aimeras ton prochain et tu haïras ton ennemi*. Et moi, je vous dis : Aimez vos ennemis et priez pour ceux qui vous persécutent, afin d'être vraiment les fils de votre Père qui est aux cieux, car il fait lever son soleil sur les méchants et sur les bons, et tomber la pluie sur les justes et les injustes ».

discrimination. Une mission qui, en réalité est un signe de contradiction[802]. L'opposition des zélotes se fait manifeste face à Jésus qui, selon eux, tient un langage à la limite outrageant, en exigeant d'eux, implicitement, d'aimer l'oppresseur romain.

L'élan du pacifisme de Jésus scellait déjà son destin social et politique. Son groupe de disciples est aussi un signe de contradiction. Ce groupe est la preuve manifeste qu'il est venu accomplir sa mission non avec les meilleurs, mais avec des personnes dont il a respecté l'autochtonie. La présence d'un ancien publicain, pécheur de notoriété publique, est significative. Jésus se refuse résolument à souscrire à toute forme de violence, tout en déclarant sa fidélité à la loi[803]. Face aux zélotes, Jésus refuse de donner une connotation politique à sa mission qui est plutôt divine, quoique n'ignorant pas la situation politique de domination dans laquelle vit la Palestine. Effectivement, au regard de cette situation, le zélotisme apparaît comme « la grande tentation ». Aujourd'hui, l'attitude de Jésus doit inspirer l'engagement politique de tout homme d'Église, parce que Jésus, dans sa mission, est un signe de contradiction, en tant qu'il sauve à la fois l'opprimé et l'oppresseur.

2° Jésus : signe radical de contradiction

L'attitude de Jésus permet de saisir l'ultime enseignement qu'elle recommande. Celle-ci se présente comme le signe de contradiction par excellence. Elle traduit une réalité agissante qui va à contre-courant des idées de ceux qui voient en lui le libérateur et le justicier du peuple d'Israël. Il s'agit d'une attitude qui ouvre à une perspective de la non-violence et du pacifisme béatifique. Il convient d'insister sur l'aspect politique de la mission de Jésus, à la lumière d'Oscar Cullmann qui laisse entendre que l'« [o]n ne compte pas du tout avec la possibilité que, sans être contradictoire, l'attitude de Jésus à l'égard des institutions de ce monde a dû être complexe, parce que son fonctionnement se trouve en dehors des données de ce monde »[804]. Généralement, par rapport à la mission de Jésus, « [c]'est dans la perspective eschatologique que nous comprenons la double attitude de Jésus vis-à-vis : 1) de l'ordre établi du culte ; 2) de l'ordre social et surtout ; 3) de l'institution de

---

[802] Cf. Mt 5, 46-48, italique dans le texte : en effet, dit Jésus, « si vous aimez ceux qui vous aiment, quelle récompense allez-vous en avoir ? Les collecteurs d'impôts eux-mêmes n'en font-ils pas autant ? Et si vous saluez seulement vos frères, que faites-vous d'extraordinaire ? Les païens n'en font-ils pas autant ? Vous donc, *vous serez parfaits* comme votre Père céleste est parfait ».

[803] Cf. Mt 5, 17-18 : « "N'allez pas croire que je sois venu abroger la Loi ou les Prophètes : je ne suis pas venu abroger, mais accomplir. Car, en vérité je vous le déclare, avant que ne passent le ciel et la terre, pas un *i*, pas un point sur le l'*i* ne passera de la loi, que tout ne soit arrivé" ». Italique dans le texte.

[804] Oscar CULLMANN, *op. cit.*, p. 25.

l'État »[805]. Ainsi, la visée authentique de Jésus se veut eschatologique dans le sens où elle s'inscrit dans le projet divin des fins dernières en vue du salut. Et son attitude politique constitue le point focal de notre analyse qui permet de mettre en exergue la spécificité de l'engagement politique d'un homme d'Église, tel Mgr Paul Etoga, une attitude qui se démet de tout immobilisme.

Jésus, dans ses faits et gestes, par rapport aux institutions politiques et à la politique de son époque, suscite incompréhension et malentendu. De son côté, il reste fidèle à sa mission de visée du Royaume de Dieu ; une visée de transformation du monde. Mais, pour ses contemporains, dont les Zélotes, il représente le justicier politique, inquiéteur des consciences, révolutionnaire, dénonciateur de l'ordre cultuel, social et politique. Ils en restent à l'objectivité de la réalité et de l'actualité politique et historique de la mission de Jésus. Or, la mission de Jésus est une mission de service et d'amour « car c'est l'amour qui transforme toute chose »[806] dont le monde. Sa condamnation s'avère une condamnation d'ordre politique. Jésus, dans cette optique, est ni plus ni moins, un dissident « condamné par Pilate comme un rebelle politique, comme Zélote »[807]. Cette divergence de visée montre que les Romains et les Zélotes avaient une idée erronée des « vraies intentions de Jésus ». Dans cet ordre d'idées, Jésus, les Romains, ainsi que les Zélotes étaient en divergence d'intention et d'action en ce sens que « l'attente eschatologique rendait Jésus critique à l'égard de l'État romain et de ceux qui exerçaient le pouvoir »[808]. Sa condamnation est scellée par le Sanhédrin qui voit en lui le profil d'un rebelle qui, pourtant doit être la rançon politique pour épargner tout un peuple[809].

Le procès de Jésus, avec l'éclairage d'Oscar Cullmann, se présente à la fois comme un procès politique (devant Pilate), moral (face au Grand Prêtre) et juridique (du côté romain). Jésus en réalité ne s'inscrit pas dans l'option du « Messie politique », mais plutôt dans celle du « Messie eschatologique » qui spécifie l'essentiel et la substance même de sa mission. Il se méfie et prend ses distances par rapport au profil du « Messie-Roi », pour ne prêter à aucune confusion, parce que « [d]ans la conception du Messie-Roi, foi et politique sont intimement liées »[810]. La liturgie catholique romaine pourtant, le célèbre comme le Roi de l'univers pour clôturer une année liturgique. Toutefois, il importe de saisir que la préface de cette solennité donne précisément la

---

805 *Ibid.*, p. 27. Pour une bonne compréhension de l'attitude de Jésus comme signe de contradiction par rapport au culte et à la société de son époque, cf. *ibid.*, p. 32-41.

806 Pape FRANÇOIS, *Servir pour transformer le monde*, Paris, Éditions Salvator, 2021, p. 135.

807 Oscar CULLMANN, *op. cit.*, p. 47.

808 *Ibid.*

809 Cf. Jn 11, 47. 50 : « Les grands prêtres et les Pharisiens réunirent alors un conseil et dirent : "Que faisons-nous ? Cet homme opère beaucoup de signes. […] c'est votre avantage qu'un seul homme meure pour le peuple et que la nation ne périsse pas tout entière" ».

810 Oscar CULLMANN, *op. cit.*, p. 59.

spécificité et la quintessence de la royauté du Christ[811], une royauté signe de contradiction pour le monde qu'il appelle et invite au royaume.

Jésus montre dans tout son engagement qu'il n'est pas venu conquérir le pouvoir politique, encore moins faire carrière en politique. Dans un épisode de l'Évangile, il refuse que le peuple fasse de lui un roi à la manière du monde[812]. L'attitude du Christ vis-à-vis de la politique inspire à travers les générations, jusqu'à ce jour, ce que doit être l'engagement politique d'un homme de Dieu et d'Église. Ainsi, éclairé par le modèle parfait d'engagement politique qu'est le Christ, censé être spécifique à tout homme d'Église, cet engagement s'inscrit dans l'optique de ce que j'appelle le « politiquement apolitique ». Il s'agit précisément d'un engagement politique où un homme d'Église ne doit rechercher ni la conquête du pouvoir politique ni une carrière politique. Il doit plutôt se définir comme une conscience critique et éthique de la vie politique et du politique, dans une dynamique de dénonciation et d'exhortation eschatologique, en rapport avec son lieu de mission et le monde dans lequel il vit. Dans cet ordre d'idées, il est question d'un engagement politique de dénonciation bienveillante et d'exhortation évangélique, en vue du salut des âmes. Par cette attitude, Jésus contrarie les Zélotes d'hier et d'aujourd'hui et la trahison de Judas y trouve une des clés de lecture[813]. Finalement, l'engagement politique de Mgr Paul Etoga qui s'est toujours inspiré de l'attitude du Christ est « politiquement apolitique », c'est-à-dire résolument soucieux du salut des âmes sans exclusive sans aucune visée politique.

Oscar Cullmann fonde son argumentaire sur l'exégèse biblique. Il ne s'agit pas dans cette thèse d'en faire une étude de spécialiste à sa suite, mais de lui emprunter sa démarche pour mettre en exergue l'essentiel du point de vue qui semble étayer la pensée qui est la nôtre au sujet de l'engagement politique de Mgr Paul Etoga, et partant, de tout homme d'Église. En définitive, l'attitude de Jésus est une attitude qui s'inscrit dans la logique du « radicalisme eschatologique ». Elle signifie son obéissance totale et sans réserve à la

---

[811] Cf. *Missel romain*, *op. cit*., p. 383. Préface de la solennité Le Christ Roi de l'univers : « Vraiment, il est juste et bon pour ta gloire et notre salut, de t'offrir notre action de grâce, toujours et en tout lieu, Seigneur, Père très saint, Dieu éternel et tout-puissant. Tu as consacré d'une onction d'allégresse ton Fils unique, Jésus Christ, notre Seigneur, comme Prêtre éternel et Roi de l'univers. Pour accomplir les mystères de notre rédemption, il s'est offert lui-même sur l'autel de la croix en victime pure et pacifique. Quand toutes les créatures auront été soumises à son pouvoir, il remettra aux mains de ta souveraine puissance le règne éternel et universel : règne de vie et de vérité, règne de grâce et de sainteté, règne de justice, d'amour et de paix. C'est pourquoi avec les anges et les archanges, avec les puissances d'en haut et tous les esprits bienheureux, nous chantons l'hymne de ta gloire et sans fin nous proclamons : Saint… ».

[812] Cf. Jn 6, 14-15.

[813] Cf. Oscar CULLMANN, *op. cit*., p. 69-70.

volonté divine. Dans ce « radicalisme eschatologique », le Christ est resté fermement fidèle à sa mission, libre face au pouvoir politique, aux avantages de toutes sortes, aux honneurs, ainsi qu'à toute autre sollicitation. Il est fermement resté comme tel dans son engagement jusqu'à la mort en vue du salut de l'humanité. Il le dit clairement dans l'Évangile[814]. La fermeté, l'impartialité et la liberté constituent les piliers de son obéissance à la volonté de son Père. Aussi, dans son « radicalisme eschatologique » condamne-t-il le légalisme, l'injustice et l'hypocrisie[815]. Jésus invite à s'inspirer de l'Évangile et non du monde, parce que : « [l]es chrétiens qui, aujourd'hui partagent la responsabilité pour des réformes devront utiliser, en toute liberté, tous les moyens techniques que leur offre le monde moderne, mais ils devront s'abstenir de vouloir manifester leur compétence en empruntant leurs normes dernières au monde au lieu de les emprunter à l'évangile »[816]. Précisément, l'engagement politique de Mgr Paul Etoga a constamment été nourri par l'Évangile. Il est, à ce point de vue, plausible que Jésus historique, dans son engagement politique, se présente éternellement comme le modèle parfait de tout engagement politique pour tout homme de Dieu et d'Église. Cette analyse conduit à percevoir que l'engagement, la mission et le ministère de Mgr Paul Etoga ont été un déploiement de foi d'espérance et de charité.

2. Un pasteur au prisme des vertus théologales

L'engagement politique de Mgr Paul Etoga, comme ecclésiastique, fut un engagement de foi, d'espérance et de charité ; un combat contre l'injustice, une exhortation à la miséricorde et un don de soi.

1° Foi et dénonciation de l'injustice

Il s'intéresse, en effet, à la vie politique en tant que dénonciateur, pour une plus grande justice, en vue de la défense des pauvres et des plus faibles. Son attitude est celle d'un pasteur en permanence soucieux du salut des âmes de tous, même des politiques qui sont « aussi fils d'Abraham » (Ga 3, 7), donc éligibles au salut par et dans leur vocation baptismale. Cette attitude est imprégnée et nourrie par la foi, vertu théologale dont le fondement est le Christ, envers qui il exprime sa proximité spirituelle et sa confiance sans réserve. Sa devise épiscopale : « Scio cui credidi » (Je sais en qui j'ai mis ma confiance), en est tout un engagement. Il est convaincu, personnellement et librement, que le Christ constitue le rempart essentiel et fondamental de toute sa vie de chrétien et d'homme de Dieu. Sa grande foi en Dieu l'aida à ne pas

---

[814] Cf. Jn 6, 38-39 : « […] je suis descendu du ciel pour faire, non ma propre volonté, mais la volonté de celui qui m'a envoyé. Or la volonté de celui qui m'a envoyé, c'est que je ne perde aucun de ceux qu'il m'a donnés, mais que je les ressuscite au dernier jour ».
[815] Cf. Lc 4, 18, *op. cit.*
[816] Oscar CULLMANN, *op. cit.*, p. 77.

déchanter devant les situations difficiles auxquelles il fut confronté. Son témoignage de vie montre la capacité exceptionnelle d'un homme de foi à endurer les souffrances avec beaucoup d'abnégation. La figure d'homme d'Église de Mgr Paul Etoga laisse transparaître celle d'un évêque totalement abandonné à Dieu à l'image d'Abraham[817]. Et durant toute sa vie de chrétien, de prêtre et d'évêque, il s'est inscrit à l'héritage de la « promesse faite à Abraham et à sa descendance ». Croyant en Dieu le Père, le Christ Jésus devint inéluctable, étant donné que « [p]our le chrétien, croire en Dieu, c'est inséparablement croire en Celui qu'il a envoyé, "son Fils bien-aimé" en qui Il a mis toute sa complaisance (Mc 1, 11) »[818]. Avec la figure de Mgr Paul Etoga et celle de tous les fidèles croyants, cette foi en Dieu Père, Fils et Esprit est une grâce[819], « un don de Dieu », un engagement humain[820] qui sollicite l'intelligence humaine[821], dans sa liberté[822]. Elle est nécessaire[823] pour un bon épanouissement humain, intellectuel et spirituel. Elle exige persévérance[824] et œuvre à parvenir à la vie éternelle[825]. Telles furent également ses convictions spirituelles. Son implication, dans la survie du diocèse de Mbalmayo et du petit séminaire, témoigne encore aujourd'hui de son courage, de son esprit de persévérance dans la foi.

Fortifié par sa foi en Jésus-Christ, Paul Etoga se révèle un évêque dénonciateur de toutes les formes d'injustice, en prenant fait et cause pour les opprimés et les laissés-pour-compte. Depuis le temps de sa formation, au petit et au grand séminaire, jusqu'à son ministère de prêtre et d'évêque, il s'est toujours montré favorable à la lutte contre l'injustice. Il lègue ainsi aux jeunes générations de prêtres et d'évêques et à toute la jeunesse un exemple de patriotisme sincère. Mgr Etoga n'a jamais voulu servir de courroie de transmission pour trahir son pays, le Cameroun, encore moins donner son onction au pillage de ce dernier, en tirant profit de sa situation de prélat, à une époque où il jouissait pourtant d'une aura considérable[826]. Face aux accusations et aux menaces dont il fit l'objet, il était resté ferme sur ses prises

---

[817] Cf. *Catéchisme de l'Église catholique*, n° 145 : En effet, « Abraham réalise ainsi la définition de la foi donnée par l'Épître aux Hébreux : "La foi est la garantie des biens que l'on espère, la preuve des réalités que l'on ne voit pas" (He 11, 1). "Abraham eut foi en Dieu, et ce lui fut compté comme justice" (Rm 4, 3). Grâce à cette "foi puissante" (Rm 4, 20), Abraham est devenu "le père de tous ceux qui croiraient" (Rm 4, 11. 18) ».

[818] *Ibid.*, n° 151.

[819] Cf. *ibid.*, n° 153.

[820] Cf. *ibid.*, n° 154-155.

[821] Cf. *ibid.*, n° 156-159.

[822] Cf. *ibid.*, n° 160.

[823] Cf. *ibid.*, n° 161.

[824] Cf. *ibid.*, n° 162.

[825] Cf. *ibid.*, n° 163-165.

[826] Cf. Paul ETOGA, *Mon autobiographie*, *op. cit.*, p. 33.

de position et sur sa mission de pasteur. Le dévouement, la franchise, le sens de justice, de vérité, de probité morale et le courage d'homme de Dieu et d'Église qu'il manifeste amènent le président Ahidjo à le consulter. Il participera ainsi à certaines séances de travail et de réflexion sur les crises politiques et les problèmes de société que connaît le pays à cette époque[827]. Il n'est pas exagéré de retenir de cet évêque qu'il fut artisan d'une dénonciation ferme et bienveillante, un homme d'Église capable d'espérance dans l'exhortation et l'encouragement

2° Une force d'espérance et de pardon

Mgr Paul Etoga est essentiellement animé par l'espérance, le sens de l'exhortation et de la miséricorde. Il fonde son témoignage, de chrétien et d'homme de Dieu, sur les bases de la vie chrétienne. Ses mémoires pastorales rappellent l'essentiel de la vie chrétienne qui, d'après lui « consiste à croire fermement en un seul Dieu créateur du ciel et de la terre et en Jésus-Christ son Fils unique, fait homme dans le sein de la Vierge Marie par l'opération de l'Esprit-Saint »[828]. C'est pourquoi, la rédemption des enfants de Dieu constitue une source d'espérance qui pousse à l'exhortation et à la miséricorde, c'est-à-dire à la générosité[829]. Malgré les souffrances endurées dans sa propre famille et comme responsable de tout un diocèse (maladie de sa nièce paraplégique pendant plus d'une vingtaine d'années, son diabète, l'assassinat de ses deux prêtres…), il est demeuré une personne ressource pour exhorter ceux qui venaient chercher réconfort et conseils auprès de lui, même sur son lit d'hôpital[830]. Il suscitait de l'espérance avec bienveillance et humour. Ayant le Christ comme centre de son existence, les multiples épreuves endurées, tout au long de sa vie et de son épiscopat jusqu'à sa mort, ne l'ont jamais ébranlé. Il ne fut jamais tenté de renier sa foi ou son sacerdoce. Au contraire, à la suite d'Abraham et des autres témoins de la foi depuis les temps bibliques jusqu'à l'époque contemporaine, il a espéré contre toute espérance. Un journaliste fera un témoignage significatif dans un reportage

---

827 Cf. *ibid.*

828 Paul ETOGA, *Réflexions sur la vie chrétienne…*, *op. cit.*, p. 9-10.

829 Cf. Lc 6, 36-37 : « Soyez généreux comme votre père est généreux. Ne vous posez pas en juges et vous ne serez pas jugés, ne condamnez pas et vous ne serez pas condamnés, acquittez et vous serez acquittés ».

830 Cf. 2 Co 1, 3-5 : « Béni soit Dieu, le Père de notre Seigneur Jésus-Christ, le Père des miséricordes et le Dieu de la consolation ; il nous console dans toutes nos détresses, pour nous rendre capables de consoler tous ceux qui sont en détresse, par la consolation que nous-mêmes recevons de Dieu. De même, en effet, que les souffrances du Christ abondent pour nous, de même, par le Christ, abonde aussi notre consolation ». Son médecin, lors de la célébration du 42e anniversaire de son épiscopat en novembre 1997 fit un témoignage émouvant en révélant que sur son lit d'hôpital, il réconfortait plutôt le personnel médical qui s'occupait de lui et tous ceux qui lui rendaient visite, et qu'il n'avait pas perdu son humour habituel.

relatant les obsèques de deux prêtres – Mgr Jean Kounou (prélat de sa Sainteté) et l'abbé Materne Bikoa (curé de paroisse) – assassinés, rappelons-le, dans la nuit du 29 novembre 1983. Il y relève le caractère serein de Mgr Paul Etoga, même dans la douleur : « Face à cette tragédie, Mgr Etoga a vivement invité son auditoire à ne pas se laisser abattre, parce qu'au-delà de la vie terrestre il y a, grâce à notre Sauveur Jésus-Christ, une vie bien meilleure. C'est d'ailleurs ce message grave annonçant la réalité d'une grande éternité qu'on a retrouvé partout dans cet office religieux, aussi dans le choix des Saintes Écritures […] que dans les cantiques exécutés tour à tour par la chorale Saint-Rosaire de la cathédrale de Mbalmayo et par la chorale du Petit séminaire »[831]. À travers ce témoignage, Mgr Etoga présente le profil d'un homme de Dieu et d'Église authentique qui a toujours puisé son énergie et son espérance dans la Parole de Dieu.

Tant d'épreuves et bien d'autres méconnues du grand public ont été des creusets de fortification de sa foi et de son espérance. Il symbolise aujourd'hui, pour l'Église, le peuple de Dieu et la patrie camerounaise, un modèle d'abnégation et d'altruisme, à l'heure où les égoïsmes et les méchancetés n'épargnent aucune communauté de vie ou d'activité. En ayant constamment le regard sur le prochain, il révèle la figure d'un pasteur qui ne savait pas seulement dénoncer, mais savait aussi exhorter pour susciter espoir et espérance. Un pasteur meneur d'hommes. Il faut reconnaître que l'homme de Dieu est très souvent tenté de ne focaliser son regard de pasteur que sur les manquements des ouailles ou des collaborateurs. Dans ses exhortations qu'il appelle « conseils »[832], il s'intéresse à tous les niveaux de responsabilité dans la société, ainsi qu'aux valeurs. Il appartient à cette catégorie de pasteurs qui révèlent que l'homme de Dieu doit aussi exhorter les fidèles en leur évitant infantilisation et déni de reconnaissance. On le voit, alors qu'il est nouvellement nommé évêque, exhortant la diaspora à adopter des attitudes responsables pour le bien du Cameroun[833]. Au fond, il est demeuré un homme d'Église réconforté par le Christ et toujours prêt à pardonner : à la surprise d'un grand nombre, il demanda la clémence et l'arrêt des poursuites judiciaires contre les assassins des deux prêtres évoqués plus haut, montrant en signe de témoignage jusqu'où pouvait aller sa fidélité à sa vocation baptismale et à sa vocation d'homme de Dieu. Finalement, il fut un évêque dont la mission était nourrie d'espérance qui est une « vertu surnaturelle, par laquelle, en vertu des

[831] Cf. Paul ETOGA, *Mon autobiographie*, *op. cit.*, p. 49-51 Cet article intitulé, « Deux prêtres assassinés », non daté semble avoir été rédigé vers 1983 par Patrice Etoundi Mballa, journaliste, juste après l'assassinat des deux prêtres évoqué plus haut. À cette époque, il dirigeait la rubrique « Autant le dire » dans le quotidien national *Cameroon Tribune*. Les Saintes Écritures de la messe étaient de Saint Paul aux Thessaloniciens et les extraits de l'Évangile de Saint Jean relatif à la mort de Lazare).

[832] Paul ETOGA, *Mon autobiographie*, *op. cit.*, p. 59-60.

[833] Cf. *ibid.*, p. 24.

mérites de Jésus-Christ, et en nous appuyant sur l'Amour Miséricordieux, la toute-puissance et la fidélité de Dieu, nous attendons la vie éternelle que Dieu a promise à ceux qui font le bien, et les grâces nécessaires pour y parvenir »[834].

Aussi, l'espérance, au milieu des incertitudes et des tribulations d'une vie humaine, devient-elle une option fondamentale. Le cardinal Dieudonné Nzapalainga, face à la situation tragique de son pays, affirme à cet effet : « Alors que le désespoir guette face à une telle noirceur, je n'ai d'autre chose que l'espérance »[835]. Le cardinal centrafricain permet de réaliser que l'espérance est une source vitale dans toute vie humaine, parce que « [s]eule l'espérance me maintient en vie et en mouvement »[836]. Cette même espérance, en son temps, a animé Mgr Etoga dans sa vie d'homme, de prêtre et d'évêque et dans toutes les situations dans lesquelles il s'est retrouvé.

Aujourd'hui, dans un monde où grandit chaque jour la haine de l'homme contre son semblable, les violences au sein des familles humaines, les communautarismes de tout acabit, le prélat Etoga offre une figure de l'amour de l'humain par l'humain. Pour lui, l'être humain devrait être au centre de toutes les préoccupations. Aussi ne devrait-il faire l'objet d'aucune forme d'exploitation. Conscient de la force de l'Église du Christ, il répugnait de voir les ecclésiastiques se prêter à des mesquineries entre eux. Les hommes de Dieu devraient prêcher par l'exemple sur ce sujet et bien d'autres. D'après lui, les rapports entre ecclésiastiques devraient être empreints d'honnêteté et de probité[837]. Il était cependant réaliste en ayant conscience de la capacité de nuisance de l'être humain, même prêtre, ainsi que du combat intérieur qu'il mène en faisant le mal qu'il ne voudrait pas et à manquer de faire le bien qu'il voudrait pourtant[838]. En somme, il était conscient de la fragilité de l'être humain, souvent tenté par la corruption et la poursuite des intérêts égoïstes.

Mgr Etoga avait constamment, dans sa sollicitude, un regard sur les séminaristes. Ceci suscitait en eux beaucoup d'espoir et d'assurance. Ils se sentaient reconnus par leur évêque. Il ne manquait pas de les rencontrer et de partager avec eux les fruits et les joies de son voyage en Europe[839].

---

[834] Abbé PAUL, *Le dessein de Dieu et les merveilles de son amour miséricordieux*, *op. cit.*, p. 541.

[835] Dieudonné NZAPALAINGA, *Je suis venu vous apporter la paix*, Paris, Médiapaul, 2021, p. 141.

[836] *Ibid.*, p. 142.

[837] À titre de rappel, l'épisode de la venue manquée des pères pallottins dans le diocèse de Mbalmayo en est révélateur, alors même qu'il était l'initiateur de leur invitation au Cameroun. Cf. *Mon autobiographie*, *op. cit.*, p. 23-24.

[838] Cf. Rm 7, 19.

[839] Cf. *Mon autobiographie*, *op. cit.*, p. 36 : « Au train pendant ma causerie avec le prêtre d'Angers, des journalistes recueillaient notre conversation et écrivirent : Un évêque africain a fait 100 000 km pour se rendre au Concile et son argent est épuisé ; d'autres : un évêque africain a passé 2 jours sans manger… Je reçus de l'argent des Français, des Italiens, des Allemands, des Suisses, Canadiens, Américains, cet argent

Malheureusement, certains évêques « oublient » leurs prêtres envoyés aux études en Europe, ne se souciant pas de s'enquérir de leurs nouvelles ou de savoir dans quelles conditions ces derniers vivent[840]. Il faut aussi reconnaître que les prêtres aux études doivent régulièrement écrire à leurs évêques. Malheureusement, dans certains cas, beaucoup de prélats ne répondent pas toujours à leurs prêtres. Il ne manquait jamais d'exprimer sa reconnaissance et sa gratitude, même aux anciens séminaristes, chaque fois qu'un d'entre eux lui rendait un service. Le mot de remerciement adressé à Joseph Zambo, ancien séminariste[841], en est une preuve éloquente. Pour toute crédibilité à l'endroit de cet évêque, il est important de signaler que les anciens séminaristes, sans exclusive, étaient toujours les bienvenus chez lui, ainsi qu'en témoigne Benjamin Nkoé : « [r]éaliste et pénétré de l'esprit du Concile Vatican II auquel il avait participé du commencement à la fin, Mgr Etoga savait d'expérience qu'il y a toujours beaucoup d'appelés au séminaire mais peu d'élus au sacerdoce, et qu'il y a beaucoup de demeures dans la maison du Père. C'est pourquoi il avait une égale affection paternelle pour tous ses séminaristes »[842]. Homme et prélat de foi et d'espérance[843], il s'est investi dans son ministère épiscopal en toute charité et don de soi.

3° Un évêque au bon cœur

Ce qui le caractérise dans son engagement ecclésial et politique, est le sens de la charité et du don de soi, signes manifestes d'un évêque qui eut un bon cœur. Malgré le refus de certains, de mettre leurs archives personnelles à disposition, les informations recueillies montrent que le ministère de Paul Etoga fut une oblation de charité. Il n'a cessé de se mettre généreusement au service de son terroir et de toute personne que la providence mettait sur son chemin. Son témoignage de vie est une interpellation des consciences pour cultiver, individuellement et communautairement, le sens de la bienfaisance

---

servit non seulement à moi-même, mais aussi à mes étudiants à Rome, abbé Barthélémy Tsila et Joseph Atangana Ndzié ». Italique dans le texte.

840 Cependant, il faut noter que bon nombre de prêtres envoyés aux études ne répondent pas toujours aux attentes de leurs évêques. C'est pourquoi, il est utile que chaque partie soit responsable de sa mission et de ses responsabilités en faisant œuvre d'Église dans une dynamique de coresponsabilité ; l'évêque ne perdant jamais de vu que c'est lui le responsable en premier des prêtres, ses collaborateurs.

841 Cf. Annexe VIII

842 Benjamin NKOE, *Ils ont combattu le bon combat…*, *op. cit.*, p. 27.

843 Pour une bonne compréhension de la dynamique de l'espérance qui fut celle de Mgr Paul Etoga, cf. George WEIGEL, *Jean Paul II. Témoin de l'espérance*, Paris, Éditions France Loisirs, 1999, 1173 p. En mode lecture brève, cf. les trois premiers chapitres : chap. 1er : Un fils de la liberté. Semper fidelis à la Pologne, p. 29-61 ; chap. 2 : « De la clandestinité ». Le troisième Reich contre le Royaume de la vérité, p. 63-116 ; chapitre 3 : « Appelez-moi Wujek » Être prêtre, p. 117-157 ; cf. chapitre 8 : « N'ayez pas peur ! », p. 327-363 ; cf. chapitre 19 : « Un seul monde ». La solidarité humaine et l'Évangile de la vie, p. 887-943.

du service pour les autres. Cet altruisme est une expression de la bonté du cœur et de l'amour, tant il appert que « [t]oute la finalité de la doctrine et de l'enseignement doit être placée dans l'amour qui ne finit pas. Car on peut bien exposer ce qu'il faut croire, espérer ou faire »[844], l'essentiel étant de « toujours faire apparaître l'Amour de Notre Seigneur afin que chacun comprenne que tout acte de vertu parfaitement chrétien n'a pas d'autre origine que l'Amour et pas d'autre terme que l'Amour »[845]. Animé d'une telle conviction dans ses prises de position, il fut considéré, comme « une bête noire » à abattre, du côté des politiques et de certains ecclésiastiques[846]. Loin de tout angélisme, ce qu'il faut retenir de ce prélat, tant oublié, est qu'il a toujours répugné la trahison et la compromission. Ses pires souffrances provenaient de l'intérieur de l'Église, et même d'une partie de ses propres frères, élites bétis[847] comme lui.

Homme de Dieu convaincu, il s'est laissé mouler par le modèle radical et parfait qu'est le Christ, en étant un pasteur bon. Il est demeuré au cœur de son peuple, à son écoute, pour connaître ses aspirations profondes et conséquemment prendre fait et cause pour lui. Il montre ainsi que le pasteur, soucieux de ses brebis, n'est pas un étranger au milieu de celles-ci. Elles doivent devenir, par l'amour qu'il leur porte, sa seconde nature en établissant, entre elles et lui, une connaturalité. De la sorte, il pourra, en pasteur, partager leurs joies et leurs peines. Le cardinal Dieudonné Nzapalainga évoque ce lien pasteur-brebis dans son entretien spécial déjà évoqué plus haut. Dans ce lien, le pasteur doit se montrer à la fois attaché et objectif pour s'éviter toute confusion ou fusion préjudiciable pour lui et pour les brebis. Il ne doit jamais perdre de vu la spécificité de son statut et de sa mission, afin d'être un témoin permanent au cœur des brebis dont il doit être à l'écoute. Dans sa mission, il est appelé à acquérir l'« odeur des brebis »[848] en cultivant une « proximité avec les brebis »[849]. Il les couvre de toute son attention et affection et « engage le dialogue avec les brebis, mène les brebis vers le bon pâturage, leur donne ce qu'il faut pour manger et est prêt à sacrifier sa vie »[850]. Cette attitude du bon pasteur provient de son cœur qui est bon. Il s'agit d'une attitude qui fait défaut aujourd'hui dans bien des communautés d'Église.

Or, « plus que jamais, aujourd'hui les gens cherchent les témoins, les gens cherchent aussi les gens qui veulent vivre avec eux pas qu'ils vous sortent des théories »[851]. La pastorale du bon pasteur nécessite, de toute évidence, un

---

844 *Catéchisme de l'Église catholique*, Prologue, n° 25, rappelant le « principe pastoral qu'énonce le Catéchisme Romain » en sa préface 10.
845 *Ibid.*
846 Cf. Paul ETOGA, *Mon autobiographie*, *op. cit.*, p. 27.
847 Cf. Annexe VI.
848 Cf. card. Dieudonné NZAPALAINGA, Entretien spécial ..., *op. cit.*
849 *Ibid.*
850 *Ibid.*
851 *Ibid.*

pragmatisme évangélique qui s'inspire du vécu réel des brebis. Il est question de faire pénétrer le message du Christ dans l'histoire des communautés de vie, parce que Dieu est le « Maître de l'histoire ». Dans ses propos, le cardinal Dieudonné rappelle ainsi avec force que « notre monde est en quête de témoins, des prophètes pour aider aussi. [...] c'est important pour aujourd'hui vus les défis qui se posent »[852]. Ces défis qui se présentent, à l'humanité et à l'Église de manière particulière, exigent de tous, laïcs et pasteurs, une ascèse et un dépassement des intérêts égoïstes, « ça veut dire que nous devons mourir à notre égoïsme, à nos passions, à nos désirs parfois personnels pour regarder notre communauté »[853]. Le prêtre ou l'évêque ne doit pas se laisser engloutir par la communauté dans laquelle il exerce son ministère de pasteur du peuple de Dieu. Il ne doit pas se rendre complice et familier de sa communauté, pour s'éviter de perdre de vue sa mission qui est d'enseigner, gouverner et sanctifier cette dernière : il en est le guide, le serviteur, à l'exemple du Christ. Il doit se dire continuellement que « [j]e ne suis pas là pour faire la volonté de la communauté, mais le Christ me donne une mission au service de cette communauté. Je viens pour servir la communauté, pas pour être servi par la communauté »[854].

Ces exigences permirent à Mgr Etoga de constamment avoir à l'esprit l'écart canonique et de sécurité à préserver entre les brebis et lui, tout en restant aimant et bienveillant, sachant sortir le fouet avec fermeté et charité, à l'exemple du Christ qui chasse les marchands du temple[855]. Le témoignage de vie de cet évêque et son amour pour l'Église, que nous verrons plus loin, liés au symbolisme du fouet du Christ dans le Temple, sont aussi suggestifs de la remontrance et du courroux du Christ envers les responsables du Temple. Naturellement, ces derniers étaient censés posséder les clés des lieux saints. On suppose que ces intrus n'étaient pas entrés dans le Temple par effraction. L'actualisation du courroux du Christ montre, aujourd'hui, sa sainte colère contre la complaisance et la négligence de certains pasteurs qui ouvrent les portes de l'Église aux « marchands » et aux « bandits ». La figure du premier prélat camerounais se dévoile comme une figure d'un pasteur veilleur, vigilant et stable qui, dans son témoignage de vie et d'engagement ecclésial et politique, dévoile le profil d'un homme d'Église épris du sens du détachement. Cependant, il importe de souligner d'abord et rapidement sa participation au Concile Vatican II.

3. Mgr Paul Etoga au Concile Vatican II

Mgr Etoga fut un père conciliaire discret. Voilà pourquoi beaucoup ne savent pas qu'il a été au Concile Vatican II : il prit effectivement part aux

---

[852] *Ibid.*
[853] *Ibid.*
[854] Cf. *ibid.*
[855] Cf. Mt 21, 12-13.

travaux de certaines commissions. Il est évoqué dans les travaux de la période antépréparatoire. On note également la contribution d'autres évêques du Cameroun et d'Afrique lors de ce grand et historique évènement ecclésial. Avec lui, on perçoit comment le Concile Vatican II a été accueilli par une partie des chrétiens et comment il intègre, personnellement, ce grand évènement pour s'en faire une feuille de route et d'action pastorale. Pour la gouverne d'un bon nombre, il reçut une invitation à participer au Concile Vatican II. Mgr Etoga participa effectivement aux travaux préparatoires. Sa contribution n'eut peut-être pas assez d'écho, n'ayant pas été parmi les Pères conciliaires, spécialistes du Concile ; mais elle fut effective et utile par sa présence. Il gagna un pari, celui de faire connaître le diocèse de Mbalmayo, nouvellement créé, lui offrant à l'occasion une visibilité qui marquera à jamais son épiscopat.

1°Participation des épiscopats d'Afrique

La contribution des évêques africains est effective, avant le Concile, par un temps de préparation appelé « période antépréparatoire (1959-1960), essentiellement marquée par la communication des vœux des évêques à la commission compétente »[856].Cette période est une période d'importance. Elle donne l'occasion à chaque évêque de préparer ses propositions et ses vœux en fonction de la commission dans laquelle il est appelé à travailler. D'après le *tableau statistique des réponses des épiscopats d'Afrique pour le Concile œcuménique*, la participation africaine est de 83,3%[857]. L'épiscopat africain, dans ses vœux, laisse transparaître une tendance triple, avec en premier les progressistes au sein desquels on retrouve de nombreux missionnaires, en majorité ceux de la société des Pères blancs. Ensuite, les traditionalistes dont de nombreux missionnaires venant de toutes les Congrégations religieuses. Enfin, les « prudents » dont l'essentiel provient des évêques indigènes. Cette attitude est compréhensible car la mise en place et l'émancipation des Églises locales étant à ses débuts. La situation politique et sociale des territoires où sont basées ces Églises ne favorise pas une prise de position précise. Le Concile pouvait pourtant constituer une tribune pour évoquer et dénoncer le malaise colonial. En plus, ces territoires sortant à peine de la colonisation n'ont aucune idéologie politique et économique propre. Ils vivent encore dans une bâtardise politique et économique. Leur foi est encore marquée par ce choc culturel du fait de la colonisation qui a ébranlé leur équilibre social, culturel et spirituel.

Les évêques indigènes sont ainsi pris dans l'étau des deux tendances progressistes et traditionnalistes. Malgré cette situation, ils ont un penchant de plus en plus prononcé vers le conservatisme. C'est ce qui justifie en partie la

---

[856] Jean-Paul MESSINA, *Évêques africains au Concile Vatican II. Le cas du Cameroun*, Karthala-UCAC, Paris, 2000, p. 23.

[857] Cf. *ibid.*, p. 27.

discrétion de la participation des évêques africains dans la préparation du Concile. Une autre raison est que, à cette époque, la plupart des évêques, dans cette partie du monde, sont en grande partie des occidentaux. En effet, au début des travaux antépréparatoires, en 1959, certains pays comme, le Cameroun, n'avaient pas encore accédé à la souveraineté nationale. Logiquement, les évêques, en majorité occidentaux, éprouvent des difficultés à rendre compte des réalités culturelles de leur terre de mission, malgré leur bonne volonté. En 1960, certains de ces territoires accèdent à l'indépendance. Cependant, ils sont encore marqués par les séquelles de la lutte anticolonialiste et indépendantiste. Le Cameroun en 1959, date du début de la période antépréparatoire, achève sa période de tutelle française : c'est la veille des indépendances, et Mgr Etoga est encore auxiliaire de Mgr Graffin. Malgré tout, sa contribution au Concile Vatican II reste une curiosité. Lorsque le Concile commence en 1962, il est déjà évêque résidentiel du diocèse de Mbalmayo depuis le 22 août 1961. Aussi, pour comprendre son attitude personnelle, en tant que chrétien et pasteur, dans l'accueil du Concile, il importe de revisiter en profondeur son apport.

2° Contribution conciliaire de Mgr Paul Etoga

Au vu de nos recherches, parler de contribution de Mgr Paul Etoga au Concile Vatican II revient à préciser sa collaboration aux travaux antépréparatoires et sa présence physique audit Concile. Aux travaux antépréparatoires, il exprime le vœu de voir le Concile se préoccuper de l'*Encyclique Fidei Donum* du 21 avril 1957, du Pape Pie XII. Dans cette encyclique, le Souverain pontife exprime sa volonté, aux évêques, de permettre aux prêtres diocésains de répondre aux sollicitations de la mission, en particulier en Afrique. Aujourd'hui, en considérant à sa juste mesure la donne missionnaire de l'époque, on comprend la volonté du pape : son encyclique intervient à une époque dominée par la mission *ad extra*. Une époque où l'Occident se présente comme pourvoyeur de prêtres pour les terres de mission. Si l'auxiliaire de Yaoundé insiste sur la portée de cette encyclique, c'est parce qu'il a conscience du manque de prêtres dans les territoires de mission, en particulier au Cameroun. Son second vœu est relatif au témoignage de vie chrétienne où « l'amour dans le cœur des fidèles se renouvelle comme le Christ lui-même les a aimés »[858]. Un vœu tout empreint de spiritualité, tellement il dévoile sa préoccupation de voir les fidèles se laisser imbiber et convertir par l'amour du Christ, dans leur témoignage de vie. Au terme, on retient qu'il a effectivement assisté à quatre sessions pendant le Concile Vatican II, ainsi qu'il en fait état dans *Mon autobiographie*. Donc,

---

[858] *Ibid.*, p. 23.

incontestablement, il eut une présence physique de Mgr Paul Etoga et des autres évêques du Cameroun au Concile Vatican II[859].

Certains observateurs et critiques ont vu, en l'attitude de Mgr Paul Etoga, un manque d'intérêt d'un évêque autochtone pour le Concile. Cette attitude peut laisser croire qu'il en était ainsi des vœux de l'auxiliaire de Mgr Graffin. Mais, fondamentalement, le second vœu apparait comme essentiel pour toute œuvre ecclésiale : un Concile, au terme, devrait davantage faire parvenir les chrétiens à la grâce de la conversion. Il devrait également être à la base de la vie de l'Église et de l'envoi des prêtres en mission. Mgr Thomas Mongo, quant à lui, parle dans ses vœux de l'Office divin, de la liturgie et du mariage[860].

M. Joseph Atangana Ndzié, au cours de notre entretien, indique qu'au moment du Concile, il était grand séminariste envoyé aux études à Rome par Mgr Etoga. Le Concile lui offre l'occasion de rencontrer son évêque en terre étrangère. Il fournit par ailleurs une précision d'importance : pendant le Concile, il accompagnait son évêque aux conférences et non aux commissions. Mgr Etoga ne prit pas la parole comme certains, à l'exemple de Mgr Jean Zoa dont la participation au Concile Vatican II fut fort remarquable

---

[859] Jean-Paul Messina fournit des informations relatives à l'hébergement des évêques camerounais pendant le Concile : « À la première session, le célèbre hôtel, G. Cesare Auguste accueille quatre évêques du Cameroun : Mgr Van Heygen, Mgr Paul Etoga, Mgr Thomas Mongo, et Mgr Peeters. Dans ce même hôtel, on trouve plus de soixante autres évêques, venant de différents diocèses d'Afrique. Au cours de cette même session Mgr Jean Zoa est hébergé dans la maison généralice des Pallotins, Via Pettinari 64 ; Mgr Paul Bouque est logé dans la maison généralice des Dehoniens, congrégation religieuse dont il est membre, Via casale S. Pio V 20 ; Mgr Yves Plumey est dans la maison généralice de sa congrégation : les Oblats de Marie Immaculée, Via Aurelia, 290. À la deuxième session, du Concile, des changements importants interviennent dans le logement des évêques. On retrouve cinq évêques dans le logement Nova Domus, Via Savonarola 38 : Mgr Lambert Van Heygen, Mgr Paul Etoga, Mgr Pierre Célestin Nkou (nouveau venu), Mgr Thomas Mongo et Mgr Jules Peeters. Cet hôtel est plus accessible par rapport au Vatican où se tient le Concile. Mgr Jean Zoa garde le même logement, il en est de même pour Mgr Paul Bouque et Mgr Yves Plumey qui sont descendus dans les maisons généralices de leurs congrégations religieuses. Au cours de la troisième session, on observe un grand déménagement. Presque tous les évêques du Cameroun se retrouvent à l'hôtel Giotto, Via C. Passionei 26. On y retrouve en effet : Mgr Paul Etoga, Mgr Thomas Mongo, Mgr Lambert Van Heygen, Mgr Pierre Célestin Nkou, Mgr Albert Ndongmo (nouveau venu) et Mgr Jean Zoa. On a le sentiment d'un souci de collaboration plus étroite. Mgr Jules Peetres gagne la maison (Procure) des Mill Hill, via Innocenzo X, 16. Mgr Yves Plumey est toujours à la Curie généralice de sa congrégation, les Oblats de Marie Immaculée. À la quatrième session, les évêques du Cameroun réintègrent les mêmes logements qu'à la troisième session. On constate que les évêques missionnaires sont mieux servis parce qu'ils sur place à Rome les maisons généralices de leurs congrégations ». *Ibid.*, p. 92-93.

[860] Cf. *ibid.*, p. 29.

et remarquée. Joseph Atangana Ndzié précise, cependant, que la présence de Mgr Paul Etoga a valu sa participation. D'un autre point de vue, sa présence fit connaître le diocèse de Mbalmayo. Entre autres fruits du Concile, pour le diocèse de Mbalmayo, on note la réalisation du projet COE. Voilà pourquoi nous parlons du premier évêque de Mbalmayo au Concile Vatican II comme d'un Père conciliaire discret. Quelques années plus tard, il rend compte, à son niveau, de la réception du Concile en mettant l'accent sur son impression personnelle.

3° Accueil du Concile

Mgr Etoga parle de l'abord du Concile, de manière générale, mais surtout en référence à la réaction du peuple de Dieu circonscrit dans les limites territoriales du diocèse de Mbalmayo. À en croire son point de vue, l'accueil du Concile œcuménique Vatican II est à considérer à un double volet : Sa perception du concile et celle des fidèles. Pour les fidèles, une appréhension se fait jour. Ils voient d'un œil méfiant l'introduction, dans la liturgie, des éléments culturels comme le tam-tam et les balafons. D'où leur inquiétude. Ils y voient un retour au paganisme avec l'« indigénisation » de la liturgie. Pour beaucoup, le Concile ouvrait la voie à un « néopaganisme ». Cette attitude reflète l'état d'esprit et les conséquences de la mission évangélisatrice et civilisatrice dont beaucoup de missionnaires ont été promoteurs. Selon cette évangélisation dite civilisatrice, les peuples indigènes devaient abandonner leurs cultures, considérées comme paganistes et sauvages, pour embrasser la culture venue de l'Occident. Le missionnaire faisait croire aux colonisés, encore païens, que tout ce qui venait de l'Occident était meilleur. Une fois baptisés, voir le Concile opérer ce qui, à leurs yeux, constituait un revirement de situation et de repères, revenait à renouer avec le paganisme.

Or, pour Mgr Etoga, il s'agit d'une avancée tant pour l'Église locale que pour l'Église universelle. En se confiant, lors d'une interview en 1995, à Sandro Puliani, il révèle avoir expliqué au peuple de Dieu l'une des dévolutions du Concile, entre autres : permettre une ouverture aux autres cultures, dans leurs différences et valeurs. En matière de liturgie chantée, le progrès, dans la considération des autres cultures, est manifeste avec l'intégration des instruments de musique locaux, à l'instar du tam-tam, du tambour et des balafons. Au Cameroun, l'abbé Pie Claude Ngoumou en est un des pionniers instigateurs. Il estime qu'il était question pour nous, de l'Église locale, d'une reconnaissance de l'« expression vivante de notre spiritualité dansante ». L'indigénisation ne voulait pas du tout dire pour l'Église, l'introduction, dans la liturgie, des pratiques qui seraient contraires à la foi catholique romaine. Au contraire, l'indigénisation apportait un plus dans « la manière de croire et de rendre un culte à Dieu. Le Concile n'a pas eu la prétention de révéler une nouvelle vérité »[861]. Dans l'esprit de Vatican II, les

[861] Paul ETOGA, interview accordée à Sandro Puliani en 1995, *op. cit.*

chrétiens, du Cameroun et d'ailleurs, sont davantage encouragés à adorer Dieu avec les instruments et les expressions qui leur sont propres. Aucun peuple n'est convié à rejeter sa culture. Au contraire, les peuples d'Afrique et d'ailleurs sont appelés à ajuster leurs autochtonies aux exigences de l'Évangile.

L'on retient, pour l'essentiel de sa présence au Concile Vatican II, qu'il a clarifié l'apport du Concile, en lien avec le peuple de Dieu établi au Cameroun et particulièrement dans le diocèse de Mbalmayo dont il était évêque. Il y dévoile sa confiance en l'Église et en l'Évangile, sa vision de l'apport du Concile, l'assurance faite au peuple de Dieu, la valorisation des cultures camerounaises et africaines pour la floraison des Églises locales en Afrique. Il fait un long plaidoyer, révélateur de son indéfectible attachement à l'Église. À la fin, Paul Etoga donne l'impression d'être favorable au Concile, par rapport à la considération des cultures locales qu'elle suggère, la vie chrétienne et même l'avenir de l'Église locale :

> « Le Concile a fait avancer l'Évangile dans notre pays. Un exemple très simple suffira. Auparavant, tout ce qui concernait la danse était interdit et quand on entendait jouer les tam-tams et les tambours pendant les liturgies, les prêtres les détruisaient comme si c'étaient des œuvres du diable. Grâce à l'enseignement du Concile, il y a eu cette grande ouverture aux valeurs des différentes cultures. Les tam-tams, les tambours et les balafons sont entrés dans la liturgie de l'Église et ont fait partie de celle-ci comme expression vivante de notre spiritualité dansante. Les fidèles ont été très contents de cette innovation. L'"indigénisation" et le "retour aux sources" troublaient quelques chrétiens : ils considéraient le Concile comme un retour au paganisme. Alors, il fallait expliquer que l'indigénisation ne voulait pas dire faire des choses contre la foi, mais améliorer la manière de croire et de rendre un culte à Dieu. Le Concile n'a pas eu la prétention de révéler une nouvelle vérité. Il a voulu rendre la vie chrétienne plus authentique. L'indigénisation est venue aplanir quelques difficultés. Le "retour aux sources" a signifié honorer Dieu avec les instruments et les expressions de notre pays. À partir de ces petites choses, nous nous sommes ouverts ensuite aux grands problèmes de l'inculturation : comment incarner l'Évangile dans notre culture en transformant ses valeurs authentiques ? Telle était l'une des grandes préoccupations du moment »[862].

Sa présence effective au Concile Vatican II a été pour lui une raison supplémentaire pour s'adonner à son ministère épiscopale dans un esprit de dénuement et de conscience du respect de l'environnement.

---

[862] *Ibid.* Cf. Annexe VII.

4. Paul Etoga : un pasteur austère

L'austérité de cet évêque a été nourrie par un esprit de pauvreté et de désintéressement. Cet esprit manifestait déjà les préoccupations d'une conscience écologique, avant même que le terme soit courant. Sa vie de pauvreté, marquée par le sens du désintéressement, manifestait déjà son intérêt pour l'amour, la préservation et la protection de la nature. Le sens de l'esprit de pauvreté est évoqué comme préalable efficace à toute conscience écologique, au vu de l'actualité qui dévoile, au fil des jours, la violence humaine et persistante sur l'environnement. La question écologique ne laisse personne indifférent, ni l'Église ni même les plus sceptiques. La lettre encyclique, *Laudato Si*, du pape François en est significative.

1° Un prélat pauvre et désintéressé

On peut être tenté de penser qu'être né dans une famille pauvre fut une prédisposition pour Paul Etoga de mener une vie simple et vertueuse : l'occasion faisant le larron. Ce n'est pas évident, tellement beaucoup oublient leur passé d'indigence, une fois devenus riches. Retenir de lui qu'il fut un prélat pauvre, n'est pas nécessairement lié à un état de nécessiteux ou de misère, qu'il vécut. Il faut davantage cerner cette pauvreté dans le sens d'un état d'esprit de désintéressement et de détachement, acquis depuis le cadre familial. Il n'est donc pas question de tenir un discours à la louange d'un évêque qui fut misérable, mais plutôt d'un prélat qui sut prendre de la hauteur face aux biens matériels. Dans cette optique, il s'agit, en parlant de Mgr Paul Etoga, d'un homme de Dieu et d'Eglise qui est resté pauvre évangéliquement. Parvenu à la dignité épiscopale, il garde sa modestie par rapport aux avantages dus à son rang de prélat. Il était plutôt animé par le souci de rendre son milieu de vie juste, fraternel, vrai et rempli de Dieu. Graziosa Invernizzi trouve le sens du désintéressement qui l'habitait dans plusieurs de ses qualités[863] dont la simplicité, la tempérance et l'humilité. Il considérait étrange de vouer de la jalousie contre le prochain qui aurait fait mieux. L'ancien évêché, où il vécut tout le temps de son épiscopat et de sa retraite d'évêque émérite tout sobre, atteste du sens de la mesure de cet homme de Dieu. Les repas étaient parfois trop modestes pour un évêque de son acabit. Même l'habillement, des jours ordinaires et de fêtes, ne reflétait pas toujours son rang, non pas qu'il n'eût personne pour l'aider à mieux se mettre. Au contraire, il était très réservé quant aux dons. Le sens du désintéressement se manifestait également dans son désir de paix et la douceur de son caractère. Le mode de vie qu'il menait, participait déjà, implicitement, de la sauvegarde de l'environnement, avec lequel il eut un rapport viscéral depuis sa tendre enfance. Cette période de sa vie lui permit d'intégrer que la nature était non seulement un lieu d'habitation pour les humains et les autres êtres vivants, mais aussi un lieu de ravitaillement. Dans un esprit affable, la chasse, les travaux champêtres, la

[863] Cf. Annexe VIII. 4.

pêche, la cueillette, et les autres activités, se faisaient dans le respect de la nature. Il comprit également que la nature était un lieu de thérapie où l'on retrouve des essences capables de guérir beaucoup de maladies dont souffre l'humanité. Barbe Ngono, dans son témoignage, souligne qu'il ne manquait pas de « soigner quelques petits maux avec des variétés d'herbes »[864]. Évêque, témoigne Joseph Atangana Ndzié, « son lit en fer d'une place était celui utilisé au petit séminaire d'Akono. Personnage simple, il a mené une vie de grande simplicité, de pauvreté, d'humilité et de détachement ; il se faisait rapiécer sa mitre et distribuait tout ce qu'on lui offrait. Il manquait parfois de quoi manger. Et quand il y en avait, il n'aimait pas manger seul »[865]. Le témoignage de vie de Mgr Paul Etoga suggère aujourd'hui, à l'Église et à l'humanité, le désir et la volonté d'un monde plus viable, plus fiable et plus sobre. Cette préoccupation devrait être de volonté commune pour toute l'humanité désireuse de vie bonne en termes de « visée éthique », c'est-à-dire « la visée de "vie bonne" avec et pour autrui dans des institutions justes »[866].

2° Un appel à la responsabilisation écologique

Dans l'optique écologique, à la lumière de la figure de Paul Etoga, il s'agit d'une invitation à l'altruisme et au partage de la nature, ayant en conscience la présence exigeante de l'altérité qui aspire à la même nature ; la terre est la « Terre des hommes » et « nul ne peut plus vivre de la seule préservation de soi ». L'humain est, de ce point de vue, invité à sortir des égoïsmes, dans un élan d'affabilité, pour s'ouvrir à autrui et le reconnaître comme semblable. Autrement dit, il devrait reconnaître, en ce dernier, sa propre humanité, sans se dépersonnaliser, tout en étant en lien avec lui. D'après Mgr Paul Etoga, la nature est un lieu de prière et d'élévation spirituelle, au-delà de la dimension sociologique et anthropologique qu'elle revêt. Régulièrement, il se retirait pour contempler les merveilles de l'œuvre de la Création et se mettre en relation, grande nature, avec Dieu. C'est dans la nature qu'il allait chercher le matériau nécessaire à la fabrication des chapelets. L'état d'esprit, et le comportement adopté vis-à-vis d'elle, donnent à la considérer comme un lieu théologique. Elle est inéluctablement la manifestation et la visibilité de la Toute-puissance de Dieu Créateur. L'engagement ecclésial et politique et le témoignage de vie de ce prélat sont un appel à la prise en charge, responsable et spirituelle, de la nature. La question de l'écologie est finalement une question d'ensemble, tellement elle concerne toute une diversité qui implique une synergie entre les peuples et les cultures. Cette question détermine aujourd'hui les habitudes individuelles et collectives, interpelle l'humanité dans son humanisme global et intergénérationnel. En effet, l'actualité et l'urgence de la question constituent un défi profond et permanent pour toutes

864 Cf. Annexe IV. 2.

865 Cf. Annexe IX.

866 Paul RICOEUR, *Soi-même comme un autre*, Paris, du Seuil, 1990, p. 202.

les générations. Ce défi sollicite l'ensemble de l'humanité dans la promotion et la vulgarisation du sens de la responsabilisation des masses. Cette responsabilisation ne pouvant survenir de rien, il importe que certains puissent se démarquer en lanceurs d'alerte afin de sensibiliser les autres et en faire une affaire de tous.

Mgr Paul Etoga, ne fit jamais acte d'initiative visant à formuler une idéologie écologique. Cependant, il est évoqué, à propos, dans une volonté d'actualisation de son mode de vie, en tant qu'il indique une attitude responsable face à la question écologique. C'est un testament implicite, à partir d'une réappropriation apodictique de la vie et de l'existence de cet évêque. En réalité, la question écologique se présente comme une problématique d'hygiène et de salubrité de la vie et de l'existence. Cette problématique englobe le principiel, l'éducationnel, le comportemental et l'Évangile.

Insistons pour redire que Mgr Paul Etoga n'a jamais rédigé de traité sur la problématique de l'écologie et de ses enjeux. Toutefois, en revisitant sa vie, dans ses faits et gestes, il y a lieu d'estimer que sa plus grande écriture, à ce sujet, a été son témoignage appliqué, d'un humain et d'un ecclésiastique, à l'égard de l'environnement. Inconsciemment, il a rédigé son traité écologique en acte. À travers son mode vie, il porte à comprendre que la responsabilisation écologique, aujourd'hui, est concomitamment horizontale et verticale. Autrement dit, elle constitue un engagement et un ensemble d'actions mettant l'humain en relation avec son semblable et avec Dieu. Il s'agit d'aborder l'écologie, dans les rapports entre les humains, ainsi que dans leurs relations avec la Transcendance. Ceci ouvre la voie à une bonne et saine effectivité de la responsabilisation à la conscience écologique. Cette responsabilisation débute par l'émerveillement devant l'œuvre de la Création ; elle s'exprime dans une prise de conscience, de chacun, à réaliser qu'il n'est pas seul à vivre dans la nature. Le pape François évoque à cet effet : « "Laudato Si, mi Signore", "Loué sois-Tu, mon Seigneur", chantait saint François d'Assise. Dans ce beau cantique, il nous rappelait que notre maison commune est aussi comme une sœur, avec laquelle nous partageons l'existence, et comme une mère, belle, qui nous accueille à bras ouvert : "Loué sois-Tu, mon Seigneur, pour sœur notre mère la terre, qui nous soutient et nous gouverne, et produit divers fruits avec les fleurs colorées et l'herbe" »[867]. Le pape rappelle, sur intuition de saint François d'Assise, que l'humain doit considérer l'environnement comme faisant partie intégrante de sa réalité existentielle, mieux encore comme une autre part de lui-même. Il faut que s'établissent entre, l'environnement et lui, des rapports d'estime et de protection mutuelle, l'homme étant le gestionnaire attitré de l'environnement selon la volonté de Dieu.

---

[867] FRANÇOIS, Lettre Encyclique du Souverain Pontife, *Loué sois-Tu. Laudato Si. Sur la sauvegarde de la mission commune*, Paris, Salvator, 2015, n° 1.

Mgr Etoga, dans sa vie et ses convictions, offre aujourd'hui aux jeunes générations de prêtres et d'évêques, du Cameroun et d'ailleurs, une conscience d'une responsabilisation à une écologie intégrale. Cette conscience ne doit, cependant, pas perdre de vue le caractère naturel de l'érosion de la nature et de l'environnement. À travers son sens du désintéressement et son amour pour son terroir, il contribue à atténuer les ravages de l'action malveillante de l'homme sur l'environnement. Ils sont graves et suscitent des questionnements pour l'avenir de la planète. Il est ainsi urgent de développer une sensibilité écologique. Celle-ci permet à chacun d'être attentif au cri et aux gémissements de l'environnement qui se matérialisent entre autres dans des catastrophes naturelles. Le pape François en fait un écho sensibilisateur : « Cette sœur crie en raison des dégâts que nous lui causons par l'utilisation irresponsable et par l'abus des biens que Dieu a déposés en elle. Nous avons grandi en pensant que nous étions ses propriétaires et ses dominateurs, autorisés à l'exploiter »[868]. L'environnement invite aussi les humains à manifester leur douceur et leur attention envers lui, parce que « [l]a violence qu'il y a dans le cœur humain blessé par le péché se manifeste aussi à travers les symptômes de maladie que nous observons dans le sol, dans l'eau, dans l'air et dans les êtres vivants »[869]. L'humain est appelé à vivre son humanisme dans les rapports qu'il entretient avec l'environnement. La nature reste fragile et compte parmi les opprimés et les pauvres dont il faut prendre soin ; « [c]'est pourquoi, parmi les pauvres les plus abandonnés et maltraités, se trouve notre terre opprimée et dévastée, qui "gémit en travail d'enfantement" (Rm 8, 22). Nous oublions que nous-mêmes, sommes poussière (cf. Gn 2, 7). Notre propre corps est constitué d'éléments de la planète, son air nous donne le souffle et son eau nous vivifie comme elle nous restaure »[870]. L'être humain doit être reconnaissant vis-à-vis de la nature à travers un train de vie sobre, à l'exemple, parmi tant d'autres, de Mgr Paul Etoga.

Les chrétiens sont résolument conviés à s'investir dans le sens de l'exemplarité de la verticalité qu'exige la dynamique de la conscience de l'écologie intégrale. Dans ce cas, « ils doivent donner le bon exemple aux païens et à ceux qui ne sont pas des nôtres : le bon exemple mène au bien tandis que le mauvais exemple attire le mal »[871]. C'est pourquoi en rapport fidèle avec sa vocation baptismale, le chrétien et l'homme d'Église en l'occurrence, doivent prendre exemple sur le Christ en concevant la nature, ainsi que le faisait Paul Etoga, comme un lieu de travail et de recueillement. En tant que chrétien et homme d'Église, il invite à s'imprégner de l'attitude et

---

[868] *Ibid.*

[869] *Ibid.*

[870] *Ibid.*, n° 2. Lire pour une meilleure compréhension de la crise écologique dans ses fondements le troisième chapitre intitulé, *La racine humaine de la crise écologique*, n° 101-136.

[871] Mgr Paul ETOGA, *Réflexions sur la vie chrétienne…*, *op. cit.*, p. 25.

du regard de Jésus pour l'éclosion d'une conscience écologique intégrale parce que « Jésus reprend la foi biblique au Dieu créateur et met en relief un fait fondamental : Dieu est Père (cf. Mt 11, 25) »[872]. Aussi, « [d]ans les dialogues avec ses disciples, Jésus les invitait-il à reconnaître la relation paternelle que Dieu a avec toutes ses créatures, et leur rappelait, avec une émouvante tendresse, comment chacune d'elles est importante aux yeux de celui-ci : "Ne vend-on pas cinq passereaux pour deux as ? Et pas un d'entre eux n'est en oubli devant Dieu" (Lc 12, 6) […] »[873]. Jésus invite les humains « à être attentifs à la beauté qu'il y a dans le monde, parce qu'il était lui-même en contact permanent avec la nature et y prêtait une attention pleine d'affection et de stupéfaction »[874].

Jésus n'a jamais incité au mépris de la nature. Au contraire, il donne l'exemple de l'amour de la nature en vivant « en pleine harmonie avec la création, […]. Il était loin des philosophies qui dépréciaient le corps, la matière et les choses de ce monde »[875]. Malheureusement, « ces dualismes malsains en sont arrivés à avoir une influence importante chez certains penseurs chrétiens au long de l'histoire, et ont défiguré l'Évangile »[876]. Le message de Jésus est fondamental quant à l'attitude de l'humain vis-à-vis de la nature : il « travaillait de ses mains, au contact direct avec la matière créée par Dieu pour lui donner forme avec son habileté d'artisan »[877]. Il devient normal que « [l]e regard de Jésus » invite l'humanité à prendre conscience du préjudice des infractions perpétrées contre l'environnement. Elles sont des manquements à Dieu Père, Fils et Saint-Esprit ; et porter atteinte à la création constitue un péché contre l'œuvre de la Création. Finalement, la figure ecclésiale et politique de Mgr Paul Etoga, à la suite du Christ, encourage au respect de l'environnement, en tant qu'œuvre divine et lieu théologique. La formation de la conscience d'une écologie intégrale est une œuvre de longue haleine qui demande patience et persévérance. Elle requiert également un sens de l'humilité : l'humain doit toujours se rappeler qu'il ne dispose pas d'un pouvoir absolu sur la nature.

III. Un évêque authentique à suivre

La quête d'informations, faite depuis le début, autorise à penser que Paul Etoga présente le profil d'un modèle de vie et d'engagement ecclésial et politique à imiter pour aujourd'hui. Il est proposé comme tel à l'Église catholique locale, voire universelle, parce qu'il constitue un repère

[872] *Laudato Si'*, n° 96
[873] *Ibid.*
[874] *Ibid.*, n° 97.
[875] *Ibid.*, n° 98.
[876] *Ibid.*
[877] *Ibid.*

apodictique, en termes de témoignage de fidélité d'homme de Dieu et d'Église. La sagesse et l'amour pour l'Église, radicalement eschatologiques, l'ayant caractérisé, sont essentiels à la plausibilité et à la crédibilité de son exemplarité paradigmatique, dès lors que sa figure d'ecclésiastique et de chrétien rappelle que « [l]e sacerdoce ministériel est dans sa nature profonde une communion et une configuration au Christ prêtre, prophète et pasteur »[878]. Il est fourni ici des éléments de son authenticité personnelle qui réclament toute sa reconnaissance encore mise en veilleuse aujourd'hui.

1. Sagesse et bonté

Il ressort des interviews et entretiens initiés pendant la collecte des informations sur Mgr Paul Etoga qu'il fut un chrétien et un homme d'Église sage et bon, en d'autres termes, un pasteur prudent, modéré et toujours enclin à faire le bien.

1° Prélat d'expérience et homme religieux

Les expériences cumulées depuis son enfance ont révélé un potentiel de sagesse, c'est-à-dire un profil d'une personne qui écoutait beaucoup et agissait plus qu'il ne parlait. Cette attitude lui permit de développer un sens particulier de perception et d'appréhension des situations. Il avait un flair de sage qui lui évitait d'être surpris par les événements. Ainsi, avec Odon Vallet on sait que « [l]e flair permet de sentir une situation, d'en percevoir les composantes pour en obtenir un savoir »[879]. Le Cameroun, aujourd'hui, ainsi que le monde, sont à la quête d'hommes et de femmes de sagesse, dans la vie civile, politique, économique ou culturelle. Mgr Etoga incarne aussi la sagesse d'un « mvamba » ayant été au fait de son univers socioculturel. En même temps, il est représentatif de cette vraie sagesse qui s'abreuve à la source de la sagesse de Dieu : le vrai sage recherche toujours la Sagesse assise près de Dieu[880]. Avec lui, l'on réalise que le sage n'oublie pas l'inéluctabilité du rapport entre la créature et la Transcendance. Le sage sollicite inlassablement la sagesse qui est une véritable quête depuis l'antiquité grecque[881]. La sagesse rend fort et

---

[878] Max THURIAN, *Le prêtre configuré au Christ*, Paris, Mame-Spiritualité, 1993, p. 12.

[879] Odon VALLET, *Petit lexique des mots essentiels*, *op. cit.*, p. 230.

[880] Cf. Sg 9, 4 : « donne-moi la Sagesse qui partage ton trône et ne m'exclus pas du nombre de tes enfants ».

[881] Cf. André BARUCQ et Pierre GRELOT, « Sagesse », dans *Vocabulaire de théologie biblique*, *op. cit.*, p. 1170, col. 2 : « La recherche de la sagesse est commune à toutes les cultures de l'ancien orient. Des recueils de littérature sapientielle nous ont été légués par l'Égypte comme par la Mésopotamie, et les sept Sages étaient légendaires dans la Grèce antique. Cette sagesse a une visée pratique : il s'agit pour l'homme de se conduire avec prudence et habileté pour réussir dans la vie. Cela implique une certaine réflexion sur le monde ; cela conduit aussi à l'élaboration d'une morale, d'où la référence religieuse n'est pas absente (notamment en Égypte). Dans la Grèce du VIe

grand à l'image du roi Salomon dont « "[l]a sagesse […] fut plus grande que celle de tous les orientaux et toute celle de l'Égypte" (1 R 5, 9-14 ; cf 10, 6s.23s). Le mot vise à la fois sa culture personnelle et son art de bien gouverner »[882]. L'homme de Dieu, croyant et pétri de foi, ainsi que le fut Mgr Paul Etoga, comprend que « cette sagesse royale ne fait pas problème : elle est un don de Dieu, que Salomon a obtenu par sa prière (1 R 3, 6-14) »[883].

Sa religiosité a nourri son caractère de sage-bon à travers son sens de l'admiration de l'environnement, ainsi que par sa bienveillance. Il avait compris, au fur et à mesure, que la sagesse était un art, celui de « bien vivre ». Dans la Bible, est découvert le secret du prudent et du modéré. En effet, il « est curieux des choses de la nature (1 R 5, 13). Il les admire, et sa foi qui apprend à y voir la main puissante de Dieu (Jb 36, 22-37, 18 ; 38-41 ; Si 42, 15-43, 33). Mais il se préoccupe avant tout de savoir comment conduire sa vie pour obtenir le bonheur vrai »[884]. Le Sage de la Bible, qui inspira Mgr Etoga, n'est pas un lunatique. Plus qu'un observateur, il est « Éducateur-né, il trace des règles pour ses disciples : prudence, modération dans les désirs, travail, humilité, pondération, retenue, loyauté du langage, etc »[885]. Toutes ces valeurs traduisent la bienveillance qui a caractérisé cet ecclésiastique. Aujourd'hui, sa vie est un témoignage de vie vertueuse, de bonté, de ponctualité et de sagesse. Lisetta Bianchi en fait l'écho dans des propos de reconnaissance et d'admiration à l'endroit du premier évêque de Mbalmayo : « Durant les vingt ans que j'ai vécu à Mbalmayo, je peux dire que c'est lui qui m'a étonnée. Je crois que je n'ai plus jamais rencontré une personne aussi humble que sage et bonne. […] L'on a l'habitude de dire que les Africains ne sont pas ponctuels et ne respectent pas l'heure. Cela sera aussi vrai pour beaucoup. Mais Monseigneur Paul Etoga a démontré pendant toute sa vie exactement le contraire. À tous les rendez-vous il arrivait à l'heure prévue ou légèrement en avance, si bien que ceux qui devaient l'accueillir restaient étonnés »[886].

---

siècle, la réflexion prendra un tour sur le spéculatif, et la sagesse se muera en philosophie. À côté d'une science embryonnaire et de techniques qui se développent, la sagesse constitue donc un élément important de la civilisation. C'est l'humanisme de l'antiquité. Dans la révélation biblique, la Parole de Dieu prend aussi forme de sagesse. Fait important, mais qu'il faut interpréter correctement. Il ne signifie pas que la révélation, à un certain stade de son développement, se transforme en humanisme. La sagesse inspirée, même lorsqu'elle intègre le meilleur de la sagesse humaine, est d'une autre nature qu'elle. Sensible dans l'AT, ce fait éclate dans le NT ».

882 *Ibid.*, p. 1171, col. 1.

883 *Ibid.*

884 *Ibid.*

885 *Ibid.*

886 Cf. Annexe VII.

2° Un évêque au cœur attentif

En homme de Dieu sage et bon, il ne se lassait pas d'être attentif et de réfléchir sur l'existence et les réalités du monde de son temps. À l'exemple du « maître de sagesse israélite », Mgr Etoga a « un sens aigu de sa situation dans l'existence. Il scrute avec attention son destin »[887]. La situation socioéconomique désavantageuse de son pays était pour lui une préoccupation et une peine, en tant que citoyen et homme d'Église épris de justice et altruiste. Le témoignage de Joseph Atangana Ndzié en dit long : « À la vérité je ne peux prétendre ni d'ailleurs quiconque d'autre, épuiser l'énumération des riches qualités spirituelles et humaines de cette grande figure de l'histoire de notre Église et de notre pays. Il me suffirait, pour terminer, de dire qu'il était une personnalité d'une extrême sensibilité. Ainsi, il souffrait beaucoup des injustices causées aux pauvres, de la misère du peuple, de la corruption, du pillage de nos forêts etc... thèmes que nous évoquions des heures durant surtout lorsque j'étais député à l'Assemblée Nationale »[888]. Il était attentif au sort réservé au Cameroun et aux Camerounais dans la jungle de la coopération internationale. L'attitude de sage reflète sa vision dans le combat contre la misère et la pauvreté. Atangana Ndzié relate également une conversation entre Mgr Etoga et un expatrié américain en présence de Mgr Graffin : « Pendant qu'il était auxiliaire de Mgr Graffin à Yaoundé, Mgr Paul Etoga raconte, concernant l'aide étrangère. (Une fois) nous eûmes un entretien avec Caïser, Américain qui était chargé de distribuer les produits alimentaires et les vêtements usés au Cameroun. Je lui dis : "M. Caïser, allez-vous nous donner continuellement cette farine de maïs et ces vieux vêtements ?" Mgr Graffin me dit : "Qu'est-ce que vous voulez ?" "Je dis qu'on apporte des instruments de travail, nous avons beaucoup de forêts et des terres à défricher. Si le bois qu'on exporte du Cameroun était traité sur place, je pense que la pauvreté du Cameroun serait diminuée" »[889]. La réaction de l'évêque auxiliaire devant l'archevêque Graffin illustre l'état d'esprit et l'engagement déterminés de ce dernier dans sa lutte contre toutes formes de pauvreté et de paupérisation du peuple camerounais. Cette attitude est l'expression de son nationalisme dont l'idée implicite est le respect de la dignité humaine dans la coopération en matière d'aide internationale.

3° Un sage ajusté à la sagesse de Dieu

En somme, la sagesse de Mgr Paul Etoga aura été d'avoir su ajuster sa sagesse de simple humain à celle de Dieu, pour parvenir à la sagesse ultime qui est la vraie. Cette sagesse ultime et vraie est un mystère, signe de contradiction car « [l]a relation de la vraie sagesse se fait donc de façon paradoxale. Ce n'est pas aux sages et habiles qu'elle est accordée, mais aux petits (Mt 11, 25) ; pour confondre les sages enorgueillis, Dieu a choisi ce

---

[887] André BARUCQ et Pierre GRELOT, *op. cit.*, p. 1171, col. 1.
[888] Cf. Annexe VII.
[889] Cf. Annexe VII.

qu'il y avait de fou dans le monde (1 Co 1, 27) »[890]. Tout porte à croire que Mgr Paul Etoga, dans sa destinée, est à l'image du paradoxe de la sagesse de Dieu qui se manifeste à contre-courant de l'entendement ordinaire humain. Pour beaucoup, il était difficile de parler épiscopat à son sujet. À sa nomination, il est le premier surpris et comptait parmi ceux que les sages du monde appellent « fous », c'est-à-dire les méprisés ; ceux que les pronostics ne comptent pas pour favoris. Mais, dans la logique divine, « [i]l faut […] se rendre fou aux yeux du monde pour devenir sage selon Dieu (3, 18) »[891]. En revanche, toute la vie et tout l'engagement ecclésial et politique de cet évêque montrent avec pertinence que « la sagesse chrétienne ne s'acquiert point par effort humain, mais par révélation du Père (Mt 11, 25ss) »[892]. Ce prélat amène à saisir que la sagesse selon Dieu relève du surnaturel. Toutefois, l'obéissance et la piété de l'homme font que ce dernier en soit capable, parce qu'« [e]lle est en elle-même chose divine, mystérieuse et cachée, impossible à sonder par l'intelligence humaine (1 Co 2, 7ss ; Rm 11, 33ss ; Col 2, 3). Manifestée par l'accomplissement historique du salut (Ep 3, 10), elle ne peut être communiquée que par l'Esprit de Dieu aux hommes qui lui sont dociles (1 Co 2, 10-12 ; 12, 8 ; Ep 1 17) »[893].

Il a été, à la lumière de ce qui précède, un passionné de Dieu, au regard de ce qu'il avait subi et réalisé tout au long de son épiscopat, en tant qu'évêque auxiliaire, et plus tard évêque diocésain. Le projet de créer un petit séminaire et le défi de la survie du diocèse de Mbalmayo et du petit séminaire ont été perçus comme de la folie par certains. La sagesse de l'homme de Dieu qu'il fut, aura été de miser sur certains éléments de base. Ceux-ci constituent le fondement de l'accueil et de l'éclosion de l'être humain : Dieu, la famille, la prière, la société, l'éducation, la santé, le travail et le partage. Le père René Charrier, spiritain, révèle dans un entretien que « Mgr Paul Etoga était un homme sage, bon et de bon sens. C'était un homme de Dieu. Pour moi, c'est un grand homme. […]. Comme pasteur, il entretenait de bons rapports avec ses prêtres. Je retiens sa bonté. Je dirai même, un saint »[894]. C'était un personnage qui savait prendre du temps pour réagir à une situation. Il manifestait une prudence à toute épreuve. Pour Benjamin Nkoé, « [n]ous touchons là les sommets de la sagesse et de la prudence. Saint Thomas d'Aquin écrit quelque part que la prudence est la vertu la plus audacieuse »[895]. Dans sa sagesse et dans sa bonté, il ne fut jamais un évêque partisan de

---

[890] André BARUCQ et Pierre GRELOT, *op. cit*, p. 1176, col. 2.

[891] *Ibid.*

[892] *Ibid.*

[893] *Ibid.*, p. 1176, col. 2, p. 1177, col. 1.

[894] Cf. Annexe IX.

[895] Benjamin NKOE, *Ils ont combattu le bon combat…*, *op. cit.*, p. 24. Pour de plus amples informations sur la vertu de prudence, cf. https://www.editionsducerf.fr/librairie/livre/2188/somme-theologique-la-prudence.

« l'autoritarisme et de la rigidité »[896]. À ce propos effectivement, « [a]utoritaire est l'évêque qui, en aucun cas, n'admet de dialogue ni n'écoute ses conseillers, mais qui fait tout ce qui lui passe par la tête, n'acceptant aucun conseil – quand bien même il l'aurait demandé. Il rompt ainsi tous les liens tissés par son prédécesseur, en se sentant non seulement évêque, mais pape et roi de son diocèse »[897].

2. L'amour pour l'Église

La vie et l'œuvre de Mgr Paul Etoga sont un vibrant témoignage : il n'a jamais rien gardé pour lui ; il a tout donné à l'Église, même ce qui lui revenait à titre personnel. Il a été fidèle à l'Église en tant que chrétien et homme de Dieu.

1° Mgr Paul Etoga : au nom de l'Église

Sa vocation sacerdotale a germé et mûri au fur et à mesure du temps. Habitant avec les pères missionnaires à la mission de Mvolyé, il vécut un rêve d'enfant : taper à la machine et travailler avec les blancs. Ce rêve connut un revirement, et une maturation à travers la formation au séminaire. Ainsi, en parlant de son amour pour l'Église, il faut toujours avoir à l'esprit que cet amour, tout comme sa vocation, a grandi depuis la prise de conscience de sa vocation par lui-même. Au nom de cet amour, il brava les difficultés et les souffrances rencontrées et endurées tout au long de son cheminement douloureux, au séminaire et durant tout son ministère sacerdotal et épiscopal. Mgr Paul Etoga a cru en l'Église catholique universelle en Afrique par rapport à sa valeur et à sa pierre locale à poser pour l'édification de l'Église de Jésus-Christ, la « pierre d'angle ». Son amour pour l'Église universelle eut sa visibilité dans toute son œuvre accomplie pendant son auxiliariat à Yaoundé et dans le diocèse de Mbalmayo. Comme un prophète, il encourage cette jeune Église à travers le témoignage de ses premiers martyrs. Selon lui, l'Église en Afrique ne doit ni s'exclure, ni être exclue dans la construction de l'Église universelle. Aussi, rappelle-t-il que « [l]'Afrique a déjà donné un témoignage, c'est le témoignage des martyrs de l'Ouganda. L'Afrique doit continuer. Le moment du martyre arrive. Que le Bon Dieu donne la grâce de supporter cette peine comme témoignage pour l'Église universelle. Que les jeunes n'aient pas peur de manifester leur foi, qu'ils se présentent partout comme de vrais chrétiens. Je pense que ce témoignage est le seul moyen pour l'annonce de l'Évangile »[898].

Comme une prophétie, il annonce le moment du martyr qui arrive pour l'Église en Afrique en général et au Cameroun en particulier. L'actualité lui donne raison aujourd'hui, en voyant le martyr de cette Église au niveau

---

[896] Carlo Maria MARTINI, *op. cit.*, p. 30.

[897] *Ibid.*

[898] Cf. Interview à Mgr Paul Etoga, annexe VII.

universel et local. Ce martyr est d'autant plus significatif qu'il provient de l'intérieur ; les véritables ennemis de la croix du Christ s'y déploient. Ainsi, au Cameroun il faut prendre conscience de ce que le martyre de l'Église dans ce pays commence aussi de l'intérieur. Une actualisation de l'épisode où le Christ chasse les « marchands » du Temple. Cette réaction du Christ interpelle les responsables de l'Église universelle et locale, au Cameroun et ailleurs, qui donnent l'impression d'ouvrir les portes de l'Église aux marchands et aux bandits de tout acabit. Ouvrir les portes de l'Église du Seigneur aux ennemis de la Croix du Christ, signifie que bon nombre d'hommes d'Église au Cameroun ne sont pas loin d'être de véritables ennemis de la Croix du Christ. La trahison de Judas est d'actualité au niveau ecclésial local et universel. Il devient missionnaire et prophétique de dénoncer, en toute bienveillante correction fraternelle, ces responsables négligents ou complices. La responsabilité qui leur échoit concerne toutes les activités liées à l'Église, ainsi qu'à la vie spirituelle du peuple de Dieu, au niveau local et universel. Étant en possession des clés du Temple, ils sont en premier responsables du courroux du Christ depuis la paroisse jusqu'à Rome, en passant par toutes les communautés ecclésiales. C'est pourquoi, tout ce qui arrive à l'Église au Cameroun et ailleurs, est d'abord l'œuvre de ses propres pasteurs. Au nom de l'Église, malgré l'adversité, Mgr Etoga endura souffrances et déni de reconnaissance ; sa confiance et sa fidélité montrent aujourd'hui qu'il participe de la conversion de l'Église de l'intérieur, tant il est vrai que « l'Église est appelée à se convertir, en concentrant le faisceau sur le plus frappant, le plus urgent et sans doute le plus grave, à savoir donc le problème des divers "abus" »[899].

2°L'Église : Réalisme et souffrance

En aimant l'Église, Mgr Etoga est resté réaliste : il comprit que l'Église doit vivre elle-même de l'intérieur, l'amour fraternel, la paix et la justice en favorisant l'épanouissement de ses pasteurs en tant qu'êtres humains. C'est pourquoi il mit en route des initiatives pour éviter à ses prêtres toute forme de paupérisation. Il a lutté contre l'appauvrissement de son clergé dans le sens où il ne contribua pas à appauvrir certains prêtres, soit à travers un système d'enrichissement propre au détriment de ces derniers, ou encore en initiant une vigilance outrancière sur l'argent. Il savait mettre les finances du diocèse à la disposition de tout le diocèse et de tous les prêtres et vécut l'amour de l'Église comme amour du prochain[900]. Avec ses prêtres et ses autres collaborateurs laïcs, il le vécut en tant que don[901] et communion[902]. Il était

---

[899] Joseph DORE, *Le salut de l'Église est dans sa propre conversion*, Paris, Éditions Salvator, 2021, p. 115.

[900] Cf. Claude WIENER, « Amour », dans *Vocabulaire de théologie biblique*, p. 54, col. 2-p. 55, col. 1.

[901] *Ibid.*, p. 55, col. 1.

[902] *Ibid.*, p. 55, col. 1-p. 56, col. 2.

partisan et artisan d'une Église fraternelle et communautaire, afin d'éviter le cléricalisme, tremplin du favoritisme et des exclusivismes à l'intérieur même de l'Église. L'autre témoignage de son amour pour l'Église et de la souffrance qu'il implique, est d'avoir intégré cet amour comme une pénitence dans le sens du renoncement à soi ; et, « [r]enoncer à soi-même est grande pénitence, parce qu'on soumet sa propre volonté à une autre, comme le Christ n'est pas venu pour faire sa volonté, mais la volonté de son Père, qui est exprimée dans les commandements de son Père. Exprimer la volonté d'un autre est pénitence. En somme tout événement fâcheux est une croix »[903].

La figure ecclésiale et politique de Mgr Paul Etoga contribue à comprendre, finalement, que l'amour pour l'Église est également une souffrance. Elle provient du fait de confier sa volonté à un autre, même si cet autre est le Christ. Cette souffrance exige de se faire violence à soi-même pour ajuster sa volonté à celle du Christ. Il y a également de la souffrance lorsque l'on devient un signe de contradiction pour son prochain ou son confrère et que l'on voit l'Église martyrisée et bafouée par des manquements et des idéologies de toutes sortes. Mais, il y a de la joie, au final, parce que Mgr Paul Etoga montre que l'amour de l'Église est une obéissance au Christ, dans ce sens que « [n]otre force c'est le Christ. Avec lui, nous pouvons briser tous les obstacles qui veulent nous empêcher d'avancer vers Dieu. St Paul a bien compris cette force quand il nous dit : "Je peux tout en celui qui me fortifie", le Christ »[904]. Son amour pour l'Église se manifesta dans son militantisme politique et spécifique qui le dévoile aujourd'hui comme une conscience critique et éthique de la vie politique de son pays et du politique. Le souci dont il était préoccupé n'était pas de faire carrière en politique, mais de dénoncer et d'exhorter avec bienveillance et fermeté. Il en souffrit énormément. Dans ses rapports avec les hommes politiques, il ne fit l'objet d'aucune compromission, trouvant toujours une occasion pour leur annoncer la Bonne Nouvelle. Il a respecté l'Église et suscité le respect de l'Église chez beaucoup de fidèles et les élites. Durant son ministère, le respect de la fonction publique n'a jamais signifier se laisser assujettir, encore moins s'y compromettre. Aujourd'hui, dans certaines paroisses, certaines élites veulent imposer au curé l'heure du début de la messe, sous le prétexte qu'elles en sont la principale bienfaitrice. Elles se croient, avec la bénédiction du curé ou de l'évêque, légitimement autorisées à communier régulièrement aux deux espèces. Homme et pasteur de compromis, il fut favorable à la paix et partisan de l'apaisement dans les rapports Église-État au Cameroun. Il faut cependant noter que ces rapports entre l'Église et l'État demeurent un couloir très glissant. Toutefois, l'exemplarité de Paul Etoga est dans la fidélité à sa vocation et à son ministère d'homme de Dieu et d'Église. Les jeunes générations de prêtres et d'évêques de ce pays, à la lumière du Christ, sont

[903] Paul ETOGA, *Réflexions sur la vie chrétienne…*, *op. cit.*, p. 27.
[904] *Ibid.*, p. 29.

appelées à prendre exemple sur cet évêque de l'Église locale, pour un engagement ecclésial et politique fondé principalement sur le Christ, l'annonce de la Bonne Nouvelle et la défense des pauvres et des plus faibles.

3° L'Église : une réalité à aimer

Mgr Paul Etoga, à travers son engagement ecclésial et politique invite fondamentalement à aimer l'Église, non comme une chose, mais comme une réalité vivante, quelque chose de concret à travers chaque membre du peuple de Dieu. À la limite, il s'agit fondamentalement d'une personne réelle et vivante, en la personne du Christ qui se fait visible en chacun de nous à travers son « corps mystique ». Le Christ fait rencontrer et découvrir d'autres personnes, c'est-à-dire nos semblables. Le cardinal François Marty en donne une perception, empreinte d'expérience et de conviction, dans ses propos en concevant l'Église « [n]on en apologète, mais en témoin. Non en évêque d'abord, mais en chrétien qui a une longue expérience. Parler de l'Église, c'est retrouver des hommes et des femmes aux visages innombrables et secrets »[905]. L'Église, dans cette perspective, devient la réalité d'un ensemble de personnes appelées à faire communauté. Personne ne peut se prévaloir en être le propriétaire « [c]ar l'Église n'est pas un objet qu'on peut saisir, tel le propriétaire qui pèse et soupèse son bien dans le creux de ses mains. Elle n'est pas même un objet d'art dont la valeur grandit le regard de l'admirateur »[906]. L'amour de l'Église se vit ainsi dans la proximité que le chrétien et le pasteur cultivent au quotidien, dans leur déploiement baptismal, non en spectateurs mais en engagés parce que « *[l]e chrétien n'est pas le spectateur de son Église. Il est l'Église*. Nous sommes l'Église »[907]. Cette proximité devient significative et primordiale dès lors que chaque enfant de Dieu se sent appartenir au Christ. Mgr Paul Etoga s'est senti appartenir au Christ en étant convaincu que sans le Christ il n'était rien. Cette conviction, ferme, d'appartenir au Christ, met en exergue l'abandon et la confiance de cet homme de Dieu en celui dont il a été prêtre et évêque, ainsi qu'en témoigne sa devise épiscopale : « Je sais en qui j'ai cru ». Appartenir au Christ veut également dire qu'« [i]l n'y a aucune distance entre l'Église et nous. Nous sommes au Christ Jésus, le Ressuscité. Et celui-ci est à Dieu »[908], parce que « [n]otre force c'est le Christ »[909].

En réfléchissant sur l'amour de l'Église, deux postures se présentent en valeur absolu : soit l'on est convaincu de la justesse de son engagement dans sa vocation baptismale jusqu'au bout du parcours, malgré les difficultés rencontrées ; c'est cette conviction qui fait dire à François Marty avec assurance : « J'aime l'Église. Je le dis avec une joie immense, celle de

---

[905] François MARTY, *Toute ma vie j'ai cherché Dieu*, Paris, Cerf, 1994, p. 73.
[906] *Ibid.*
[907] *Ibid.*, italique dans le texte.
[908] *Ibid.*
[909] Paul ETOGA, *Réflexions sur la vie chrétienne…*, *op. cit.*, p. 29.

l'homme qui est allé au bout de son sillon et constate, au premier mois de l'été, qu'il ne s'est pas trompé. Je n'ai pas été trompé »[910]. Une autre attitude, au nom du même amour de l'Église, après examen de conscience, consiste à se retirer de l'Église pour refuser d'en être objet de scandale. Cette attitude justifie beaucoup de cas de prêtres et évêques défroqués. Ainsi, aimer l'Église, c'est avoir toujours conscience qu'elle est « faite d'hommes et de femmes »[911] ; qu'elle est « habitée par leurs misères et leurs richesses, [...]. L'Église est faite chair »[912]. Cet amour se manifeste dans une attitude d'humilité qui devrait caractériser les chrétiens et les pasteurs qui devraient se dire que « [n]ous sommes les serviteurs et les servantes de l'Évangile de Jésus, le Christ, les intendants des mystères de Dieu »[913]. Il s'agit, pour chaque pasteur, de cultiver un humanisme ecclésial dépouillé de toute présomption. Au terme, la grande dévotion mariale de Mgr Paul Etoga montre que l'amour de l'Église n'est manifeste et fidèle à l'économie du salut qu'avec la présence maternelle de la Vierge Marie. En effet, « [i]l est clair que les prêtres, qui sont parmi les disciples bien-aimés de Jésus crucifié et ressuscité, doivent aussi accueillir Marie comme leur Mère, dans leur prière »[914]. Cette présence se veut une présence d'intercession et d'incitation à l'amour de l'Église puisque « Marie devient alors la Mère qui les conduit au Christ, la Mère qui leur fait aimer l'Église, la Mère qui intercède pour eux et qui les guide vers le Royaume de Dieu, parce qu'ils l'ont accueillie dans leur existence »[915].

* * *

Mgr Paul Etoga offre visiblement le visage d'une figure d'homme d'Église suggestive de la spécificité de l'engagement politique d'un ecclésiastique. Il dévoile ce qu'il y a de propre et de particulier dans cet engagement à la suite du modèle absolu de tout homme d'Église qu'est le Christ « prêtre, roi et prophète ». Il s'est politiquement investi sans visée politique ; son but a été de mener le peuple de Dieu dont il avait la charge au salut. Si l'action et le ministère de tout homme d'Église s'inscrit dans une dimension eschatologique, Mgr Paul Etoga a reflété cette spécificité de l'engagement politique en tant qu'homme d'Église et en étant convaincu d'en être un. Il s'est investi à mettre le Christ au centre de son déploiement de prélat dans une grande dévotion mariale. Son implication politique, loin de constituer une carrière, l'a réconforté dans sa mission d'homme d'Église vigilant, stable et

[910] François MARTY, *op. cit.*, p. 74.
[911] *Ibid.*
[912] *Ibid.*
[913] *Ibid.*, p. 77.
[914] Max THURIAN, *op. cit.*, p. 79.
[915] *Ibid.*

objecteur de conscience pour la défense des pauvres et des plus faibles. Il fut un modèle d'engagement de foi, d'espérance et de charité avec un sens aigu de ses responsabilités dans une conscience pour notre « maison commune ». Il tire sa substantifique exemplarité et l'authenticité de sa sagesse, de son amour indéfectible pour la croix du Christ et l'Église. Il devient un modèle d'évêque authentique, parce qu'il est resté vrai et sans hypocrisie dans son engagement ecclésial et politique. Il est, pour le Cameroun d'aujourd'hui, une figure d'évêque à suivre dans son engagement de pasteur et dans son témoignage de vie.

Conclusion de la troisième partie

Cette partie s'est focalisée sur la clarification de la spécificité de l'engagement politique de Mgr Paul Etoga en considération de son statut d'homme d'Église. Cette spécificité trouve tout son fondement et toute sa justification en Jésus, modèle radical, unique et par excellence pour tout homme d'Église engagé dans son ministère. Dans le sillage de l'imitation du Christ, l'engagement politique du premier prélat camerounais s'est voulu eschatologique dans une visée de salut des âmes, même celles des politiciens et des autres élites. Ceci trouve tout son sens dans la dynamique des fonctions de l'Église : enseignement, gouvernement et sanctification. Dans le ministère de l'enseignement, Mgr Etoga s'est préoccupé de faire connaître et aimer Dieu aux fidèles et à toute âme de bonne volonté. Son gouvernement l'a montré dévoué au service de l'Église. En même temps qu'il servait l'Église du Christ, il invitait, par son témoignage de vie, à se mettre entièrement au service de Dieu. Le ministère de la sanctification fut pour lui une occasion de dénonciation et d'exhortation, en évitant d'être un obstacle pour les fidèles. La figure de ce prélat permet de comprendre que l'engagement politique d'un homme de Dieu, à la suite du Christ, requiert un dépassement de tout désir de conquête du pouvoir politique, c'est-à-dire qu'il s'inscrit dans l'actif du « politiquement apolitique ».

La préoccupation première et fondamentale à laquelle il doit être prêt à sacrifier sa propre vie est inéluctablement le salut des âmes. Aussi, s'est-il montré comme un pédagogue qui savait exhorter et réprimander chaque fois que la nécessité d'une circonstance s'y prêtait. Il le faisait sans aucune intention de ridiculiser ou d'infantiliser qui que ce soit. Tout au long de son ministère, il a refusé d'être le complice du politique en se positionnant au milieu des élites politiques, non sans danger, en tant que conscience critique et éthique de la vie politique de son pays. Son obsession dans sa mission d'homme d'Église demeurait la défense des pauvres et des plus faibles. Aujourd'hui, son ministère sacerdotal et épiscopal, dans une perspective d'actualisation de sa figure d'homme d'Église, convie chaque évêque à prendre du temps pour connaître, aimer et servir son diocèse, afin que ce dernier devienne une occasion de relèvement et un chemin qui mène aux béatitudes et à la vie éternelle. Il s'agit également d'une réappropriation de son engagement ecclésial et politique, de son train de vie suggestif d'une formation à la conscience écologique intégrale. L'être humain, dans cette perspective, est perçu, dans sa relation avec l'environnement, sous la dimension horizontale et verticale en considération de la triple dimension humaine, intellectuelle et spirituelle. Au final, Mgr Paul Etoga se présente comme une figure d'homme d'Église à suivre tant pour l'Église locale qu'universelle. Pourtant, « [s]ans être un génie, Mgr Paul Etoga était d'une intelligence nettement au-dessus de la moyenne ; il en usait avec discrétion et humilité »[916]. Finalement, la vie et l'engagement ecclésial et politique de cet évêque se résument en ces mots : discrétion, dévouement, détachement, piété et humilité. Ces qualités et ces valeurs se résument dans ses propos extraits d'une interview, lorsqu'on lui pose la question de savoir quel est le plus beau souvenir de sa vie :

> « Dieu m'a choisi sans aucun mérite de ma part, en ce qui concerne ma vocation sacerdotale et ma vocation épiscopale qui fut quelque chose d'extraordinaire : mon ordination épiscopale en effet était la première de l'Afrique centrale et qui fut conférée au moment où les colonies existaient encore et au moment où les noirs se trouvaient dans une condition de subordination. Moi, le garçon des travaux forcés, le *boy* de la mission, évêque de l'Église universelle ! Aujourd'hui encore, c'est pour moi quelque chose de bouleversant : comment Dieu a-t-il pu jeter son regard sur moi pour me choisir parmi ses serviteurs ? Cela m'a toujours préoccupé. Je n'ai jamais été le premier de la classe. Il y avait d'autres élèves plus intelligents que moi. Je rendrai toujours grâce à Dieu de m'avoir choisi malgré mes limites. Voilà le souvenir le plus beau de ma vie »[917].

Une relecture d'actualisation de la figure ecclésiale et politique de Mgr Paul Etoga offre des éléments d'appréciation et d'adéquation à l'appel et à l'exhortation du pape François. Il s'agit pour le pape d'un cadeau spirituel offert aux évêques italiens et qui interpelle en même temps l'engagement épiscopal de tout évêque. Le Pontife parle à propos des « huit Béatitudes de l'évêque »[918]. D'après Mgr Battaglia, « [c]es huit paroles ne sont pas un traité

---

[916] Benjamin NKOE, *Ils ont combattu le bon combat…*, *op. cit.*, p. 22.

[917] http://www.missionerh.com/site/index.php/fr/rubriques/afrique/nouvelles-d-afrique-cameroun/263-moi-le-garcon-des-travaux-forces-eveque-de-l-eglise-universelle, *op. cit.*

[918] Cf. https://fr.zenit.org/2021/11/22/beatitudes-de-leveque-le-cadeau-du-pape-francois-aux-eveques-ditalie/?eti=2628. Voici, dans leur ensemble, les huit béatitudes de l'évêque : « *Heureux l'évêque qui fait de la pauvreté et du partage son mode de vie, parce que par son témoignage il construit le royaume des cieux. Heureux l'évêque qui n'a pas peur de rider son visage de larmes, afin que les douleurs du peuple, les fatigues des prêtres puissent se refléter en elles, trouvant la consolation de Dieu en embrassant ceux qui souffrent. Heureux l'évêque qui considère son ministère comme*

de théologie, une abstraction philosophique ou morale mais elles sont avant tout le portrait de Jésus, notre Seigneur et Maître, et elles nous sont données par l'Évangile pour que nous apprenions jour après jour à les réécrire avec notre vie en nous conformant à lui ! Vous êtes tout d'abord appelés aujourd'hui à réécrire les Béatitudes dans le nouveau service que l'Église vous confie ». Cette relecture d'actualisation est donc une raison supplémentaire pour considérer la figure de Mgr Paul Etoga, dans son engagement ecclésial et politique, comme une figure exemplaire d'homme de Dieu et d'Église, ainsi qu'un modèle à suivre aujourd'hui au Cameroun.

Le Christ est éternellement le modèle absolu et inspirateur de tout déploiement ecclésial de tout prêtre et de tout évêque. L'appel quotidien est d'être fidèle à son enseignement et de garder ses commandements. Ceci est possible à travers le témoignage opérationnel des prêtres et des évêques se réclamant de l'Église du Christ qui en est la tête. Il s'agit d'une exigence d'impératif catégorique de témoignage pratique dans l'exercice du ministère épiscopal. Cette relecture d'actualisation de la vie et de l'œuvre de Paul Etoga fait découvrir qu'il vécut en son temps ces « Béatitudes de l'évêque » dont parle aujourd'hui le pape François. En effet, il s'est révélé tout au long de son ministère épiscopal dans son engagement ecclésial et politique comme un évêque pauvre pour le « royaume des cieux » (1ère Béatitude). Il a été courageux, compatissant (2e Béatitude), toujours au service de l'Église et du prochain en toute douceur et bienveillance (3e Béatitude). Sa force de caractère et sa crainte de Dieu ont dévoilé, au fil de notre recherche, la figure d'un

---

un service et non comme un pouvoir, en faisant de la douceur sa force, donnant à chacun le droit de cité dans son cœur, pour habiter la terre promise aux doux. Heureux l'évêque qui ne s'enferme pas dans les palais du gouvernement, qui ne devient pas un bureaucrate plus attentif aux statistiques qu'aux visages, aux procédures qu'aux histoires, essayant de lutter aux côtés de l'homme pour le rêve de justice de Dieu parce que le Seigneur, rencontré dans le silence de la prière quotidienne, sera sa nourriture. Heureux l'évêque qui a à cœur la misère du monde, qui n'a pas peur de se salir les mains avec la boue de l'âme humaine pour y trouver l'or de Dieu, qui ne se scandalise pas du péché ni de la fragilité des autres parce qu'il est conscient de sa propre misère, parce que le regard du Crucifix ressuscité sera pour lui le sceau d'un infini pardon. Heureux l'évêque qui chasse la duplicité de cœur, qui évite toute dynamique ambiguë, qui rêve du bien même au milieu du mal, parce qu'il saura jouir du visage de Dieu, en trouvant son reflet dans toute flaque d'eau de la cité des hommes. Heureux l'évêque artisan de paix, qui accompagne les chemins de la réconciliation, qui sème le germe de la communion dans le cœur des prêtres, qui accompagne une société divisée sur le chemin de la réconciliation, qui prend tout homme et toute femme de bonne volonté par la main pour construire la fraternité : Dieu le reconnaîtra comme son fils. Heureux l'évêque qui, pour l'Évangile, n'a pas peur d'aller à contre-courant, en rendant son visage "dur" comme celui du Christ en route vers Jérusalem, sans se laisser freiner par les incompréhensions ni par les obstacles parce qu'il sait que le Royaume de Dieu progresse dans la contradiction du monde ». Italique dans le texte.

évêque authentique, vrai, pieux et épris de justice (4e Béatitude). Il savait pardonner dans un engagement et un dévouement empreints d'humanisme et d'humilité pour se mettre à la recherche des brebis perdues (5e Béatitude). Malgré les difficultés rencontrées dans sa vie d'homme et d'évêque qui pouvaient l'amener à se décourager, il a toujours préservé son optimisme (6e Béatitude) en conservant son sens de la paix et en sachant toujours faire œuvre d'Église sans exclusive (7e Béatitude). Mgr Etoga est aujourd'hui le symbole d'un évêque signe de contradiction à la suite du Christ (8e Béatitude).

Conclusion générale

Mgr Paul Etoga fut un personnage fortement marqué par sa culture de base. Sa rencontre personnelle et communautaire avec Dieu, à travers l'évangélisation, eut un apport de fond dans l'édification de la figure de chrétien et d'homme d'Église qu'il incarne à présent. La rencontre providentielle avec Mgr Vogt, alors qu'il n'était qu'écolier, fut l'un des éléments de semence et de germination de sa vocation ; l'élément fondamental étant l'appel de Dieu. Cet évêque lui ouvrit les portes du séminaire. Il ne faut pourtant pas oublier que c'est de sa propre famille qu'il tira la première sève de socialisation et d'éveil à la spiritualité. Plus tard, il effectue un dépassement de l'attachement à sa famille biologique pour atteindre la famille ecclésiale et catholique, c'est-à-dire l'Église. Ce détachement, restitue la réalité du sacerdoce que certains, à tort ou à raison, considèrent comme une promotion sociale. Par son engagement ecclésial et politique, il est un repère d'ecclésiastique dont la figure est une conviction que l'homme de Dieu est aussi appelé à être pasteur pour sa propre famille. Ceci est possible dans une attitude de détachement par rapport aux liens familiaux. Cette attitude est fondamentalement d'exigence évangélique et se démet de tout favoritisme pastoral. Le prêtre où l'évêque, en tant que pasteur, doit faire connaître, aimer, et servir Dieu à sa propre famille. Il s'agit pour lui de maintenir l'écart canoniquement familial, par un engagement évangélique, de manière à dire avec le Christ : « "Ma mère et mes frères, ce sont ceux qui écoutent la parole de Dieu et qui la mettent en pratique" »[919]. Sa mission est donc, pour l'essentiel, en dépassement de la famille biologique. Il est question, pour l'homme de Dieu et d'Église, d'intégrer dans sa mission la dimension eschatologique de son ministère sans exclusive.

Suivant de manière chronologique les grandes étapes de sa vie, afin de retenir l'essentiel de son cheminement simple et exceptionnel à la fois, quelques repères historiques en donnent la substance :

> « 1911 : Naissance d'Etoga Kunu à Nkol-mewut (Nlong) ; 1923 : Fondation du séminaire à Mvolyé par Mgr Vogt. Entrée d'Etoga Kunu à l'école de Mvolyé et sa mise au service du père Pichon ; 1924 : baptême d'Etoga Kunu à Mvolyé par le père Pichon sous le prénom de

919 Lc 8, 21.

Paul ; 1927 : ouverture du grand séminaire de Mvolyé. Entrée de Paul Etoga au petit séminaire ; 1934 : fondation de Mbalmayo, futur siège épiscopal et future église cathédrale. Première année de stage (épreuve) de Paul Etoga à Edéa ; 1935 : premières ordinations sacerdotales des prêtres camerounais. Retour de Paul Etoga au grand séminaire (fin du 1er stage) ; 1938 : deuxième stage (épreuve) de Paul Etoga à Mvolyé ; 1939 : ordination sacerdotale de l'abbé Paul Etoga à Mvolyé par Mgr René Graffin (19 septembre) ; 1940 : l'abbé Paul Etoga est affecté à Messamena comme vicaire ; 1943 : l'abbé Paul Etoga devient curé-fondateur de Yangben ; 1955 : l'abbé Paul Etoga est nommé curé de Nkol-Nkoumou (5 février), [...] évêque auxiliaire de Yaoundé le 3 juillet, sacré évêque à Yaoundé par Mgr René Graffin le 30 novembre ; 1961 : Mgr Etoga est nommé évêque fondateur et résidentiel de Mbalmayo (24 juin). Intronisation de Mgr Etoga à Mbalmayo par Mgr Graffin (22 août). Fondation du petit séminaire de Mbalmayo par Mgr Paul Etoga (30 août) ; 1962 : ouverture du petit séminaire de Mbalmayo (30 avril) ; 1963-1965 : Mgr Paul Etoga, Père conciliaire ; 1964 : Noces d'argent de Mgr Etoga ; 1965 : fondation du service diocésain d'information "Nazareth" ; 1966 : envoi des "vocations tardives" en Europe, fondation du Centre catéchétique ; 1970 : installation des volontaires italiennes à Mbalmayo ; 1980 : jubilé épiscopal d'argent de Mgr Paul Etoga ; 1983 : Meurtre [assassinat] de deux prêtres à l'évêché de Mbalmayo dont l'abbé Jean Kunu, cousin de Mgr (29-30 novembre) ; 1984 : Nomination de Mgr Adalbert Ndzana comme évêque coadjuteur avec droit de succession de Mgr Etoga (8 novembre) ; 1985 : sacre de Mgr Adalbert Ndzana par le Pro-Nonce D[onato] Squicciarini (20 janvier) ; 1986 : jubilé d'argent du diocèse de Mbalmayo. Lettre de démission de Mgr Etoga à Rome (8 décembre) ; 1987 : démission de Mgr Etoga (18 mars) et sa retraite à Mbock-Kulu. Installation de Mgr Ndzana (29 mars) ; 1989 : jubilé sacerdotal d'or de Mgr Paul Etoga (1939-1989) »[920].

Son engagement et son dévouement, dans l'éducation chrétienne des familles, étaient une interpellation faite aux parents, prêtres, maîtres d'école et à tous les acteurs chrétiens quant à leur rôle dans l'éducation chrétienne des enfants. Dans un monde où l'affirmation des libertés individuelles et communautaristes se fait pressante, il est urgent de réorienter les consciences vers la crainte de Dieu et l'amour fraternel entre les humains. Aujourd'hui les individualismes et les économies libérales, étant de plus en plus référentielles et la compétition de règle, la figure ecclésiale et politique du prélat Etoga invite, à la suite du Christ, à compter aussi avec les pauvres et les plus faibles dont la considération épouse la volonté de Dieu.

[920] Isidore TABI, *Cinquante ans au service du peuple de Dieu...*, *op. cit.*, 14-17.

Trop souvent les religions constituent des remparts et des justifications des divisions et des luttes cruelles et sanglantes entre les peuples, alors qu'elles devraient être des raisons de rapprochement. En ce qui concerne l'Église catholique, la vie et l'œuvre de Mgr Etoga appellent à se convaincre que l'Église doit rester fidèle à sa vocation première qui est l'annonce de la Bonne Nouvelle et la défense des pauvres et des plus faibles. Elle doit être au fait des réalités du temps présent et en avoir la vertu de force pour se prononcer, sans peur ni complaisance, sur les problématiques posées, ainsi que les aspirations exprimées dans sa mission d'évangélisation et de défense des pauvres et des plus faibles : entre autres, il y a la question du mariage des prêtres, l'ordination des femmes, l'homosexualité, la pédophilie, les abus sexuels dans la société et au sein même de l'Église, l'engagement politique des ecclésiastiques, la question des sectes, les détournements des fonds de l'Église, les discriminations au sein de l'Église, etc.

La figure sacerdotale et épiscopale de Paul Etoga montre aujourd'hui la nécessité d'une mise à jour dans le processus de formation des futurs prêtres au Cameroun. Il s'agit de les préparer à répondre aux défis qui seront les leurs, une fois sur le champ des réalités pastorales. Il faut donc promouvoir dans cette formation, l'ouverture d'esprit qui disposera les futurs prêtres à accueillir même les non croyants et à ne pas perdre leur sérénité face à certaines situations. Il est également question de les former aux sciences administratives et techniques pour qu'ils soient des gestionnaires et des administrateurs ecclésiaux avisés. Il est souhaitable, dans cette perspective d'évangélisation du monde en étant du monde sans être du monde, de voir l'Église catholique, au Cameroun et en Afrique, promouvoir des formations ciblées et pluridisciplinaires de ses candidats au sacerdoce. L'on doit rendre l'Église de plus en plus opérationnelle, pour résolument sortir le Cameroun et l'Afrique du sous-développement. Il est urgent que l'Église au Cameroun et ailleurs s'inscrive davantage dans la promotion d'un développement durable qui, en se souciant du salut des âmes, assure également le bien-être des fidèles.

Homme d'Église, Paul Etoga invite à la fidélité à l'engagement sacerdotal et à l'amour indéfectible pour l'Église. Cette fidélité et cet amour expriment les bienfaits d'une bonne collaboration avec les supérieurs hiérarchiques, entre les prêtres et entre les pasteurs et le peuple de Dieu. Face aux injustes, à l'intérieur même du clergé, Mgr Etoga se rebelle avec beaucoup de bienveillance, sans violence ni verbale ni physique ; signe que l'homme d'Église est capable d'objection de conscience. Aussi, pour réaliser une bonne œuvre d'Église, les pasteurs doivent-ils entretenir des rapports fraternels qui, malheureusement font souvent défaut. L'Église doit ainsi se résoudre à comprendre qu'elle a aussi besoin de conversion, dans la mesure où parfois la vocation humaine prend le dessus sur la vocation ecclésiale et spirituelle à laquelle ils sont appelés à témoigner dans leur ministère de pasteurs d'âmes.

Paul Etoga, évêque, suscite une réflexion sur le double déploiement ecclésial et politique d'un homme d'Église. Il est vrai que, l'histoire, la culture, la civilisation, diffèrent selon les peuples et les époques. Cependant, il demeure aussi vrai que les défis des peuples restent les mêmes : la justice, l'économie, la politique, les guerres, le bien-être, la lutte contre les injustices, la famine, la maladie. Tous ces défis n'épargnent aucun humain, aucun peuple, quelle que soit l'époque ou le temps. Ce qui signifie que chaque époque est toujours tributaire de l'actif et du passif de l'époque précédente dans une connexion d'intergénérationnalité spatio-temporelle. Ainsi, l'époque actuelle, tirant sagesse de l'actif et du passif de l'époque précédente, est conviée à prendre conscience de la qualité de l'héritage à léguer aux générations futures.

La figure ecclésiale et politique de Mgr Paul Etoga invite tout évêque, dans sa mission diocésaine, à penser à l'avenir de son diocèse. Il doit être un pasteur prévoyant, conformément au ministère du Christ qui est exercé par et dans l'Église, en sa triple fonction d'enseignement, de gouvernement et de sanctification. L'évêque, en chaque prêtre, est appelé à voir un fils à connaître, à aimer, à servir et à conduire à la vie éternelle. Il devient à cet égard le promoteur du dialogue entre lui et les prêtres, ainsi qu'entre lui et les laïcs en service dans son diocèse. Dans son management ecclésial, en faisant montre d'impartialité parce qu'inspiré et nourri par l'enseignement du Christ, évitera les clivages entre les prêtres. Le diocèse, dans cette logique, s'évitera d'avoir deux camps opposés de prêtres : d'un côté le camp des prêtres jouissant des faveurs de l'évêque et de l'autre, celui des prêtres laissés-pour-compte. La mission de l'évêque, entre autres, est de bâtir au sein du diocèse une fraternité diocésaine, tellement en manque dans les structures ecclésiales de l'Église locale et universelle. Ainsi, l'Église, à travers les diocèses, en plus de prêcher au monde la fraternité, le respect des droits de l'homme, la justice et les autres bonnes valeurs, doit se prêcher à elle-même en premier. Elle est conviée elle-même à une obligation de témoignage en dénonçant la haine, la jalousie, l'intrigue, les exclusions, le tribalisme, la mauvaise gouvernance des biens de l'Église, les discriminations… Ces manquements constituent un contre-témoignage.

Paul Etoga, en offrant un témoignage de vie et une exemplarité dans l'engagement ecclésial et politique qui est le sien, invite les hommes d'Église à l'humanisme : l'évêque doit s'illustrer par la première des justices en termes de considération du prêtre dans ses droits humains, et lui assurer un minimum vital de sécurité sociale. Le prêtre de son côté doit défendre par lui-même sa dignité de prêtre en aidant l'évêque à être un véritable père pour lui. En somme, le prêtre et l'évêque sont appelés à vibrer au même diapason de coresponsabilité dans la bienveillance et la prévoyance. Chacun doit être responsable de l'autre dans une logique de fraternité, de considération mutuelle, de prière et de communion ecclésiale. Cela n'exclue aucunement des divergences de points de vue ou d'opinions. Cette fraternité est essentielle dans la mesure où elle donne vie et sens à la communauté ecclésiale. Elle en constitue le cœur et son caractère primordial, puisque « [l]a fraternité est à l'opposé de la haine. Car la racine de la haine, c'est l'indifférence qui isole et permet de concevoir toutes sortes de représentations de l'autre, au point de s'en faire un "ennemi" »[921].

Les erreurs commises au cours de l'histoire de l'humanité et de l'Église, ajoutées à celles du temps présent, montrent toute la radicalité et toute la nécessité de la fraternité dans la vie des humains. En effet, « [p]arce qu'ils ne peuvent vivre sans l'amour, les hommes ne sauraient renoncer à la fraternité. Sinon, ils peuvent, nous pouvons *survivre*, mais nous ne pouvons pas *vivre* véritablement »[922]. Cette radicalité et cette nécessité tirent tout leur fondement en Dieu. Ainsi, « [d]ès lors que nous ne recherchons plus Dieu et ne considérons plus l'autre comme le prochain que Dieu nous destine, nous risquons de construire notre propre enfer, notre propre solitude. Pourquoi ? Pour la simple raison que nous ne sommes pas faits pour être comme des îles isolées les unes des autres »[923]. C'est pourquoi, entre les prêtres et les évêques, il est évangéliquement important de promouvoir un climat de fraternité, où chacun se sent convaincu que l'autre est une destination irréfragable et inéluctable dont il faut prendre soin en permanence. L'homme de Dieu doit se faire attentif et attentionné vis-à-vis de son confrère et témoigner en conscience de cette vérité : « Vivre la fraternité, c'est se réapproprier résolument la parabole évangélique du bon Samaritain. Avec ce récit bref mais intense, Jésus nous parle de l'Histoire avec un grand H »[924].

Il ne s'agit pas de s'investir dans des comportements de formalisme en agissant par devoir, mais au contraire d'adopter une attitude réflexive pour une visibilité d'agirs concrets, parce que « [l]e "proche" de la parabole ne reflète pas en effet une conception générique de l'humanité, et plutôt que de nous inciter vaguement à user de bons sentiments, le Seigneur nous propose de réfléchir à l'expérience concrète et à la façon de nous positionner dans le monde »[925]. Ainsi considéré, le Christ nous fait avoir conscience que chaque rencontre avec autrui, quel qu'il soit, devient une occasion de déploiement relationnel tendu vers le large pour dépasser toutes frontières. Et Mgr Paul Etoga l'a expérimenté dans ses multiples rencontres durant son ministère de prêtre et d'évêque. Ces rencontres ont été importantes dans la réalisation de ses projets. Les autres lui ont permis de se construire et de s'améliorer comme chrétien, prêtre et évêque. En effet, « [e]n partant de la réalité de nos rencontres personnelles, il nous suggère une ouverture aux autres, une ouverture universelle, précisément parce qu'elle est particulière »[926].

---

921 Matteo Maria ZUPPI, *Tu haïras ton prochain. La fraternité n'est pas négociable*, Paris, Éditions Salvator, 2021, p. 151.
922 *Ibid.*, p. 152, italique dans le texte.
923 *Ibid.*
924 *Ibid.*, p. 154.
925 *Ibid.*
926 *Ibid.*

Soudés par la communion ecclésiale et fraternelle, l'évêque et le prêtre prendront place à la même table pour régler leurs différends à la lumière de la correction fraternelle. L'Église est donc résolument appelée à prêcher par le bon exemple, d'autant plus qu'à travers les prêtres et les évêques, elle représente une institution divine qui porte l'espoir et l'espérance des enfants de Dieu et du monde. Ces derniers attendent beaucoup d'eux et ne supportent pas les voir trahir leur mission, au point où ils paraissent souvent très exigeants et intolérants envers les hommes d'Église. Paul Etoga, dans son engagement ecclésial et politique, montre que les pasteurs doivent aussi se rappeler que Dieu, miséricordieux, leur en demandera davantage, étant de ceux qui auront beaucoup reçu. Leur ministère, fondé sur celui du Christ, les invite, de manière catégorique, à être le reflet de l'Évangile et de l'Amour venus de Dieu. Dans cette logique en réalité, selon l'économie du salut, la haine n'a pas de place entre les humains et doit être une aberration entre hommes de Dieu : « Nous ne devons pas haïr. L'Évangile est clair et net »[927]. La fraternité, au sein de l'Église et même du peuple de Dieu et de la société tout entière, est un impératif absolu susceptible d'aucune négociation.

Dans son engagement politique, Mgr Paul Etoga est significatif de ce qui est perçu comme spécificité de l'engagement politique propre à un homme de Dieu et d'Église : le « politiquement apolitique ». Ici, la préoccupation de l'homme d'Église est le salut des âmes et non la conquête du pouvoir politique, quelles que soient ses convictions ou les circonstances qui déterminent cet engagement. Il est appelé à imiter le Christ qui laisse transparaître, dans son ministère, la dévolution d'un homme d'Église qui est moins de faire carrière que de sauver les âmes. Aussi, doit-il se définir dans son engagement politique comme une conscience critique et éthique de la politique et de la vie politique. Autrement dit, en toute circonstance, il doit garder la distance évangélique entre le politique et lui, quel que soit le prix à payer. L'homme d'Église, ainsi que le laisse voir et comprendre l'évêque Paul Etoga, à la suite du Christ, est appelé à être libre dans son ministère. Cette liberté est de mise dans ce sens qu'un homme de Dieu qui perd sa liberté, face aux sollicitations du monde, devient un danger permanent pour lui-même, le peuple de Dieu et l'Église tout entière. Il est appel en permanence à être un signe de contradiction. Cette exigence de ramer à contrecourant du monde est l'empreinte de l'Église et concerne tout baptisé de manière générale. Les prêtres et les évêques y sont conviés à titre spécial et particulier, en tant qu'intendants du mémorial du Christ dans le monde à travers l'onction ministérielle du sacerdoce. Cette exigence est restituée et condensée dans l'essentiel de la mission de l'Église, invitée à préserver son intégrité et sa spécificité au milieu d'un monde en perpétuelle mutation. Avec douceur et fermeté, sa vocation ne lui donne pas de se déployer au gré des mouvances et changements du monde, tout en étant pourtant au service du monde ; sa

[927] *Ibid.*, p. 171.

préoccupation première est d'œuvrer pour le salut du monde. C'est pourquoi, tout homme d'Église est invité à intégrer cette oraison tout au long de son ministère sacerdotal : « Seigneur, tu demandes à ton Église d'être le lieu où l'Évangile est annoncé en contradiction avec l'esprit du monde. Donne à tes enfants assez de foi pour ne pas déserter mais témoigner de toi devant les hommes en prenant appui sur ta parole. Par Jésus-Christ, ton Fils, notre Seigneur et notre Dieu, qui règne avec toi et le Saint-Esprit, maintenant et pour les siècles des siècles. Amen »[928].

Face à cet appel divin d'être un signe de contradiction pour son temps et pour le monde dans lequel un homme de Dieu évolue, le compromis peut être envisagé dans certaines situations, et non la compromission. Le franc-parler doit être la règle, mais en toute humilité et bienveillance. Sans rechercher de l'héroïsme, Paul Etoga gardait constamment à l'esprit que son engagement d'homme de Dieu pouvait lui coûter la vie, ainsi qu'il en a été, par exemple, d'Oscar Romero, du père Alexander Popieluszko et de bien d'autres, en Afrique et ailleurs. L'engagement politique de tout homme de Dieu et d'Église est donc appelé à s'abreuver à la source du Christ, en communion d'esprit et d'action avec l'héritage prophétique et l'époque contemporaine. Cette communion est un ressourcement qui est à la fois humain, intellectuel et spirituel dans le ministère sacerdotal et épiscopal. Une communion qui renforce le sens de l'humilité de tout homme de Dieu. Elle lui rappelle, tout au long de son ministère, qu'il n'est qu'un serviteur quelconque et que la tête de l'Église est éternellement le Christ. Une communion qui, au terme, l'aide à éviter les avatars du cléricalisme. Être signe de contradiction signifie, pour un homme d'Église, être engagé à l'exemple du Christ, tel que le laisse apparaître la figure ecclésiale et politique de Mgr Paul Etoga. C'est pourquoi dans sa mission il a toujours évité de rester sourd ou complice devant les situations d'injustices. La dénonciation, dans l'amour et la fermeté, a régulièrement été sa manière de refuser de sacrifier les pauvres et les faibles sur l'autel de la compromission et de la complaisance complice envers les élites.

Dans son engagement il a toujours mis à contribution sa personne et son expertise, en ce qui concerne l'idonéité de la célébration des cultes et des sacrements, pour éviter les dérives du syncrétisme. Cependant, en tant que fils d'un terroir, il n'a jamais négligé l'apport de la culture qui, aux yeux de l'Église, enrichit la foi dans ses différentes expressions. Ainsi, son engagement politique s'abreuve à la source de son engagement social, culturel et cultuel, lequel puise son fondement en Jésus Christ. Cela signifie que le pasteur fait montre de réalisme en faisant corps avec le peuple de Dieu, dans la réalité de son vécu quotidien, tout en s'en distinguant. La pastorale devient une pastorale inculturée d'écoute et de dialogue basée sur l'enseignement du

---

928 René BOUDON, Daniel MILON, *Prière du temps présent*, Paris, Cerf/Desclée/Desclée de Brouwer/Mame, 1980, p. 703.

Christ et de l'Église, nourrie en permanence par les Saintes Écritures dans la communion avec le magistère. Cette attitude permit à Paul Etoga de mieux intégrer les aspirations profondes et spécifiques du peuple de Dieu.

L'on peut aujourd'hui estimer que l'engagement ecclésial et politique de cet évêque est un témoignage de la crainte de Dieu par un homme de Dieu et d'Église. Une crainte cultivée et assimilée de manière à pouvoir servir d'exemple et de repère pour les jeunes générations de prêtres et d'évêques au Cameroun et ailleurs. Il s'agit d'une exigence pour tout homme de Dieu, voire pour tout croyant. De surcroît, l'homme de Dieu en tant que pasteur doit catégoriquement veiller sur ses brebis, les paître et les surveiller. Il ne s'agit pas d'une faveur que ce dernier ferait à celles-ci, mais d'une mission librement acceptée. Le pasteur, ainsi que l'a montré Mgr Etoga durant son ministère, est appelé à accomplir sa mission selon la volonté de Dieu ; et selon le prophète Jérémie, tout manquement à cette mission provoque inéluctablement le courroux de Dieu[929]. Aussi, est-il fortement rappelé que les hommes de Dieu, cible principale de cette thèse, doivent se considérer plus serviteurs du peuple de Dieu qu'autre chose, en ayant en permanence à l'esprit qu'ils sont d'abord chrétiens à part entière avant d'être prêtres ou évêques.

Mgr Etoga accorde une attention à tous : riches, pauvres, jeunes, personnes âgées, hommes, femmes, enfants, malades et bien portants. Les étrangers, croyants et non croyants ne le laissaient pas indifférents. La figure d'homme d'Église symbolisée par ce prélat invite à intégrer chez les hommes d'Église le caractère gratuit de l'onction sacerdotale et épiscopale. Ils le reçoivent non pour eux, mais pour le service du peuple de Dieu. Ils se doivent d'être humbles et discrets. Le père Roger Mille, ancien prêtre dans la paroisse d'Akonolinga pendant trente-trois ans affirme :

> « Comme prêtre et comme évêque, Mgr Paul Etoga était quelqu'un de très humble qui ne faisait pas parler de lui. Il suscitait de la joie au sein de son clergé dont il était très proche. Alors qu'il était encore auxiliaire de Mgr René Graffin, il a effectué une visite qui a été un réel succès. Quelques temps après, nous apprenions que Mgr Etoga était nommé évêque fondateur du diocèse de Mbalmayo, pourtant rien n'était préparé. Il était un homme doux et pieux qui savait écouter et ne s'imposait pas comme Graffin. Tous ceux qui étaient là étaient contents. Il a aimé travailler avec les spiritains. Il ne se mêlait pas de politique. Il était un évêque pasteur. C'était vraiment un grand évêque »[930].

---

[929] Jr 23, 1-2 : « Malheur ! Des bergers qui laissent dépérir à l'abandon le troupeau de mon pâturage – oracle du Seigneur ! Eh bien ! Ainsi parle Seigneur, le Dieu d'Israël, au sujet des bergers qui font paître mon peuple : C'est vous qui avez laissé à l'abandon mon troupeau, et qui l'avez dispersé ; vous ne vous en êtes pas occupés. Or moi, je vais m'occuper de vous en punissant vos agissements pervers – oracle du Seigneur ».

[930] Cf. Annexe X.

Aujourd'hui, le pape François convie tout homme d'Église à se convaincre qu'il est prêtre ou évêque pour les enfants de Dieu, surtout pour les plus démunis. Il exhorte chaque homme d'Église à vivre son sacerdoce comme « [u]n homme pour les autres » sans préférence de catégorie sociale, culturelle ou raciale. L'on peut parler avec raison d'un humanisme pastoral, ecclésial et intégral. Paul Etoga fut un pasteur ouvert, bienveillant, prévoyant, sage, amoureux de l'Église et pieux. Dans cette optique, sa figure peut être un des repères galvaniseurs et d'actualisation de la mise en valeur de nos premiers témoins de l'accueil et de l'annonce et de l'accueil de l'Évangile.

Cette figure incite à une réflexion sur le fondement de l'être sacerdotal et épiscopal. Elle permet aussi une ouverture pour un véritable rapprochement œcuménique, interreligieux et du vivre-ensemble, en vue d'une profonde paix sociale et politique au Cameroun, en Afrique et dans le monde, tant le rôle des pasteurs et de toute l'Église est crucial pour l'avenir des peuples. L'exemplarité de Mgr Paul Etoga, dans son engagement ecclésial et politique, se résume dans les propos d'un haut dignitaire du Saint-Siège qui l'a bien connu : « "comme représentant du Saint Père au Cameroun, qui a eu la chance de suivre avec admiration votre activité pastorale, écrivait le Pro-Nonce à Mgr Etoga le 10 mars 1987, je vous remercie de votre exemplaire disponibilité au service de l'Église et des âmes qui vous ont été confiées : vous avez bien réalisé la figure du Christ Bon pasteur qui donne sa vie pour ses brebis" »[931]. Mgr Paul Etoga fut un prélat vrai. Cette attitude a été une constance, indépendamment de son niveau social ou d'instruction. Il sut rendre visible le Christ durant son ministère de prêtre et d'évêque. Il s'agit là d'une exigence fondamentale pour tout homme d'Église. La figure de Mgr Paul Etoga est suggestive de ce constat qui fait observer que notre Église regorge de beaucoup de savants, mais avec très peu de pasteurs selon le cœur et la volonté du Christ, bon pasteur. Il fut « un évêque qui avait un sens élevé du silence, de l'écoute et de la courtoisie. Il ne réagissait jamais à chaud et traitait ses collaborateurs avec beaucoup de respect. C'était un homme prudent qui savait encaisser les coups durs de la vie. Il avait un sens élevé de l'hospitalité, de la solidarité et de la famille »[932].

À la suite du Christ, Mgr Paul Etoga avait subi des railleries. Effectivement, le Christ, outragé, connut les moqueries des passants qui « répètent au Seigneur ce qu'il a dit à propos de la destruction du Temple [...]. Le deuxième groupe des railleurs est composé de membres du Sanhédrin. [...]. Le troisième groupe des railleurs est constitué de ceux qui ont été crucifiés avec lui et Matthieu et Marc qualifient par le même mot lēstē (brigand) »[933].

---

931 Isidore TABI, *Cinquante ans au service du peuple de Dieu...*, *op. cit.*, p. 13.

932 Cf. Annexe X.

933 Joseph RATZINGER. Benoît XVI, *Jésus de Nazareth. De l'entrée à Jérusalem à la Résurrection*, Vatican, Librairie éditrice Vaticane, « Groupe Parole et Silence », 2011, p. 239-242.

Donc, Jésus de Nazareth vit dans son corps et dans son âme la dérision de la part des passants, ses contemporains à qui il a fait du bien en leur donnant à manger, en les délivrant des mauvais esprits, les guérissant de toutes sortes de maladies. Il a vécu le déni de reconnaissance à l'intérieur même du Temple par les membres du Sanhédrin. Enfin, le Christ a subi les moqueries des pécheurs et des condamnés malfaiteurs. Lors de sa passion, il lance une alerte prophétique : « Car si l'on traite ainsi l'arbre vert, qu'en sera-t-il de l'arbre sec ? »[934]. Ces paroles prophétiques et missionnaires du Christ, trois fois saint et irréprochable, montrent l'inéluctabilité de la souffrance et du martyr à subir par le prêtre et le prélat dans le ministère sacerdotal. Mgr Paul Etoga connut à son tour la dérision à l'intérieur même de l'Église où, notoirement, une haute autorité ecclésiastique s'était liguée contre lui. En même temps, il invite à une prise de conscience de la gravité et de l'importance d'une devise. Elle n'est pas un slogan creux, mais une expression d'un engagement et d'une conviction. Au niveau de la nation camerounaise, il est l'un des symboles représentatifs de ces valeureux camerounais et camerounaises oubliés, mais pourtant de véritables exemples à suivre, au niveau de la République et de l'Église. L'Église et la nation camerounaise peuvent tirer profit de leurs modèles respectifs dans les domaines humain, intellectuel, spirituel, culturel, politique et économique[935].

Issu d'une famille païenne, ainsi qu'il témoigne lui-même dans *Mon autobiographie*, et parvenu à l'épiscopat avec une si impressionnante exemplarité, « Mgr Paul Etoga est un chef-d'œuvre de l'Esprit Saint », estime Don Pegretti. Somme toute, la figure ecclésiale et politique du premier prélat du Cameroun et de l'Afrique noire française rappelle que chaque homme d'Église, où qu'il soit, doit se soumettre au respect de la dignité humaine[936] et au devoir d'exemplarité[937]. Il rappelle également aux hommes d'Église l'obligation de dignité[938], d'amour et de respect de l'Église. Tout au long de son presbytérat et de son épiscopat, il promut la collaboration et la solidarité presbytérale[939]. Il s'est toujours soucié de la formation permanente des prêtres et des laïcs[940]. Il symbolise, pour les prêtres et évêques au Cameroun, le devoir

---

[934] Lc 23, 31.

[935] Cf. Joseph Hervé NGAH EKANI, *L'impact socio-économique de l'épiscopat de Monseigneur Paul Etoga sur le développement de la mission catholique de Nlong de 1955 à 1987*, Mémoire de DIPES II (Diplôme de professeur d'enseignement secondaire), ENS (École normale supérieure), 2007-2008.

[936] Louis-Léon CHRISTIANS, *La déontologie des ministères ecclésiaux*, Paris, Cerf, 2007, p. 37.

[937] *Ibid.*, p. 39.

[938] *Ibid.*, p. 39-40.

[939] Vicenzo PAGLIA, *L'Évêque et son diocèse*, Bruxelles, Lessius, p. 32-34.

[940] Louis-Léon CHRISTIANS, *op. cit.*, p. 45.

de discrétion et du secret professionnel[941], du dévouement et de la réserve[942]. Ce prélat interpelle la conscience ecclésiale et politique des hommes d'Église au Cameroun pour une intégration de l'humilité[943], de la douceur[944] et de la franchise en s'évitant tout obstacle ou empêchement à l'idonéité de son ministère : « [l]a déontologie, précise Louis-Léon Christians, envisage également des incompatibilités. C'est ainsi que le Code de droit canonique interdit également aux clercs de "remplir les charges publiques qui comportent une participation à l'exercice du pouvoir civil" (c. 285 § 3), à savoir une participation au pouvoir législatif, exécutif ou judiciaire (être député ou sénateur, ministre d'un gouvernement, magistrat, etc.) »[945]

Une préoccupation demeure : Mgr Paul Etoga peut-il être reconnu un jour comme un saint ? L'abbé Nkoé et beaucoup de gens se posent cette même question : « Était-il ascète ? Il n'en parlait jamais. Mais l'exiguïté de sa chambre à coucher et l'étroitesse de son lit m'effrayaient. Je me demande s'il n'en tombait pas souvent [...]. Nous avons côtoyé un grand et saint Évêque sans bien nous en rendre compte. Mais sa valeur n'a point échappé à la sagacité de certains grands esprits »[946]. L'abbé Nkoé, témoin fidèle et crédible collaborateur du premier évêque de Mbalmayo, fait une autre révélation d'importance qui mérite d'être évoquée, pour aiguiser la curiosité de l'Église locale et universelle, dans le sens d'un approfondissement de la réflexion et de la réappropriation de la figure ecclésiale et politique de Paul Etoga : « Le 15-08-1991 vers 17h 00, écrit-il, je me trouvais avec Mgr Paul Etoga dans la basilique Saint-Pierre de Rome. Vint un haut Prélat qui conversa fraternellement avec lui. J'entendis clairement et distinctement ce Cardinal habituellement peu bavard lui confier : "Mgr Paul Etoga, je peux vous dire que vous êtes parmi les quatre premiers meilleurs Évêques du monde". C'était un chef de Dicastère. Ce haut témoignage inopiné vaut son pesant d'or »[947]. Ce vibrant témoignage confirme nos recherches : Mgr Paul Etoga fut un pasteur intègre, dévoué, discret, bon, pieux, vrai, authentique, affable, charitable, aimant, bienveillant, désintéressé, pauvre, doux, sage, humble, résilient, courageux, compatissant... Il fut homme de Dieu et homme d'Église. Vivement que l'Église au Cameroun, particulièrement ses prêtres et évêques, puise abondamment dans le témoignage de ce témoin autochtone de la foi !

---

941 *Ibid.*, p. 47.

942 *Ibid.* p. 40.

943 Vicenzo PAGLIA, *op. cit.*, p. 21.

944 *Ibid.* p. 24-28.

945 Louis-Léon CHRISTIANS, *op. cit.*, p. 41.

946 Benjamin NKOE, *Ils ont combattu le bon combat...*, *op. cit.*, p. 30, italique dans le texte.

947 Benjamin NKOE, *Ils ont combattu ... op. cit.*, p. 30-31.

Bibliographie

1. Sources

1° Sources d'archives

Archives de la Congrégation du Saint-Esprit à Chevilly-Larue : Entretien entre M. Rigobert Owono et Mgr Bernardin Gantin et démenti de l'évêque. Présentation du diocèse de Mbalmayo par Mgr Paul Etoga lui-même. Cette présentation se situerait entre les années 1961 et 1963.

Archives privées de M. Joseph Atangana Ndzie : Témoignage de Joseph Atangana Ndzié aux obsèques traditionnelles de Mgr Paul Etoga dans son village natal de Nkolmewout le 17 avril 1998. Témoignage de Mlle Barbe Ngono à l'occasion du 13e anniversaire du décès de Mgr Paul Etoga le 13 novembre 2011. Souvenir de Mgr Paul Etoga évêque de Mbalmayo par Lisetta Bianchi le 16 mai 2018. En mémoire de Paul Etoga, par Graziosa Invernizzi. Commémoration du premier anniversaire du décès de Mgr Paul Etoga du 12 au 21 mars 1999.

- Périodiques

L'Effort camerounais, 174, janvier 1959

Revue du diocèse de Mbalmayo, « Notre Église diocésaine ».

2° Correspondance, interviews et entretiens

Interview de Mgr Paul Etoga accordée à Sandro Puliani en 1995.

Interview de Mgr Bernardin Gantin accordée à Rigobert Owono le 4 avril 1973 à Rome.

Réponse du 16 mai 1973 de Mgr Gantin suite à son entretien avec Rigobert Owono.

- 20/06/2017 : entretien avec le Père René Charrier (Cssp). Il a été en mission au Congo pendant 21 ans comme directeur du petit et du moyen séminaire et responsable des spiritains avant d'arriver Akono au Cameroun en 1980. Un an après, il est envoyé à Mbalmayo, où Mgr Paul Etoga est encore évêque, pour s'occuper du noviciat (1980-1981). C'est en 1988 qu'il quitte le Cameroun.
- 20/06/2017 : entretien avec le Père Roger Mille (Cssp). Il a connu l'abbé Paul Etoga comme curé de Yangben vers 1945, alors qu'il était lui-même

directeur du pré-séminaire de Mva. Après Mva, il est nommé vicaire à Akonolinga en 1959 où il y passe 33 ans.

- 21/06/2017 : entretien avec le Père Adrien Rémy (Cssp). Ce Père spiritain arrive au Cameroun en 1948. Pendant de longues années, il est éducateur au petit séminaire de Bonépoupa dans le littoral. Le Père Adrien Rémy fait la connaissance de Mgr Paul Etoga lors du sacre de Mgr Pierre Célestin Nkou en 1963. Il a également travaillé à Mbalmayo sous Mgr Adalbert Ndzana le successeur de Mgr Paul Etoga. Depuis 2016 il est à Chevilly-Larue pour raison de santé et est âgé aujourd'hui de plus de 90 ans.
- 11/09/2018 : entretien avec M. Joseph Atangana Ndzié. Ancien séminariste, secrétaire de Mgr Paul Etoga lors du Concile Vatican II alors qu'il était grand séminariste à Rome. De retour au pays en 1970, il va beaucoup collaborer avec le premier évêque de Mbalmayo. C'est lui qui noue la relation entre Mgr Paul Etoga et les italiens qui, plus tard s'installent dans le diocèse de Mbalmayo. Actuellement, il est membre de la coordination diocésaine de la pastorale de la santé depuis le 24 août 2108.

2. Instruments de travail

Catéchisme de l'Église catholique, Paris, Centurion/Cerf/Fleurus-Mame, nouvelle édition, Paris, 1998, 975 p. et sur le site du Saint-Siège.

Cinquantenaire de la Conférence épiscopale nationale du Cameroun (1955-2005), L'enseignement social des évêques du Cameroun 1955-2005, Lettres pastorales et messages. Communiqués et déclarations. Approche analytique, Yaoundé, AMA-CENC, 2005, 610 p.

Code de droit canonique, texte en ligne sur le site du Saint-Siège.

Concile Vatican II, Les seize documents conciliaires, Québec, Fides, Nouvelle édition, 2015, 715 p. et sur le site du Saint-Siège.

Dictionnaire critique de théologie, Paris, Quadrige/Puf, 2019, 1587 p.

Dictionnaire de théologie catholique, T 5, 2e partie, Paris-VI, Librairie-Letouzey et Ané, 1939, 2562 p.

Dictionnaire historique de la langue française, Paris, Le Robert, T 1, T 2 et T 3, 2012, 4168°p.

Lexique des termes juridiques, Paris, Dalloz, 18e édition, 2011, 858 p.

Missel romain, Paris, Desclée-Mame, troisième édition typique, 2021, 1412 p.

Prière du temps présent, Paris, Cerf – Desclée - Desclée de Brouwer – Mame, 1980, 1595 p.

Théo. Encyclopédie catholique pour tous, Paris, Ed. Droguet-Ardant/Fayard, 1992, 1326°p.

Traduction œcuménique de la Bible (TOB), Paris, BIBLI'O – Société biblique française/Les Éditions du Cerf, 2010, 2079 p.

Vocabulaire de théologie biblique, Paris, Cerf, 2013, 1404 p.

3. Documents du Magistère

BENOIT XV, http://www.vatican.va/content/benedict-xv/fr/apost_letters/documents/hf_ben-xv_apl_19191130_maximum-illud.html.

PIE XI, *Rerum Ecclesiæ*, http://w2.vatican.va/content/pius-xi/en/encyclicals/documents/hf_p-xi_enc_28021926_rerum-ecclesiae.html.

JEAN PAUL II, *Exhortation apostolique post-synodale Ecclesia in Africa*, Texte composé à Rome, Libreria Editrice Vaticana, signé à Yaoundé le 14 septembre 1995, 149 p.

JEAN PAUL II, *Exhortation apostolique post-synodale*, *Pastores dabo vobis*, Vatican, Libreria Editrice Vaticana, 1992 et site du Saint-Siège.

JEAN PAUL II, *Exhortation apostolique. Familiaris Consortio*, Libreria Editrice Vaticana, 1981, 181 p.

JEAN PAUL II, *Le jubilé de l'an 2000*, Paris, Cerf, 1999.

JEAN PAUL II, *Lettre aux familles*, Téqui, 1994, 95 p.

BENOIT XVI, Africae Munus, *Exhortation apostolique post-synodale sur l'Église en Afrique au service de la réconciliation, de la justice et de la paix*, 19 novembre 2011.

BENOIT XVI, Discours aux participants au Congrès théologique organisé par la Congrégation pour le clergé, 12 mars 2010.

FRANÇOIS, Discours du pape François à la présentation des vœux de Noël de la curie romaine, 22 décembre 2014.

FRANÇOIS, *Exhortation apostolique. La joie de l'Évangile*, Éditions Parole et Silence, 2013, 235 p. et site du Saint-Siège.

FRANÇOIS, Lettre Encyclique du Souverain Pontife, *Loué sois-Tu. Laudato Si. Sur la sauvegarde de la mission commune*, Paris, Éditions Salvator, 2015, 189 p.

FRANÇOIS, Lettre Encyclique *Fratelli tutti*. Tous frères. Sur la fraternité et l'amitié sociale, Paris, Éditions Salvator, 2020, 217 p.

FRANÇOIS, *La famille*, Libreria Edicitre Vaticana, Édition Parole et Silence, 2014, 150 p.

CONGREGATION POUR LE CLERGE, « L'art et la beauté dans la formation sacerdotale », www2.clerus.org/clerus/dati/2013-06/19-13/Arte_e_formazione_del_clero_Fr.html.

CONGREGATION POUR LE CLERGE, Directoire pour le ministère et la vie des prêtres, 1994, www.vatican.va/roman_curia/congregations/cclergy/documents/rc_con_cclergy_doc_31011994_directory_fr.html.

CONGREGATION POUR LES EVEQUES, Directoire pour le ministère pastoral des évêques, *Apostolorum successores*, 22 janvier 2004.

CONGREGATION POUR LE CLERGE, « L'art et la beauté dans la formation sacerdotale », www2.clerus.org/clerus/dati/2013-06/19-13/Arte_e_formazione_del_clero_Fr.html.

4. Ouvrages

ABADIE Maurice, *La défense des colonies*, Limoges, Éditions Charles Lavauzelle, 1937, 203°p.

ABBE Paul, Le dessein de Dieu et les merveilles de son amour miséricordieux, Paris, Téqui, 14e éd., 1976, 560 p.

Album des 75 ans de l'Église catholique au Cameroun (1841-1966), Imprimerie Saint Paul, Sources Yaoundé, 1966.

ATANGANA Joseph Célestin, Monseigneur Paul Etoga. Sur les pas de Mgr François-Xavier Vogt, 2019, 108 p.

ATANGANA Joseph Célestin, Des us et coutumes de nos ancêtres. À l'usage des jeunes générations, Yaoundé, ISIprint, 2009, 184 p.

AUJOULAT Louis-Paul, *Aujourd'hui l'Afrique*, Paris, Casterman, 1958, 400 p.

AULENBACHER Christine et MOLDO Robert, Ni coach, Ni thérapeute, Ni gourou. L'accompagnateur spirituel, un guide fraternel, Paris, Médiaspaul, 2010, p. 30-33.

BALANDIER Georges, *Anthropologie politique*, Paris, PUF, 1967, 240 p.

BAYART Jean-François, *État et religion en Afrique*, Paris, Karthala, 2018, 65 p.

BAYART Jean-François, *Les études postcoloniales. Un carnaval académique*, Paris, Karthala, 2010, 126 p.

BAYEMI Jean-Paul, L'Effort camerounais ou la tentation d'une presse libre, Paris, L'Harmattan, 1989, 170 p.

BERGOGLIO Jorge Mario, Pape François, *La famille*, Libreria Editrice Vaticana, Éditions Parole et Silence, 2014, 150 p.

BOLTANSKI Luc et THEVENOT Laurent, *De la justification. Les économies de la grandeur*, Paris, Gallimard, 2011, 483 p.

BORRAS Alphonse, *La tentation du cléricalisme* (11 art.), dans *Revue de droit canonique*, 70, 2020, 324 p.

BOSSCHERE Guy DE, *Autopsie de la décolonisation*, Paris, Albin Michel, 1967, 330 p.

BOUCHAUD Joseph, *L'Église en Afrique noire*, Paris, La Platine, 1958, 190 p.

BOUCHAUD Joseph, *Mgr Bonneau, évêque de Douala*, Yaoundé, Éditions de l'Effort camerounais, 1959, 64 p.

BROTTIER Laurence, Figures de l'évêque idéal. Jean Chrysostome, Panégyrique de Saint Mélèce. Jean Damascène, Panégyrique de Saint Jean Chrysostome, Paris, Éditions Les Belles Lettres, 2004, 210 p.

CARMOY Guy DE, *Les politiques étrangères de la France* 1944-1946, La Table Ronde, 1967, 520 p.

CHAFFARD Georges, *Les carnets secrets de la décolonisation*, t. II, Paris, Calman-Lévy, 1967, 440 p.

CHRISTIANS Louis-Léon, *La déontologie des ministères ecclésiaux*, Paris, Cerf, 2007, 211 p.

COULON Paul et MELLONI Alberto, Christianisme, mission et culture : l'arc-en-ciel des défis et des réponses du XVIe-XXe siècles, coll. « Mémoires d'Église », Paris, Karthala, 2008, 311 p.

COULON Paul, Histoire et Missions chrétiennes, N°010, Action française, décolonisation, Mgr Lefebvre : les Spiritains et quelques crises du XXe s, Paris, Karthala, 2009, 248 p.

CUCHET Guillaume, Comment notre monde a cessé d'être chrétien. Anatomie d'un effondrement, Paris, Seuil, 2018, 275 p.

CULLMANN Oscar, *Jésus et les révolutionnaires de son temps*, Paris, Éditions Delachaux et Niestlé, 1970, 87p.

DAGNAUD Monique, Génération Y. *Les jeunes et les réseaux sociaux, de la dérision à la subversion*, Paris, Nouveaux Débats, 2013, 210 p.

DELTOMBE Thomas, DOMERGUE Manuel, TATSITSA Jacob, *Kamerun ! Une guerre cachée aux origines de la Françafrique 1948-1971*, Paris, Cerf, 2011, 741 p.

DORE Joseph, *Le salut de l'Église est dans sa propre conversion*, Paris, Éditions Salvator, 2021, 387 p.

DUBOST Michel, et al., *Théo. Encyclopédie catholique pour tous*, Paris, Ed. Droguet-Ardant/Fayard, 1992, 1326 p.

DURRWEILL François-Xavier, *L'Eucharistie sacrement pascal*, Paris, Cerf, 1980, 214 p.

DUSSERCLE Roger, *Du Kilimanjaro au Cameroun, Mgr Fançois-Xavier Vogt, 1870-1943*, Éditions La Colombe, Paris, 1954, 208 p.

ETOGA Paul (Mgr), Réflexions sur la vie chrétienne. Mémoires pastorales de Mgr Paul Etoga, Mbalmayo, CAA, 1995, 32 p.

ETOGA Paul, *Mon autobiographie*, Édition réalisée par l'Abbé Professeur Edmond Dillinger, Chanoine honoraire, avec l'aide de la CV-Afrika-Hilfe, 1995, 80 p.

EYEZO'O Salvador et ZORN Jean-François, *L'autonomie et l'autochtonie des Églises nées de la mission, XIX-XXIe siècles*, coll. « Histoires des mondes chrétiens », Paris, Karthala, 2015, 408 p.

EZEMBE Ferdinand, *L'enfant africain et ses univers*, Paris, Karthala, 2009, 384 p.

FEIX Marc et al., Vallée du Rhin : terre de conflit et de paix. Benoît XV, le pape initiateur de la fraternité, Strasbourg, ERCAL Publications, 2018, 321 p.

FRANÇOIS, *Servir pour transformer le monde*, Paris, Salvator, 2021, 166 p.

FROELICH Jean-Claude, *Cameroun-Togo, Territoires sous tutelle*, Paris, Éditions Berger-Levrault, 1956, 217 p.

GIRARD Marc, *La mission de l'Église au tournant de l'an 2000*, Paris, Mediaspaul, 8 rue Madame, 1998, 311 p.

IVEREIGH Austen, *François le réformateur. De Buenos aires à Rome*, Paris, Éditions Emmanuel, 2017, 532 p.

KABAT-ZINN Myla et Jon, *Être parent en toute conscience*, Paris, Éditions. Les Arènes, 2012, 462 p.

KANA BELLA Madeleine-Gertrude, *Le Clergé camerounais : naissance, évolution et promotion (1935-1982)*, coll. « Églises d'Afrique », Paris, L'Harmattan, 2014, 364 p.

KETTE Justin-Sylvestre, La subsistance du clergé séculier en Centrafrique. Possible auto-prise en charge, Paris, L'Harmattan, 2019, 379 p.

LABOURET Henri, *Le Cameroun*, Paris, Paul Hartman Éditeur, 1937.

LABURTHE-TOLRA Philippe, Les seigneurs de la forêt. Essai sur le passé historique, l'organisation sociale et les normes éthiques des anciens bétis du Cameroun, Paris, L'Harmattan, coll. « Racines du présent », 2009, 490 p.

LATREILLE André, SIEGFRIED André, *Les forces religieuses et la vie politique*, Paris, Armand Colin, 1951.

LEMANA Emmanuel, Qu'avez-vous à opprimer mon peuple ? Étude linguistique et exégétique d'Isaïe 3, 1-4, 1, Würzburg, Echter Verlag, 2005, 435 p.

LUNEL Pierre, *L'Abbé Pierre. L'insurgé de Dieu*, Paris, Éditions°1/Stock, 1989, 454 p.

MAROLLEAU Jean-Louis, *Église catholique, État et société civile au Cameroun de 1884 à nos jours*, coll. « D'enjeux d'Église », Yaoundé, Presses de l'UCAC, 106 p.

MARTEL Frédéric, *Sodoma. Enquête au cœur du Vatican*, Paris, Éditions Robert Laffont, 2019, 632 p.

MARTINI Carlo Maria, *L'Évêque. Au jour le jour*, Bruxelles, Lessus, 2012, 78 p.

MARTY François, *Toute ma vie j'ai cherché Dieu*, Paris, Cerf, 1994, 186 p.

MEKHANTAR Joël, Introduction au droit public. Principes constitutionnels, Paris, MA Éditions-ESKA, 2019, 317 p.

MERLE Marcel, *Les Églises chrétiennes et la décolonisation*, Paris, Armand Colin, 1967, 520 p.

MESSINA Jean-Paul et SLAGEREN Jaap Van, *Histoire du christianisme au Cameroun : des origines à nos jours*, coll. « Mémoires d'Église », Yaoundé, Karthala-Clé, 2005, 452 p.

MESSINA Jean-Paul, *Christianisme en quête d'identité en Afrique*, coll. « Églises d'Afrique », Yaoundé, L'Harmattan-Clé, 2007, 204 p.

MESSINA Jean-Paul, Culture, christianisme et quête d'une identité africaine, Paris, L'Harmattan, 2007, 201 p.

MESSINA Jean-Paul, *Des témoins Camerounais de l'Évangile*, coll. « Diffusion », Yaoundé, Karthala-PUCAC, 1998, 84 p.

MESSINA Jean-Paul, Évêques africains aux Concile Vatican II, 1959-1965 : le cas du Cameroun, Paris, Karthala-UCAC, 2000, 198 p.

MESSINA Jean-Paul, *Jean Zoa, prêtre, archevêque de Yaoundé : 1922-1998*, coll. « Mémoires d'Église », Paris, Karthala, 2003, 298 p.

MESSINA Jean-Paul, Jean Zoa. Prêtre, archevêque de Yaoundé. Figure charismatique et prophète de l'Église catholique, Yaoundé, Presse de l'UCAC, 2000, 310 p.

MICHEL Marc, *Décolonisation et émergence du tiers monde*, Paris, Hachette, 1993, 300 p.

MICHEL Marc, *La France au Cameroun 1919-1960. Partir pour mieux rester*, Paris, Éditions Les Indes Savantes, 2018, 244 p.

MONGO BETI, *Le Pauvre Christ de Bomba*, Paris, Éditions Laffont, 1956, 284 p.

MONGO BETI, Main basse sur le Cameroun. Autopsie d'une décolonisation, Paris, La Découverte/Poche, 2003, 251 p.

MONGO BETI, *Remember Ruben*, Paris, Éditions 10/18, 1974, 314 p.

MOREAU Paul, Les valeurs familiales. Essai de critique philosophique, Paris, Cerf, 1991, 275 p.

MOROZZO DELLA ROCCA Roberto, *Mgr Oscar Romero*, Paris, Desclée de Brouwer, 2015, 455 p.

MVENG Engelbert, *Histoire du Cameroun*, Paris, Éditions Présence africaine, 1963, 535 p.

NELSEN Jane, La discipline positive. En famille, à l'école, comment éduquer avec fermeté et bienveillance, Paris, Éditions du Toucan, 2012, 414 p.

NGANDO Blaise Alfred, *La présence française au Cameroun (1976-1959). Colonialisme ou mission civilisatrice,* coll. « Histoire du droit », Aix-Marseille, Presses Universitaires d'Aix-Marseille, 2008, 448 p.

NGONGO Louis-Paul, Histoire des forces religieuses au Cameroun. De la première Guerre mondiale à l'indépendance, Paris, Karthala, 1982, 298 p.

NGONGO Louis-Paul, Histoire des institutions et des faits sociaux du Cameroun, T 1et 2.

NGONO Honorine, L'autonomie financière dans la mission d'évangélisation de l'Église en Afrique. Le cas du Cameroun, Paris, L'Harmattan, coll. « Églises d'Afrique », 2015, 401 p.

NGUEME Sabine Ursule, Mgr François-Xavier Vogt. Promoteur de la vie consacrée autochtone et fondateur de CFMY, Yaoundé, PUCAC, 2016, 128 p.

NKOE Benjamin, Ils ont combattu le bon combat… Mgr Paul Etoga, Gibert Biwole, François-Xavier Elle Ntonga, Mgr Jean Baptiste Ama. Ces morts qui défient les mortels, [Yaoundé], Édition 2010, 69 p.

NOMA BIKIBILI Paul, L'administration des biens des missions catholiques du Cameroun allemand et français. Vers une quête d'autonomie patrimoniale, Paris, Cerf, 2020, 685 p.

NZAPALAINGA Dieudonné, *Je suis venu apporter la paix*, Paris, Médiaspaul, 2021, 151 p.

OSSAMA Nicolas, *L'Église du Cameroun. Schéma historique 1890-2000*, coll. « Églises en Afrique », Yaoundé, Presse de l'UCAC, 2011, 72 p.

OSSAMA Nicolas, *Les origines du clergé camerounais*, Yaoundé, PUCAC, 2012, 168 p.

OYONO Ferdinand, *Une vie de boy*, Paris, Presses Pocket, 1956, 185 p.

PAGLIA Vicenzo, *L'Évêque et son diocèse*, Bruxelles, Lessius, 187 p.

PAROZ Pierre, *La reconnaissance. Une quête permanente*, Paris, Cerf, 2011, 251 p.

PERRIN Luc, *L'affaire Lefebvre*, Paris, Cerf, 1989, 124 p.

PIGOZZI Caroline, *Le Vatican indiscret*, Paris, Plon, 2012, 380 p.

PREAUX Don Paul, Les prêtres. Don du Christ pour l'humanité. Réflexions sur le sacerdoce en temps de crise, Paris, Éditions Artège, 2020, 240 p.

QUENIART Anne et HURTUBISE Roch et al., *L'intergénérationnel. Regards pluridisciplinaires*, Rennes, Presses de L'EHESP, 2009, 300 p.

RAKOTOARISOA Faustin, L'autorité des évêques et le gouvernement de la vie et du ministère des prêtres. Doctrine, droit et praxis en Afrique, Paris, Cerf, 2020, 414 p.

RATZINGER Joseph, Benoît XVI, *Jésus de Nazareth. De l'entrée à Jérusalem à la Résurrection*, deuxième partie, Vatican, Librairie éditrice Vaticane, « Groupe Parole et Silence », 2011, 349 p.

RICHARD Joseph, *Le mouvement nationaliste au Cameroun : les origines sociales de l'UPC (1946-1958)*, coll. « Homme et société : Histoire et Géographie », Paris, Karthala, 200, 414 p.

RICOEUR Paul, *Soi-même comme un autre*, Paris, du Seuil, 1990, p. 424 p.

SARAH Robert, *Pour l'éternité. Méditation sur la figure du prêtre*, Avenue Rhin et Danube, Éditions Fayard, 2021, 317 p.

SCHÖNBORN Christoph, *La joie d'être prêtre. À la suite du Curé d'Ars*, Burtin, Éditions des Béatitudes, 2009, 159 p.

TABI Isidore, Cinquante ans au service du peuple de Dieu. Mgr Paul Etoga. Son jubilé sacerdotal d'or (1939-1989), 1989, 17 p.

TABI Isidore, *Histoire du diocèse de Mbalmayo*, Mbalmayo, 1988-1990, 57 p.

THILS Gustave, *Nature et spiritualité du clergé diocésain*, Bruges, Éditions De Brouwer et Cie, 1946, 415 p.

THURIAN Max, *Le prêtre configuré au Christ*, Paris, Mame-Spiritualité, 1993, 107 p.

TISSIER DE MALLERAIS Bernard, *Marcel Lefebvre, une vie*, Étampes, Clovis, 2002, 720 p.

TSALA Théodore, *Minkana beti*, (Proverbes beti), Douala, Collège Libermann, coll. « Langues du Cameroun », 1975, 315 p.

VALLET Odon, *Petit lexique des mots essentiels*, Paris, Albin Michel, 2001, 281 p.

WEBER Max, L'éthique protestante et l'esprit du capitalisme, Paris, Plon, 1964, 342 p.

ZAMBO BELINGA Joseph, Mgr Paul Etoga 1er évêque camerounais. Ancien évêque de Mbalmayo, consacré le 30 novembre 1955, avril-mai 2016, 56 p.

ZUPPI Matteo Maria, *Tu haïras ton prochain. La fraternité n'est pas négociable*, Paris, Éditions Salvator, 2021, 205 p.

5. Articles

« L'histoire des Antilles et de l'Afrique », discours de Jules Renquin, dans, *Avenir colonial belge*, 30 octobre 1921, https://pyepimanla.blogspot.com/2016/04/extrait-de-la-causerie-de-jules-renquin.html.

« Mgr Paul Etoga. 1er évêque Camerounais », dans *La Semaine de l'AEF*, du 6 août 1955.

« Pour le clergé indigène », dans *Bulletin trimestriel de l'œuvre de Saint-Pierre Apôtre*, novembre 1955, 4e trimestre.

« Premier évêque Camerounais. Mgr Paul Etoga est nommé à Yaoundé », dans *Afrique nouvelle*, du 19 juillet 1955.

BAMBERG Anne, « Droit social au prisme du droit canonique. Droits et devoirs fondamentaux et promotion de la justice sociale », dans *Revue de droit canonique*, 63, 2013, p. 9-30.

BAMBERG Anne, « L'amoris officium à l'égard des prêtres et évêques d'âge avancé », dans *Nouvelle revue théologique*, 127, 2005, p. 226-235.

BAMBERG Anne, « La vigilance de l'autorité ecclésiastique. Visiter, veiller, surveiller », dans *Monitor ecclesiasticus*, 130, 2015, p. 233-255.

BAMBERG Anne, « Questions autour de la vigilance de l'Autorité suprême sur les Églises particulières », dans Éric BESSON (dir.), *Les évolutions du gouvernement central de l'Église.* Ecclesia sese renovanda semper eadem. *Colloque des 23-25 novembre 2016 à l'occasion des XX ans du Studium de droit canonique de Lyon*, Toulouse, Institut catholique de Toulouse – Les Presses Universitaires, 2017, 367 p., p. 283-304.

BAMBERG Anne, « Sanctions canoniques face aux abus financiers », dans *Revue de droit canonique*, 69/1, 2019, p. 85-104.

BAMBERG Anne, « Vacances et obligation de résidence de l'évêque diocésain. Réflexion autour de l'interprétation de canons », dans *Ius Ecclesiae*, 17, 2005, 199-220.

BAYART Jean-François, « La fonction politique des Églises au Cameroun », dans *Revue française de science politique*, 23-3, PUF, p. 514-536.

BELLAVANCE Éric, « Dénonciation de l'injustice sociale et rhétorique impérialiste chez le prophète Amos » dans *Théologiques*, 24, 2016, p. 37–49, https://doi.org/10.7202/1044738ar.

BOUDON René, MILON Daniel, *Prière du temps présent*, Paris, Cerf – Desclée – Desclée de Brouwer – Mame, 1980, 1595 p.

DE GAULLE Charles, « Discours de Brazzaville », 30 janvier 1944, https://mjp.univ-perp.fr/textes/degaulle30011944.htm.

DUPONT-ROC Roselyne, « Modèles », dans *Prions en Église*, février 2021, 288 p.

ENGUENGH Darius, « L'émancipation des colonies et l'affirmation politique du tiers monde », http://cahigec.e-monsite.com/pages/espace-histoire-terminale/emancipation-des-colonies-et-l-affirmation-politique-du-tiers-monde.html.

FREUND Julien, *L'essence du politique*, éd. Sirey, 1965, 764 p. Pour Freund, le commandement « consiste en la relation hiérarchique qui s'établit au sein d'un groupe par la puissance qu'une volonté particulière exerce sur d'autres volontés particulières et façonne par-là la cohésion du groupe », *op. cit.*, p. 108.

JOURJON Maurice et MEUNIER Bernard, « Marie », dans *Dictionnaire critique de théologie*, p. 853, col. 2.

KY-ZERBO Alphonse, « Obligations et droits de tous les hommes vis-à-vis de la vérité dans le livre III du code de droit canonique de 1983 », dans *Revue de droit canonique*, 62/2, 2012 [2014], p. 305-329.

LAURENT Françoise, « Une voix crie dans le désert… », dans *Jean-Baptiste : Le précurseur au Moyen Âge*. Nouvelle édition [en ligne]. Aix-en-Provence, Presses universitaires de Provence, 2002, http://books.openedition.org/pup/4157. ISBN : 9782821836983. DOI : https://doi.org/10.4000/books.pup.4157, p. 149-165.

LE TOURNEAU Dominique, « L'adhésion au magistère ecclésiastique », dans *Studia canonica*, 46, 2012, p. 570-589.

LOBE-EWANE Michel, « Le mouvement nationaliste au Cameroun », dans *Le Monde diplomatique*, décembre 1986, p. 35.

LOUTH Andrew, « Prière », dans *Dictionnaire critique de théologie*, p. 1125, col. 1.

NKOE Benjamin, « La pastorale vocationnelle de Mgr Paul Etoga », dans *Revue du diocèse de Mbalmayo. Notre Église diocésaine*, 3, juin 2018, 50 p.

OWONO-KOUMA Auguste, « La riposte des leaders de l'UPC aux vicaires apostoliques du Cameroun. Analyse historico-littéraire de la réaction des nationalistes camerounais à la Lettre commune d'avril 1955 », https://www.cairn.inforevue-histoire-monde-et-cultures-religieuses1-2009-2-page.119.htm.

PRAT Ferdinand, « Evêques. Origine de l'épiscopat », dans *Dictionnaire de théologie catholique*, t. 5, 2e partie, Paris, Librairie-Letouzey et Ané, 1939, col. 1656-col. 1701.

RAISON Françoise, *« Le siècle des missions »*, dans *2000 ans de christianisme*, Société d'Histoire chrétienne, t. 8, Dossier 22, « Hier », Paris, Éd. Aufadi et SHC International, 1976, p. 7.

RAKOTOARISOA Faustin, « Cléricalisme et abus de pouvoir dans l'Église. Entre droit et réalité », dans *Revue de droit canonique*, 69, 1, 2019, p. 105-122.

SAINT CHAMAS Christine DE, « La formation permanente des prêtres après Pastores dabo vobis. Approfondissements et prolongements du canon 279 du Code de droit canonique de 1983 », dans *Revue de droit canonique*, 68, 2018 [2020], p. 223-253.

ULRICH Laurent, « Pour une gestion évangélique des biens de l'Églises », dans *Documents épiscopat, Bulletin du secrétariat de la Conférence des évêques de France*, 11, 2004, p 4.

VALTON Émile, « Évêques. Questions théologiques et canoniques », dans *Dictionnaire de théologie catholique*, t. 5, 2e partie, Paris-VI, Librairie-Letouzey et Ané, 1939, col. 1701-1725.

VINCENT Albert, « Jean Steinmann, Le prophète Jérémie. Sa vie, son œuvre, son temps », (Coll. Lectio Divina, 9), 1952, [compte-rendu], https://www.persee.fr/doc/rscir_0035-2217_1954_num_28_2_2046_t1_0179_0000_2, p. 179-180.

WIENER Claude, « Amour », dans *Vocabulaire de théologie biblique*, p. 54, col. 2-p. 55, col. 1.

6. Thèses et mémoires

MESSINA Jean-Paul, « Contribution des Camerounais à l'expansion de l'Église catholique. Le cas des populations du Sud Cameroun 1890-1961 », Thèse de doctorat 3e cycle en Histoire, Université de Yaoundé, 1988.

NGAH EKANI Joseph Hervé, « L'impact socio-économique de l'épiscopat de Monseigneur Paul Etoga sur le développement de la mission catholique de Nlong de 1955 à 1987 », Mémoire de DIPES II, ENS, 2007-2008.

8. Sources Internet

Carte du Cameroun, https://www.canalmonde.fr/r-annuaire-tourisme/monde/guides/cartes.php?p=cm.

www.237online.com/article-9637-Cameroun.
www.tandfonline.com.
www.journalducameroun.com.
www.Politique-africaine.com/numéros/pdf/02211.pdf.
www.wikipedia.og, consulté le 15 janvier 2020 à 00h 39.
www.eglise.catholique.fr/vatican/les-papes-recents/pape-benoit-xvi/371874-lenseignement-de-benoit-xvi-sur-la-famille.
www.vatican/content/john-pau ii/fr/ecclesia in africa.html.
www.vatican/content/benedict-xvi/fr/speeches/2010/march.index.html.
www.vatican.va/content/francesco/fr/speeches/2014/decembre/curia-romana.html.
www.vatican.va/roman_curia/congregations/cbishops/apostolorum-successores_fr.html.
http://w2.vatican.va/content/pius-xi/en/encyclicals/documents/hf_p-xi_enc_28021926_rerum-ecclesiae.html.
https://pyepimanla.blogspot.com/2016/04/extrait-de-la-causerie-de-jules-renquin.html.
http://www.vatican.va/content/benedict-xv/fr/apost_letters/documents/hf_ben-xv_apl_19191130_maximum-illud.html.
https://fr.wikipedia.org/wiki/Union_des_populations_du_Cameroun.
https://www.cairn.inforevue-histoire-monde-et-culture-religieuses1-2009-2-page-119.htm.
https://www.diplomatie.gouv.fr/fr/dossiers-pays/afrique/la-diaspora-africaine-en-france/.
https://www.afd.fr/fr/actualites/les-diasporas-africaines-un-partenaire-en-mouvement.
https://www.france24.com/fr/20191016-diaspora-africaine-etat-union-louis-georges-tin-citoyennete-gouvernement.
https://www.237online.com/diaspora-camerounaise-de-france-lhonorable-ngatcha-depute-de-la-nation-etait-a-la-rencontre-ses-siens-a-paris/.
https://dacb.org/fr/stories/congo/youlou-fulbert/.
https://www.grioo.com/info7957.html.
http://www.vatican.va/content/john-paul-ii/fr/encyclicals/documents/hf_jp-ii_enc_06081993_veritatis-splendor.html.
https://www.traditions-monastiques.com/fr/blog/bataille-lepante-victoire-rosaire-notre-dame-pie-n168.
https://www.ktotv.com/video/00332135/entretien-special-avec-le-cardinal-nzapalainga.
https://www.definitions.net/definition/Sicarii.

https://www.eurojuris.fr/categories/droit-europeen-droit-communautaire-9400/articles/travail-force-condamnation-de-la-france-par-la-cedh-9850.htm.

40112-wd-child_labour_action_plan-final-french.pdf (au.int).

https://fr.zenit.org/2021/11/22/beatitudes-de-leveque-le-cadeau-du-pape-francois-aux-eveques-ditalie/?eti=2628.

Annexes

Annexe I. Carte du Cameroun

Pays[948] de l'Afrique centrale avec une superficie 475 650 km^2 et une population 23 799 022 habitants selon le recensement de 2018.

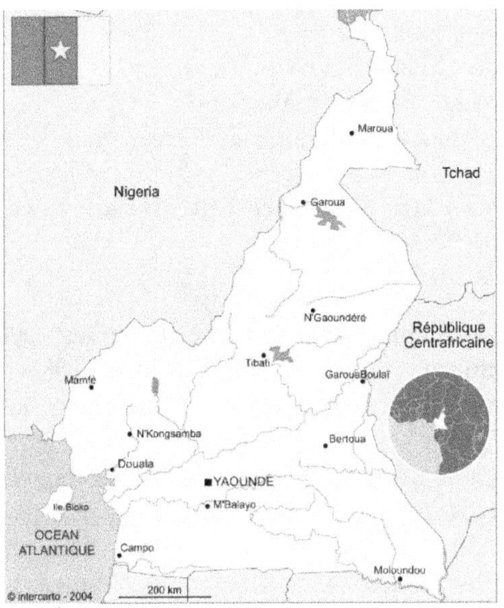

[948] Source de la carte : https://www.canalmonde.fr/r-annuaire-tourisme/monde/guides/cartes.php?p=cm.

Annexe II. Abréviations

ADS : Année de discernement et de spiritualité
CELAV : Cellule audio-visuelle
CENC : Conférence épiscopale nationale du Cameroun
CEDH : Cour européenne des droits de l'homme
COE : Centro Orientamento Educativo
EMI : Entraide missionnaire internationale
ESF : Économie sociale et familiale
IFA : Institut de formation artistique
ONADEF : Office national de développement forestier
ONG : Organisation non gouvernementale
ONU : Organisation des Nations unies
PDC : Parti des démocrates camerounais
RDA : Rassemblement démocratique africain
SDN : Société des Nations
UNC : Union nationale Camerounaise
UPC : Union des populations du Cameroun
USC : Union des syndicats confédérés du Cameroun

Annexe III. Présentation du diocèse de Mbalmayo par Mgr Paul Etoga

Sources[949]

1. Sa genèse

Lorsque les Pères Pallotins, Missionnaires allemands, arrivèrent à Yaoundé en 1901, ils fixèrent leur résidence sur la colline de Mvolyé, à 3 km de la capitale du Cameroun. De là, ils rayonnaient dans toute la région du Nyong-et-Sanaga pour jeter la semence du Royaume de Dieu. C'est ainsi qu'ils fondèrent la mission de Minlaba, le poste de Nkomotou, celui de Batschenga, etc. Malheureusement leur évangélisation fut malmenée par la guerre de 1914. Ces valeureux Apôtres furent forcés de partir. Les efforts faits par les Missionnaires établis à Kribi, Marienberg, Edéa, Buea, etc. unis à ceux de Yaoundé avaient donné un résultat d'environ 30000 fidèles dont se chargèrent les Pères Spiritains. Ceux-ci, sous la houlette de son Exc. Mgr Vogt, continuèrent l'œuvre si bien commencée.
Après la mort de Mgr Vogt survenue en 1943, Mgr Graffin, très intrépide et très zélé, répandit la foi en fondant des Missions par toute la région confiée à sa juridiction, si bien que le succès de Yaoundé et celui des diocèses environnants ont donné 785000 âmes à l'Église de Dieu au Cameroun unifié. Vu ce nombre de fidèles, le Saint Siège a jugé bon et utile de créer un nouveau Diocèse à Mbalmayo.
Le Diocèse de Mbalmayo est détaché de l'Archidiocèse de Yaoundé qui comptait 318000 âmes.

[949] Archives de la Congrégation du Saint-Esprit à Chevilly-Larue.

2. Son étendue et ses besoins

Le nouveau diocèse comprend deux arrondissements : Mbalmayo et Akonolinga. Le Siège épiscopal est fixé à 50 km de Yaoundé, belle petite ville riche d'avenir. Elle est en effet placée au bord du Nyong, fleuve aux eaux noires bordées d'une espèce d'herbe blanchâtre aux longues feuilles ondoyant au gré d'une moindre brise. Mbalmayo est au carrefour de Yaoundé, Sangmelima-Akonolinga et Ebolowa. C'est le point terminus de la voie ferrée d'Otélé[950] vers le Sud.

Akonolinga est également au bord du Nyong en amont. Lui aussi aurait des perspectives d'heureux avenir, s'il y avait un pont reliant les deux rives !

Le diocèse a une superficie de 11664 km^2. Sa population : 117000 habitants dont 59867 catholiques. Des écoles florissantes : 11408 élèves.

Les chiffres ci-dessus indiquent une portion de terrain importante à défricher. Il y a 15 Missions et 10 postes prévus qui demandent au moins un prêtre chacun. Le personnel actuel est 25 prêtres absorbés par les besoins du diocèse.

Trois soucis tracassent l'Évêque :

1° le personnel nécessaire pour le diocèse ;

2° la fondation d'un séminaire préparatoire ;

3° la construction de l'évêché. Pour ces deux derniers, pas de ressources. Dans le diocèse, les fidèles sont pleins de bonne volonté mais ils ne sont pas riches. La monoculture fait qu'on a un peu d'argent seulement au moment de la récolte de cacao, et la récolte a été maigre cette année.

Le diocèse débutant ainsi à zéro, je fais donc appel à tous les hommes de bonne volonté auxquels les Anges, la nuit de la naissance de Notre-Seigneur, ont souhaité la paix. Il s'agit d'établir à Mbalmayo un siège du Royaume de Dieu sur la terre. Comme mon Père m'a envoyé, dit Notre-Seigneur à ses Apôtres : « Allez par le monde entier, prêchez l'Évangile… Celui qui vous reçoit ». Aux riches je répète ces paroles de la Sainte Écritures : « Faites-vous des amis de la Mammon de l'iniquité ». Cela veut dire employez votre richesse, votre argent à faire de bonnes œuvres qui seront consignées dans le Livre du Père Éternel qui vous en récompensera à la vie future. À tous je rappelle ces paroles du vieux Tobie à son fils : « Fais l'aumône de ton bien et ne détourne ton visage d'aucun pauvre ; car il arrivera ainsi que le visage de Dieu ne se détournera point de toi… Si tu as peu aie soin de partager même ce peu de bon cœur : car l'aumône délivre de tout péché et de la mort. Elle ne laissera point l'âme descendre dans les ténèbres » (Tobie, IV, 7-12).

Quand on manque de prêtres, de religieux et religieuses de mon Diocèse, il me suffit de vous rappeler, *« Fidei Donum »*, Encyclique imprégnée de la charité évangélique : [i]nstruire les ignorants, etc., et d'où ressort merveilleusement l'unité de la sainte Église Romaine.

[950] Nous précisons que cette voie ferrée n'existe plus depuis plus de vingt ans aujourd'hui.

3. Sa Devise

Notre-Seigneur Jésus-Christ nous a enseigné que tous les hommes sont frères. Ils sont les enfants d'un Père commun qui trône dans les cieux. Saint Paul ne l'a-t-il pas dit : Il n'y a plus ni Grec, ni Romain, ni Barbare ? Je dis aujourd'hui : il n'y a plus ni Blanc, ni Jaune. Tous sont appelés à travailler au champ du Père de famille.

C'est donc d'un cœur plein d'une grande joie et d'une immense confiance que j'attends de votre généreuse fraternité aide et secours !

« Quam bonum et jucundum habitare fratres in unum ! » (Ps. 132(133))

(Qu'il est agréable et doux de voir des frères demeurer ensemble)

+ Paul Etoga, ev. De Mbalmayo, Cameroun

Annexe IV. 1955. Lettre commune des Vicaires Apostoliques du Cameroun

Source[951]

René GRAFFIN, Vic. Apost de Yaoundé.
Paul BOUQUE, Vic. Apost de Nkongsamba.
Pierre BONNEAU, Vic. Apost, de Douala.
Jacques TEERENSTRA, Vic. Apost de Doumé.
Yves PLUMEY, Vic. Apost. de Garoua.

Nos chers Chrétiens,

Depuis quelque temps, nous éprouvons beaucoup de peine quand nous apprenons les calomnies auxquelles, un peu partout, l'Église Catholique et ses représentants au Cameroun sont en butte. On entend dire : « Il ne faut plus croire les missionnaires, ce sont des Blancs comme les autres, qui ne cherchent que leurs intérêts au détriment des Africains. Ils ont volé aux Africains des terrains ; ils ont empêché l'évolution des Camerounais ; ils sont les alliés des colonialistes ! » Nous savons que la plupart des chrétiens ne croient pas à ces calomnies mais nous pensons que l'heure est venue d'éclairer nos fidèles sur de graves problèmes. Ces calomnies ont un but : séparer les chrétiens de leurs prêtres, de leur Église, de leur Religion et, un jour, de leur Dieu. On commence par attaquer les prêtres en disant qu'ils ne représentent plus l'Église, puis, on attaque l'Évangile et le Christ en niant sa divinité. Et quand il n'y a plus dans le cœur et l'esprit des hommes qu'une vague idée de Dieu, alors il est aisé d'en faire des matérialistes.

Pourquoi toutes ces calomnies en ce moment ? Pourquoi en ce Cameroun qui, en soixante ans, a vu se convertir au Catholicisme 700 000 fidèles ; qui a édifié partout, jusque dans les coins les plus reculés de la brousse, de belles églises ;

---

[951] Cinquantenaire de la Conférence épiscopale nationale du Cameroun (1955-2005), *L'enseignement social des évêques du Cameroun 1955-2005, Lettres pastorales et messages. Communiqués et déclarations. Approche analytique*, Yaoundé, AMA-CENC, 2005, p. 29-34.

qui a déjà donné plus de cent de ses enfants pour en faire des prêtres ; qui instruit 110 000 écoliers dans les écoles chrétiennes ; qui voit, chaque dimanche, des foules prier Dieu et communier : pourquoi toutes ces attaques contre leur foi et contre l'Église ? Pourquoi ? Parce qu'une aspiration commence à se manifester un peu partout en ce moment chez les Camerounais : l'indépendance. Et c'est en ce moment où le Cameroun prépare son indépendance que les ennemis de l'Église veulent le séparer des représentants de Dieu pour en faire un peuple sans religion, sans chefs spirituels et prêt à devenir demain la proie du communisme. Parce que certains, qui eux ne sont pas chrétiens, prétendent que l'Église catholique, que les évêques et les prêtres sont opposés à l'évolution de votre pays, à son indépendance » comme ils disent.

L'Église et l'indépendance du Cameroun

Aussi, vos évêques se voient amenés à éclairer les chrétiens sur les problèmes qui se posent actuellement au Cameroun. Quand un peuple parle d'indépendance, de quoi s'agit-il ? Cette expression mal comprise laisserait croire que le pays peut se suffire à lui-même. Expression naïve à l'heure où toutes les grandes nations cherchent à unir tout ce qu'elles ont de commun : la communauté européenne ; la fédération des États-Unis d'Amérique, l'Union Soviétique.

Il s'agit, au contraire, de l'aspiration des peuples à se donner le régime, les institutions politiques, l'organisation économique et sociale qui tendent à rechercher le bien commun. L'indépendance demeurerait négative, stérile, vouée à l'échec si elle ne comportait la prise en charge des responsabilités pour servir réellement le pays. L'indépendance suppose des hommes capables de se mettre au service des autres pour construire la société.

Quelles sont donc ces aspirations profondes des populations du Cameroun ? Les voici : accéder à la direction et à la mise en valeur de leur pays ; bénéficier largement de la culture, de l'instruction ; profiter des progrès de l'hygiène, de la santé, des améliorations de la technique moderne. Ces désirs des Camerounais de prendre progressivement en mains la direction de leur pays et de le conduire vers une vie libre, honnête, prospère, l'Église ne peut que les reconnaître justes, fondés, et les encourager, pourvu que soient respectées les grandes lois de l'Évangile : vérité, justice, prudence, charité.

L'Église fait confiance à tous les peuples

Mais la politique seule donnera-t-elle la vraie réponse ? Pour conduire le pays dans une voie sûre, durable, il faut des hommes sûrs, compétents, consciencieux et dévoués, issus des populations elles-mêmes. L'Église, la première, n'a jamais hésité à confier des responsabilités aux enfants des peuples vers lesquels elle était venue porter l'Évangile par ses missionnaires. Sans exclusive, elle a toujours voulu, au cours de son histoire, promouvoir un clergé, des prêtres et des évêques issus de chaque pays. Et, ainsi, chez tous les peuples, l'Église est devenue la mère accueillante de tous les hommes. Mais elle a assuré et elle continue à assurer inlassablement à ses responsables l'éducation, la formation, l'initiation aux charges. Elle le fait non par des expressions à l'emporte-pièce ou par une propagande tapageuse, mais par une prise de conscience des devoirs qui exigent vertu et compétence. De plus, elle demande à tous ses chrétiens de porter une part de la charge qu'impose le christianisme à tout baptisé. Elle forme des militants pour son action catholique. Les chrétiens ne peuvent être indifférents au sort de leurs frères dans le village, en ville, au travail.

Ce que doit être un parti politique pour les chrétiens

Ces données permettent aux chrétiens de porter un jugement sur la valeur des partis qui sollicitent leur adhésion. Il est nécessaire que le chrétien reconnaisse les signes indiscutables des partis qui prétendent les conduire. Certains sont opposés à la vérité, à la charité, à la justice, à la prudence. Les Catholiques doivent connaître les principes comme les méthodes des mouvements auxquels, aujourd'hui, ils ne peuvent pas ne pas se heurter.

Les doctrines qui s'inspirent de principes contraires aux lois fondamentales inscrites par le Créateur au cœur de l'homme et qui, néanmoins, veulent conduire les hommes du pays vers le progrès, reposent, d'abord, sur une lutte exaspérée d'une catégorie d'hommes qui sont censés n'avoir aucun intérêt commun de paix et de fraternité. L'Église, dépositaire de l'esprit du Christ, fait à tous les hommes un devoir de justice pour tous et de charité envers tous, car son Maître a dit : « Aimez-vous les uns les autres ! ». Elle prêche la collaboration dans l'ajustement des intérêts.

Ces doctrines reposent encore sur la haine et la violence, sur la destruction. Ces doctrines qui flattent et qui attirent sous des apparences trompeuses reposent encore sur le matérialisme, avec sa négation de l'âme, de l'esprit, de la vie future, de Dieu. À cette anti religion avouée, avec sa recherche exclusive du paradis sur terre, l'Église rappelle le primat de l'esprit, de la conscience, l'immortalité de l'homme. Elle apprend que, si le progrès matériel est une chose digne de recherches et qui exige notre travail à tous, nos efforts communs, il y a un progrès spirituel, un progrès de vertu et de conscience qui est plus désirable encore. L'Église veut pour tous ses enfants une vie décente, honnête, car la misère est un mauvais terrain pour cultiver la vertu ; mais elle apprend à rechercher le vrai bonheur dans la paix tranquille du devoir et dans la joie du cœur. Il importe d'ajouter, enfin, que ces doctrines reposent sur l'annihilation de l'individu, de la personne humaine par la toute-puissance de l'État, du Parti. La stabilité de la famille est ébranlée. Tous les droits sur l'enfant sont attribués à l'État. L'Église enseigne que l'homme ne peut se laisser asservir par aucune formation sociale ; que l'enfant doit trouver dans sa famille, qui est son premier milieu, sa formation.

Le communisme

« On reconnaît l'arbre à ses fruits... ». Les chrétiens ne doivent pas se laisser prendre aux promesses fallacieuses, ni aux déclarations solennelles officielles des mouvements qui s'inspirent de telles doctrines. Qu'a fait partout le communisme, sous quelque nom qu'il se soit présenté ? Les récents événements de Chine et du Vietnam projettent une lumière éclatante sur ce que nous venons de dire. Le mensonge, la haine, la violence, les expulsions, les persécutions sanglantes ont cerné les chrétientés solides et ferventes de ces pays d'Extrême-Orient. Des centaines de milliers de chrétiens vietnamiens – nos frères dans la foi au Christ – ont préféré fuir leur pays et accepter le dénuement et la misère, parfois la mort, plutôt que de renier leur baptême. Et, pourtant, parmi ces chrétiens, beaucoup avaient mis leur confiance dans le Vietminh, qui se disait ne vouloir que « libérer » le pays.

N'oubliez pas que le pape Pie XI, dans son encyclique *Divini Redemptoris*, a solennellement condamné le communisme, comme contraire à la foi chrétienne. Et tous les chrétiens doivent accepter la parole du pape, successeur de saint Pierre, à qui Jésus-Christ a dit : « Tout ce que tu lieras sur la terre sera lié au ciel – Sois le Pasteur de mon troupeau ».

Pie XI écrivait il y a 20 ans, avec une justesse de vue remarquable :

« Le premier péril, le plus grand et le plus général, est certainement le Communisme sous toutes ses formes et à tous ses degrés, car il menace tout, s'empare de tout, s'infiltre partout, ouvertement et sournoisement : la dignité individuelle, la sainteté de la famille, l'ordre et la sûreté de la société, et surtout la religion, allant jusqu'à la négation ouverte de Dieu, et plus spécialement de la religion catholique ». Ne nous laissons pas tromper ni séduire. Le Marxisme, à moins de répudier ses propres principes et de ne plus mériter son nom, est le danger actuel de notre civilisation.

L'Église catholique dispose d'une doctrine sociale nette et précise qui répond pleinement aux vraies aspirations des hommes. Le chrétien qui possède la vérité, qui dispose des enseignements qui ont éduqué et civilisé les hommes et les nations, n'a pas à subir les mots d'ordre des partis. Mais il doit se rendre apte à se mettre au service de tous ses frères par sa compétence, sa valeur, son honnêteté, son sens du bien commun. Par des initiatives hardies et éclairées, il répandra la vérité et fera triompher la justice. Par sa charité, il étouffera la haine. Par sa prudence, il entraînera les populations sur une voie sûre et largement ouverte au progrès. Le Cameroun s'honorera de compter de tels hommes qui deviendront ses vrais guides.

Conclusions pratiques

En conséquence :

1. Nous mettons les chrétiens en garde contre les tendances actuelles du parti politique connu sous le nom Union des Populations du Cameroun (UPC), en raison non pas de la cause de l'indépendance qu'il défend, mais de l'esprit qui l'anime et qui inspire ses méthodes ; de son attitude hostile et malveillante à l'égard de la Mission catholique et de ses liens avec le communisme athée condamné par le Souverain Pontife.

2. Nous leur rappelons que dans le choix de leurs organisations syndicales ou politiques et l'exécution des consignes qu'ils en reçoivent, ils doivent tenir compte des exigences de la foi et de la morale chrétienne enseignées par l'Église catholique.

3. Nous invitons spécialement ceux qui peuvent et doivent jouer un rôle actif dans l'évolution du pays à étudier la doctrine de l'Église et, en particulier, les enseignements pontificaux sur les problèmes sociaux et politiques, afin d'en éclairer leur action et, au besoin, susciter les regroupements qu'ils jugeraient nécessaires.
4. Nous félicitons vivement les militants et militantes de la Jeunesse Chrétienne Camerounaise qui, en s'efforçant de juger et d'agir chrétiennement, en toutes circonstances, et en se faisant les apôtres de leurs milieux de vie, s'entraînent efficacement à prendre partout leurs responsabilités. Nous engageons les chrétiens à imiter leur exemple et à entrer, eux aussi, dans l'Action Catholique, à se renseigner auprès des Supérieurs de Missions sur les moyens pratiques de l'organiser. Vos évêques savent qu'ils peuvent faire appel à votre esprit de foi et à votre obéissance. La parole du Seigneur aux Apôtres : « Qui vous écoute, m'écoute » remplit notre esprit et notre cœur. La fidélité du peuple du Cameroun à Dieu et à l'Église du Christ ; son attachement à sa vie chrétienne dans la justice et dans la charité, voilà le gage de sa prospérité et de la sécurité de son avenir ! Notre victoire sur le mal, c'est notre foi.
Yaoundé, mai 1955
Les Vicaires Apostoliques du Cameroun

Annexe V. 1959. Lettre des évêques du Cameroun à leurs fidèles à l'occasion de l'indépendance du pays

Source[952]
Nos chers fils et filles,
Dans quelques semaines, le 1er janvier 1960, l'Indépendance de votre pays, le Cameroun, sera devenue effective : c'est pourquoi, conscients de la portée de ce fait historique, les Chefs de tous les Diocèses de votre pays, vos Évêques, nous nous sommes réunis pour offrir aux dirigeants du pays nos sincères félicitations et leur dire combien nous sommes heureux de voir arriver à son émancipation totale ce Cameroun où depuis de longues années travaillent la plupart d'entre nous. Nous leur avons assuré en même temps notre collaboration pour la bonne marche du Cameroun indépendant.
Nous vous recommandons à vous, chers fils et filles, d'accueillir cette Indépendance, non pas seulement en citoyens libres, mais aussi en chrétiens. Nous vous avons déjà dit et nous vous répétons que tout pouvoir politique, pouvoir social, pouvoir spirituel, tous ces pouvoirs ne sont qu'une délégation du pouvoir suprême de Dieu et ne peuvent s'exercer qu'en conformité avec Lui. Il vous faut donc être soumis aux autorités légitimes. Certains pourraient croire que tout va changer d'un seul coup et dans tous les domaines à partir du 1er janvier. Ils font erreur. L'Indépendance consiste en ce qu'un pays peut

952 *Ibid.*, p. 35-37.

gérer par lui-même ses propres affaires sans l'appui d'un autre pays, établir lui-même sa Constitution, adaptée aux nécessités et à l'esprit de ses habitants, avoir son Gouvernement propre, son armée, sa police, son autonomie économique et financière. C'est cela que veut obtenir le Cameroun. Il vous faut donc, vous chrétiens, remercier le Bon Dieu de vous avoir donné la grâce d'être rangés parmi les peuples libres.

Mais en même temps, et comprenez bien ceci, l'établissement des nouvelles institutions de votre pays ne peut se faire en un seul jour et ne sera pas parfait dès le début : à vous d'accepter, chrétiens, avec plus de générosité que les autres, tous les sacrifices que peut demander la nouvelle situation où vous allez entrer bientôt. Vous devez travailler avec ferveur à aider à la réalisation de la nouvelle économie du pays et, pour la bonne marche de votre cité, être disposés à observer intégralement les lois justes qui seront édictées, même si elles vous semblent pesantes.

Il est légitime de célébrer avec allégresse les Fêtes de l'Indépendance et nous vous recommandons instamment de le faire dans la joie la plus profonde et la plus chrétienne, en même temps que dans la reconnaissance pour tous ceux qui vous ont aidés dans cette œuvre. Mais n'oubliez pas, chers fils et filles, au milieu de votre joie, les épreuves qui ont précédé l'avènement de votre liberté : depuis cinq ans votre pays traverse une crise cruelle, sanglante parfois, et des errements pénibles ont gravement offensé le Bon Dieu : nous n'y reviendrons pas, mais nous vous demandons de prier, de beaucoup prier. Priez avec humilité en réparation des offenses faites à Dieu et au prochain ; priez avec reconnaissance pour remercier Dieu de la grâce qu'il vous donne dans sa bonté de devenir peuple conscient de ses destinées : priez avec confiance pour demander à la providence divine qu'elle vous accorde d'une manière satisfaisante la joie de vivre dans le pays où les divergences d'opinion ne doivent pas se dégrader en luttes fratricides, la paix dans les consciences pour travailler dans le calme et sous l'œil de Dieu à l'avancement de la charité entre tous, gage de la prospérité du pays. « Nisi Dominus aedificaverit donum in vanum laboraverunt qui aedificant eam » - Si ce n'est pas Dieu qui bâtit la maison c'est en vain que travaillent ceux qui la construisent ».

Dans ce but, nous avons demandé au clergé d'organiser dans chaque centre de Mission une journée d'adoration pour le dimanche 27 décembre. Siles fidèles éloignés ne peuvent pas participer à cette adoration, ils se réuniront dans leur chapelle de brousse et y réciteront en commun un chapelet le matin et un autre le soir. Nous vous demandons instamment de prendre part à ces prières publiques et de ne pas omettre en dehors de ce dimanche d'implorer Dieu en particulier, ce sera pour tous les signes de l'amour que vous portez à votre pays, le Cameroun indépendant.

Yaoundé, décembre 1959.

+ René Graffin, Archevêque de Yaoundé ; + Paul Bouque, Évêque de Nkongsamba ; + Jacques Terrenstra, Évêque de Garoua ; + Thomas Mongo, Évêque de Douala ; + Paul Etoga, Évêque auxiliaire de Yaoundé.

Annexe VI. Lettre ouverte à Son Excellence Monseigneur Paul Etoga. Évêque auxiliaire de Yaoundé

Source[953]

Excellence,

C'est avec beaucoup de peine que nous sous sommes déterminés à vous écrire cette lettre.

Certes, ce n'est pas la voie normale entre les chrétiens, vos ouailles, que nous sommes et l'évêque, leur pasteur. Car chrétiens nous sommes et nous disons solennellement que nous voulons le demeurer.

C'est que l'objet de notre démarche ne touche pas au dogme sur lequel nous vous devons obéissance et ne saurions discuter vos enseignements.

Il s'agit de l'initiative dont vous avez pris personnellement la tête et qui consacre dorénavant l'entrée du clergé catholique dans l'arène politique, comme groupement d'intérêts prenant officiellement et ouvertement parti.

Sans doute, les confessions religieuses ont-elles le droit et le devoir de combattre telle ou telle idéologie dès lors qu'elle s'oppose à Dieu ou se réclame du concept matérialiste ou athée. Au Cameroun singulièrement, la Constitution qui a mis notre État sous la protection de Dieu consacre et légitime ce droit et ce devoir.

Mais il y a sûrement loin d'une telle attitude de principe au patronage direct d'un homme-miracle grâce auquel d'autres hommes peuvent, sans autre examen, recevoir votre béatifiante bénédiction électorale.

Il y a loin de la définition de la candidature catholique idéale au concours de la formation des listes.

Il y a loin de la formulation des objectifs chrétiens à la recommandation expresse de voter le « Coq ».

Ce sont là des faits précis qui aboutissent à des résultats précis. Des conséquences non moins précises sont à prévoir.

Contemplez maintenant, Monseigneur, votre œuvre :

1. Sur le plan local et départemental

Le Nyong-et-Sanaga est doté de la représentation parlementaire de votre choix. Mais en conscience en êtes-vous satisfait ? [...]. [Vous ne re]culez pas devant le pur népotisme et que pour appuyer un beau-frère, l'évêque pouvait volontiers oublier que celui-là était polygame...

Vous pouvez nous citer pour votre défense l'antécédent de son Éminence le Cardinal Gerlier qui avait toujours appuyé le Président Edouard Herriot à Lyon. Au moins la valeur et la dignité de vie du Président défunt parlaient...

2. Sur le plan national

Le résultat est plus grave sur le plan national.

---

[953] Archives de la Congrégation des spiritains à Chevilly-Larue, et *La Presse du Cameroun*, 3 mai 1960.

Notre pays vient d'accéder à l'indépendance. Pour que cette dernière soit viable, il importe que toutes les forces et les formes d'éducation conjuguent leurs efforts afin de convaincre tous les nationaux de la nécessité de s'unir. Quelle n'est pas notre stupeur de vous voir parrainer à ciel ouvert le racisme et le tribalisme des plus violents !

N'estimez-vous pas que le racisme et le tribalisme appellent un autre racisme de retour ?

Certes, il est humain que vous souhaitiez le pouvoir pour vos congénères.

Mais dans un Cameroun indépendant, les Béti ou le chrétien a-t-il seul par cette qualité uniquement vocation au pouvoir ?

Est-ce que d'autres tribus, parce que musulmanes ou animistes, sont éternellement condamnées à subir la loi des chrétiens ?

Il nous souvient Monseigneur qu'il n'y a pas longtemps, vous nous enseigniez après Saint-Paul que tout pouvoir venait de Dieu et méritait le respect à condition de ne pas combattre Dieu et son Évangile.

L'actuelle autorité s'est-elle écartée de ce principe ?

Notre tristesse est plus grande en matière idéologique.

La Sainte Eglise Catholique nous a toujours enseigné que le communisme était condamné par elle, sauf erreur…

Or, le chef de fil de votre prédilection est l'allié de l'UPC, dont l'attache communiste n'est pas à démontrer. Les sollicitations de M. Mbida à l'UPC ne se comptent pas et jusqu'à plus ample informé, il n'a pas […].

Il nous souvient que M. l'abbé Boulier, en France, a été suspendu *« a sacris »* pour avoir fait partie du Mouvement Mondial des Partisans de la Paix, patronné par les communistes. Il est vrai qu'il y a loin de la France au Cameroun…

Notre désarroi de conscience est grand. S'il est vrai que l'UPC, amène le communisme, alors la collusion UPC-Mbida, patronnée par vous n'ose simplement pas dire son nom !

Nous vous prions de croire Monseigneur, que ce n'est pas sans réelle affliction que nous vos ouailles, avons été obligées moralement de porter cette situation de fait sur la place publique.

Veuillez agréer, Excellence, l'expression de nos sentiments respectueusement exprimés […] notre Seigneur Jésus-Christ.

Les signataires :

André Fouda, ministre de l'Économie nationale, maire de Yaoundé.

Médard Ngaba Ndzana, ministre de la fonction publique, député sortant, maire de Sa'a.

Vincent Ahanda, vice-président de l'Assemblée nationale, député sortant.

François Biyo'o, député sortant, maire de Nanga-Eboko.

Henri Bala, directeur de l'enseignement du Cameroun.

Jean Ahanda Metogo, maire de la commune d'Esse, chef de cabinet.

Amougou Sabara, Maire de Mbalmayo.

Jacques Biwole, maire d'Akonolinga.

Philippe Amougou, maire de Mfou.
Simon Tchoungui, médecin-chef de l'hôpital central de Yaoundé.
Benoît Essougou, docteur en médecine.
Nichodème Mekongo, médecin à l'hôpital central de Yaoundé.
Timothée Zogo Massi, docteur en médecine.
Marc Etende, instituteur principal. Jean Ava, instituteur.
Benoît Bindzi, chef de cabinet.
André Mboa Essono, président du tribunal du premier degré à Yaoundé.
André Foé Amougou, secrétaire d'administration.
Luc Bengono, greffier. Owona Mbarga Amougou, greffier.

Annexe VII. Interview à Mgr Paul Etoga

« Moi, le garçon des travaux forcés, évêque de l'Église universelle ! »[954]

Q : Excellence, vous avez vécu les années du premier impact des *Béti* avec les Blancs. Quelles impressions conservez-vous ?

R : Avant la grande guerre, un Allemand vint à passer dans notre village. Ma mère me remit un œuf et, tout tremblant, je le donnai au Blanc. Il me prit par la main et fit quelques pas avec moi. Il me donna de l'argent par la suite. Avec les Français, après la guerre, j'ai connu les travaux forcés. Les policiers envoyés par les chefs indigènes nommés par les Blancs, ratissaient le pays. Les hommes étaient capturés comme des bêtes. Ils avaient une corde au cou et une charge sur la tête. Pour fuir, personne ne dormait chez lui, mais en forêt, dans des cabanes de fortune. Le pillage orchestré par les agents était total : poulets, chèvres, arachides, huile de palme... Rien ne leur échappait. Ne parlons pas des raclées ! Plus d'une fois, j'ai dû transporter à Yaoundé du matériel pour la construction du palais du gouverneur. Ils nous faisaient travailler aussi dans la plantation d'un policier important. Un jour, fatigué, j'ai fui au village. Arrêté de nouveau, je me suis échappé à Yaoundé. Là, j'ai été sauvé grâce à l'accueil qui me fut réservé par des missionnaires de l'école de Mvolyé.

Q : Parlez-nous de votre vocation sacerdotale.

R : Je me suis retrouvé comme *boy* à la mission des pères de Yaoundé. J'assurais tous les services proposés par ces derniers. J'ai eu l'occasion de côtoyer dans les bureaux tous ceux qui travaillaient pour la mission et je me suis mis en tête qu'après mes études, je pourrais travailler dans un bureau, fasciné que j'étais par la machine à écrire. À cette époque-là, je ne pensais pas du tout à devenir prêtre. Ce qui m'intéressait, c'était de travailler auprès des Blancs, en ville. Un jour, j'eus l'idée d'entrer au séminaire. Cette idée me conquit lentement. Finalement, je pris une décision. J'allai donc rencontrer Mgr Vogt qui était Vicaire apostolique à cette époque-là ; celui-ci sauta de

[954] http://www.missionerh.com/site/index.php/fr/rubriques/afrique/nouvelles-d-afrique-cameroun/263-moi-le-garcon-des-travaux-forces-eveque-de-l-eglise-universelle, consulté le 16 février 2021.

joie en apprenant la nouvelle que je voulais entrer au séminaire. Il me fit une lettre de recommandation. J'étais très content. C'est ainsi que j'entrai au séminaire de Mvolyé. Plus tard, une fois mes études de théologie terminées, j'ai été appelé à diriger le petit séminaire de Mvolyé, où j'ai eu comme élève Jean Zoa, actuel archevêque de Yaoundé. Le 19 septembre 1939, j'ai été ordonné prêtre.

Q : Devenu prêtre et curé, quels ont été les principaux objectifs de votre pastorale ?

R : Ma principale préoccupation fut la formation des chrétiens. Les gens ne connaissaient pas du tout la doctrine chrétienne. Ils avaient reçu le baptême, mais ne connaissaient que les réponses les plus simples du catéchisme. Il fallait alors reprendre l'enseignement sur les sacrements. Enseigner comment les recevoir dignement fut le but de ma mission de curé.

Q : Le 30 novembre 1955, vous avez été consacré évêque. Après avoir passé six ans à Yaoundé comme auxiliaire, vous avez été appelé en 1961 à fonder le diocèse de Mbalmayo. Quelles difficultés avez-vous rencontrées ?

R : Pour l'édification du diocèse de Mbalmayo, j'ai connu beaucoup de difficultés. Pas tellement celles directement liées à la tâche de fondation, mais surtout celles qui venaient de l'extérieur. J'avais déjà eu des ennuis pendant les six années passées comme évêque auxiliaire, de la part de certains missionnaires. Le bruit courait à Yaoundé que Mgr Etoga n'aimait pas les Blancs. À mon arrivée à Mbalmayo, je constatai que tous les missionnaires européens avaient déjà plié bagage. Trois jours après mon installation, le supérieur de la mission de Mbalmayo vint chez moi avec un groupe de dignitaires de la ville pour me supplier de ne pas le faire partir, en raison de tout le bien qu'il avait fait à cette ville. C'est alors que j'expliquai que je ne voulais chasser personne. J'ai attiré les missionnaires présents dans le diocèse sur la base d'un programme commun, je leur ai fait confiance. Eux aussi m'ont fait confiance et nous avons travaillé ensemble. Comment pouvais-je commencer la fondation d'un diocèse en chassant des prêtres ? D'autres rumeurs couraient que le nouveau diocèse ne durerait que trois mois au maximum, après quoi, je repartirais pour Yaoundé. J'ai travaillé dur. Il n'y avait pas de moyens, il n'y avait pas d'argent. Les fidèles faisaient ce qu'ils pouvaient, mais ils étaient très pauvres. À travers les visites pastorales dans tout le territoire, j'ai créé des paroisses. Grâce aux bienfaiteurs européens, j'ai fondé le petit séminaire Saint-Paul. Si j'avais compté uniquement sur mes forces, je n'aurais rien fait. J'ai eu confiance dans le Bon Dieu, je me suis appuyé sur lui.

Q : Vous avez participé au Concile. Quelles nouveautés a-t-il suscitées dans votre diocèse en particulier et dans l'Église camerounaise en général ?

R : Le Concile a fait avancer l'Évangile dans notre pays. Un exemple très simple suffira. Auparavant, tout ce qui concernait la danse était interdit et quand on entendait jouer les tam-tams et les tambours pendant les liturgies, les prêtres les détruisaient comme si c'étaient des œuvres du diable. Grâce à l'enseignement du Concile, il y a eu cette grande ouverture aux valeurs des différentes cultures. Les tam-tams, les tambours et les balafons sont entrés dans la liturgie de l'Église et ont fait partie de celle-ci comme expression vivante de notre spiritualité dansante. Les fidèles ont été très contents de cette innovation. L' « indigénisation » et le « retour aux sources » troublaient quelques chrétiens : ils considéraient le Concile comme un retour au paganisme. Alors, il fallait expliquer que l'indigénisation ne voulait pas dire faire des choses contre la foi, mais améliorer la manière de croire et de rendre un culte à Dieu. Le Concile n'a pas eu la prétention de révéler une nouvelle vérité. Il a voulu rendre la vie chrétienne plus authentique. L'indigénisation est venue aplanir quelques difficultés. Le « retour aux sources » a signifié honorer Dieu avec les instruments et les expressions de notre pays. À partir de ces petites choses, nous nous sommes ouverts ensuite aux grands problèmes de l'inculturation : comment incarner l'Évangile dans notre culture en transformant ses valeurs authentiques ? Telle était l'une des grandes préoccupations du moment.

Q : Même au Cameroun, on parle d'une « seconde évangélisation ». S'agit-il d'un terme exact pour définir une nouvelle approche de la culture contemporaine ?

R : Pour moi, la « seconde évangélisation » veut dire que nos chrétiens ont été baptisés et ont reçu les autres sacrements sans préparation adéquate, sans que l'Évangile pénètre dans leur vie, en changeant leurs coutumes et en générant une vraie culture chrétienne. Pour cette raison, il faut aujourd'hui un approfondissement des valeurs chrétiennes, pour évangéliser en purifiant ce qui n'est pas conforme au message chrétien. On ne peut pas continuer comme par le passé.

Q : Au seuil du troisième millénaire, quelle peut être la contribution de l'Église africaine pour que l'Église soit vraiment universelle ?

R : L'Afrique a déjà donné un témoignage, c'est le témoignage des martyrs de l'Ouganda. L'Afrique doit continuer. Le moment du martyre arrive. Que le Bon Dieu donne la grâce de supporter cette peine comme témoignage pour l'Église universelle. Que les jeunes n'aient pas peur de manifester leur foi, qu'ils se présentent partout comme de vrais chrétiens. Je pense que ce témoignage est le seul moyen pour l'annonce de l'Évangile.

Q : Quel est le souvenir le plus beau de votre vie ?

R : Dieu m'a choisi sans aucun mérite de ma part, en ce qui concerne ma vocation sacerdotale et ma vocation épiscopale qui fut quelque chose d'extraordinaire : mon ordination épiscopale en effet était la première de l'Afrique centrale et qui fut conférée au moment où les colonies existaient encore et au moment où les noirs se trouvaient dans une condition de subordination. Moi, le garçon des travaux forcés, le *boy* de la mission, évêque de l'Église universelle ! Aujourd'hui encore, c'est pour moi quelque chose de bouleversant : comment Dieu a-t-il pu jeter son regard sur moi pour me choisir parmi ses serviteurs ? Cela m'a toujours préoccupé. Je n'ai jamais été le premier de la classe. Il y avait d'autres élèves plus intelligents que moi. Je rendrai toujours grâce à Dieu de m'avoir choisi malgré mes limites. Voilà le souvenir le plus beau de ma vie.

Q : Sur vos armoiries épiscopales, au-dessus de l'inscription *scio cui credidi* (je sais en qui j'ai cru), sont représentés un palmier et deux lances. Quelle en est la signification ?

R : Certains croyaient que ma consécration épiscopale s'appuyait sur quelque pouvoir terrestre. Je n'ai pas cru en un homme mais uniquement en Dieu. Tel est le sens de la phrase. Les lances sont le symbole de mon village, c'est l'arme de mon peuple, les *Ewondo*. J'ai mis sur mes armoiries les lances comme signe de la force dans la lutte contre le mal. Quant au palmier, c'est le signe de la fécondité pastorale : les fruits de l'apostolat. Les racines de l'arbre sont le symbole de la résistance, de la solidité. Les ouragans, les tourmentes et les tempêtes ne pourront jamais l'abattre. C'est avec cet esprit, même si je suis très âgé, que je m'apprête à fêter mes quarante ans d'épiscopat.

(Propos recueillis par Sandro Puliani)

Annexe VIII. Témoignages, souvenirs et commémoration

1. Témoignage de Monsieur Joseph Atangana Ndzié aux obsèques traditionnelles de Mgr Paul Etoga dans son village natal de Nkolmewout le 17 avril 1998

Je dois avant tout de remercier la famille naturelle de Mgr Paul Etoga de me donner l'occasion de rendre hommage à notre patriarche, sur cette terre qui l'a vu naître et qu'il a intensément aimée. Ce témoignage, je le présente en tant que fils spirituel et principal collaborateur laïc de l'illustre disparu.

Mgr Paul Etoga a, en effet, réalisé à Mbalmayo deux grandes œuvres : le petit séminaire Saint-Paul dont on a abondamment parlé lors des funérailles à Mbalmayo, le 21 mars dernier. Mais il convient également de citer le Centre de Promotion sociale, plus connu sous l'appellation de NINA et pour lequel Mgr Paul Etoga a marqué une sollicitude et un attachement paternels jusqu'à sa mort.

Chacune de ces deux grandes œuvres a un objectif spécifique :

- Le Séminaire Saint-Paul fondé en 1962, pour la formation des futurs prêtres.
- Le Centre de Promotion sociale créé en 1970, cinq ans après le Concile Vatican II, pour la promotion d'un laïcat responsable engagé dans les activités de la pastorale sociale du diocèse. Aujourd'hui, les structures de cette institution poursuivant ces activités sont multiples et multiformes : on compte notamment l'hôpital St Luc, le Collège d'Enseignement Technique Industriel et Artistique Nina Gianetti qui comprend l'Institut de Formation Artistique, le seul établissement secondaire d'enseignement artistique au Cameroun, l'École Maternelle l'Espoir, la Cellule Audio-Visuelle (CELAV) etc. ; ces structures emploient des personnels issus de plusieurs nationalités : Camerounaise et Italienne pour la plupart, mais aussi Japonaise,

Centrafricaine etc… Ces personnes ne sont ni des religieux, ni des religieuses, mais des fidèles laïcs exemplaires dans leurs professions, ou s'efforcent de l'être, assidus à la prière et aux sacrements et engagés dans diverses fonctions de l'Église : chant, préparation des jeunes aux sacrements, secours aux indigents, enfants abandonnés, malades mentaux etc…

Il convient de présenter au cours de cette cérémonie la délégation italienne du COE formée de personnes vraiment remarquables et conduite par la Directrice du CPS, Mme Giuseppine Airoldi, désormais une vraie africaine avec près de 30 ans de séjour au Cameroun. Parmi les Camerounais, la personne la plus représentative est sans conteste Mme Ayissi Etoga, née Marie Madeleine Ndzié, car faisant partie de la première équipe formée en Italie à partir de 1969 et actuelle responsable de l'Hôpital St Luc de Mbog-Kulu à Mbalmayo.

Mais on pourrait citer bien d'autres, les Denise, Micheline dans l'enseignement, les Emilienne, Agnès, Marie-Thérèse, Thaddée pour la santé, les Claude, Alex, Maxime pour d'autres activités : bibliothèque, musique, animation des jeunes, etc… Ils sont mariés ou célibataires mais leur vie et toutes leurs actions s'inspirent directement de l'Esprit du Concile Vatican II qui a reconnu le rôle et la place des laïcs au sein de l'Église.

À cet égard, il convient de souligner que le Centre de Promotion Sociale est précisément le fruit de la participation de Mgr Paul Etoga au Concile Vatican II, à Rome et issu de sa rencontre avec un Organisme italien, le Centre d'Orientation Éducative plus connu sous le sigle de COE de Barzio, ONG de volontariat international chrétien. Le CPS est le fruit, dis-je de la rencontre fructueuse entre Mgr Paul Etoga et cet Organisme, aujourd'hui présent non seulement à Mbalmayo mais dans plusieurs autres parties du Cameroun, notamment à Yaoundé, Ebolowa, Garoua, Douala où il mène des actions de pionnier dans plusieurs domaines : Formation à l'animation socio-culturelle, Sport For Africa par exemple. Plus encore, à partir de Mbalmayo, le COE est présent aujourd'hui sur les 5 continents. Et cela grâce au dynamisme et à la personnalité exceptionnelle de son fondateur, Mgr Don Francesco Pedretti, figure charismatique, grand visionnaire, un véritable prophète de ce IIIe millénaire. Ce prélat italien fréquente Mgr Paul Etoga depuis près de 30 ans. À la mort du patriarche, il a envoyé un message de condoléances qui a été présenté lors des funérailles à Mbalmayo. Mais permettez-moi de partager avec vous le témoignage que ce prélat lui a rendu à l'occasion du 40e anniversaire du sacre de l'illustre disparu, extrait de la présentation de son opuscule *Réflexions sur la vie chrétienne*, véritable testament spirituel : « Il faut bien dire que le cas de Mgr Paul Etoga est un cas vraiment singulier : il s'agit d'une des merveilles de Dieu qui nous étonne toujours et qu'il faut recommander à la mémoire, et à l'honneur de l'Église camerounaise. Il s'agit non seulement du 1er évêque de l'Afrique francophone mais encore il a été et il représente un chef-d'œuvre de l'Esprit Saint. Après seulement 20 ans d'évangélisation au Cameroun, l'Esprit Saint va choisir un enfant dans la brousse, un enfant timide devant les blancs colonisateurs ; un enfant qui n'aimait pas l'école et préférait chasser les oiseaux. L'Esprit a cherché un garçon qui était assujetti aux corvées et qui n'avait aucune ambition, pour en faire un séminariste, un prêtre, et, après, à peine cinquante ans d'évangélisation, un évêque. Mgr n'est pas allé étudier en Europe, il n'a pas eu des protecteurs humains, cependant il a été inséré au Collège des Apôtres. Il faut rappeler cela parce qu'il s'agit d'un vrai chef-d'œuvre de l'Esprit Saint qui ouvre notre cœur à comprendre la docilité et la confiance qu'il faut toujours lui donner ».

Cette confiance qu'il avait placée en Dieu et qu'il a traduite dans sa devise « Scio cui credidi » (Je sais en qui j'ai mis ma confiance). Mgr Paul Etoga a bien voulu me la faire.

Car, par la grâce de Dieu je suis à l'origine de l'œuvre du Centre de Promotion Sociale, à laquelle je collabore dès le début et depuis 15 ans bientôt de façon permanente comme coordinateur à Mbalmayo où j'ai eu l'honneur d'être constamment aux côtés de notre pasteur.

C'est, en effet, en 1965, lors de la deuxième session du Concile Vatican II que Mgr Paul accepte sur ma proposition de se rendre à Barzio, siège du COE. Il y est accueilli par la petite communauté qu'il découvre et par son fondateur Mgr Don Francesco Pedretti. J'avais connu ce prélat l'année précédente. Après ma décision de quitter le Séminaire « de Propaganda Fide » à Rome où m'avait envoyé Mgr Paul Etoga, Don Francesco et toute sa communauté m'avait, en effet, accueilli avec une spontanéité et une chaleur toute africaine. Je fus séduit littéralement à la fois par cet accueil, et en même temps par l'esprit, les activités et le mode de vie communautaire, très proche de la vie traditionnelle africaine. Et avant la fin de mon séjour, je fis part à Don Francesco mon désir que le COE vienne travailler au Cameroun.

Bien que, sans doute, profondément déçu par mon départ du séminaire, car étant le tout 1er séminariste de son jeune Diocèse, (crée, disait-on, pour les besoins de la cause), qu'il envoyait étudier à l'étranger, un an seulement après son installation à Mbalmayo ; cette déception devait être d'autant plus grande qu'à la première session du Concile Vatican II, à Rome, en octobre-novembre 1962, je lui servais de secrétaire. Eh bien ! Mgr ne m'a pas rejeté ni rejeté la proposition d'inviter le COE à Mbalmayo. Au contraire, il a encouragé toutes les initiatives prises pour la réalisation de ce projet. Ainsi pendant tout mon séjour d'études universitaires de 6 ans en France, j'ai servi constamment de liaison entre l'évêque et le COE. Par exemple en août 1967, j'accompagne Mlle Pina Airoldi, l'actuelle directrice du CPS pour une première visite du COE au Cameroun.

En septembre 1969, j'étudiais alors à Paris, c'est Don Francesco lui-même avec deux autres personnes qui effectuent le voyage au Cameroun afin d'établir un plan d'intervention. À leur retour, il porte les trois premières Camerounaises en Italie pour assurer leur préparation et leur formation à l'esprit du COE. Je rentre au Cameroun en janvier 1970 et au mois de juillet, c'est le lancement du projet. Le 1er décembre voit l'ouverture à Mbog-Kulu, à côté de la résidence de Mgr Paul Etoga, du dispensaire St Luc et d'un cours ménager avec la participation de 15 femmes.

Voici bientôt 30 ans aujourd'hui, l'œuvre résultant de la Convention signée entre Mgr Paul Etoga et le COE s'est considérablement développée dans un esprit d'harmonie et de parfaite compréhension entre l'évêque et les représentants du COE à Mbalmayo. Aussi, afin de perpétuer la mémoire de celui que tous considèrent comme un père au CPS, la direction a-t-elle décidé de baptiser la nouvelle structure en cours de création et qui sera bientôt ouverte à Mbalmayo, quartier New-Town, dans l'enceinte du presbytère, à côté de la cathédrale où repose son corps, l'imprimerie CPS-PAUL ETOGA.

Mais malheureusement, jusqu'à maintenant cette œuvre est restée comme une enclave au sein du Diocèse, l'esprit du Concile Vatican II sur le rôle et la place des laïcs dans l'Église n'étant sans doute pas encore bien compris et partagé au sein du clergé. C'est sans doute la raison qui, consciemment ou inconsciemment, explique que l'on ait voulu ignorer tout au long des funérailles des 20 et 21 mars dernier à Mbalmayo, l'existence même du Centre de Promotion Sociale, réalisation pourtant fondamentale dans la pastorale sociale de l'illustre défunt. On s'est contenté, par exemple, lors des témoignages au cours de la cérémonie du seul message de condoléances de Don Francesco Pedretti au seul titre d'ami.

En tout état de cause, et en ce qui me concerne, j'ai, tout au long de cette période, apporté ma modeste contribution à la réalisation de cette œuvre aux côtés de Mgr Paul Etoga et de son successeur. Ce faisant, j'ai particulièrement eu le privilège, à cause de la proximité de notre logement, de partager dans une large mesure, au cours des dix dernières années, la vie de retraité marquée par la solitude, que menait Mgr Paul Etoga à Mbog-Kulu. J'ai ainsi eu à apprécier ses hautes qualités humaines et spirituelles et essayer de m'en inspirer dans ma vie quotidienne : sa grande patience ; rarement il se plaignait malgré les peines, les incommodités, les désagréments et les souffrances dont il était accablé ; son sens de l'humour, qui pour lui, était toute une philosophie de la vie et par lequel il mettait tout le monde à l'aise ; son dépouillement et son détachement de la vie : « Je mange ce que l'on me présente », me dit-il une fois ; il suffisait également d'observer son lit, sa garde-robe, sa chambre ; mais par-dessus tout le sens de l'accueil et de l'hospitalité, sans considération de l'âge ni du rang social du visiteur ; économe jusqu'à l'extrême, qualité hérité de Mgr Vogt qui, disait-il, ne jetait jamais rien : ainsi emballages, noyau d'un bon fruit, étaient précieusement conservés pour être réutilisés ou plantés. Ponctuel et organisé, il partageait méticuleusement sa journée entre le travail, la prière dont la messe quotidienne, le repas et le repos.

Le travail était consacré pour une bonne partie de sa retraite à écrire son autobiographie, publiée deux fois et ses mémoires pastorales, puis à fabriquer les chapelets avec les graines de « Mvandu ». Une fois, il fit le décompte : plus de 860 fabriqués de ses mains qu'il plaçait en vente pour vivre comme St Paul, son saint patron, du fruit de son travail ; plusieurs fois, je l'accompagnait

voir le directeur de l'ONADEF (entendez Office National de Développement Forestier) en vue d'obtenir des plants d'arbre rares qu'il avait soin de planter. La messe était le point central de la journée ; à 18 heures, les jours ordinaires, 11 heures, les jours de fête. Une fois, l'an dernier, revenu de la consultation à l'hôpital Général de Yaoundé, il me rapporta que son médecin lui avait demandé de ne plus dire la messe à cause de la fatigue. « Si je ne peux plus dire la messe, fit-il remarquer, alors à quoi je peux servir ? » Ainsi sa vie de prêtre était indissociable de la célébration quotidienne de la messe.
L'heure du repas, pour Mgr était invariable : 12h 00 à midi et 19 heures le soir. Mais il avait horreur de manger seul ; pour lui, par définition, le repas se partage. Je le savais, et souvent je devais m'esquiver pour ne pas gêner maman Pauline, la cuisinière, dans ses prévisions. Mais je n'y parvenais pas toujours. Ainsi ce jour de l'An 1998, après la messe de 11 heures, et le départ des autres participants, je cherche à me retirer : « À Yo, comme il aimait familièrement m'appeler, assieds-toi, nous allons manger le nouvel An ensemble ».
À Mvamba[955], je ne savais alors pas que c'était le dernier nouvel An que je partageais avec vous sur cette terre. Plus tard, en février dernier, à l'Hôpital Général, je vous rends visite au moment où l'on vous sert à manger : « Barbe, donne-lui à manger », avez-vous fait. Et instantanément, Barbe, votre nièce, docile, s'est exécutée. Je dois avouer que c'est avec beaucoup d'émotion que j'ai partagé ce repas dans votre chambre d'hôpital, me disant, à voir votre état de santé, que c'est une ultime leçon de partage que vous vouliez ainsi me donner.
À la vérité je ne peux prétendre ni d'ailleurs quiconque d'autre, épuiser l'énumération des riches qualités spirituelles et humaines de cette grande figure de l'histoire de notre Église et de notre pays. Il me suffirait, pour terminer, de dire qu'il était une personnalité d'une extrême sensibilité. Ainsi, il souffrait beaucoup des injustices causées aux pauvres, de la misère du peuple, de la corruption, du pillage de nos forêts etc… thèmes que nous évoquions des heures durant surtout lorsque j'étais député à l'Assemblée Nationale. Il me suffirait enfin de dire qu'il était un homme de Dieu tout entier attaché à son Seigneur, fidèle jusqu'au bout à sa fonction de prêtre, bénissant et imposant les mains jusqu'à l'extrême limite des forces sur son lit de mort.
Trois ans avant sa mort, le 11 mars 1995, il me remit un exemplaire de son Autobiographie avec cette dédicace écrite de sa main : « À mon fils spirituel Joseph Atangana Ndzié afin qu'il sache se confier à Dieu et travailler pour tout le monde et pour la plus grande gloire de Dieu ».
À Mvamba, toi qui a choisi comme devise épiscopale, « Scio Cui Credidi » (Je sais en qui l'ai cru), du haut du ciel, obtiens-moi par l'intercession de la Sainte Vierge Marie que tu invoquas chaque jour dans la prière du chapelet que je m'applique à être fidèle à ce programme que je considère comme un

---

955 Mvamba chez les béti signifie grand-père. L'évêque est ainsi assimilé à un grand-père.

testament spirituel. Mais obtiens-le pas seulement pour moi, mais également pour tous ceux que tu as aimés et à qui tu as dédié tes « réflexions sur la vie chrétienne : tes parents, ton successeur, tous tes prêtres, tous tes chrétiens », « tous tes amis ». En somme, pour nous tous ici présents et pour tous les absents. Et à toi, qui a consacré toute ta vie au service de tout le monde et de Notre Seigneur Jésus-Christ, qu'Il t'accorde maintenant la couronne qu'il a promise à ses amis, afin qu'un jour, nous nous retrouvions tous ensemble pour toujours dans la joie pascale, dans le bonheur éternel, le bonheur sans fin.

2. Témoignage de Mlle Barbe Tatiana Ngono à l'occasion du 13e anniversaire du décès de Mgr Paul Etoga (13 novembre 2011)

Je voudrais tout d'abord remercier le COE et le Centre de Promotion Sociale qui ont eu la merveilleuse idée d'organiser ce grand événement en la mémoire de cet illustre homme qu'était Mgr Paul Etoga aujourd'hui de regrettée mémoire.

Je remercie tous ceux et toutes celles qui ont fait le déplacement ce jour pour prier avec nous… avec lui.

J'ai eu le privilège de passer 12 années auprès de Monseigneur Paul Etoga, de 1986 à 1998. Mes frères et sœurs Jean Baptiste, Jean Bindzi, Marie Noël, Marie Anne, Marie Bernadette et Madeleine nous rejoindront à Mbalmayo quelques années plus tard.

Le souvenir que nous gardons de Mvamba est celui d'un homme humble, plein d'amour, discipliné, travailleur et extrêmement pieux. Il nous a enseigné à tous l'amour du prochain, le pardon, le culte de l'effort et du travail bien fait, ainsi qu'une vie de prière.

Mvamba nous aimait tellement qu'il nous a trouvé à chacun un petit nom comme il savait si bien le faire. Il y avait entre autres : *Nga dougou*, *Ngoan opwa*, *Mandari* ou encore *Didon*.

Comme nous n'arrivions pas à lui trouver un petit nom, nous nous étions alors inspirés d'une interview dans laquelle Monsieur Jean Materne Ndi le qualifiait de, je cite : « Enfant sage et intelligent ». Cette citation devint son petit nom. Et il lui allait si bien.

Comme pour nous témoigner son acharnement au travail, Mvamba, malgré son âge avancé avait des journées pleines : il continuait de dire les messes tous les jours à 18 heures et le dimanche à 11 heures, fabriquait des chapelets avec des graines de vendou. Il en a fabriqué plus de 1000 pendant sa retraite et en a même offert un au Pape Jean Paul II, lors de sa seconde visite pontificale au Cameroun.

Tous les après-midi à 16 heures quand il revenait de sa sieste, à l'aide de sa cloche il faisait courir les poules qu'il nourrissait avec des graines de riz (il en avait un peu plus d'une trentaine). Certains dimanches après-midi, nous allions faire la pêche soit sur le pont de la rivière So'o ou encore derrière l'école des eaux et forêts. « Nous n'avions guère attrapé plus de deux poissons ». Mvamba était également un excellent cuisinier, quand il le voulait,

il faisait lui-même la cuisine. Sa spécialité était le steak à la poêle accompagné de plantains jaunes frits.
Malgré cet emploi du temps chargé, Mvamba gardait toujours les portes de sa maison ouvertes et continuait de recevoir sans arrêt. Il lui arrivait de soigner quelques petits maux avec des variétés d'herbes.
Il prenait son dîner tous les soirs à 19 heures et était toujours accompagné de M. Joseph Atangana Ndzié que nous appelions affectueusement « si-si », car si vous ne l'avez pas encore remarqué, quand l'ancien député prend la parole, il ne finit jamais sans dire « si-si », c'est ce qui lui a valu ce sobriquet ;
Nul ne pouvait alors deviner que derrière cette intense activité, Mvamba traînait un diabète et une hypertension qui le rongeait à petit feu. Heureusement, il était entouré d'une équipe dynamique et dévouée. Il s'agit de Mema[956] Emilienne, Mema Agnès, Tonton Thaddée qui étaient toujours à ses côtés pour lui administrer ses médicaments. À tous, je dis merci.
Je voudrais également remercier celui que nous avons surnommé « la terreur ». Il s'agit de l'abbé Benjamin Nkoé. Aujourd'hui, en regardant vingt ans en arrière, je puis vous assurer qu'il n'était pas une terreur. C'était plutôt un homme sévère qui nous a inculqué une éducation stricte. M. l'abbé acceptez que je vous appelle aujourd'hui comme Mvamba pour vous dire : À Benjamin merci du fond du cœur merci !
Nous avions fini par croire Mvamba immortel lorsque ce samedi 17 janvier 1998, il me dit qu'il a fait un rêve dans lequel sa sœur Yoanna longtemps décédée était revenue et je devais maintenant m'appeler Yoanna. Ensuite, il me dit que Jésus venait de lui rendre visite dans sa chambre, et d'ajouter qu'il lui a porté un message de la Sainte Vierge et de terminer en me disant : « Il est l'heure, je ne suis plus parmi vous ». Puis Mvamba pleura.
C'était le début de la fin.
Se sentant mal en point, nous l'avons transporté à l'hôpital Général de Yaoundé où un traitement lui avait été prescrit pendant un mois. Il se retira ensuite au monastère des Bénédictins pour honorer ses rendez-vous médicaux. Mais deux semaines plus tard, Mvamba rechuta et fut de nouveau interné à l'hôpital Général où il rendit l'âme le vendredi 13 mars 1998.
Mvamba a eu droit aux obsèques dignes de son rang. Nous remercions tous ceux qui de près ou de loin ont contribué à l'organisation de ces obsèques.
Aujourd'hui 13 années plus tard, pour la célébration du cinquantenaire du diocèse de Mbalmayo, un pèlerinage est organisé avec pour thème : « Sur les pas de Mgr Paul Etoga », une façon de rendre un hommage à ce grand homme de Dieu que nous considérons comme un Saint.
Pour nous, Mvamba est vraiment un Saint et pour preuve, des miracles se sont produits après sa mort. En 1999, notre tante Marie Thérèse qui était grabataire depuis 25 ans s'est relevée de son lit de malade après avoir entendu la voix de Mgr Paul Etoga qui lui disait : « Lève-toi et marche ». Et ce fut fait.

[956] *Mema* signifie maman chez les béti.

Pour finir, « à Mvamba », nous tous ici présents nous te disons ceci : « Tu nous a aimés plus que nous ne t'avons aimé, tu nous as quittés sans bruit. Sois heureux là où tu te trouves. Des vents doux venus des cieux t'ont amené vers des âmes plus belles encore et qui je suis sûre t'aiment encore plus car nous n'avons pas su t'aimer. Que ton souvenir reste dans nos cœurs meurtris comme une empreinte indélébile gravée au fond de notre âme. Prie pour ceux que tu as toujours aimés et intercède auprès de ton père pour tous les fidèles du diocèse que tu as créé ».

Une fois de plus, Merci au COE et au CPS, mes remerciements vont plus particulièrement à la sœur Pina, la sœur Graciosa qu'il appelait « Préciosa ».

Merci aux fidèles du diocèse de Mbalmayo et à ceux de Mbock kulu.

Mvamba, repose en paix.

3. Souvenir de Mgr Paul Etoga évêque de Mbalmayo : par Lisetta Bianchi, l'une des trois premières volontaires du COE au Cameroun (16 mai 2018)

J'ai plaisir à me souvenir de Mgr Paul Etoga tel que je l'ai vu à ma première arrivée à Mbalmayo.

Le matin du 17 novembre 1970, je suis entrée à sa résidence avec M. Joseph Atangana Ndzié, Pina Airoldi, Pia Airoldi et Maria Elisa Combo pour participer à la Sainte Messe de 7 heures que Monseigneur célébrait chaque matin dans sa petite chapelle. Quel sourire lumineux, quelle stupeur brillait dans ses yeux quand il nous vit presque comme si nous étions tombés du ciel. Après la Sainte Messe, il se montra par contre préoccupé pour le fait que lui n'avait rien pu faire pour organiser notre accueil, que nous soyons arrivés là sans l'avoir informé. De Douala, Joseph est venu avec nous à Yaoundé et là nous avons pris un taxi qui nous a conduites de nuit à la maison sur la colline de Mbog-Kulu et personne ne s'était rendu compte de notre arrivée. Le télégramme annonçant notre arrivée arriva une semaine après.

Durant les vingt années que j'ai vécus à Mbalmayo, je peux dire que c'est lui qui m'a étonnée. Je crois que je n'ai plus jamais rencontré une personne aussi humble que sage et bonne.

Le Monseigneur voisin de maison que nous sentions presque respirer, qui nous suivait pas à pas comme un père, préoccupé de ses trois jeunes filles que les gens appellent « sœurs » et les enfants les « ciao », préoccupé que rien de grave ou de désagréable ne nous arrive, préoccupé que nous puissions bien nous insérer dans le milieu et accomplir notre service sans trop de difficultés. Nous qui frappions à la porte de son bureau à n'importe quelle heure de la journée et il t'accueillait sans rendez-vous, sans être introduit par son secrétaire qui, du reste, n'était jamais là ou par un domestique. Non, lui était toujours disponible et pour tous, avec une simplicité désarmante ; il te mettait à l'aise et tu pouvais avec lui tout dire sans peur de rien. Du reste, l'évêché où il a vécu depuis sa nomination comme évêque de Mbalmayo jusqu'à sa mort, était une maison simple sans aucun confort, d'une pauvreté franciscaine, en

conformité avec sa personne et avec la plus grande partie de ce que vivait son peuple. Le pape François, s'il l'avait connu, aurait dit de lui : voilà un vrai Pasteur, parce qu'il a assumé la vrai senteur de son troupeau. Son habillement et tout en lui disait qu'il a choisi de vivre la pauvreté. Ses habits, même de cérémonie, que nous cherchions de réparer, jusqu'à sa première mitre désormais usée qu'il n'a pas voulu changer et pour qu'il pût la mettre nous avons raccommodée et redoublée avec des moyens de fortune. Né d'une famille pauvre, il a vécu pauvre et il est mort pauvre.
L'on a l'habitude de dire que les Africains ne sont pas ponctuels et ne respectent pas l'heure. Cela sera aussi vrai pour beaucoup. Mais Monseigneur Paul Etoga a démontré pendant toute sa vie exactement le contraire. À tous les rendez-vous il arrivait à l'heure prévue ou légèrement en avance, si bien que ceux qui devaient l'accueillir restaient étonnés. Lorsqu'il faisait les visites pastorales, pour être certain d'arriver à l'heure, il partait longtemps en avance, puis pour ne pas perturber le programme, il restait un peu loin de la paroisse dans l'attente de l'heure établie pour se présenter : quelle finesse d'esprit, quel respect pour tous ! Quand il rentrait des visites pastorales il ne manquait jamais de partager les dons en nature que les chrétiens lui offraient et il ne manquait jamais de nous envoyer également quelque chose en signe de partage.
Je savais que durant sa mission pastorale à la tête du Diocèse de Mbalmayo, Monseigneur a eu à affronter beaucoup de problèmes difficiles, mais jamais il n'a perdu sa sérénité ; avec la sagesse d'homme de Dieu, il a su conduire les choses à bonne fin.
Plusieurs fois il m'a demandé de prier pour lui et pour le Diocèse sans me dire le motif et pourquoi je devais le faire. Que de fois je me suis adressé à lui pour demander un conseil sur certains problèmes liés aux relations et aux rapports de notre service. En profond connaisseur de l'esprit humain de son peuple, il m'a toujours donné de sages conseils et personnellement je suis contente de les avoir suivis.
Il y a eu des périodes au cours desquelles je voyais Monseigneur chaque jour pour lui faire l'injection de l'insuline à cause du diabète dont il a souffert pour beaucoup d'années, jamais une plainte pour ce soin qui lui rendait le bras tous pleins de bosses ; pas une plainte pour cette diète austère qu'il devait suivre et qu'il respectait rigoureusement et toujours avec le sourire aux lèvres. Je crois qu'un patient aussi patient est plus unique que rare.
Homme de prière, lorsqu'il laissa l'administration de son Diocèse, à cause de l'âge et pour raison de santé, il demeura dans sa petite maison sur la colline de Mbog-Kulu, consacré à la prière, à la lecture, à recevoir ceux qui allaient à lui se confier ou demander un conseil : immanquablement ils le trouvaient avec un livre à la main ou à fabriquer des chapelets avec des graines de mvendu ou alors à égrener le chapelet.

Je regrette de n'avoir pu le revoir après 1992 et de n'avoir pu être présente quand il s'envola au ciel, mais je sais avec certitude que du ciel il me suit comme un père conseiller et ami.
Traduit de l'italien par Joseph Atangana Ndzié
Barzio, 16 mai 2018. Lisetta Bianchi

4. En mémoire de Paul Etoga : Graziosa Invernizzi, ancienne volontaire du COE au Cameroun

Avec grande vénération j'aime me souvenir[957] de Mgr Etoga.
Il a été d'une simplicité extrême et savait se réjouir des petites choses. De temps en temps il aimait se rendre au petit lac de Mbog-Kulu, dans sa vieille soutane et son vieux chapeau, avec les miettes de pain qu'il avait gardées soigneusement pour donner aux poissons qui l'attendaient au rendez-vous de l'après-midi. Il contemplait les merveilles de la création pour y reconnaître le Créateur ; et que des initiatives qu'il a eues dans le souci de collaborer à la création. Mais il les confiait au Seigneur. En effet, sous la nappe de l'autel de la chapelle, sur un bout de papier, il avait écrit leurs noms : le séminaire, l'infirmerie (aujourd'hui hôpital Saint Luc), la menuiserie, la buanderie.
La prière était primordiale et rigoureuse, la messe de 18 heures était intouchable et pas avant ou en retard, sa ponctualité était remarquable à n'importe quelle occasion. Son chapelet était sculpté en ivoire, mais chaque graine était devenue lisse suite à l'usure. Quand la lecture du bréviaire fut difficile, un après-midi, j'ai osé lui donner ma disponibilité pour réciter le rosaire, mais avec son sourire voilé, il me dit qu'il en avait déjà dégrainé trois depuis le matin et…je fus bouche bée !
Mgr Paul Etoga n'aimait pas rester sans rien faire et dans les dernières années il commença à fabriquer et vendre les chapelets et encore il avait un cahier pour les comptabiliser.
Il aimait se souvenir de sa vie dure quand jeune séminariste, il cherchait [à] se nourrir de palmistes à tel point qu'il appelait Mvolzié[958] la colline de Mvolyé ou quand jeune prêtre il était en tournée en brousse et souvent il devait transporter le vélo qui aurait dû, au contraire, le transporter, tellement les pistes étaient boueuses, mais il ne démordait pas.
Son esprit de pauvreté et de générosité était grand : il a reçu beaucoup de dons mais il ne gardait rien pour lui, il y avait toujours quelques œuvres du diocèse qui en avaient besoin. Aussi pour sa personne, il ne demandait rien, ses soutanes devaient durer longtemps, c'était seulement l'attention de quelque sœur couturière qui avec diplomatie lui en cousait. Dans son bureau il gardait avec fierté les deux chaises […] cadeautées par le gouverneur de Yaoundé lors de son sacre, les autres meubles étaient très artisanaux.

---

957 Ce souvenir, quoique non daté, est à situer dans l'année 2018, car faisant suite au témoignage de Lisetta Bianchi lors de la commémoration du vingtième anniversaire de Mgr Paul Etoga.
958 Mvolzié : colline de la faim.

Mgr Paul Etoga était prêt à accueillir tout le monde et miséricordieux avec tous.
J'ai été volontaire du COE à Mbalmayo d'octobre 1972 à mars 1982 et encore de 1992 à 1995. Mgr Etoga savait bien vivre avec sa maladie ; il aimait dire : « le diabète qui m'embête » et pour « ne pas être trop embêté et déranger les autres » il observait strictement le régime et acceptait l'injection quotidienne d'insuline avec ironie. Même quand la maladie était devenue grave il l'a acceptée avec grande foi, la même qu'il avait eue pendant sa longue vie.

5. Commémoration du premier anniversaire du décès de Mgr Paul Etoga du 12 au 21 mars 1999

Extraits de la conférence donnée le 16 mars par M. Joseph Atangana Ndzié[959].
1ère partie
Introduction
Nous sommes à la veille de l'an 2000. Tout le monde parle de lutte contre la misère et la pauvreté, organisations internationales et gouvernements tous confondus. Au Cameroun après sa réélection à la tête de l'État, le Président Paul Biya a inscrit dans son programme d'action la lutte contre la misère et la pauvreté. Et le gouvernement organise depuis lors une véritable campagne de lutte contre ces fléaux. Ainsi au sein de la République, tout le monde en parle, certains par démagogie, tandis que d'autres ont adopté ces concepts comme de véritables slogans.
Dès lors, il est permis de se demander : « est-ce pour céder à la mode que ce thème a été choisi pendant cette semaine commémorative du 1er anniversaire du décès de Mgr Paul Etoga ? Sinon quelles sont les raisons qui peuvent justifier ce thème, s'agissant d'un ecclésiastique de la première période d'évangélisation de notre pays, devenu 1er évêque d'Afrique noire française ? À mon avis, trois raisons au moins justifient l'intérêt qui a poussé l'homme devenu évêque au combat contre la misère et la pauvreté.
1. La première raison me semble être l'esprit de solidarité que l'homme a cultivé pour ses frères et sœurs de race. Car dans son enfance, le petit Etoga a été assujetti à la corvée et aux travaux forcés, il a connu les brimades et les mauvais traitements de la période coloniale ; écolier, il a souffert de la faim et de toutes sortes de privations. Ce qui l'a sans doute rendu très sensible à la misère et à la pauvreté des gens. Car il convient de le souligner avec force. Si Mgr Etoga a combattu la misère et la pauvreté, ce n'est pas pour son avantage personnel. Tous ceux qui l'ont connu de près, peuvent en témoigner. Deux exemples suffisent pour l'illustrer :
a. Nommé évêque à Mbalmayo, Mgr Etoga est installé le 22 août 1961 par Mgr René Graffin ; mais il manquait où loger. C'est son ancien camarade d'école primaire à Mvolyé, M. Pierre Ondoa, chef catéchiste et moniteur à

---

[959] Cette conférence *Mgr Paul Etoga, l'homme et son combat contre la misère et la pauvreté* a été retrouvée dans les archives privées de M. Joseph Atangana Ndzié. Il m'importe de souligner qu'il ne s'agit que d'extraits.

Mbalmayo qui lui prête sa petite maison construite en plein quartier New-Town.

b. La résidence de l'évêque à Mbog-Kulu est une construction simple et modeste : ceux qui ont pu pénétrer dans sa chambre, en regardant son lit et sa garde-robe ont pu apprécier à quel niveau de dénuement et de renoncement vivait Mgr Paul Etoga, jusqu'à la fin de sa vie.

2. La 2e raison relève de la conviction chrétienne du prélat : Mgr Paul Etoga était persuadé que Dieu a créé l'homme pour le bonheur dès ici-bas, puisqu'en le créant Dieu a placé l'homme au Paradis terrestre. C'est dire que la misère et la pauvreté sont les fruits du péché. Le salut par Notre Seigneur Jésus-Christ doit amener l'homme à combattre la misère et la pauvreté comme des obstacles qui s'opposent à la dignité de l'homme et l'empêchent d'admirer Dieu.

3. La 3e raison est d'ordre pastoral :

a. Volonté d'appliquer les directives du Saint-Siège sur le développement humain : c'est l'époque de la publication de l'Encyclique de Paul VI, *Populorum Progression* dans laquelle le pape affirme « le développement est le nouveau nom de la paix ».

b. Mgr a aussi le souci pastoral d'assurer une vie moins précaire à ses collaborateurs prêtres. En définitive Mgr porte le souci d'assurer la viabilité du nouveau diocèse, véritable défi à relever, car 1er diocèse confié au clergé indigène.

4. Mais à quel titre Joseph Atangana Ndzié, peut-il valablement traiter ce thème ? En d'autres termes, quelles sont les motivations qui lui permettent d'en parler si ce n'est un simple désir de « vedettariat » ?

Face à cette question, je dirai que mon intervention est fondée sur quatre raisons essentielles :

a. Avec Mgr Paul Etoga, je partage la vision chrétienne de l'homme selon laquelle l'homme a été créé pour le bonheur et c'est pourquoi il faut combattre la misère et la pauvreté comme contraires à l'Évangile.

b. Après le Concile Vatican II, l'Église reconnaît aux laïcs une mission spécifique, celle de participer activement à la transformation du monde dans le sens de l'Évangile afin de construire le royaume de Dieu sur terre.

c. Comme témoin privilégié de la vie et de l'œuvre de Mgr Paul Etoga, surtout au cours des dix dernières années de sa vie et parce que son collaborateur principal dans le projet du Centre de Promotion Sociale mis en place à Mbalmayo avec le Centre d'Orientation Éducative (COE) de Barzio.

d. Enfin Mgr Adalbert Ndzana m'a fait l'honneur en me nommant membre du Conseil pour les affaires économiques depuis 1987 et il vient récemment de me renouveler cette confiance.

5. Sources d'information

Elles sont essentiellement de deux ordres :

a. Mes observations personnelles et les souvenirs des entretiens avec notre patriarche, ainsi que certaines notes recueillies de son cahier-journal personnel tenu au jour le jour depuis son installation comme évêque de Mbalmayo.
b. Ses mémoires publiés sous le titre : *Mon autobiographie* parues en deux éditions : la 1ère, en mai 1987, peu après sa renonciation à la charge épiscopale, le 29 mars 1987, la 2e édition publiée à l'occasion de son jubilé de 40 ans d'épiscopat en 1995.
2e partie. Le thème : L'homme et son combat contre la misère et la pauvreté
Un vieux principe scolastique nous apprend que : « La grâce suppose la nature ». Dans le cas d'espèce, celui qui devait devenir le 1er évêque d'Afrique noire française a été préparé dès son enfance aux défis qu'il devait plus tard affronter dans sa vie. C'est ainsi qu'avant tout, il apprit le goût de l'effort et l'amour du travail : « Dès l'âge de raison, raconte-t-il dans son autobiographie, mon frère consanguin Oka Ndzié me forma pour le travail des champs et pour la chasse ; lui-même était un grand travailleur et un très bon chasseur ». Et il conclue par cette confidence : « le travail manuel me plaisait aussi : en quittant le village je laissai deux plantations, une de bananiers et une de canne à sucre ».
Mais sans tarder, le jeune Etoga est assujetti aux corvées et aux travaux forcés, le lot des indigènes sous la colonisation avec son cortège d'humiliations et d'asservissement. Devenu écolier, pour fuir les mauvais traitements infligés aux enfants de son âge, Etoga vécut un moment dans le besoin absolu et souffrit de la faim : « Pour manger, écrit-il dans ses mémoires, il me fallait chercher les feuilles de patates douces, les tiges tendres d'eson minson, que j'enveloppais dans des feuilles de bananier et je mettais sous la cendre. Parfois je cherchais du bois que je vendais. J'achetais un beignet et un peu de sel pour assaisonner ma nourriture ». Par ces épreuves et bien d'autres, le petit écolier païen avait su forger son caractère pour affronter les défis futurs, comme chrétien, prêtre de Jésus-Christ et plus tard, son apôtre.
2.1. Comme prêtre, le premier défi majeur lancé à l'abbé Paul Etoga fut la construction d'une Église à Yangben dans le Mbam. Dans la lutte contre la misère et la pauvreté, parvenir à construire pour une communauté revêt un caractère symbolique. En effet, l'Église qui est un précieux patrimoine pour une communauté chrétienne, est à la fois la reconnaissance de sa dignité, un gage d'espoir et une cause de fierté légitime.
En arrivant à Yangben, le nouveau curé lit dans le journal de la mission : « Il est impossible de faire quoi que ce soit à Yangben ! Je me dis, continue-t-il, cela est faux ; parce que partout où Dieu place des hommes, il leur fournit de quoi pouvoir faire quelque chose. Nous nous mîmes au travail ; créer des plantations vivrières, planter le tabac, jardinage etc. [...]. Un jour, des Yambassa vinrent me demander de leur construire une Église. Je leur répondis : "Non ! Vous n'avez pas d'argent ! Votre pays est pauvre ; vous n'avez pas de cacao". "Nous allons travailler de nos mains, me disent-ils. Quant à l'argent, nous feront notre possible". Je fus d'accord avec eux. [...].

Les fidèles de Yangben ont fait leur mission en bâtissant 4 écoles en dur et une Église de 48 m sur 16. Je consacrai cette Église en 1962 comme évêque. Grâce à Dieu, on a pu faire quelque chose à Yangben où je fus mis de 1943 à 1955, conclue-t-il. La foi et l'espérance en la divine Providence donnent des ailes pour voler ».

2.2. Combat contre la misère et la pauvreté dans ses prises de position

Pendant qu'il était auxiliaire de Mgr Graffin à Yaoundé, Mgr Paul Etoga raconte, concernant l'aide étrangère. (Une autre fois) nous eûmes un entretien avec Caïser, Américain qui était chargé de distribuer les produits alimentaires et les vêtements usagers au Cameroun. Je lui dis : « M. Caïser, allez-vous nous donner continuellement cette farine de maïs et ces vieux vêtements ? » Mgr Graffin me dit : « Qu'est-ce que vous voulez ? » « Je dis qu'on nous apporte des instruments de travail, nous avons beaucoup de forêts et des terres à défricher. Si le bois qu'on exporte du Cameroun était traité sur place, je pense que la pauvreté du Cameroun serait diminuée ».

Ce soir du 16 mars, j'invite nous tous ici présents à méditer sur le courage et la perspicacité de Mgr Etoga. Aujourd'hui, plus de 50 ans se sont écoulés, et à la veille du IIIe millénaire, le Cameroun indépendant n'a toujours pas trouvé une solution définitive à ce problème ! Aujourd'hui, se tient à Yaoundé un sommet des chefs d'État pour débattre de ce problème. Un sommet de plus !

2.3. Initiatives positives pour combattre la misère et la pauvreté

Certains pourraient croire que pour lutter contre la misère et la pauvreté, Mgr Paul Etoga s'est contenté de critiquer et de suggérer des solutions, la vérité est que non. Car nommé évêque de Mbalmayo, Mgr a pris différentes initiatives : Mais pourquoi ces initiatives ? Mgr Paul était convaincu que « l'Évêque doit veiller à la subsistance, à la santé et au salut des prêtres »[960]. Dans ce but il eut recours à l'aide extérieure, mais avant tout il chercha à trouver des ressources à l'intérieur.

Mgr lui-même raconte :

« Afin d'avoir des ressources pour le Diocèse, j'acquis une plantation de café chez Monsieur Chiquillo ; je trouvai la plantation en pleine maturité. Je cueillis… et vendis. Je donnai 12 millions de Francs Cfa à M. Chiquillo et je gardais la plantation avec tout le matériel dont un camion. Je confiai la plantation au Frère… et je partis pour le Concile. À mon retour du Concile, le camion n'était plus là ; il était donné ou vendu à un autre Diocèse. J'en ignore le prix. La plantation tomba en désuétude. Que pouvais-je faire au Frère ? »[961].

La deuxième initiative remarquable fut la construction en 1968 d'un étang piscicole à Mbog-Kulu, grâce à une subvention Suisse et au concours de la Commune urbaine de Yaoundé. Il aménagea l'étang, planta des manguiers sur les bords, fit construire un bar-restaurant, et électrifia le site sur tout le parcours jusqu'en haut de la côte. Un beau matin, il vint constater qu'on avait

---

[960] Paul ETOGA, *Mon autobiographie*, *op. cit.*, p. 59.

[961] *Ibid.*, p. 36.

détaché toutes les lampes électriques ; plusieurs fois, le moine avait cédé et tous les poissons déversés en aval ; le gardien faisait davantage ses affaires plutôt que la garde de l'étang bien que régulièrement payé. Après l'arrivée de Mgr Adalbert Ndzana qui fut chargé de la Procure, une fois on procéda à la vidange de l'étang. Et l'on s'aperçut que la maigre prise était loin de compenser les dépenses consacrées à l'entretien de cet étang. L'étang fut abandonné. Cela fit souffrir Mgr Etoga pour qui l'étang constituait aussi un lieu de repos et divertissement. Car auparavant, il y allait lors des moments de détente, offrir à manger aux poissons. C'est pour cela qu'en 1992, après avoir obtenu l'autorisation de Mgr Adalbert Ndzana, devenu évêque résidentiel en 1987, je restaurai l'étang de Mbog-Kulu, où à nouveau j'accompagnais encore en promenade Mgr Paul Etoga devenu fatigué et malade. Un beau jour, le moine céda, nous obligeant à vidanger l'étang avant le moment.
La troisième initiative dans la même perspective fut la création d'une plantation de cacao, à Mbog-Kulu, de l'autre côté de l'étang. Un jour, au début de mon séjour permanent à Mbalmayo en 1983, Mgr me la fit découvrir avec fierté. Il avait l'intention de l'étendre sur plusieurs hectares. Malheureusement là aussi son rêve ne put jamais se transformer en réalité.
Mgr Paul prit plusieurs autres initiatives qui toutes échouèrent.
Mais ce n'est pas pour autant que Mgr Paul baissa les bras. L'homme avait certainement un grand sens de l'histoire, il avait conscience que tout ce qu'il entreprenait avait valeur d'exemple. Ainsi pendant les années de retraite, il multiplia les initiatives : fabrication des chapelets et des colliers avec des graines de « Mvandu ». « Mvandu, explique-t-il, est une plante verdâtre aux longues feuilles, hautes de deux mètres environ. Elle produit des graines blanches, noires, rondes. Elle pousse dans les marigots et dans les endroits humides. Elle supporte mal la chaleur ; ses graines sont naturellement trouées. Il suffit de passer le fil par ce trou, on le coupe et le courbe avec les pinces ad hoc ». Lorsqu'il ne fut plus en mesure de fabriquer lui-même, il apprit la technique à ses nièces qui habitaient avec lui.
Plusieurs fois, je l'ai accompagné voir le Directeur de l'ONADEF. Le Directeur lui fournissait à chaque fois qu'il le pouvait plusieurs variétés de plants d'arbres fruitiers rares, comme le « mvut », l' « adzap » (moabi) ou des bois précieux comme l'esingan etc.
Lorsque sa vue fut complètement affaiblie, au point qu'il ne pouvait plus ni lire, ni fabriquer les chapelets, Mgr relança l'élevage du petit bétail à l'intérieur de sa concession : porcs, moutons, chèvres, poulets. En dehors de la messe et de la prière, ce fut son activité favorite jusqu'à la dernière maladie qui devait l'emporter le 13 mars 1998.
Mgr Paul Etoga, guérisseur
Je remarquai qu'il y avait toujours des herbes à l'entrée de la résidence de Mgr. Un jour, je posai la question à Barbe, sa nièce. Celle-ci me répondit : « Ce sont autant de remèdes que Mgr utilise pour soigner les malades qui viennent le trouver ». Je demandai confirmation à Mgr Paul Etoga. Celui-ci

approuva et me confia qu'un jour une femme malade était partie se confier à lui. Il la soigna et elle fut guérie. Depuis lors, plusieurs personnes se présentent à lui pour chercher une guérison. Et il leur vient en aide. Je n'en revenais pas, Mgr, guérisseur, je n'en croyais pas mes oreilles. Et pourtant dans la discrétion la plus totale, Mgr Etoga, lui-même malade et fatigué, a pendant plusieurs années, soulagé des malades qui se présentaient à lui, en quête de guérison, sans doute après avoir longtemps cherché ailleurs sans succès. Et Mgr d'opiner : « Dieu a créé toutes ces plantes pour qu'elles soient au service de l'homme. Mais ce sont les hommes qui ne savent pas s'en servir dans leurs besoins ».

On a beaucoup épilogué sur la haine que Mgr Paul Etoga aurait cultivée contre les blancs. Pourtant c'est avec ces derniers que Mgr entreprit des projets parmi les plus significatifs de son diocèse.

Parmi ceux-ci, il convient de citer deux cas :

1° L'appui du Père Edmund Dillinger de Saarbrücken en Allemagne Fédérale. Mgr raconte lui-même : « Ce prêtre en route pour Sangmelima pour visiter son ami Mgr Pierre Célestin Nkou, arrive de nuit, à Mbalmayo. Il s'apprête à coucher à la belle étoile au stationnement des cars »[962]. [...] Après un entretien avec un jeune homme, celui-ci le conduit à la mission chez le Père Moll : « Le lendemain matin, le Père Moll vint me présenter son hôte. Ensemble nous allâmes à la léproserie de Ngallan. Le Père Dillinger a pitié de ces pauvres gens qui habitent des cases en très mauvais état et il promet de faire quelque chose pour eux. Cette rencontre était le début de la fondation de la CV-Africa-HILFE qui a réalisé beaucoup de projets dans le diocèse de Mbalmayo. Un an après sa première visite à Mbalmayo (Mars 1970), grâce au Père Dillinger, un puits d'eau fut creusé, des cases minables remises à neuf, un dispensaire fut construit. Les malades appellent dès ce moment leur léproserie "Nkol Afidi" »[963].

2° C'est la même année que trois volontaires arrivent d'Italie du « Centre d'Orientation Éducative (COE) de Barzio. Le fondateur de cet organisme, Don Francesco Pedretti donne des raisons de cette intervention dans son message de condoléances adressé à la mort de Mgr Etoga : « C'est lui (Mgr Etoga) qui est venu, comme prophète de Dieu, nous inviter à sortir de notre Diocèse pour collaborer avec les autres églises et dans le monde entier. Nous l'avons accueilli comme un homme envoyé par Dieu et nous avons choisi de faire notre première expérience dans son Diocèse parce qu'il était vraiment pauvre ».

Pauvreté, tel était donc le critère déterminant qui a décidé le COE à collaborer avec le Diocèse de Mbalmayo dans le cadre d'une convention signée entre le fondateur et Mgr Etoga. Parmi les œuvres remarquables créées dans le cadre de cette convention, il faut citer le dispensaire St Luc transformé

---

[962] *Ibid.*, p. 52.
[963] *Ibid.*

successivement en 1985 en dispensaire-maternité et en 1997, en hôpital ; le collège technique option Économie Sociale et Familiale (ESF) Nina Gianetti et l'Institut de Formation Artistique (IFA), l'École Maternelle l'Espoir, la Cellule Audio-Visuelle, l'Imprimerie Paul Etoga, la Bibliothèque et beaucoup d'autres encore.

IIIe partie : Quel bilan et quel message de ce combat de l'homme contre la misère et la pauvreté ?

Aux yeux des hommes presque tout reste à faire. Cependant au regard du critère d'extrême pauvreté constatée du Diocèse de Mbalmayo qui a motivé l'intervention du COE, au moment où Mgr transmettait la charge épiscopale à son successeur Mgr Adalbert Ndzana, personne à Mbalmayo ne pouvait raisonnablement afficher un complexe à ce sujet. À Mbalmayo le Diocèse dispose suffisamment de terrain qu'il suffira dans le futur de mettre en valeur de différentes manières. Un minimum d'infrastructures de développement existe. Mais par-dessus tout, Mgr a jeté les bases d'une véritable pastorale du développement. Qu'il me soit permis de relever 3 éléments essentiels :

1° L'attitude vis-à-vis de l'argent : pendant l'année pastorale, après l'ordination, on donnait au grand séminaire les principes qui guident le Pasteur dans l'exercice du ministère sacerdotal : « on entendait par exemple ceci, écrit Mgr dans *Mon autobiographie*, l'argent, c'est l'affaire du démon ». Mais à la fin de sa vie, Mgr aimait à rappeler cette formule attribuée à une grande sainte, Thérèse d'Avila, peut-être : « Thérèse seule, ne peut rien. Thérèse avec Jésus, peut beaucoup. Thérèse avec Jésus et l'argent, peut tout faire ». Par-là, Mgr voulait souligner l'importance relative de l'argent. Mais il aimait aussi à rappeler ce principe : « L'argent est un bon serviteur et un mauvais maître ». C'est pourquoi, il s'insurgeait contre cette expression ewondo « Masie môni » (Je travaille l'argent) qui fausse la conception du travail salarié chez bon nombre de personnes, chrétiens compris. On ne travaille pas pour l'argent, mais pour rendre service dans le cas des fonctionnaires par exemple ou pour transformer le monde. L'argent est une juste compensation du travail fourni. À ce propos, en 1995, Mgr me dédicaça son autobiographie par ces termes : « À mon fils spirituel Joseph Atangana Ndzié afin qu'il sache se confier à Dieu et travailler pour tout le monde et pour la plus grande gloire de Dieu ».

2° Le sens de l'économie :

Il écrit à ce sujet : « Aujourd'hui, nous souffrons de la crise économique. Mais savons-nous toujours bien utiliser ce que nous avons sous la main ? Mgr Vogt nous en donne l'exemple. Jamais il ne déchirait une enveloppe. Il se contentait de la retourner, et d'en faire d'autres enveloppes…

Annexe IX. Entretien entre Robert Owono et Mgr Bernardin Gantin et démenti de Mgr Gantin

1. L'entretien

Cet entretien se déroule entre 22h et 23h 37 mn à Rome le 9 avril 1973. D'après le document, il s'est agi de Mgr Gantin alors en service à la Propaganda Fide :

« Rome, le 9/4/1973 »

« Entretien avec Mgr Gantin (de 22h à 23 h37) ».

« Question. – Mgr. Des bruits courent que le Diocèse de Mbalmayo pourrait éventuellement être fermé après Mgr. Etoga, en savez-vous quelque chose ? »

« Réponse. – Je tiens d'abord à souligner que juridiquement et historiquement on ne ferme pas comme cela un diocèse et le diocèse de Mbalmayo ne sera pas fermé. C'est net ! Mais je connais parfaitement les circonstances de création du diocèse de Mbalmayo pour avoir été chargé moi-même de prendre contact sur le terrain : c'est un diocèse qui a été créé pour les besoins de la cause. Si vous voulez, parlons d'abord du séminaire de Mbalmayo. Le petit séminaire de Mbalmayo est, excusez-moi l'expression, à l'image même de Mgr Etoga. Projet grandiose conçu dans la précipitation (la tendance de la plupart de nos diocèses d'Afrique étant de vouloir s'équiper de tout) le petit séminaire de Mbalmayo est une œuvre d'improvisation sans lendemain. Essayez vous-même de considérer la situation globale ; la situation d'ensemble du Sud-Cameroun, vous décèlerez vous-même l'inopportunité de cette improvisation. Ainsi donc, si Mgr venait par hasard à Rome, qu'il ne parle pas de ce séminaire soit à la Propaganda, soit une 2e fois au Pape, soit à Mgr Mazza dont la colère éclaterait à propos de ce séminaire, surtout à cause des propos qu'on lui a prêtés, à savoir qu'il a annoncé à tout Mbalmayo que Rome enverra de l'argent pour que le séminaire soit construit en [deux] ans. Si je peux me permettre un conseil à Mgr Etoga, c'est qu'il renonce purement et simplement à ce séminaire, à son simple maintien même. Car c'est un gouffre. Rome financièrement ne peut se le permettre. D'ailleurs la Propaganda a déjà décidé (les lettres de promesse d'argent à Mgr Etoga n'auront jamais de suite ; on n'y tire qu'un effet psychologique, c'est-à-dire pour ne pas démoraliser Mgr Etoga) qu'elle ne donnera pas un centime au sujet de la construction de ce séminaire. Mbalmayo est d'ores et déjà exclu pour les commissions qui auront lieu en novembre. J'ai personnellement écouté Mgr Etoga avec attention et sympathie le fait que Mvolyé soit en partie responsable des multiples départs des séminaristes qu'il y envoie. C'est vrai. Son analyse était pertinente mais les conclusions qu'il en tirait étaient sommaires. Lorsque nous avons discuté de ce séminaire à la Propaganda, tout le monde a été d'accord pour suggérer à Mgr Etoga de vendre le terrain où est bâti ce séminaire. Je me suis alors opposé pour leur dire que ce n'est pas possible, car le séminaire est trop proche de l'évêché. Quant à Mgr Etoga lui-même. C'est véritablement un saint évêque, mais un très mauvais administrateur. Mieux, il n'administre pas du tout son diocèse. Mgr Etoga est l'homme d'une époque et d'une formation. Je vous répète que je connais très bien les circonstances de la nomination de Jean Zoa comme archevêque, de la création du diocèse de Mbalmayo et surtout de l'audience et de l'influence dont jouit Mgr Etoga, premier évêque camerounais, ewondo de surcroît, auprès des masses comme auprès des dirigeants camerounais. Compte tenu de tous ces éléments, le Vatican a opté pour la prudence devant ce diocèse de Mbalmayo : ne pas toucher à Mgr Etoga au risque d'avoir tout le Cameroun sur le dos. Éviter de blesser la susceptibilité camerounaise auprès de qui Mgr Etoga jouit d'une influen[t]e considération ».

« Question. – Alors, pour la bonne administration du diocèse, ne peut-on pas lui adjoindre un auxiliaire ou coadjuteur ? »

« Réponse. – Non. Je veux vous dire la vérité. Le Saint Siège n'attend plus qu'une chose : la démission ou alors, excusez-moi cette vérité brutale, la mort de Mgr Etoga. Je vous assure que Mbalmayo n'aura ni auxiliaire ni coadjuteur. Le diocèse n'est pas grand : c'est un diocèse qui a été créé pour les besoins de la cause ; à quoi Mgr Etoga initiera-t-il son coadjuteur ? Deux évêques pour un si petit diocèse, ce n'est pas possible, alors que l'archidiocèse n'en a même pas. Pour des raisons historiques et juridiques le diocèse de Mbalmayo demeure et demeurera. C'est le cas de plusieurs diocèses d'Italie ou d'ailleurs qui ont perdu leur titulaire et se trouve sous la direction directe de Rome. Pour le cas de Mbalmayo, après la démission ou la mort de Mgr Etoga c'est un évêque d'un diocèse limitrophe qui sera nommé administrateur, notamment l'évêque de l'archidiocèse, Mgr Zoa. Mais si Mgr Etoga donne sa démission tout de suite – ce que souhaite d'ailleurs Rome, surtout que Mgr Etoga a un diabète – il peut alors s'entendre fraternellement avec l'archidiocèse pour que l'un des prêtres du diocèse de Mbalmayo puisse avoir la chance d'être nommé coadjuteur de Mgr Zoa. Il faut que Mgr Etoga écrive directement au Pape dans le cas de sa démission. À aucun moment, il n'y aura pas d'évêque titulaire de Mbalmayo après Mgr Etoga. Je vous demande de lui écrire pour lui dire ceci. Si Mgr Etoga arrive ce mois-ci en Europe – ce que je ne souhaite pas du tout, car le climat n'est pas du tout favorable pour lui en ce moment ; la cote de son diocèse risque encore de baisser [cinq] fois plus chez ceux qui l'auront rencontré à cette occasion – je suis prêt à le rencontrer ici à Rome et à lui dire toute la vérité sans ambages. Non, le diocèse de Mbalmayo n'aura pas de titulaire après lui ».

2. Le démenti de l'évêque Gantin

« Son Excellence Monseigneur Paul Etoga, évêque de Mbalmayo me communique aujourd'hui un papier de Monsieur Rigobert Owono qui me met gravement en cause ainsi que d'autres Prélats romains.

J'ai le devoir de rectifier les choses alléguées et de situer l'événement dans ses justes limites. Cela, pour l'honneur de la vérité et pour celui de Monseigneur Etoga.

1. Je trouve pour le moins étrange et surprenant, le fait que mon interlocuteur n'ait pas éprouvé le moindre scrupule à mettre par écrit sous la forme d'une interview diffusée à mon insu et sans ma permission les propos d'une conversation privée qui se voulait personnelle et confidentielle. C'est pourquoi je dénonce d'abord comme inadmissible et malhonnête de la part de Monsieur Owono une telle façon de faire tendant à surprendre et à exploiter la bonne foi de celui qui l'a reçu en frère et ami. Je ne l'ai chargé d'aucun message pour personne.

2. De plus, j'exprime ma vive protestation et mon désaveu contre l'ensemble du contenu du papier, tant dans sa forme que dans son fond et son intention. S'il est vrai que l'une ou l'autre des questions évoquées comme celle du séminaire – ou des personnes citées – comme Monseigneur Zoa – ont été réellement l'objet de notre échange, l'interprétation des jugements portés sur elles selon les propos qui me sont prêtés est, en grande partie, ou abusive, ou contraire à la vérité, ou contraire à son opinion personnelle.

Me prêter par exemple un jeu de « prophète » dans une affaire aussi délicate qu'incertaine de l'avenir d'un diocèse relève proprement du ridicule.

3. Quoiqu'il en soit de ce méchant et curieux papier, je tiens à redire mon démenti et mon indignation contre le procédé employé pour essayer de détruire la confiance entre un évêque africain et moi-même.

Monseigneur Etoga à de meilleures raisons, je crois, de se rappeler que j'ai toujours eu, à son endroit, des sentiments de respect et d'estime fraternelle.

En conséquence, je ne reconnais aucun crédit sérieux, ni à ce papier, ni à son auteur et je nie formellement avoir dit à Monsieur Owono :

"Que Rome a déjà décidé qu'après la démission ou la mort de Monseigneur Paul Etoga, le Diocèse de Mbalmayo n'aura plus d'évêque titulaire.

Que le diocèse de Mbalmayo sera administré par Monseigneur Zoa qui a travaillé activement auprès du Vatican et surtout auprès de la « Propaganda Fide » pour qu'il en soit ainsi.

Que Monseigneur Paul Etoga est un très mauvais administrateur.

Que si Monseigneur Etoga venait à Rome, il ne parle pas de son séminaire, soit à la Propaganda, soit une 2e fois au Pape, soit à Monseigneur Mazza dont la colère éclaterait à propos de ce séminaire" ».

+ B. GANTIN

Rome, 16.5.73

Annexe X. Divers entretiens

1. Entretien avec le père René Charrier : 20 juin 2017

Le Père René Charrier est un Père spiritain français originaire de Nantes. Avant son arrivée au Cameroun en 1980 il a d'abord séjourné au Congo-

Brazzaville. Au Cameroun, il est accueilli à son arrivée à la communauté des spiritains d'Akono où il passe juste un an. En 1981 le Père René Charrier est envoyé à Mbalmayo où il passe sept années de mission au cours desquelles il est un an durant supérieur du noviciat (1981-1982). Quand il arrive à Mbalmayo, c'est Mgr Paul Etoga qui le reçoit. Dans notre entretien, très bref à cause visiblement de l'état de santé fragile du père, nous lui avons demandé ce qu'il avait retenu de Mgr Paul Etoga en tant qu'être humain et en tant que pasteur.
Q : Que retenez-vous de Mgr Paul Etoga en tant qu'un être humain ?
R : Mgr Paul Etoga était un homme sage, bon et de bon sens. C'était un homme de Dieu. Pour moi, c'est un grand homme. Il nous a facilité les choses. Q : Que retenez-vous de Paul Etoga en tant qu'évêque ?
R : Comme pasteur, il entretenait de bons rapports avec ses prêtres. Je retiens sa bonté. Je dirai même, un saint homme.
Merci père de votre disponibilité.

2. Entretien avec le Père Roger Mille : 20 juin 2017

Quand je rencontre le Père Roger Mille ce 20 juin 2017 il est âgé de 92 ans. Il fait la connaissance de Mgr Paul Etoga alors que ce dernier était encore curé de Yangben et lui directeur du pré-séminaire de Mva. On peut situer cette rencontre entre 1943 et 1955. Après Mva, il a été longtemps vicaire à la paroisse Notre Dame de Lourdes d'Akonolinga dans le diocèse de Mbalmayo. Le Père Roger Mille a donc connu Paul Etoga comme prêtre et plus tard comme évêque. Malgré la fatigue due à l'âge et à la maladie, il a accepté volontiers de nous parler de Mgr Paul Etoga. Et nous lui avons posé quelques questions :
Q : Quand avez-vous connu l'évêque Etoga ?
R : Je l'ai connu alors qu'il était encore curé à Yangben et moi directeur du pré-séminaire de Mva. Quelques années après, c'est-à-dire en 1959, j'étais envoyé en mission à Akonolinga comme vicaire à la paroisse Notre Dame de Lourdes d'Akonolinga.
Q : Combien de temps êtes-vous restez à Akonolinga et que faisiez-vous comme vicaire de paroisse ?
R : Je suis resté 33 ans à Akonolinga c'est-à-dire de 1959 à 1992, et, comme vicaire de paroisse, en plus des messes et tout ce qu'un vicaire peut faire sous le contrôle du curé, je m'occupais spécialement de la pastorale des jeunes. Tout s'était bien passé sans le moindre incident. J'en garde un vibrant souvenir. D'ailleurs, je parle correctement le so'o et connais bien toutes les contrées des alentours.
Q : Père, vous dites vrai. Vous avez vraiment effectué un travail titanesque et vos anciens chrétiens s'en souviennent encore. La preuve en est que, en arrivant à la paroisse Notre Dame de Lourdes d'Akonolinga en 2002, après

mon ordination sacerdotale, Mgr Adalbert Ndzana me nommait Principal au collège privé catholique Dupont et curé de quatre paroisses des environs que vous connaissez bien (Ngolè, Djo'o, Akwa et Evan So'o). Je résidais à la paroisse d'Akonolinga avec le curé l'abbé Pierre Bilongo. Envoyé aux études en Italie, j'assurai l'intérim pendant un an (2003-2004). Il me souvient que votre nom était sur les lèvres des plus jeunes comme des plus anciens. Ce qui signifie que vous avez travaillé avec Mgr Paul Etoga pendant de longues années. Que retenez-vous de lui ?

R : Comme prêtre et comme évêque, Mgr Paul Etoga était quelqu'un de très humble qui ne faisait pas parler de lui. Il suscitait de la joie au sein de son clergé dont il était très proche. Alors qu'il était encore auxiliaire de Mgr René Graffin, il a effectué une visite qui a été un réel succès. Quelque temps après, nous apprenions que Mgr Etoga était nommé évêque fondateur du diocèse de Mbalmayo, pourtant rien n'était préparé. Il était un homme doux et pieux qui savait écouter et ne s'imposait pas comme Graffin. Tous ceux qui étaient là étaient contents. Il a aimé travailler avec les spiritains. Il ne se mêlait pas de politique. Il était un évêque pasteur. C'était vraiment un grand évêque.

Q : Vous évoquiez Mgr Graffin tantôt. En peu de mots, que pouvez-vous dire de lui ?

R : Mgr Graffin était un grand travailleur. Mais on le trouvait un peu violent. Il ne s'entendait pas avec les abbés. Et parfois, il prenait les prêtres occidentaux pour des pions. Il était un homme de poigne.

Q : Avez-vous été au courant des propos qu'aurait tenus Mgr Gantin au sujet du diocèse de Mbalmayo ?

R : Mgr Gantin aurait dit que le diocèse de Mbalmayo avait été créé pour « caser Mgr Paul Etoga ». Ces propos avaient choqué le clergé de Mbalmayo qui s'était proposé de faire une pétition dont le but était de les dénoncer.

Père, nous vous remercions pour tout ce témoignage.

3. Entretien avec le Père Adrien Rémy : 21 juin 2017

Le Père Adrien Rémy, spiritain tout comme les Pères René Charrier et Roger Mille, arrive au Cameroun en 1948. Le 30 novembre 1955, en vacances en France, il n'a pu assister au sacre de Mgr Paul Etoga. Il a longtemps travaillé au petit séminaire de Bonépoupa. Il fut un de nos éducateurs au séminaire d'Otélé quand nous étions en année de propédeutique encore appelée année de discernement et de spiritualité (ADS). Il a également travaillé dans le diocèse de Mbalmayo au noviciat des spiritains et comme aumônier des motos taximen de la même ville.

Q : Père, dans quelle circonstance avez-vous connu Mgr Paul Etoga ?

R : Je fais la connaissance de Mgr Paul Etoga en 1963 lors de l'ordination épiscopale de Mgr Pierre Célestin Nkou à Ebolowa. Les séminaristes de Bonépoupa devant y prendre part, nous nous sommes arrêtés à Mbalmayo. Mgr Etoga nous a envoyé deux cars et nous a logés et nourris au petit séminaire Saint Paul de Mbalmayo.

Q : Vous arrivé à Mbalmayo sous l'épiscopat de Mgr Adalbert Ndzana, successeur de Mgr Paul Etoga. Quelles sont vos occupations ?
R : De manière générale, j'ai collaboré avec les Italiens dans le cadre de l'hôpital Saint Luc, du collège Nina Gianetti et de l'institut artistique.
Q : Revenons-en à Mgr Paul Etoga. Que retenez-vous de lui ?
R : J'ai un très bon souvenir de Mgr Paul Etoga. Il s'est montré accueillant vis-à-vis de Mgr Nkou. C'était un évêque compréhensif qui savait se faire aider.
Q : On peut dire, sans risque de se tromper, que vous connaissez le diocèse de Mbalmayo. Quelle image en faites-vous ?
R : Ce que je peux dire, c'est que je suis frappé par le dynamisme du diocèse de Mbalmayo. Il a connu une évolution statistique remarquable. Il n'y a pas eu de stagnation à cause de l'indigénisation du clergé.
Q : Pouvez-vous dire un mot sur Mgr René Graffin ?
R : Mgr Graffin était un administrateur efficace. Il a été, à sa nomination le plus jeune évêque du monde. Mais, il n'a pas perçu l'évolution sociale et politique du Cameroun comme l'a fait Mgr Bonneau.
Merci père de nous avoir accordé cet entretien.

4. Entretien avec M. Joseph Atangana Ndzié : Mbalmayo 11 septembre 2018

M. Joseph Atangana Ndzié est un ancien séminariste qui avait été envoyé à Rome par Mgr Paul Etoga poursuivre sa formation de prêtre. Il n'ira pas jusqu'au bout puisqu'il quitte le grand séminaire quelques années après. Cela ne l'empêchera pas de servir l'Église en tant que laïc engagé jusqu'au moment de cet entretien. Pendant le concile œcuménique Vatican II, c'est lui qui fait office de secrétaire du premier évêque du diocèse de Mbalmayo. Atangana Ndzié est aujourd'hui un membre actif de ce diocèse de par ses activités et responsabilités : ancien député, il est également un membre fondateur du COE (Centre d'Orientation Éducative), coordinateur diocésain de la santé de 1987 à 1998, coordinateur diocésain justice et paix à partir de 2011, coordinateur diocésain de la Caritas à partir de 2012. Actuellement, il est membre de la coordination diocésaine de la pastorale de la santé depuis le 24 août 2018. M. Joseph Atangana Ndzié est marié, père de quatre enfants et grand père.
Q : Parlez-nous brièvement de l'homme Paul Etoga au niveau humain, spirituel et intellectuel.
R : En tant qu'homme, Paul Etoga a incarné la sagesse béti (considération de l'homme, hospitalité, sagesse, solidarité). Il a incarné la bonté, la proximité, l'humilité et l'ouverture. C'est la figure de Jésus-Christ que je vois en Paul Etoga. Il se mettait au niveau de tout le monde : petits, grands, pauvres, riches,… Sur le plan familial, il est resté proche de ses racines ; toujours entouré de ses petits et arrières petits neveux.
Il a cultivé une proximité avec les malades et tous ceux qui souffrent. Il était un homme ouvert à tous, à preuve la manière dont il a reçu le Père Dillinger,

un allemand, dont l'amitié avec lui a rayonné sur tout le diocèse avec la fondation de la léproserie de Ngalan. Il a également entretenu une proximité avec le Père don Francesco Pedretti qui a permis la création du Centre d'Orientation Éducative (COE). L'évêque Etoga a beaucoup lutté contre la misère avec entre autres l'acquisition d'une caféière à Metet et la création d'une cacaoyère. Même pendant sa maladie il s'est trouvé comme activité la fabrication des chapelets. Il en a fabriqué plus de mille et a offert un au Pape Jean Paul II, aujourd'hui Saint Jean Paul II. Attentif aux jeunes et aux pauvres : un jour, un jeune vient le voir pour son entrée au grand au séminaire. Mgr lui demande d'abord s'il a mangé. Paul Etoga avait un grand sens de la tolérance : il pardonne à un fou qui avait mis sens dessus dessous une chapelle. Plusieurs fois, Mgr intervint auprès du Président Ahidjo pour la libération des détenus politiques, à preuve le cas d'Hubert Noah. Il est également intervenu pour que certains fonctionnaires aient à manger. Il n'était pas rancunier : il m'a envoyé à Rome le premier pour devenir prêtre. Mais je ne le suis pas devenu et pourtant, il ne m'en a pas gardé rancune ; de surcroit, il a accepté ma proposition de faire venir le COE à Mbalmayo. Chaque fois qu'une personne était accusée auprès de lui, il aimait le débat contradictoire, évitait tout gaspillage au point où il aimait à conserver les enveloppes de ses correspondants pour les réutiliser. Ne jetait jamais la nourriture et nourrissait les poules avec les restes de maïs.

Une autre casquette que le grand public ne connait pas : Mgr Paul Etoga était également un guérisseur. Il a guéri des malades avec les herbes. Une femme stérile a pu tomber enceinte par ses soins. Il faisait tout ceci en toute discrétion et sans demander de l'argent. Sa demeure était ouverte à tous. Son lit en fer d'une place était celui utilisé au petit séminaire d'Akono. Personnage simple, il a mené une vie de grande simplicité, de pauvreté, d'humilité et de détachement ; il se faisait rapiécer sa mitre et distribuait tout ce qu'on lui offrait. Il manquait parfois de quoi manger. Et quand il y en avait, il n'aimait pas manger seul.

L'amour qu'il manifestait à ses chrétiens était le même envers sa famille. Barbe, sa petite nièce a été sa garde malade pendant près de dix ans, sinon plus. Elle a même abandonné ses études à cet effet. Je le massais moi-même. Il a vécu une vie de proximité.

Q : Vous disiez plus haut que Mgr Paul Etoga incarnait la sagesse béti. Que vouliez-vous dire exactement ?

R : En d'autres termes, et en quelques mots, l'évêque Paul Etoga avait un sens élevé du silence, de l'écoute et de la courtoisie. Il ne réagissait jamais à chaud et traitait ses collaborateurs avec beaucoup de respect. C'était un homme prudent qui savait encaisser les coups durs de la vie. Il avait un sens élevé de l'hospitalité, de la solidarité et de la famille.

Q : Que retenez-vous du prélat Paul Etoga en tant que homme de foi ?

R : Je l'ai connu quand il a été désigné comme évêque de Mbalmayo. J'ai été à son installation le 24 août 1961. Il n'avait rien et était allé loger dans la case d'un ancien camarade de classe de l'école de Mvolyé en plein quartier, sans sous ni soutien. Sa devise « Scio qui credidi » résume sa foi. Il crée le petit séminaire Saint-Paul de Mbalmayo en 1962 et le premier prêtre en sort en 1979. Tout ce que Mgr Paul a fait a été des actes de foi. Il priait beaucoup, la célébration eucharistique était de rigueur. Même malade, il tenait à dire la messe et s'imposait des sacrifices. Il avait une dévotion particulière au très Saint Sacrement et à la sainte Vierge Marie (récitation quotidienne du chapelet et fabrication des chapelets).

Q : Pouvez-vous nous parler de la contribution de Mgr Paul Etoga au Concile œcuménique Vatican II ?

R : Sa première contribution fut sa présence. Près de cinq mille évêques du monde entier ont pris part aux grands débats théologiques. Il continuait de prier avec beaucoup d'humilité. Je ne l'accompagnais pas au niveau des commissions, mais plutôt aux conférences. Sa présence au Concile a fait connaître le diocèse de Mbalmayo. Pendant le concile, il n'a pas pris la parole. J'estime que le fruit du Concile Vatican II, c'est le COE. Au niveau intellectuel, il avait un sens de l'humour.

Merci M. Joseph Atangana Ndzié

Annexe XI. Tableau récapitulatif de l'œuvre de Mgr Paul Etoga à Mbalmayo (1961-1987)

Source[964]

Années	1961	1987
Population totale	117.000	154.358
Catholiques	59.869	111.635
Élèves	11.408	12.927
Prêtres	28	48
Paroisses	14	27
Religieux	1	2
Religieuses	13	46
Églises	10	16
Collèges	1	4
Dispensaires	3	6
Centre catéchétique	0	1

[964] Paul ETOGA, *Mon autobiographie*, *op. cit.*, p. 39. Ce tableau concerne la période comprise entre le début de son épiscopat en 1961 et la démission de Mgr Etoga en 1987. Les chiffres de 1961 sont en réalité une mise au point de l'état des lieux à son arrivée. Une observation rapide nous montre que les réalisations du premier évêque de Mbalmayo ont connu une courbe ascendante. Le tableau dresse les joies et les consolations de son ministère épiscopal.

Centre de promotion sociale	0	1
Séminaire	0	1
Grands Séminaristes	3	11
Petits Séminaristes	0	169
Prêtres sortis du Séminaire Saint Paul de Mbalmayo		20

Annexe XII. Quelques décorations

1. Médaille d'or créée par la CV-Afrika-Hilfe à l'occasion de l'anniversaire de Mgr Paul Etoga (Köln 21 juin 1991).

Source[965]

[965] Cf. Paul ETOGA, *Mon autobiographie*, *op. cit.*, p. 62-63.

2. Ordre du mérite de la République fédérale d'Allemagne (Bonn, le 17 mai 1991)

Source[966]

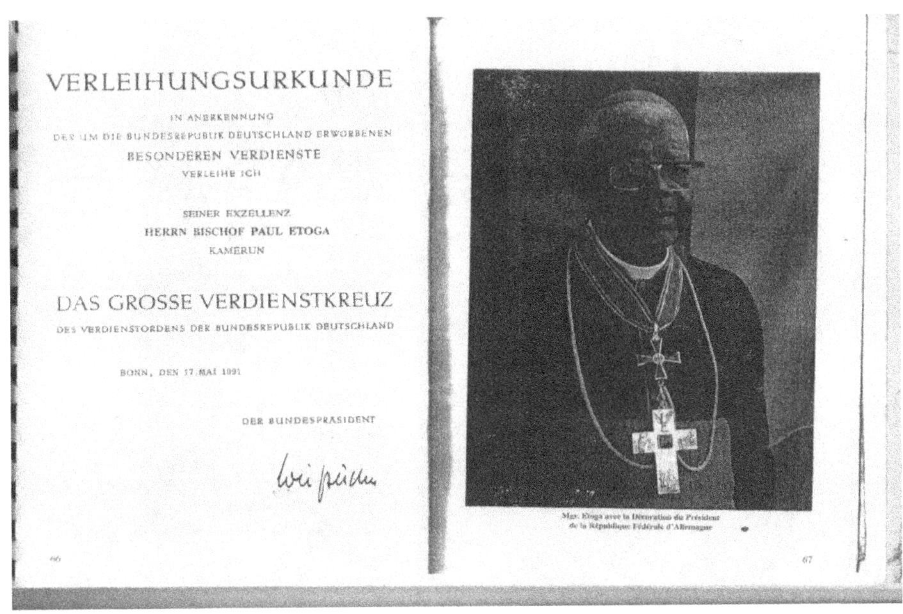

VERLEIHUNGSURKUNDE

IN ANERKENNUNG

DER UM DIE BUNDESREPUBLIK DEUTSCHLAND ERWORBENEN

BESONDEREN VERDIENSTE

VERLEIHE ICH

SEINER EXZELLENZ

HERRN BISCHOF PAUL ETOGA

KAMERUN

DAS GROSSE VERDIENSTKREUZ

DES VERDIENSTORDENS DER BUNDESREPUBLIK DEUTSCHLAND

BONN, DEN 17.MAI 1991

DER BUNDESPRÄSIDENT

66

Mgr. Etoga avec la Décoration du Président de la République Fédérale d'Allemagne

67

[966] Cf. Paul ETOGA, *Mon autobiographie*, *ibid.*, p. 66-67.

Annexe XIII. Mot de remerciement de Mgr Paul Etoga à Joseph Zambo

Source[967]

Mgr PAUL ETOGA

Evêché de [illegible] le [illegible] 1983

Bien cher fils,

Grand merci des grands services que tu m'as rendus lors de mon retour de Rome. Je suis arrivé à bon port à Yaoundé. Voici une image [illegible] par le Pape Jean Paul II.

De tout cœur, je bénis et toi et tous les tiens. Que l'Enfant Jésus vous garde à jamais !

[illegible]

+ Paul Etoga

---

967 Cf. Joseph ZAMBO BELINGA, *Mgr Paul Etoga. 1er évêque camerounais…*, *op. cit.*, p. 46.

Annexe XIV. Portrait, armoiries et devise de Mgr Paul Etoga

Source[968]

968 Cf. Paul ETOGA, *Mon autobiographie*, *op. cit.*, p 22.

Annexe XV : Notes

Note 69

Il faut reconnaître avec le décrochage de Essomba Ngozolo que, hier tout comme aujourd'hui, beaucoup de moniteurs et instituteurs sont responsables des décrochages scolaires. L'autorité de l'éducateur n'est, aujourd'hui, ni absolue, ni incontestable aux yeux de ses éduqués, et de la société. La volonté politique de notre époque doit favoriser une synergie des droits et des devoirs de chaque partie concernée dans l'œuvre éducative : éviter la précarité chez les éducateurs, éduquer les enfants et les élèves aux droits et aux devoirs qui ressortissent à l'accomplissement de leur devoir d'état. Le développement des sociétés et des mentalités, de nos jours, convient à l'exigence de la promotion de la « discipline positive », avec pour objectif d'allier éducation, fermeté et bienveillance. Actuellement, dès le bas âge, on éduque les enfants à la culture de la liberté, signe manifeste de l'évolution du temps et des idées. On peut alors comprendre cette affirmation de Jane Nelsen : « Imposer nous place dans une relation d'autorité verticale, et tant que les adultes auront à cœur de "gagner" ils feront de leurs enfants des perdants mis en situation d'infériorité. Lorsque les adultes prennent conscience des effets à long terme de la punition, (les 4 R de la punition), ils en sont profondément contrariés. Le résultat qu'ils obtiennent est bien loin de leur intention initiale. La discipline positive propose des alternatives à la punition, une approche nouvelle et des outils pour aider l'enfant à prendre conscience de toutes ses capacités et à apprendre des compétences utiles ». Cf. Jane NELSEN, *La discipline positive. En famille, à l'école, comment éduquer avec fermeté et bienveillance*, Paris, Edi. Du Toucan, 2012, p. 161. Pour l'essentiel, la discipline positive, s'accordant à l'évolution de notre temps, place le dialogue au centre de l'entreprise éducative tout comme dans les autres domaines d'interaction où les hommes et les femmes interviennent en tant que membres vivant en société. Jane Nelsen fournit une explication explicite et détaillée de ce qu'elle entend par « 4 R ». Par les « 4 R », il faut comprendre ceci : « Rancœur : C'est pas juste. Je ne peux pas faire confiance aux adultes. Revanche : Bon, là, c'est eux qui gagnent, mais je les aurai la prochaine fois. Rébellion : Je vais faire exactement l'inverse pour leur prouver qu'ils ne peuvent pas m'obliger à faire ce qu'ils veulent. Retrait (dissimulation) : La prochaine fois, je ne me ferai pas prendre. Baisse de l'estime personnelle : Je ne vaux rien », Jane NELSEN, *op. cit.*, p. 32.

Note 70

La tâche éducative au fur et à mesure que le temps passe draine derrière elle tous les bouleversements, devient de plus en plus difficile de nos jours. Être parents, éducateur, responsable de telle ou telle structure ne va plus de soi. L'éducation, commençant en famille, met le parent en première ligne. Si c'était un métier d'être parent, il en serait à la fois le plus dur, mais aussi le plus significatif ; parce que, « de tous les métiers au monde, celui de parent est l'un des plus difficiles, des plus exigeants et des plus stressants. C'est aussi l'un des plus importants, car la façon dont nous l'exerçons a des conséquences considérables sur le cœur, l'âme et la conscience de la génération qui nous suit ; nous modelons ainsi, chez nos enfants, leur expérience du sens et des relations, leur palette de compétences essentielles, leurs sentiments plus profonds sur eux-mêmes et sur leur place possible dans un monde en pleine transformation. Pourtant, lorsque nous devenons parents, c'est à peu près sans aucune préparation ni formation, pratiquement sans conseil ni soutien, dans un monde où produire compte bien plus qu'éduquer, où faire compte bien plus qu'être ». Cf. Myla et Jon KABAT-ZINN, *Être parent en pleine conscience*, Paris, Éd. Les Arènes, 2012, p. 31. Cette affirmation fait comprendre en substance que, être parent ou éducateur, malgré les difficultés du fait de notre époque, demeure non un métier mais une mission à remplir en toute conscience et abnégation. Le parent, tout comme l'éducateur place dans le cœur de ses enfants ou de ses éduqués cette semence fondamentale dont l'amorce de toute vie humaine a besoin pour son éclosion et son émancipation. Il s'agit de s'investir pour une humanisation de l'éducation et de tout ce qui contribue à l'édification d'une personnalité. Dans cette optique, le parent et l'éducateur doivent aller au large de leur entreprise en pensant à l'avenir de l'humanité et du monde. Ils doivent en permanence se poser la question de savoir dans quelle humanité faire bâtir le monde et dans quel monde faire abriter l'humanité ? Cependant, les pouvoirs publics doivent également assurer le bien-être des parents et des éducateurs. Il nous semble toutefois évident que les époques doivent évoluer dans la dynamique de l'intergénérationnalité, ce que l'on appelle l'« interaction intergénérationnelle ».

Table des matières

Structures éditoriales du groupe L'Harmattan

L'Harmattan Italie
Via degli Artisti, 15
10124 Torino
harmattan.italia@gmail.com

L'Harmattan Hongrie
Kossuth l. u. 14-16.
1053 Budapest
harmattan@harmattan.hu

L'Harmattan Sénégal
10 VDN en face Mermoz
BP 45034 Dakar-Fann
senharmattan@gmail.com

L'Harmattan Cameroun
TSINGA/FECAFOOT
BP 11486 Yaoundé
inkoukam@gmail.com

L'Harmattan Burkina Faso
Achille Somé – tengnule@hotmail.fr

L'Harmattan Guinée
Almamya, rue KA 028 OKB Agency
BP 3470 Conakry
harmattanguinee@yahoo.fr

L'Harmattan RDC
185, avenue Nyangwe
Commune de Lingwala – Kinshasa
matangilamusadila@yahoo.fr

L'Harmattan Congo
219, avenue Nelson Mandela
BP 2874 Brazzaville
harmattan.congo@yahoo.fr

L'Harmattan Mali
ACI 2000 - Immeuble Mgr Jean Marie Cisse
Bureau 10
BP 145 Bamako-Mali
mali@harmattan.fr

L'Harmattan Togo
Djidjole – Lomé
Maison Amela
face EPP BATOME
ddamela@aol.com

L'Harmattan Côte d'Ivoire
Résidence Karl – Cité des Arts
Abidjan-Cocody
03 BP 1588 Abidjan
espace_harmattan.ci@hotmail.fr

Nos librairies en France

Librairie internationale
16, rue des Écoles
75005 Paris
librairie.internationale@harmattan.fr
01 40 46 79 11
www.librairieharmattan.com

Librairie des savoirs
21, rue des Écoles
75005 Paris
librairie.sh@harmattan.fr
01 46 34 13 71
www.librairieharmattansh.com

Librairie Le Lucernaire
53, rue Notre-Dame-des-Champs
75006 Paris
librairie@lucernaire.fr
01 42 22 67 13

www.ingramcontent.com/pod-product-compliance
Lightning Source LLC
LaVergne TN
LVHW020606110826
845149LV00002B/387

* 9 7 8 2 1 4 0 3 0 4 3 2 3 *